LAW & BUSINESS

保证合同
裁判精要与实务问答

蒋子翘◎编著

ADJUDICATING ESSENTIALS AND PRACTICAL Q&A OF SURETYSHIP CONTRACTS

法律出版社 | LAW PRESS
北京

图书在版编目(CIP)数据

保证合同裁判精要与实务问答 / 蒋子翘编著. -- 北京 : 法律出版社, 2024

ISBN 978-7-5197-8485-0

Ⅰ. ①保… Ⅱ. ①蒋… Ⅲ. ①合同纠纷-审判-案例-中国 Ⅳ. ①D923.65

中国国家版本馆 CIP 数据核字(2023)第 206143 号

保证合同裁判精要与实务问答
BAOZHENG HETONG CAIPAN JINGYAO YU SHIWU WENDA

蒋子翘 编著

责任编辑 慕雪丹 章 雯
装帧设计 汪奇峰 鲍龙卉

出版发行 法律出版社
编辑统筹 法商出版分社
责任校对 赵明霞
责任印制 胡晓雅
经　　销 新华书店

开本 710 毫米×1000 毫米 1/16
印张 37.75 **字数** 650 千
版本 2024 年 12 月第 1 版
印次 2024 年 12 月第 1 次印刷
印刷 三河市兴达印务有限公司

地址:北京市丰台区莲花池西里 7 号(100073)
网址:www.lawpress.com.cn
投稿邮箱:info@lawpress.com.cn
举报盗版邮箱:jbwq@lawpress.com.cn

销售电话:010-83938349
客服电话:010-83938350
咨询电话:010-63939796

书号:ISBN 978-7-5197-8485-0 **定价**:158.00 元

凡购买本社图书,如有印装错误,我社负责退换。电话:010-83938349

自　序

1847 年,尤利乌斯·冯·基尔希曼应邀为柏林法学会作一场主题学术演讲,当时他或许并没有意识到,这场小范围演说事后竟在学界掀起轩然大波。那句“立法者更正三个词,就足以让所有文献成为废纸”的论断,响彻至今。

我国民法中的保证制度可以说是上述论断的绝佳注脚。从《民法通则意见》《借贷案件意见》时代的寥寥数个法条,到《经济合同案件保证问题规定》中初具规模,再到《担保法》中独成一章,后经《担保法解释》《民间借贷案件规定》等不断细化,最终进入《民法典》“修成正果”。一路坦途的成长,却无法掩盖特定制度“生成”的曲折。在不少情况下,针对同一个问题,不同的阶段给出了不甚相同甚至完全相反的回答。比如,针对保证合同如何才能够成立这样一个根本性、基础性的问题,《民法通则意见》第 108 条第 1 款第 3 句认可口头形式的保证合同,《借贷案件意见》强调保证的意思表示但未提及书面形式的要求,之后的法律和司法解释均未再对口头形式的保证合同进行规定,《担保法》中虽规定了书面形式的要求,但《民法典》则没有此般规定。这种情况甚至比基尔希曼的论断更为难以把握,当事人据以支撑其主张的著作、论文乃至判例,均处于“薛定谔的废纸”状态,唯有在生效裁判作出的那一刻方才知晓原本在箱子里的猫是“死”还是“活”。

但是,即便是“死去”的猫,也不是没有任何价值的。正如那些英雄人物的故事并没有在其逝去之后便烟消云散一般,那些在各种数据库中被打上“失效”“被××替代”等烙印的法条和案例,也并非百无一用。传统的法学解释方法以文义、历史、目的、体系解释为主,这些既往的材料既可以作为揭示文义的辅助,其本身也构成了制度的历史,目的之查明和体系之关联则更是离不开这些核心素材。这并不是学理上的自说自话,《最高人民法院关于加强和规范裁判文书释法说理的指导意见》第 13 条充分赋予法官运用“采取历史、体系、比较等法律解释方法时使用的材料”的权利,也给了让这些素材“起死回生”的灵丹妙药。如何把这些素材处理好,便是一个永远无法做到完美但值得付出辛勤进行尝试的活动。

本书旨在为保证制度中难题的解答提供些许帮助，总的框架按照《民法典》合同编保证合同一章规定的条文进行展开，方便读者按图索骥。但是法典并没有将所有有关保证合同的内容都进行规定，如以新贷偿还旧贷问题；有的则是在《民法典》的其他章节中进行了规定，如混合担保被规定在物权编担保物权分编的一般规定部分；同时还有很多普遍的问题并没有在法条中直接规定，如保证合同的成立与效力等。对于此类问题，本书的处理方法是选择最为接近的法条，在该法条之后设立专题，然后在该专题之下对相关问题进行展开。

像其他工具书一样，本书将有关保证合同的规范按照现行相关规范和规范沿革进行了区分。尽管错引"虚假司法解释"情况是极少数，关于保证合同的规范也基本属于常用法条，但如果现行有效规范是对既往规范的颠覆性修改的话，二者被排布在如此接近的空间内，本身就足以对适用法律的人进行提示。立法资料则给了适用者直接对话立法者的机会。比如，《全国人民代表大会宪法和法律委员会关于〈民法典合同编（草案）〉修改情况的汇报》中明确指出了修改保证责任推定规则的原因在于"防止债务风险的扩散，维护经济社会稳定"，了解此立法背景不仅能够丰富裁判文书的说理，同时还可以推知，保证合同的领域原本过于注重保护债权人，现在则被注入了防止债务扩散的价值导向，这对于法官处理保证责任推定之外的其他问题也有参考价值。此外，有些不方便通过法条本身表达的观点，也会在立法资料中体现，"如果可以通过意思表示解释规则，确定当事人承担的是连带责任保证的，就不能简单地根据推定规则将其认定为一般保证"的规则便是极为妥帖的示例，法官自然也是要受此等规则约束的。

与其他工具书稍有不同的是，本书还收录了大量的案例，并将这些案例按照其裁判要旨编排到了相应的法条和专题下。案例是法律最好的注脚，有法可依的时候，案例是最好的理解法律的素材。在法律空白之处，各级法院充分发挥自己的智慧填补法律的漏洞，给后来者提供了示范，尤其是那些经过了充分检验的案例，更加具有参考性。本书梳理了指导性案例、最高人民法院公报案例及裁判文书选登、人民法院案例库案例、《人民法院案例选》、中国法院年度案例以及刊载在《法律适用》和《人民司法》上的案例，对于保证合同相关条款的适用疑难问题基本实现了全覆盖。这些案例不仅本身具有典型性，而且编报过程中各级法院的层层把关和修订，也赋予了这些案例更加突出的参考性。基于方便检索的考量，本书采用"法院 + 案号 + 文书类型"的引注方式。

在对案例进行梳理的时候，尽量保留案例原本的面貌，保障充分的可参考性；

同时也对案例进行了"大刀阔斧"的加工和精简，抽出基本案情、核心观点、裁判说理和要旨等部分的梗概与核心；针对相当大部分没有裁判要旨的案例，编者则进行了总结提炼。另外，编者认为工具书的编排应当顺着读者的思路来，而本书的读者正是带着疑难问题来的，为此，本书还为每一组案例拟了一个问题，作为这个案例在本书中的标记，也就是本书每个法条或者专题下面的实务问题部分。同一问题之下，有多个案例的，则按照案例生成的时间先后进行排列。至此，读者带着问题来，循着保证合同的条款便可以找到答案的大致位置，看到具体的一个个实务问题的时候，答案的具体位置也便显现出来。希望这是类案检索的有益探索。

素材的罗列当然会有价值，但对于带着疑问而来想要找寻答案的读者而言，可能并没有那么直观。更为重要的是，读者可能普遍会有顾虑，这个案子在当初的法条下是这么判的，在《民法典》施行以及相应的司法解释出台后，这些裁判尺度还是有效的吗？为此，编者对所纳入案例进行了逐一核对。首先是《民法典》《民法典担保制度解释》的规定，其次是全国人大法工委或者最高人民法院释义书中的观点，再次是参与立法或者制定司法解释者所撰写的论文，最后是相应的权威案例。观点较为统一的，未再进行额外的批注；观点前后变化较大或者当前依然争议较大的，梳理并批注了当前主流的观点，但也保留了持少数观点的案例供读者参考。希望上述做法能够为读者提供更多帮助和指引。

前面提及了很多"猫"，但编者觉得自己更像是一只仓鼠，喜欢收集东西的仓鼠。我甚至做了一个叫"民法空间"(civilcode. space)的网站，收集固定一些民法的过往法条、立法资料等，以便写作时检索之用。最初编写这本书的想法便来自如何把手头搜集的关于保证合同的资料体系化地呈现出来。但本书之所以能够成书，在很大程度上有赖于南京市中级人民法院研究室孙政同志的鼓励以及法律出版社慕雪丹编辑的肯定，不胜感谢。书中定有编排不当之处，如有意见还请直接反馈于编者(liit@ qq. com)，不胜感谢。

凡　　例

本书中的法律均使用简称，例如《中华人民共和国民法典》简称为《民法典》。下列司法解释及相关文件使用简称，其他司法解释和相关文件使用全称。

全　　称	简　　称
《最高人民法院关于贯彻执行〈中华人民共和国民法通则〉若干问题的意见（试行）》（已失效）	《民法通则意见》
《最高人民法院关于人民法院审理借贷案件的若干意见》（已失效）	《借贷案件意见》
《最高人民法院关于审理经济合同纠纷案件有关保证的若干问题的规定》（已失效）	《经济合同案件保证问题规定》
《最高人民法院关于适用〈中华人民共和国担保法〉若干问题的解释》（已失效）	《担保法解释》
《最高人民法院关于审理民间借贷案件适用法律若干问题的规定》	《民间借贷案件规定》
《最高人民法院关于适用〈中华人民共和国民法典〉有关担保制度的解释》	《民法典担保制度解释》
《最高人民法院关于适用〈中华人民共和国民法典〉婚姻家庭编的解释（一）》	《民法典婚姻编解释一》
《最高人民法院关于适用〈中华人民共和国婚姻法〉若干问题的解释（二）》（已失效）	《婚姻法解释二》
《最高人民法院关于适用〈中华人民共和国民法典〉总则编若干问题的解释》	《民法典总则编解释》
《最高人民法院关于适用〈中华人民共和国民法典〉合同编通则若干问题的解释》	《民法典合同编通则解释》

已失效的规范性文件均编入了每条或专题【规范沿革】部分，【现行相关规范】部分则为当前有效的规范性文件。在此说明，正文处不再标注文件的效力状态。

简　　目

详　　目

第六百八十一条　保证合同的定义

【民法典条文】

保证合同是为保障债权的实现，保证人和债权人约定，当债务人不履行到期债务或者发生当事人约定的情形时，保证人履行债务或者承担责任的合同。

【现行相关规范】

《民法典担保制度解释》第21条

主合同或者担保合同约定了仲裁条款的，人民法院对约定仲裁条款的合同当事人之间的纠纷无管辖权。

债权人一并起诉债务人和担保人的，应当根据主合同确定管辖法院。

债权人依法可以单独起诉担保人且仅起诉担保人的，应当根据担保合同确定管辖法院。

《民法典担保制度解释》第36条

第三人向债权人提供差额补足、流动性支持等类似承诺文件作为增信措施，具有提供担保的意思表示，债权人请求第三人承担保证责任的，人民法院应当依照保证的有关规定处理。

第三人向债权人提供的承诺文件，具有加入债务或者与债务人共同承担债务等意思表示的，人民法院应当认定为民法典第五百五十二条规定的债务加入。

前两款中第三人提供的承诺文件难以确定是保证还是债务加入的，人民法院应当将其认定为保证。

第三人向债权人提供的承诺文件不符合前三款规定的情形，债权人请求第三人承担保证责任或者连带责任的，人民法院不予支持，但是不影响其依据承诺文件请求第三人履行约定的义务或者承担相应的民事责任。

【规范沿革】

《最高人民法院关于担保人是否应代债务人偿还欠款问题的批复》(1957 年 6 月 25 日　法研字第 12837 号)

山东省高级人民法院:

你省临清市人民法院一九五七年四月十二日以法行字第 14 号函向我院请示的卢金城购买济南市石佛屯红炉社方铁欠款 190 元未付,担保人丁金杯是否应负偿还责任问题,你院曾以(56)东高法办字第 354 号函答复过该院,我们基本上同意你院的意见,即:债务人到期不还欠款,担保人应依照原来约定履行法律义务,也就是代债务人清偿欠款。担保人代债务人清偿欠款后,有权要求债务人向担保人偿还他已经代为清偿的欠款。

至于临清市人民法院认为"卢金城并承认偿还此款"就不能再让丁金杯负责还款的看法是不对的。只要债务人还没有清偿,担保人就有代为清偿的责任。

此复。

《经济合同法》第 15 条

经济合同当事人一方要求保证的,可由保证人担保。被担保的当事人不履行合同的,按照担保约定由保证人履行或者承担连带责任。

《民法通则》第 89 条第 1 项

依照法律的规定或者按照当事人的约定,可以采用下列方式担保债务的履行:

(一)保证人向债权人保证债务人履行债务,债务人不履行债务的,按照约定由保证人履行或者承担连带责任;保证人履行债务后,有权向债务人追偿。

《借贷案件意见》第 13 条

在借贷关系中,仅起联系、介绍作用的人,不承担保证责任。对债务的履行确有保证意思表示的,应认定为保证人,承担保证责任。

《借贷案件意见》第 16 条

有保证人的借贷债务到期后,债务人有清偿能力的,由债务人承担责任;债务人无能力清偿、无法清偿或者债务人下落不明的,由保证人承担连带责任。

借期届满,债务人未偿还欠款,借、贷双方未征求保证人同意而重新对偿还期限或利率达成协议的,保证人不再承担保证责任。

无保证人的借贷纠纷,债务人申请追加新的保证人参加诉讼,法院不应准许。

对保证责任有争议的,按照《意见》(试行)第 108 条、109 条、110 条的规定处理。

《经济合同案件保证问题规定》第4条

保证合同依法成立后，被保证人不履行债务的，保证人应当按照保证合同约定的范围、方式和期限承担保证责任。

《经济合同案件保证问题规定》第5条

保证合同明确约定保证人承担代为履行责任的，经债权人请求被保证人履行合同，被保证人拒不履行时，债权人可请求保证人履行。保证人不能代为履行合同，且强制执行被保证人的财产仍不足以清偿其债务的，由保证人承担赔偿责任。

《经济合同案件保证问题规定》第21条

人民法院在案件审理过程中，决定对财产采取保全措施时，保证人为申请人或者被申请人提供保证的，在案件审理终结后，如果被保证人无财产可供执行或者其财产不足以清偿债务时，人民法院可以直接裁定执行保证人在其保证范围内的财产。

《经济合同案件保证问题规定》第22条

在案件执行过程中，为被执行人提供保证的，被执行人逾期无财产可供执行或者其财产不足以清偿债务时，人民法院可以直接裁定执行保证人在其保证范围内的财产。

《担保法》第6条

本法所称保证，是指保证人和债权人约定，当债务人不履行债务时，保证人按照约定履行债务或者承担责任的行为。

《担保法解释》第13条

保证合同中约定保证人代为履行非金钱债务的，如果保证人不能实际代为履行，对债权人因此造成的损失，保证人应当承担赔偿责任。

《担保法解释》第129条

主合同和担保合同发生纠纷提起诉讼的，应当根据主合同确定案件管辖。担保人承担连带责任的担保合同发生纠纷，债权人向担保人主张权利的，应当由担保人住所地的法院管辖。

主合同和担保合同选择管辖的法院不一致的，应当根据主合同确定案件管辖。

【立法资料】

关于合同编草案……与现行合同法相比，主要修改内容有：……强化对债权实现的保护力度。针对实践中一些合同当事人不信守合同，欠债不还等突出问题，为保障债权顺利实现,防范因违约可能导致的债务风险,构建诚信社会,草案完善了合同保全、借款合同、融资租赁合同的有关规则,并增设专章规定了保证合同。[①]

专题 1 | 保证合同的成立

实务问题

1. 关于成立保证合同的意向性约定,是否成立保证合同?

【案例】[②]桂物储运集团诉莱纳汽车部件公司等借款合同纠纷案[③]

裁判要旨:当事人已达成保证的意向性约定,但在另行签订符合保证合同成立要件的合同之前,要求对方承担保证责任的,不应予以支持。

基本案情:2016 年 6 月 6 日,桂物储运集团与鸿福机械制造公司、覃某裕、韩某签订《保证担保协议》。协议约定:桂物储运集团受让莱纳汽车部件公司的股权并向其出借经营资金;覃某裕保证莱纳汽车部件公司在交割股权前不存在尚未向桂物储运集团披露的债务和争议;如存在未披露的债务和争议,覃某裕必须予以解决,否则覃某裕赔偿桂物储运集团全部损失;鸿福机械制造公司、韩某对覃某裕保证的上述事宜以及桂物储运集团出借款项承担连带保证责任;保证期间为莱纳汽车部件公司向桂物储运集团披露债务或争议起两年。2016 年 8 月 2 日,桂物储运集团与莱纳汽车部件公司签订《借款协议》。协议约定:桂物储运集团向莱纳汽车部件公司提供最高金额不超过 2000 万元的经营借款……桂物储运集团共向莱纳汽车部件公司提供借款 3287.9396 万元。二审期间,莱纳汽车部件公司与桂物储运集团认可截至 2019 年 9 月 26 日莱纳汽车部件公司尚欠桂物储运集团借款本金 1548.510575 万元和违约金 44.345637 万元;韩某自愿承担连带清偿责任。

裁判理由:一审法院认为,案涉《保证担保协议》在法律属性上当属意向性约定,该意向的落实,需具体的借款事项发生后由当事人另行签订符合担保合同成立要件的合同。由于当事人未对《保证担保协议》中的所谓担保条款予以有效补正或

---

① 参见十三届全国人大常委会法制工作委员会在 2018 年 8 月 27 日十三届全国人大常委会第五次会议第一次全体会议上所作关于《民法典各分编(草案)》的说明。

② 本书案例中引用的法律规定,均为案件裁判时生效的相关规定。出于方便阅读的考虑,将《民法典》及相关司法解释中关联的条文,在脚注中进行了批注。——编者注

③ 参见广西壮族自治区柳州市中级人民法院(2019)桂 02 民终 2531 号民事判决书。

者重新订立保证合同，因此桂物储运集团与鸿福机械制造公司、覃某裕、韩某之间的担保法律关系并未成立，不能产生担保法律效力。二审法院对一审法院关于案涉《保证担保协议》对借款担保的约定属于意向性约定的认定予以认可。

2. 缺乏保证效果意思的签名行为，能否视为保证的承诺？

【案例1】侯某增诉蒋某清保证合同纠纷案①

裁判要旨：一般情况下，当事人的签字行为即可表明其对签字内容的了解和认可，签字行为可认定为当事人的真实意思表示。如当事人已经八十多岁高龄且系文盲，无法通过阅读签字内容直接了解所签书面材料的真实意思，其了解上述书面材料真实意思的途径只能是他人告知。在此情况下，债权人应当就有人告知其所签书面材料的真实意思的事实负有举证责任，否则，其应当承担相应举证不能的法律后果。

基本案情：2012年11月16日，侯某增与冯某媛在北京市中信公证处签订了《借款合同》，约定冯某媛向侯某增借款60万元；双方申请对合同办理具有强制执行效力的债权文书公证。同日，冯某媛向侯某增出具借条，侯某增将60万元转至冯某媛名下账户中，冯某媛向侯某增出具收条载明收到上述60万元。2013年1月21日，侯某增的代理人朱某晓和冯某媛到蒋某清家中，让蒋某清在一份担保书上签字，该担保书载明，冯某媛向侯某增借款人民币60万元，蒋某清以担保人的身份为借款人冯某媛进行担保，承担连带保证责任。该担保书的担保期限为两年。蒋某清签署上述担保书时，在场人员为侯某增的代理人朱某晓、冯某媛和蒋某清，与蒋某清同住的冯某媛兄嫂未在家。后因冯某媛未能按时偿还上述借款，经侯某增申请，公证处出具了执行证书，侯某增据此向北京市海淀区人民法院申请强制执行。因冯某媛无财产可供执行，法院裁定终结了执行程序。另查，蒋某清文化程度为文盲。诉讼中，蒋某清称朱某晓与冯某媛让其签署担保书时，向其说明该担保书系证明蒋某清与冯某媛母女关系之用，蒋某清就签了名字；为证明上述主张，蒋某清申请证人冯某媛到庭作证，冯某媛作证称：蒋某清系其母亲。2013年1月21日上午，冯某媛和朱某晓到蒋某清家让蒋某清签担保书。事先冯某媛跟朱某晓及侯某增说，如果告诉蒋某清签担保书，她肯定不同意，因为蒋某清不识字，就说是为了证明母女

① 参见北京市海淀区人民法院(2013)海民初字第18760号民事判决书。

关系的签字。在回家之前,冯某媛先往家里打了个电话,确定哥哥、嫂子不在家才回家,因为如果他们在家,他们一定会看蒋某清签字的东西。到了楼下之后,冯某媛先上楼看了一下,确定哥哥、嫂子不在家后,才把朱某晓叫进来。冯某媛对蒋某清说,因为要办理退休等手续,需要蒋某清签字证明母女关系,蒋某清就在担保书上签了名字。侯某增称朱某晓与冯某媛让蒋某清签署担保书时,朱某晓向蒋某清说明了担保书的内容和法律后果,蒋某清同意承担相应法律后果后在担保书上签字;为证明上述主张,侯某增申请证人朱某晓出庭作证,朱某晓作证称:2013 年 1 月 21 日上午,朱某晓和蒋某清的女儿冯某媛拿着侯某增给朱某晓的担保书去蒋某清家里,让蒋某清在冯某媛借款的担保材料上签字。上楼之前冯某媛让朱某晓在楼下等待,其要回家里看看家里人的情况。见到蒋某清并让其签署担保书时,因蒋某清看不明白担保书的内容,朱某晓将担保书的内容及后果都跟蒋某清说清楚了,蒋某清认可这件事情,在担保书上签了字。

裁判理由:本案争议的焦点是,蒋某清签署的担保书是不是其提供担保的真实意思表示,对此法院分析如下:一般情况下,当事人的签字行为即可表明其对签字内容的了解和认可,签字行为可认定为当事人的真实意思表示。但在本案中,蒋某清作为民事主体具有自身的特殊性:八十多岁高龄且系文盲,其自身并不能直接了解所签书面材料的真实意思和法律后果,其了解上述书面材料真实意思和法律后果的途径,只能是他人告知。作为本案原告的侯某增,应当对有人告知蒋某清所签书面材料的真实意思和法律后果的事实负有举证责任,在此之前,单凭蒋某清的签字行为即认定其签署的书面材料系其真实意思表示,显然不合常理。蒋某清签署保证书时只有侯某增的代理人朱某晓、蒋某清及冯某媛三人在场,本案诉讼中,朱某晓和冯某媛到庭作证,两名证人关于签字之前是否向蒋某清告知担保书内容及法律后果的陈述相互矛盾,侯某增亦未就蒋某清签署担保书时有人告知其担保书内容和法律后果向法院提交其他证据,在此情况下,侯某增称蒋某清签订担保书时有人告知其担保书内容和法律后果的主张显然证据不足,应当承担举证不能的相应法律后果,故法院对侯某增的上述主张不予采信,对蒋某清签字时对保证书的真实意思不了解,其签字行为非其提供保证的真实意思表示的事实予以确认。另需说明的是,虽然两位在场人的证言中,关于是否告知蒋某清担保书内容及法律后果的部分相互矛盾,但两人证言中亦有一致之处:冯某媛与朱某晓在进入蒋某清家之前,冯某媛独自一人先行到家中确认在家人员情况;蒋某清签署担保书时,只有冯某媛、朱某晓和蒋某清三人在场,与蒋某清同住的冯某媛兄嫂均不在家。上述细节与朱某晓和冯某媛未告知蒋某清担保书真实意思和法律后果的事实之间,存在一定程度的逻辑合理性。这也是法院在认定蒋某清在签署担保书时不了解担保书的真实意思与法律后果,其签字行为非其真实意思表示时考虑的因素之一。保证人在违背真实意思的情况下提供保证的,保证人不承担保证责任。如前所述,蒋某清签署担保书时对担保书的真实意思不了解,其签字行为不是其提供保证的真实意思表示,故侯某增要求蒋某清承担保证责任的诉讼请求,缺乏法律依据,法院不予支持。

【案例2】徐某诉赵某仁、张某娣保证合同纠纷案①

裁判要旨:提供担保之人年事过高且文化程度偏低,对其所写文字及签名的法律内涵、后果并不清楚,当事人无其他证据予以证实的,不能认定在前述情况下作出了自愿担保的真实意思表示。

基本案情:2012年3月1日,江苏省江阴市人民法院对(2012)澄华民初字第0031号徐某诉赵某东欠款案作出判决,判令赵某东偿还徐某借款728470元。该判决生效后,徐某申请执行,案号为(2012)澄执字第2319号,该执行案件未执行到财产,于2012年12月终结执行。2017年8月8日,徐某和赵某东在江苏省江阴市人民法院执行局签订《执行和解协议》,约定内容如下:(1)赵某东将华某村中属于赵某东的两间房屋归徐某占有,将来如有拆迁补偿款归徐某所有,用于抵偿该欠款。(2)赵某东于2017年春节前归还徐某10000元,从2018年起每年春节前归还30000元,至还清为止。次日,徐某夫妇至赵某东父母赵某仁和张某娣家中,当时赵某仁不在家。徐某妻子让张某娣在《执行和解协议》的下部空白处书写了如下文字,"同意赵某东的以上各款,连带责任担保人",张某娣在其后签名捺指印,并代赵某仁签名。后徐某夫妇又在外找到赵某仁,让赵某仁在协议底部签名捺指印。上述签字过程中赵某东均在场,但赵某东、徐某夫妇均未向两位老人解释签字的意思及法律后果,徐某也不清楚两位老人是否识字,不确定两位老人是否看了协议内容。由两位老人签字的协议仅一份,一直由徐某持有。2017年年底,徐某联系赵某东要求其按期归还欠款,赵某东告知徐某其将1万元交给了张某娣,由徐某妻子从张某娣处收回1万元。此后,徐某未收回任何款项,遂诉至法院。经查,赵某仁文化程度为文盲或半文盲,最初在外打工,后在煤矿井下挖煤直至退休,现每月养老金为3672元。张某娣文化程度为小学,最初干农活,后在村里小作坊纺纱,五十几岁后一直在家,现无工作收入,无社保退休金。

---

① 参见江苏省江阴市人民法院(2019)苏0281民初5356号民事判决书。

裁判理由：本案《执行和解协议》所列当事人仅有“申请执行人徐某”及“被执行人赵某东”，并未列担保人，对于该协议的签订两位老人不在场也不知情，并未主动要求承担担保责任，只是在徐某夫妇的要求下签字，且开始明显有本能的拒绝，可见其并无主动担保的意愿。赵某仁是耄耋之年，文化程度是文盲或半文盲，张某娣已年近古稀，文化程度是小学文化，即使在徐某妻子的指导下也错将“担保人”写成“但保人”，两位老人的人生经历也表明其没有多少文化与法律知识，以上事实均表明两位老人对其所写文字及签名的法律内涵、后果并不清楚。且两位老人均已退休，两人每月收入加起来已难以负担其生活支出及治病之需，其并无能力担保赵某东巨额债务的逐年归还，两位老人称其签字时并不知道是要还款，符合签字时在场当事人的陈述，符合情理。依据两位老人的行为、年龄、文化水平，不能认定两位老人作出了自愿担保的真实意思表示。双方在缔结连带保证法律关系时，徐某发出的担保合同要约内容并不具体确定，也没有表明两位老人需受还款责任的约束，非有效的要约，且其行为有违诚实信用原则；两位老人的签字行为并不能推定为同意担保还款的意思表示，非有效的承诺，故双方未形成有效的担保合同关系，徐某的诉讼请求缺乏事实与法律依据，不予支持。

3. 第三人出具的未明确表示承担保证责任或代为还款的承诺函，是否构成保证？

【案例】佛山市人民政府与交通银行香港分行担保纠纷案

裁判要旨：根据《担保法》第 3 条①的规定，担保活动应当遵循平等、自愿、公平、诚实信用的原则。与借贷合同无关的第三人向合同债权人出具承诺函，但未明确表示承担保证责任或代为还款的，不能推定其出具承诺函的行为构成担保法意义上的保证。

基本案情：1996 年 10 月 24 日，佛山市政府向交通银行香港分行（以下简称香港交行）出具编号佛府函〔1996〕144 号的《承诺函》称：中亚公司是佛山市驻香港机构。为进一步发展该公司的对外贸易业务，该公司特向香港交行申请以下银行便利：用该公司位于香港湾仔摩利臣山道 16/F、17/F、18/F 物业按揭贷款港币 6262 万

① 本条原系《担保法》关于担保活动基本原则的规定，由于《民法典》总则编第 4 - 7 条进行了规定，保证合同和担保物权部分未再保留。

元,期限两年。上述申请已经佛山市政府研究批准同意,请香港交行根据该驻香港公司的业务发展实际需要,给予支持。佛山市政府愿意督促该驻香港公司切实履行还款责任,按时归还香港交行贷款本息。如该公司出现逾期或拖欠香港交行的贷款本息情况,佛山市政府将负责解决,不让香港交行在经济上蒙受损失。1996年10月30日,佛山市政府向香港交行出具一份编号为佛府函〔1996〕146号的《承诺函》称:景山有限公司(PEAK GARDEN LIMITED,以下简称景山公司)是佛山市驻港机构。为进一步发展该公司的对外贸易业务,该公司特向香港交行申请以下银行便利:用该公司位于香港湾仔摩利臣山道11/F、12/F、15/F物业按揭贷款港币6150万元,期限两年。上述申请已经佛山市政府研究批准同意,请香港交行根据该驻香港公司的业务发展实际需要,给予支持。佛山市政府愿意督促该驻香港公司切实履行还款责任,按时归还香港交行贷款本息。如该公司出现逾期或拖欠香港交行的贷款本息情况,佛山市政府将负责解决,不让香港交行在经济上蒙受损失。后所涉企业因多种原因无法偿还债务,香港交行要求佛山市政府承担担保责任。

裁判理由:本案争议的焦点问题是佛山市政府向香港交行出具的《承诺函》是否构成《担保法》规定的担保。本案中佛山市政府先后向香港交行出具了3份《承诺函》,函中均有相同的表述:佛山市政府愿意督促该驻港公司切实履行还款责任,按时归还香港交行贷款本息。如该公司出现逾期或拖欠香港交行的贷款本息情况,佛山市政府将负责解决,不让香港交行在经济上蒙受损失。首先,从名称来看,《承诺函》并非担保函,对于其能否构成担保应根据其内容来认定。其次,从《承诺函》的内容来看,“负责解决”以及“不让香港交行在经济上蒙受损失”并无明确的承担保证责任或代为还款的意思表示。再次,在香港交行向中亚公司和景山公司出具的授信函中,在“抵押品及法律文件”项下,除了佛山市政府的《承诺函》外,还有不动产的抵押、保证及存单的质押等,且《承诺函》均在这些授信函中被列入区别于“保证”的“其他”文件项下,这说明香港交行明知《承诺函》并非保证函。最后,为解决包括中亚公司、景山公司在内的佛山市直属企业拖欠香港交行贷款事宜,佛山市政府与香港交行之间有3次座谈会并形成会议纪要。从这3份纪要的记载来看,香港交行从未要求佛山市政府承担保证责任或代中亚公司、景山公司还款,佛山市政府也未作出过承担保证责任或代企业还款的意思表示,而双方谈到的解决途径均是政府在适当时机对企业进行资产重组,以解决原有债务。佛山市政府亦于1998年11月12日批复同意了佛山市有关企业与香港交行商定的企业重组计划,以解决中亚公司、景山公司等企业拖欠香港交行贷款的问题。综上,佛山市政府从向香港交行出具的书面文件上,到实际的行动上,从未有过承担保证责任或代所属企业还款的意思表示,其向香港交行出具的《承诺函》并不构成担保法意义上的保证。故香港交行关于佛山市政府应根据《承诺函》承担赔偿责任的诉讼请求没有事实和法律依据,法院不予支持。佛山市政府关于《承诺函》不构成保证、其不应承担法律责任的上诉请求应予支持,佛山市政府不应对香港交行承担任何法律上的责任。

4. 债务人未经第三方公司同意,擅自在承诺书的保证人处加盖该公司印章,该公司事后拒绝追认的,保证合同是否成立?

【案例】山东招标股份有限公司诉山东华牧药业有限责任公司等民间借贷纠纷案①

裁判要旨:未经第三方公司同意,擅自在承诺书的保证人处加盖该公司印章,该公司事后拒绝追认的,保证合同未成立。债务人擅自加盖其他公司印章,债权人未尽审查责任,第三方公司未尽印章的妥善管理责任,对于保证合同未能成立均有过错,第三方公司应就债务人未能偿还的部分承担30%的责任。

基本案情:2012年11月8日,山东招标股份有限公司(以下简称招标公司)与山东广安文化传媒有限公司(以下简称广安公司)和山东华牧药业有限责任公司(以下简称华牧公司)签订《借款协议书》,约定招标公司向广安公司出借650万元,华牧公司以其持有的土地作抵押。《借款协议书》落款处有华牧公司公章及"王某武"签名。广安公司偿还360万元后,向招标公司出具承诺书,华牧公司在保证人处加盖公章。上述《借款协议书》和承诺书均不是招标公司、广安公司及华牧公司三方当面签订,《借款协议书》和承诺书上华牧公司的公章均系广安公司的委托诉讼代理人田某会在持有华牧公司印章期间自行加盖,未将盖章事宜告知华牧公司。《借款协议书》中,华牧公司落款"法定代表人(或授权人)签字"的"王某武"系他人代签,不是时任华牧公司法定代表人王某武本人所签。广安公司称涉案借款大部分用于其与华牧公司、山东西王置业有限公司合作的济南市某大厦及宿舍项目。

裁判理由:因华牧公司并未委托田某会在涉案《借款协议书》及承诺书上加盖

① 参见山东省高级人民法院(2019)鲁民再字223号民事判决书、山东省济南市中级人民法院(2017)鲁01民终8878号民事判决书。

公章并承担保证责任，故田某会在涉案《借款协议书》及承诺书上加盖华牧公司公章的行为属于无权代理。由于田某会擅自加盖华牧公司公章的行为未经华牧公司追认，涉案《借款协议书》和承诺书中的保证条款对华牧公司不发生法律效力。招标公司未尽审慎义务，对涉案保证合同未依法成立存在过错。而华牧公司对其公章的保管、使用未尽妥善管理责任，致使田某会擅自加盖其公章，客观上损害了招标公司的合法权益，故招标公司与华牧公司对涉案保证合同未依法成立均存在过错，双方应以过错程度承担相应的缔约过失责任。

5. 第三人在先出具担保承诺函，债权人和债务人于4个月后签订的借款合同中约定担保合同另行签订的，该第三人是否承担保证责任？

【案例】A银行与甲公司、乙公司借款合同纠纷案①

裁判要旨：第三人在先出具担保承诺函系拟同意保证的有关证明文件，事后未签订保证合同的，该第三人不承担保证责任。

基本案情：2011年11月3日，甲公司向A银行出具申请书一份，申请办理200万元流动资金贷款，并由乙公司提供保证担保，期限12个月。同日，乙公司出具担保承诺函，载明：经公司研究决定，乙公司自愿为甲公司在A银行办理流动资金贷款200万元，期限1年，提供保证担保，并承担连带责任。2012年3月6日，A银行与甲公司签订流动资金借款合同。该合同约定，A银行向甲公司提供借款200万元；借款期限为12个月；合同项下借款的担保方式为保证担保，担保合同由贷款人与借款人、担保人另行签订。合同签订后，A银行依约向甲公司发放贷款但未与乙公司签订保证合同。因甲公司未按合同约定向A银行偿还借款本息，A银行向法院提起诉讼，请求判令甲公司偿还A银行借款200万元及相应利息，并由乙公司承担连带清偿责任。

裁判理由：中国人民银行发布的《贷款通则》是包括A银行在内的中资金融机构均须遵循的部门规章。该通则第6章贷款程序中第25条规定：贷款申请：借款人需要贷款，应当向主办银行或者其他银行的经办机构直接申请。借款人应当出具借款申请书，并提供以下资料：……（4）抵押物、质物清单和有处分权人的同意抵押、质押的证明及保证人拟同意保证的有关证明文件。由此可见，甲公司向A银行

---

① 参见孙卫国：《保证贷款须签订保证合同》，载《人民司法》2014年第24期。

出具申请书，乙公司受甲公司委托出具担保承诺函，是根据《贷款通则》的规定，按照银行的要求作出的意思表示。按照上述规定，借款人甲公司在申请贷款时须一并提交保证人拟同意保证的有关证明文件，乙公司出具的担保承诺函显然就是这一证明文件，属于甲公司向A银行申请借款时所须提交的必备手续，缺之，要获得贷款审批当无可能。而且所谓“拟同意保证”，应为打算，准备提供保证，并无确定无疑之意，保证人在正式承诺前自应有再行斟酌之余地。由此，可以确定在甲公司申请贷款时，乙公司出具担保承诺函的真实意思表示，应是为甲公司贷款打算提供连带责任保证，而不是不容更改的保证承诺。

由于保证是为担保主合同的履行而设立的，因此保证合同的从属性体现为保证合同是主合同的从合同。本案中，乙公司是在甲公司提交贷款申请时出具的担保承诺函，与借款合同的正式签订相差4个月之久。因此，从依附性上看，更应当理解为该承诺函依托贷款申请而存在，而不是依附于4个月之后才出现的借款合同。

6. 以不特定的个人资产作抵押为债权提供担保的，是否可以认定为保证？

【案例1】张某彪与江苏省无锡欧翔动力机车贸易有限公司抵押权纠纷案①

裁判要旨：当事人之间达成以个人资产作抵押为债权提供担保的约定，但未对个人资产进行特定化说明，个人资产属集合概念，通常处于动态变化中，不具有特定性，与物权法规定的抵押财产须特定化不符，因此该约定不能起到抵押担保的作用。但该约定实质系指当事人以其个人资产信用为债权提供担保，符合担保法关于保证的规定，当事人应承担相应的保证责任。

基本案情：2009年5月6日，江苏省无锡欧翔动力机车贸易有限公司（以下简称欧翔公司）与天津翔鹿自行车业有限公司（以下简称翔鹿公司）签订供货合同1份，约定欧翔公司向翔鹿公司供货。若翔鹿公司无法承担所有债务，则由代翔鹿公司签字的个人以其个人资产为抵押负责偿还欧翔公司的所有货款等。欧翔公司、翔鹿公司分别在合同上加盖印章，张某彪代表翔鹿公司在合同上签字。2010年10月12日，因翔鹿公司未按约履行付款义务，欧翔公司遂以翔鹿公司、张某彪为被告诉至无锡市锡山区人民法院，请求判令：(1)翔鹿公司支付货款407537元及逾期付款利息。(2)因合同约定张某彪以个人资产为抵押担保，故张某彪对翔鹿公司的付

① 参见江苏省无锡市中级人民法院(2012)锡商终字第0169号民事判决书。

款义务承担连带责任。2010 年 12 月 22 日，无锡市锡山区人民法院作出(2010)锡法商初字第 0850 号民事判决，认定以下事实:(1)翔鹿公司结欠欧翔公司货款 344844.5 元及逾期付款利息。(2)在 2009 年 5 月 6 日的供货合同中，虽然约定了若翔鹿公司无法承担所有债务时，由代翔鹿公司签字的个人以个人资产为抵押负责偿还欧翔公司所有货款的合同条款，但是没有对抵押财产作约定，当事人事后也未予以补正，且根据主合同也无法予以补正及推定，故应视为抵押不成立，抵押人不承担民事责任;欧翔公司主张张某彪对翔鹿公司的付款义务承担连带责任缺乏依据。(2010)锡法商初字第 0850 号民事判决书判决:(1)翔鹿公司于判决生效后 3 日内给付欧翔公司 344844.5 元及逾期付款利息。(2)驳回欧翔公司的其他诉讼请求。(2010)锡法商初字第 0850 号民事判决书生效后，翔鹿公司未按判决指定的期间履行相应义务，现已进入执行程序。2011 年 6 月 14 日，欧翔公司诉至无锡市锡山区人民法院，请求判令张某彪对(2010)锡法商初字第 0850 号民事判决书中确定的翔鹿公司债务 344844.5 元承担一般保证责任。

裁判理由:首先，本案所涉合同条款不能认定为抵押担保成立。抵押权是以抵押物的价值来担保债权实现的物权，抵押权应当设定在抵押物上，抵押物必须是抵押人为担保债务的履行和债权的实现而提供的特定财产。张某彪以个人资产为抵押负责偿还欧翔公司所有货款，但个人资产属集合概念，通常处于动态变化中，不具有特定性，与法律规定的抵押财产须特定化不符，且当事人亦未就抵押物特定化予以补正，故上述担保条款不能起到抵押担保的作用。其次，张某彪应对(2010)锡法商初字第 0850 号民事判决书中确定的翔鹿公司债务 344844.5 元承担一般保证责任。保证是债务人以外的第三人以其信用担保债务人履行债务的担保方式。张某彪以个人资产为抵押负责偿还欧翔公司所有货款的担保条款，实质是指在翔鹿公司无法承担所有债务时，由张某彪个人负责偿还欧翔公司的所有货款，属张某彪以其个人资产为信用担保翔鹿公司履行债务的担保方式，这符合保证的核心要素，故张某彪依此应承担相应的保证责任。且张某彪与欧翔公司之间达成的担保条款明确翔鹿公司无法承担所有债务时，由张某彪负责偿还欧翔公司所有货款;而且，欧翔公司与翔鹿公司之间的主合同纠纷已经(2010)锡法商初字第 0850 号案件判决并进入强制执行程序。因此，张某彪应就翔鹿公司结欠欧翔公司的相关债务承担一般保证责任，即在对翔鹿公司的财产依法强制执行后，仍不能履行(2010)锡法商初字第 0850 号民事判决书中确定的翔鹿公司的债务 344844.5 元时，由张某彪承担保证责任。

【案例2】刘某华诉蒋某云担保合同纠纷案①

裁判要旨：当事人承诺以其名下所有财产作为抵押，未指明以何特定财产作为抵押，亦未办理相关抵押手续的，可以认定为保证担保。

基本案情：2015年2月4日，金鼎公司向原告刘某华借款5万元并签订借款合同，约定借期6个月，利息为月息2%。合同上附有金鼎公司“法定代表人”张某荣承诺书一份，承诺将名下所有财产作为抵押。同日，被告蒋某云向原告出具担保书，内容为：“本人蒋某云担保刘某华在中科金鼎有限公司投资5万元整。”而后，原告从金鼎公司按月领取了2015年3月至7月的利息5000元，随后金鼎公司未再支付任何本息。

裁判理由：本案争议的焦点在于被告蒋某云应否对金鼎公司所借原告刘某华的5万元借款承担保证责任。首先，被告蒋某云在担保书中写的虽是为原告的“投资”担保，但被告蒋某云在原告借款给金鼎公司的当天，出具该担保书给原告，且本案审理过程中并未发现原告在金鼎公司另有“投资”行为，再结合该担保书的当事人、出具时间、担保金额与原告、金鼎公司所签借款合同的相符性，可以认定该担保书中所指的“投资”即为原告给金鼎公司的借款。另外，该担保书中未明确约定保证方式，依法应认定为连带责任保证，原告可要求被告履行债务人的偿还责任。其次，物的担保是指债务人或第三人以特定财产作为抵偿债权的标的。本案中，张某荣承诺的内容是以其名下所有财产作为抵押，其并未指明以何特定财产作为抵押，亦未办理相关抵押手续，故其提供的实为保证担保。

7. 网络贷款平台在网页中承诺代偿本息的，是否应当承担保证责任？

【案例】李某春诉钱来钱往金融服务外包（北京）有限公司保证合同纠纷案②

裁判要旨：网络贷款平台在其网站网页上承诺借款人逾期未还款将代为偿付本息的，可以认定债权人和网络贷款平台之间成立保证合同。

基本案情：李某春在钱来钱往金融服务外包（北京）有限公司（以下简称钱来钱往公司）经营的金融交易平台进行理财投资。经钱来钱往公司介绍与担保，李某春共进行三笔投资，钱来钱往公司偿还其中两笔投资后剩余本金和利息未按期支付。

① 参见湖南省株洲市中级人民法院（2016）湘02民终919号民事判决书。
② 参见北京市第一中级人民法院（2017）京01民终160号民事判决书。

李某春诉至法院,要求钱来钱往公司偿还借款本金127900元及利息并要求钱来钱往公司承担公证费2200元及本案诉讼费。钱来钱往公司认为,李某春确实在钱来钱往公司网络平台进行了投资,但是钱来钱往公司网站上已经声明:钱来钱往公司仅对平台上的租用分站店铺提供平台服务和技术支持,每个分站店铺投资交易由第三方进行托管,与总平台无关,钱来钱往商城不承担用户任何投资纠纷。故钱来钱往公司不同意李某春的诉讼请求。

裁判理由:本案争议的焦点为钱来钱往公司是否对李某春出借的款项承担担保责任。李某春作为出借人通过钱来钱往公司提供的网络平台与该平台提供的借款人形成借贷关系,钱来钱往公司作为平台的提供者在其网站上声明:如借款人逾期未还款,第三方担保机构将会及时代偿本息,100%保障资金安全无忧。该声明很容易对出借人的投资决策和意思表示产生影响,因此足以使出借人认为该平台为其债权提供保证,亦应认定出借人李某春与钱来钱往公司就保证合同达成合意。根据庭审查明的事实,可以确认李某春与钱来钱往公司之间存在保证合同关系。

8. 欠条上签写"还不上我去死"是否构成保证?

【案例】陈某华诉张某某、李某梁民间借贷纠纷案①

裁判要旨:"还不上我去死"等表述不具有连带责任保证的效果意思,用生命承担还款责任或保证责任是法律所禁止的,该承诺不产生保证的效力。

基本案情:李某梁因自用,多次向陈某华借款累计42万元,嗣后,李某梁就借款一事于2011年12月9日为陈某华补写欠条:欠陈某华42万元整,自2011年12月起2年内还清。不计利息。另加其他费用5000元,总计42.5万元整。立据人李某梁。并在该欠条立据人处签名"李某梁",其母亲张某某在欠条下方签写"张某某,还不上我去死"。该笔借款一直未还。庭审中,陈某华称,42.5万元是李某梁向陈某华借的,张某某以生命为代价对此笔借款承担保证责任。故要求李某梁偿还借款42.5万元,张某某对此笔借款承担连带保证责任。张某某则认为,自己从未向原告陈某华借过钱,被告李某梁才是真正的借款人,自己没有义务偿还本案争议的借款。张某某认为自己在李某梁给陈某华补写的欠条上签名是为了督促李某梁还

① 参见黑龙江省哈尔滨市中级人民法院(2014)哈民三商终字第317号民事判决书。

款,不是以保证人身份签的名,以生命作为代价的保证难以成立。陈某华曲解了张某某的真实意思,张某某写"还不上我去死"是对其儿子李某梁不满的发泄语言,不构成法律上的任何承诺和保证,该承诺不具有法律效力,张某某不执行该承诺也不属于《合同法》规定的违约行为。李某梁认为,借款是其向陈某华借的,自己用了,其母亲张某某没有看到过借款,不知来由不知去向,借款与张某某无关,同意偿还给陈某华42.5万元。

裁判理由:由于张某某是在李某梁给陈某华补写的欠条上签名,其又否认签"还不上我去死"有代李某梁偿还借款的意思,且用生命来承担履行债务的保证责任是法律所禁止的,故陈某华要求张某某对此借款承担连带保证责任的诉讼请求,因证据不足且缺乏法律依据,不予支持。

9. 在保证人与债权人之间矛盾激化、不可调和的情况下,债权人提供存在多处撕揭、粘贴痕迹的担保书,可否认定保证人有保证的意思表示?

【案例】孙某军诉孙某波、包某峰担保合同纠纷案①

裁判要旨:在保证人与债权人之间矛盾激化、不可调和的情况下,保证人作为完全民事行为能力人,同意再次出具担保书显然与常理相悖,再次担保书上也存在多处撕揭、粘贴痕迹,且证人关于所谓当天的情形与事实相互矛盾,可以认定再次担保书并非保证人真实意思表示。

基本案情:2010年3月2日,孙某军以民间借贷为由将包某岢、孙某波、包某峰诉至无锡市崇安区人民法院,要求三人共同偿还借款本息。无锡市崇安区人民法院作出(2010)崇民初字第290号民事判决,认定孙某军与包某岢间借款关系合法有效,采信孙某波、包某峰有关孙某军胁迫孙某波在欠条上书写担保内容的辩称意见,判决包某岢归还本息,驳回孙某军的其他诉讼请求。孙某军上诉至无锡市中级人民法院,无锡市中级人民法院判决维持原判。孙某军向江苏省高级人民法院申请再审。2013年6月24日,孙某军提供再次担保书1份,载明:孙某波经考虑决定:(1)对2009年4月17日孙某波内姨包某岢写给孙某军的欠条(355293元)认定。(2)对在原欠条上孙某波在2010年2月1日所写的担保条款认定:①包括如产生孙某军律师费由孙某波承担(这个案件);②2009年4月17日分批还至还清日利息乘

① 参见江苏省无锡市中级人民法院(2014)锡民终字第0515号民事判决书。

4倍。(3)上次案件费用及孙某军律师费(一并承担)。(4)二审结束,孙某波老婆从孙某军账上划走9050元(由孙某波承担支付);对上述情况孙某波愿再次作担保并负连带责任,担保期自2012年11月20日开始,担保条款同上,以往由于孙某波老婆与孙某波意见不同,故孙某波在开庭出现反复、变卦,现一律不算,如有反悔按违约条款执行。孙某军将孙某波、包某峰诉至无锡市崇安区人民法院,要求二人承担担保责任,并申请证人方某到庭作证,方某到庭称孙某军要求其陪同前往孙某波家中,孙某波在再次担保书上签字盖章。孙某波、包某峰申请对再次担保书有无粘贴、撕揭痕迹进行鉴定。苏州同济司法鉴定所出具的司法鉴定书载明,检材纸张右半部上边缘和最下方横向折痕上缘处存在纸张粘贴、撕揭痕迹,并有粘贴纸张的残留,形成加层痕迹。在检材纸张右边缘因粘贴撕揭而导致的纸张表面纤维缺失、起毛,形成减层痕迹,右侧边缘有一处缺损,同时纸张上存在多处撕裂、破损,还有不明物质的浸染,而上述种种迹象均出现在纸张最下方横向折痕的上部分,下部分检材纸张相对光洁,无粘贴、缺损。落款处指印的指尖部分捺印在最下方横向折痕的上部分,大部分捺印在折痕下部。检材纸张中无消退、刮擦等痕迹,也无潜在压痕、表格等表现,并在附属的照片中指明部分位置存在减层撕裂及打印墨迹。鉴定人员刘某杰出庭,称在检验过程中,只发现再次保证书在纸张右半部上边缘和最下方横向折痕上缘有4处具有加层、粘贴痕迹,纸张左侧存在撕裂的痕迹及纸张缺失,但没有粘贴和撕揭。落款处指印的指尖部分捺印在最下方横向折痕的上部分。大部分捺印在折痕下部。在捺印指纹时,是没有多余的纸张的,否则不会形成一枚完整的指纹。

裁判理由:无锡市崇安区人民法院、无锡市中级人民法院均驳回了孙某军要求孙某波、包某峰承担担保责任的诉讼请求,再次担保书形成时,孙某军还在申请抗诉,在双方矛盾激化、不可调和的情况下,孙某波不可能继续为孙某军作再次担保。孙某军、方某对前往孙某波家的陈述(往来孙某波家的方式、孙某波家中的布置情况等细节问题)之间、与孙某波家实际情况均存矛盾,再次担保书上虽有完整指纹,但存在粘贴、撕揭痕迹,部分撕裂痕迹处有打印物留下的打印墨迹,综合上述情况,法院认为再次担保书并非孙某波真实的意思表示,对孙某军要求孙某波、包某峰承担担保责任的诉讼请求不予支持。

10.“借款情况说明”能否界定为原始借款保证人在保证期间届满后又自愿重新设定的保证担保？

【案例】李某芬诉李某起、王某华民间借贷纠纷案①

裁判要旨：保证期间经过后，保证人在借款情况说明等协议上签字，但其中没有关于保证人重新承担保证责任的明确约定的，不能认定保证人重新设定了保证担保。

基本案情：2012年2月15日，被告李某起从原告李某芬处借款150万元，并向原告出具借款协议一份。借款协议载明：甲方李某芬，乙方李某起，甲方向乙方提供借款150万元整，乙方提供房屋所有权证两份（温某红，面积205.25平方米；冯某山，62平方米），借款期限为3个月至6个月，利息按月息25‰计算，如果用款期限达到一年，则利息按20%（庭审过程中，原告提出20%系笔误，应为20‰）计算。李某起在落款处签名并捺印，王某华在保证人项下签名并捺指印。2016年2月25日，被告李某起向原告李某芬出具借款情况说明一份，载明的相关内容为：李某起于2012年2月15日向李某芬借款150万元，抵押物为温某红和冯某山的房产。李某起在偿还60万元的前提下，将温某红的房产证拿走，并将冯某山的房产证换成韩某英的房产证（面积为91.3平方米）作为抵押物，现余借款为90万元。“说明”落款处被告李某起、王某华均签名、捺指印。

裁判理由：本案被告王某华的保证期间应为2012年8月15日至2013年2月15日，在保证期间内原告无证据证明其向被告王某华主张过权利，据此，被告王某华作为保证人的保证责任应予免除。“借款情况说明”中，被告王某华虽在担保人项下签名、捺指印，但从借款协议分析，该借款期限明确界定为“3个月至6个月”，从该证据书写经过及相关内容分析，这只是对更换“抵押物品”的说明，不能认定是被告王某华重新为李某起借款的保证担保。

---

① 参见河北省黄骅市人民法院（2016）冀0983民初1631号民事判决书。

11. 政府机关出具的函件是安慰函还是担保书，应当如何认定？

【案例】中国银行（香港）有限公司诉福建省龙海市电力公司、福建省龙海市人民政府担保合同纠纷案①

裁判要旨：《确认函》没有保证意思，内容也没有保证的字眼，更没有代为偿还或连带偿还债务的承诺，出具安慰函的政府机构或公司出于维护自身信誉的考虑，往往会协助债权人解决纠纷或敦促债务人积极偿还债务，应认定为无须承担法律责任而仅承担道义责任的安慰函。

基本案情：1994 年 12 月 8 日，鑫海公司向华侨银行申请信贷额度，包括开立信用证额度为港币（下同）2000 万元，信托提货额度为 2000 万元，透支额度 200 万元。福建龙海市政府向华侨银行出具了一份《确认函》，称鑫海公司申请授信额度一事已经其批准，并愿意督促鑫海公司切实按时归还华侨银行贷款本息，如鑫海公司出现逾期或拖欠贷款本息现象，福建龙海市政府将负责解决，不会让华侨银行在经济上蒙受损失。1995 年 2 月 20 日，福建省龙海市电力公司（以下简称龙海公司）向华侨银行出具一份《不可撤销担保书》，为鑫海公司向华侨银行贷款提供担保，限额为本金不超过 1800 万元及利息和费用。龙海公司同意：（1）其所承担的责任与鑫海公司还款责任并无任何分别，华侨银行无须先向鑫海公司追讨或起诉，担保人得无条件负责清还所有欠款、利息及其他应付款项；（2）本担保书持续性担保，在借款本金、利息及其他应付款项尚未清还前，担保人之担保责任仍持续有效；（3）担保人应在接获华侨银行书面通知后 7 日内无条件把鑫海公司所欠款项全数归还华侨银行；（4）担保人在本担保书项下一切义务，不受华侨银行在任何时间给予鑫海公司任何时间和宽容或放弃、撤销、延迟行使对鑫海公司的任何权利的影响，不因时间失效或本担保书在法律上失效而受任何影响；（5）该担保为独立附加担保，不受鑫海公司现在或将来提供给华侨银行的任何其他担保或押品所影响或替代；（6）华侨银行出具的关于鑫海公司欠款、利息及其他应付款项的书面通知为最终证明，担保人并无异议；（7）该担保书受香港地区法律管辖。1997 年 9 月 11 日，华侨银行致函鑫海公司，授予鑫海公司限额为 800 万元的开立信用证额度、限额为 800 万元的信托收据融资额度、限额为 100 万元的透支额度、限额为 308 万元的按揭贷款额度，该按揭贷款从 1997 年 10 月 5 日开始分 240 个月偿还，每期偿还 28709.64 元。K 某和曾某

① 参见福建省高级人民法院（2005）闽民终字第 180 号民事判决书。

寿提供房屋作抵押担保并由该二人提供无限连带保证。龙海市政府的《确认函》、龙海公司的担保书被手工填写添加到担保条款之中。鑫海公司在函件尾部签署后退回一份给华侨银行。1997 年 9 月 10 日至 1998 年 2 月 13 日,鑫海公司向华侨银行申请开立 5 份信用证,项下付款金额合计 8579450 元,其中华侨银行为鑫海公司垫付 7296160 元。1998 年 5 月 15 日,华侨银行称借款人已违反其还款承诺并经华侨银行多次催讨无效,要求担保人龙海公司偿还截至 1998 年 5 月 7 日的债务 11549462.06 元。1998 年 8 月 20 日,华侨银行同意给予鑫海公司信贷额度,鑫海公司提交一份《偿还贷款保证书》给华侨银行,双方对债务重组如下:贷款 780 万元,定期贷款利息按季度计算,贷款所有未还总额每半年偿还一期,每期还款 130 万元,共计 6 期逾期偿还将按优惠贷款利率加 4.5% 或华侨银行通知的利率加收逾期利息。2001 年 10 月 1 日,华侨银行通过重组并入中国银行(香港)有限公司(以下简称香港中行),其权利义务由原告香港中行承接。2003 年 1 月 24 日,原告委托律师向龙海公司、龙海市政府分别发《律师函》,催讨截至 2001 年 3 月 22 日的债务本金 9433876.46 元。同年 1 月 29 日,该所律师在公证员面前将该《律师函》交付邮政局分别邮寄给两被告。2003 年 2 月 8 日,龙海市政府以《关于鑫海实业有限公司借款事宜律师函的复函》答复北京市金杜律师事务所深圳分所,称:(1)债务金额是原告单方计算的数据,不能作为确认拖欠债务数额的依据,应以鑫海公司的实际账目并经债权双方确认为准;(2)要求其清还欠款没有法律依据,其所出具的《确认函》并非对债务提供担保。2003 年 2 月 9 日,龙海公司函复北京市金杜律师事务所深圳分所,亦对债务数额提出异议,并称:其非金融企业法人,没有外汇收入,不能对外提供担保;其出具《不可撤销担保书》的担保行为,未经对外担保的管理机关审批,担保行为无效;鑫海公司向华侨银行借款的还款期限早已届满,债权人未在法定的期间内主张权利,保证人依法已免除保证责任。2002 年 11 月 15 日,原告向香港特别行政区高等法院起诉鑫海公司和曾某寿。2004 年 5 月 18 日,香港特别行政区高等法院作出如下判决:(1)欠款的总额及累计至 2004 年 5 月 12 日之利息合计为 13759998.32 元;(2)就按揭贷款而言,就 2104110.64 元之尚欠本金的额外利息,利率为原告之港元年度最优惠利率加 5%(现时年利率为 10%,或每日 576.47 元),由 2004 年 5 月 13 日计算至本命令之日,此后利息按裁判利率计算直至全部款项付清;(3)就期限贷款而言,就 7329765.82 元之尚欠本金的额外利息,利率为原告之港元年度最优惠利率加 4.5%(现时年利率为 9.5%,或每日 1907.75 元),由 2004 年 5 月 13 日计算至本命令之日,此后利息按裁判利率计算直至全部款项付清。该案存档日期为2004年6月2日。诉讼期间,原告于2003年11月26日处理了涉案抵押房产,售价141万元,加上管理费结余840元,扣除各项开支,净得款1317948.49元。原告将所得款项用于抵扣分期放款项下利息987326.52元、定期放款项下利息333621.97元。香港法院的判决已扣除这两部分利息。本案庭审过程中,原告主张根据香港《时效条例》的规定,普通诉讼时效为6年。被告对此法律规定的内容予以认可,但认为本案应适用《民法通则》有关2年诉讼时效的规定。除有关时效的法律规定之外,原告及被告对于本案适用内地法律没有异议。原告及龙海公司对于龙海公司出具的《不可撤销担保书》因违反内地外汇管制的有关规定而无效没有争议。

裁判理由:一审法院认为,被告龙海市政府在《确认函》中表达愿意督促鑫海公司切实按时归还华侨银行贷款本息,如鑫海公司出现逾期或拖欠贷款本息现象,福建龙海市政府将负责解决,不会让华侨银行在经济上蒙受损失,文件名称为《确认函》没有保证意思,内容也没有保证的字眼,更没有代为偿还或连带偿还债务的承诺。根据“保证不能推定”的担保法基本原则,应认定被告龙海市政府对鑫海公司债务的履行没有保证的意思表示。该《确认函》依照理论观点和金融惯例,应认定为无须承担法律责任而仅承担道义责任的安慰函。我国法律对安慰函没有规定。出具安慰函的政府机构或公司出于维护自身信誉的考虑,往往会协助债权人解决纠纷或敦促主债务人积极偿还债务。正是出于这种考虑,龙海市政府在出具《确认函》之后,才又安排被告龙海公司提供保证。原告在1998年5月只向被告龙海公司催讨,也反映出原告对《确认函》的认识。因此,原告请求被告龙海市政府承担赔偿责任没有事实和法律依据,应予驳回。

二审法院认为,关于龙海市政府出具《确认函》是否构成担保的问题。香港中行认为,《确认函》中龙海市政府“负责解决”的承诺,具有明确的保证当债务人不履行债务时由承诺人履行债务或承担责任的担保意愿,构成了一项担保合同。法院认为,《确认函》中愿意督促鑫海公司切实按时归还华侨银行贷款本息,如鑫海公司出现逾期或拖欠贷款本息现象,福建龙海市政府将负责解决,不会让华侨银行在经济上蒙受损失是一个完整的语句表述,即在债务人出现逾期拖欠贷款本息情况时,龙海市政府承担督促债务人还款的责任。“不会让华侨银行在经济上蒙受损失”是龙海市政府希望通过督促使债务人能够履行还款义务的一种希望和道义上的表述。香港中行于1998年5月15日向龙海公司发出要求代为清偿的律师函,但并没有致函龙海市政府,可以反映出当时香港中行并没有要求龙海市政府保证还款的预期目的。从理论上分析,《确认函》从形式到内容均与安慰函的特征相符。综上,香港中行关于《确认函》构成一项担保合同的上诉理由不能成立,应予驳回。原判关于"龙海市政府出具的《确认函》不含其为鑫海公司的债务提供担保或代为偿还的意思表示,属于安慰函,在法律上无须承担任何责任"的认定是正确的。

12. 在主债务人履行部分债务后,保证人另行向债权人出具承诺书的,法律效果如何认定?

【案例】中国农业银行股份有限公司三门支行诉台州亚达不锈钢有限公司、亚达科技集团有限公司金融借款合同纠纷案①

裁判要旨:保证人另行向债权人出具承诺书的,应当根据承诺书载明的内容对其效力进行认定,双方对被保证的主债权数额、保证范围、保证方式、保证期间等均作重新约定的,视为成立新的保证合同。

基本案情:2004 年 2 月 27 日,由三门县财政局委托,被告台州亚达不锈钢有限公司(以下简称不锈钢公司)向原告借款人民币 3000 万元,双方签订了委托贷款借款合同,约定借款期限自 2004 年 2 月 27 日起至 2004 年 8 月 12 日止,借款利率为月利率 6.664‰,借款人到期一次性归还借款本息。被告亚达科技集团有限公司(以下简称科技公司)于 2004 年 2 月 27 日与原告签订了最高额保证合同,为不锈钢公司自 2004 年 2 月 27 日起至 2005 年 2 月 26 日止与原告发生的债务提供最高额为 3000 万元的担保,担保方式为连带责任保证,保证期限自债务人履行债务期限届满之日起 2 年,保证范围包括借款本金、利息(逾期利息)等。合同签订后,原告依约向不锈钢公司发放了贷款 3000 万元。借款期限届满后,两被告未按约履行各自的义务,经原告催讨,不锈钢公司于 2006 年 1 月 12 日归还借款本金 3000 万元。后原告多次向两被告催收借款利息,两被告分别于 2008 年 11 月 20 日、2010 年 5 月 19 日向原告出具书面答复,不锈钢公司承诺继续履行还款义务,科技公司在 2010 年 5 月 19 日出具的承诺函中表示:截至 2006 年 1 月 12 日的利息(罚息)共计 8897785.16 元由科技公司担保,其愿意对上述债务继续承担连带保证责任,保证期间从承诺之日起 2 年,有关保证金额、保证范围等担保责任以实际履行时根据主合同及担保合同约定计算的数额为准。2012 年 5 月 10 日,原告向两被告分别送达债务逾期催收通

① 参见浙江省三门县人民法院(2013)台三商初字第 687 号民事判决书。

知书、担保人履行责任通知书，要求两被告立即履行各自的义务，但两被告一直分文未付。2013年7月17日，原告诉至法院。不锈钢公司认为本案诉讼时效已过，其不再承担法律责任。科技公司认为本案主债务诉讼时效已过，且债权人没有在保证期间内要求其承担保证责任，保证责任消灭。

裁判理由：科技公司于2010年5月19日向原告出具了承诺函，双方对被保证的主债权数额、保证范围、保证方式、保证期间等均作重新约定，应视为成立新的保证合同，保证期间从承诺之日起2年，即自2010年5月19日起至2012年5月18日止。后原告于2012年5月10日（保证期间内）向保证人主张了权利，保证合同的诉讼时效开始起算，至起诉之日止未届满，故保证人的保证责任并未消灭。

13. 差额补足等增信措施，是否可以认定为保证？*

【案例1】招商银行股份有限公司与光大资本投资有限公司其他合同纠纷案①

裁判要旨：差额补足协议的性质应根据协议主体、权利义务约定等综合进行认定。差额补足义务的主体不是所涉投资资金的管理人或者销售机构的，不属于法律法规所规制的刚性兑付情形。投资主体双方自愿利用基金的结构化安排以及差额补足的方式就投资风险及投资收益进行分配的，该行为合法有效。因案涉《差额补足函》中并无明确的连带责任保证担保的意思表示，也没有担保对象，故《差额补足函》并非担保。差额补足义务与被补足的债务本身不具有同一性、从属性等保证责任构成要件的，可认定构成独立合同关系，差额补足的条件及范围依据合同约定确定。

基本案情：2016年2月，招商财富资产管理有限公司（以下简称招商财富公司）与光大资本投资有限公司（以下简称光大资本公司）等共同发起设立上海浸鑫基金，其中，招商财富公司认缴优先级有限合伙份额28亿元，光大资本公司认缴劣后级有限合伙份额6000万元。2016年4月，光大资本公司向招商银行股份有限公司（以下简称招商银行）出具《差额补足函》，载明招商银行通过招商财富公司设立的专项资产管理计划，认购上海浸鑫基金的优先级有限合伙份额28亿元，光大资本公

---

* 在审理涉及差额补足等增信措施的案件时，应当注重审查当事人是否具有提供保证的意思表示。如有，可以认定为保证；如无，应当注重审查和债务加入、其他独立法律关系之间的区别。

① 参见上海市高级人民法院（2020）沪民终567号民事判决书。本案系2021年度全国法院十大商事案件之一。

司同意在上海浸鑫基金成立36个月之内，由暴风集团公司或光大资本公司指定的其他第三方以不少于[28亿元×(1+8.2%×资管计划存续天数/365)]的目标价格，受让上海浸鑫基金持有的JINXINHKLIMITED[浸辉(香港)投资管理有限公司]100%股权。若最终这些股权转让价格少于目标价格，光大资本公司将对目标价格与股权实际转让价格之间的差额无条件承担全额补足义务。届时，资管计划终止日，如果MP&SILVAHOLDINGS. A(以下简称MPS公司)股权没有完全处置，光大资本公司同意承担全额差额补足义务。光大证券股份有限公司(以下简称光大证券公司)系光大资本公司唯一股东，其向光大资本公司出具《关于光大跨境并购基金的回复》，载明光大证券公司已知悉并认可光大资本公司对招商银行的补足安排。后因收购的MPS公司濒临破产，上海浸鑫基金无法顺利退出，招商银行遂诉请光大资本公司履行差额补足义务。

裁判理由：(1)关于《差额补足函》的效力，被告并非所涉投资资金的管理人或者销售机构，不属于上海市国资国企改革工作推进领导小组印发的《市国资委监管企业私募股权投资基金监督管理暂行办法》所规制的刚性兑付行为。上海浸鑫基金系被告与暴风集团公司共同发起设立的产业并购基金，原、被告分别认购上海浸鑫基金的优先级、劣后级合伙份额，被告系基于自身利益需求，自愿利用上述结构化安排以及《差额补足函》的形式，与原告就双方的投资风险及投资收益进行分配，不构成无效情形。(2)关于《差额补足函》的法律性质，被告出具《差额补足函》的目的确系为原告投资资金的退出提供增信服务，但是否构成保证仍需根据保证法律关系的构成要件进行具体判断。本案中，原告不是《合伙协议》及MPS公司股权回购协议中的直接债权人，被告履行差额补足义务也不以《合伙协议》中上海浸鑫基金的债务履行为前提。被告在《差额补足函》中承诺的是就香港浸鑫公司股权转让目标价格与实际转让价格之间的差额承担补足义务或在MPS公司股权没有完全处置时承担全额差额补足义务，与MPS公司股权回购协议的相关债务不具有同一性。因此，差额补足义务具有独立性。被告直接向原告承诺差额补足义务是为确保原告的理财资金能够在资管计划管理期限届满时及时退出。在未能按期完成股权转让交易的情况下，被告需无条件独立承担支付义务，与基金项目是否清算无关，故履行条件已成就。

【案例2】陈某彤诉甲公司、马某保证合同纠纷案①

裁判要旨：差额补足承诺函中约定的资金来源缺口可以认定为当事人无法履行债务，当事人针对前述资金缺口自愿承担的补足义务，如有全额、无条件、不可撤销、连带等明确责任的限定的，可以认定为保证合同。

基本案情：2019年5月30日，陈某彤与投资公司签订《投资认购协议》，约定陈某彤认购投资产品，认购金额300万元，年化收益率9%，期限6个月，到期日为2019年11月30日，投资公司在产品到期日后5个工作日内向陈某彤兑付产品全部本金及收益。陈某彤在签署《投资认购协议》时，甲公司和马某分别出具《差额补足承诺函》《保证担保函》，愿意为投资公司在产品到期无法兑付本金及收益时提供全额无条件不可撤销的连带保证义务。2019年11月30日，投资产品到期，2020年1月，陈某彤根据约定提起仲裁，要求投资公司履行义务，但甲公司、马某未承担保证责任。

裁判理由：马某出具《保证担保函》承诺对投资公司的溢价回购价款提供连带保证，投资产品于2019年11月30日到期，投资公司未按约定履行溢价回购义务，陈某彤在保证期间内要求马某承担保证责任，马某应按其承诺对投资产品的本金及收益承担连带保证责任。甲公司出具《差额补足承诺函》承诺一旦发生投资公司的溢价回购资金来源金额或溢价回购资金来源时间缺口，则由甲公司对本资产收益权转让项目的溢价回购价款提供全额无条件不可撤销的连带差额补足义务，从该条款的含义界定来看，该约定符合保证的定义，即保证人甲公司约定当投资公司未履行产品的溢价回购价款支付义务时，甲公司按照约定承担保证责任。《差额补足承诺函》约定甲公司对投资公司的溢价回购价款提供差额补足义务，现投资公司未按约履行溢价回购义务，甲公司应按其承诺对投资产品的本金及收益承担连带保证责任。

① 参见北京市朝阳区人民法院（2020）京0105民初36603号民事判决书。

14. 为到期债务提供保证的，能否成立保证法律关系？*

【案例1】李某玲诉蔡某安等民间借贷纠纷案①

裁判要旨：借款到期后，保证人对该借款提供保证的，保证合同有效。

基本案情：2011年3月25日被告蔡某安、杨某兰向原告借现金10万元，借款期限1年，月利率3%按季付息。因逾期未还，被告蔡某安又于2012年7月5日在借条批注"此款定于2012年12月底归还"，2013年1月10日，原告让被告杨某兰还钱，被告杨某兰又在原告所持的借条上批注"按广安银海玻璃公司核对的金额为准还清"（原告不赞成杨某兰这一说法）。同日，被告蔡某安之女蔡某颖在该借条上以担保人名义签名，为被告蔡某安、杨某兰的债务进行担保。三被告至今未向原告清偿借款，原告起诉要求判决被告蔡某安、杨某兰向原告偿还借款本金10万元及相应利息；被告蔡某颖对此债务承担连带责任。

裁判理由：被告蔡某颖在借条上担保人处签名应当认定其为该借款提供了保证担保，因未约定保证方式，应当按照连带责任保证承担担保责任。

【案例2】四川省银河投资集团有限公司与四川慧思博通信科技有限公司、杨某借款合同纠纷案②

裁判要旨：对到期债务提供保证，只要意思表示真实，应该认定成立保证法律关系。未约定保证期间的，保证期间为提供保证担保之日起6个月。

基本案情：2014年6月26日，四川省银河投资集团有限公司（以下简称银河投资公司）作为债权人，四川慧思博通信科技有限公司（以下简称慧思博公司）作为债务人，签订本金为2700万元的借款协议，期限为5个月（从2014年6月26日起至2014年11月25日止），月息1.2%。同日，慧思博公司向银河投资公司支付第一个

---

* 此问题争议较大。编者观点为，主债务为到期债务的，不影响保证合同成立。因为根据《民法典担保制度解释》第35条规定，保证人甚至可以在知道主债权诉讼时效期间届满的情况下提供保证或者承担保证责任，主债务是否到期的影响应当弱于主债权是否经过诉讼时效。至于保证期间的起算等问题，是保证合同成立后的其他问题，不影响保证合同的成立。《人民法院案例库》2023-07-2-104-002号贾某诉某担保公司保证合同纠纷案，即分析债务到期后的承诺不影响保证责任的认定问题。该案裁判要旨为"债务加入并不能使原债务人脱离债务关系，而是增加了一个新债务人，具有担保债权实现的功能。在缺乏明确债务人的前提下，判断第三人承诺的性质构成保证、债务加入还是新的合同义务，应在尊重当事人意思自治的前提下，结合保证合同的定义，探究当事人的真实意思表示，审查第三人的承诺是否具有从属性、附条件性及可追偿性。在约定不明的情况下，举重以明轻，认定为保证"。

① 参见四川省广安市广安区人民法院（2014）广安民初字第1077号民事判决书。

② 参见四川省高级人民法院（2018）川民终849号民事判决书。

月的利息32.4万元，以及第一个月的财务顾问费75.6万元。次日，银河投资公司将2700万元交付给慧思博公司。2014年7月26日，慧思博公司向银河投资公司支付第二个月的利息32.4万元，以及第二个月的财务顾问费75.6万元。2015年6月15日，慧思博公司法定代表人杨某出具担保函，同意为慧思博公司对银河投资公司的债务（本金、利息、罚息、违约金和实现债权的费用）承担连带保证责任。

裁判理由：本案的争议焦点为：杨某对案涉慧思博公司的债务是否应当承担连带保证责任。二审法院认为，首先，杨某向银河投资公司出具的《担保函》中明确的意思表示是对慧思博公司的债务提供连带保证责任，银河投资公司提起本案诉讼时所主张的事实和理由也是要求杨某承担连带保证责任，因此，杨某和银河投资公司之间真实意思表示应为双方均同意杨某就案涉债务承担连带责任保证，而不是债的加入，一审法院对此事实认定错误，二审法院依法予以纠正。其次，关于本案中杨某对案涉慧思博公司的债务是否应当承担连带保证责任的问题。二审法院认为，通常情况下，连带责任保证是在主债务履行期间届满前由保证人作出，保证期间从主债务履行期限届满之日起算。保证期间旨在为债权人设定主张保证责任的期间，督促债权人及时向保证人主张保证责任，以便及时取得实然的担保债权。如果债权人逾期不主张，则不能再次主张权利。但是，本案特殊之处在于，杨某就案涉债务作出连带责任保证的意思表示时，主债务履行期限已经届满，保证人在作出连带责任保证的意思表示的同时，该连带保证责任所对应的主债权的范围、数额就因主债权届满而明确、具体，对此，保证人、债权人均明确知晓。这意味着债权人无须在一定期间内再向保证人主张权利以便将或然担保债权转化为实然担保债权，即保证人对已到期债务提供担保，债权人接受的，债权人就能直接基于保证人的意思表示取得实然的保证担保债权，从而不再产生保证期间适用的问题。因此，本案中，杨某作为慧思博公司的法定代表人，其在《担保函》中认可案涉慧思博公司对银河投资公司的债务，构成主债务诉讼时效的中断。与此同时，杨某作出对案涉债务承担连带责任保证的意思表示时，其应明确知晓其所承担的保证责任所对应主债务的金额与范围就已经明确具体，而无须银河投资公司再行向其主张，银河投资公司即可基于杨某对案涉债务承担连带责任保证的意思表示，直接享有相应的保证担保债权。杨某出具《担保函》的时间为2015年6月15日，该保证担保债权的诉讼时效应当从杨某出具《担保函》之次日开始计算，即2015年6月16日起算，适用2年的诉讼时效。因此，本案保证担保债权的诉讼时效应截至2017年6月15日。银河投资公司于2016年11月15日提起本案诉讼，向杨某主张权利，并未超过诉讼时效,杨某应就案涉债务向银河投资公司承担连带保证责任。

【案例3】彭某诉王某民间借贷纠纷案[①]

裁判要旨:债务到期后出具保证书承诺帮债务人还清借款的,系对到期债务承担偿还债务的承诺,并非保证合同意义层面的保证。

基本案情:彭某通过姜某介绍认识王甲和王某(2010年6月29日死亡)。2005年12月30日,兴达木公司出具借款条,内容为:公司暂时困难,暂从彭某处借款30万元整,从借款之日起30日内还清此款项。于1月30日以前不还清,公司愿承担一切法律责任。见证人:王某、姜某。2006年5月17日,王某书写保证书:王某帮王甲在2005年12月30日向彭某借人民币30万元整。绝对没问题,如王甲不还清,王某保证其将在2006年6月底之前还清,决不食言,否则王某负有法律责任。2007年6月29日,彭某曾起诉王某让其归还30万元借款和利息,北京市海淀区人民法院作出(2007)海民初字第18485号民事裁定书,裁定驳回彭某的起诉,后被北京市第一中级人民法院发回重审。北京市海淀区人民法院重新组成合议庭,裁定驳回彭某起诉,后再次被发回重审。

裁判理由:2005年12月30日,兴达木公司的借款条显示,兴达木公司从彭某处借款,借款条上有兴达木公司印章和法定代表人王甲的签字。可见最初王某仅是见证人,最初的借款方是兴达木公司而非王某。但是该笔借款于2006年1月30日到期,2006年5月17日王某书写保证书时,主债务已经到期,已为实际发生的债务。王某2006年5月17日作出如王甲不还清,保证自己在2006年6月底之前还清,否则负有法律责任的承诺,实际上是对到期债务承担偿还责任的承诺,而非一般意义上的提供担保。故王某在债务到期后的代为还款承诺使王某与彭某之间形成了新的债权债务关系,即王某代兴达木公司向彭某还款的法律关系。

【案例4】朱某平诉北京温德建设咨询有限责任公司等民间借贷纠纷案[②]

裁判要旨:当事人无承担连带责任的意思,其对于债务人不能还款处于明知状态时,也不符合一般保证"债务人不能履行债务"的要件,不成立保证合同关系。

基本案情:朱某平与申某系同事,刘某系北京温德建设咨询有限责任公司(以下简称温德公司)的法定代表人,其与申某系夫妻关系。2009年1月15日,刘某以温德公司的名义向朱某平借款199650元,并签订了《借款协议书》,对借款期限、利

---

① 参见北京市高级人民法院(2012)高民申字第03207号民事裁定书。

② 参见北京市海淀区人民法院(2012)海民初字第16867号民事判决书。

息进行约定。后温德公司未按期还款。2010年1月23日,刘某在《借款协议书》中注明"此借款协议刘某承担由于温德公司不能还款的全部责任,刘某负责还款"。另外,刘某与申某系夫妻关系,申某应当分担刘某的债务。现刘某、申某、温德公司均未还款。故朱某平诉至法院,诉讼请求:(1)判令温德公司偿还朱某平借款179650元及利息;(2)判令被告刘某、申某对以上借款及利息承担连带还款责任;(3)由温德公司、刘某、申某共同承担本案诉讼费等。被告温德公司认可向朱某平借款的事实,称已于2011年5月11日向朱某平偿还了2万元。目前,无法立即还清欠款。被告刘某认为协议中刘某写的那句话是在特定情况下写的,所以不承担保证责任。2011年5月11日申某向朱某平偿还的2万元是代替温德公司向朱某平还款,而非代表申某个人或刘某向朱某平还款,朱某平是有意识地将收到温德公司还款的收据更换为收到刘某还款的收据,该证据不应作为有效证据。温德公司于2011年5月还在向朱某平还款,同时温德公司也在向其他债权人还款,因此温德公司具备还款能力,此借款是温德公司与朱某平之间的行为,刘某在借款协议中写的这句话其实是刘某本人对温德公司的一笔赠与,刘某与朱某平之间不存在直接的借款关系,不应承担还款责任。该笔借款也非刘某与申某用于共同生活之用,因此申某也不应承担还款责任。

裁判理由:对于朱某平要求刘某对温德公司的债务承担连带保证责任的诉讼请求,法院认为,刘某于2010年1月23日在涉案借款协议书上注明"此借款协议刘某承担由于温德公司不能还款的全部责任"时,本案债务履行期限已届满,自还款期限届满后至2010年1月23日,温德公司未能向朱某平进行还款,刘某在书写上述内容时,其对温德公司不能按照借款协议的约定履行还款义务应属明知,因此刘某书写的上述内容性质并非刘某对温德公司的债务所作的担保,故朱某平要求刘某对温德公司的债务承担连带担保责任无事实与法律依据,法院不予支持。

15. 保证期间届满后,保证人在催款通知书上签字的,是否可以认定为订立了新的保证合同?

【案例】山东高青农村商业银行股份有限公司诉格某义、刘某锋金融借款合同纠纷案①

裁判要旨:保证期间届满后,保证人在催款通知书上签字的,除有证据证明当事人存在继续承担保证责任的意思表示外,不能认定为订立了新的保证合同。

① 参见山东省高青县人民法院(2015)高商初字第391号民事判决书。

基本案情:2007年11月30日,高青农信社黑里寨信用社与被告格某义签订借款合同,合同约定:被告格某义从高青农信社黑里寨信用社借款80000元,借款期限为2007年11月30日至2009年11月29日。同日,被告刘某锋与高青农信社黑里寨信用社签订保证合同,为被告格某义的该笔借款提供连带责任保证,保证期限为主债务履行期限届满之日起两年。2007年11月30日高青农信社黑里寨信用社向被告格某义发放借款80000元。截至2014年12月20日,被告尚欠原告借款本金79756.15元及利息。此外,原告于2011年1月18日在《山东法制报》对被告格某义、刘某锋进行了公告催收;于2012年6月30日、2013年6月21日、2014年7月5日对被告格某义进行了书面催收;于2012年6月23日、2013年6月21日、2014年9月24日对被告刘某锋进行了书面催收。

裁判理由:本案审理的关键在于担保人的保证责任消灭后,担保人即被告刘某锋在担保人履行责任通知书上签字的行为,能否视为担保人继续承担担保责任。根据《担保法》第26条①、《担保法解释》第31条②的规定,保证期间为除斥期间,不因任何事由产生中断、中止、延长的法律后果。因此,只有原告与担保人即被告刘某锋之间订立新的担保合同,才能要求担保人按照新的担保合同履行担保责任。本案中的担保人虽在担保人履行责任通知书中的担保人声明处签字,其只是声明收到债权人的担保人履行责任通知书,并没有继续承担担保责任的意思表示,原、被告双方未达成新的担保合同。因此,原告要求被告刘某锋承担连带保证责任的诉讼请求,法院不予支持。

16. 保证期间届满后,保证人与债权人签订偿还原借款的协议,是否可以认定为形成新的保证合同关系?

【案例】李某斌诉王某、郭某勇民间借贷纠纷案③

裁判要旨:保证期间届满后,保证人与债权人签订偿还原借款的协议,系原保证责任在法律事实上的承继,构成新的保证法律关系。

---

① 参见《民法典》第693条第2款规定:"连带责任保证的债权人未在保证期间请求保证人承担保证责任的,保证人不再承担保证责任。"

② 参见《民法典》第692条第1款规定:"保证期间是确定保证人承担保证责任的期间,不发生中止、中断和延长。"

③ 参见云南省昆明市五华区人民法院(2016)云0102民初1929号民事判决书。

基本案情:2014年7月21日,被告王某向原告出具《借据》,载明:王某因资金周转原因向李某斌暂借人民币900万元,期限为2014年7月21日至2014年9月20日;约定借款抵押物为借款方自有的两套别墅;并由郭某勇作为全权担保人;被告郭某勇作为担保人在《借据》上签字。2014年7月21日、23日,原告分别向被告王某银行账户转账500万元和400万元。2015年11月9日,被告郭某勇向案外人杨某应出具《委托书》,委托案外人杨某应变卖其位于盘龙区×号商品房,变卖所得款项归还杨某应100万元,剩余部分归还李某斌,原告、被告王某亦作为"当事人"在《委托书》上签字、捺印。原告在本案诉讼及庭审中自认被告王某已偿还借款本金人民币100万元,剩余本金800万元一直未归还。

裁判理由:关于《委托书》中被告郭某勇的真实意思表示能否构成保证责任的问题,本案《借据》中确定的保证期限届满之后,被告郭某勇于2015年11月9日向案外人杨某应出具《委托书》,委托案外人杨某应变卖房屋并将变卖所得款项归还杨某应100万元后剩余部分金额归还原告,被告郭某勇自认《委托书》中载明的"剩余部分金额归还李某斌"的真实意思表示为就变卖房屋余款对李某斌与王某之间的2014年7月21日借款合同承担担保责任。法院认为,被告郭某勇在《委托书》中的真实意思表示已经构成了法律上的保证责任,其保证责任系《借据》约定的保证责任在法律事实上的承继,虽然根据《委托书》的真实意思表示设立的保证责任时间在主债务履行期限届满6个月之后,甚至根据前《借据》约定的保证责任已经免除,但是,"法不禁止即自由",现行法律、法规没有禁止债务履行期届满后签订保证合同,或者前一保证合同失效的情况下在主借款合同合法有效时再次设立作为从合同的保证合同,因此法院确认被告郭某勇与原告、被告王某之间根据其在《委托书》中的真实意思表示,再次或重新通过简易方式设立了保证合同,该保证合同依法成立并生效。

17. 主债务经过诉讼时效,保证人在担保人履约通知书上签字或盖章是否可以认定具有愿意承担保证责任的意思表示?

【案例】中国农业银行股份有限公司珠海斗门支行诉珠海市斗门区科教仪器设备公司、珠海市斗门区教育局金融借款合同纠纷案[①]

裁判要旨:主债务经过诉讼时效,保证人在担保人履约通知书上签字或盖章,

① 参见广东省珠海市斗门区人民法院(2015)珠斗法民二初字第62号民事判决书。

仅从其签字或盖章的行为不能当然推断出其有愿意继续担保还款或者承担保证责任的意思表示。

基本案情:1992 年 12 月 2 日、1993 年 4 月 12 日,中国农业银行股份有限公司珠海斗门支行(以下简称农行斗门县支行,贷款方)与斗门县科教仪器设备公司(借款方)、斗门县校办企业实业公司(担保方)先后签订两份《担保借款协议书》,主要约定:贷款金额均为 50 万元,借款用途为购买医疗用 X 光胶片、钢材,贷款期限分别为自 1992 年 11 月 25 日至 1993 年 2 月 25 日、1993 年 4 月 12 日至 1993 年 7 月 20 日。借款方斗门县科教仪器设备公司于 1993 年 2 月 26 日偿还 1992 年《担保借款协议书》项下贷款本金 20 万元,1993 年 4 月 21 日偿还贷款本金 20 万元。1993 年《担保借款协议书》项下贷款本金 50 万元未偿还。尚欠贷款本金 60 万元。1995 年 6 月 29 日,农行斗门县支行(贷款方)、斗门县科教仪器设备公司(借款方)、斗门县校办企业实业公司(担保方)三方签订《银行贷款不可撤销担保协议》,约定各方重新签订协议,借款方从 1992 年 11 月 25 日至 1993 年 4 月 12 日尚欠贷款方 2 笔借款,金额为 60 万元;各方重新约定偿还借款时间,即借款方结欠贷款 60 万元,分三期归还,第一期于 1995 年 12 月 30 日前归还 10 万元,第二期于 1996 年 12 月 30 日前归还 20 万元,第三期于 1997 年 12 月 30 日前归还 30 万元。原告于 1997 年 6 月 20 日至 2013 年 3 月 29 日,多次向被告珠海市斗门区科教仪器设备公司签发债务逾期催收通知书,原告于 2000 年 7 月 25 日至 2013 年 2 月 27 日,多次向珠海市斗门区校办企业实业公司签发担保人履约通知书,上述通知书上均载明了尚欠贷款本金及利息金额。被告珠海市斗门区科教仪器设备公司在前述债务逾期催收通知书上均盖章签收,珠海市斗门区校办企业实业公司在前述担保人履约通知书上均盖章签收。2013 年 10 月 23 日,被告珠海市斗门区教育局决定注销珠海市斗门区校办企业实业公司。

裁判理由:本案的争议焦点是,主债务超过诉讼时效后,原告向保证人珠海市斗门区校办企业实业公司发出担保人履约通知书时,保证人在上面签字或盖章的行为应如何定性。法院认为,依据《最高人民法院关于超过诉讼时效期间当事人达成的还款协议是否应当受法律保护问题的批复》中"超过诉讼时效期间,当事人双方就原债务达成的还款协议,属于新的债权、债务关系。根据《中华人民共和国民法通则》第九十条规定的精神,该还款协议应受法律保护"的规定,本案中,原告于 2000 年 7 月 25 日至 2013 年 2 月 27 日多次向保证人珠海市斗门区校办企业实业公司签发担保人履约通知书,上述通知书为原告统一制作的格式条款,通知书上均注明“担保人声明已收到你行签发的担保人履约通知书”。珠海市斗门区校办企业实业公司均在上述通知书担保人盖章处盖章签收。分析上述担保人履约通知书的内容,可以看出珠海市斗门区校办企业实业公司在签收担保人履约通知书时就是否愿意承担保证责任未作出明确表示,仅从其签字或盖章的行为不能当然推断出其有表示愿意继续担保还款或者承担担保责任的意思表示,故上述担保人履约通知书不符合《合同法》和《担保法》有关担保合同成立的规定,既不成立新的保证合同,也不是对原保证关系的重新确认。故珠海市斗门区校办企业实业公司不应对涉案贷款本息承担保证责任。因此,对于原告请求被告珠海市斗门区教育局对涉案贷款本息承担连带清偿责任,依据不足,法院不予支持。

18. 并存的债务承担与保证,如何区分认定?

【案例1】北京北辰实业集团公司元辰鑫国际酒店诉叶某功保证合同纠纷案[①]

裁判要旨:当事人在保证书中表示如债务人无法清偿,则自行清偿,且同意以自有房屋提供担保,可认定其已表示将债务人的债务归为自身债务,系代债务人清偿债务的行为,而非保证。

基本案情:叶某功原系北京北辰实业集团公司元辰鑫国际酒店(以下简称元辰鑫酒店)员工,于2011年4月离职。叶某功在任职期间,于2009年3月至2009年10月经手客户消费业务,由其本人签单挂账。2010年4月28日,叶某功与元辰鑫酒店进行对账,其中“叶某功经手政府机关欠费账单交接明细表”列明,其经手客户欠费累计金额为406493.57元,叶某功签字认可“欠款数额属实”。2010年5月21日叶某功向元辰鑫酒店书写《保证书》,内容为:“我叶某功将代表企业负责追缴我本人在负责销售工作中的客户欠款问题。负责时长至2010年12月31日。如到期未追回全部欠款,我叶某功本人将承担一切责任,并通过合法手段还清欠款,并以我本人房产作抵押。”现叶某功未还款,元辰鑫酒店诉至法院,要求叶某功归还欠款406493.57元。叶某功认为其与元辰鑫酒店间不存在借款关系,债务是属于元辰鑫酒店的债务,不应当由个人承担,元辰鑫酒店主张由叶某功还钱的理由叶某功不认可,故不同意其诉讼请求。

裁判理由:本案元辰鑫酒店依据叶某功出具的《保证书》要求叶某功清偿欠款。

① 参见北京市第一中级人民法院(2013)一中民终字第9613号民事判决书。

根据叶某功和元辰鑫酒店的陈述,《保证书》中所涉款项的基础系叶某功在负责销售工作中因其签单挂账而产生的客户在元辰鑫酒店消费应支付而未实际支付的款项。叶某功在《保证书》中承诺由其负责代表元辰鑫酒店追缴客户欠款,如未在其承诺的期限内,即在2010年12月31日前追回全部欠款,则欠款由叶某功还清,同时叶某功亦表示用自己的房屋对此提供担保。根据上述内容,叶某功已经通过向元辰鑫酒店出具《保证书》的行为,明确作出其在2010年12月31日前未追回全部欠款的情况下由其还款的意思表示。据此,一审法院认定叶某功与元辰鑫酒店之间形成保证合同关系不妥,二审法院予以纠正,案由应确定为欠款纠纷。

【案例2】唐山松汀钢铁有限公司与广发银行股份有限公司上海分行等金融借款合同纠纷案①

裁判要旨:对于保证和并存的债务承担之意思表示的区别在于意思表示人对债务是否有自身经济利益。保证是为他人债务承担责任,而并存的债务承担是为自我债务承担责任。若义务人在案件中存在自身经济上的利益,则为并存的债务承担,否则即为保证。

基本案情:2011年9月15日,广发银行股份有限公司上海分行(以下简称广发银行)与鑫燎公司签订《银行承兑汇票额度授信合同》,约定:广发银行向鑫燎公司提供最高限额(不含保证金)1500万元的汇票承兑额度;鑫燎公司应于汇票到期日前至少1个工作日,将应付票款足额存入约定的账户,由于鑫燎公司未能及时足额交存票款,致使广发银行垫付资金,广发银行垫付的资金于垫款当日起转为广发银行对鑫燎公司的逾期贷款。同日,广发银行与鑫燎公司、唐山松汀钢铁有限公司(以下简称松汀公司)签订了《厂商银授信合作协议》,约定:广发银行向鑫燎公司提供银行承兑额度授信,专项用于鑫燎公司向松汀公司采购购销合同项下的钢材,鑫燎公司以广发银行承兑的银行承兑汇票向松汀公司支付货款;鑫燎公司每次提货时,应提前1个工作日向广发银行提出申请,鑫燎公司在广发银行开立的账户追加相当于每次提货金额的票款,并将票款转存至承兑保证金账户后,广发银行才为鑫燎公司开具《提货通知书》,鑫燎公司仅凭该《提货通知书》向松汀公司提货;松汀公司保证,仅凭广发银行为鑫燎公司开具的且经松汀公司确认有效的《提货通知书》给鑫燎公司提货,否则,松汀公司不得给鑫燎公司提货;鑫燎公司应于银行承兑汇票到期日前1个工作日将票款足额存入其在广发银行开立的专用账户内,作为委托

① 参见上海市第二中级人民法院(2015)沪二中民六(商)终字第81号民事判决书。

广发银行支付票款之资金，否则视为鑫燎公司违约。2012年8月6日，鑫燎公司向广发银行交付保证金643万元。广发银行按约向鑫燎公司开具了五张银行承兑汇票，汇票总金额为2143万元，收款人为松汀公司，到期日为2013年2月6日。上述银行承兑汇票到期时，鑫燎公司未按约足额交存票款。广发银行扣除了鑫燎公司交存的保证金、保证金利息及部分存款后，鑫燎公司尚欠广发银行垫款本金14897497.53元。《厂商银授信合作协议》签订后，广发银行未向鑫燎公司开具并经松汀公司确认的《提货通知书》，松汀公司向鑫燎公司发货共计货款21614285元。

裁判理由：松汀公司提出其付款责任是承担保证责任的抗辩意见，与事实和合同约定不相符。保证或并存的债务承担均须有明确的意思表示而不应推定。对于保证和并存的债务承担之意思表示的区别在于意思表示人对债务是否有自身经济利益。最高人民法院在（2005）民二终字第200号案判决其实亦有提及。保证是为他人债务承担责任，而并存的债务承担是为自我债务承担责任。若义务人在案件中存在自身经济上的利益，则为并存的债务承担，否则即为保证。本案中之所以在《厂商银授信合作协议》中约定松汀公司应向广发银行支付票据款项差额，是因为松汀公司已自广发银行获得全额承兑的汇票共计2143万元，而其依据《提货通知书》所发货物远未达到此金额，故其本身就负有返还此部分款项的义务。故《厂商银授信合作协议》中约定松汀公司的支付义务并非单纯基于鑫燎公司违约的代替支付，而是松汀公司有自身的经济利益。本案中要求松汀公司承担付款责任是基于合同的明确记载，然该记载并未明确是保证的义务负担，又由于松汀公司对该款项支付具有自身经济利益，故其承担的应为并存的债务承担。

【案例3】张某祥诉张某华、张某健保证合同纠纷案①

裁判要旨：保证与并存的债务加入的区分，应当首先探究当事人真实的意思表示。存在不能还款后由其代还等符合保证合同核心构成要件的，应当认定为保证合同关系。

基本案情：2007年6月29日，张某健、李某、张某祥、朱某菊作为借款人、抵押人（甲方）与建行南通分行签订《个人住房最高额抵押贷款合同》，约定建行南通分行向甲方提供最高额抵押贷款35万元，抵押物为张某祥所有的五山公寓×室房屋。2009年7月22日，建行南通分行将35万元贷款划入张某健账户。2009年7月14日，被告张某华曾出具担保书，内容为："今有张某健向张某祥借房贷款，到期为

① 参见江苏省南通市中级人民法院（2016）苏06民终763号民事判决书。

二〇一〇年七月,到期所有后果由我担保。"2009年7月19日,被告张某健向原告出具借条,载明,今借张某祥人民币35万元整,借期为4年,如4年内张某健无能力还款,由张某华代还。被告张某华作为代还人在借条上签字。原告张某祥认为,张某健资金紧张,需要贷款,故原告向其借房用于银行贷款。为此,张某健也曾让张某华出具担保书。原告认为不行,便要求张某健出具上述借条,并让张某华代偿债务,而非担保债务。故要求被告张某华偿还原告为张某健垫付的银行贷款人民币154300元。被告张某华则认为,不记得在借条上签过名,请求法院驳回原告的诉讼请求。

裁判理由:作为担保方式的保证与并存的债务承担等在性质和处理上有所不同,判断一个行为是保证,还是并存的债务承担或其他,应根据具体情况确定。根据《担保法》的规定,保证是指保证人和债权人约定,当债务人不履行债务时,保证人按照约定履行债务或承担责任的行为。从该规定来看,保证人承担责任的前提是债务人的履行延迟,案涉借条明确表示张某健在4年内无能力还款时,由张某华代还,符合上述关于保证的规定,其意思表示有明显的保证含义。此外,在借条之前被告张某华出具担保书的行为以及原告当庭陈述亦能予以佐证。综上,被告张某华的行为构成保证。我国《担保法》规定,当事人在保证合同中约定,债务人不能履行债务时,由保证人承担保证责任的,为一般保证。结合相关证据,本案应为一般保证。根据法律规定,保证人与债权人未约定保证期间的,保证期间为主债务履行期届满之日起6个月。原告未举证证明其在上述期间向被告张某健提起诉讼或申请仲裁,保证人张某华依法免除保证责任。综上,原告要求被告张某华偿还款项于法无据,法院不予支持。

19. 他人为债权人另外提供了相应担保,保证人是否必然免责?

【案例】信达公司石家庄办事处与中阿公司等借款担保合同纠纷案[①]

裁判要旨:保证合同是当事人之间意思表示一致的结果,保证人的变更必须经债权人同意。债权人和保证人之间没有形成消灭保证责任的合意,即使债务人或第三人为债权人另外提供了相应的担保,债权人亦表示接受,也不能因此免除保证

① 参见信达公司石家庄办事处与中阿公司等借款担保合同纠纷案,载《最高人民法院公报》2006年第3期。

人的保证责任。

基本案情：1993年10月20日，冀州中意公司与省建行签订外汇借款合同。中阿公司为该笔贷款向省建行出具《不可撤销现汇担保书》。借款担保合同签订后，省建行依约发放了贷款。该笔贷款作为冀州中意公司的出资投入河北中意公司。在借款合同履行过程中，河北中意公司与省建行、中阿公司曾就变更借款人事宜进行协商，但因中阿公司拒绝担保未果，为此河北中意公司向省建行出具《承诺书》，承诺：河北中意公司对归还该笔贷款本息承担连带还款责任，并放弃一切抗辩权。借款到期后，借款人和担保人均未偿还。1999年12月3日，省建行与信达公司石家庄办事处（以下简称信达石办）签订了《债权转让协议》，并向冀州中意公司发出《债权转让通知》，向河北中意公司发出《担保权利转让通知》。

裁判理由：根据《承诺书》的内容，河北中意公司愿意承担债务并无疑问，问题的关键在于：河北中意公司出具承诺书的行为是中阿公司主张的债务人变更，还是信达石办主张的增加保证人，抑或新债务人的加入。根据《合同法》第84条[①]的规定："债务人将合同的义务全部或者部分转移给第三人的，应当经债权人同意。"在本案中，河北中意公司表示愿意承担连带还款责任，债权人省建行在接受的同时，并无明确的意思表示同意债务人由冀州中意公司变更为河北中意公司，因而河北中意公司的承诺行为不能构成债务转移，即不能构成债务人的变更。对中阿公司以债务转移未经其同意为由拒绝承担保证责任的抗辩理由，法院不予支持。至于河北中意公司的行为应当定性为信达石办所主张的保证人增加，还是定性为债务人的增加，法院认为，二者在案件的实质处理上并无不同，只是在性质上有所不同：保证系从合同，保证人是从债务人，是为他人债务负责；并存的债务承担系独立的合同，承担人是主债务人之一，是为自己的债务负责，也是单一债务人增加为二人以上的共同债务人。判断一个行为究竟是保证，还是并存的债务承担，应根据具体情况确定。如承担人承担债务的意思表示中有较为明显的保证含义，可以认定为保证；如果没有，则应当从保护债权人利益的立法目的出发，认定为并存的债务承担。因此本案中，根据承诺书的具体内容以及向河北中意公司发出的催收通知中的担保人身份的注明，对河北中意公司的保证人身份有较为明确的表示与认可，信达石办主张的此行为系保证人增加的上诉理由，于法有据，法院予以支持。

---

① 参见《民法典》第551条第1款规定："债务人将债务的全部或者部分转移给第三人的，应当经债权人同意。"

20. 未明确为保证人的签章行为是否构成保证责任，应如何认定？

【案例】陆某文诉张某英保证合同纠纷案[①]

裁判要旨：保证人与债权人约定以其个人以及家庭财产成立担保，其配偶签字同意，债权人要求保证人配偶承担保证责任的，应当予以支持。

基本案情：2017年9月3日，陆某文作为出借人与案外人中盈盛公司签订《阳光·转贷通借款合同》，约定陆某文向中盈盛公司出借20万元，借款期间6个月，自2017年9月3日至2018年3月2日。当日，陆某文向中盈盛公司支付20万元。2017年9月3日，为保证上述投资的安全，案外人刘某（张某英之女）作为甲方责任担保人与陆某文（乙方投资人）签订《推荐投资责任担保书》，承诺陆某文与中盈盛公司签订的《阳光·转贷通借款合同》绝非非法经营或者非法集资范畴等非法性质的合同，若造成对陆某文的投资本金及合同上所规定的金额和足额的效益性收益的影响，均由刘某负责并承担因此引起的无限连带责任。该担保书经甲、乙双方协商约定，须经中盈盛公司一名员工见证，也须经过甲方家庭代表1～3人在同意签订此责任担保协议书的情况下，视为甲方以个人以及家庭财产成立的担保资格与能力作为责任担保。《推荐投资责任担保书》中甲方刘某、乙方陆某文及甲方家庭成员代表张某英签字。此后，中盈盛公司未能依约履行合同项下的还本付息义务，刘某亦未依约承担保证责任。2017年10月11日，陆某文向刘某、张某英发送了《明确违约告知书》，要求刘某及张某英于2017年10月17日前针对上述涉案借款向陆某文承担担保责任。此后，刘某、张某英均未承担还款责任。2018年，陆某文将刘某诉至北京市朝阳区人民法院，法院于2018年12月28日作出（2018）京0105民初60508号民事判决书，判决刘某就《阳光·转贷通借款合同》项下的本金、利息向陆某文承担连带保证责任。另查明，中盈盛公司因涉嫌非法吸收公众存款罪，已被刑事立案。该判决于2019年3月22日生效。此后，陆某文向北京市朝阳区人民法院申请强制执行，执行期间，因刘某无财产可供执行，刘某无法向陆某文支付案款。陆某文依据与刘某签订的《推荐投资责任担保书》，将张某英诉至法院。

裁判理由：依照《民间借贷案件规定》第21条“他人在借据、收据、欠条等债权凭证或者借款合同上签名或者盖章，但是未表明其保证人身份或者承担保证责任，或者通过其他事实不能推定其为保证人，出借人请求其承担保证责任的，人民法院

① 参见北京市朝阳区人民法院（2019）京0105民初76605号民事判决书。

不予支持"的规定，认定张某英是否对涉案债务承担连带保证责任的关键在于通过全案证据能否推定张某英具有以自己财产承担保证责任的意思表示。对此，从《推荐投资责任担保书》来看，当中载明经过甲方刘某家庭成员代表签字，则视为刘某以个人以及家庭财产而成立担保，张某英作为甲方家庭成员代表在该担保书中签字。关于对张某英的签字行为的认定，首先，从签字行为的意思表示来看，张某英既然作为刘某的家庭成员代表签字，即应当认定其同意以家庭财产承担担保责任，因刘某是具备完全民事行为能力及独立财产的民事主体，其对自己的财产及债务负担具有独立的处分权，涉案争议中，若刘某仅以个人财产进行担保，则张某英实际并无签字的必要，因此，张某英的涉案签字行为，依常理应当认定为张某英同意以包括其个人财产在内的家庭财产对涉案债务承担担保责任的一种处分行为。其次，从签字的效果及对外形成的表象来看，《推荐投资责任担保书》中关于以家庭财产承担担保责任的约定，以及张某英作为家庭成员代表签字的行为，无疑对陆某文决定进行涉案借款行为起到了重要推动作用，陆某文基于张某英的签字行为所形成的对于涉案担保主体及担保财产范围的信赖利益，依法应当受到保护。综上，法院认为结合《推荐投资责任担保书》约定的内容以及张某英签字的行为，可以推定张某英对于以自己及刘某共同的财产对涉案债务承担保证责任的事实具有清晰的认识，且更符合各方当事人签署《推荐投资责任担保书》时的真实意思表示，故对于陆某文要求张某英对涉案债务承担保证责任的诉讼请求予以支持。

21. 当事人在"担保人"处签名后，又在签名后写了"证明人"字样的，保证合同是否成立？

【案例】王某燕诉于某龙、孙某艳、于某香民间借贷纠纷案①

裁判要旨：在借条上签"证明人"字样的行为，虽系与在"担保人"处签名同一时间发生，但没有得到债权人确认，也与其在借条"担保人"处签字的意思表示相悖，债权人和保证人之间未就其系证明人达成新的合意，其后续签"证明人"的行为，不具有否认前述在"担保人"处签名的行为。

基本案情：2010 年春，经被告于某香担保，王某燕借给于某龙、孙某艳夫妇 70000 元整，约定利息每月 500 元，并承诺于 2014 年 12 月末连本带利一次性偿还，

① 参见黑龙江省密山市人民法院（2015）密商初字第 47 号民事判决书。

如欠款不能偿还,以其楼房抵押给王某燕偿还借款。现借款期限已到,于某龙、孙某艳未偿还借款及利息,故王某燕提起诉讼,要求于某龙、孙某艳立即偿还借款70000元及利息2000元,于某香承担连带责任。于某龙对欠款的事实及约定的利率没有异议,但提出现在没有偿还能力,请求分期偿还借款。孙某艳对欠款的事实及约定的利率都没有异议,亦提出现在没有偿还能力,请求分期偿还借款。于某香认为自己不是担保人,是证明人,故不应当承担还款责任。

裁判理由:被告于某香根据王某燕的要求,在王某燕书写的借条的担保人处签字,视为其接受王某燕要求其承担保证责任的请求。庭审中,于某香提出其在“担保人”处签字后,随即又填写了“证明人”字样的目的是否定承担保证责任,但庭审中其提出的抗辩理由仅系本人陈述,没有有效证据佐证其陈述意见,且王某燕亦不认可。因此,其提出不承担保证责任的抗辩主张,法院不予支持。

22. 当事人在借条上签名,但签名前面“借款担保人”的字样并非其本人所书写,能否认定为保证人?

【案例】李某锋诉吴某鲁等民间借贷纠纷案①

裁判要旨:当事人在借条下方的空白处签名,如其仅出于见证该笔借款而签名,应通过合理的方式对见证人身份予以明示,未予明示且其签名前被当场备注保证人字样,当事人无法提供证据证明其确系见证人的,债权人有权请求其承担保证责任。

基本案情:2013年10月10日,被告吴某鲁为原告李某锋出具借条一张,其中载明:今向李某锋借款30万元整,自2013年10月10日起至2014年3月10日止。款项现场交付。到期除还本金外,另按银行同期贷款利率的4倍支付利息。借款收款人:吴某鲁。被告杨某凯在该借条落款处“借款收款人吴某鲁”的签名上方签署了自己的名字,原告李某锋在杨某凯签名的前面书写上了“借款担保人”的字样。同月18日,吴某鲁与其妻吴某俊共同为原告出具借款收条一张,载明收到李某锋现金7万元整、5万元整、8万元整,共计3次20万元整。借款期限届满后,吴某鲁未能依约履行还款责任,原告李某锋遂提起本案诉讼,要求依法处理。

裁判理由:尽管在30万元的借条中杨某凯签名前面“借款担保人”的字样系由

---

① 参见山东省济南市槐荫区人民法院(2015)槐民初字第2325号民事判决书。

原告所书写，但杨某凯认可其同意为20万元借款本息承担担保责任，且杨某凯在30万元借条上签名时已明确知悉该张条子系属借条性质，在此情形下，其仍在借条下方的空白处签名，如其仅是作为该笔借款的见证人签名，则应通过合理的方式对其见证人的身份予以明示，但杨某凯并未在借条中明示其系见证人，在审理过程中亦未提供证据对此予以证明，其应对此承担举证不能的法律后果。故法院依法认定被告杨某凯系本案所诉争借款的保证人。

23. 在借条上签名但无其他证据证明其为保证人的，是否可以认定为保证人？

【案例1】李某全诉王某、孙某青民间借贷纠纷案①

裁判要旨：当事人在借条上并未表明其保证人身份或者承担保证责任，各方当事人也未通过其他形式约定当事人承担保证责任，且当事人亦未以实际行动表明其承担保证责任的，不宜认定为保证人。

基本案情：李某全与孙某青系多年朋友，孙某青经营售卖完美产品的商店，李某全通过孙某青认识王某。2016年4月30日，王某找到李某全借款4万元并于当日亲笔书写涉诉借条，借条载明："今借用李某全人民币（肆万元整）（40000万元）此款用于完美进货。以上借款按6%利息月计算。当时利息为人民币贰仟肆佰元整（2400元），当时扣除以上利息。我借款人认可。（总借款人民币肆万元）于2016年5月30日前全部还清。利息已付，还款时不存在利息问题。如不按时还款我本人负法律责任。借款人：王某 孙某青；借款时间：2016年4月30日晚8点35分。"李某全与王某均认可：涉诉借条上的签名为次日即2016年5月1日补签，署有"王某"的签名系王某本人签署，署有"孙某青"的签名系孙某青本人签署；涉诉借条上的"40000万元"为笔误，应为"40000元"；涉诉借条上"如不按时还款我本人负法律责任"中的"我本人"系指王某。庭审中，李某全明确陈述，王某为借款人，孙某青为担保人，如果不是孙某青担保，其不可能借钱给王某，故二人应当一并承担还款责任。王某辩称本案与孙某青无关，其愿一人承担全部责任，系李某全硬拉孙某青在借条上签名。孙某青未参加本案庭审，但其在法院诉前调解阶段称其之所以在借条上签名是因为"原告非让我在借条上签字，说让我证明一下王某跟李某全借钱了"。

---

① 参见北京市顺义区人民法院（2016）京0113民初16610号民事判决书。

裁判理由:保证合同为要式合同,应当以书面形式订立,李某全未提交证据证明其和孙某青关于涉诉借款的保证责任存在书面约定。《民间借贷案件规定》第21条规定,他人在借据上签字,但未表明其保证人身份或承担保证人责任,或者通过其他事实不能推定其为保证人,出借人请求其承担保证责任的,人民法院不予支持。孙某青在涉诉借条的"借款人"处签名,并未以保证人身份签名或表明承担保证责任,孙某青在法院主持的诉前调解谈话笔录中亦否认其为涉诉借款的保证人,且孙某青未以实际行动履行保证责任,故通过其他事实亦不能推定孙某青为涉诉借款的保证人。据此,李某全要求孙某青承担保证责任于法无据,法院不予支持。

【案例2】史某虎诉滑某西担保合同纠纷案①

裁判要旨:与借款人在同一借条上签名,但其姓名处并无关于保证人身份或者承担保证责任的文字标识,同时也没有其他证据证明此人对借款承担保证责任的,债权人请求承担保证责任的,不应予以支持。

基本案情:2014年5月23日,史某虎向案外人唐某银账户存入30万元。同年6月1日,唐某银向史某虎书写一份借条,载明:"今借到史某虎现金伍拾万元整(500000.00,此款全年付息壹拾伍万元整,半年付息一次)。"借条下方落款处依次为被告滑某西、唐某银及唐某银妻子高某华的签名。另外,借条右下方还加盖有唐某银经营的六合区万德福粮油加工厂的印章及唐某银的印章。关于借款的交付及借条的形成,史某虎庭审中陈述,唐某银经滑某西介绍向其借款50万元,2014年5月23日,其向唐某银银行账户存入30万元,同年6月1日有唐某银妻子高某华在场的情况下,其在唐某银住处又借给唐某银现金20万元,合计借款50万元。为利息计算方便,两次借款写入一个借条,借条载明的借款日期为2014年6月1日。唐某银写好借条后,唐某银妻子高某华作为共同借款人在借条上签名,稍后滑某西作为担保人在借条上签名。滑某西辩称,史某虎、唐某银均是其朋友,他们一个从事民间放贷,另一个从事粮食加工。唐某银因经营需要资金,经滑某西介绍与史某虎相识。2014年6月1日,史某虎、唐某银在唐某银的住处让滑某西在已写好的借条上签字,至于史某虎出借给唐某银钱款的具体数额、钱款的给付过程及后来借款的归还情况、利息支付情况滑某西均不知情。2017年10月,唐某银因经营不善跑路了,史某虎找到滑某西问借款怎么办,滑某西说帮忙联系唐某银后一直联系不上。故滑某西不是涉案借款的担保人,而只是作为介绍人、见证人在借条上签名,不应承

---

① 参见江苏省南京市六合区人民法院(2018)苏0116民初4号民事判决书。

担担保责任。

裁判理由:《民间借贷案件规定》第21条规定:"他人在借据、收据、欠条等债权凭证或者借款合同上签名或者盖章,但是未表明其保证人身份或者承担保证责任,或者通过其他事实不能推定其为保证人,出借人请求其承担保证责任的,人民法院不予支持。"在本案中,原告提供了紫金农商银行存款凭条一份及借条一份,拟证明其出借钱款50万元给案外人唐某银、高某华,被告滑某西对借款及利息承担担保责任的事实。其中借条下方落款处签名的排序依次为滑某西、唐某银、高某华,但滑某西是最后签名的。由于滑某西的签名前未写明保证人或担保人等字样表明其为保证人身份或者承担担保责任,庭审中原告也未提供其他证据证明被告在借条上签名为保证的意思表示,故原告仅依据借条中被告的签名主张被告为保证人,并要求被告对借条中50万元借款及相应利息承担连带担保责任,证据不充分,法院不予支持。

24. 债务人在借条担保人处署上第三人姓名,后第三人在同一借条空白处签名的,第三人主张其系见证人,债权人主张其系保证人的,如何认定?

【案例】何某苗诉徐某法、何某淼民间借贷纠纷案①

裁判要旨:债务人在借条担保人处署上第三人姓名,后第三人在同一借条空白处签名,但并未通过合理的方式对其见证人的身份予以明示的,应视为其对债务人代其在担保人项内签名这一行为的追认,构成保证合同关系。

基本案情:2009年1月19日,被告徐某法因做生意缺少资金向原告借款50000元,约定月利率按1.5%计算。2010年,被告徐某法称生意不好,在被告何某淼(又名何某妙)家与原告协商之后将利率调整为月利率1%,并重新出具借条,落款时间为最初的借款时间即2009年1月19日,并在借条的借款人和担保人栏分别署上"徐某法""何某妙"的名字。随后,经原告要求,被告何某淼在借条下方的空白处补签名。后被告徐某法支付了2009年1月19日至2011年1月19日的利息12000元。原告认为被告何某淼作为保证人签字应承担连带保证责任,在借款人未按照约定期间付款的情况下,应代为履行清偿义务。但被告何某淼对原告主张的其作为保证人签字的事实予以否认,认为其只作为见证人在借条上签字。

裁判理由:被告何某淼抗辩称其是作为被告徐某法向原告借款的见证人所签,

① 参见浙江省台州市三门县人民法院(2012)台三健商初字第83号民事判决书。

但其在签名时已经知道该条子系借条，且被告徐某法亦已经在该借条的保证人项内签上了“何某妙”三字，在上述情形下，被告何某淼仍在借条下方的空白处签名，应视为其对被告徐某法代其在担保人项内签名这一行为的追认，如被告何某淼只是作为借款的见证人签名，则应通过合理的方式对其见证人的身份予以明示，但被告何某淼并未在借条上明示其系见证人，在审理过程中亦未提供证据对此予以证明，应依法承担举证不能的法律后果。

25. 第三人在共同债务人处签字，同时在合同中又有关于其承担保证责任的约定的，如何认定相关法律关系？

【案例】周某方诉山东九洲农药有限公司等民间借贷纠纷案①

裁判要旨：当事人虽然在共同债务人处签字，但合同条款中存在关于其承担保证责任的明确约定的，应当认定其为保证人。

基本案情：2011年10月8日，原告周某方与被告山东九洲农药有限公司（以下简称九洲公司）签订《民间借款合同》，约定：原告借款300万元给九洲公司，借款期限自2011年10月8日起至2012年4月7日止，月利率12%。2013年2月8日，原告作为出借人，被告李某波、李某勤作为原借款人，被告李某作为共同债务人共同签订《证明协议》，内容如下：今证明九洲公司法定代表人李某波、李某勤在2011年10月9日因资金紧张（以九洲公司办公楼作为抵押）向周某方借款300万元整，后因资金紧张此笔资金未能偿还。给周某方造成了经济上和精神上的损失和困难。自今日为了保证偿还这笔资金[如通过法律手续执行后所剩余全部债权（债务）]由李某自愿为九洲公司、李某波和李某勤承担所有债权（债务）。（1）即日2013年2月8日至2013年8月8日每个月由九洲公司、李某波、李某勤、李某向周某方支付月利息12万元整。（2）还款期限为2013年8月8日前归还本金及利息。（3）如李某到期也未能偿还利息和本金，周某方可到东明县人民法院提起诉讼。（4）即日签字生效。协议签订后，被告未按约定支付利息，《证明协议》约定的还款期限2013年8月8日到期后，被告未履行还款义务。

裁判理由：关于被告李某应否对债务承担连带责任。《担保法》第17条第1

① 参见山东省菏泽市中级人民法院（2013）菏民三初字第25号民事判决书。

款[①]规定："当事人在保证合同中约定，债务人不能履行债务时，由保证人承担保证责任的，为一般保证。"被告李某虽然在《证明协议》中共同债务人处签字，但从《证明协议》中"为了保证偿还这笔资金［如通过法律手续执行后所剩余全部债权（债务）］由李某自愿为九洲公司、李某波和李某勤承担所有债权（债务）……如李某到期也未能偿还利息和本金，周某方可到东明县人民法院提起诉讼"等表述来看，被告李某承担的是一般保证责任，即当债务人不能履行债务时，才由李某承担还款责任。李某承担保证责任后，有权向债务人追偿。故原告要求被告李某对涉案债务承担连带责任无事实根据和法律依据，依法不予支持。

26. 当事人在借条借款人处签名，庭审中债权人变更诉求要求部分当事人承担保证责任，但这二人未表明其保证人身份或者承担保证责任的，是否可以认定该当事人为保证人？

【案例】胡某钋诉林某凤等民间借贷纠纷案[②]

裁判要旨：《民间借贷案件规定》第21条之适用需结合当事人身份关系、签字位置、签字时间、签字地点等情况综合认定，当事人在借款人处签名，但现有证据无法直接证明当事人之间就法律关系的性质达成的约定，债权人主张成立保证合同关系的，应当予以支持。

基本案情：2017年1月9日，被告林某凤因资金周转需要向原告胡某钋借款共计30000元，月利率2%，由被告卓某忠、被告郑某丽提供担保，三被告共同出具借条一张为凭。嗣后，被告仅支付了一个月的利息600元，原告多次催讨借款本金及剩余利息无果，故诉至法院。

裁判理由：本案中卓某忠、郑某丽虽在借条上有签字，但系签在"借款人"字样之后，未表明其保证人身份或者承担保证责任，原告要求这二人承担保证责任，法院予以支持。首先，在三被告均未出庭答辩的情况下，原告主动变更诉讼请求，将卓某忠、郑某丽由借款人变更为担保人，就卓某忠、郑某丽之还款责任来说，原告并不能从该变更行为中获取利益，应系原告在法官询问下对案件事实的进一步确认。实务中，没有委托律师的当事人的起诉状一般由专门提供诉讼服务的人员撰写，较

① 现为《民法典》第687条第1款，表述与《担保法》第17条第1款相同。

② 参见浙江省玉环市人民法院（2017）浙1021民初5899号民事判决书。

为粗糙,比如民间借贷案件通常根据借条直接撰写,较少向当事人了解具体案情,时常未写明还款情况。故原告变更诉讼请求也符合情理。其次,本案借条系事先打印好,仅需填写出借人、借款金额、借款人等信息,民间借贷对格式要求比较随意,借条上已打印三处"借款人"字样,被告卓某忠、郑某丽作为担保人直接在"借款人"字样后方签字的可能性也很高。再次,在多人署"借款人"的案件中,除借款人系极亲密的亲属关系(如配偶、父母、子女)需共同使用借款外,实际上借款系由其中一人使用的情况较多,如出借人或"借款人"称其中部分"借款人"系担保人的,应仔细认定。最后,本案无法认定卓某忠、郑某丽为借款人或不承担保证责任。假如不认定卓某忠、郑某丽为担保人,则其二人应依据借条所写认定为借款人或依据《民间借贷案件规定》第21条认定其不承担保证责任,但认定其为借款人与原告陈述相矛盾,认定其不承担保证责任则损害了原告权益,原告则可依据借条要求卓某忠、郑某丽作为共同借款人承担还款责任,本着诚信诉讼原则要求二人承担保证责任,若以二人未表明保证人身份认定其不承担保证责任则明显不合理。

27. 第三人单方以书面形式向债权人出具担保书,以并非自己的财产提供担保,能否成立保证合同?

【案例】李某滔诉罗某烈、余某祥民间借贷纠纷案①

裁判要旨:第三人单方以书面形式向债权人出具担保书,并非以自己的财产提供担保,而是意图以案外人的财产清偿债务,应当认定该担保不具有真实性,保证合同不成立。

基本案情:2012年4月,罗某烈因资金周转困难,经余某祥介绍向李某滔借款。2012年4月25日,罗某烈向李某滔出具120万元借据,约定借款期限3个月,月息3.5%,按月付息。同日,李某滔通过银行转账支付给罗某烈1158000元,罗某烈收款后向李某滔出具了120万元的收据。后经余某祥出面协调李某滔同意将利率降低为月息3%。罗某烈自2012年5月26日起每月向李某滔指定的银行账户支付利息款36000元,最后一次支付利息时间为2014年1月26日。2013年8月22日,罗某烈向李某滔出具200万元的借据,约定借款期限12个月,月息3%,按月付息。次日,罗某烈收到银行转账款194万元后向李某滔出具借款200万元的收据。罗某烈

① 参见湖南省高级人民法院(2016)湘民终586号民事判决书。

于2013年10月23日、2013年11月26日、2014年1月2日分3次向李某滔指定的银行账户支付利息共计18万元。自2014年2月起，罗某烈因资金周转困难未按约定向李某滔支付利息，李某滔多次向罗某烈催讨借款本息未果，遂要求余某祥督促罗某烈还款。2014年8月，罗某烈与案外人江某华准备合伙投资“大湘西商贸物流城”建设工程项目，各自需要交纳履约保证金500万元。因罗某烈资金短缺遂向余某祥借款，余某祥表示同意投资500万元，但要求罗某烈先转500万元到其指定账户，其再将1000万元转入工程保证金账户。2014年9月15日，罗某烈与余某祥签订《项目合伙协议》，约定双方在协议签订之日10天内各自出资500万元支付到余某祥在建行黄兴北路支行的账户中，并约定余某祥投入的500万元按月息1.5%收取利息。2014年9月25日上午，罗某烈、余某祥与案外人曾某秋、江某华、余某红一起到长沙市一家中国建设银行，案外人曾某秋从其建行账户中将500万元转账到余某红建行账户上，随即余某红将该500万元转账支付到余某祥中国建设银行账户中。随后，余某红按余某祥要求签署《证明》，证明从余某红银行账户上支付给余某祥银行账户中的500万元系罗某烈的资金。罗某烈亦在上述《证明》中注明：“该伍佰万元系本人罗某烈的资金不是余某红的资金。”同时，余某祥向罗某烈出具一张500万元的借据，并约定余某祥当天必须将1000万元付至工程保证金账户，付款后该借据自行作废。因当日下午近17时，余某祥仍未按约定支付工程保证金1000万元，案外人曾某秋怀疑自己的500万元资金被诈骗，立即向长沙市公安局芙蓉分局报案。次日，该局立案侦查曾某秋被诈骗案，并于当日上午冻结被告余某祥中国建设银行账户中的500万元。同日，一审法院受理李某滔的起诉，并依李某滔的申请于当日作出(2014)娄中民一初字第69-1号民事裁定书和(2014)娄中执他字第154号协助冻结存款通知书，冻结了余某祥银行账户中的470万元。2016年5月16日，长沙市公安局芙蓉分局对曾某秋被诈骗案以没有犯罪事实为由作出撤销案件决定，并于当日解除对余某祥银行账户中500万元存款的冻结。2015年2月15日，长沙市公安局芙蓉分局经济犯罪侦查大队向一审法院出具《情况说明》，确认余某祥建行账户上的500万元系曾某秋从其建行账户转入。李某滔在一审起诉立案时提交的一份余某祥为罗某烈对李某滔120万元债务提供担保的担保书，借款日期为2013年8月22日，担保书落款日期为2012年4月25日；2014年11月17日一审庭审时，李某滔向一审法院另外提交一份余某祥为罗某烈对李某滔120万元债务的担保书，借款日期为2012年4月25日，担保书落款日期为同一天。李某滔陈述因担保书已丢失，余某祥2014年8月补签上述担保书。在一审庭审后，因该120万元的担保书已超过担保期间，李某滔又向一审法院提交了余某祥的一份承诺书，余某祥承诺继续提供担保直到罗某烈向李某滔归还全部借款本金及利息为止。

裁判理由：本案二审的争议焦点是余某祥是否应对罗某烈所欠李某滔的债务承担担保责任。担保事宜对双方而言，应属重大事项，一般人通常对此均会持非常谨慎的态度。但是，本案中，李某滔、余某祥对担保书的保管和出具随意性较大。先是李某滔称担保书遗失，由余某祥补签；然后是对有瑕疵的担保书在立案时没有发现错误之处，进入审理时，余某祥又重新出具担保书，对错误之处进行了更正；一审庭审后，因该120万元的担保书已超过担保期间，李某滔又向一审法院提交了余某祥的承诺书，余某祥承诺继续提供担保直到罗某烈向李某滔归还全部借款本金及利息为止。可见，余某祥对李某滔数次提供担保书的要求积极予以配合，两人当时对担保书上出现的明显瑕疵均未发现，不符合一般人的正常行为方式。而作为债务人的罗某烈又一直对担保事项不予认可。因此，本案所涉担保书存在不合常理之处，其真实性存在疑点，一审判决对其真实性不予认定并无不当。

28. 债权人和保证人对保证合同真实性存在争议的，举证责任由谁承担？

【案例】安丘农商行诉李某霞、高某全金融借款合同纠纷案①

裁判要旨：在合同纠纷案件中，主张合同关系成立并生效的一方当事人对合同订立和生效的事实承担举证责任。在保证合同真实性存疑及相关当事人对保证合同真实性提出异议并否认作为保证人提供担保的情况下，债权人不能仅凭对真实性有争议的保证合同本身来证实该合同的真实性及效力，其负有继续举证的责任。

基本案情：2006年5月29日，高某全与原安丘市农村信用合作联社签订借款合同，借该社贷款48000元用于个人经营，期限自2006年5月29日起至2007年5月10日止。同时签订的保证合同载明该笔贷款担保人为李某霞、曹某玉及村民任某成、高某亮、张某武、高某喜等6人。借款到期后，高某全未按合同约定偿还借款本息，保证人亦未承担保证责任。原安丘市农村信用合作联社遂以高某全、李某霞、曹某玉、任某成、高某亮、张某武、高某喜为被告向法院起诉要求被告连带偿还借款本息。开庭前，原告即撤回对保证人高某喜的起诉。庭审中，借款人高某全作出保

① 参见山东省安丘市人民法院(2013)安商再初字第4号民事判决书。

证合同上保证人签字、捺手印并非本人所为的陈述，到庭的任某成、高某亮、张某武3人提出自己没有办理担保手续的抗辩后，原告又撤回对该3人的起诉。一审期间，李某霞、曹某玉均未到庭。山东省安丘市人民法院判令高某全偿还借款本息并由担保人李某霞、曹某玉承担连带清偿责任。李某霞申请再审。再审中，李某霞、曹某玉与安丘农商行就保证合同的真实性产生争议。在法院召集双方当事人，就申请鉴定事项明确由安丘农商行承担后，安丘农商行未在法院指定期限内提交书面鉴定申请且未说明理由。

裁判理由：安丘农商行就其要求李某霞及曹某玉作为保证人承担保证责任的请求仅提供了借款合同及保证合同为证。再审时，李某霞、曹某玉两人对在保证合同上签字、捺手印予以明确否认后，被申请人未再就其主张进一步举证证实。安丘市人民法院认为，在原审庭审中，在高某全已明确陈述担保人本人并未签字、捺手印，任某成、高某亮、张某武3人均提出没有提供担保的答辩后，被申请人即撤回对该3人的起诉，足以让人产生对保证合同真实性的质疑。《最高人民法院关于民事诉讼证据的若干规定》第5条规定，在合同纠纷案件中，主张合同关系成立并生效的一方当事人对合同订立和生效的事实承担举证责任。就本案而言，在保证合同真实性存疑及相关当事人对保证合同真实性提出异议并否认作为保证人提供担保的情况下，被申请人仅凭对真实性有争议的保证合同本身来证实该合同的真实性及效力，并据此要求对方承担保证责任是没有说服力的，其应当负有继续举证的责任。在没有其他充分证据证实的情况下，对保证合同上李某霞、曹某玉二人签字、捺手印的真伪通过鉴定予以确认，成为本案定案关键。根据证据规则的相关规定及本案实际情况，法院确定由被申请人安丘农商行对此承担举证责任即申请进行鉴定是适当的。《最高人民法院关于民事诉讼证据的若干规定》第25条第2款规定："对需要鉴定的事项负有举证责任的当事人，在人民法院指定的期限内无正当理由不提出鉴定申请或者不预交鉴定费用或者拒不提供相关材料，致使对案件争议的事实无法通过鉴定结论予以认定的，应当对该事实承担举证不能的法律后果。"本案被申请人未在法院指定的期限内提出书面鉴定申请且无正当理由，应当对保证合同的真实有效性承担举证不能的责任。原判认定李某霞及曹某玉为高某全借款提供担保并承担连带责任保证证据不足，确有错误，应予纠正。

29. 一方当事人向另一方当事人出具借条，但并未有实际资金往来，另一方主张该法律关系为保证，但未提供证据予以证实的，可否认定为保证？

【案例】姜某军诉刘某年保证合同纠纷案①

裁判要旨：《担保法》第13条②和《担保法解释》第22条③对于担保形式有明确规定，借条并非法定形式之一。当事人虽出具借条但保证合同并未生效，另一方当事人未收到借条项下借款，民间借贷关系也不能成立。当事人因此所受到的损失，可根据缔约过失等其他程序另行救济。

基本案情：2011年8月30日，刘某向江山农合行贺村支行借款80万元并由姜某军及汪某以房屋抵押担保，借款期限从2011年8月31日起至2012年8月29日止。因刘某未按约支付借款利息，江山农合行贺村支行决定提前收回借款本息，并先后向姜某军及汪某发出提前收回贷款及催收通知书。2012年7月18日，姜某军代刘某归还上述借款本金80万元及利息。2011年8月30日，刘某年向姜某军出具了一份借条，载明"今借到姜某军现金捌拾万元正，借款壹年，月利息壹分，按季付清，月利息捌仟元正。具借人：刘某年2011年8月30日"。姜某军以自己的房产为刘某提供担保，是为了从介绍人刘某年那里赚取每月8000元利息。刘某年作为介绍人，向姜某军以借条的形式提供反担保，目的在于从借款人刘某处获取更高的利息，从中赚取利差。在借款人刘某未能按约还款的情况下，姜某军作为抵押人，主动替刘某还掉银行本息。现姜某军以刘某年为保证人，要求其承担反担保责任。刘某年认为，保证须以书面形式作出，本案借条本身，没有任何保证意思，借条本身反映出来的是民间借贷；而其虽出具借条，但姜某军并未交付借条项下款项，民间借贷尚未生效。故其不承担任何责任。

裁判理由：一审法院认为，所谓保证是指保证人和债权人约定，当债务人不履行债务时，保证人按照约定履行债务或者承担责任的行为。第三人为债务人向债权人提供担保时，可以要求债务人提供反担保。根据规定，保证人与债权人应当以

① 参见浙江省衢州市中级人民法院(2013)浙衢商终字第1号民事判决书。

② 《担保法》第13条规定："保证人与债权人应当以书面形式订立保证合同。"《民法典》未保留该法条。

③ 参见《民法典》第685条规定："保证合同可以是单独订立的书面合同，也可以是主债权债务合同中的保证条款。第三人单方以书面形式向债权人作出保证，债权人接收且未提出异议的，保证合同成立。"

书面形式订立保证合同；第三人单方以书面形式向债权人出具担保书，债权人接受且未提出异议的，保证合同成立。本案关键在于刘某年向姜某军出具借条的行为能否认定为刘某年为涉案刘某的80万元借款向姜某军提供反担保。鉴于涉案借条内容并不能反映刘某年单方以书面形式向姜某军出具担保书确定为涉案刘某的80万元借款向姜某军提供反担保，且姜某军未能提供其他证据证明刘某年以其他书面方式向姜某军提供反担保，故即使刘某年曾口头向姜某军表示同意为姜某军提供反担保，亦无法据此认定反担保成立。

二审法院认为，民事法律行为不得违反法律的强制性规定。姜某军起诉的是保证合同纠纷，而《担保法》第13条和《担保法解释》第22条对于担保的形式作出了明确的规定，借条并非法定形式之一，因此，刘某年虽出具借条但保证合同并未生效；刘某年虽向姜某军出具了借条，但刘某年并未收到借条项下的借款，民间借贷关系也不能成立，故而应驳回姜某军的诉讼请求。至于姜某军因此所受到的损失，可根据缔约过失等其他程序另行救济。

30. 保证人"受让"主债权的行为，能否认定为承担保证责任？*

【案例1】龙阳公司诉多山建材公司金融不良债权追偿纠纷案①

裁判要旨：银行贷款债权在经过多重转让后，最后的受让人是该贷款的保证人的，保证人受让债权的行为属于履行保证责任，只能以保证人的身份向其他担保人主张应由其分担的份额。

基本案情：2014年1月14日及10月15日，多山建材公司与某银行淄博支行签订流动资金借款合同两份，分别向某银行淄博支行借款500万元、925万元。2014年1月15日及10月16日500万元和925万元分别转入多山建材公司账户。奥耐思特公司于2013年9月27日与某银行淄博支行签订最高额保证合同，承诺对多山建材公司向某银行淄博支行在2013年9月27日至2016年9月26日在最高余额度

* 在《民法典担保制度解释》出台前，该问题争议较大。该解释第14条规定："同一债务有两个以上第三人提供担保，担保人受让债权的，人民法院应当认定该行为系承担担保责任。受让债权的担保人作为债权人请求其他担保人承担担保责任的，人民法院不予支持；该担保人请求其他担保人分担相应份额的，依照本解释第十三条的规定处理。"另可以参见《人民法院案例库》2023－08－2－143－005号深圳某公司诉李某甲追偿权纠纷案。该案裁判要旨中明确"在合同明确约定为保证责任的情况下，代偿行为实为履行保证责任"。

① 参见山东省淄博市中级人民法院（2019）鲁03民终286号民事判决书。

2000 万元内的借款合同承担连带责任保证。孙某山、杨某莲于 2014 年 10 月 8 日向某银行淄博支行出具担保书，承诺以其现有及将来取得的合法财产为多山建材公司在某银行淄博支行的信贷业务提供连带责任保证。2014 年 10 月 15 日，龙阳公司与某银行淄博支行签订保证合同为上述贷款承担保证责任。多山建材公司第一笔贷款到期后拒不偿还本息并停付第二笔贷款利息。后某银行山东分行将上述两笔贷款的债权转让给长城公司，2015 年 7 月 3 日，某银行山东分行与长城公司通过报纸发布债权转让通知暨债务催收联合公告。2015 年 9 月 10 日，长城公司与高阳公司通过报纸发布债权转让暨债务催收联合公告。长城公司又将该两笔债权转让给高阳公司。龙阳公司作为多山建材公司上述两笔贷款的连带责任保证人于 2015 年 10 月 8 日与高阳公司签订债权转让协议取得了该两笔贷款的债权。受高阳公司委托，龙阳公司于 2015 年 10 月 12 日已将债权转让的事实书面通知到多山建材公司，多山建材公司的实际控制人孙某超（孙某山、杨某莲之子）签字，并给奥耐思特公司的法定代表人王某留置送达。某银行山东分行将上述两笔贷款的债权转让给长城公司，转让基准日（2015 年 4 月 30 日）本金为 14234377.12 元，利息 189979.82 元。两份流动资金借款合同均明确约定借款人承担贷款人为实现合同项下债权而产生的费用，包括但不限于律师费、评估费、拍卖费等。三次债权转让均约定：主债权及担保合同下的全部权利由受让方享有。龙阳公司因主张权利未果诉至法院，形成本案诉讼。

裁判理由：关于 925 万元借款问题。在该借款关系中，龙阳公司是担保人之一。因此，龙阳公司从高阳公司"受让债权"的行为，实际应为保证人承担保证责任。龙阳公司有权向债务人追偿其实际清偿金额，也可以要求其他担保人清偿应当分担的份额。龙阳公司以"债权受让人"身份提起诉讼，但该笔 925 万元借款实质上不属于其受让的"债权"，两者性质不同，且龙阳公司未提交有效证据证明该 925 万元借款的实际清偿数额，故本案对该笔 925 万元借款问题不予处理，龙阳公司可另行主张权利。

【案例 2】远望公司诉兴益公司等金融借款合同纠纷案[①]

裁判要旨：连带保证人受让其所担保的债权的，应认定为有效，但保证人的保证责任并不因债权人和保证人的混同而消灭。

基本案情：2017 年 11 月 22 日，农商行与兴益公司签订《最高额抵押担保借款

---

① 参见江苏省江阴市人民法院（2019）苏 0281 民初 6305 号民事判决书。

合同》,约定农商行向兴益公司提供最高余额不超过300万元的贷款,其中本金余额不超过250万元,借款年利率7.5%。兴益公司自愿以其名下的房地产为借款提供抵押担保。借款借据为合同附件,具有同等法律效力。借款合同签订后,农商行与兴益公司办理了不动产登记证明,为兴益公司名下的土地设立了抵押登记,担保债权分别为251万元和49万元,抵押权人为农商行。2017年11月28日,农商行向兴益公司发放贷款250万元,借款借据载明借款利率7.5%,到期日为2018年11月27日。同日,远望公司与农商行签订《保证合同》,远望公司为兴益公司上述250万元借款提供连带责任保证,远望公司放弃兴益公司提供的物的担保的法定优先权。同日,吕某、黄某伟向农商行出具《承诺书》,承诺对兴益公司的上述债务承担连带责任保证,最高债权限额为250万元,并承诺放弃兴益公司提供的物的担保的法定优先权。2019年4月2日,农商行与远望公司签订《债权暨抵押权转让协议》,约定农商行将其对兴益公司享有的债权本金及利息(含罚息、利息计至2019年4月1日)总计2649184.10元以及相应的抵押权、保证债权转让给远望公司,由远望公司向债务人追偿,并依法行使抵押权、保证债权,转让价款为2649184.10元。同日,远望公司付清转让价款后,农商行、远望公司向兴益公司、吕某、黄某伟分别邮寄债权转让通知书,告知其农商行已将上述债权、抵押权、保证债权转让给远望公司,要求其向债权人远望公司履行还款义务。后兴益公司未向远望公司履行还款义务,吕某、黄某伟亦未承担保证责任,远望公司遂诉至法院。

裁判理由:对于远望公司作为连带保证人能否受让其所担保的债权的问题,法院认为,债权人可以将合同的权利全部或部分转让给第三人,但依据合同性质、当事人约定或法律规定不得转让的除外。本案中,合同性质为借款合同,当事人之间未有不得债权转让的约定,也无法律规定不得转让的情形,且远望公司系债权人、主债务人之外的第三人,故远望公司可以受让农商行对兴益公司的债权,远望公司与农商行签订的《债权暨抵押权转让协议》合法有效。农商行与远望公司已将债权转让事宜通知兴益公司、吕某、黄某伟,对吕某、黄某伟是否应承担保证责任及应承担何种保证责任,法院认为,远望公司受让其所担保的债权后,债权人与保证人混同,但如认定远望公司担保责任消灭,将影响其他连带保证人在承担保证责任后要求未承担责任的保证人清偿其应当承担的份额的权利,故远望公司的保证责任不因债权转让而消灭。

31. 债权人未在保证期间向保证人主张权利，在保证期间届满后向保证人发送催款通知书要求其承担责任，保证人签收的，是否可以认定为对保证债务的确认？*

【案例1】桐乡市工商支行诉桐乡市化轻建材总公司保证责任案①

裁判要旨：保证责任系严格的民事责任，须以当事人明确的意思表示并通过书面形式才能成就。债权人未在保证期间内主张权利，保证期间届满后保证人即不再承担保证责任。

基本案情：1995年2月21日，中国工商银行桐乡市支行（以下简称工商银行）与桐乡市经济技术协作总公司（以下简称协作公司）及桐乡市化工轻工建筑材料总公司（以下简称化轻公司）签订借款合同，约定：协作公司向工商银行借款300万元，1995年2月25日归还100万元，8月21日归还200万元，月利率10.98‰。如协作公司不按约归还，由担保单位化轻公司负责归还。同日，化轻公司向工商银行出具保证书，愿对协作公司300万元借款承担保证责任，保证期限至1996年2月21日。签约后，工商银行向协作公司发放300万元借款。协作公司借款后仅于1995年5月24日归还100万元，其余借款本息均未归还，担保人亦未履行担保责任。1996年4月25日、1997年4月2日，工商银行先后两次向担保人化轻公司发出“保证贷款逾期催收函”，两函均载明：“贵单位根据950025号借款保证书向我行提供连带保证担保的200万元债务已于1995年8月21日到期，请速筹款还款。”该函落款注明“收件单位收到函件后加盖公章退回我行”。化轻公司收到上述催收函后，于1996年4月29日和1997年4月15日在催收函件单位栏内加盖了公章。1997年1月22日、4月2日，工商银行又先后向协作公司发出“逾期贷款催收函”，协作公司收到后在该催收函上盖章确认。工商银行因协作公司对所借贷款一直未予归还，化轻公司在收到催收函后也无还款表示，遂于1997年6月22日向嘉兴市中级人民法院起诉，要求判令协作公司归还借款本息，化轻公司对此负连带责任。

裁判理由：一审法院认为：双方当事人签订的借款合同合法有效。协作公司未

---

* 参见《民法典担保制度解释》第34条第2款第2句规定：“保证责任消灭后，债权人书面通知保证人要求承担保证责任，保证人在通知书上签字、盖章或者按指印，债权人请求保证人继续承担保证责任的，人民法院不予支持，但是债权人有证据证明成立了新的保证合同的除外。”

① 参见最高人民法院中国应用法学研究所编：《人民法院案例选（分类重排本）·商事卷》，人民法院出版社2017年版，第1933－1937页。

按约归还全部借款本息,应承担返还借款本息的民事责任。化轻公司在协作公司与工商银行的借款合同担保人栏内加盖公章,同时又另行向工商银行出具保证书明确了保证期限,但工商银行未在约定的保证期间内向保证人化轻公司主张权利,故化轻公司不再承担保证责任。工商银行在保证期间外寄送催收函,保证人在此函上盖章,不能认为双方又重新建立了保证合同。二审法院认为:工商银行与协作公司、化轻公司签订的保证借款合同合法,应认定有效。协作公司未按约履行合同义务,应承担归还借款本金及支付利息、罚息的民事责任。化轻公司在约定的保证期间届满后,在工商银行"保证贷款逾期催收函"上盖章予以确认,应视为化轻公司对协作公司借款担保责任的重新确认,故依法仍应承担连带保证责任。上诉人工商银行提出"化轻公司应对协作公司借款本息承担连带保证责任"的上诉理由成立,应予支持。原判免除化轻公司保证责任,适用法律错误,应予纠正。化轻公司不服终审判决,以其在保证贷款逾期催收函收件单位一栏内加盖公章,仅表明收悉该函,并不是向工商银行承诺对原借款合同担保责任的重新确认,二审单凭其盖章行为,推定为担保责任的重新确认无法律依据为由,向最高人民法院申请再审。最高人民法院函示浙江省高级人民法院进行复查。浙江省高级人民法院作出民事裁定将该案提起再审。经再审认为:原一、二审对工商银行与协作公司签订的借款合同效力及协作公司所应承担的责任认定一致,并无不当。工商银行未在保证合同约定的保证期间内向化轻公司主张权利,保证期间届满后,化轻公司的保证责任即告免除,依法不再承担保证责任。由于保证责任为严格的民事责任,必须以双方当事人明确的意思表示并通过书面形式才能成就;保证期间届满后债权人已不存在可向保证人主张的权利。因此,化轻公司在"保证贷款逾期催收函"上签字,不能推定为工商银行与化轻公司之间重新确立保证合同。故原二审认定事实错误,适用法律不当。判决撤销原二审判决,维持一审判决。

【案例2】青州市益都农村信用合作社诉韩某吉、青州市昭德街道苏桥居民委员会借款合同纠纷案①

裁判要旨:债权人未在法定保证期间内向保证人主张权利,保证人不再承担保证责任,享有因保证期间届满产生的免责抗辩权。债权人向保证人催收逾期借款,保证人在通知单回执上签字盖章,只能证明其收到催款通知书,而不能当然的视为承担保证。

基本案情:1998年3月20日,被告韩某吉由原青州市昭德街道办事处苏家桥

---

① 参见最高人民法院中国应用法学研究所编:《人民法院案例选(分类重排本)·商事卷》,人民法院出版社2017年版,第2020－2024页。

村民委员会(以下简称原苏家桥村委会)担保,与原青州市昭德街道办事处农村股份合作基金会(以下简称原昭德基金会)签订借款合同,约定被告韩某吉从原昭德基金会借款182000元,借款期限为1998年3月20日至6月20日,月资金占用费率为11.76%。合同签订后,原昭德基金会依约履行义务,但被告韩某吉未按合同约定偿还借款本金及资金占用费,仅于1999年6月10日偿还借款本金10940元,资金占用费31891元,尚欠原昭德基金会借款本金171060元。1999年1月原告青州市益都农村信用合作社受让了原昭德基金会的上述债权。1999年7月15日,原苏家桥村委会在基金会企业借款交接处审核表上注明"同意继续担保"。1999年9月15日,原告向韩某吉、原苏家桥村委会送达了催收逾期借款通知单。同日,韩某吉和原苏家桥村委会分别在通知单回执上签名、盖章,但被告韩某吉仍未偿还借款本息。此外,2001年7月,原苏家桥村委会名称变更为青州市昭德街道苏桥居民委员会(以下简称苏桥居委会)。原告诉称,被告韩某吉在原昭德基金会借款171060元,根据市政府关于撤并基金会的决定,被告韩某吉的该笔借款业务转入青州市益都农村信用合作社。后经青州市益都农村信用合作社多次催收,韩某吉均以无款为由拒不偿还借款本息。为此,原告于2002年6月21日诉至山东省青州市人民法院,请求依法判令被告韩某吉偿还借款本金171060元,利息55628.71元,并由保证人苏桥居委会承担连带清偿责任。

裁判理由:借款担保合同约定担保期限"从合同生效之日起至合同失效止",该约定早于主债务履行期限,视为没有约定,保证期间为主债务履行期届满之日起6个月。而原昭德基金会未在法定保证期间内向保证人主张权利,依法应当免除保证人的保证责任。但基金会将本案债权让与青州市益都农村信用合作社后,原苏家桥村委会于1999年7月15日同意继续担保,该内容明确,应视为其对上述债权重新提供担保,所产生的法律后果受法律保护。但双方亦未约定保证期限,根据《担保法》第26条第1句①的规定,保证期间应为6个月。但一审原告未在全权受让后的6个月内向原苏家桥村委会主张权利,依法应当免除保证人的保证责任。2000年9月15日,一审原告向保证人催收逾期借款,保证人在通知单回执上签字盖章,只能证明其收到催款通知书,而不能当然视为承担保证。因为此时依法已免除责任,其享有因保证期间届满而产生的免责抗辩权,保证人在收到的催收通知单

---

① 参见《民法典》第692条第2款规定:"债权人与保证人可以约定保证期间,但是约定的保证期间早于主债务履行期限或者与主债务履行期限同时届满的,视为没有约定;没有约定或者约定不明确的,保证期间为主债务履行期限届满之日起六个月。"

上签字或盖章的行为并不足以成为承担保证责任的理由。而且法释〔1999〕7号司法解释也不是针对保证人的。所以,保证人不应再承担保证责任。

【案例3】中国东方资产管理公司广州办事处与广州万宝集团有限公司等保证合同纠纷案①

裁判要旨: 保证期间届满后,债权人向保证人发送的催款通知中包含明确的继续承担保证责任的意思表示,保证人在该催款通知书上签字盖章的,成立新的保证合同。

基本案情: 1999年4月23日,万宝冷机集团广州电器有限公司与中国建设银行广州第二支行签订资金借款合同,约定借款4900万元,期限自1999年4月23日至2000年4月23日,年利率7.029%。同日,广州冷机股份有限公司与中国建设银行广州第二支行、万宝冷机集团广州电器有限公司签订保证合同,约定广州冷机股份有限公司为上述借款合同提供连带责任保证,保证期间自本合同生效之日起至借款合同履行期限届满之日后两年止。上述合同签订后,中国建设银行广州第二支行如约发放贷款4900万元。借款期限届满后,万宝冷机集团广州电器有限公司未能还本付息。2001年4月10日,万宝冷机集团广州电器有限公司、中国建设银行广州第二支行、万宝冷机集团有限公司、广州万宝集团有限公司等四方签订一份编号为×××的借款债务转移协议,约定:经中国建设银行广州第二支行同意,万宝冷机集团广州电器有限公司将1999年工流字第10号资金借款合同项下债务转移给万宝冷机集团有限公司,广州万宝集团有限公司愿意提供担保;万宝冷机集团广州电器有限公司截至2001年3月31日(基准日)尚欠本金4900万元,利息7365135.44元,本息合计56365135.44元,转移的债务为截至基准日尚欠的贷款本金、利息以及基准日之后产生的利息;该协议生效之日起,万宝冷机集团有限公司成为原合同项下的新债务人,除该协议另有约定外,按原合同的约定享有权利、履行义务。该协议上当事人名称、原借款合同签订时间和编号、贷款本金和利息、签订时间等具体内容均在空白栏内填写,其中协议第3条关于债务履行方式的内容为:"丙方(万宝冷机集团有限公司)对承接债务的履行方式为下列方式中的第____种:一、按照原合同的约定还本付息。二、按下列还款计划还款:________年____月____日归还本金;________年____月____日归还本金;________年____月____日归还本金;________年____月____日归还本金;利息的偿还方式为:……"该条款空白处均未填写具体内容。同日,广州万宝集团有限公司与中国建设银行广州第二支行签订一份编号为××××年债务转移字第1号保证合同,约定:广

① 参见广东省高级人民法院(2007)粤高法民二终字第44号民事判决书。

州万宝集团有限公司为上述借款债务转移协议提供连带责任保证，保证范围为原债务人承担的贷款本息余额56365135.44元及此后由此产生的利息等，保证期间自该合同生效之日起至主合同项下的债务履行期限届满之日后两年止。上述合同签订后，万宝冷机集团有限公司偿还贷款本金20万元。2003年9月21日，中国建设银行广州市越秀支行向万宝冷机集团有限公司和广州万宝集团有限公司发出到、逾期贷款催收通知书，载明：万宝冷机集团有限公司和广州万宝集团有限公司与中国建设银行广州市越秀支行于2001年4月10日签订了2001年债务转移字第1号借款债务转移协议，借款总金额为4900万元。按合同（协议）所订的还款计划，应于2000年4月23日归还贷款。至2003年9月20日尚欠贷款本金4880万元，利息17489027.59元。请万宝冷机集团有限公司和广州万宝集团有限公司接到本通知后迅速核对，并于3个工作日内将回执送回中国建设银行广州市越秀支行，并请如数归还所欠款项。2003年10月21日，万宝冷机集团有限公司和广州万宝集团有限公司分别在上述催收通知回执上盖章，核对借款本息数字无误，承诺按合同（协议）规定履行全部义务，尽早归还所欠借款本息。2004年6月28日，中国建设银行将上述债权转让给中国信达资产管理公司广州办事处并在报纸上公告。2004年11月29日，中国信达资产管理公司广州办事处将上述债权转让给中国东方资产管理公司广州办事处并在报纸上公告。

裁判理由：依借款债务转移协议及其保证合同约定，广州万宝集团有限公司提供保证的期间为自2001年4月10日至2002年4月23日，中国建设银行广州市越秀支行于2003年9月21日向广州万宝集团有限公司发出到、逾期贷款催收通知书时，已经超过保证期间。根据《担保法》第26条[①]的规定，广州万宝集团有限公司免除保证责任。此后广州万宝集团有限公司在到、逾期贷款催收通知书回执上盖章，核对借款本息数字无误，并承诺按合同（协议）规定履行全部义务，尽早归还所欠借款本息。根据《最高人民法院关于人民法院应当如何认定保证人在保证期间届满后又在催款通知书上签字问题的批复》（法释〔2004〕4号）中"根据《中华人民共和国担保法》的规定，保证期间届满债权人未依法向保证人主张保证责任的，保证责任消灭。保证责任消灭后，债权人书面通知保证人要求承担保证责任或者清偿债务，保证人在催款通知书上签字的，人民法院不得认定保证人继续承担保证责任。但是，该催款通知

① 参见《民法典》第692条第2款规定："债权人与保证人可以约定保证期间，但是约定的保证期间早于主债务履行期限或者与主债务履行期限同时届满的，视为没有约定；没有约定或者约定不明确的，保证期间为主债务履行期限届满之日起六个月。"第693条第2款规定："连带责任保证的债权人未在保证期间请求保证人承担保证责任的，保证人不再承担保证责任。"

书内容符合合同法和担保法有关担保合同成立的规定，并经保证人签字认可，能够认定成立新的保证合同的，人民法院应当认定保证人按照新保证合同承担责任”之规定，广州万宝集团有限公司在到、逾期贷款催收通知书回执上盖章，应认定为成立新的保证合同。根据《担保法》第19条①、第26条②之规定，当事人对保证方式没有约定的，按照连带责任保证承担保证责任，连带责任保证的保证人与债权人未约定保证期间的，债权人有权自主债务履行期限届满之日起6个月内要求保证人承担保证责任。因本案主债务履行期限早已届满，保证期间应为自广州万宝集团有限公司在到、逾期贷款催收通知书回执上盖章之日即2003年10月21日起6个月，至2004年4月21日保证期间届满，在此期间债权人未要求保证人承担保证责任，保证人广州万宝集团有限公司免除保证责任。中国信达资产管理公司广州办事处与中国东方资产管理公司于2004年9月11日和2005年2月7日在报纸上发布债权转让暨催收公告，广州万宝集团有限公司没有回复或者承诺，不能认定成立新的保证合同。

32. 抵押权因为未办理登记而未成功设立，当事人是否可以主张在担保函载明的不动产价值的范围内对主债务承担连带清偿责任？*

【案例1】骆某山诉深圳市骏业基金管理有限公司、何某如民间借贷纠纷案③

裁判要旨：当事人在意思表示真实的情况下出具了单方担保函，应在担保函载明的不动产价值的范围内承担担保责任。

---

① 《担保法》第19条规定，“当事人对保证方式没有约定或者约定不明确的，按照连带责任保证承担保证责任。”当前有效的法条为《民法典》第686条第2款“当事人在保证合同中对保证方式没有约定或者约定不明确的，按照一般保证承担保证责任”。

② 参见《民法典》第692条第2款规定：“债权人与保证人可以约定保证期间，但是约定的保证期间早于主债务履行期限或者与主债务履行期限同时届满的，视为没有约定；没有约定或者约定不明确的，保证期间为主债务履行期限届满之日起六个月。”第693条第2款规定：“连带责任保证的债权人未在保证期间请求保证人承担保证责任的，保证人不再承担保证责任。”

* 此种责任，究竟是违约责任还是以抵押财产价值为限的非典型担保责任，抑或保证责任，在理论上存在较大争议，但《民法典担保制度解释》第46条给出了操作层面的答案，其第2款规定：“抵押财产因不可归责于抵押人自身的原因灭失或者被征收等导致不能办理抵押登记，债权人请求抵押人在约定的担保范围内承担责任的，人民法院不予支持；但是抵押人已经获得保险金、赔偿金或者补偿金等，债权人请求抵押人在其所获金额范围内承担赔偿责任的，人民法院依法予以支持。”第3款规定：“因抵押人转让抵押财产或者其他可归责于抵押人自身的原因导致不能办理抵押登记，债权人请求抵押人在约定的担保范围内承担责任的，人民法院依法予以支持，但是不得超过抵押权能够设立时抵押人应当承担的责任范围。”

③ 参见广东省深圳市中级人民法院(2018)粤03民终125号民事裁定书。

基本案情:2015年8月31日,原告与被告深圳市骏业基金管理有限公司(以下简称骏业基金)签订《粤融进取5号股权投资基金认购合同》。原告认购4份粤融进取5号股权基金,金额合计40万元。2015年9月1日,原告将认购款40万元转至被告骏业基金指定的银行账户。2015年8月20日,被告何某如出具担保函,全文如下:"致:粤融进取5号股权投资基金投资者。你们好! 本人何某如,愿意提供购买价格为4089854元的如下房产为购买深圳市骏业基金管理有限公司推出的粤融进取5号股权投资基金产品提供权益及价值保障。特此担保!"担保函附表列举了担保房产。上述房产登记权利人均为何某如,均未进行抵押登记。根据中国证券投资基金协会官网公示的信息,被告骏业基金属于已备案的基金管理人,但处于"失联(异常)状态",异常的原因为未按要求提交经审计的年度财务报告,未按要求进行产品更新或重大事项更新累计2次以上,此外,其实缴资本低于100万元或实缴资本低于25%,法定代表人王某超无基金从业资格,涉案的"粤融进取5号股权投资基金"没有进行登记备案,也未进行信息披露。

裁判理由:被告何某如向原告出具了单方签署的担保函,产生了担保从合同的功能,构成非典型担保合同关系,该合同合法有效。本案中被告何某如提供的担保就属于非典型担保的类型,其主要有以下几个特点:一是担保的对象是不特定的,涵盖全部涉案基金的投资者;二是担保财产是主债务人即被告骏业基金以外的第三人的不动产;三是用于担保的不动产未作抵押登记。《物权法》第15条①规定:"当事人之间订立有关设立、变更、转让和消灭不动产物权的合同,除法律另有规定或者合同另有约定外,自合同成立时生效;未办理物权登记的,不影响合同效力。"可见物权变动的原因行为是独立于物权变动的结果行为的,抵押未登记导致了抵押权未有效设立,但并不影响担保合同发生效力。也就是说,没有办理不动产抵押登记并不意味着担保合同不生效,没有进行抵押登记的抵押物不意味着就不是担保财产。在本案中,被告何某如为被告骏业基金的主债务提供了以单方担保函为外观形式的非典型担保,在本质上相当于被告何某如承诺作为主债务的保证人,因此当主债务履行期限届满后,原告作为权利人有权要求担保人何某如对主债务承担连带清偿责任。从社会效果角度来看,若本案仅机械适用法律判定涉案担保房产因未进行抵押登记而不发生任何法律效力,从而担保人何某如无须承担担保责任,这一结果将会明显背离一般社会大众的公平认知,也背离了民事活动中应遵循

① 参见《民法典》第215条规定:"当事人之间订立有关设立、变更、转让和消灭不动产物权的合同,除法律另有规定或者当事人另有约定外,自合同成立时生效;未办理物权登记的,不影响合同效力。"

的诚实信用原则。但是何某如保证的范围不是如通常的保证一样以保证人所有财产为限,而是以担保函载明的不动产的价值范围为限。《担保法》第31条[①]规定,"保证人承担保证责任后,有权向债务人追偿"。被告何某如承担担保责任后,有权向主债务人被告骏业基金追偿。

【案例2】张某梅诉张某担保合同纠纷案[②]

裁判要旨:当事人签订抵押合同但抵押权并未实际设立的,不能直接转换为保证责任,原抵押人应在抵押物价值的范围内承担连带清偿责任。

基本案情:2012年2月14日,张某梅(出借方)与刘某福(借款方)及被告张某(担保方)签订借款担保合同,约定:张某梅借款给刘某福现金80万元,期限自2012年2月14日起至2012年5月14日止,月息2.5%,合同到期(2012年5月14日)本金及利息一次付清。如果刘某福不能按时还款,张某无条件将齐都国际A座×室转让给张某梅。同日,张某梅通过网转方式付款79万元,通过其他方式付款1万元。该80万元中张某梅借给刘某福60万元,张某梅代张某借给刘某福20万元并由张某梅为张某垫付。2012年3月14日,张某归还张某梅为其垫付的出借款17.2万元。2012年3月14日,刘某福通过张某转付张某梅利息2万元,2012年4月16日,刘某福通过张某转付张某梅利息1.5万元,后张某梅多次向张某主张权利。诉讼过程中,张某梅要求张某偿还为张某垫付的借款2.8万元及利息、要求张某对张某梅借给刘某福的60万元及利息(按借款60万元自2012年4月14日按年息24%计算至2013年7月13日)承担连带清偿责任。

裁判理由:一审法院认为,借款担保合同第4条约定:"如果借款方不能按时还款,担保方(张某)无条件将齐都国际A座×室转让给出借方(张某梅)。"故被告实质上为刘某福向原告的借款提供了保证担保,对保证担保的方式应认定为连带责任保证,被告对刘某福向原告的借款60万元及相应利息应承担连带清偿责任。二审法院认为,关于借款担保合同中的担保合同部分的效力,根据合同内容,张某用房屋进行债务担保的意思表示明确,对于被担保的主债权种类数额、债务人履行债务的期限、抵押物的情况以及抵押担保的范围的意思表示明确,且抵押财产非法律法规禁止流通的财产或者不可转让的财产,张某亦不属于设立担保的无效主体,双

---

① 参见《民法典》第700条规定:"保证人承担保证责任后,除当事人另有约定外,有权在其承担保证责任的范围内向债务人追偿,享有债权人对债务人的权利,但是不得损害债权人的利益。"

② 参见山东省淄博市中级人民法院(2018)鲁03民终1210号民事判决书。

方之间的抵押合同依法成立并生效。张某提供担保的意思表示明确故双方签订的借款担保合同合法有效。因双方签订的借款担保合同合法有效,张某应承担相应的担保责任。该房屋未办理抵押登记,抵押权未有效设立,张某梅不能就该房屋行使优先受偿权,债务到期后,张某既不能交付房屋,也不能以房屋折价的方式或者其他方式清偿债务,严重违背了诚实信用原则。根据《担保法》第57条①以及《担保法解释》第56条②的规定,张某应在抵押物价值的范围内承担连带清偿责任。一审将抵押担保责任直接转换为保证责任法律依据不足。

33. 债权人(银行)主张存在保证合同关系,当事人有证据证明债权人据以主张的证据并非在该笔借贷中出具的,保证合同关系如何认定?

【案例】浙江瑞安农村商业银行股份有限公司诉薛某弟等金融借款合同纠纷案③

裁判要旨:债权人(银行)主张存在保证合同关系,当事人有证据证明债权人据以主张的证据并非在该笔借贷中出具,债权人应当承担进一步的举证责任,否则认定保证合同未成立。

基本案情:2016年4月22日,吴某火与浙江瑞安农村商业银行股份有限公司(以下简称瑞安农商行)签订循环借款合同,约定借款额度为30万元,使用期限为2016年4月22日至2018年4月21日,并就利率作了约定。2017年4月8日至2017年4月11日,吴某火依上述循环借款合同陆续向瑞安农商行借款32万元(其间同时在借金额最高为30万元),约定还款期限均为2018年4月21日,还款期限届满,吴某火未归还本金30万元及部分期内利息。2017年4月6日,吴某火向瑞安农商行借款,双方签订借款合同,约定借款20万元,并就借款期限、利率等作了约定。同日,瑞安农商行依上述借款合同向吴某火发放贷款20万元。后吴某火仅陆续支付部分期内利息。还款期限届满,吴某火未按约归还本金20万元及部分期内利息7308元。瑞安农商行基于上述借款向吴某火主张还本付息,并以薛某弟、吴某

---

① 参见《民法典》第392条第2句规定:"提供担保的第三人承担担保责任后,有权向债务人追偿。"

② 参见《民法典担保制度解释》第46条第3款规定:"因抵押人转让抵押财产或者其他可归责于抵押人自身的原因导致不能办理抵押登记,债权人请求抵押人在约定的担保范围内承担责任的,人民法院依法予以支持,但是不得超过抵押权能够设立时抵押人应当承担的责任范围。"

③ 参见浙江省瑞安市人民法院(2018)浙0381民初12073号民事判决书。

华出具的担保书、保证承诺函为据，要求其承担保证责任。此外，薛某弟于2015年曾为吴某火向瑞安农商行的借款提供保证。法院依薛某弟的申请向瑞安农商行调取薛某弟于2015年出具的为吴某火提供担保的相关文书，瑞安农商行以相关贷款已经清偿而材料无法找到为由未能提供。

裁判理由：担保书、保证承诺函应认定为薛某弟、吴某华于2015年所出具且内容为空白。首先，薛某弟已提供证据证明其曾于2015年向瑞安农商行出具过担保文书的事实，而瑞安农商行作为金融机构，对当事人向其出具的信贷资料负有一定的保管义务，2015年距该案的诉讼并不久远，在缺乏正当理由的情况下，瑞安农商行未能提供薛某弟于2015年所出具的担保文书，并不符合常理。依据《最高人民法院关于民事诉讼证据的若干规定》第75条之规定："有证据证明一方当事人持有证据无正当理由拒不提供，如果对方当事人主张该证据的内容不利于证据持有人，可以推定该主张成立。"应推定薛某弟所主张的事实成立，即担保书系2015年出具。其次，保证承诺函的格式内容能反映出该文书系保证人之配偶所出具，且与保证人担保文书的出具时间应一致或相近，该保证承诺函的出具时间宜认定系2015年出具。最后，该两份文书的填空均系瑞安农商行工作人员所书写且所填部分内容（落款时间）与事实并不相符，可见填空内容并非薛某弟、吴某华的真实意思表示。故瑞安农商行主张薛某弟、吴某华承担保证责任，缺乏事实依据，不予支持。

34. 第三人同意借款人对出借人作出的优先支付承诺，是否可以认定为保证？

【案例】赵某华诉温岭市晶都建筑工程有限公司等民间借贷纠纷案①

裁判要旨：建设工程实际施工方对外借款，名义承包方承诺发包人支付到其账户的部分工程款用于偿付借款的，仅系通过控制工程款去向督促实际施工方还款的手段，不构成保证。

基本案情：2008年1月16日，温岭市晶都建筑工程有限公司（以下简称晶都建筑公司）承包温岭市文化广电新闻出版局的"王伯敏艺术史学馆工程"，工程中标总价4775217元。2008年1月23日，晶都建筑公司将该工程转包给林某立、案外人杨某辉。2008年5月20日，林某立出具给赵某华的承诺书承诺："史学馆前期工程款周转资金困难，现向赵某华借款伍拾万元，周转资金。该工程款汇到晶都公司时，先

① 参见浙江省台州市中级人民法院（2011）台中商终字第14号民事判决书。

支付工人工资后,再先付赵某华该项借款。"陈某文代表晶都建筑公司在林某立的承诺书下方书写:"史学馆工程进度款到我晶都公司账户时,先支付工人工资后,同意林某立以上意见。"2008 年 5 月 21 日,林某立收到赵某华交付的借款 50 万元。此后,温岭市文化广电新闻出版局汇给晶都建筑公司工程款 2766786.30 元。赵某华认为晶都建筑公司作出的先付承诺书明确了其承担保证责任的意思表示,遂主张由债务人林某立承担逾期未还款的民事责任、保证人晶都建筑公司对之承担连带担保责任。晶都建筑公司予以否认,认为该先付承诺书并不构成担保法意义上的保证,故其不是林某立借款的保证人,不应承担连带保证责任。

裁判理由:本案争议的焦点是晶都建筑公司是否应当对林某立的还款承担民事责任。晶都建筑公司经理陈某文代表公司出具的承诺优先支付书,只能表明晶都建筑公司同意林某立对到账工程款优先用于支付工人工资和本案借款而作出的承诺,并不能以此认为晶都建筑公司对林某立的还款提供了保证担保或愿意承担直接偿付责任。因此,赵某华要求晶都建筑公司对林某立的还款承担共同偿付责任,无事实与法律依据。

35. 借款人采用循环贷款的,保证人是否承担偿还责任?

【案例】中国农业银行股份有限公司罗城仫佬族自治县支行诉吴某德、廖某积金融借款合同纠纷案①

裁判要旨:保证人对循环借款整个借款期间的借款提供连带保证,无论债务人在借款期间循环贷款次数多少,保证人均应承担保证责任。

基本案情:2009 年 2 月 25 日,吴某德与中国农业银行股份有限公司罗城仫佬族自治县支行(以下简称农业银行罗城支行)签订《最高额担保个人借款合同》,约定:吴某德自 2009 年 2 月 25 日起至 2012 年 2 月 24 日止,可以在 30000 元的借款本金额度内向原告申请借款;合同中借款的担保方式为最高额保证,保证方式为连带责任保证。廖某积作为担保人在该借款合同上签字。合同签订后,吴某德在借款期限内循环贷款 3 次,第 3 次循环贷款的日期为 2011 年 8 月 5 日,贷款金额为 30000 元。前两次的循环贷款吴某德已归还,但第 3 次的循环贷款吴某德逾期未归还借款本息。截至 2014 年 6 月 20 日,吴某德尚欠原告借款本金 30000 元、利息 6607.79 元,合计 36607.79 元。

① 参见广西壮族自治区河池市罗城仫佬族自治县人民法院(2014)罗民初字第 131 号民事判决书。

裁判理由：因廖某积作为连带责任担保人在《最高额担保个人借款合同》中签字，故廖某积应对吴某德在借款期限内的第3次循环贷款承担连带偿还责任。廖某积承担偿还责任后，有权向吴某德追偿。

36. 当事人约定“回购担保”的，其效力和履行顺序如何认定？

【案例】湖北银行股份有限公司宜昌环东支行诉李某海等金融借款合同纠纷案[①]

裁判要旨：回购担保责任名义上虽含“回购”字样，但其内容并不涉及机械的买卖及所有权的转移，不包含买卖的基本内涵。“回购担保”的责任范围为未清偿的贷款本息，责任后果是代借款人清偿剩余贷款本息并取得代位求偿权，若约定未涉及抵押物的对价及所有权的转移，则“回购担保”本质上应认定为担保债务履行的方式，系保证合同。“回购担保”被认定为连带责任保证的，当事人根据合同关于第一回购连带担保责任、第二回购连带担保责任之约定主张承担责任的顺位的，不应予以支持。

基本案情：2009年7月15日，森田公司（甲方）与原宜昌商业银行环东支行（乙方）、金海公司（丙方）签订《工程机械贷款业务合作协议》，约定乙方系甲方和丙方的工程机械设备按揭贷款业务的主办银行，合作模式为买方向乙方贷款购买森田公司生产的工程机械设备，并以该设备向乙方提供抵押担保，森田公司和金海公司承担回购担保责任及连带保证责任，金海公司还在乙方开设保证金账户以担保债务履行。合作协议明确约定：（1）回购责任的概念是指满足回购担保履行条件时，甲方（或丙方）以回购价格代偿借款人未偿贷款本息，乙方向甲方（或丙方）移交抵押物处置权的行为。回购担保履行的条件是借款人连续3个月（或累计5个月）拖欠乙方贷款本息。回购价格等于借款人未清偿乙方的贷款本息。（2）回购担保的具体流程，当回购担保履行的条件成立时，乙方向丙方发出《工程机械回购通知书》及《逾期贷款催收函》，乙方通过信函方式送达丙方即视同丙方确认回购。如丙方收到该函3个工作日内未足额将回购款划至指定账户，则无须丙方授权，乙方可直接从丙方在乙方开立的保证金账户内按未清偿贷款全部本息金额划转。回购款项全额到账后，即视为丙方代借款人偿清剩余贷款本息，取得代位求偿权，同时乙方向丙方移交借款合同、抵押合同、公证书等法律文件。丙方承担第一回购连带担保

---

① 参见湖北省宜昌市西陵区人民法院（2012）鄂西陵民初字第1462号民事判决书。

责任，甲方承担第二回购连带担保责任，当丙方未在上述规定时间内履行回购担保或未实施回购行为或丙方保证金账户余额不能完全履行回购担保责任时，乙方均有权先行扣划丙方保证金或结算账户资金用于偿还借款人未清偿的贷款本息。当丙方保证金账户或结算账户资金不足扣划借款人未清偿贷款本息时，乙方向甲方发出《工程机械回购通知书》及《逾期贷款催收函》，乙方通过信函方式送达甲方即视同甲方确认回购。甲方则将在15个工作日内负责实施回购行为。协议签订后，金海公司向保证金账户存入足额保证金。李某海向金海公司购买了森田公司生产的挖掘机一台，于2010年1月21日与原宜昌商业银行环东支行签订《个人贷款合同》，约定：李某海以其购买的设备抵押申请按揭贷款73万元，借款期为3年……合同项下的全部贷款采取抵押担保+保证担保+质押担保的方式；即使有借款人或第三人提供物的担保，贷款人仍有权选择先行向保证人进行追索。向某芳、金海公司作为保证人在该合同上盖章。李某海于同日存入质押金。森田公司亦于同日出具《工程机械按揭贷款申请暨不可撤销回购担保承诺函》一份，承诺愿为借款人的上述借款提供不可撤销的回购担保保证，如借款合同项下同时设置了抵押担保，银行有权要求该公司优先履行回购担保。原宜昌商业银行环东支行向李某海发放了73万元的贷款，双方未就所购工程机械办理抵押登记手续。2010年7月，李某海连续出现多次逾期还款情况。2011年3月31日原宜昌商业银行环东支行依约将质押金直接扣划偿付贷款。2011年7月4日，金海公司的保证金账户已不足以履行回购责任，原宜昌商业银行环东支行遂书面要求金海公司承担回购担保责任，金海公司未按约履行。2012年7月24日，原宜昌商业银行环东支行书面要求森田公司承担回购担保责任，森田公司亦未履行回购担保责任。截至2013年2月26日，李某海尚欠原宜昌商业银行环东支行借款本金425783.86元、利息71442.46元。原宜昌商业银行环东支行现更名为湖北银行股份有限公司宜昌环东支行（以下简称湖北银行环东支行）。

裁判理由：关于“回购担保”责任的效力与性质问题。《工程机械贷款业务合作协议》中所述的“回购担保”的实质含义应根据其内容来判定。从“回购担保”的概念、条件、范围及流程可以看出，“回购担保”的责任范围为未清偿的贷款本息，责任后果是代借款人清偿剩余贷款本息并取得代位求偿权，该“回购担保”未涉及抵押物的对价及所有权的转移，故“回购担保”的本质含义应为担保债务履行的方式而非建立新的买卖关系。该“回购担保”符合《担保法》中保证的相关法律特征，故法院依法认定“回购担保”的实质为保证。本案当事人关于“回购担保”的约定是各方真实意思表示，且未违反法律及行政法规的强制性规定，故该约定合法有效。李某海所提厂家应以挖掘机的相应价值予以回购之辩解，不能成立。李某海所提之挖掘机有质量问题厂家应赔偿损失的辩解，与本案系不同民事法律关系，李某海可另行提起诉讼。森田公司所提“回购属于买卖合同关系，原告不得强行要求我公司回购李某海的设备”之辩解不能成立。鉴于《工程机械贷款业务合作协议》中同时出现了“回购担保”“回购连带担保”两种表述，属于对保证方式约定不明确，根据《担保法》第19条①之规定，应认定为连带责任保证。李某海所欠贷款已符合“回购担保”成立的条件，森田公司依约应承担回购担保责任，连带清偿李某海所欠贷款本息。依据《工程机械贷款业务合作协议》的约定，“回购担保”的责任范围仅为未清偿的贷款本息，故原告湖北银行环东支行关于森田公司承担代理费的请求，缺乏事实依据。被告森田公司对《工程机械按揭贷款申请暨不可撤销回购担保承诺函》的真实性提出异议，但未对该函签章的真实性申请鉴定，不予采信。

关于“回购担保”责任的顺位问题。《工程机械贷款业务合作协议》虽有第一回购连带担保责任、第二回购连带担保责任之表述，但如前所述，“回购担保”的实质为连带责任保证，在此情形下再行区分先后顺位已无意义。故被告森田公司关于金海公司未承担“回购担保”前，其不应承担“回购担保”的辩解亦不能成立。

37. 当事人之间成立联保小组，债务人主张未实际使用借款，保证人承认实际使用借款的，债务人和保证人的责任如何认定？

【案例】中国邮政储蓄银行有限责任公司山东省淄博市博山区支行诉王某香等金融借款合同纠纷案②

裁判要旨：联保小组成员之间存在委托关系，受托人因委托人的原因对债权人不履行义务，受托人应当向债权人披露委托人，债权人因此可以选择受托人或者委托人作为相对人主张其权利，受托人和委托人之间关于法律关系性质的约定对债权人不具有拘束力。

基本案情：2009年10月24日，被告王某香向原告中国邮政储蓄银行有限责任

① 《担保法》第19条规定：“当事人对保证方式没有约定或者约定不明确的，按照连带责任保证承担保证责任。”当前有效的法条为《民法典》第686条第2款规定：“当事人在保证合同中对保证方式没有约定或者约定不明确的，按照一般保证承担保证责任。”

② 参见山东省淄博市博山区人民法院（2011）博商初字第473号民事判决书。

公司山东省淄博市博山区支行申请贷款8万元。2009年10月25日,原告与被告许某、高某明、王某香签订小额贷款联保协议书,约定被告许某、高某明、王某香自愿成立联保小组,从2009年10月25日起至2011年10月25日止,原告可以根据联保小组任一成员的申请签订借款合同,在单一借款人最高借款限额80000元内发放借款,任一成员自愿为原告向联保小组其他成员发放的借款提供连带责任保证,无须逐笔办理保证合同。2009年10月25日,原告与被告王某香签订小额联保借款合同,约定由原告向被告王某香发放借款8万元。原告发放借款后,被告王某香未按约定履行还款义务,截至2011年7月25日,被告王某香共欠原告借款本金79999.98元、利息20790元,被告高某明、许某也未履行担保责任。原告中国邮政储蓄银行有限责任公司山东省淄博市博山区支行向博山法院提起诉讼,庭审中,被告王某香主张自己未实际使用借款,被告高某明和许某承认各自使用了4万元。

裁判理由:被告许某、高某明的承认不属法律上的"自认"。首先,被告许某、高某明的承认并非针对对方当事人陈述而作。作为被告,其在审理中的承认必须与对方当事人的陈述保持一致。本案中,原告银行所陈述许某、高某明的身份是保证人,并请求其承担保证责任。被告许某、高某明却说自己是本案的实际借款人,与原告陈述并不一致。其次,尽管被告王某香对被告许某、高某明的陈述认可,但原告银行并不认可,且决定银行是否向借款人发放贷款的主要因素是当时借款人的偿还能力,法院如果确认其承认为法律意义上的"自认",则本案将由三个被告承担还款责任转为两个被告承担还款责任,则原告的利益因此可能会受到损害。最后,如果本案中原告银行在签订合同时不知道名义借款人与实际用款人之间的代理关系的,在庭审中名义借款人王某香向银行披露了实际用款人为许某、高某明,则银行可按照《合同法》第403条第2款[①]"受托人因委托人的原因对第三人不履行义务,受托人应当向第三人披露委托人,第三人因此可以选择受托人或者委托人作为相对人主张其权利"的规定,有权选定实际用款人作为相对人主张权利,法院应支持原告银行的诉求,判令用款人承担还款责任。如果银行仍选择名义借款人主张权利,则法院应尊重原告银行的选择。

---

① 参见《民法典》第926条第2款规定:"受托人因委托人的原因对第三人不履行义务,受托人应当向第三人披露委托人,第三人因此可以选择受托人或者委托人作为相对人主张其权利,但是第三人不得变更选定的相对人。"

38. 保证合同中格式条款与非格式条款冲突时，保证人的责任如何认定？

【案例】福鼎市泰益小额贷款股份有限公司诉福鼎市三江房地产开发有限公司等民间借贷纠纷案①

裁判要旨：保证合同中格式条款与非格式条款冲突时，应当以非格式条款载明的约定为准。

基本案情：2014年6月20日，福鼎市泰益小额贷款股份有限公司（以下简称泰益小贷公司）与福鼎市三江房地产开发有限公司（以下简称三江房地产公司）、蒋某成、徐某亩签订《最高额保证借款合同》，约定：（1）泰益小贷公司在2014年6月20日至2014年12月20日，在最高贷款余额3000000元内向三江房地产公司提供贷款，月利率20‰。每笔贷款的金额、用途、期限、利率和还款方式以借款借据为准。借款借据作为该合同的组成部分，与该合同具有同等法律效力。（2）保证担保范围：包括主合同项下主债权本金、利息、罚息、违约金、损害赔偿金、实现债权的一切费用（包括但不限于律师代理费）。保证方式为连带责任保证。保证期间为主合同约定的债务履行期限届满之日起两年。（3）因借款人违约致使贷款人采取诉讼方式实现债权的，借款人和保证人应当承担贷款人为此支付的律师费及其他实现债权的费用。蒋某成在合同上签字为该笔借款提供连带责任担保，徐某亩亦在合同中签字，但注明“本人同意以公司股份作担保”。三江房地产公司借款后未偿还借款本息，保证人亦未承担保证责任，泰益小贷公司催讨未果诉至法院。

裁判理由：泰益小贷公司主张徐某亩作为连带责任保证人应承担连带还款责任，徐某亩辩称其在合同中明确注明以其公司股份提供担保，个人不承担连带保证责任。法院认为，双方间订立的该份《最高额保证借款合同》系格式合同，徐某亩以手书形式在合同中写明“本人同意以公司股份作担保”，该条款系其亲笔所写，应视为真实意思表示，合同经各方签字确认，合意形成，属格式合同中的非格式条款，效力优于合同中其他格式条款，可以认定双方作出了以徐某亩的公司股权出质作为借款担保的约定。质权依法自工商行政主管部门办理出质登记时设立，本案各方未对该出质股权进行登记，不能认定质权已设立。泰益小贷公司要求徐某亩承担连带保证责任的诉讼请求，法院不予支持。

① 参见福建省福鼎市人民法院（2016）闽0982民初3406号民事判决书。

【现行相关规范】

《最高人民法院关于湖南省高级人民法院请示的株洲钢厂与湘潭亨发工贸公司等购销合同纠纷一案有关保证人保证责任问题的复函》(1995 年 5 月 4 日　法函〔1995〕54 号)

湖南省高级人民法院：

你院(1995)湘高经请字第 03 号请示报告收悉。关于株洲钢厂与湘潭亨发工贸公司等购销合同纠纷一案保证人的保证责任问题，经研究，现答复如下：

一、按照本案当事人所订购销合同保证条款中关于“需方付出 600 万元预付款往农行湘潭县支行，此款由收款银行出具保证专款专用”的约定，供方湘潭亨发工贸公司的保证人农行湘潭县支行监督支付预付款专款专用的保证是明确的，可以认定。根据《最高人民法院关于审理经济合同纠纷案件有关保证的若干问题的规定》第 9 条，本案保证人如未尽监督义务造成预付款流失的，应对流失的资金承担连带责任。

在合同保证条款中关于“如供方违约，该银行将协助需方所付 600 万元的预付款的偿还责任，并负责追交 5% 的违约金给需方”的约定，按文意理解，系指保证人对预付款和违约金承担合同约定的协助偿还和追交的责任。“协助”偿还预付款和“负责追交”违约金都不是代为清偿，故保证人不应对此承担连带清偿责任。

二、在本案 600 万元预付款的支付中，哪些款项的支付属于专款专用，哪些款项的支付不属于专款专用，各方有何过错，你院可在二审中进一步查实、分清责任后，依法公正作出处理。

此复。

《民法典》第 134 条

民事法律行为可以基于双方或者多方的意思表示一致成立，也可以基于单方的意思表示成立。

法人、非法人组织依照法律或者章程规定的议事方式和表决程序作出决议的，该决议行为成立。

《民法典》第 135 条

民事法律行为可以采用书面形式、口头形式或者其他形式；法律、行政法规规定或者当事人约定采用特定形式的，应当采用特定形式。

《民法典》第 469 条

当事人订立合同，可以采用书面形式、口头形式或者其他形式。

书面形式是合同书、信件、电报、电传、传真等可以有形地表现所载内容的形式。

以电子数据交换、电子邮件等方式能够有形地表现所载内容，并可以随时调取查用的数据电文，视为书面形式。

《民法典》第 483 条

承诺生效时合同成立，但是法律另有规定或者当事人另有约定的除外。

《民间借贷案件规定》第 20 条

他人在借据、收据、欠条等债权凭证或者借款合同上签名或者盖章，但是未表明其保证人身份或者承担保证责任，或者通过其他事实不能推定其为保证人，出借人请求其承担保证责任的，人民法院不予支持。

《民法典担保制度解释》第 14 条

同一债务有两个以上第三人提供担保，担保人受让债权的，人民法院应当认定该行为系承担担保责任。受让债权的担保人作为债权人请求其他担保人承担担保责任的，人民法院不予支持；该担保人请求其他担保人分担相应份额的，依照本解释第十三条的规定处理。

【规范沿革】

《最高人民法院关于人民法院应当如何认定保证人在保证期间届满后又在催款通知书上签字问题的批复》（2004 年 4 月 14 日　法释〔2004〕4 号）

根据《中华人民共和国担保法》的规定，保证期间届满债权人未依法向保证人主张保证责任的，保证责任消灭。保证责任消灭后，债权人书面通知保证人要求承担保证责任或者清偿债务，保证人在催款通知书上签字的，人民法院不得认定保证人继续承担保证责任。但是，该催款通知书内容符合合同法和担保法有关担保合同成立的规定，并经保证人签字认可，能够认定成立新的保证合同的，人民法院应当认定保证人按照新保证合同承担责任。

专题 2 | 保证合同的效力

实务问题

39. 年满 18 周岁的高中生是否具备担保能力?

【案例】自贡市贡井区农村信用合作联社诉雷某先、雷某鱼借款合同纠纷案[①]

裁判要旨:保证人虽然已经成年,但系高中生的,出于真实意思表示签订保证合同后,无权以无代偿能力为由主张免除保证责任。

基本案情:被告雷某先因经商所需,于 2008 年 2 月 5 日向原告自贡市贡井区农村信用合作联社申请借款 40 万元,并用以其名义登记的房产作抵押担保。同日,双方签订《个人借款合同》《抵押合同》,约定借款金额 40 万元,借款期限自 2008 年 2 月 5 日至 2009 年 2 月 4 日,月利率 9.135‰。被告雷某鱼作为担保人签名承担连带保证责任,并办理了他项权登记,设定抵押期限为 2008 年 2 月 5 日至 2011 年 1 月 29 日。2009 年 1 月 19 日,被告雷某先不能按期还款,遂提出展期 1 年,与原告签订《借款展期协议》,还款期限延期至 2010 年 1 月 18 日,月利率 7.56675‰。展期届满后,被告雷某先归还 5 万元本金,同时结清了至 2010 年 1 月 18 日的借款利息。此后,原告经多次催收未果,遂诉至法院。

裁判理由:被告雷某鱼在个人借款合同及借款展期协议上担保人处签名、捺指印时,虽系高中学生,但已年满 18 周岁,是完全民事行为人,其在《个人借款合同》及《借款展期协议》上担保人处签名、捺指印的行为,因其向法院提交的证据不足以证明该行为非其真实意思表示,故根据《担保法解释》第 14 条[②]"不具有完全代偿能力的法人、其他组织或者自然人,以保证人身份订立保证合同后,又以自己没有代偿能力要求免除保证责任的,人民法院不予支持"以及《担保法》第 19 条[③]"当事人对保证方式没有约定或者约定不明确的,按照连带责任保证承担保证责任"之规定,被告雷某鱼应当对该笔债务承担连带保证责任,故对原告要求其承担连带清偿

---

① 参见四川省自贡市贡井区人民法院(2010)贡井民一初字第 173 号民事判决书。

② 《民法典》及《民法典担保制度解释》未保留相关条款。

③ 《担保法》第 19 条规定:"当事人对保证方式没有约定或者约定不明确的,按照连带责任保证承担保证责任。"当前有效的法条为《民法典》第 686 条第 2 款规定:"当事人在保证合同中对保证方式没有约定或者约定不明确的,按照一般保证承担保证责任。"

责任的主张,法院予以支持。

40. 主合同当事人构成犯罪,债权人起诉要求保证人承担责任的,人民法院是否应当受理?

【案例】张某梅诉张某保证合同纠纷案①

裁判要旨:借款人涉嫌犯罪或者生效判决认定其有罪,出借人起诉请求担保人承担民事责任的,人民法院应予受理。

基本案情:原告张某梅与被告张某系同学关系,经被告介绍,原告借给刘某福80万元,被告张某提供担保。2012年2月14日签订借款担保合同,借款期限为3个月,合同第4条约定担保方张某无条件将某房屋转让给出借方。借款到期后,刘某福无力偿还,2012年3月14日张某转给原告17.2万元,同年4月16日又转给原告1.5万元。剩余款项一直未还。借款人刘某福因犯非法吸收公众存款罪被判处有期徒刑8年,并处罚金45万元。原告请求被告张某作为担保人归还借款及利息80万元。

裁判理由:一审法院认为,被告张某既非借款人亦非担保财产的实际所有人,借款合同涉及的担保财产现在被刑事案件查封,本案涉及刑事犯罪。依照《最高人民法院关于在审理经济纠纷案件中涉及经济犯罪嫌疑若干问题的规定》第11条之规定,驳回原告张某梅的起诉。二审法院认为,《民间借贷案件规定》第8条规定,借款人涉嫌犯罪或者生效判决认定其有罪,出借人起诉请求担保人承担民事责任的,人民法院应予受理。一审法院并未认定涉嫌刑事犯罪的主体以及犯罪行为与本案的关联性,直接以涉及刑事犯罪为由驳回上诉人起诉不当。裁定撤销一审裁定,指令一审法院审理。

41. 当事人犯非法吸收公众存款罪的,保证合同是否有效?

【案例1】吴某军诉陈某富、王某祥及德清县中建房地产开发有限公司民间借贷、担保合同纠纷案②

裁判要旨:民间借贷涉嫌或构成非法吸收公众存款罪,合同一方当事人可能被

① 参见山东省淄博市中级人民法院(2016)鲁03民终2488号民事裁定书。

② 参见吴某军诉陈某富、王某祥及德清县中建房地产开发有限公司民间借贷、担保合同纠纷案,载《最高人民法院公报》2011年第11期。

追究刑事责任的，并不当然影响民间借贷合同以及相对应的担保合同的效力。如果民间借贷纠纷案件的审理并不必须以刑事案件的审理结果为依据，则民间借贷纠纷案件无须中止审理。

基本案情：2008年11月4日，原、被告签订借款协议，被告陈某富共向原告吴某军借款人民币200万元，借款期限为2008年11月4日至2009年2月3日，并由被告王某祥和被告德清县中建房地产开发有限公司（以下简称中建公司）提供连带责任担保，当日原告履行了出借的义务，陈某富于当日收到原告200万元的借款。2008年12月14日陈某富因故下落不明，原告认为陈某富拖欠其他债权人款项数额巨大，已无能力偿还，2008年12月22日陈某富因涉嫌合同诈骗和非法吸收公众存款罪被公安机关立案侦查，遂依照协议要求陈某富提前还款，王某祥、中建公司承担连带责任，直至开庭，三被告均未履行还款义务。

裁判理由：本案一审的争议焦点是：(1)涉案民间借贷合同和担保合同的效力认定；(2)本案是否需要中止审理。关于第一个焦点问题。本案原、被告之间的借贷关系成立且合法有效，应受法律保护。本案中，单个的借款行为仅仅是引起民间借贷这一民事法律关系的民事法律事实，并不构成非法吸收公众存款的刑事法律事实，因为非法吸收公众存款的刑事法律事实是数个“向不特定人借款”行为的总和，从而从量变到质变。《合同法》第52条①规定了合同无效的情形，其中构成“违反法律、行政法规的强制性规定”和“以合法形式掩盖非法目的”两种情形的合同无效。当事人在订立民间借贷合同时，主观上可能确实基于借贷的真实意思表示，不存在违反法律、法规的强制性规定或以合法形式掩盖非法目的的情况。非法吸收公众存款的犯罪行为与单个民间借贷行为并不等价，民间借贷合同并不必然损害国家利益和社会公共利益，两者之间的行为极有可能呈现为一种正当的民间借贷关系，即贷款人出借自己合法所有的货币资产，借款人自愿借入货币，双方自主决定交易对象与内容，既没有主观上要去损害其他合法利益的故意和过错，客观上也没有对其他合法利益造成侵害的现实性和可能性。根据《合同法》第12章②的规定，建立在真实意思基础上的民间借款合同受法律保护。因此，被告陈某富向原告吴某军借款后，理应按约定及时归还借款。陈某富未按其承诺归还所欠原告借款，

---

① 《民法典》与该条相关的法条见总则编第六章民事法律行为第三节民事法律行为的效力。与本案相关的现行法条为：第146条第1款规定：“行为人与相对人以虚假的意思表示实施的民事法律行为无效。”以及第153条第1款规定：“违反法律、行政法规的强制性规定的民事法律行为无效。但是，该强制性规定不导致该民事法律行为无效的除外。”

② 参见《民法典》合同编第十二章借款合同。

是引起本案纠纷的原因，陈某富应承担本案的全部民事责任。被告王某祥和被告中建公司未按借款协议承担担保义务，对于王某祥、中建公司提出被告陈某富可能涉及非法吸收公众存款，其不应再承担责任的抗辩，根据担保法有关规定，如债权人与债务人恶意串通或债权人知道或应当知道主合同债务人采取欺诈手段，使保证人违背真实意思提供保证的，则保证人应免除保证责任。现王某祥和中建公司未能提供相关证据佐证原告吴某军与陈某富之间具有恶意串通的事实，亦未能提供相关证据证明吴某军知道或应当知道陈某富采取欺诈手段骗取王某祥和中建公司提供担保。主合同（借款合同）有效，从合同（担保合同）本身无瑕疵的情况下，民间借贷中的担保合同也属有效。从维护诚信原则和公平原则的法理上分析，将与非法吸收公众存款罪交叉的民间借贷合同认定为无效会造成实质意义上的不公，造成担保人以无效为由否定其担保责任，即把自己的担保错误作为自己不承担责任的抗辩理由，这更不利于保护不知情的债权人，维护诚信、公平也无从体现。涉嫌非法吸收公众存款的犯罪嫌疑人（或被告人、罪犯）进行民间借贷时，往往由第三者提供担保，且多为连带保证担保。债权人要求债务人提供担保人，这是降低贷款风险的一种办法。保证人同意提供担保，应当推定为充分了解行为的后果。若因债务人涉嫌非法吸收公众存款而认定借贷合同无效，根据《担保法》的规定，主合同无效前提下的担保合同也应当无效，保证人可以免除担保责任。债权人旨在降低贷款风险的努力没有产生任何效果，造成事实上的不公。因此，对于王某祥和中建公司的抗辩理由，法院不予支持。

关于第二个焦点问题。原告吴某军根据借款协议给被告陈某富200万元后，其对陈某富的债权即告成立。至于陈某富可能涉及非法吸收公众存款的犯罪，与本案合同纠纷属于两个法律关系，公安部门立案侦查、检察院起诉以及法院判决构成刑事犯罪，并不影响法院依据民事诉讼法审理本案当事人间的民事合同纠纷。对合同效力进行判断和认定属于民商事审判的范围，判断和认定的标准也应当是民事法律规范。非法吸收公众存款罪和合同的效力问题是两个截然不同的法律问题。判定一个合同的效力问题，应从民事法律的角度去考虑，从有效合同的三个要件来考察：(1)行为人是否具有相应的民事行为能力；(2)意思表示是否真实；(3)是否违反法律或者社会公共利益。且本案涉嫌的是非法吸收公众存款罪，涉嫌犯罪的当事人单个的借贷行为不构成犯罪，只有达到一定量后才发生质变，构成犯罪，即犯罪行为与合同行为不重合，故其民事行为应该有效。鉴于此，法院受理、审理可以“刑民并行”。“先刑后民原则”并非法定原则，任何一部法律并未对这一原则作出明确规定。实行“先刑后民”有一个条件:只有符合《民事诉讼法》第136条的规定,即“本案必须以另一案的审理结果为依据,而另一案尚未审结的”,才可以实行“先刑后民”。不符合《民事诉讼法》第136条规定的,应按照“刑民并行”审理。“先刑后民”并非审理民刑交叉案件的基本原则,而只是审理民刑交叉案件的一种处理方式。据此,对于被告王某祥和被告中建公司提出在未确定本案借款的性质时本案应该中止审理的诉讼主张,法院不予支持。因此,本案原、被告之间的民间借贷法律关系明确,被告对该借款应当予以归还,王某祥和中建公司自愿为陈某富借款提供担保,应承担本案连带清偿责任。

【案例2】杨某红诉薛某飞保证合同纠纷案①

裁判要旨:在金融类诈骗犯罪案件中,主合同的效力认定应坚守《合同法》第52条②及《民间借贷案件规定》第13条和第14条的规定。在主合同有效的前提下,担保合同一般有效。但对于诈骗类刑民交叉案件,担保人举证债务人的欺诈、胁迫等行为导致其提供担保的,担保人对作为善意第三人的债权人不享有撤销权,即担保合同效力不受影响。但是,如果债权人刻意隐瞒真相,通过欺诈方式让担保人承担担保责任的,根据《担保法》第30条第2项③的规定,主合同债权人采取欺诈、胁迫等手段,使保证人在违背真实意思的情况下提供保证的,保证人不承担民事责任。

基本案情:借款人祝某华向原告杨某红借款500000元,到期后未能归还,祝某华于2012年1月31日重新出具借条,被告薛某飞作为担保人在借条上签字。现借款人未能履行还款义务,担保人未履行担保责任。原告诉至法院,要求被告薛某飞偿还借款本金500000元的三分之一计166500元并支付利息20000元。另查明,2014年1月3日,如东县人民检察院指控南通大华服饰有限公司及祝某华犯非法吸收公众存款罪,南通大华服饰有限公司、临沂通成服饰有限公司、祝某华犯拒不支付劳动报酬罪向法院提起公诉。法院于2014年3月21日作出(2014)东刑二初字第0006号刑事判决,判决南通大华服饰有限公司、祝某华犯非法吸收公众存款

---

① 参见江苏省南通市中级人民法院(2015)通中民终字第02237号民事判决书。

② 参见《民法典》第146条第1款规定:“行为人与相对人以虚假的意思表示实施的民事法律行为无效。”第153条规定:“违反法律、行政法规的强制性规定的民事法律行为无效。但是,该强制性规定不导致该民事法律行为无效的除外。违背公序良俗的民事法律行为无效。”第154条规定:“行为人与相对人恶意串通,损害他人合法权益的民事法律行为无效。”

③ 《民法典》合同编保证合同一章及《民法典担保制度解释》未直接保留该条。可以参见《民法典》第149条规定:“第三人实施欺诈行为,使一方在违背真实意思的情况下实施的民事法律行为,对方知道或者应当知道该欺诈行为的,受欺诈方有权请求人民法院或者仲裁机构予以撤销。”

罪，借款人祝某华被判处有期徒刑5年零6个月，并处罚金200000元。对赃款予以追缴，并发还被害单位及被害人。另外，(2014)东刑二初字第0006号刑事判决书认定，借款人祝某华于2008年至2012年10月，以高息为诱饵向杨某红借款130万元，现仍未归还本金。案涉借款为其中的一笔。再查明，2013年5月10日如东县公安局经侦大队对原告杨某红进行询问并制作笔录，原告杨某红陈述借款人祝某华自2007年向原告借款500000元，2009年向原告借款500000元，2012年11月再次向原告借款300000元，但并未提及2012年1月31日有借款发生。在审理过程中，法院依职权到竹箦监狱对借款人祝某华进行调查核实，借款人祝某华陈述涉案的500000元借款是其曾向原告杨某红借的，到期未还，重新出具的借条，对这一情况薛某飞并不知情。另外，案涉借条上担保人一栏是被告薛某飞本人签的字。

裁判理由：主合同债权人采取欺诈、胁迫等手段，使保证人在违背真实意思的情况下提供保证的，保证人不承担民事责任。杨某红一直称其于2012年1月31日向祝某华交付500000元现金，本案借款是新发生的债权债务，法院考虑到500000元系大额款项，杨某红就此未能提交相应的交付证据，且从杨某红在公安机关的询问笔录来看，在2007年、2009年各发生过500000元借款，借款到期后即换据，杨某红并未提及本案的借款，祝某华亦陈述本案借条系换据而来，故原审法院认定本案借条系换据而来并无不当。故杨某红在薛某飞担保时显然隐瞒了本案借款真实情形，法院难以认定薛某飞担保系其真实意思，薛某飞在本案中不应承担担保责任。

【案例3】杜某兵诉钟某福、沈某辉保证合同纠纷案①

裁判要旨：非法吸收公众存款的犯罪行为与单个民间借贷行为并不等价，民间借贷合同并不必然损害国家利益和社会公共利益，民间借贷合同有效，作为从合同的保证合同也有效。

基本案情：钟某福、沈某辉系夫妻关系。杜某兵经钟某福介绍借款给甘某。借款由杜某兵支付给钟某福后，再由钟某福支付给甘某。借条亦由钟某福分别向杜某兵出具后，再转为由甘某向杜某兵出具总的借条。2012年5月30日，甘某向杜某兵出具的500000元的借条中，钟某福作为担保人在借条上签字确认，该借条载明："今借到杜某兵人民币50万元，大写伍拾万元整。月息3分，用本人开发项目作为担保。甘某，2012.5.30；担保人：钟某福，证明属实，2012.5.30。"钟某福认为其在

---

① 参见四川省邻水县人民法院(2016)川1623民初1471号民事判决书。

借条上签字只是证明借款属实及担保甘某支付利息,借条没有写明担保责任及以什么形式担保,双方没有形成合法有效的担保关系。甘某经生效判决认定其构成非法吸收公众存款罪,其犯罪事实包含非法吸收杜某兵存款。

裁判理由:杜某兵与甘某之间单个的借款行为仅仅是引起民间借贷这一民事法律关系的民事法律事实,并不构成非法吸收公众存款的刑事法律事实,因为非法吸收公众存款的刑事法律事实是数个"向不特定人借款"行为的总和,从而从量变到质变。《合同法》规定了合同无效的情形,其中构成"违反法律、行政法规的强制性规定""以合法形式掩盖非法目的"两种情形的合同无效。当事人在订立民间借贷合同时,主观上可能确实基于借贷的真实意思表示,不存在违反法律、行政法规的强制性规定或以合法形式掩盖非法目的的情况。非法吸收公众存款的犯罪行为与单个民间借贷行为并不等价,民间借贷合同并不必然损害国家利益和社会公共利益,两者之间的行为极有可能呈现为一种正当的民间借贷关系,即贷款人出借自己合法所有的货币资产,借款人自愿借入货币,双方自主决定交易对象与内容,既没有主观上要去损害其他合法利益的故意和过错,客观上也没有对其他合法利益造成侵害的现实性和可能性。根据《合同法》的规定,建立在真实意思基础上的民间借款合同受法律保护。主合同(借款合同)有效,从合同(保证合同)本身无瑕疵的,应属有效合同。

【案例4】姬某英诉张某民保证合同纠纷案①

裁判要旨:保证合同不因保证人涉嫌非法吸收公众存款而当然无效,当事人要求中止审理的,不应予以支持。

基本案情:2016年9月7日,将军红公司(甲方)与姬某英(乙方)签订《借款协议书》,协议书中约定甲方向乙方借款,金额为20万元整,借款期限为1年,自2016年9月7日至2017年9月6日。甲方向乙方借款,按照借款金额的14%即2.8万元支付年利息,满整年到期5个工作日内支付一次。借款期满5个工作日内本金利息一次性还清。将军红公司在甲方处盖合同专用章,姬某英在乙方处签字。同日,将军红公司出具收据,确认收到姬某英20万元,收款方式:续,收款事由:筹建资金(一年期)。同日,张某民、杨某强签署担保书,为将军红公司就借款事宜提供担保,担保姬某英借给将军红公司20万元整的本金与利息,于合同期满日准时如数一次性归还。张某民、杨某强在担保人处签字。2016年10月18日,北京市公安局东城

① 参见北京市第一中级人民法院(2019)京01民终5665号民事判决书。

分局对将军红公司涉嫌非法吸收公众存款立案侦查。二审期间，张某民提交如下新证据材料：北京市公安局东城分局 2019 年 6 月 11 日作出的《取保候审决定书》，证明张某民因涉嫌非法吸收公众存款被取保候审，本案涉及刑事案件，因将军红公司非法集资，张某民被取保候审。

裁判理由：《民间借贷案件规定》第 13 条规定："借款人或者出借人的借贷行为涉嫌犯罪，或者已经生效的判决认定构成犯罪，当事人提起民事诉讼的，民间借贷合同并不当然无效。人民法院应当根据合同法第五十二条①、本规定第十四条之规定，认定民间借贷合同的效力。担保人以借款人或者出借人的借贷行为涉嫌犯罪或者已经生效的判决认定构成犯罪为由，主张不承担民事责任的，人民法院应当依据民间借贷合同与担保合同的效力、当事人的过错程度，依法确定担保人的民事责任。"本案中，将军红公司虽因涉嫌非法吸收公众存款被立案侦查，但姬某英与将军红公司签订的《借款协议书》以及张某民出具的《担保书》并非当然无效，现张某民并未提供证据证明姬某英在出借款项时已得知将军红公司借款用于违法犯罪活动，亦未提供证据证明《借款协议书》和《担保书》存在应被认定无效的其他情形，同时，张某民认可其被公安机关取保候审并非基于出具案涉《担保书》，故张某民上述主张缺乏事实和法律依据。本案中，姬某英系依据张某民出具的《担保书》要求其承担保证责任，与《借款协议书》属不同法律关系，张某民依据《担保书》承担保证责任，并非必须以将军红公司、张某民是否存在非法吸收公众存款的事实为依据，故张某民关于应中止本案审理的主张缺乏事实和法律依据。《担保书》并未约定张某民承担保证责任的方式，故其应就诉争债务承担连带保证责任，姬某英有权单独就张某民承担保证责任提起本案诉讼。

【案例 5】向某荣诉荣某清担保合同纠纷案②

裁判要旨：刑事责任是依据刑法规范对其行为作出的法律评价，出借人与担保人形成的担保关系属于民法规范评价和调整的范畴，担保法律关系不因担保人构成非法吸收公众存款罪而当然无效。

基本案情：2015 年 1 月 15 日，荣某清以收款人兼担保人的名义向向某荣出具

---

① 参见《民法典》第 146 条第 1 款规定："行为人与相对人以虚假的意思表示实施的民事法律行为无效。"第 153 条规定："违反法律、行政法规的强制性规定的民事法律行为无效。但是，该强制性规定不导致该民事法律行为无效的除外。违背公序良俗的民事法律行为无效。"第 154 条规定："行为人与相对人恶意串通，损害他人合法权益的民事法律行为无效。"

② 参见湖南省株洲市芦淞区人民法院(2019)湘 0203 民初 459 号民事判决书。

收条，载明："今收到向某荣投资邦鑫公司对接项目贰拾壹万元整（以荣某清名义签合同），月息1.5%，特立此据。每月10日利息汇入农行账户（每月利息3150元）（整月）。收款人：荣某清（签名并按手印）并担保，2015.1.15。"向某荣于2015年1月15日向案外人刘某洋（原系邦鑫公司股东）的账户转账15万元，汇款单上备注的用途为借款。2014年7月15日，向某荣还向案外人王某（原系邦鑫公司财务人员）的账户转账6万元。湖南省株洲市芦淞区人民检察院指控薛某军犯集资诈骗罪，刘某洋、史某洋、刘某、吴某明、崔某从、邬某、张某平、肖某清、常某、荣某清涉嫌犯非法吸收公众存款罪，于2016年9月1日向湖南省株洲市芦淞区人民法院提起公诉，法院经审理后于2018年6月27日判决，认定薛某军、刘某洋、荣某清等犯非法吸收公众存款罪，同时判决对荣某清已经退缴的人民币合计701695元，按比例发还给各集资人；集资人的余下损失责令薛某军、刘某洋退赔给各集资人。在该刑事案件的司法鉴定意见中，明确以荣某清为投资人借入的金额为127万元，归还本金53557元，归还利息236444.67元，归还本息合计290001.67元，债务余额为979998.33元。双方当事人在庭审中一致确认，向某荣的21万元款项全部以荣某清的名义投入邦鑫公司，并与邦鑫公司签订合同，且计入刑事判决中认定的以荣某清为投资人借入的127万元金额中。双方还共同确认：向某荣2014年7月15日支付给案外人王某的款项6万元，由荣某清以个人名义与邦鑫公司签订了合同，该款到期后，与向某荣2015年1月15日投入的15万元一起再次由荣某清投入该公司，故荣某清于当日向向某荣出具了21万元的收条。向某荣认为，其投入的21万元款项未以个人名义，而是以荣某清的名义列入刑事案件的投资名单中，荣某清在出具给向某荣的收条中注明担保，故其应当承担担保责任。

裁判理由：《民间借贷案件规定》第8条明确规定："借款人涉嫌犯罪或者生效判决认定其有罪，出借人起诉请求担保人承担民事责任的，人民法院应予受理。"担保制度的设立就是为了在债务人不履行合同或不适当履行合同时，债权人可从担保人处获得履行或补救，如果借款人被认定犯罪，出借人不能通过民事诉讼追究担保责任的话，担保就失去了意义。具体到本案中，2015年1月15日，荣某清向向某荣出具的收条上有其本人的签名，在收条上荣某清注明了其担保人的身份，该收条系荣某清的真实意思表示；且在诉讼中向某荣已明确要求荣某清承担的是担保责任，故向某荣可向法院提起民事诉讼。本案的担保法律关系不因荣某清等人构成非法吸收公众存款罪而当然无效。虽然荣某清在收取向某荣款项后，再以个人名义投入邦鑫公司的行为已经被生效法律文书认定构成非法吸收公众存款罪，但刑事责任是依据刑法规范对其行为作出的法律评价，而出借人与担保人形成的担保关系，则属于民法规范评价和调整的范畴。因此，荣某清向向某荣出具收条，并自愿作为担保人对债务进行担保的行为有效，且向某荣在将款项交与荣某清或邦鑫公司时，并不知道该行为系违法犯罪行为，也不存在其与荣某清或邦鑫公司其他员工串谋等构成合同无效的其他情形，但向某荣作为完全民事行为能力人，应当知道投资（出借资金）有风险，故其自身对资金款项的损失存在一定的过错。根据查明的事实，双方当事人的过错比例酌情认定为1∶9，即荣某清应对向某荣的款项承担90%的担保责任，即189000元。在庭审中查明的荣某清已经向向某荣支付的款项13710元，应当予以抵扣，向某荣损失尚余175290元，荣某清应当承担返还给向某荣的担保责任。又因本案债务人的行为已经构成犯罪，故向某荣仅可以通过民事诉讼主张返还本金损失，对于利息等其他间接损失法院不予支持。

42. 主债务人犯诈骗罪、集资诈骗罪等诈骗犯罪的，保证人是否可以主张保证合同因主合同无效而无效？

【案例1】石门县交通建设投资有限公司诉廖某胜等追偿权纠纷案[①]

裁判要旨：债务人犯贷款诈骗罪，债权人未主张合同撤销或变更的，借款合同依然有效，作为从合同的保证合同的效力不因债务人构成犯罪而受到影响。

基本案情：廖某胜系石门县太柳公路工程建设项目部（以下简称太柳工程项目部）总负责人，通达公司授权委托其代表该公司全权处理该项目建设与回购期间和该项目有关的所有事项，委托期限至该项目回购款结算清楚且与该项目有关的所有遗留事项处理完毕之日止。因该项目缺乏资金，廖某胜遂向沪农商银行申请贷款，因太柳工程项目部不具备法人资格，不能作为贷款主体，该项目分段承包人亦不同意以自身名义帮廖某胜贷款，廖某胜便与孙某均合谋后，由孙某均以太柳公路分段承包人的身份向沪农商银行贷款。2015年8月14日，孙某均、张某娟向沪农商银行贷款500万元，该贷款由财鑫公司、廖某胜、彭某微提供担保，石门县交通建设投资有限公司（以下简称交投公司）为财鑫公司提供反担保。2017年8月4日，石门县人民法院刑事判决认定：廖某胜、孙某均因虚构事实，以欺骗手段取得银行贷款，具有严重情节，其行为已构成骗取贷款罪。因孙某均、张某娟未按期偿还借款

① 参见湖南省石门县人民法院（2018）湘0726民初34号民事判决书。

本息,沪农商银行提前收回贷款,财鑫公司按约向沪农商银行承担了保证责任。财鑫公司承担保证责任后,向孙某均、张某娟、廖某胜、彭某微、交投公司追偿,经法院判决并执行,扣划了交投公司名下存款593万元。交投公司因追偿未果,故诉至法院。

裁判理由:合同效力的认定应依据《合同法》第52条①的规定进行认定,符合该规定合同无效情形之一的,才能认定合同无效。且参照《民间借贷案件规定》第13条第1款之规定,借款人的借贷行为涉嫌犯罪或者已经生效的判决认定构成犯罪,民间借贷合同并不当然无效。案涉借款合同虽系金融借款合同,亦可以此作为参考。本案中,廖某胜、孙某均虚构事实骗取银行贷款,构成贷款诈骗罪,已为刑事判决所确认,但刑事判决本身否定评价的对象是采取虚假手段取得银行贷款的行为,而在此过程中订立的借款合同的效力并非刑事判决的评价对象。案涉借款合同的内容本身并不违反法律、行政法规的强制性规定,故此种情形不属于合同无效的情形。本案贷款人沪农商银行并未参与廖某胜等人的犯罪行为,系受欺诈的一方,廖某胜等人的欺诈行为损害的是合同相对方即沪农商银行的利益,根据《合同法》第54条第2款②之规定,"一方以欺诈、胁迫的手段或者乘人之危,使对方在违背真实意思的情况下订立的合同,受损害方有权请求人民法院或者仲裁机构变更或者撤销"。本案的受损害方沪农商银行并未主张合同撤销或变更,故案涉借款合同仍处于有效状态,相关从合同即保证合同的效力亦不因廖某胜、孙某均等人构成犯罪而受到影响。因此,本案借款合同、保证合同均为有效,交投公司承担反担保责任后,有权在承担反担保责任的范围内向债务人孙某均、张某娟追偿。廖某胜以欺骗手段取得案涉贷款,在共同犯罪中系主犯,系案涉贷款的实际用款人,且廖某胜、彭某微自愿对孙某均、张某娟所负债务承担共同偿还责任,故孙某均、张某娟、廖某胜、彭某微应当对案涉交投公司代偿款承担共同清偿责任。据此,湖南省石门县人民法院判决支持了交投公司的前两项损失请求。但沪农商银行作为贷款人在本案中并无过错,并履行了贷款人的合理审查义务,交投公司要求沪农商银行承担补充责任

---

① 参见《民法典》第146条第1款规定:"行为人与相对人以虚假的意思表示实施的民事法律行为无效。"第153条规定:"违反法律、行政法规的强制性规定的民事法律行为无效。但是,该强制性规定不导致该民事法律行为无效的除外。违背公序良俗的民事法律行为无效。"第154条规定:"行为人与相对人恶意串通,损害他人合法权益的民事法律行为无效。"

② 参见《民法典》第148条规定:"一方以欺诈手段,使对方在违背真实意思的情况下实施的民事法律行为,受欺诈方有权请求人民法院或者仲裁机构予以撤销。"第150条规定:"一方或者第三人以胁迫手段,使对方在违背真实意思的情况下实施的民事法律行为,受胁迫方有权请求人民法院或者仲裁机构予以撤销。"

没有事实和法律依据，故对交投公司的该项诉讼请求不予支持。

【案例2】黄某群诉李某西保证合同纠纷案①

裁判要旨：债权人构成诈骗罪的，并不当然导致借贷合同无效，仅属可撤销的合同，在受欺诈方未请求撤销合同前，借贷合同仍是有效合同。保证人主张借贷行为无效进而导致保证合同无效的，不应予以支持。

基本案情：案外人蔡某曦系福鼎市恒兴村镇银行业务经理。2016年4月，黄某群经李某西介绍，将钱借给蔡某曦办理过桥还贷业务，赚取利息，李某西自愿承担担保责任。2016年4月7日，蔡某曦具条向黄某群借款100万元，月利率2%，款项汇至蔡某曦指定收款人游某文账户，李某西为该款提供连带责任保证。2016年4月9日至12日，黄某群分8笔将100万元汇入蔡某曦指定收款人账户。借款后，蔡某曦偿还本金20万元，仍拖欠本金80万元。2017年11月13日，蔡某曦因诈骗罪被福鼎市人民法院判处有期徒刑12年6个月，并责令蔡某曦退赔李某西经济损失3538500元。李某西系蔡某曦诈骗罪一案的受害人，黄某群系该案证人，本案所涉借款包含在刑事判决所认定的诈骗金额及退赔的经济损失范围内。黄某群追讨借款未果，遂诉至法院，请求判令保证人李某西偿还黄某群借款本金80万元。

裁判理由：由于评价对象与评价标准的不同，同一合同行为构成诈骗犯罪与该合同行为有效并不存在矛盾，蔡某曦的诈骗行为构成犯罪是刑法对其行为的评价，而在民法范畴，与蔡某曦行为相对应的应当是“欺诈行为”，以欺诈手段订立的合同，只有在损害国家利益的情况下才属无效合同，本案蔡某曦的欺诈行为侵害的是黄某群的财产权益，仅属可撤销的合同，在受欺诈方未请求撤销合同前，本案民间借贷合同仍是有效合同。基于此，李某西关于保证合同因作为主合同的民间借贷合同无效而无效的主张不能成立，本案担保合同效力应依照《合同法》第52条②及《担保法》等相关法律、司法解释的规定予以认定。担保合同的合同主体是保证人与债权人，即李某西与黄某群，蔡某曦并非担保合同的合同主体，李某西并未举证证明本案担保合同存在法律规定的无效情形，应承担举证不能的不利后果。

---

① 参见福建省宁德市中级人民法院(2018)闽09民终1197号民事判决书。

② 参见《民法典》第146条第1款规定：“行为人与相对人以虚假的意思表示实施的民事法律行为无效。”第153条规定：“违反法律、行政法规的强制性规定的民事法律行为无效。但是，该强制性规定不导致该民事法律行为无效的除外。违背公序良俗的民事法律行为无效。”第154条规定：“行为人与相对人恶意串通，损害他人合法权益的民事法律行为无效。”

【案例3】刘某标诉黄某智、赵某祥保证合同纠纷案①

裁判要旨：涉刑民交叉案件的民事合同应当根据民事法律规定对合同效力进行分析判断。刑民交叉案件中的借款合同如果不存在违反民事法律规定的无效情形，对属于因欺诈订立的可撤销合同，受欺诈一方可以行使撤销权；其中出借人向公安机关报案或者在公安机关作为受害人登记的行为不能视为行使撤销权的一种方式。

保证人具备完全民事行为能力，且出于真实意思表示缔结保证合同，未提交证据证明受到欺诈或者主合同当事人恶意串通等情况的，应当承担保证责任。

基本案情：2016年8月2日，案外人张某祥以炒股票需资金为由向刘某标借款51万元，黄某智、赵某祥在该笔转账的银行回单上作为见证人签字。刘某标表示张某祥就该笔借款当场出具借条（借期1年），在2017年9月1日重新出具借条后，该借条已由张某祥撕毁。黄某智表示针对该笔借款，张某祥同意每月支付刘某标利息1万元。2017年9月1日，张某祥向刘某标出具借条："今向刘某标借叁拾万元正。借期壹年，每月5日之前打在刘某标卡上伍仟元正。借期至2018年8月31日为止，还款为叁拾万元正。担保人有黄某智、赵某祥，其中黄某智儿子黄某苗×路×弄×号×××室房产证放到刘某标处作为抵押。"黄某智、赵某祥作为担保人在该借条上签字。刘某标认为该借条上的"打在刘某标卡上伍仟元"即为每月的利息5000元。2017年2月27日，张某祥又以炒股票需资金为由向刘某标借款并出具借条："今向刘某标借叁拾万元正。借期壹年，每月月底前付利息伍仟元正。此据为证。"黄某智、赵某祥作为担保人在该借条上签字。刘某标通过银行转账向张某祥交付27万元，另3万元未实际交付，刘某标表示该3万元系将张某祥未支付的利息作为本金写入30万元借条中。张某祥分期支付刘某标合计332100元。黄某智、赵某祥表示对上述款项不清楚。2018年12月上海浦东新区人民法院判决：(1)被告人张某祥犯集资诈骗罪，判处有期徒刑11年……(2)违法所得予以追缴并按比例发还被害人，不足部分责令退赔。本案所涉及的款项在刑事案件中被认定为张某祥集资诈骗犯罪数额。张某祥上诉后，上海市第一中级人民法院维持原判。

裁判理由：虽然借款人张某祥被认定为集资诈骗罪，本案所涉及的借款在刑事案件中被确认为诈骗犯罪的数额，但根据《民间借贷案件规定》第13条第1款之规

---

① 参见上海市第一中级人民法院(2020)沪01民终4528号民事判决书。

定，张某祥在刑事上的定罪并不必然导致借款合同无效。张某祥与刘某标订立的借款合同，既存在张某祥骗取并非法占有刘某标钱款的诈骗行为，也存在双方当事人意思表示一致情况下共同达成的借款合同行为。刑法评价的是该诈骗行为是否严重到触犯刑法而需要刑罚处罚的程度；民法评价的是合同行为是否为当事人真实意思表示一致的结果，应否赋予该行为私法上的效力。从民法角度分析，黄某智、赵某祥并未提供证据证明案涉借款合同存在《合同法》第 52 条①规定的合同无效之情形。张某祥以非法占有刘某标钱款为目的，故意欺骗刘某标签订借款合同，使刘某标陷入错误判断，并基于此作出借款的意思表示，根据《合同法》第 54 条第 2 款②的规定，刘某标作为被欺诈一方有权请求人民法院或者仲裁机构变更或者撤销借款合同。现刘某标并未主张撤销借款合同，故借款合同应为有效，对张某祥、刘某标均有法律约束力。

关于黄某智、赵某祥是否应承担担保责任的问题。黄某智、赵某祥作为完全民事行为能力人，应当清楚在借条上作为担保人签字的法律后果，且其未提供证据证明在提供担保时受到出借人刘某标的欺骗，也未提供证据证明张某祥、刘某标存在恶意串通骗取担保的情况，故黄某智、赵某祥为张某祥的借款及利息向刘某标提供担保是其真实意思表示，其担保行为合法有效，黄某智、赵某祥应当按照保证合同的约定承担连带保证责任。鉴于在(2018)沪 0115 刑初 1231 号案件中已判决对张某祥违法所得予以追缴并按比例发还被害人，不足部分责令退赔，故黄某智、赵某祥应对借款人张某祥向刘某标借款本金 57 万元及以本金 57 万元为基数自 2017 年 9 月 1 日起至实际清偿之日止按年利率 20% 计算的利息中尚未归还的款项承担连带清偿责任。

---

① 该条现已废止。现有规定可参见《民法典》第 147 条规定："基于重大误解实施的民事法律行为，行为人有权请求人民法院或者仲裁机构予以撤销。"第 148 条规定："一方以欺诈手段，使对方在违背真实意思的情况下实施的民事法律行为，受欺诈方有权请求人民法院或者仲裁机构予以撤销。"第 150 条规定："一方或者第三人以胁迫手段，使对方在违背真实意思的情况下实施的民事法律行为，受胁迫方有权请求人民法院或者仲裁机构予以撤销。"第 151 条规定："一方利用对方处于危困状态、缺乏判断能力等情形，致使民事法律行为成立时显失公平的，受损害方有权请求人民法院或者仲裁机构予以撤销。"

② 参见《民法典》第 148 条规定："一方以欺诈手段，使对方在违背真实意思的情况下实施的民事法律行为，受欺诈方有权请求人民法院或者仲裁机构予以撤销。"第 150 条规定："一方或者第三人以胁迫手段，使对方在违背真实意思的情况下实施的民事法律行为，受胁迫方有权请求人民法院或者仲裁机构予以撤销。"

43. 债权人和债务人隐瞒借款系前期借款结算而成，骗取保证人提供保证，保证人是否应当承担保证责任？

【案例】胡某诉陆某等民间借贷纠纷案①

裁判要旨：债权人和债务人隐瞒借款系双方当事人前期结算而形成的真实情况，骗取保证人为债务人可能根本无法偿还的贷款提供保证，增加了保证人的风险，保证人不承担保证责任。

基本案情：2012 年 8 月 2 日，胡某向陆某汇款 40 万元。之后双方互有经济往来。2013 年 11 月 5 日，陆某作为借款人、华某作为担保人向胡某出具借条和收据。借条载明："借款人陆某：兹因经商需要，今从胡某处借得 400000 元（大写肆拾万元整），约定月利率按 2% 计算，该款于 2014 年 5 月 5 日之前归还；担保人自愿对借款人的如上债务及利息承担连带担保责任，担保期限至该款本金及利息还清时止。若借款人、担保人在约定时间内未履行归还借款本金及支付利息的义务，出借人有权向萧山区人民法院提起诉讼，并有权要求借款人、担保人承担为此支付的律师代理费等其他因实现债权所支出的所有费用。"收据载明："本人陆某确认已收到约定借款 400000 元。"借条和收据落款处均有借款人陆某和担保人华某的签名和捺指印，落款时间均为 2013 年 11 月 5 日。陆某、张某于 2003 年 10 月 10 日结婚，2014 年 7 月 9 日离婚。

裁判理由：一审法院认为，被告华某对陆某案涉债务提供连带责任保证属实，依法应承担相应的担保责任，并在承担担保责任后有权向陆某、张某追偿。被告华某关于案涉借款未交付而未生效，故不需要承担担保责任的抗辩意见，依据不足，法院不予采信。

二审法院认为，根据借款人陆某及出借人胡某的陈述，2013 年 11 月 5 日的借条及收据是对借款人陆某之前尚欠出借人胡某款项的结算确认，借条出具当日并未实际交付 40 万元款项，故上述借条和收据所载明内容与事实不符。出借人胡某并未能举证证明保证人华某亦是以签署上述借条和收据的形式对借款人陆某在 2013 年 11 月 5 日之前形成的债务提供保证，且借款人陆某亦表示华某对借条所指 40 万元系其与胡某截至 2013 年 11 月 5 日的结算款这一事实并不知情，故华某关于其不应承担担保责任的上诉理由成立，法院予以支持。

---

① 参见浙江省杭州市中级人民法院（2015）浙杭商终字第 1655 号民事判决书。

44. 债务人隐瞒借款真实用途的，可否认定为采取欺诈、胁迫等手段使保证人在违背真实意思的情况下提供保证？债权人将借款转给债务人后，债务人立即将借款转至债权人担任法定代表人的公司账户的，可否认定为债权人知道或者应当知道前述欺诈、胁迫事实？

【案例1】江苏宜兴农村商业银行股份有限公司十里牌支行诉宜兴市伟鹏汽车维修有限公司等金融借款合同纠纷案①

裁判要旨：保证人能够证明债务人向银行提供的材料不真实或者债务人未与交易相对方发生真实交易，不能当然认定债权人和债务人之间存在恶意串通，保证人无法继续提供证据达到足以证明恶意串通的高度盖然性标准的，不能免除保证责任。

基本案情：2013年3月28日，江苏宜兴农村商业银行股份有限公司十里牌支行（以下简称农商行）与宜兴市伟鹏汽车维修有限公司（以下简称伟鹏公司）签订流动资金循环借款合同，约定自2013年3月28日起至2015年3月28日止，农商行根据伟鹏公司的需要、资信状况和担保情况等向伟鹏公司提供最高余额不超过250万元的贷款。同日，农商行与丁某1、丁某2、陶都公司、徐某军签订最高额保证合同，约定四方自愿为伟鹏公司的前述债务提供担保。同日，农商行根据伟鹏公司的提款申请/支付委托书向伟鹏公司发放贷款250万元用于购买汽车配件，2014年3月17日，洛阳市伟鹏公司向农商行还贷2515019.22元。2014年3月17日，农商行又向伟鹏公司的前述账户发放贷款250万元，借款期限自2014年3月17日起至2015年3月17日止，利率为年利率9%。伟鹏公司收到借款后即将该款电汇至无锡市生隆汇商贸有限公司（以下简称生隆汇公司）。该笔借款发生后，伟鹏公司支付利息至2015年4月20日，另分别于2015年4月27日、6月12日归还本金710元、0.01元，其余本息均未归还，各保证人也未履行保证责任。后农商行诉至法院，请求债务人还本付息、保证人承担保证责任。被告陶都公司认为：伟鹏公司自身经营规模较小，在借款时经营状况不善，也没有需要购置土地厂房及设备的项目，且实际借款后也并未发生以上重大事项；陶都公司与伟鹏公司之间从无业务往来，法定代表人也互不认识，在此种情况下农商行向伟鹏公司发放贷款250万元，陶都公司有合理的理由怀疑农商行与伟鹏公司之间存在恶意串通发放贷款骗取担保等行为，并且陶都公司已在收集相关材料向公安、检察等部门予以举报。被告徐某军认为：

① 参见江苏省宜兴市人民法院（2015）宜商初字第997号民事判决书。

除与陶都公司意见一致外;2013年其签订保证合同时不知道丁某1借款是以贷还贷,当时丁某1和其称借款是为了购买汽车配件,后未用于购买配件,其是受骗的;请求法院查明借款的去向,并判决其不应承担保证责任。

裁判理由:对于伟鹏公司及丁某1所称的借款始于2011年并于每年转贷,2014年贷款时的购销合同也是银行安排所签并未实际履行,法院同时认为伟鹏公司作为从事商业活动的主体在购销合同或其他贷款文件上盖章应当对其行为有所认识,农商行已按约向伟鹏公司发放了贷款,故法院对伟鹏公司、丁某1的抗辩意见不予采信。对于丁某2、陶都公司、徐某军所称的本案借款系伟鹏公司用于借新还旧及伟鹏公司与农商行之间恶意串通骗取保证人担保,故其不承担保证责任的抗辩意见,法院认为本案借款是否系借新还旧如前所述,对于伟鹏公司与农商行之间是否存在恶意串通,该举证责任在丁某2、陶都公司、徐某军,现该三被告对此未提供相应证据,应承担举证不能的后果。丁某1、丁某2、陶都公司、徐某军应按保证合同的约定对伟鹏公司的上述债务承担连带保证责任。

【案例2】杨某凡诉洛阳顺吉房地产开发有限公司等借款合同纠纷案①

裁判要旨:债务人隐瞒借款真实用途的,可以认定为采取欺诈、胁迫等手段使保证人在违背真实意思的情况下提供保证;债权人将借款转给债务人后,债务人立即将借款转至债权人担任法定代表人的公司账户的,视为其知道或者应当知道前述欺诈、胁迫事实;保证人主张免除保证责任的,应当予以支持。

基本案情:2014年,谊成机械公司向洛阳磊辉矿业有限公司(以下简称磊辉公司)借款200万元,张某对该笔借款进行担保。借款到期后,谊成机械公司没有按期归还借款。随后磊辉公司向洛阳市瀍河回族区人民法院提起诉讼,并申请了财产保全。该案审理期间,2015年1月21日,谊成机械公司向磊辉公司背书转让未到期的商业承兑汇票两张(2015年4月13日汇票到期),承兑金额共计200万元,谊成机械公司承诺:"我公司已付磊辉公司商业承兑200万元,我公司愿承担20%的贴息费用,即抵借款本金160万元,如该商业承兑到期不能兑付,我公司愿承担全部损失。"2015年2月17日,洛阳市瀍河区人民法院判决:(1)被告谊成机械公司于该判决生效后30日内偿还原告磊辉公司本金27万元及利息,利息按月利率2%计算,自2015年1月22日起至本判决确定的给付之日止。(2)被告谊成机械公司于该判决生效后30日内偿还原告磊辉公司借款利息27.26万元,违约金60万元,合

① 参见河南省洛阳市中级人民法院(2018)豫03民终1866号民事判决书。

计87.26万元。(3)被告洛阳润博机械制造有限公司、被告张某、被告郭某森、被告张某飞对以上债务承担连带清偿责任。该生效判决确认,谊成机械公司交付给磊辉公司的200万元商业承兑汇票,折抵已归还的借款本金160万元。2015年4月13日,上述商业承兑汇票到期后,原告杨某凡、被告张某、谊成机械公司均称该200万元商业承兑汇票无法兑付。张某、谊成机械公司称为了归还因承兑汇票无法兑付而欠磊辉公司的借款,又向磊辉公司的法定代表人杨某凡即本案原告借款。其间,张某通过案外人李某介绍,与洛阳顺吉房地产开发有限公司(以下简称顺吉房地产公司)法定代表人李某信协商由顺吉房地产公司提供担保,向杨某凡借款300万元。张某与顺吉房地产公司协商该300万元借款发生后,由张某使用100万元,由顺吉房地产公司使用200万元。2015年6月16日,杨某凡与张某、顺吉房地产公司、谊成机械公司签订借款合同,约定张某向杨某凡借款300万元,借款期限自2015年6月16日至2015年7月15日,月利率3%,顺吉房地产公司、谊成机械公司作为保证人对上述债务承担连带保证责任,同时顺吉房地产公司以自己名下位于新安县“秀水城邦”小区2100平方米左右的商品房作为抵押物对该笔借款提供担保,并办理抵押备案手续。同日,杨某凡通过银行转账的方式,分两笔,一笔100万元、另一笔200万元,共向张某转款300万元,其中杨某凡先向被告张某银行卡转入100万元,该笔100万元款项到账后立即再由张某转入杨某凡任法定代表人的磊辉公司的银行账户,另一笔200万元以同样的方式先由杨某凡转入张某账户,然后由张某账户转入磊辉公司账户。2015年6月26日,张某向李某信给付10万元,张某按照李某信的要求,将该10万元转账至李某信妻子的哥哥赵某明的银行卡内。杨某凡在2014年6月16日至2015年10月21日系磊辉公司的法定代表人、股东。张某系谊成机械公司的法定代表人。本案在庭审过程中,顺吉房地产公司认为本案当事人涉嫌刑事犯罪,并向公安机关报案,但并未收到公安机关的立案证明材料。

裁判理由:本案中,被告张某在庭审过程中明确表示,其与被告顺吉房地产公司法定代表人李某信协商向原告杨某凡借款300万元,约定由被告张某使用100万元、被告顺吉房地产公司使用200万元。但实际上被告张某借款300万元的目的在于归还之前欠付磊辉公司的借款。被告张某到庭明确表示了其未向被告顺吉房地产公司讲过该300万元原告杨某凡已经向其支付,并已经用于归还磊辉公司的事实。被告张某的行为,符合法律规定的主合同债务人采取欺诈、胁迫等手段,使保证人在违背真实意思的情况下提供保证的情形。

关于原告杨某凡作为债权人是否知道或者应当知道被告张某欺诈被告顺吉房地产公司提供保证的问题。借款的实际用途对于被告顺吉房地产公司判断保证风险以及是否同意签订借款合同具有重大影响。涉案借款合同中明确约定了该笔300万元的借款用于合法经营，不得挪作其他非法用途。原告杨某凡作为借款合同中被告顺吉房地产公司提供担保责任的受益人，在与被告张某协商该笔借款的时候，明知道被告张某并未将该笔300万元的借款用于公司的生产经营，而是用于归还其任法定代表人的磊辉公司的借款，且该300万元借款由原告杨某凡的账户转至被告张某的账户后，立即就转至磊辉公司的账户，能够认定原告杨某凡与被告张某就转账事宜已经协商一致。然而，本案原告杨某凡并未在借款合同签订前、签订时向被告顺吉房地产公司披露该事实，并且借款合同中的借款用途依然标注为用于合法经营，明显与实际不符。因此，原告杨某凡的行为，符合《担保法解释》第40条①规定的"债权人知道或者应当知道欺诈、胁迫事实的"情形。综上所述，被告顺吉房地产公司的保证责任应当予以免除。

45. 保证人在向债权人提供担保后，以债务人未告知其信用记录不良为由主张免除保证责任的，是否应予支持？

【案例1】五星公司诉泰州农商行刁铺支行、三江冷轧厂确认合同无效纠纷案②

裁判要旨：债权人是否同意向债务人借款、是否相信担保人有担保能力，以及其是否真实了解债务人的资金状况、经营状况等，是债权人自身对债权风险的评估。保证人在向债权人提供担保后，以此前签订保证合同系债权人相关工作人员未告知其债务人实际经营状况为由，主张债权人和债务人恶意串通骗取其提供保证的，一般不应予以支持。

基本案情：三江冷轧厂曾多次向泰州农商行刁铺支行借款，其中2007年该厂以财产抵押向银行借款400万元。2011年10月14日、2012年10月10日、2013年9月17日，泰州农商行刁铺支行、三江冷轧厂、五星公司三次连续签订流动资金循环借款合同、流动资金循环保证合同，五星公司均为三江冷轧厂向银行提供的250万

① 《民法典》合同编保证合同章及《民法典担保制度解释》未直接保留该条。可以参见《民法典》第149条规定："第三人实施欺诈行为，使一方在违背真实意思的情况下实施的民事法律行为，对方知道或者应当知道该欺诈行为的，受欺诈方有权请求人民法院或者仲裁机构予以撤销。"

② 参见江苏省泰州市中级人民法院(2015)泰中商终字第00058号民事判决书。

元循环借款提供连带责任保证。三江冷轧厂未能按约偿还银行2013年9月17日保证合同约定的250万元借款本息。2014年6月，五星公司向泰州市高港区人民法院提起诉讼，以2013年9月17日保证合同是债权人与债务人恶意串通、骗取担保人签订为由请求确认流动资金循环保证合同无效。庭审中，针对债权人与债务人是否存在恶意串通、骗取原告担保等问题，五星公司提供了2014年2月、3月其法定代表人分别与银行相关负责人、工作人员以及与三江冷轧厂投资人吉某的谈话录音并当庭予以播放，以证明提供担保前专程向银行工作人员询问债务人情况，而银行工作人员故意隐瞒了债务人已经在其银行抵押借款400万元的事实，并告知担保人没有问题；三江冷轧厂投资人吉某要求担保人担保时隐瞒其已经向银行抵押贷款400万元的事实，五星公司认为双方存在恶意串通、骗取担保的情况。泰州农商行刁铺支行庭审质证认为，录音内容的陈述仅反映银行当时发放贷款调查了解的情况，银行认为符合发放贷款的条件，并没有对担保人的担保承诺没事，如果当时银行发现借款人存在贷款风险及担保人不提供担保，贷款就不可能发生；经办人也从未对担保人提供担保没事或不承担责任进行任何承诺，双方谈话中进行的一些语气词之间的对接，不代表对对方所述内容进行肯定、否定或了解；与吉某录音明显事先经过沟通，他们之间与银行存在利害关系，不能采信；担保时吉某与担保人如何协商银行并不清楚，吉某是否存在隐瞒欺诈等情形银行也不清楚，并且银行没有提出一定要担保人提供担保的要求。泰州农商行刁铺支行虽然对录音真实性持有异议，但经法院释明，明确表示对录音真实性不申请司法鉴定。三江冷轧厂对上述录音均表示无异议，对五星公司证明目的予以认可。此外，三江冷轧厂因无力偿还债务，在泰州市高港区人民法院已有大量债务纠纷涉及诉讼和执行。

裁判理由：《担保法》规定，在借贷、买卖、货物运输、加工承揽等经济活动中，债权人需要以担保方式保障其债权实现的，可以依照其规定设定担保。这表明担保的根本目的是保障债权人的债权安全或者债权实现。至于债权人是否同意向债务人借款、是否相信担保人有担保能力，以及其是否真实了解债务人的资金状况、经营状况等，是债权人自身对债权风险的评估，是否同意借款是债权人自己的独立意思表示。银行作为债权人在放贷时即使没有依照部门规章尽到审查义务，因该义务是银行内部规范并不影响合同效力，只要合同本身不违反法律、法规强制性规定，就应为合法有效。担保人在为债务人债务向债权人提供担保时，是基于其对债务人的资产和信誉有所了解，或者担保人与债务人之间存在信任关系或其他经济利益关系，债权人对此无从知晓也不加以过问。商事主体在作为担保人为其他商事主体的债务提供担保时，应该知晓提供债务担保所产生的相应法律后果。本案中，五星公司多次为三江冷轧厂的借款提供担保，加之两者地理位置相邻，应该对该厂经营状况、资产状况以及信誉是有所了解的。三江冷轧厂提供反担保时，五星公司完全可以要求对提供反担保的土地和厂房办理抵押登记手续或者可以自行到相关登记机构查询反担保的土地和厂房抵押登记情况，但该公司既未要求办理反担保抵押登记，也未及时查询抵押登记情况。因此在合同本身不违反法律、法规强制性规定的情形下，应为合法有效。

【案例2】江苏扬州农村商业银行股份有限公司城北支行诉刘某雨等金融借款合同纠纷案①

裁判要旨：保证人在提供保证担保前应当主动了解借款人的经营情况、偿债能力，债权人不负担向保证人告知借款人信用情况的法定义务，保证人以此主张遭受主合同当事人骗取保证的，不应予以支持。

基本案情：2014年3月10日，原告江苏扬州农村商业银行股份有限公司城北支行（以下简称扬州农商行城北支行）与借款人刘某雨及担保人陈某琴、王某和、薛某华、黄某义签订《个人担保借款合同》，约定：借款本金为30万元，借款期限自2014年3月10日至2015年3月5日，实际借款期限以借款凭证记载为准，月利率9‰；担保方式为连带责任保证担保。在合同条款中，借款本金数额、借款期限起止时间、借款固定月利率、借款担保方式均系手写字迹。2014年3月11日，原告向刘某雨发放借款30万元。借款期限届满后，刘某雨尚欠借款本金30万元未归还。审理中，被告刘某雨辩称，原告及其本人均未向担保人如实告知其信用记录不良，其与原告构成了串通骗取保证人保证的情形，各担保人均不应承担保证责任。被告薛某华、黄某义亦均抗辩称不应对刘某雨的债务承担连带保证责任，提出的抗辩理由主要是：保证人在签订《个人担保借款合同》时被告刘某雨、原告均未如实告知被告刘某雨信用不良，导致其二人在对借款人债务履行能力并未全面了解的情况下签订了《个人担保借款合同》。

裁判理由：本案现有证据不能证明被告刘某雨取得本案借款前的信用已为不良、原告和被告刘某雨之间存在向保证人不实陈述刘某雨信用情况的情形。而且依照常理，保证人应当主动了解借款人的经营情况、偿债能力，这是保证人在提供

① 参见江苏省扬州市邗江区人民法院（2015）扬邗商初字第0429号民事判决书。

保证担保前应尽的注意义务，贷款人不负担必须向保证人告知借款人信用情况的法定义务。另外，本案也无证据证实被告薛某华、黄某义与原告签订《个人担保借款合同》时该份合同系空白未填，二被告对合同约定内容并不清楚。综上所述，原告与被告刘某雨、陈某琴、王某和、薛某华、黄某义签订的《个人担保借款合同》系各方当事人的真实意思表示，且不违反法律和行政法规的强制性规定，合法有效，应予保护。被告陈某琴、王某和、薛某华、黄某义自愿为被告刘某雨的债务提供连带责任保证，原告诉请被告陈某琴、王某和、薛某华、黄某义对被告刘某雨的上述债务承担连带清偿责任，有合同依据且符合法律规定，法院予以支持。保证人承担保证责任后有权向债务人追偿。

46. 在婚礼现场采取非正常手段向婚礼主办方索要债务，当事人为婚礼顺利进行而当场出具的保证合同，是否有效？

【案例】胡某诉成亚某、成军某保证合同纠纷案①

裁判要旨：债权人明知自己的行为会给保证人造成心理上的压力和恐惧，仍然采取举标牌、围堵婚礼队伍等方式要账，即以阻挠婚礼的正常进行为要挟，迫使保证人作出违背真实意愿的表示。以给公民及其亲友的荣誉、名誉等造成损失为要挟，迫使对方作出违背意愿的意思表示的，可以认定为胁迫行为。保证人在此情形下订立的合同应属于受胁迫订立的可撤销合同。

基本案情：2014 年 6 月 26 日，胡某在小区新房筹办结婚仪式。上午 9 时许，成亚某、成军某带人举着自制的“老赖于桂某借钱不还”的标牌来到新房所在小区讨要债务。胡某为使结婚仪式顺利进行，同成亚某、成军某进行协商交涉。协商的结果是由胡某向成军某出具保证书一份，内容为“我胡某今天自愿将名下一辆轿车抵押给成军某，(按估价算)，胡某，2014.6.26，替母亲还账，如母亲不还，我自愿替母亲还 20 万元”。后胡某将其所有的轿车交成亚某、成军某开走。现胡某以保证书系其受成亚某、成军某威逼所写，诉至法院。法院另查明，胡某系于桂某之子。2012 年 11 月 26 日，窦文某向成军某出具借条一份，内容为“今借成军某(伍万元整)50000，还款日期 12 月 26 日”，于桂某作为担保人在借条上签名。2013 年 4 月 15 日，于桂某向成军某出具借条一份，内容为“今借到成军某现金拾万元整(100000)”；

① 参见河南省三门峡市中级人民法院(2015)三民终字第 00412 号民事判决书。

2013年9月12日,于桂某向成军某出具借条一份,内容为"今借到成军某现金伍万元(50000),月底还清"。

裁判理由:一审法院认为,成亚某、成军某为向于桂某讨要债务,在于桂某之子胡某结婚当天带人举着"老赖于桂某借钱不还"的标牌前往胡某新房进行讨要以施加压力,成亚某、成军某的行为方式不妥,有违社会公序良俗。虽然胡某母亲于桂某欠款的事实客观存在,但成亚某、成军某的行为实质是以阻挠婚礼正常进行为要挟,迫使胡某在为使结婚大事顺利进行的情况下向成军某出具了"保证书",胡某的行为并非其真实意思表示。故胡某要求撤销其于2014年6月26日给成亚某、成军某书写的"保证书"的诉讼请求,符合法律规定,予以支持。"保证书"无效,成亚某、成军某应当返还胡某所有的轿车。因胡某未能提供相应证据证明其车辆被开走给其造成的具体损失,故胡某要求赔偿损失50000元的诉讼请求,缺乏相应的事实及法律依据,不予支持。成亚某、成军某提出"保证书"系胡某真实意思表示,且不具有法定撤销事由的辩解理由,不符合事发当时生活常理,故对其辩解意见,不予采信。法院判决:(1)撤销胡某于2014年6月26日向成亚某、成军某书写的"保证书";(2)成亚某、成军某于判决生效之日起10日内向胡某返还扣押的轿车1辆;(3)驳回胡某的其他诉讼请求。

二审法院认为,民事活动应当尊重社会公德,遵循公序良俗原则。结婚是人生大事,婚礼更是人一生重要的里程碑,是中华民族传统民俗文化的传承,包含着社会对新人的美好期待和祝愿。这种善良的风俗习惯应该得到尊重和保护。《民法通则意见》第69条①规定:"以给公民及其亲友的生命健康、荣誉、名誉、财产等造成损失或者以给法人的荣誉、名誉、财产等造成损害为要挟,迫使对方作出违背真实的意思表示的,可以认定为胁迫行为。"二上诉人成亚某、成军某明知自己的行为会给胡某造成心理上的压力和恐惧,仍然采取举"老赖于桂某借钱不还"标牌、围堵婚礼队伍等方式要账,实质就是以阻挠婚礼的正常进行为要挟,迫使被上诉人胡某作出违背真实意思的表示。二上诉人称没有对胡某进行威逼,与查明的事实不符,故二上诉人该上诉理由不能成立,原审法院认定事实清楚,适用法律正确,应予维持。

---

① 参见《民法典总则编解释》第22条规定:"以给自然人及其近亲属等的人身权利、财产权利以及其他合法权益造成损害或者以给法人、非法人组织的名誉、荣誉、财产权益等造成损害为要挟,迫使其基于恐惧心理作出意思表示的,人民法院可以认定为民法典第一百五十条规定的胁迫。"

47. 保证人以主合同当事人存在串通、欺诈、胁迫等情况主张合同效力瑕疵的，应当承担何种程度的举证责任？

【案例】张某邦诉何某、柏某华保证合同纠纷案①

裁判要旨：民间借贷中出现换条或者旧债转结、新旧借贷关系担保人不一时，担保人根据《担保法解释》第39条②以其不知情为由主张责任免除，应认定因该情形不符合“以新贷偿还旧贷”的构成要件，排除《担保法解释》第39条在民间借贷中的适用。担保人应承担“排除合理怀疑”的证明责任，援引《担保法》第30条③的规定主张责任免除。

基本案情：自2005年起，债务人庄某喜、冯某銮因经营需要，陆续向张某邦借款。2011年12月，双方对旧债进行结算，并在何某、柏某华提供担保的情况下，张某邦继续向债务人庄某喜、冯某銮出借并交付银行存单245000元，债务人庄某喜、冯某銮向张某邦出具借条一份，载明：“今因扩大业务规模需要，特向张某邦借款壹佰万元正，借期伍年，分四次还款，前三次每次还款拾万元，第四次还款柒拾万元整，第一次还款时间为2012年6月13日……第四次还款时间为2013年12月13日，每次逾期不还款，按月息百分之三支付利息，并支付违约金贰万元整。”何某、柏某华提供担保，未约定保证方式，借据落款时间为2011年12月13日。第四批70万元还款日期为2013年12月13日，但债务人已下落不明，何某、柏某华未能履行担保义务。故张某邦诉至法院请求判令何某、柏某华立即偿还借款70万元及违约金2万元，并承担按月利率3%计算至实际还款之日的利息以及本案诉讼费用。对于100万元的组成，张某邦在诉讼过程中自认含有619000元旧债的转结、245000元的存单以及136000元的现金。柏某华认为，张某邦与债务人虽然有100万元借款的合意，但该100万元未曾交付。且在签订借条时，张某邦欺骗保证人，未让保证人明知100万元中含有以前的借款，故其不应当承担担保责任。

---

① 参见江苏省扬州市中级人民法院(2015)扬民终字第912号民事判决书。

② 参见《民法典担保制度解释》第16条第1款规定：“主合同当事人协议以新贷偿还旧贷，债权人请求旧贷的担保人承担担保责任的，人民法院不予支持；债权人请求新贷的担保人承担担保责任的，按照下列情形处理：(一)新贷与旧贷的担保人相同的，人民法院应予支持；(二)新贷与旧贷的担保人不同，或者旧贷无担保新贷有担保的，人民法院不予支持，但是债权人有证据证明新贷的担保人提供担保时对以新贷偿还旧贷的事实知道或者应当知道的除外。”

③ 该条是关于主合同双方当事人串通欺诈保证人以及债权人采取欺诈、胁迫手段骗取保证的效力规定，在《民法典》合同编保证合同章及《民法典担保制度解释》中未延续该条款。但可参照《民法典》第149条规定：“第三人实施欺诈行为，使一方在违背真实意思的情况下实施的民事法律行为，对方知道或者应当知道该欺诈行为的，受欺诈方有权请求人民法院或者仲裁机构予以撤销。”

裁判理由：出借人持有借条要求保证人承担还款义务时，借条具有推定借贷事实已经实际发生的初步证据效力，但保证人提出借贷事实未发生的抗辩且能作出合理说明时，应当结合借贷金额、款项交付、当事人的经济能力以及交易习惯、证人证言等因素，综合判断借贷事实是否发生。本案中，对于款项的交付，张某邦自认100万元借款中含有619000元旧债的转结、245000元的存单以及136000元的现金，对于实际交付的款项，旧债部分的本金和利息总计应当认定为619110元，存单部分认定为245000元，张某邦主张的现金136000元部分因证据不足，不予支持，故张某邦实际出借的金额共计864110元。对于担保责任的承担，认定如下：旧债部分，何某、柏某华应当共同承担保证责任，理由是：(1)本案并不属于借新还旧的情形。借新还旧具有三个成立要件：一是新旧贷款债权债务主体一致；二是借款人客观上有将新贷偿还旧贷的行为；三是双方之间主观上存在以贷还贷的合意。本案中，首先，旧债在出具案涉借条时并未到期，债务人也无以新的借款偿还旧债的行为；其次，借贷双方也并未达成以新贷还旧贷的合意，故保证人不能援引《担保法解释》第39条主张免除保证责任。(2)本案并非在债务人偿债能力恶化的情形下，以新贷的名义骗取担保人的担保。虽然100万元借款中含有旧债转结，但并不影响担保人对借款人经营状况、偿债能力的判断，实际加诸担保人的担保金额也未超过借条载明的金额，故并未加重担保人的责任。综上，两担保人对旧债619000元应当全部承担保证责任。对存单245000元，由于张某邦已实际履行借款义务，何某、柏某华应承担保证责任。综上所述，何某、柏某华应对864110元承担保证责任。鉴于已有6万元得到清偿，且24万元已在前案诉讼中判决由保证人承担还款责任，故本案中，何某、柏某华还应当给付张某邦564110元。

48. 债权人与债务人共同欺诈保证人提供保证的，保证人是否需要承担保证责任？*

【案例】四川省医药工业公司诉中国工商银行成都市芷泉支行、四川省化学矿山公司保证合同纠纷案①

裁判要旨：主债权债务人共同欺诈保证人提供保证的，保证合同无效。

---

* 参见《民法典》第149条规定："第三人实施欺诈行为，使一方在违背真实意思的情况下实施的民事法律行为，对方知道或者应当知道该欺诈行为的，受欺诈方有权请求人民法院或者仲裁机构予以撤销。"

① 参见最高人民法院中国应用法学研究所编：《人民法院案例选（分类重排本）· 商事卷》，人民法院出版社2017年版，第1857－1860页。

基本案情:1988年10月,中国工商银行成都市芷泉支行(以下简称芷泉支行)因进行有奖储蓄业务,急需200台平价彩色电视机,遂以提供平价彩色电视机为条件,向其开户单位四川省化学矿山公司(以下简称化矿公司)表示,可贷给其半年期借款500万元。化矿公司接受芷泉支行提出的条件,并将本公司与广汉公司(该公司未办理工商企业注册登记)签订的购铑粉合同(合同约定履行期限为1988年9月23日前,始终未履行),以及本公司和深圳经济特区对外贸易集团与外商签订的铑粉外贸合同,充作自己公司的内、外贸易合同提交给芷泉支行。同年10月14日,化矿公司依据上述合同,以购铑粉出口为名,向芷泉支行提出贷款申请。同日,芷泉支行与化矿公司签订借款合同,约定芷泉支行向化矿公司出借250万元用于购铑粉出口,月息7.5%,如借方不能按期还款,贷方有权在担保单位存款账户内扣收;借款期限自1988年10月14日起至1989年4月14日止。合同还载明化矿公司产品销售收入累计完成900万元,利润累计43万元,购买铑粉数量为4公斤。化矿公司持填写上述内容的借款合同要求四川省医药工业公司(以下简称医药公司)为其担保,医药公司同意担保,并在合同担保单位栏内加盖印章。合同一式三份。合同签订后,芷泉支行单方将合同约定的借款数额改为230万元,将其中一份合同交化矿公司。为使借款金额与购货数量相符,又将其持有的另2份合同中写明的购进铑粉数量改为14公斤。修改后的合同未交医药公司。同月17日至20日,化矿公司向芷泉支行购买彩色电视机的供方支付20万元,作为芷泉支行购进200台彩色电视机的差价补贴。同月19日,芷泉支行将230万元拨入化矿公司重新设立的账户。同月20日和21日,化矿公司将借款的100万元用于归还中国工商银行成都市分行信托投资公司借款;91.98万元支付成都振川商行用于非法倒卖生丝;5.7万元支付成都红光电视机厂彩色电视机差价;20万元拨入本公司在芷泉支行原开立的账户,用于填补已为芷泉支行支出的彩色电视机差价款;10万元支付橡胶公司货款。借款到期后,化矿公司未归还借款,芷泉支行即致函医药公司要求代偿。医药公司函复称:不知道合同借款数额已更改,且借贷双方的行为违反信贷制度,借款合同已失效,拒绝承担保证责任。芷泉支行即按借款合同中的约定,从医药公司账户陆续扣收33万元。医药公司多次致函芷泉支行,要求停止侵害未果,遂向成都市中级人民法院提起诉讼。

裁判理由:一审法院认为,化矿公司与芷泉支行签订借款合同时,隐瞒借款的真实用途,以购铑粉出口为名,骗取医药公司为其担保,该行为属欺诈行为,担保无效,医药公司的担保责任免除。二审法院认为,化矿公司与芷泉支行为实现各自的利益，由化矿公司虚构借款用于购买铑粉供出口的事实，向芷泉支行提出借款申请；芷泉支行明知化矿公司申请借款的合同依据虚假，仍与其签订借款合同，同时，隐瞒化矿公司经营及资信的真实情况，致使医药公司在不明真相、违背其真实意思的情况下，为化矿公司提供担保。嗣后，芷泉支行又擅自改变借款金额及购货数量，且未将正式合同文本返还医药公司，继续使医药公司处于不知情的状况。因此，化矿公司与芷泉支行的行为已共同构成对医药公司的民事欺诈，医药公司的担保行为因受欺诈而无效，担保责任应予免除。芷泉支行依据无效保证合同扣划医药公司的款项，没有合法依据，应承担返还所扣款及相应利息的责任。

49. 保证人明知主合同法律关系名为买卖实为借贷，借贷被认定有效的情况下，保证合同效力如何认定？

【案例】湖南有色国贸有限公司诉常州浦源化工进出口有限公司、爱华控股集团有限公司等借款合同纠纷案①

裁判要旨：(1)保障债权实现是担保法最重要的立法目的和价值取向。交易双方通过担保的加入，构建一个更加稳固的交易关系，从而促进资金融通和商品流通。除符合法律规定条件外，担保人的担保责任不轻易免除。(2)担保人明知主合同当事人之间名为买卖关系实为借贷关系时，还为其担保，构成对借贷关系的债务担保。(3)当名为买卖实为借贷的合同关系依法成立并有效时，担保合同仍然有效，担保人的担保责任不应免除。

基本案情：2013年，湖南有色国贸有限公司（以下简称有色国贸公司）与常州浦源化工进出口有限公司（以下简称常州浦源公司）签订了33份买卖合同，约定由有色国贸公司将从案外人中实贸易公司购得的乙二醇转卖给常州浦源公司，总货款为311016890元。2014年，有色国贸公司与常州浦源公司对账确认，常州浦源公司尚欠有色国贸公司货款34028000元。另外，2012—2014年，有色国贸公司、常州浦源公司与爱华控股集团有限公司（以下简称爱华集团公司）等5位担保人先后签订最高额保证担保书6份，约定爱华集团公司等5位担保人为常州浦源公司与有色国贸公司签订的33份买卖合同项下的债务本金、利息等提供最高额连带责任担保

① 参见湖南省高级人民法院（2016）湘民终323号民事判决书。

（各担保书约定的最高额有所不同），保证期间为主合同债务履行期届满之日起两年。因常州浦源公司未能按期支付合同款项，有色国贸公司向长沙市中级人民法院提起诉讼，请求法院判令：常州浦源公司偿还有色国贸公司34028000元及违约利息等损失；爱华集团公司等5位担保人对常州浦源公司所欠债务承担连带清偿责任。经法院审理查明，有色国贸公司与常州浦源公司之间的“买卖”有货物收据、银行转账汇款票据、增值税发票、仓储证明，但没有实际货物的转移。此外，爱华集团公司向法院提交了浙江省台州市椒江区公安分局对担保人之一丁某及常州浦源公司员工的询问笔录。笔录显示有色国贸公司与常州浦源公司之间系借款关系而非买卖关系，且爱华集团公司等担保人对此均知情。

裁判理由：关于爱华集团公司等承担责任的性质及方式。爱华集团公司等担保人虽然否认对常州浦源公司与有色国贸公司之间名为买卖实为借款的事实明知。但法院调查后认为，爱华集团公司与常州浦源公司素有业务往来，关系密切，知道常州浦源公司并无自有资金开展大宗买卖业务。在爱华集团公司第二次提供担保时，明知常州浦源公司对有色国贸公司尚有高达2800多万元债务，且此时项某铨在自己公司资金链已经发生危机的情况下，仍然出具第二次担保，且此次担保不仅在第一次仅有爱华集团公司担保的基础上，重新加入了爱华新台州公司、爱华房地产公司以及作为法定代表人的项某铨，而且不要求任何担保利益，显然有悖常理。爱华集团公司提交的丁某在公安机关的供述以及常州浦源公司相关工作人员的陈述，均称爱华集团公司对借款知情，这更符合本案客观事实。故应认定爱华集团公司、爱华房地产公司、爱华新台州公司及项某铨对常州浦源公司以订立连环《公司产品购销合同》的方式向有色国贸公司借款的事实是明知的。爱华集团公司、爱华房地产公司、爱华新台州公司、项某铨、丁某明知涉案买卖合同实为借款关系，仍为常州浦源公司提供担保，说明其出具最高额担保合同的真实意思是为常州浦源公司的债务进行担保。本案实际发生的债务源于借款，且并未超出各担保人担保的真实意思范围。故对各担保合同的效力应予确认。各担保人对常州浦源公司不能清偿的借款，应在各自担保范围内承担连带责任。

50. 保证人主张受政府指令等合同以外第三人影响的，是否影响保证合同效力？

【案例】长乐自来水公司与工行五四支行借款担保纠纷案[①]

裁判要旨：保证人作为具有完全民事行为能力的法人，应依法对其所从事民事法律行为独立承担民事责任，其所作保证是否受合同以外第三人影响的问题不涉及合同当事人之间的权利义务关系，亦不影响保证合同的效力。

基本案情：2003年8月29日，和顺公司向工行五四支行借款，双方签订2003（五四）工银（短）总字第13号《流动资金借款合同》，金额为人民币2800万元整，贷款到期日为2004年8月20日，月利率4.8675‰。在有其他严重的违约行为时，工行五四支行有权解除合同，并要求和顺公司提前归还贷款本息，赔偿损失。同日，长乐自来水公司与工行五四支行签订一份2003（五四）工银（短）总字第13号保001分号《最高额保证合同》，长乐自来水公司为和顺公司本案2800万元贷款提供连带保证担保。2003年9月5日，工行五四支行向和顺公司发放2800万元贷款。和顺公司自2003年9月20日起就开始欠息，至今未支付分文利息。2004年7月28日，工行五四支行向原审法院提起诉讼，请求依法判令：（1）和顺公司一次性归还该行贷款本金人民币2800万元及利息、罚息；（2）长乐自来水公司对和顺公司的上述欠款承担连带还款责任；（3）两被告共同承担本案的诉讼费用及其他相关费用。一审法院判决：（1）和顺公司偿还工行五四支行借款本金2800万元人民币及合同约定的利息、罚息；（2）长乐自来水公司应对上述第一项判决承担连带清偿责任。长乐自来水公司不服，上诉称：长乐自来水公司为和顺公司借款债务提供连带责任担保，系基于长乐市政府等行政机关的强制指令而被迫作出，该担保行为违背了长乐自来水公司的真实意愿，应认定无效。原审判决认定长乐自来水公司不是"以公益为目的的事业单位"，是错误的。本案可能涉及经济犯罪，应当中止审理。借款人和顺公司的股东香港顺凯（集团）有限公司未能缴足注册资本，应当追加其参加本案诉讼。请求二审法院撤销原审判决，改判本案担保合同无效，长乐自来水公司不承担保证责任。最高人民法院二审驳回上诉，维持原判。

裁判理由：本案工行五四支行与和顺公司签订的借款合同系双方当事人真实意思表示，且不违反法律、行政法规的禁止性规定，应为有效。借款人和顺公司在合

① 参见长乐自来水公司与工行五四支行借款担保纠纷案，载《最高人民法院公报》2005年第9期。

同到期后未能全部履行合同义务，应当依法承担向工行五四支行偿还借款本息的民事责任。长乐自来水公司与工行五四支行签订书面保证合同，明确承诺为和顺公司上述借款提供连带保证。现和顺公司到期未能偿还债务，保证人长乐自来水公司应就上述债务向工行五四支行承担连带清偿责任。长乐自来水公司作为具有完全民事行为能力的法人，应依法对其所作民事法律行为独立承担民事责任。长乐自来水公司关于其在地方政府的行政指令下所作担保，应免除其向工行五四支行承担保证责任的上诉理由不能成立。因为，本案保证合同系长乐自来水公司与工行五四支行之间签订，长乐自来水公司没有证据证明工行五四支行在与之签订保证合同时采取了欺诈、胁迫等手段。长乐自来水公司是否受合同以外第三人影响的问题并不涉及合同当事人之间的权利义务关系。由于合同一方当事人没有义务了解合同相对人签约行为以外的其他因素，长乐自来水公司一方面承认其在本案保证合同上盖章的事实，另一方面否认该签约行为是其真实意思表示，这对被保证人工行五四支行是不公平的。保证合同不应仅因保证人的保证系因地方政府指令而确认无效。

51. 债权人(金融机构)贷款审查监管义务的履行，是否影响保证人保证责任的承担？

【案例】江苏宜兴农村商业银行股份有限公司明珠支行诉宜兴中燃能源有限公司等金融借款合同纠纷案①

裁判要旨：商业银行法规定审查义务是对银行风险的控制规范，属管理性规定，不影响合同效力的认定。

基本案情：2014 年 8 月 7 日，江苏宜兴农村商业银行股份有限公司明珠支行(以下简称农商行明珠支行)与宜兴中燃能源有限公司(以下简称宜兴中燃公司)签订流动资金循环借款合同，约定由农商行明珠支行自 2014 年 8 月 7 日起至 2016 年 8 月 7 日止向宜兴中燃公司提供最高余额不超过 600 万元的贷款，同时约定了借款利息、违约责任等内容。此后，农商行明珠支行与晓盛公司等签订最高额保证合同，约定自愿为宜兴中燃公司的债务在最高本金余额 600 万元范围内提供最高额连带责任保证担保，同时约定了保证范围及保证期间等内容。农商行明珠支行依约向

① 参见江苏省无锡市中级人民法院(2017)苏 02 民终 1568 号民事判决书。

宜兴中燃公司发放贷款600万元后，宜兴中燃公司未按约还本付息，各保证人亦未履行保证义务。据此，农商行明珠支行诉至法院，要求判令宜兴中燃公司立即偿还借款本金600万元并支付期内欠息、逾期罚息、期内欠息之复利、律师费用；各保证人对宜兴中燃公司的上述债务承担连带保证责任。被告汇祥公司辩称：(1)农商行明珠支行在贷款过程中未对宜兴中燃公司财务状况和偿债能力进行尽职调查，没有按照《贷款通则》及《商业银行授信工作指引》的相关规定操作，存在重大过错；(2)汇祥公司对担保事实无异议，但不能免除农商行明珠支行未尽职调查产生严重后果的责任；(3)农商行明珠支行在发放贷款过程中未认真履行义务，应承担不利后果。综上，汇祥公司无须对本案所涉债务承担保证责任，要求依法驳回农商行明珠支行的全部诉讼请求。

裁判理由：一审法院认为，本案中所涉借款合同、最高额保证合同均合法有效。汇祥公司、晓盛公司、沈某良、吴某英的风险和损失并非农商行明珠支行未履行审查和监管义务所致，而是保证人的固有、天然风险。《贷款通则》及《商业银行授信工作尽职指引》等相关规定并未规定商业银行违反贷款中严格审查义务的民事责任，上述规定均为银行内部规定，且均是从商业银行风险控制角度加以规范，属管理性规范，银行即使违反相关规定，亦不影响银行与宜兴中燃公司之间信贷行为的效力和本案所涉最高额保证合同的效力。正是由于汇祥公司、晓盛公司、沈某良、吴某英等为宜兴中燃公司借款提供了最高额连带责任保证担保，大大降低了宜兴中燃公司因经营财务状况不佳而导致的信贷风险程度，才使农商行明珠支行同意为宜兴中燃公司提供贷款支持。农商行明珠支行贷款审查监管义务的履行并不影响保证人保证责任的承担，汇祥公司、晓盛公司、沈某良、吴某英的抗辩意见于法无据，不予采信。

二审法院认为，商业银行法规定银行应对借款人的借款用途、偿还能力、还款方式等情况进行严格审查，实行审贷分离、分级审批的制度，但这是对银行风险的控制规范，属管理性规定，《贷款通则》系中国人民银行颁布的用于规范贷款行为的准则，属于银行内部规定，上述规定并不影响民事合同效力的认定。本案所涉借款合同、最高额保证合同系当事人真实意思表示，且不违反法律法规的强制性规定，因此应为合法有效。

52. 我国相关法律未对人事保证作明确规定，当事人关于人事保证的约定是否合法有效?*

【案例 1】张某强诉张某平追偿权纠纷案①

裁判要旨:人事保证中保证人所保证债务类型为侵权之债，虽与《担保法》所规范的普通保证的合同之债并不相同，但就其仍属保证人为债务人对债权人的债务提供人的担保的实质而言并无不同，且保证作为一种合同，根据契约自由的基本原则，只要双方关于人事保证之约定不违反法律法规强制性规定以及公序良俗，即应依法有效，因其与《担保法》所规定之一般保证本质相同，故其可类推适用《担保法》关于保证之相关规定。

基本案情:被告与原告系光明公司同事，2000 年被告经原告介绍进入光明公司从事销售工作，因被告的工作与现金接触，故公司要求被告提供担保人对其在公司工作期间可能对公司造成的经济损失承担连带保证责任，因被告与原告关系较好，故原告应被告请求于 2007 年 5 月 14 日向光明公司出具担保书为被告在光明公司工作期间对公司造成的经济损失承担连带赔偿责任。保证有效期自签字之日起至被告工作终止的两年内。2010 年 9 月，被告因与光明公司发生劳动纠纷扣留本应上交公司的奶款 29174.42 元，光明公司向被告追讨未果后，要求原告作为连带保证人代为偿付 29174.42 元，原告于 2010 年 9 月 1 日向光明公司支付 29174.42 元。另外，被告可从光明公司领取劳动合同终止经济补偿金 11616.78 元，同年 9 月 25 日被告书面确认同意该笔补偿金由原告领取，余款待被告与光明公司之间的劳动纠纷诉讼判决后再行支付原告。2011 年 4 月 14 日，上海市杨浦区人民法院就被告与光明公司的劳动争议纠纷作出(2011)杨民一(民)初字第 596 号民事判决，双方均未上诉。但之后余款 17557.64 元，被告至今未向原告偿还。

裁判理由:本案原告应被告要求以担保人身份为其在光明公司工作期间可能对公司造成的经济损失向光明公司承担连带赔偿责任，故原告与光明公司之间存在连带人事保证法律关系，我国相关法律虽然对人事保证未作明确规定，但当事人关于人事保证的约定并不违反法律强制性规定，亦不违背公序良俗，故合法有效，

---

* 本问题在实践中争议较大，既有“不违反法律的强制性规定”的有效说，也有“违反劳动法禁止劳动者提供担保”的无效说，分别参见案例 1 和案例 2。

① 参见上海市虹口区人民法院(2011)虹民一(民)初字第 5063 号民事判决书。

且关于人事保证的内容和性质与《担保法》所规定之保证相似，故其法律适用可类推适用《担保法》有关保证之规定。

【案例2】陈某国与樊某强保证合同纠纷案①

裁判要旨：人事保证中担保人担保的是被担保人基于其人格、品行或品德而实施的行为，是对尚未发生的完全不具有确定性的侵权之债设定保证，用人单位可能因此怠于行使管理职责，将管理风险转嫁给保证人，有违公平原则，保证合同无效。

基本案情：陈某国于2005年12月15日开办了重庆市沙坪坝区雄凯酒楼（系个体工商户，以下简称雄凯酒楼），同月底夏某英经樊某强介绍到陈某国经营的雄凯酒楼担任出纳，负责现金、银行款项的保管收付工作以及税款交纳。2006年1月16日，樊某强向陈某国出具保证书一份，载明"夏某同志经重庆市沙坪坝区兴源物业管理有限公司樊某强介绍到我店担任出纳工作，因工作特殊性，如出现营私舞弊、中饱私囊，将由樊某强同志承担赔偿。"此后，夏某英在2007年11月23日之前多次将雄凯酒楼现金、银行存款及应收款、应付税款449293.5元挪用并挥霍。夏某英因此被追究了刑事责任。在公安机关侦查过程中，陈某国为确定夏某英挪用金额而支出了审计费10000元，陈某国的损失共计459293.5元。法院另查明：1. 夏某英签订劳动合同时使用了假身份证和假名字"夏某"，保证人樊某强没有告知陈某国。2. 夏某英已受刑事处罚。3. 重庆市沙坪坝区人民法院（2008）沙法刑初字第390号刑事判决已确定由夏某英退赃449239.50元，支付评估损失费10000元，共计459239.50元。该院（2008）沙民执字第1163号民事执行裁定又裁定夏某英无履行能力而终结执行程序。

裁判理由：关于本案是否属于人民法院受理民事诉讼的范围问题。该争点涉及的主要问题是涉案当事人之间的关系是否属于平等主体之间的财产关系或者人身关系，是否属于民事关系。根据《民事诉讼法》第3条的规定："人民法院受理公民之间、法人之间、其他组织之间以及他们相互之间因财产关系和人身关系提起的民事诉讼……"本案系保证合同纠纷，涉案保证合同双方当事人之间并不存在隶属关系，而是平等主体之间的法律关系，其相互之间的赔偿责任争议依法应当适用民事法律规范予以调整。故，本案属于人民法院受理民事诉讼的范围。

关于涉案人事保证合同的效力问题。当事人应当遵循公平原则确定各方的权利和义务。本案中樊某强与陈某国签订的保证合同属于人事保证范畴，担保人担保的是被担保人基于其人格、品行或品德而实施的行为，是对尚未发生的完全不具

① 参见重庆市高级人民法院（2011）渝高法民提字第364号民事判决书。

有确定性的侵权之债设定保证，用人单位可能因此怠于行使管理职责，将管理风险转嫁给保证人，有违公平原则，故保证合同无效。

关于保证人樊某强是否应当承担赔偿责任的问题。合同无效或者被撤销后，因为该合同取得的财产，有过错的一方应当赔偿对方因此所受到的损失，双方都有过错的，应当各自承担相应的责任。本案中，夏某英已无力赔偿陈某国的损失。陈某国雇请夏某英为出纳是基于樊某强对夏某英品德情况提供的保证。保证人樊某强并未将夏某英的假身份证、假名字情况告知陈某国。如果樊某强不知道该情况，说明其更不了解夏某英的品德情况，而其向陈某国介绍并提供保证，属于不负责任，对陈某国损失的造成有过错。如果樊某强明知夏某英的假身份证、假名字等情况而不告知陈某国且提供保证，则故意隐瞒真实情况，对陈某国损失的造成更有过错，更应当承担一定责任。另外，陈某国雇请夏某英为出纳时疏于审查，事后对夏某英的工作情况疏于管理，对损失的造成应当承担主要责任。

53. 保证人在签订保证合同时，同时注明特殊用语对保证进行限制，但并未将相关限制直接向对方当事人进行明确告知的，保证人所作限制是否有效？

【案例】刘某锋诉董某春保证合同纠纷案①

裁判要旨：保证人意欲将“负责”限定为仅限于通知和监督义务，并意欲以此来限定“担保人”字样所体现的保证意思表示，但未向债权人明确披露前述真实意思的，系典型的真实保留。债权人未认可的，该限制不发生法律效力。

基本案情：2013年下半年，借款人杨某龙在被告董某春所有的鸡棚处从事家禽养殖。2013年9月18日，借款人杨某龙向原告刘某锋借款人民币4万元，并出具借条一份，该借条载明：“今借到刘某锋人民币肆万元正(40000元正)11月30日前还清，如逾期不还每天违约金100元(壹佰元)等鸡子卖第一批给钱。今借人杨某龙，2013年9月18日。”被告董某春在该借条下方自书：“鸡出售日期负责电话通知刘某锋，并负责将鸡款归还。担保人董某春，2013.9.18。”借款到期后，借款人杨某龙未偿还借款本金。2013年11月后，借款人杨某龙陆续出售养殖的家禽，其于2013年12月离开该鸡棚后仍留有部分家禽，后由原告刘某锋提供饲料，被告董某春负责饲养，并陆续出售留存的家禽得款24725元，扣减原告刘某锋提供的饲料款后余款

① 参见江苏省大丰市人民法院(2014)大三商初字第0026号民事判决书。

16000元，原告刘某锋、被告董某春为此分别在借条下方自书“此款本人已收16000元。2014.3.22”，及“此款已给壹万陆仟元整。董某春（￥16000元）2014.3.22”。原告刘某锋追索余款未果，遂诉至法院。

裁判理由：关于被告董某春自书“负责”的内容是否具有限制一般用语“担保人”签名担保的意思。当事人对合同条款的理解有争议的，应当按照合同所使用的词句、合同的有关条款、合同的目的、交易习惯以及诚实信用原则，确定该条款的真实意思。当事人对一方当事人自书合同内容的解释不一致的，自书合同内容的当事人主张其真实意思为限制一般行业、习惯用语所表达的客观文义的，应就自书内容的真实意思向另一方当事人作详细解释，否则如自书文字与一般行业、习惯用语所具有的客观文义并不冲突，应以一般行业、习惯用语所具有的客观文义为准。本案中，被告董某春自书“鸡出售日期负责电话通知刘某锋，并负责将鸡款归还”和“担保人董某春”，其主张意思为承担电话通知售鸡时间和监督还款的义务，并非担保义务，但其未向原告刘某锋清楚地解释其真实意思，从文字记录上来看自书内容与“担保人”内容的文字并存，被告主张的两个“负责”限定的通知义务和监督义务与保证合同主义务即担保义务并存亦不违反意思自治的合同原则和担保法的相关规定，故被告董某春主张自书内容限制“担保人”所具有的担保效力的抗辩理由不成立，被告董某春签名担保的意思表示成立。另外，原告刘某锋与被告董某春未明确约定保证方式，故被告董某春应按照连带责任保证承担保证责任。

54. 债权人（银行）明知保证人并非本人签字，债务到期后也未向保证人主张权利，保证人在银行告知其前述贷款即将逾期并影响其正在进行的贷款申请后，保证人因为担心影响自己在银行征信系统的信用而偿还前述保证债务的，是应当认定为事后的追认行为，还是认定为自助行为？

【案例】张某森诉山东临淄农村商业银行股份有限公司不当得利纠纷案①

裁判要旨：债权人（银行）明知保证人并非本人签字，债务到期后也未向保证人主张权利，保证人在银行告知其前述贷款即将逾期并影响其正在进行的贷款申请，保证人因为担心影响自己在银行征信系统的信用而偿还前述保证债务的，当事人在面临银行征信不良记录现实可能的情形下，采取先还款再寻求其他方式挽回损

① 参见山东省淄博市中级人民法院（2016）鲁03民终3248号民事判决书。

失的行为不违背常理，当事人可以主张债权人返还不当得利。

基本案情：2005年11月29日武某亮与被告山东临淄农村商业银行股份有限公司（以下简称临淄农商行）签订期限1年的10万元借款合同，以原告张某森和李某名义担保，同日又以原告的名义与被告签订期限1年的10万元借款合同，由周某、杨某光担保。2013年6月27日原告付清上述两笔贷款本息464546.71元。后原告主张担保合同、借款合同不是其签名，归还借款是受到利诱、胁迫，起诉要求被告返还464546.71元并承担自2013年6月27日至实际归还日的利息（按照银行同期贷款利率计算）。

裁判理由：首先，涉案的借款合同、担保合同均非张某森本人签字订立，收取贷款的账户亦非张某森本人开设，临淄农商行也没有证据证明在订立上述合同或开设银行账户时已经有张某森的合法授权或是经过张某森的同意，涉及的两笔借款亦非张某森本人使用。在此种情况下，张某森与临淄农商行之间不存在金融借款合同关系，涉案的借款合同、担保合同对张某森没有法律约束力，临淄农商行接受张某森的还款没有法律上的原因。其次，临淄农商行作为金融机构应该对贷款申请人及担保人进行严格审查，而其在张某森未到场亦未提供有效授权的情况下，即允许他人代张某森签字订立借款合同和担保合同违反相关法律法规。基于临淄农商行的违法违规行为不应支持其由张某森无因还款而获取的利益。再次，在涉案借款到期后截至2013年6月27日张某森还款之前，临淄农商行均未向张某森追要过借款或要求张某森承担担保责任，临淄农商行也未向两份合同中涉及的其他债务人与担保人主张过权利，与银行金融贷款合同的常规履行方式不符。因此，张某森主张其还款系因临淄农商行告知其产生逾期将造成银行征信不良，影响当时正在进行的贷款申请，而不得已还款的理由，具有高度可能性。故该种还款行为应视为一种自力救济而非追认行为，本案中张某森亦无追认的意思表示，且追认必须是被追认人的行为具有合法性，而涉案的借款、担保合同在签订过程中存在违法违规情形，不具备合法性，因而不能产生追认的法律效力。最后，当事人在面临银行征信不良记录现实可能的情形下，采取先还款再寻求其他方式挽回损失的行为不违背常理，至于是行使撤销权还是行使不当得利返还请求权，系当事人在维护自身合法权益时的一种自由选择，并不会因其没有行使撤销权而导致其丧失获得救济的权利。综上，临淄农商行获得张某森的还款没有法律上的原因，亦不具备正当性，其应当向张某森返还所得之利益。该利益包括张某森向临淄农商行支付的464546.71元及该款项在临淄农商行占用期间产生的法定孳息即利息，该利息应以464546.71元为基数按同期同类银行存款利率自2013年6月27日计算至判决生效之日。据此二审撤销一审判决并改判临淄农商行向张某森返还464546.71元和占用该款期间的利息（自2013年6月27日起按照同期同类银行存款利率计算至判决生效之日止）。

55. 保证人恶意处分财产权益害及债权实现的，债权人是否可以行使撤销权？

【案例】蔡某诉高某英等债权人撤销权纠纷案①

裁判要旨：保证人将其唯一具有较高价值的财产向他人设立抵押登记的，该行为损害了其他债权人的利益，债权人可以申请撤销。

基本案情：高某生与周某系夫妻关系，高某英系高某生的女儿。2017年1月1日，高某英出具《还款书》，载明结欠高某生688.8万元，其中本金492万元，2013年至2016年利息196.8万元，以房产抵偿。双方确认案涉房屋抵押登记所涉债权系《还款书》载明的款项。2017年1月8日，高某生（甲方）与高某英、章某刚（乙方）签订《抵押借款协议》，约定高某英向甲方借款500万元，乙方将房屋抵押给甲方。同日，高某生（甲方）又与高某英、章某刚、章某人（乙方）签订《抵押借款协议》，约定高某英向甲方借款400万元，乙方将房屋抵押给甲方。2019年11月4日，双方就上述两处房屋分别办理了抵押登记，抵押权人均为高某生。2018年10月12日，蔡某向无锡市锡山区人民法院起诉张某红、高某英、江苏某某投资有限公司，法院审理后判决张某红归还蔡某借款本金372万元及利息，高某英对张某红的还款义务承担连带责任等。2019年7月31日，无锡市中级人民法院驳回张某红上诉，维持原判。高某英陈述其向高某生的借款实际发生在2012年至2013年，借款后又转借给张某红，有张某红的签收记录；其于2015年、2016年向张某红催讨借款时遭到推诿；2017年其将案涉房屋抵押给高某生时，除了两套房屋外没有其他价值较高的财产。高某生陈述其是机械公司股东，因机械公司拆迁获得高额拆迁款，其出借给高某英的款项中130万元系周某银行卡上的款项，周某的银行卡实际由高某英使用。高某生未提供证据对银行卡交付事实予以证明。经审理，江苏省无锡市锡山区人民法院遂判决张某红归还蔡某借款本金372万元及利息，高某英对张某红的还款义务承担连带责任。后张某红提起上诉，江苏省无锡市中级人民法院作出判决驳回张某红的上诉，维持原判。该案经蔡某申请执行，张某红、投资公司无还款能力。经

---

① 参见江苏省无锡市中级人民法院（2020）苏02民终2392号民事判决书。

核算，截至2020年2月13日，张某红等应归还本息合计675.96万元。

裁判理由：债务人有多个普通债权人的，在清偿债务时，债务人恶意将其全部或者部分财产抵押给其中一个债权人，因此丧失了履行其他债务的能力，损害了其他债权人的合法权益，受损害的其他债权人可以请求人民法院撤销该抵押行为。本案中，高某英与高某生、周某之间的银行承兑汇票和银行账户明细不足以证明双方的借贷关系。即使如高某英所称借贷关系成立，高某英作为张某红债务的担保人，在明知张某红偿债能力出现问题，其财产又不足以清偿全部债务的情况下，以其家庭不动产为直系亲属、利害关系人高某生设立抵押，损害了其他债权人利益，蔡某作为生效判决中确认的高某英的债权人有权请求法院撤销高某英等人将涉案房屋抵押给高某生的行为。

【现行相关规范】

《最高人民法院关于诈骗犯罪的被害人起诉要求诈骗过程中的保证人代偿“借款”应如何处理问题的复函》（1990年10月13日　〔1990〕民他字第38号）

新疆维吾尔自治区高级人民法院：

你院（1990）新法民请字第2号《关于诈骗犯罪的被害人起诉要求诈骗过程中的保证人代偿“借款”应如何处理》的请示报告收悉。经研究认为：冯树源从胡强处“借款”的行为既已被认定为诈骗罪行，胡强追索冯树源所“借”4万元则属刑事案件中的追赃问题。因此，对胡要求受冯欺骗的“担保人”代偿“借款”的纠纷，人民法院不宜作为民事案件受理。一审法院裁定驳回起诉是正确的。

《最高人民法院关于诈骗犯罪的被害人起诉要求诈骗过程中的收取担保费用的保证人代偿“借款”应如何处理的请示的复函》（1994年9月6日）

广东省高级人民法院：

你院粤高法〔1994〕25号《关于诈骗犯罪的被害人起诉要求诈骗过程中的收取担保费用的保证人代偿“借款”应如何处理的请示》报告收悉。经研究认为，借款人携款外逃，未被认定为诈骗犯罪，人民法院不宜以借款人借款系欺诈行为为由认定借款合同无效，也不能据此认定作为从合同的保证合同无效。债权人可依法请求保证人履行合同。收取担保费用的保证人较无偿提供担保的保证人承担更多的义务。保证人提出自己也是诈骗犯罪的受害人的免责理由不能成立。你院提到的我院［1990］民他字第38号函效力问题，查该函是对新疆维吾尔自治区高级人民法院请示的一起具体案件的答复，与你院请示的问题情况不同，不适用于你院请示的问题。

附：广东省高级人民法院关于诈骗犯罪的被害人起诉要求诈骗过程中的收取担保费用的保证人代偿“借款”应如何处理的请示

最高人民法院：

最近，我们在审理借款合同中执行贵院〔1990〕民他字第38号《关于诈骗犯罪的被害人起诉要求诈骗过程中的保证人代偿“借款”应如何处理的复函》中碰到多起这样的案件，即在签订担保合同时保证人收取了担保费用，其后借款人实施了诈骗行为，人和款均去向不明，给出借人造成了严重损失。像这种情况，保证人应否承担“代偿”责任。我们认为，对于收取有偿担保费的保证人应承担相应的“代偿”责任。理由是：

一、有偿担保的责任应重于无偿担保的责任。保证合同对保证人来说是一种风险性较高的法律行为，即便是在无偿担保的情况下，保证人所保证的，不仅仅是保证债务人不逃避债务，更重要的是保证债务人履行债务。当债务人不履行债务时，保证人就要承担履行债务或者连带责任。相比较而言，收取了担保费的保证人，就要承担比无偿担保人更大的风险责任。其不但在签订担保前要认真审查被保证人的资信情况，还要在担保期间监督其履行债务，不逃避债务。一旦发生诈骗风险，保证人首先要承担责任，而不能以其“不知情”，“也是受害者”，“发生了诈骗犯罪，不以作为民事案件处理”为由，免除保证的责任。这样才能体现权利义务对等的原则和公平原则。有利于从法律本质上体现担保的作用。

二、有利于保证正常的借贷活动，维护经济秩序。从我省审理这一类案件的情况来看，有二个共同特点值得注意：一个是由于有保证人担保，金融机构基于对保证人的信赖，发放大量的贷款，但当借款人携款外逃，下落不明，出借人追款无着，造成大量国有资金流失的严重后果；另一个是保证人大多数是公司、法人单位，为了获取有偿担保费用，轻率出具担保书，一旦出事，保证人往往以被保证人是诈骗犯罪，借款合同不成立，保证合同也不成立为由，拒负法律责任，钻了法律的空子。这种现象有愈演愈烈之势。如不针对这种情况采取相应措施加以遏制，就不利于保障借贷活动的正常进行，不利于稳定金融秩序。

因此，我们认为，对诈骗犯罪的被害人起诉要求诈骗过程中收取有偿担保费的保证人代偿“借款”是合理的，应予受理，并判令保证人承担相应的“代偿”责任。

以上意见妥否，请批示。

《最高人民法院关于灵山县公安局对其工作人员擅自以所在单位名义对外提供财产保证应否承担民事责任问题的答复》〔1991年1月30日　法（经）函〔1991〕8号〕

广西壮族自治区高级人民法院：

你院〔1990〕法经字第34号请示收悉。经研究，答复如下：

广西壮族自治区灵山县公安局属国家行政机关，没有经营权，也不具备保证人的主体资格，无代偿能力。该局干部黄考才违法动用其负责掌管的单位公章，在他人签订的购销汽车合同担保栏内盖章的行为，并非在执行职务。且，黄考才实施这一民事行为，所在单位并不知情，知情后即向债权人申明这是黄个人所为。因此，黄考才利用职务之便，擅自以所在单位名义对外提供财产保证，其行为后果，根据《民法通则》第六十六条第一款规定，应由黄考才个人自负，并依法追究其责任，灵山县公安局对此不应当承担民事责任。

此复

《最高人民法院关于借款合同当事人未经保证人同意达成新的〈财产抵押还款协议〉被确认无效后保证人是否继续承担担保责任的复函》［1991年6月7日　法(经)函〔1991〕58号］

宁夏回族自治区高级人民法院：

你院〔1991〕宁法经字第3号“关于借款合同当事人未经保证人同意达成新的《财产抵押还款协议》被确认无效后，保证人是否继续承担担保责任的请示报告”收悉。经研究，认为：

本案《财产抵押还款协议》是在借款人银川市第三地毯厂采取欺诈手段，将他人委托其代加工物品充作自己的财产进行抵押，致使债权人宁夏回族自治区信托投资公司作出错误的意思表示的情况下签订的。这一无效民事行为的实施，不应影响借款合同和从属于它的保证合同的法律效力。借款合同主债务存在，保证人的保证责任即不应免除。因此，原则同意你院第一种意见，即，债权人向保证人主张债权，只要在保证合同的诉讼时效期限内，保证人仍应对原合同承担保证责任。

此复

附：宁夏回族自治区高级人民法院关于借款合同的当事人未经保证人同意达成新的《财产抵押还款协议》被确认无效后保证人是否继续承担担保责任的请示报告(1991年3月3日　〔1991〕宁法经字第3号)

最高人民法院经济庭：

我院受理的宁夏信托投资公司与银川市第三地毯厂、银川市亚麻厂、银川市民族家具厂、宁夏电工产品检验站借款合同纠纷上诉一案，经审理查明：1988年7月2日，宁夏信托投资公司与银川市第三地毯厂签订了一份借款50万元的合同，由银川市亚麻厂给予担保，1988年12月31日到期。1988年7月9日，原银川市城区皎皎综合门市部(1988年3月与第三地毯厂联营，同年11月变更为隶属于第三地毯厂)

与信托投资公司签订了借款98万元的合同，由银川市民族家具厂和宁夏电工产品检验站自力公司（已撤销）给予担保，同年9月9日到期，此贷款全部由第三地毯厂使用。上述两份合同到期后，共有60万元贷款及利息拖欠未还，信托投资公司不断地向第三地毯厂及担保方催收，在此期间，1989年7月第三地毯厂隐瞒真相，用他人让其代加工的成品、半成品仿古地毯谎称自己所有，作为抵押物，与信托投资公司签订了一份《财产抵押还款协议书》，规定：限期一个月，第三地毯厂将抵押物加工销售，收入归还贷款本息。签订这份协议时担保方未参加，协议签订后没有履行，信托投资公司于同年8月诉至法院，协议抵押物的主人知道后，也纷纷索要。在法院主持下将抵押物退回原主。本院审判委员会在讨论此案时，一致认为两份借款合同为有效合同，《财产抵押还款协议书》无效，但对于本案的保证人是否还要承担连带的还款责任，有两种意见：一种意见认为双方当事人所签订的《财产抵押还款协议书》是无效的民事行为，不受法律保护，并非成立了新的法律关系，也未造成任何后果，因此，在保证合同的诉讼时效限期内，保证人均应对原合同承担保证责任。最高法院法（经）复[1988]4号批复系指形成了新的法律关系，属有效协议，不符合本案实际情况，不宜引用。另一种意见认为该《财产抵押还款协议书》虽然无效，但产生了新的民事行为的事实存在，按照无效合同的处理原则，签订《财产抵押协议书》的双方当事人应承担法律后果。依据最高法院法（经）复[1988]4号批复精神，产生了新的法律关系，原借款担保合同终止，因此保证人不应再承担原合同的保证责任。

以上两种意见，哪种正确，我们拿不准。

请批复。

《最高人民法院关于是否可直接判令保证单位履行债务的复函》[1991年10月19日　法（经）函〔1991〕129号]

上海市高级人民法院：

你院（91）沪高经核字第11号《关于是否可直接判令保证单位履行债务的请示》收悉。经研究，答复如下：

保证合同虽具有相对的独立性，但它终究从属于主合同，主合同的效力决定保证合同的效力。本案第一被告新疆乌鲁木齐市金字塔工贸公司系艾克拉木·穆罕默德个人开办的私营独资企业，现已倒闭，艾克拉木也被公安机关收容审查，与原告上海马陆棉纺织厂签订购销合同的行为是否构成经济犯罪尚未确定，从属于该购销合同的保证合同的效力、性质及保证人应承担的责任也就无法确认。且，为了有利于打击犯罪，本案的受诉法院应中止对全案的审理，将有关的犯罪嫌疑材料移送乌鲁木齐市公安局查处，不必急于将棉纺厂诉保证人中国人民建设银行乌鲁木齐沙依巴克区办事处承担保证责任一节先行审理。受诉法院中止对本案的审理，并不表示解除保证人应承担的民事责任。

此复

附：上海市高级人民法院关于是否可直接判令保证单位履行债务的请示［1991**年7月22日**　(91)**沪高经核字第11号**］

最高人民法院：

我市中级人民法院受理的上海马陆棉纺织厂诉新疆乌鲁木齐市金字塔工贸总公司（以下称"金字塔公司"）和中国人民建设银行乌鲁木齐沙依巴克区办事处（以下简称"沙区办事处"）购销棉花合同纠纷一案，原告和"金字塔公司"于1989年9月4日签订合同，向其购买棉花270吨，并先后预付货款人民币87万元，其中58万元由"沙区办事处"下属"炉院街分理处"进行担保。该分理处承诺，进账款项，专款专用；供方在10月25日前不能如期发货，银行负责将58万元原款和17400元违约金一并退回需方。经查，"金字塔公司"系艾克拉木·穆罕默德个人开办的私营独资企业，自开办以来，进行投机诈骗等违法经营活动，被工商行政管理机关依法查处，艾克拉木等有关人员因诈骗、投机倒把等经济问题，被新疆维吾尔自治区公安厅收容审查，"金字塔公司"随之实际倒闭。原告为向该公司追回购买棉花的预付款人民币87万元，遂提起诉讼。审理中，乌鲁木齐市公安局于1991年6月3日正式通知本市中级人民法院，"金字塔公司"艾克拉木等特大经济诈骗一案，乌鲁木齐市公、检、法和工商已成立联合专案组侦查，要求该院根据"先刑事后民事"的办案原则和二高一部的有关规定，暂停审理，有关材料移送专案组，民事部分待刑事案件审结后依法作出处理。

我院认为：保证制度的建立，其目的就是为了保护债权人的利益。"沙区办事处"下属"炉院街分理处"为原告预付款58万元的保证单位，且对保证责任作出了具体约定。故无论"金字塔公司"艾克拉木等是否构成经济诈骗犯罪，作为该公司的保证单位，"沙区办事处"仍应承担相应的保证责任。有关对艾克拉木等经济犯罪的查处，不应影响原告诉保证单位就保证责任一案的审理。鉴于"金字塔公司"已实际倒闭，原告根据《中华人民共和国民法通则》第八十九条第（一）项之规定，直接要求保证单位承担保证责任一节，可予支持。至于本案涉及的经济犯罪部分，根据有关规定移送乌鲁木齐市公安局。

以上请示意见当否，请从速批示。

《最高人民法院关于能否对连带责任保证人所有的船舶行使留置权的请示的复函》(2001 年 8 月 17 日 〔2001〕民四他字第 5 号)

天津市高级人民法院：

你院津高法〔2001〕13 号《关于能否对连带责任保证人所有的船舶行使留置权的请示》收悉。本院经研究认为：

船舶留置权是设定于船舶之上的法定担保物权。根据《中华人民共和国海商法》第二十五条第二款的规定，当修船合同的委托方未履行合同时，修船人基于修船合同为保证修船费用得以实现，可以留置所占有的船舶，而不论该船舶是否为修船合同的委托方所有。但修船人不得基于连带责任保证对连带责任保证人所有的船舶行使留置权。

天津新港船厂修船分厂作为修船人，依据其与英国伦敦尤恩开尔公司订立的修船合同，对俄罗斯籍“东方之岸”轮进行修理后未取得合同约定的修船费用，有权留置该轮。“东方之岸”轮的所有人东方航运公司虽不是本案修船合同的当事人，但不影响该留置权的成立。

据此，同意你院关于天津新港船厂修船分厂对“东方之岸”轮的留置行为合法有效，并可以基于留置权先于抵押权人受偿的处理意见。

《最高人民法院关于交通银行香港分行与港云基业有限公司、云浮市人民政府等借款担保合同纠纷上诉一案〈承诺函〉是否构成担保问题的请示的复函》(2006 年 10 月 11 日 〔2006〕民四他字第 27 号)

广东省高级人民法院：

你院〔2004〕粤高法民四终字第 153 号《关于交通银行香港分行与港云基业有限公司、云浮市人民政府等借款担保合同纠纷上诉一案〈承诺函〉是否构成担保问题的请示》收悉。经研究，答复如下：

对于云浮市人民政府出具的《承诺函》是否构成我国《担保法》意义上的保证，应由你院根据云浮市人民政府出具《承诺函》的背景情况、《承诺函》的内容以及查明的其他事实情况作出认定；

在对外担保的案件中，我国境内公民个人向境外债权人提供的担保，若存在最高人民法院《关于适用〈中华人民共和国担保法〉若干问题的解释》第六条规定之情况，应依法认定为无效。本案中我国境内公民赖斌、陈兢向交通银行香港分行提供的担保是否存在上述情况，应由你院依法审查。

此复。

《最高人民法院关于南洋商业银行有限公司与捷讯(香港)有限公司、朱某、东莞市捷伟讯电子有限公司借款及保证合同纠纷一案请示的复函》(2017 年 12 月 5 日　〔2016〕最高法民他 71 号)

广东省高级人民法院：

你院(2015)粤高法民四他字第 16 号《关于原告南洋商业银行有限公司诉被告捷讯(香港)有限公司、朱某、东莞市捷伟讯电子有限公司借款合同及保证合同纠纷一案的请示》收悉。经研究，答复如下：

2014 年 6 月 1 日实施的《跨境担保外汇管理规定》第二十九条规定："外汇局对跨境担保合同的核准、登记或备案情况以及本规定明确的其他管理事项与管理要求，不构成跨境担保合同的生效要件。"以上规定表明，现行外汇管理体制已不再将跨境担保合同的核准、登记或备案情况作为合同的生效要件。鉴于此，《跨境担保外汇管理规定》实施之后，《最高人民法院关于适用〈中华人民共和国担保法〉若干问题的解释》第六条关于以国家有关主管部门批准或者登记判断对外担保合同是否有效的规定应不再适用，跨境担保合同不因未履行批准、登记或备案手续而无效。

根据你院查明的事实，案涉两份《保证合同》均签订于 2012 年 1 月 4 日，本案担保人东莞市捷伟讯电子有限公司注册地在境内，债务人和债权人均在香港，本案争议的担保合同属于内保外贷的跨境担保合同。本案合同签订之时，《跨境担保外汇管理规定》尚未实施，人民法院应当要求当事人向外汇管理部门申请补登记，外汇管理部门予以补登记的，人民法院不以该合同未经批准登记而认定其无效；外汇管理部门不予补登记的，人民法院应适用《最高人民法院关于适用〈中华人民共和国担保法〉若干问题的解释》第六条的规定认定合同效力。

此复。

【规范沿革】

《担保法》第 30 条

有下列情形之一的，保证人不承担民事责任：

(一)主合同当事人双方串通，骗取保证人提供保证的；

(二)主合同债权人采取欺诈、胁迫等手段，使保证人在违背真实意思的情况下提供保证的。

《担保法解释》第 6 条

有下列情形之一的，对外担保合同无效：

（一）未经国家有关主管部门批准或者登记对外担保的；

（二）未经国家有关主管部门批准或者登记，为境外机构向境内债权人提供担保的；

（三）为外商投资企业注册资本、外商投资企业中的外方投资部分的对外债务提供担保的；

（四）无权经营外汇担保业务的金融机构、无外汇收入的非金融性质的企业法人提供外汇担保的；

（五）主合同变更或者债权人将对外担保合同项下的权利转让，未经担保人同意和国家有关主管部门批准的，担保人不再承担担保责任。但法律、法规另有规定的除外。

《担保法解释》第40条

主合同债务人采取欺诈、胁迫等手段，使保证人在违背真实意思的情况下提供保证的，债权人知道或者应当知道欺诈、胁迫事实的，按照担保法第三十条的规定处理。

《担保法解释》第41条

债务人与保证人共同欺骗债权人，订立主合同和保证合同的，债权人可以请求人民法院予以撤销。因此给债权人造成损失的，由保证人与债务人承担连带赔偿责任。

【立法资料】

为了维护保证人的合法权益，草案规定：1. 政府及其所属部门不得强行要求金融机构或者企业为他人提供保证，金融机构或者企业对此有权拒绝。……3. 债权人与债务人双方恶意串通，骗取保证人提供保证的；债权人采取欺诈、胁迫等手段，使保证人在违背真实意思的情况下提供保证的，保证人不承担民事责任。①

根据有些委员的意见，建议将草案修改稿第三十条第（一）项规定的"主合同当事人双方恶意串通，骗取保证人提供保证"中的"恶意"一词删去。②

---

① 参见全国人大常委会法制工作委员会在1995年2月21日第八届全国人民代表大会常务委员会第十二次会议上所作关于《中华人民共和国担保法（草案）》的说明。

② 参见全国人大法律委员会在1995年6月29日第八届全国人民代表大会常务委员会第十四次会议上所作《关于担保法（草案修改稿）、保险法（草案修改稿）和惩治破坏金融秩序犯罪的决定（草案修改稿）修改意见》的汇报。

专题3 | 阶段性保证的效力

实务问题

56. 在阶段性保证中，保证期间自合同签订之日起算至特定行为完成的，是认定为期间，还是认定为条件？

【案例】招商银行股份有限公司重庆分行诉周某、重庆市金科实业集团科润房地产开发有限公司金融借款合同纠纷案①

裁判要旨：阶段性保证中约定的情形具有或然性，发生时间不确定，不应认定为法律上的期间，系当事人就其不再承担担保责任的条件所作出的约定，亦即合同所附有关保证合同解除的条件。

基本案情：2012年6月7日，原告招商银行股份有限公司重庆分行（以下简称招商银行，贷款人、抵押权人）与被告周某（借款人、抵押人）、重庆市金科实业集团科润房地产开发有限公司（以下简称金科房地产公司，保证人）签订《个人购房借款及担保合同》《涪陵区预购（购买）商品房抵押贷款合同》，约定原告向被告周某发放22万元的个人住房按揭贷款，用于购买位于重庆市涪陵区李渡太乙大道的房屋，贷款期限为240个月，用所购房屋作抵押担保，保证人自愿为借款人的债务提供连带责任保证，保证期间为自合同签订之日起至借款人持抵押物之房地产权证办妥正式抵押登记，并将房地产权证或/和房地产他项权证交由贷款人保管之日止。借款人如连续3个月或累计6次未按约定按时足额还款视为违约，贷款人有权宣布合同提前到期并提前收回已发放贷款本息。2012年7月4日，原告招商银行按约发放贷款，但被告周某从2014年2月至2014年7月连续6个月未按时足额履行还款义务。原告要求该笔贷款提前到期并要求被告周某偿还全部贷款本息，被告金科房地产公司承担保证责任。被告周某未到庭参加诉讼。被告金科房地产公司认为其承担的是阶段性担保责任，其已于2014年5月8日为周某取得房屋产权证并于2014年9月2日交给招商银行，已完成相应手续，不应再承担担保责任。

裁判理由：根据《担保法》的相关规定，保证期间的实质系期间，应具确定性，而本案合同约定“保证期间为自合同签订之日起至借款人持抵押物之房地产权证办

① 参见重庆市第一中级人民法院(2015)渝一中法民终字第02168号民事判决书。

妥正式抵押登记，并将房地产权证或/和房地产他项权证交由贷款人保管之日止”，按该条文义分析，约定的情形具有或然性，发生时间不确定，不应认定属于法律上的期间，系当事人就其不再承担担保责任的条件所作出的约定，亦即合同所附有关保证合同解除的条件。本案中周某出现合同约定的违约情况，其债务按约提前到期，金科房地产公司已为招商银行办理了抵押登记，并已履行合同约定的“持抵押物之房地产权证办妥正式抵押登记，并将房地产权证或/和房地产他项权证交由贷款人保管”的义务，则有关保证合同解除的条件已经成就。推究有关条款缔结背景及当事人缔约目的，合同缔结时抵押房产尚处于在建过程中，金科房地产公司对其居于实际控制地位，享有财产权利并于房产登记至买房人之前负担实际抵押义务，为保证招商银行作为债权人和抵押权人免于因抵押房产在建而产生的物理和法律上的双重风险，故由该公司向招商银行就借款负担连带保证责任。现抵押房产已经竣工并登记至买房人名下，前述因抵押房产在建而产生的物理和法律上的双重风险已经消除，招商银行作为债权人和抵押权人的利益已得到保障，现解除金科房地产公司保证责任的条件成就于诉讼前，且无损招商银行在已享有完整抵押权前提下的债权人利益，故金科房地产公司按约依法应免除保证责任。

57. 在阶段性保证中，如开发商已完成所涉房产所有权初始登记条件，开发商阶段性保证责任是否应当解除？*

【案例】中国建设银行股份有限公司温州分行等与温州市鹿城区房地产开发总公司等金融借款合同纠纷案①

裁判要旨：开发商阶段性担保的保证期间限于购房人抵押贷款合同生效至房屋竣工办理产权登记和他项权证时，在商品房竣工交付购房人办理产权证后，开发商的连带责任保证即终止。

---

* 参见人民法院案例库2023－16－2－103－018号揭阳某银行诉陈某、高某、某房地产公司金融借款合同纠纷案。“在商品房按揭贷款交易中，办理抵押登记手续是抵押权人和抵押人应当完成的义务，开发商已办理建筑物所有权首次登记及案涉房屋不动产权证书并及时将该不动产权证原件交给了抵押权人即已履行其义务，此时办理抵押登记手续的条件也已成就。因抵押权人与抵押人怠于办理抵押登记手续致使抵押权不成立的，抵押权人与抵押人怠于履行的法律后果应由其自行承担，不应再由开发商承担阶段性连带保证责任，否则可能导致往后开发商不积极办理建筑物所有权登记及不动产权证书，不利于维护良好的房地产交易秩序。”

① 参见浙江省温州市中级人民法院（2015）浙温商终字第929号民事判决书。

基本案情:2003 年 12 月 30 日,潘某、温州市鹿城区房地产开发总公司(以下简称鹿城房开公司)与中国建设银行股份有限公司温州分行(以下简称建行温州分行)签订了编号为×××《个人住房借款合同》《贷款及保证承诺书》各 1 份,约定:潘某向建行温州分行借款 56 万元;借款期限自 2003 年 12 月 30 日起至 2023 年 12 月 30 日止;当年的贷款基准月利率为 4.2‰。借款人连续 2 个月或累计 6 个月以上未足额归还贷款本息,建行温州分行有权通过行使抵押权、向保证人主张权利或以其他方式提前收回已发放的全部贷款本息;潘某提供其向鹿城房开公司购买的某居住小区 1 号楼 1201 室房屋(现门牌:某某花苑 3 幢 1201 室)作抵押;鹿城房开公司提供阶段性保证,保证责任自合同生效之日起至借款人所抵押的房产正式交付使用、并办妥该房产的抵押登记手续、取得抵押房产的他项权利证书并交建行温州分行代为保管之日止。同日,双方在房管部门办理了预购商品房抵押登记证书。建行温州分行于合同签订当日依约发放了贷款。2014 年 6 月之前,潘某均能按约偿付借款本息。2014 年 6 月,潘某仅偿付 133.7 元,之后,未再还本付息。截至 2015 年 3 月 1 日,潘某已拖欠本金 20899.13 元,利息 13663.42 元,本金罚息 488 元,利息罚息 338.64 元。另查明:2013 年 7 月 25 日,法院裁定受理鹿城房开公司的破产清算申请,并指定浙江德威会计师事务所有限公司温州分所为管理人。本案抵押物系鹿城房开公司建设,已经交付使用,但至今,鹿城房开公司尚未为购房户办妥房屋所有权登记手续,建行温州分行至今未取得房屋他项权证。此外,建行温州分行与鹿城房开公司在二审中一致确认未能办理房产正式登记的最主要原因在于鹿城房开公司未能与建筑商进行竣工验收结算。

裁判理由:一审法院认为,建行温州分行与潘某、鹿城房开公司签订的《个人住房借款合同》系各方当事人的真实意思表示,未违反法律规定,依法有效,应受法律保护。潘某从 2014 年 6 月起未依约偿付欠款,已经连续超过 6 期,建行温州分行要求提前收回全部借款本金,并要求潘某支付利息、逾期利息和复利,符合双方的约定,对其请求予以支持。潘某提供预购的房屋作抵押,并已经在房管部门办理了预购商品房抵押登记,建行温州分行的抵押权已经设立,建行温州分行对抵押物享有优先受偿权。鹿城房开公司为潘某的债务提供保证,合同约定,"保证责任自合同生效之日起至借款人所抵押的房产正式交付使用、并办妥该房产的抵押登记手续、取得抵押房产的他项权利证书并交建行温州分行代为保管之日止",从中可以确认,建行温州分行要求鹿城房开公司提供保证的目的是确保其抵押权的设立。抵押权只要设立,鹿城房开公司的保证责任即免除。法院已经确认建行温州分行对抵押物享有抵押权，现建行温州分行要求鹿城房开公司承担保证责任已经缺乏依据，该请求不予支持。

二审法院认为，开发商阶段性担保的保证期间限于购房人抵押贷款合同生效至房屋竣工办理产权登记和他项权证时，在商品房竣工交付购房人办理产权证后，开发商的连带责任保证即终止，银行期房按揭权转为现房抵押权。涉案《个人住房借款合同》《贷款及保证承诺书》亦对此有明确约定。涉案商品房已经进行了抵押权预告登记，且未能推进至本登记的原因并非由债权人的原因造成，预抵押登记财产又符合折价、拍卖、变卖等流通条件，故赋予银行对登记财产享有优先受偿权，以保护银行按揭市场金融秩序，但最后银行能否实际如期取得物的担保权利即期房按揭权能否实际如期转化为现房抵押权存在不确定性。同时，阶段性保证的设立初衷在于降低因正式产权登记未完备导致的债权清偿风险，促使开发商及时完成项目开发建设、积极协助办理产权登记手续，而涉案房产未能正式办理产权登记的原因系鹿城房开公司未能与建筑商办理竣工验收结算手续。因此，原判免除鹿城房开公司的保证责任既不符合合同约定，也有悖于阶段性担保的合同目的，加重了债权人在抵押权预告登记存续期间的债权清偿风险，应予纠正。

58. 在阶段性保证中，债权人因为客观原因未能办理抵押登记，不存在怠于行使权利情形的，能否认定为阻止保证责任解除条件的成就，保证人是否承担保证责任？

【案例1】广东发展银行股份有限公司北京建国路支行诉杨某兴等借款合同纠纷案①

裁判要旨：阶段性保证中，债权人不存在明显怠于履行办理抵押登记的行为的，不能认定为阻止保证责任解除条件的成就，保证人仍应承担保证责任。

基本案情：2005年3月14日，贷款人广东发展银行股份有限公司北京建国路支行（以下简称广发建国路支行）与借款人杨某兴、保证人万达公司签订《房屋按揭贷款合同》，贷款金额为280万元，万达公司自愿且无条件同意承担连带保证责任。同日，广发建国路支行作为抵押权人与抵押人杨某兴签订《房屋按揭贷款抵押合同》，广发建国路支行向杨某兴发放贷款280万元。2006年9月21日，万达公司将杨某兴贷款所购房屋的所有权证交给广发建国路支行。2006年10月17日，该房

① 参见北京市朝阳区人民法院（2009）朝民初字第34537号民事判决书。

屋被深圳市中级人民法院查封。该房产一直在查封状态中，未能办理抵押登记手续。自2009年4月起，杨某兴未再依约偿还贷款本息。后广发建国路支行从万达公司的保证金账户中扣除了219221.94元。截至2010年5月9日，杨某兴尚拖欠贷款本金2363002.72元、利息9942.33元、罚息37.05元和复利41.83元。

裁判理由：双方在合同中并未约定房屋抵押登记手续办理的期限，广发建国路支行应在合理期限内及时办理。保证人在向银行交付了房屋所有权证书后，在不到一个月的时间里，该房屋就因借款人的其他经济纠纷被法院查封，而且这不到一个月的时间里，还包括十一长假，故在这种情况下，广发建国路支行并没有明显怠于履行办理抵押登记的行为，不能认定为阻止保证责任解除条件的成就，保证人仍应承担保证责任。万达公司应依约对杨某兴应向广发建国路支行偿还的贷款本息、罚息等承担连带保证责任，在承担连带保证责任后，有权向杨某兴追偿。

【案例2】汉口银行股份有限公司宜昌分行诉宜昌市冠峰置业有限公司等金融借款合同纠纷案①

裁判要旨：当事人约定的解除阶段性保证的条件未成就，债权人不存在故意拖延、不配合等阻止办理抵押权登记或者预告登记手续等行为的，不能视为恶意阻止条件成就，保证人依然应当承担保证责任。

基本案情：被告杜某华与被告郑某芳系夫妻关系。2014年3月24日，原告汉口银行股份有限公司宜昌分行（以下简称汉口银行）与被告宜昌市冠峰置业有限公司（以下简称冠峰置业公司）签订《项目按揭贷款合作协议》，约定汉口银行给冠峰置业公司开发的位于宜昌市伍家岗伍临路的“丽景国际”楼盘的购房人提供个人按揭贷款，冠峰置业公司为该楼盘贷款购房者提供无条件、不可撤销的连带责任保证。2014年12月9日，原告与被告杜某华、郑某芳、冠峰置业公司签订了《个人购房借款/担保合同》，主要约定如下：(1)杜某华、郑某芳购买冠峰置业公司开发的“丽景国际”中的13套商品房；(2)杜某华、郑某芳因购房向汉口银行按揭贷款150万元；(3)冠峰置业公司为杜某华、郑某芳的贷款承担阶段性保证责任。2015年1月8日，汉口银行向杜某华、郑某芳发放贷款150万元。2016年8月25日，冠峰置业公司将杜某华、郑某芳名下的13套房屋的产权证原件交予汉口银行。13套房屋已于2014年6月17日办理预购商品房预告登记，但一直未办理抵押预告登记或抵押登记。2016年9月27日，杜某华、郑某芳因欠他人借款被宜昌市夷陵区人民法

---

① 参见湖北省宜昌市中级人民法院(2018)鄂05民终1122号民事判决书。

院采取诉讼财产保全措施。2016年9月28日，涉案13套房屋被宜昌市夷陵区人民法院查封。2017年1月至2月，涉案13套房屋被司法拍卖。2017年4月11日，该13套房屋被司法执行过户至他人名下。自2016年9月开始，汉口银行得知杜某华前述13套房屋被法院查封，多次向3被告催促，但杜某华、郑某芳电话失联、下落不明，而冠峰置业公司认为无责，故原告宣布贷款提前到期，并诉至法院，请求判令：(1)被告杜某华、郑某芳共同偿还原告贷款本金1246034元，并自2017年3月22日按罚息利率支付罚息直至本息全部清偿时止。(2)被告冠峰置业公司对杜某华、郑某芳的上述债务承担连带清偿责任。

裁判理由：针对冠峰置业公司的阶段性保证责任免除情形，三方签订的《个人购房借款/担保合同》特别条款第31条指向通用条款第18.2条第2项，而该项第1点、第2点又分别指向第15条第8项第1点约定的正式抵押登记手续已办理完毕、第15条第8项第2点约定的抵押权预告登记手续已办理完毕两种情形才能免除保证责任。本案中，杜某华拟设立抵押的房屋未办理抵押权预告登记，亦未办理正式抵押登记。因此，从合同约定的情形来看，冠峰置业公司保证责任免除的条件尚未成就。但该免除保证责任的条件未成就是不是汉口银行的责任，及汉口银行是否存在阻止保证责任免除条件成就的行为，法院分述如下：(1)关于正式抵押登记手续的办理。合同第15条第8项第1点约定"本合同签订后，抵押人应及时到有关登记机关办理抵押登记手续……"可见，合同约定的办理抵押登记手续的义务人是抵押人(借款人杜某华)，并不是汉口银行。上诉人亦未举证证明汉口银行存在不配合、故意拖延等阻止办理正式抵押登记手续的行为，故涉案房屋因被法院查封未能完成正式抵押登记，汉口银行不存在过错。(2)关于抵押权预告登记手续的办理。合同第15条第8项第2点约定"抵押物为尚未取得产权的房屋的，应在本合同签订之日起30天内或贷款人另行要求的合理时间内办妥预售登记备案或抵押权预告登记手续……"该条虽未写明办理预售登记备案或抵押权预告登记手续的义务人，但从该条文的字义及上下文的约定来看，应当理解为售房人和购房人，而不是汉口银行。且事实上，涉案房屋办理完成预售登记备案也是在签订《个人购房借款/担保合同》之前。可见，汉口银行没有合同义务办理抵押权预告登记手续，且上诉人亦未举证证明汉口银行存在不配合、故意拖延等阻止办理抵押权预告登记手续的行为，故涉案房屋未办理抵押权预告登记手续，不能归责于汉口银行。因此，上诉人认为汉口银行为自己的利益，违反合同约定，怠于履行合同义务，事实上不正当地阻止了担保责任免除的条件成就，应视为条件已经成就，上诉人关于保证责任应当免除的主张，法院不予采信。

59. 在阶段性保证中，不动产未办理产权登记导致物的担保未成立的情况下，保证人是否可以在物的担保范围内免除保证责任？

【案例1】中国农业银行股份有限公司厦门同安支行诉陈某莉等金融借款合同纠纷案①

裁判要旨：阶段性保证中，对于未办理不动产产权登记导致抵押权登记不能办理的情形，债权人对于未能办理抵押权登记并无过错，保证人无权拒绝承担保证责任，仍应按照合同约定承担全部保证责任。

基本案情：2009年3月11日，被告陈某莉、被告连某波作为借款人、被告同安一建作为保证人与原告签订了《个人购房担保借款合同》，合同约定，由被告陈某莉与被告连某波向农行同安支行中国农业银行股份有限公司厦门同安支行（以下简称农行同安支行）借款32万元用于购买位于古庄新城×号的房屋并以该房屋作为抵押物，由被告同安一建承担阶段性连带责任保证；借款期限自2009年3月11日起至2029年3月10日止……同安一建承担的担保阶段自合同签订之日起至被告陈某莉与被告连某波取得房地产权利证书并办妥以农行同安支行为抵押权人的抵押登记手续之日止……该合同项下既有借款人提供的抵押担保又有其他担保人提供担保，当贷款人放弃借款人的抵押权、抵押权顺位或变更该抵押权时，其他担保人承诺仍然按照该合同约定承担担保责任。2009年3月12日，农行同安支行与被告陈某莉、被告连某波办理了预购商品房抵押权预告登记手续；3月13日，农行同安支行足额提供给被告陈某莉与被告连某波借款本金32万元。被告陈某莉与被告连某波自2010年11月13日最后一次偿还分期还款后，未再按合同约定履行还款义务。截至2011年9月21日，被告陈某莉与被告连某波尚欠农行同安支行借款本金302282.24元及利息、罚息、复利三项合计33143.76元。2011年3月，开发商通知陈某莉与连某波可以办理本案所涉商品房的产权登记，陈某莉与连某波未去办理，本案所涉商品房目前尚未办理产权登记及抵押权登记。

裁判理由：对于未办理不动产产权登记导致抵押权登记不能办理的情形，在判定保证人是否在物的担保范围内免除保证责任时，应当以预告登记权利人是否存在过错为准。如果预告登记权利人在不动产产权登记未办理问题上没有过错，那么抵押权因未能办理登记而不能成立的过错不在于预告登记权利人，则保证人仍

① 参见福建省厦门市同安区人民法院(2011)同民初字第2723号民事判决书。

应当承担全部保证责任;反之,法院可以根据预告登记权利人的过错程度确认保证人相应的免责范围。本案所涉金融借款合同既有抵押物担保,又有保证人担保,合同约定保证人同安一建在抵押权登记之前应承担连带保证责任,但由于被告陈某莉、被告连某波在具备办理产权证的情形下怠于办理产权证,以致相应的抵押登记亦未办理,抵押权未设立。由于抵押权预告登记权利人农行同安支行对于未能办理抵押权登记并无过错,因此保证人不能以此作为不向农行同安支行承担保证责任的抗辩理由,同安一建仍应按照合同约定承担全部保证责任。

【案例2】中国建设银行股份有限公司韶关市分行诉植某明、韶关市曲江区兆康房地产开发有限公司借款合同纠纷案①

裁判要旨:在阶段性保证中约定办理抵押登记作为承担保证责任的结束时间,在抵押登记办理前,债权人有权要求保证人承担保证责任。

基本案情:植某明、韶关市曲江区兆康房地产开发有限公司(以下简称兆康公司)于2010年12月9日签订了《商品房买卖合同》。合同约定:植某明向兆康公司购买商品房,房价802550元,于签订合同当日交付首期款项242550元,余款560000元按揭贷款供房。2011年11月22日,中国建设银行股份有限公司韶关市分行(以下简称韶关市建行)(贷款人)与植某明(借款人、抵押人)及兆康公司(保证人)签订《个人住房(商业用房)借款合同》。合同约定,植某明以该房产设定抵押,借款560000元,抵押财产应办理必要的抵押登记手续。合同采用抵押加阶段性保证的方式,保证人在合同项下提供的保证为连带责任保证,保证期间为合同保证条款生效之日起至抵押登记办妥且抵押财产的他项权利证书、抵押登记证明文件正本及其他权利证书交由贷款人核对无误、收执之日止。2011年12月5日,韶关市建行向植某明发放560000元贷款,植某明借款后并不能按期还本付息,每月均有逾期还款的违约行为,经原告催收后才陆续偿还。2013年3月21日,原告以被告植某明未偿还2012年12月至2013年3月的应还贷款为由,诉至法院。此外,《个人住房(商业用房)借款合同》签订后,因被告植某明不配合,三方未按规定到房管部门办理房屋抵押登记,抵押物也没有办理房产证。

裁判理由:原告与被告植某明、兆康公司签订的《个人住房(商业用房)借款合同》虽约定被告植某明以其房产作抵押担保,但设定抵押后并未到房管部门办理抵

① 参见广东省韶关市武江区人民法院(2013)韶武法民二初字第56号民事判决书。

押登记，依据《担保法》第41条[①]、第42条第2项[②]的规定，该抵押未发生法律效力。因此，兆康公司作为本案借款的保证担保人，为植某明向原告贷款提供阶段性担保，按合同关于其保证期间为合同保证条款生效之日起至抵押登记办妥且抵押财产的他项权利证书、抵押登记证明文件正本及其他权利证书交由贷款人核对无误、收执之日止的约定，在抵押物未办理抵押登记前，被告兆康公司对被告植某明应清偿给原告的借款本息及原告为实现债权与担保权利而发生的诉讼费用应承担连带保证责任。

60. 在阶段性保证中，对抵押登记完成的时间没有作出明确约定，且抵押登记的事实能够最终确定完成也处于不确定状态的，该保证合同效力如何认定？具备办理抵押登记条件后债权人无正当理由未办理抵押登记的，该行为效力如何认定？

【案例1】中国建设银行股份有限公司北京中关村分行诉李某、北京金源鸿大房地产有限公司等金融借款合同纠纷案[③]

裁判要旨：阶段性保证合同中对抵押登记完成的时间没有作出明确约定，且抵押登记的事实能够最终确定完成也处于不确定状态的，应当认定为附解除条件的担保合同。在具备办理抵押登记的条件后，债权人长期怠于办理抵押登记，系其为自身利益所需以不作为的形式不正当地阻止了保证合同解除条件的成就，阶段性担保合同解除条件应当视为已成就，保证人免除保证责任。

基本案情：2001年12月19日，李某及北京金源鸿大房地产有限公司（以下简称金源鸿大公司）与中国建设银行股份有限公司北京中关村分行（以下简称建行中关村分行）签订了《个人住房贷款借款合同》（以下简称借款合同），约定建行中关村分行向李某提供105万元借款，借款期限为240个月，即自2001年12月19日至2021年12月18日，贷款月利率为4.65‰，李某应按照合同约定还款。如累计6个月未偿还贷款本息和相关费用，建行中关村分行有权解除合同并提前收回已发放

---

① 参见《民法典》第402条规定："以本法第三百九十五条第一款第一项至第三项规定的财产或者第五项规定的正在建造的建筑物抵押的，应当办理抵押登记。抵押权自登记时设立。"

② 此项系关于城市房地产或者乡（镇）、村企业的厂房等建筑物抵押登记部门的规定。《民法典》第210条规定："不动产登记，由不动产所在地的登记机构办理。国家对不动产实行统一登记制度。统一登记的范围、登记机构和登记办法，由法律、行政法规规定。"《民法典》中没有保留直接规定不动产登记部门的规定。

③ 参见北京市第一中级人民法院（2013）一中民终字第13199号民事判决书。

贷款本息。金源鸿大公司对借款合同项下李某的债务承担连带保证责任,保证期间为合同生效之日起至抵押的房屋取得房屋所有权证、办妥房产保险和抵押登记并将房屋他项权证及其他有关资料交建行中关村分行代为保管之日止,保证范围包括借款本金、利息(含罚息)、违约金、赔偿金以及为实现债权而支付的费用等;如李某未按合同约定按时偿还贷款本息或相关费用,建行中关村分行有权要求金源鸿大公司承担保证责任等措施。合同签订后,建行中关村分行如约放贷,但李某自2012年3月29日起已累计6个月以上没有按期还本付息,违反了合同约定。由于李某所购商品房抵押登记至今尚未完成,建行中关村分行诉请金源鸿大公司仍应按借款合同约定对李某的全部债务承担连带保证责任。

裁判理由:从三方当事人约定的保证期间上看,对抵押登记完成的时间未作出明确约定,而该抵押登记的事实能否最终完成也是处于不确定的状态,故本案的阶段性保证合同应属于附解除条件的担保合同,当合同约定的条件成就即李某所购房屋取得房屋所有权证、办妥抵押登记和其他相关手续并将房屋他项权证及其他有关资料交建行中关村分行持有之时,金源鸿大公司就其为李某偿还贷款本息与建行中关村分行之间设立的保证合同关系终止,金源鸿大公司的保证责任免除。

在本案中,为李某办理房屋所有权证系金源鸿大公司的合同义务。而办理房屋抵押登记既系贷款人建行中关村分行的合同权利,也是其和购房人李某的合同义务。结合本案事实,保证人金源鸿大公司在为李某所购房屋办理了所有权证并交付给建行中关村分行办理抵押登记手续的情形下,从合同权利义务的归属上,借款人李某和贷款人建行中关村分行均应积极去办理房屋抵押登记;从合同履行利益上看,房屋抵押登记的完成直接关系到债权人建行中关村分行物的担保权益的实现,相对于债务人李某而言,其显然更应主动履行抵押登记的义务。本案中,从金源鸿大公司将李某房屋的所有权证办好并交建行中关村分行保管开始,房屋抵押登记一直未完成。虽建行中关村支行称未完成的原因主要在于无法联系到李某,但庭审中其却表示曾能联系到李某,李某不予配合办理,对此也未提交证据证明其通知或督促过李某去办理抵押登记或李某收到通知后拒绝办理抵押登记,结合上述事实,有理由认定建行中关村分行怠于办理房屋抵押登记,其对抵押登记未能完成负有主要过错。建行中关村分行明知不及时办理抵押登记会对金源鸿大公司造成不利仍长期怠于办理房屋抵押登记的行为,应视为其为自身利益所需以不作为的形式不正当地阻止了保证合同解除条件的成就。在此情况下,法院依法认定金源鸿大公司与建行中关村分行设立的阶段性担保合同解除条件已成就,金源鸿大公司据此提出的保证责任免除的抗辩理由，有事实及法律依据。

【案例2】华夏银行股份有限公司北京中关村支行诉丁某凡、北京世纪恒成建设开发有限公司借款合同纠纷案①

裁判要旨：债权人有足够时间办理房产抵押登记而未办理，应视为其为自身利益所需，以不作为的形式不正当地阻止了保证合同解除条件的成就，保证人与债权人设立的阶段性担保合同的解除条件已成就，无须对主债务承担连带担保责任。

基本案情：2007年1月7日，丁某凡购买世纪恒成公司开发的位于北京市朝阳区×号的房屋。2007年3月13日，丁某凡（甲方）与华夏银行股份有限公司北京中关村支行（以下简称华夏银行中关村支行，乙方）、北京世纪恒成建设开发有限公司（以下简称世纪恒成公司，丙方）签订《个人房屋抵押借款合同》，贷款580000元。甲方自愿以涉案房产向乙方提供抵押。丙方自愿为该合同项下的所有贷款本金和其他款项承担连带保证责任。丙方保证为阶段性担保，丙方对该合同约定的甲方应偿还贷款本息开始之日至办理完毕房屋所有权证及房屋抵押登记手续为止产生的所有甲方应付款项承担连带保证责任。如甲方连续3个月或累计6个月未能按合同约定还本付息，乙方有权停止发放贷款，宣布合同项下已发放的贷款提前到期，提前收回贷款本息，并有权处分抵押物和/或要求保证人承担连带保证责任。华夏银行中关村支行（甲方）与世纪恒成公司（乙方）签订《博雅国际中心按揭项目合作协议》，协议约定甲方向该项目中的购房人发放个人住房贷款；在房产抵押登记完成前，乙方对甲方发放的关于该项目的每笔个人住房贷款提供不可撤销的连带责任保证，并作为保证人签订《个人住房贷款借款合同》。合同签订后，华夏银行中关村支行向丁某凡提供了借款580000元。丁某凡自2010年2月20日起发生连续的未按期还款行为。且在华夏银行中关村支行不知情的情况下，丁某凡擅自将涉案房屋转让他人，致使涉案房屋于2009年4月29日被北京市朝阳区人民法院查封，2010年3月29日被过户给他人。在丁某凡从世纪恒成公司所购房屋的产权证办理之后，世纪恒成公司将产权证交给华夏银行中关村支行。庭审中，世纪恒成公司提供了产权证领取交接单，其中显示产权证交付时间为2008年11月7日，但就此时间华夏银行中关村支行不予认可，并提交交接单传真件，证明交接单没有显示交接时间，该行认为交付时间为2009年3月。重审中，华夏银行中关村支行当庭提出鉴定申请，申请对世纪恒成公司提交的华夏银行中关村支行领取丁某凡房产证

---

① 参见北京市第一中级人民法院（2016）京01民再104号民事判决书。

的交接单上签收日期的书写时间以及该日期是不是卢某龙本人所签进行鉴定，但又表示由于卢某龙本人不配合鉴定，故撤回鉴定申请。世纪恒成公司认为，该公司所提交的上述交接单系原件，而华夏银行中关村支行所提交的交接单与该公司提交的不一致，并且仅系传真件，并无原件，不认可其真实性。此外，华夏银行中关村支行称世纪恒成公司是在2009年的2月、3月将丁某凡的房产证交给该行，但其未能就此说法举证；该行自称已与丁某凡联系，让其交纳相关手续，并且需要丁某凡的签字才能办理抵押登记手续，但其未能就此举证；该行称其在2009年4月30日登录房管局网站时才发现房产已被查封。华夏银行中关村支行认可丁某凡的房产证系与史某梅的房产证同批领取，而史某梅的房产抵押于2009年11月24日。2009年1月起至2009年11月止，华夏银行中关村支行陆续向世纪恒成公司返还了保证金账户内的全部保证金余额3179174.65元，2009年11月30日，该保证金账户销户。

裁判理由：一审法院认为，世纪恒成公司提交的交接单上有华夏银行中关村支行的经办人卢某龙的签名及签收日期。根据该交接单记载，华夏银行中关村支行系于2008年11月7日从世纪恒成公司领取了丁某凡的房产证，但直至该房产于2009年4月被查封，该行均未对该房产办理抵押登记，致使其未能在借款人欠债不还的情况下就其房产受偿。并且华夏银行中关村支行在陆续退还世纪恒成公司的全部保证金之后，于2009年11月30日注销了该公司的保证金账户。此外，华夏银行中关村支行未能举证证明其通知或督促丁某凡去办理抵押登记或丁某凡收到通知后拒绝办理抵押登记的事实。综上，华夏银行中关村支行有足够时间办理丁某凡的房产抵押登记而未办理，其怠于办理房屋抵押登记的做法，应视为其为自身利益所需，以不作为的形式不正当地阻止了保证合同解除条件的成就，并且其已自行注销世纪恒成公司的保证金账户。在此情况下，应视为世纪恒成公司与华夏银行中关村支行设立的阶段性担保合同的解除条件已成就，该公司无须对丁某凡的债务承担连带担保责任。

二审法院认为，本案二审双方当事人的争议焦点，即华夏银行中关村支行未及时办理涉案房屋抵押登记是否构成《合同法》第45条第2款①中规定的当事人为自己的利益不正当地阻止解除条件的成就。世纪恒成公司向法院提交的交接单原件载明，华夏银行中关村支行于2008年11月7日从世纪恒成公司领取了丁某凡的房屋所有权证。华夏银行中关村支行虽质疑经办人卢某龙签字及日期的真实性，但

---

① 参见《民法典》第159条规定："附条件的民事法律行为，当事人为自己的利益不正当地阻止条件成就的，视为条件已经成就；不正当地促成条件成就的，视为条件不成就。"

未能提供充分证据反驳对方之主张。华夏银行中关村支行主张该行于2009年3月方才收到丁某凡房屋所有权证，亦未提交任何证据证明。一审判决在全面、客观审核分析双方当事人所提交的相关证据的基础上认定，丁某凡房屋所有权证的交接日期为2008年11月7日理由充分。2008年11月7日至2009年4月29日涉案房屋被北京市朝阳区人民法院查封，华夏银行中关村支行在近半年的时间里未能办理房屋抵押登记；且该行在明知涉案房屋已被法院查封、无法办理抵押登记的情况下仍注销了世纪恒成公司的保证金账户。上述事实充分说明华夏银行中关村支行对于自身权利保护的倦怠。根据合同约定，世纪恒成公司承担的保证责任是阶段性保证责任，而华夏银行中关村支行未积极办理涉案房屋抵押登记无形中加重了世纪恒成公司的保证责任，属于对合同权利的滥用，构成《合同法》第45条第2款规定的当事人为自己的利益不正当地阻止解除条件的成就。一审判决据此认定世纪恒成公司无须再为丁某凡所负债务承担连带保证责任正确。

【案例3】某银行诉置业公司等金融借款合同纠纷案①

裁判要旨：保证人将涉案房屋所有权证交付给债权人后，其对于办理抵押登记事宜不具有任何义务，也无法控制办理抵押登记的时间进度。债权人有充裕时间办理抵押登记但未及时办理登记，涉案房屋被法院查封后无法办理登记的，债权人对于无法办理登记具有过错，系不正当地阻止解除条件的成就，视为解除条件已经成就，保证人免除保证责任。

基本案情：置业公司系房地产开发商，2013年12月15日，置业公司与魏某芳签署《商品房预售合同（商业、办公等非住宅类）》，约定置业公司向魏某芳出售房屋一套。同日，魏某芳填写某银行个人商用房贷款申请表。2015年1月4日，某银行（贷款人）和魏某芳（借款人）及置业公司（保证人）签署《个人购房借款/担保合同》，约定借款129万元，用于购买涉案房屋，还款方式为按月等额本息偿还并约定“借款人连续三个月或累计六次未按时足额偿还贷款本息的，贷款人可宣布未归还的借款和其他融资款项立即到期，要求借款人立即清偿未偿还款项及产生的利息、罚息及其他费用……置业公司承担阶段性连带责任保证：保证人对本合同项下全部贷款本金、利息、罚息、复利、违约金、补偿金、贷款人实现债权的费用和借款人所有其他应付费用承担连带保证责任，但满足包括不限于以下条件的，保证人对该项条件满足之日后到期的借款人债务免除保证责任：本合同第20.2条约定的正式抵

---

① 参见北京市第一中级人民法院(2020)京01民终7317号民事判决书。

押登记手续已办理完毕,且贷款人收到记载有上述正式抵押登记信息的房屋他项权证书。第 20.2 条约定,抵押物为尚未取得产权的房屋的,应在本合同签订之日起 30 日或贷款人另行要求的合理时间内办妥预售登记备案或抵押权预告登记手续。抵押人获得房屋所有权证书后,应在 30 日或贷款人要求的合理时间内办妥正式抵押登记手续。抵押人同意贷款人代为申请抵押权预告登记和正式抵押登记,相关登记事项如需抵押人协助,抵押人应履行必要的协助义务"。抵押物即涉案房屋。同日,某银行发放贷款。2016 年 9 月 29 日,置业公司将涉案房屋的所有权证书交与某银行。某银行于 2016 年 10 月 17 日将相应材料交房地产经纪公司代为办理抵押登记,后因房地产市场情况及黄牛扰乱业务办理秩序的影响,业务办理进度缓慢,某银行提交相应新闻报道截屏为证,另提交魏某芳同一批次办理抵押登记的不动产登记证明若干,这些不动产登记证明载明的颁发时间为 2017 年 4 月 6 日至 2017 年 12 月 27 日。2017 年 4 月 20 日,天津市东丽区人民法院对涉案房屋进行了司法查封。2017 年 8 月,某银行将魏某芳办理抵押登记事宜交给新的代办机构办理,因该房屋被司法查封,抵押登记已无法办理。借款人魏某芳分别于 2015 年 9 月至 2017 年 12 月 5 日 5 次逾期还款,自 2018 年 4 月 5 日,魏某芳未再归还借款。

裁判理由:关于本案中置业公司是否需要承担保证责任。首先,依照《个人购房借款/担保合同》第 20.2 条约定抵押人获得房屋所有权证书后,应在 30 日或贷款人要求的合理时间内办妥正式抵押登记手续。魏某芳之抵押登记系由某银行代为申请,从某银行收到置业公司交付的房产证直至涉案房屋被法院查封,已逾半年,在魏某芳已经连续出现多次逾期付款的情况下,仍未完成抵押登记,已超出了合理的办理时间,某银行系怠于履行合同义务。其次,依照《个人购房借款/担保合同》第 20.2 条的约定,办理抵押登记的主体为某银行和抵押人魏某芳,置业公司将涉案房屋所有权证交付给某银行后,其对于办理抵押登记事宜不具有任何义务,也无法控制办理抵押登记的时间进度,且从某银行提交的已经办理完成的不动产登记证明来看,其完全可能在房产查封日之前完成涉案房屋的抵押登记,及时解除置业公司的担保义务。最后,关于某银行主张因受 2016 年市场因素及不动产登记预约办理制度等影响导致未能及时办理抵押登记,考虑到抵押登记代办机构系某银行自行选定,合同中并未就此种情形约定置业公司承担责任的事由,且关于房地产市场火热及不动产管理部门出现黄牛等新闻报道并不能成为涉案房屋不能办理抵押登记的合理理由。依据双方的合同,贷款人收到他项权利证书后,即免除置业公司的阶段性连带保证责任，而某银行怠于办理抵押登记的行为，应视为置业公司阶段性保证的保证责任免除条件成就，故置业公司无须对涉案借款承担保证责任。

61. 在阶段性保证中，债权人对抵押物未能办理抵押登记有过失的，能否减轻保证人的责任？

【案例】某银行诉某房地产公司、杨某金融借款合同纠纷案①

裁判要旨：债权人未按借款合同约定办理抵押预告登记，未能阻却他人为该房屋设定其他权利负担或作其他处分，是房屋最终未办理抵押登记并被另案强制执行的主要原因；保证人未将办理房屋抵押手续前提条件已经具备的事实通知债权人，亦未通知解除保证合同，未履行法定的合同附随义务，也具有过错；保证人依然应当承担与其过错相应的保证责任，并有权向债务人追偿。

基本案情：2010 年 5 月 27 日，某房地产公司与杨某签订《商品房买卖合同》，约定杨某向某房地产公司购买楼房一套，价款 186000 元，杨某首付 56000 元，余款办理按揭贷款手续。之后，某银行、某房地产公司、杨某三方签订《个人购房担保借款合同》，约定某银行向杨某提供购房款 13 万元，贷款期限自 2010 年 7 月 29 日至 2030 年 7 月 28 日；借款由杨某购买的房产作为抵押担保；并约定某房地产公司为杨某的借款提供阶段性担保，房屋能够进行抵押登记时，抵押人应及时通知贷款人并在法定期限内办妥抵押登记。杨某自 2018 年 3 月起未再按约履行还款义务，截至 2018 年 10 月 6 日累计拖欠本金 94552.3 元。某房地产公司于 2011 年 5 月 30 日前将房屋交付杨某，并协助杨某于 2012 年 12 月 5 日办理了房屋所有权证，于 2013 年 1 月 25 日办理了国有土地使用权证。然而，某银行未与杨某办理房屋的抵押预告登记和正式抵押登记。至 2015 年 4 月，杨某因另案民事纠纷，其所购涉案房屋被法院依法拍卖清偿债务。

裁判理由：杨某借款后未按照合同约定履行还本付息的义务，自应向某银行承担违约责任。但某房地产公司的阶段性保证担保未能得以解除不仅是某房地产公司的缘故，其中更有某银行的过失。某房地产公司作为房产开发商，对房屋权属登记何时办妥，房屋正式抵押登记何时可以开始办理应该完全知悉，其未将办理房屋抵押手续前提条件已经具备的事实通知某银行，亦未通知解除保证合同，未履行法

---

① 参见山东省日照市中级人民法院(2019)鲁 11 民终 358 号民事判决书。

定的合同附随义务。但某银行未按借款合同约定办理抵押预告登记，以阻却他人为该房屋设定其他权利负担或作其他处分，是房屋最终未办理抵押登记并被另案强制执行的主要原因。某银行未尽谨慎的注意义务，放任抵押物风险的发生，明显有违诚信原则。综上，某银行对于某房地产公司阶段性保证担保未能如约解除存在主要过失，其对于保证合同项下债权风险的发生具有明显过错，应减轻某房地产公司连带清偿责任。据此，结合本案实际，某银行承担70%责任，某房地产公司对于涉案借款本息应承担30%的连带赔偿责任，某房地产公司在承担保证责任后，有权向杨某追偿。

【现行相关规范】

《民法典》第158条

民事法律行为可以附条件，但是根据其性质不得附条件的除外。附生效条件的民事法律行为，自条件成就时生效。附解除条件的民事法律行为，自条件成就时失效。

《民法典》第159条

附条件的民事法律行为，当事人为自己的利益不正当地阻止条件成就的，视为条件已经成就；不正当地促成条件成就的，视为条件不成就。

《民法典》第160条

民事法律行为可以附期限，但是根据其性质不得附期限的除外。附生效期限的民事法律行为，自期限届至时生效。附终止期限的民事法律行为，自期限届满时失效。

专题4 | 保证责任与夫妻共同债务

实务问题

62. 夫妻一方对外无偿提供保证，未经另一方同意的，能否认定为夫妻共同债务？

【案例1】林某诉叶某凉等民间借贷纠纷案①

裁判要旨：保证人为债务人提供担保，系处分自身民事权利的行为，只是纯粹

---

① 参见福建省南平市延平区人民法院（2011）延民初字第670号民事判决书。

地承担保证责任,并未获得利益,债权人未提交证据证明保证人配偶认定保证债务系夫妻共同债务的,保证人配偶不承担责任。

基本案情:被告梁某忠、郑某芳系夫妻。2010 年 8 月 19 日,被告叶某凉向原告借款 10 万元,并于当日出具借据一份,约定借款月利率为 3%,未约定借款期限,被告梁某忠承诺为借款提供担保,承担连带保证责任,并以担保人名义在借据上签名。借款 1 个月后,原告向被告叶某凉催讨借款,被告叶某凉以各种理由推脱,拒不还款。再后被告叶某凉及被告梁某忠、郑某芳均外出,下落不明。

裁判理由:被告梁某忠因债务人叶某凉向原告林某借款而提供担保系其个人行为,担保行为的受益者是债务人叶某凉而非被告梁某忠的家庭,被告郑某芳作为被告梁某忠的妻子并没有从中受益。被告梁某忠因为提供担保承担保证责任而形成的债务应当为被告梁某忠的个人债务。该债务与夫妻共同生活或生产经营无关,除非被告郑某芳知道并认可被告梁某忠的担保行为,否则该担保债务不应当视为夫妻共同债务。原告未能举证证明被告郑某芳知道并认可被告梁某忠的担保行为,故法院对原告要求被告郑某芳与被告梁某忠共同承担清偿责任的主张不予支持。

【案例 2】张某东诉成某等民间借贷纠纷案①

裁判要旨:判断债务是否属于夫妻共同债务,一是夫妻有无共同举债的合意,二是借款是否确实用于夫妻共同生活。夫妻一方对另一方对外保证既不知晓,也未受益的,不承担连带责任。

基本案情:2011 年 12 月初,张某东与成某签订了一份借款合同,约定:成某因资金周转紧张向张某东借款,本金为 150 万元,借款期限 12 个月,年利率 10%,借款利息自本金交付之日起计算。同日,为确保上述合同的履行,张某东与李某及新过记公司签订了《保证合同》,约定:保证人李某、新过记公司对债务人成某的债务承担连带责任;保证的范围包括主债权及利息、债务人应支付的违约金(包括罚息)和损害赔偿金以及实现债权的费用(包括诉讼费、律师费等)。2011 年 12 月 6 日,张某东通过中国农业银行转账,向成某出借 22 万元。2011 年 12 月 7 日,张某东通过中国工商银行转账,向成某出借 125 万元。同日,成某向张某东出具收条,注明共收到张某东银行汇款 147 万元及现金 3 万元,总计 150 万元。后张某东催讨无果,成讼。李某与高某系夫妻关系,于 1997 年 7 月 15 日在上海市松江县民政局登记结

① 参见江苏省无锡市滨湖区人民法院(2013)锡滨民初字第 0253 号民事判决书。

婚。自2010年2月10日起，李某离家出走，高某于同月22日向公安部门报案。当年，高某向兰州市安宁区人民法院起诉要求与李某离婚，2011年1月18日，该院作出判决不准离婚。2013年6月，高某再次向上海市松江区人民法院提起离婚诉讼，在本案审理时离婚诉讼尚在审理过程中。

裁判理由：关于高某是否应对李某所负债务承担连带责任的问题，法院认为判断债务是否属于夫妻共同债务，一是夫妻有无共同举债的合意，二是借款是否确实用于夫妻共同生活。本案中，首先，李某早在2010年2月起就离家出走，且高某已于2010年起诉要求与李某离婚，并无证据表明李某于2011年12月所实施的保证行为高某是明知的；其次，保证合同是从合同，一般具有无偿性，张某东也未能举证证明李某的保证行为是为了夫妻家庭共同生活或生产经营需要或者夫妻、家庭从该保证行为中受益。因此，李某的涉案保证行为应属其个人行为，不属于夫妻共同债务。高某无须对相关债务负连带责任。

【案例3】福建南安农村合作银行仑苍支行诉陈某祥等金融借款合同纠纷案①

裁判要旨：婚姻关系存续期间，夫妻一方作为担保人未经另一方同意擅自为他人提供担保的债务，又非夫妻生活所必需的，不是夫妻共同债务。

基本案情：2005年11月1日，陈某祥以经商为由，由陈某初（生前）提供连带责任保证，与原南安市仑苍农村信用合作社共同签订保证担保借款合同1份，合同约定：陈某祥向原南安市仑苍农村信用合作社借款80000元，借款期限为2005年11月1日至2006年10月1日，借款月利率为7.5‰，不按期归还贷款本金又未获准展期的，从逾期之日起按逾期贷款罚息利率计收利息，或按日利率万分之三点五计收利息（遇利率调整，按人民银行规定执行），不按期偿付贷款利息，其欠息部分按逾期贷款罚息利率计收利息，保证期间自借款之日起至借款到期后2年，保证范围包括贷款本金、利息、罚息、逾期利息、复息、违约金、损害赔偿金和贷款人实现债权的一切费用，该合同未尽事宜，遵照国家有关法律、法规和规章办理。原南安市仑苍农村信用合作社、被告陈某祥、陈某初分别在合同上签名、盖章并捺指印。当日，原南安市仑苍农村信用合作社将款项80000元交付给陈某祥。履行期限届满后，被告陈某祥于2006年11月15日偿还本金1500元及利息26.33元，余欠借款本金78500元及利息、罚息至今未还。陈某初于2008年1月23日死亡。陈某初的合法继承人有：陈某友（父）、王某（母）、王某惠（妻）、陈某楷（长子）、陈某从（次子）、陈某博

① 参见福建省南安市人民法院（2008）南民初字第749号民事判决书。

（三子）。原南安市仑苍农村信用合作社已于2006年9月25日变更为福建南安农村合作银行仑苍支行。

裁判理由：关于原告要求王某惠承担连带清偿责任问题，因原告的变更诉讼请求违反《最高人民法院关于民事诉讼证据的若干规定》第34条第3款“当事人增加、变更诉讼请求或者提起反诉的，应当在举证期限届满前提出”的规定，即已超举证期限，且陈某初为陈某祥的贷款所提供的担保行为为个人行为，不是夫妻的共同行为，王某惠在诉讼中也已明确表示放弃对陈某初遗产的继承，故原告变更诉讼请求要求王某惠承担连带清偿责任的请求，依法不予支持。

63. 夫妻一方对外无偿提供保证，但并未用于夫妻共同生活的，能否认定为夫妻共同债务？

【案例1】谭某孙诉陈某等债务纠纷案①

裁判要旨：夫妻共同债务的认定，应以是否用于夫妻共同生活的需要为核心。夫妻一方对外无偿提供保证的债务，该债务本身的无偿性不能为夫妻双方带来共享的利益，更无法实现为夫妻共同生活的需要，故在无夫妻另一方明确同意共同举债的情况下，一方对外提供的无偿保证债务应认定为个人债务。

基本案情：2008年2月3日，被告陈某出具借条向原告谭某孙借款，借条载明今陈某向谭某孙借款70万元整，借款期限3个月（从2008年2月3日至2008年5月3日）。张某伦提供借款担保，如果陈某未在3个月内归还，张某伦以龙山雅苑的房屋（住宅作价500元/平方米，门面作价1000元/平方米）作价偿还借款或以直接还款方式抵扣，到期不还时，陈某、张某伦自愿给付违约金14万元。陈某在借条人处签字，张某伦在担保人处签字。被告陈某与被告任某英系夫妻，被告张某伦与被告秦某伦系夫妻。被告陈某借款后未按约定期限清偿债务，原告谭某孙遂提起诉讼。

裁判理由：被告陈某系借款人，被告张某伦为连带责任保证人。被告陈某辩驳已通过向第三方付款方式清偿借款，仅系单方陈述，没有任何证据可以佐证，对其抗辩主张，不予采纳。被告任某英与被告陈某系夫妻关系，被告陈某的借款属于夫妻共同债务，因此，被告任某英依法应对以被告陈某名义所负债务承担连带清偿责任。被告张某伦对被告陈某所负债务向原告谭某孙提供连带责任保证，应当对本

① 参见重庆市第一中级人民法院（2010）渝一中法民终字第3725号民事判决书。

案主债务承担连带清偿责任。关于被告秦某伦是否应就保证责任承担连带责任的问题,法院认为,夫妻的共同债务应为夫妻因家庭生活所需而产生。保证责任系担保人单方面对债权人承担责任,此种责任与家庭生活没有直接关联,对家庭利益也无贡献可言,夫妻中的一方就另一方的对外保证责任承担共同责任,不公平合理。因此,被告张某伦对外承担保证责任应视为个人债务,不宜认定为夫妻共同债务,被告秦某伦不应就本案承担连带责任。

【案例2】赵某诉钦陵某合同纠纷案①

裁判要旨:婚姻关系存续期间夫妻一方以个人名义对外进行保证担保,而该担保债务与夫妻共同生活、经营无关,系个人债务。

基本案情:2009 年李某军向原告赵某借款 6 万元,被告钦陵某的妻子王某提供连带责任保证。2010 年 7 月 8 日,王某与钦陵某离婚。2011 年 5 月 5 日原告赵某向法院提起诉讼,法院判决李某军向原告归还借款 6 万元并支付相应利息,王某承担连带清偿责任。判决生效后原告申请法院强制执行。2013 年 4 月 8 日原告向焦作市山阳区人民法院提起诉讼,主张钦陵某是王某的前夫,婚姻关系存续期间发生的担保之债应为夫妻共同债务,请求判决钦陵某承担连带保证责任。

裁判理由:王某对李某军借款所负的连带清偿责任,系因保证所产生之债,该债务应属王某个人行为所产生的债务,属个人之债,钦陵某对李某军所借款项不应承担连带责任。

【案例3】陈某某诉崔某等执行异议之诉案②

裁判要旨:债权人没有证据证明保证人因该保证行为而存在收益或者其收益用于家庭共同生活,故保证人因承担保证责任而引发的债务不能认定为夫妻共同债务。

基本案情:原告陈某某诉称:2015 年 9 月 16 日,原告收到北京市东城区人民法院(2015)东执异字第 3311 号民事裁定书,中止对被告崔某名下建设银行账户的执行。因原告对该裁定书不服,根据《民事诉讼法》的规定,原告特提起诉讼。原告认为,被告邓某某与原告的债务系二被告夫妻关系存续期间产生,二被告采用虚假离婚的方式转移财产、逃避债务,其目的和意图是非常明显的,应当受到法律的处罚。故原告起诉要求继续对被告崔某建设银行账户进行执行,诉讼费用由被告承担。

---

① 参见河南省焦作市中级人民法院(2014)焦民二终字第 00104 号民事判决书。

② 参见北京市东城区人民法院(2015)东民(商)字第 15883 号民事判决书。

被告崔某辩称：在二被告婚姻关系存续期间，被告邓某某为他人担保的行为未经崔某同意。现二被告已经离婚，依据双方约定，本案债务与崔某无关。被告邓某某的担保行为并非为了家庭生活，崔某亦未从中受益，故本案债务也不属于夫妻共同债务。北京市东城区人民法院冻结的建设银行账户系崔某的工资账户，为崔某生活的唯一来源。综上，崔某不同意原告的诉讼请求。被告邓某某称：同意被告崔某的意见。邓某某受原告陈某某的欺诈、胁迫在原告与案外人的债务中承担了保证责任。邓某某并未因此受益。被告邓某某对原告的担保行为产生的债务并非夫妻债务。现二被告已经离婚，原告所述债务与崔某无关，邓某某不同意原告的诉讼请求。

裁判理由：根据法律规定，婚姻关系存续期间夫妻一方以个人名义所负的债务，应认定为夫妻共同债务。本案中，被告邓某某向原告承担的还款责任系因其作为债务人的保证人所致，邓某某并非该债权债务关系中的债务人。且原告没有证据证明被告邓某某因该保证行为而存在收益或者其收益用于家庭共同生活，故邓某某因承担保证责任而引发的债务不能认定为二被告的夫妻共同债务。现二被告已经离婚，原告申请执行的被告崔某的账户系其个人工资账户，故原告的诉讼请求，证据不足，理由亦不充分，法院不予支持。

【案例4】周某诉任某等民间借贷纠纷案①

裁判要旨：夫妻一方对外担保之债不应当适用《婚姻法解释二》第24条②的规定认定为夫妻共同债务。

基本案情：2013年11月21日，被告孔某雨、曲某荣以生产经营周转为名，向原告周某借现金200000元，由被告孔某雨为原告书写借据，被告王某、张某军作为担保人签字确认，被告王某另以其名下的恒生国际星城××室房产作为抵押，借款约定于2014年5月21日归还。该笔债务形成于被告任某与王某夫妻关系存续期间。借款到期后，原告向被告催要该借款未果，形成诉讼。任某与王某已于2014年12月16日协议离婚。

---

① 参见山东省淄博市中级人民法院(2016)鲁03民终2426号民事判决书。

② 参见《民法典》第1064条规定："夫妻双方共同签名或者夫妻一方事后追认等共同意思表示所负的债务，以及夫妻一方在婚姻关系存续期间以个人名义为家庭日常生活需要所负的债务，属于夫妻共同债务。夫妻一方在婚姻关系存续期间以个人名义超出家庭日常生活需要所负的债务，不属于夫妻共同债务；但是，债权人能够证明该债务用于夫妻共同生活、共同生产经营或者基于夫妻双方共同意思表示的除外。"

裁判理由：一审法院认为，该债务形成于任某与王某婚姻关系存续期间，且王某的抵押房屋也在其与任某婚姻关系存续期间自行变卖。故任某应在王某的担保责任范围内以夫妻共同财产承担担保责任，任某辩称该借款担保属一方个人债务的答辩理由不能成立。二审法院认为，虽然王某将其个人所有的为涉案借款提供抵押担保的房屋（未办理抵押登记）在其与任某婚姻关系存续期间变卖，但此种变卖行为亦不能改变其只是为涉案借款提供担保而非借款人的事实，故一审法院判令任某在王某担保责任范围内以夫妻共同财产承担担保责任没有法律依据，依法应予纠正。

【案例5】陈某平诉陈某亮等民间借贷纠纷案[①]

裁判要旨：保证人无偿提供担保，未因此获得任何利益，夫妻共同生活也未因此获得利益，则应被认定为个人债务，仅由保证人承担保证责任。

基本案情：2012年10月8日，被告陈某亮向原告陈某平借款100000元，约定借款月利率为3.6%，2013年10月7日归还该款，并出具了借条，被告陈某田作为保证人在该借条上签字。借款到期后，被告陈某亮未归还原告该借款，被告陈某田也未履行其保证责任。原告在被告陈某田的保证期间届满后6个月内未向被告陈某田主张权利。2014年5月25日，被告陈某亮在原借条上续签承诺于2014年10月7日归还借款，如不能偿还以高新区奥林新城×室房屋作抵押。至起诉前，被告陈某亮共向原告支付22400元。原告主张被告陈某亮、被告陈某美偿还借款100000元及利息64800元，被告陈某田与被告陈某霞对被告陈某亮的借款及利息承担连带保证责任。陈某田与陈某霞系夫妻关系。

裁判理由：保证责任是否及于夫妻另一方，应当考量担保行为是否带来利益，该利益是否为另一方配偶所共享，即让另一方配偶本人获益，也包括用于家庭共同生活或者因该债务而致使其未成年子女获益等。保证人以个人名义对外提供了担保，若其对外担保获取了经济利益，且被用于夫妻共同生活或共同生产、经营活动，此时担保之债则属于夫妻共同债务的范畴，应由夫妻双方共同承担连带清偿责任。反之，保证人无偿提供了担保，未因此获得任何利益，夫妻共同生活也无法因此获得利益，则应被认定为个人债务，仅由保证人承担保证责任。

---

① 参见山东省桓台县人民法院（2016）鲁0321民初474号民事判决书。

64. 夫妻一方对外提供保证，另一方未在保证合同上签字，但是保证人和债务人之间具有关联关系，保证人及其家庭从保证行为中受益的，能否主张未签字的一方承担连带责任？

【案例】何某梅诉贵州睿力集团铜仁房地产有限公司等民间借贷纠纷案[①]

裁判要旨：夫妻一方对外提供保证，另一方未在保证合同上签字，但是保证人和债务人之间具有关联关系，保证人及其家庭从保证行为中受益的，应当对借款承担连带清偿责任。

基本案情：2013年2月4日，贵州睿力集团铜仁房地产有限公司向何某梅借款1000万元，借款用途为流动资金借款。同日，贵州睿力房地产开发有限公司、重庆纬骏水泥制品有限责任公司与何某梅签订《保证合同(法人)》，陈某、秦某、陈某国、陈某华、陈某1也与何某梅签订《保证合同(自然人)》，曾某作为陈某1配偶，何某作为秦某配偶在《保证合同(自然人)》上签字。《保证合同(法人)》和《保证合同(自然人)》均约定保证方式为连带责任保证。借款时，黄某与陈某华，姚某与陈某国系夫妻关系，但黄某、姚某未在《保证合同(自然人)》上签字。后贵州睿力集团铜仁房地产有限公司未按约归还借款，何某梅遂起诉要求贵州睿力集团铜仁房地产有限公司归还本息，保证人及其配偶承担连带责任。再审复查查明，陈某1有陈某军、陈某华、陈某国、陈某2等子女，陈某华与黄某、陈某国与姚某系夫妻关系。贵州睿力集团铜仁房地产有限公司(法定代表人为陈某国，股东为陈某1、贵州睿力房地产有限公司)，贵州睿力房地产有限公司(法人代表为陈某国，股东为陈某1、陈某国、陈某2)，重庆纬骏水泥制品有限责任公司(法定代表人为陈某2，发起股东为陈某华、陈某国、陈某军、陈某2)以及贵州睿力酒店有限公司(法定代表人为陈某华，股东为陈某1、陈某华)均为关联公司。

裁判理由：原审法院认为，被告黄某与陈某华，姚某与陈某国系夫妻关系，根据《婚姻法解释二》第24条[②]的规定，夫妻关系存续期间一方所负债务应当视为夫妻

① 参见重庆市第一中级人民法院(2016)渝01民申19号民事裁定书。

② 参见《民法典》第1064条规定："夫妻双方共同签名或者夫妻一方事后追认等共同意思表示所负的债务，以及夫妻一方在婚姻关系存续期间以个人名义为家庭日常生活需要所负的债务，属于夫妻共同债务。夫妻一方在婚姻关系存续期间以个人名义超出家庭日常生活需要所负的债务，不属于夫妻共同债务；但是，债权人能够证明该债务用于夫妻共同生活、共同生产经营或者基于夫妻双方共同意思表示的除外。"

共同债务,除非在债务合同中明确约定为个人债务或债权人明知夫妻实行约定分别财产制。本案中,合同中并未明确约定借款(担保)为个人债务,黄某与姚某亦未主张与配偶约定分别财产制,故黄某与姚某应当对本案借款本息承担连带清偿责任。

再审法院认为,保证合同通常具有单务性和无偿性,夫妻一方常基于人身信任、个人情感等原因作出保证,体现其不受配偶约束的独立人格,故夫妻一方对外担保之债一般不能认定为夫妻共同债务。然而,本案中借款人与保证人间具有关联关系,他们之间的保证不同于普通保证的无偿性。贵州睿力集团铜仁房地产有限公司的借款虽由陈某国、陈某华担保,但因借款人与保证人间具有关联关系且该担保行为是为了共同生产经营需要,保证人及其家庭亦从该担保行为中受益,故黄某、姚某均应对借款承担连带清偿责任。

65. 在主张保证责任系夫妻共同债务的案件中,何方承担保证人配偶从保证合同中受益的举证责任?

【案例1】潮州市潮安区农村信用合作联社诉黄某卿等金融借款合同纠纷案①

裁判要旨:保证是夫妻一方以其个人信用对外从事民事行为,系基于特定人身关系的信用保证,一般情况下配偶方受益的可能性较低,证明配偶从保证合同中受益的举证责任应由债权人承担而不是由保证人配偶承担。

基本案情:潮安农村信用合作联社孚中分社(以下简称孚中分社)与黄某卿于2012年1月20日签订的《个人借款合同》约定:孚中分社向黄某卿提供借款45000元;借款用途是购硅酸锆;借款期限为1年,自2012年1月20日起至2013年1月19日止;借款利率按年利率10.080%计,逾期年利率按14.112%计,并由借款人黄某卿及其配偶黄某标在借款合同上签字确认。同日,黄某发与孚中分社签订《保证合同》,自愿为黄某卿上述借款承担连带责任担保,保证期间自保证合同生效之日起至主合同项下的债权债务之诉讼或仲裁时效届满之日止。合同签订当日,孚中分社依约向黄某卿发放贷款人民币45000元。借款期限届满后,经孚中分社发出《贷款逾期催收通知书》催讨,黄某卿仍不依约履行还款义务,尚欠孚中分社本金人民币45000元及暂计至2015年4月7日止的利息人民币18448.92元(2015年4月8

① 参见广东省潮州市潮安区人民法院(2015)潮安法古民二初字第33号民事判决书。

日起利息按逾期年利率 14.112% 另计)。黄某卿与黄某标系夫妻关系,黄某发与邱某玲系夫妻关系,上述借款发生在其夫妻关系存续期间。

裁判理由:潮州市潮安区农村信用合作联社请求判令邱某玲对黄某发的上述债务承担连带清偿责任,经审查,潮州市潮安区农村信用合作联社未能提交证据证明黄某发的保证行为系为夫妻共同生活、生产经营的需要,也未能提交证据证明邱某玲从该保证行为中受益,黄某发以其个人信用为黄某卿提供保证,系基于特定人身关系的信用保证,其法律后果不得涉及邱某玲的利益,故黄某发的保证债务不应当认定为夫妻关系存续期间的共同债务。潮州市潮安区农村信用合作联社的诉讼请求,于法无据,法院不予支持。

【案例2】沈某娟诉沈某滨、叶某精民间借贷纠纷案①

裁判要旨:债权人主张保证人配偶承担连带责任的,应当承担证明保证人配偶可能在债权债务形成过程中受益的初步举证责任。

基本案情:2011 年 5 月 12 日,被告沈某滨向原告沈某娟借款 50000 元,双方约定借款期限自 2011 年 5 月 12 日起至 2011 年 8 月 11 日止,被告沈某滨出具借条一张给原告。2013 年 10 月 11 日,被告叶某精出具借款担保字据一张,载明由被告叶某精作为该笔借款的保证人。2014 年 1 月 10 日,原告具状诉至法院。在案件审理过程中,原告提出申请,要求追加保证人叶某精的配偶作为本案的共同被告,法庭对原告的申请没有采纳。宣判后,原、被告双方均没有上诉,现在判决已经生效。判决生效后,原告申请法院强制执行,在执行过程中,原告申请追加保证人叶某精配偶作为被执行人,法院未予以采纳。

裁判理由:夫妻一方为他人借款提供自然人保证时,并不能认定保证人配偶连带承担借款的保证责任。只有债权人承担初步举证责任,至少证明保证人及其配偶、家庭成员可能在债权债务形成过程中受益,或保证人的担保行为可能是为了家庭生活需要或者生产经营需要;或者保证人配偶可能明知该保证行为,而保证人又未提交合法、有效的证据予以反驳时,才应追加保证人配偶为被执行人,要求其承担连带保证责任。

① 参见福建省诏安县人民法院(2014)诏民初字第 131 号民事判决书。

66. 保证人配偶明知其对外进行保证但未阻止的，是否可以视为同意承担该保证债务？

【案例】王某某诉王某、吴某某等保证合同纠纷案①

裁判要旨：保证人配偶明知保证人对外承担保证债务但并未阻止，不构成保证人配偶对该保证债务承担责任的同意。

基本案情：2013年8月1日，王某某（出借人，甲方）与案外人李某某（借款人，乙方）签订《借款合同》；并由吴某某及王某签名、昶异公司盖章出具担保书，对《借款合同》所涉借款1000万元承担连带保证责任；保证期间为借款期限届满之日起2年，保证范围包括合同项下所有借款本金、利息、违约金、赔偿金和诉讼费、公证费、律师费等其他费用。吴某某与王某于2012年5月2日登记结婚，2016年1月13日离婚。昶异公司于2011年经核准成立，吴某某为公司法定代表人。

裁判理由：本案的争议焦点是吴某某是否应承担保证责任。解决该争议焦点须厘清以下几个问题：第一，吴某某是否为保证人。保证是指保证人和债权人约定，当债务人不履行债务时，保证人按照约定履行债务或者承担责任的行为。保证作为一种债务承担，在确定民事主体承担保证责任时，须有充分的证据证明民事主体有明确承担保证责任的意思表示。综观涉案担保书，首部所列保证人中，吴某某所列身份系昶异公司的法定代表人，保证人是昶异公司，而非作为自然人的吴某某。虽然吴某某本人在担保书尾部签字，但基于担保书所列明的保证人范围及吴某某作为昶异公司的法定代表人身份，吴某某本人的签字以及签字的顺序、位置，均不能推论出吴某某本人愿意承担保证责任。故吴某某不是涉案债务的保证人。第二，吴某某是否有共同保证的意思。王某某主张吴某某与王某有夫妻共同保证的意思表示，吴某某应承担保证责任。法院认为，共同保证前提是每个保证人均有提供保证的明确意思表示。本案中，关于吴某某是否为保证人已在前一个问题中论述，不能因吴某某与王某系夫妻关系，就必然推定吴某某有与王某共同保证的意思表示。本案中王某某也并无证据可以证明吴某某有与王某为涉案债务进行共同保证的行为。一审法院认定吴某某与王某有夫妻共同意思表示的保证行为，依据不足，二审法院不予认同。第三，王某的担保之债是不是夫妻共同债务。本案中虽然吴某某明知王某对涉案债务进行保证，但吴某某并未有共同保证的意思，事后也未追认，而担保的债务也不

---

① 参见上海市第二中级人民法院（2018）沪02民终11457号民事判决书。

同于借贷，不存在是否用于夫妻共同生活、共同生产经营的问题。故依据《婚姻法》及其司法解释的有关规定和精神，即使吴某某明知王某有担保债务，也不能当然认定该担保之债属于夫妻共同债务。综上，依据本案在案证据及实际案情，从夫妻共同债务的角度来看，本案王某的担保之债不能认定为吴某某的夫妻共同债务。

67. 家族企业中的夫妻一方为家族企业借款进行担保的保证之债到期之前，与其配偶离婚并约定自负债权债务的，该约定是否有效？原配偶有证据证明未从家族企业的经营中获益的，可否免责，举证责任该如何分配？

【案例】重庆农村商业银行股份有限公司璧山支行与重庆市璧山胶鞋厂等借款合同纠纷案①

裁判要旨：家庭全资的股份合作制企业股东为该企业提供的保证已丧失保证合同通常具有的无偿性，保证目的是使自己或家庭利益最大化；在保证之债到期之前承担保证责任的股东与配偶协议离婚，约定原配偶不承担债权债务，该约定对外无效，除非原配偶有证据证明其未从该股东的保证之债或家庭企业中受益，否则原配偶应当为该保证之债承担连带责任。

基本案情：张某2、张某霖分别为张某1的女儿和父亲。张某1与周某于1998年2月13日登记结婚，2008年6月11日离婚。离婚协议载明：男方自行负责在办厂期间的债权债务，女方概不负债。璧山胶鞋厂（股份合作制企业法人）股东为张某1、雷某容和张某霖，注册资金95万元，其中张某1持63万元的股份。2004年12月29日，该厂向璧山农村信用合作联社七塘信用社（以下简称七塘信用社，璧山县农村信用合作联社系璧山支行的前身）申请借款1000万元，用厂房等作抵押，张某1、张某2、张某霖、田某仁、胡某容为保证人。2006年，股东变更为张某1、张某2和张某霖，企业股金800万元，其中张某1占764万元，并一直任该厂法定代表人。2007年11月19日，七塘信用社与张某1、张某2、张某霖、田某仁、胡某容重新签订了保证合同，将保证人变更为张某1、张某2、张某霖，保证方式为连带责任保证。该借款到期后，该厂未能按期还款。2008年12月30日，重庆农村商业银行股份有限公司璧山支行（以下简称璧山支行）向保证人张某1、张某2、张某霖发出担保人履行担保责任通知书；同日，张某1、张某2、张某霖在该通知书上签字确认。2009年

---

① 参见重庆市高级人民法院（2012）渝高法民提字第00007号民事判决书。

12月10日，璧山支行向该厂发出贷款催收通知书；同日，张某1在该通知书上签字并加盖该厂公章。2010年4月16日，璧山支行将该厂的抵押资产拍卖还款，但仍不足以偿还本金和利息。现在该厂已被吊销执照。

裁判理由：璧山支行与璧山胶鞋厂借款合同有效，张某1、张某2和张某霖作为保证人应承担保证责任。同时，根据《婚姻法》第19条第3款[①]、《婚姻法解释二》第24条[②]的规定，该保证之债系张某1与周某婚姻关系存续期间以张某1个人名义所负债务，属于张某1与周某的夫妻共同债务，除非周某证明璧山支行与张某1明确约定保证之债属于张某1个人债务，或者其与张某1系夫妻分别财产制，而且璧山支行对此知晓，但周某并未提供夫妻分别财产制的相应证据。并且，璧山胶鞋厂虽为股份制企业，但从股东变化情况来看，璧山胶鞋厂的经营管理由家庭(族)控制，张某1的股份始终占绝对优势，又一直担任璧山胶鞋厂法定代表人，表明其为璧山胶鞋厂实际经营管理人，则璧山胶鞋厂大部分利益由其享有，一般情况下均由张某1与周某的家庭受益。因此，张某1为胶鞋厂生产发展需要进行担保，并非一般意义上为第三人提供担保，没有通常情况下保证合同具有的无偿性。是否从保证合同中受益的举证责任应由周某承担，而周某也未提供相关证据。因此，原一审判决认定周某对该笔债务应负连带责任是正确的。

68. 保证人配偶在保证合同上保证人配偶栏签字的，是否承担保证责任？保证人配偶声明的效力如何认定？

【案例】中国农业发展银行宿迁市宿豫支行诉宿迁市宿豫区江鹏粮食加工有限公司等金融借款合同纠纷案[③]

裁判要旨：保证人配偶在保证合同上保证人配偶栏签字，但合同中不存在关于保证人配偶应当承担保证责任的约定的，保证人配偶不承担保证责任。保证人配

---

① 参见《民法典》第1065条第3款规定："夫妻对婚姻关系存续期间所得的财产约定归各自所有，夫或者妻一方对外所负的债务，相对人知道该约定的，以夫或者妻一方的个人财产清偿。"

② 参见《民法典》第1064条规定："夫妻双方共同签名或者夫妻一方事后追认等共同意思表示所负的债务，以及夫妻一方在婚姻关系存续期间以个人名义为家庭日常生活需要所负的债务，属于夫妻共同债务。夫妻一方在婚姻关系存续期间以个人名义超出家庭日常生活需要所负的债务，不属于夫妻共同债务；但是，债权人能够证明该债务用于夫妻共同生活、共同生产经营或者基于夫妻双方共同意思表示的除外。"

③ 参见江苏省宿迁市宿豫区人民法院(2015)宿豫来民初字第00509号民事判决书。

偶声明的效力应当根据其内容进行具体判断，只表明其知晓和同意保证人为债务人提供担保，并无自己愿意承担连带保证责任意思表示的，债权人无权依据该声明要求保证人配偶承担保证责任。

基本案情:2014 年 11 月 18 日，宿迁市宿豫区江鹏粮食加工有限公司（以下简称江鹏公司）与中国农业发展银行宿迁市宿豫支行（以下简称宿豫农发行）签订《流动资金借款合同》。该份借款合同主要约定：借款种类为产业化龙头企业中晚籼稻收购贷款等；借款用途为收购中晚籼稻；借款金额为 600 万元；借款期限为 9 个月，自 2014 年 11 月 18 日起至 2015 年 8 月 17 日止；借款利率为年利率，利率为中国人民银行公布的 6 个月至 1 年的贷款利率，利率为 6%。合同项下的借款方式为保证担保。同日，同创担保公司与宿豫农发行签订了《保证合同》。该份保证合同主要内容为：同创担保公司愿意为江鹏公司与宿豫农发行约定业务所形成的债权提供保证担保；保证方式为连带责任保证；保证期间为主合同约定的债务履行期届满之次日起两年；债权人依据主合同约定或法律、法规规定解除主合同或依据主合同约定提前收回主债权时，有权要求保证人提前承担保证责任。李某江亦于同日与宿豫农发行签订《自然人保证合同》，王某作为李某江的配偶在该份保证合同上签名，并向宿豫农发行出具了《配偶（或其他共有人）书面声明》，完全同意李某江的上述担保行为。该份保证合同主债权种类、数额、债务人履行债务的期限、保证方式、保证担保范围、保证期间均与同创担保公司和宿豫农发行签订的《保证合同》中约定的内容相同。当日，江鹏公司在宿豫农发行提款 600 万元。借款发放后，江鹏公司支付了 2014 年 11 月 18 日至 2015 年 1 月 20 日的利息 6 万元，后没有按照合同约定向宿豫农发行履行支付利息的义务。诉讼过程中，宿豫农发行从同创担保公司的保证金账户扣收了江鹏公司自 2015 年 1 月 21 日至 2015 年 5 月 20 日的欠息。

裁判理由:宿豫农发行关于王某承担连带保证责任的主张，法院认为，自然人保证合同中保证人为李某江，王某以配偶身份签字，并非该合同的保证人，合同中没有关于保证人配偶责任的约定。王某所作出的配偶声明，也只表明其知晓和同意保证人为债务人提供担保，并无自己愿意承担连带保证责任的意思表示。王某不应承担保证责任。

69. 债权人既可以以保证债务也可以以夫妻共同债务主张权利的，应当择一行使，还是可以同时主张？

【案例】梁某华诉林某荣、何某卿民间借贷纠纷案[①]

裁判要旨：债权人既可以以保证债务也可以以夫妻共同债务主张权利的，应当择一行使。

基本案情：被告林某荣、何某卿原是夫妻关系，两被告于19××年×月×日在原潭州镇婚姻登记处登记结婚，后两被告于2012年×月×日办理离婚手续。2012年12月28日，原告梁某华以被告林某荣、何某卿至今没有归还借款1483500元及利息为由，向法院提起诉讼。在诉讼中，原告梁某华为证实被告林某荣于2012年10月6日向其借款1483500元，向法院提供了《借据》。该《借据》载明："现本人林某荣（身份证号码：××）确认借到梁某华（身份证号码：××）现金1483500元（大写壹佰肆拾捌万叁仟伍佰元整），本人承诺即日起按照月利率为2.0%支付利息。特立此借据为证。借款人（签名，按捺）：林某荣（按上手指模）身份证号码：××。2012年10月6日。连带责任担保人：何某卿（按上手指模）身份证号码：××。2012年10月6日。"经庭审质证，被告林某荣、何某卿确认上述《借据》的真实性，但抗辩称该借款是不真实的，实际上被告林某荣是于2010年11月23日及2011年12月3日分两次向原告梁某华借款90万元，该借款已经由被告林某荣逐步返还，并于2012年10月与原告梁某华所指定的外甥陈某康另案进行调解，由广州市南沙区人民法院出具了调解书，将被告林某荣名下的佛山市顺德区大良镇荣业扎铁厂的全部财产转让给陈某康，用以清还欠下原告梁某华的债务。原告梁某华则对两被告的上述抗辩不予确认。另外，在庭审中，原告梁某华明确表示被告何某卿应对涉案的欠款承担连带责任是基于其在《借据》中签名确认其作为连带责任担保人，原告另确认在本案中不以夫妻共同债务的法律关系主张权利。

裁判理由：在本案中，原告梁某华明确表示被告何某卿应承担担保责任，并确认不以夫妻共同债务的法律关系主张权利，即原告梁某华已作出了明确的选择，按照"择一主张，不能并行主张"的原则，故应当由何某卿按照担保法规定承担连带清

---

① 参见广东省广州市南沙区人民法院（2013）穗南法岗民初字第64号民事判决书。

偿责任，并依照《担保法》第31条①的规定，被告何某卿承担了保证责任后，有权向被告林某荣追偿。

【现行相关规范】

《最高人民法院民一庭关于夫妻一方对外担保之债能否认定为夫妻共同债务的复函》(2015年9月9日 〔2015〕民一他字第9号)

福建省高级人民法院：

你院(2014)闽民申字第1715号《关于再审申请人宋某、叶某与被申请人叶某某及一审被告陈某、李某民间借贷纠纷一案的请示》收悉。经研究答复如下：同意你院审判委员会多数意见，即夫妻一方对外担保之债不应当适用《最高人民法院关于适用〈中华人民共和国婚姻法〉若干问题的解释（二）》第二十四条的规定认定为夫妻共同债务。

《民法典》第1064条

夫妻双方共同签名或者夫妻一方事后追认等共同意思表示所负的债务，以及夫妻一方在婚姻关系存续期间以个人名义为家庭日常生活需要所负的债务，属于夫妻共同债务。

夫妻一方在婚姻关系存续期间以个人名义超出家庭日常生活需要所负的债务，不属于夫妻共同债务；但是，债权人能够证明该债务用于夫妻共同生活、共同生产经营或者基于夫妻双方共同意思表示的除外。

《民法典婚姻编解释一》第33条

债权人就一方婚前所负个人债务向债务人的配偶主张权利的，人民法院不予支持。但债权人能够证明所负债务用于婚后家庭共同生活的除外。

《民法典婚姻编解释一》第36条

夫或者妻一方死亡的，生存一方应当对婚姻关系存续期间的夫妻共同债务承担清偿责任。

---

① 参见《民法典》第700条规定："保证人承担保证责任后，除当事人另有约定外，有权在其承担保证责任的范围内向债务人追偿，享有债权人对债务人的权利，但是不得损害债权人的利益。"

专题5 | 以新贷偿还旧贷

实务问题

70. 以新贷偿还旧贷时,如前后保证人并非同一人且新贷保证人不知情,新贷保证人是否承担保证责任?

【案例1】抚宁县新兴包装材料厂、抚宁公有资产经营有限公司与抚宁县农村信用合作联社、秦皇岛远东石油炼化有限公司、秦皇岛骊骅淀粉股份有限公司借款担保合同纠纷案①

裁判要旨:根据《担保法解释》第39条②的规定,主合同当事人双方协议以新贷偿还旧贷,除保证人知道或者应当知道的外,保证人不承担民事责任。但是新贷与旧贷系同一保证人的,不能免除保证人的保证责任。

基本案情:2002年3月25日,抚宁县农村信用合作联社(以下简称抚宁农信联社)与原秦皇岛市抚宁炼油厂(以下简称抚宁炼油厂,2005年11月更名为秦皇岛远东石油炼化有限公司)及原秦皇岛市淀粉葡萄糖厂(以下简称葡萄糖厂,2002年4月更名为抚宁县新兴包装材料厂)共同签订《保证担保借款合同》。合同约定:贷款人抚宁农信联社向借款人抚宁炼油厂发放短期贷款3100万元,用途为购买原油,期限自2002年3月25日至2002年11月25日,利率4.425%(月息),上浮40%,按季结息;保证人葡萄糖厂为借款人的债务承担连带保证责任,保证期间自借款之日起至借款到期后2年,保证范围包括贷款本金、利息、贷款人实现债权的费用。合同第6条约定:(1)借款人违约:不按期归还贷款本金又未获准展期,从逾期之日起按日利率万分之三计收利息;不按期偿付贷款利息,贷款人对借款人未支付的利息计收复利等。(2)贷款人违约:贷款人不能按期、按额向借款人提供资金时,按违约数额

① 参见抚宁县新兴包装材料厂、抚宁公有资产经营有限公司与抚宁县农村信用合作联社、秦皇岛远东石油炼化有限公司、秦皇岛骊骅淀粉股份有限公司借款担保合同纠纷案,载《最高人民法院公报》2007年第9期。

② 参见《民法典担保制度解释》第16条第1款规定:"主合同当事人协议以新贷偿还旧贷,债权人请求旧贷的担保人承担担保责任的,人民法院不予支持;债权人请求新贷的担保人承担担保责任的,按照下列情形处理:(一)新贷与旧贷的担保人相同的,人民法院应予支持;(二)新贷与旧贷的担保人不同,或者旧贷无担保新贷有担保的,人民法院不予支持,但是债权人有证据证明新贷的担保人提供担保时对以新贷偿还旧贷的事实知道或者应当知道的除外。"

和延期天数处以日利率万分之三的违约金。合同第7条约定:贷款人到期收回贷款,可直接从借款人或保证人账户中扣收。合同第9条关于其他约定事项手写为:此笔贷款为封闭临时贷款,专款专用,封闭进行,由营业部对此笔贷款监督支付。合同签订当日,抚宁农信联社将3100万元贷款如数打入抚宁炼油厂在该社开立的2011××××33账户。远东石油公司主张抚宁农信联社在发放贷款当日自行扣收了抚宁炼油厂此前旧贷本金2500万元及利息53.4625万元。为证明其主张,远东石油公司提交收回贷款凭证一份。其中记载:2002年3月25日,抚宁农信联社从抚宁炼油厂账户转出2553.4625万元,其中还贷金额为2500万元,利息53.4625万元。抚宁农信联社认可该事实,但主张偿还旧贷系抚宁炼油厂主动所为。为证明其主张,抚宁农信联社提交转账支票一张。其中记载:2002年3月25日,抚宁炼油厂从其2011051433账户以转账支票形式转出2500万元。抚宁炼油厂在出票人处盖章,用途为还款。远东石油公司对该转账支票无异议。另查,上述2553.4625万元所偿还旧贷为抚宁炼油厂2001年7月16日在抚宁农信联社的贷款本息,该贷款的保证人同为葡萄糖厂,保证方式同为连带责任保证。远东石油公司主张抚宁农信联社2002年3月29日扣收了400万元利息。抚宁农信联社认可两笔共扣收400万元利息的事实,但主张2002年3月25日本案借款发生前,抚宁炼油厂在抚宁农信联社及其下属其他信用社还有多笔到期贷款,自己有权扣收所欠利息,上述400万元就是此前旧贷的利息。远东石油公司承认抚宁炼油厂所欠抚宁农信联社及其下属信用社其他借款的事实,但主张抚宁农信联社扣收的上述166.057825万元是本案3100万元借款的利息。抚宁农信联社没有提交抚宁炼油厂所欠其他借款保证人为葡萄糖厂的证据,在法院规定的期限内,也未能举证说明转出的166.057825万元利息具体为哪笔旧贷款的利息。远东石油公司主张抚宁农信联社2003年5月27日扣收本案贷款本金42.85万元。抚宁农信联社认可该事实,但认为2003年5月27日本案贷款已到期,自己有权从抚宁炼油厂账户直接扣收逾期贷款。抚宁农信联社主张借款人抚宁炼油厂及保证人葡萄糖厂知道本案借款真实用途为偿还旧贷的事实。为证明其主张,抚宁农信联社提交本案借款的借款申请书一份。借款申请书左半页为借款人填报内容,填写的用途为“购油”,借款人抚宁炼油厂及保证人葡萄糖厂均在左半页盖章。借款申请书右半页为贷款人调查、审批内容,调查结论填写为“同意办理封闭临时贷款3100万元,收旧贷新”等,抚宁农信联社在右半页加盖印章。该申请书注明一份留借款人。抚宁农信联社称申请书上该社审批时明确写明“收旧贷新”,且借款人、担保人均加盖印章,说明抚宁炼油厂及葡萄糖厂对该笔贷款为借新还旧是明知的。远东石油公司、抚宁县新兴包装材料厂(以下简称新兴材料厂)则辩称借款申请书是抚宁炼油厂、葡萄糖厂填妥申请内容并加盖印章后交给抚宁农信联社审批的,借款人及保证人并不知道抚宁农信联社审批为“收旧贷新”。本案借款发生前,抚宁县人民政府曾于2001年12月19日主持召开抚宁炼油厂流动资金贷款协调会议,并形成会议纪要。抚宁农信联社及抚宁炼油厂均派员参加会议。会议议定:由抚宁农信联社为抚宁炼油厂提供3100万元流动资金贷款;贷款采取封闭形式,由抚宁农信联社按《封闭贷款管理暂行办法》进行管理和实施。1999年7月26日中国人民银行、国家经贸委、国家计委、财政部、国家税务总局联合发布的《封闭贷款管理暂行办法》第2条第1款规定:“封闭贷款是指贷款人对因资产负债率较高、亏损严重等原因,按照正常条件不能取得贷款,但政府已决定救助的国有工业企业发放的流动资金贷款。”第14条第1句规定:“贷款在封闭运行期间,贷款人不得从专户中扣取老的贷款和欠息。”远东石油公司认为抚宁农信联社违反上述规定,强行扣款,构成违约,应承担违约责任。新兴材料厂认为抚宁农信联社违反上述规定,借新还旧,骗取担保,自己不应承担保证责任。抚宁农信联社则辩称本案借款不属于上述规定意义上的封闭贷款,本案不适用该办法。

2005年3月11日、2005年12月30日、2006年3月1日,抚宁农信联社3次向抚宁炼油厂催收3057.15万元欠款本金及其利息,抚宁炼油厂均在催收通知书上盖章。2004年3月18日、2005年4月6日、2006年3月1日,抚宁农信联社3次分别以特快专递和国内挂号函件方式向葡萄糖厂邮寄送达履行保证责任通知,要求葡萄糖厂履行保证责任。邮寄地址均为抚宁县抚宁镇北环路六号,收件人均为葡萄糖厂,抚宁县公证处对催收情况进行了公证。新兴材料厂认为葡萄糖厂2002年4月已更名,抚宁农信联社向葡萄糖厂催收,不等于向自己催收,本案已超过保证期间,自己不应再承担保证责任。另据秦皇岛骊骅淀粉股份有限公司(以下简称骊骅公司)成立时的工商登记档案记载,葡萄糖厂住所地为抚宁县抚宁镇北环路六号(原三里杨庄)。法院再查明:1998年12月,葡萄糖厂以2663万元生产经营性净资产出资,作为主要发起人,注册成立骊骅公司,占该公司股本总额的64.37%。2000年1月,骊骅公司增资扩股,葡萄糖厂股份调整为3201.5968万元,占股本总额的62.09%。2003年1月16日,抚宁县国有资产管理办公室下发抚国资办字〔2003〕第1号文件,通知骊骅公司:按照抚宁县委、县政府机构改革要求和股权管理需要,葡萄糖厂投资到骊骅公司的3201.5968万元国家股股权变更为抚宁公有资产经营有限公司(以下简称公有资产公司)持有。2003年2月20日,葡萄糖厂与公有资产公司签订《骊骅公司国家股股权变更协议》。协议约定:骊骅公司总股本中以葡萄糖厂为出资人的3201.5968万元国家股的股权,由葡萄糖厂持有变更为由公有资产公司持有。本案审理中,公有资产公司将其持有的骊骅公司股权出售,得款8000余万元。根据远东石油公司工商登记档案记载:抚宁炼油厂系1994年8月注册成立的股份合作制企业,注册资本600万元,其中个人资本400万元,占股本总额的60%,国有资本200万元,占股本总额的40%。1996年1月,抚宁炼油厂注册资本增加到15000万元,其中个人资本9000万元,占股本总额的60%,国有资本6000万元,股本总额仍为40%。2005年11月,抚宁炼油厂改制后,国有股退出,名称变更为远东石油公司。另,2002年4月,葡萄糖厂更名为新兴材料厂。2006年4月抚宁农信联社向原审法院提起诉讼,请求判令远东石油公司偿还贷款本金3057.15万元及其利息;判令新兴材料厂对上述贷款本息承担连带责任;判令公有资产公司在持有骊骅公司3201.5968万元股份的范围内对上述贷款本息承担清偿责任。

裁判理由:抚宁农信联社与原抚宁炼油厂(2005年11月更名为远东石油公司)及原葡萄糖厂(2002年4月更名为新兴材料厂)2002年3月25日签订的《保证担保借款合同》是三方当事人的真实意思表示,不违反法律法规的强制性规定,该合同合法有效。本案为借款担保合同纠纷,根据新兴材料厂、公有资产公司的上诉理由以及抚宁农信联社的答辩意见,本案新兴材料厂应否承担担保责任、抚宁农信联社主张权利是否超过保证期间以及公有资产公司应否承担连带责任是本案争议的焦点问题。(1)关于新兴材料厂应否承担担保责任的问题。首先,远东石油公司于2002年3月25日向抚宁农信联社贷款3100万元,用以偿还2001年7月16日的旧贷款是不争的事实。虽然没有证据证明新兴材料厂知道或应当知道,远东石油公司对本案所涉3100万元借款中的2553.4625万元偿还了2001年在抚宁农信联社的旧贷款的情况,但因2001年旧贷保证人亦为新兴材料厂,保证方式同为连带责任保证,因此,根据《担保法解释》第39条关于"主合同当事人双方协议以新贷偿还旧贷,除保证人知道或者应当知道的外,保证人不承担民事责任。新贷与旧贷系同一保证人的,不适用前款的规定"的规定,不能免除新兴材料厂对该部分借款的保证责任。其次,远东石油公司于2002年3月25日向抚宁农信联社所贷款项,虽然在借贷双方及保证人盖有印章的《企业短期借款申请书》和《保证担保借款合同》中载明和约定此笔贷款为"临时封闭贷款",但《企业短期借款申请书》中同时也写有"同意办理临时封闭贷款叁仟壹佰万元收旧贷新"的字样,并注明申请书一份留借款人。而且贷款发放后借款人远东石油公司将其中2500万元以转账支票形式主动偿还2001年旧贷本金的事实说明,借贷双方是以"临时封闭贷款"购油为名,行借新还旧之实。最后,根据本案事实,该笔贷款在贷款条件、贷款程序和贷款的运行与管理上,均不符合银发〔1999〕261号《封闭贷款管理暂行办法》的规定。因此,该《封闭贷款管理暂行办法》不适用于本案。上诉人新兴材料厂关于"本案借贷双方隐瞒事实真相、恶意串通、借新还旧,违反《封闭贷款管理暂行办法》使用贷款偿还旧贷本息"其不应承担担保责任的上诉理由,因缺乏事实和法律依据,法院不予支持。(2)关于抚宁农信联社主张权利是否超过保证期间的问题。首先,抚宁农信联社提交的特快专递和国内挂号函件存根及催收的内容证明,本案借款2002年11月25日到期后,抚宁农信联社曾于2004年3月18日、2005年4月6日、2006年3月1日3次向葡萄糖厂邮寄送达履行保证责任通知,邮寄地址均为抚宁县抚宁镇北环路六号,收件人均为葡萄糖厂,抚宁县公证处对催收情况进行了公证,该公证书载明的事项表明,催收的内容翔实,应认可催收的法律效力。其次,在以葡萄糖厂为主要发起人注册成立的骊骅公司的工商登记档案中记载,"秦皇岛市抚宁县抚宁镇北环路六号(原三里杨庄)",证明该两处地址为同一地点,且新兴材料厂在一审答辩中并未涉及地址是否相同的问题。本案没有证据证明抚宁农信联社知道葡萄糖厂更名的事实,其向葡萄糖厂寄送履行保证责任通知,应视为向新兴材料厂主张权利。抚宁农信联社作为债权人在保证期间内并没有怠于行使其权利的情况,不能以其没有向更名后的保证人新兴材料厂当面送达履行保证责任通知为由而免除保证人的担保责任。因此,法院关于抚宁农信联社表示了要求新兴材料厂承担保证责任的意思,且其主张权利并未超过2年的保证期间的认定应予维持。上诉人新兴材料厂关于抚宁农信联社超过2年保证期间主张权利的上诉理由,因缺乏事实和法律依据,法院不予采纳。(3)关于公有资产公司应否承担连带责任的问题。由于企业的所有财产是对其全部债务的一般担保,新兴材料厂在承担保证责任期间,将其持有的骊骅公司的股权无偿转让给公有资产公司的行为,事实上造成了新兴材料厂对债权人进行担保的法人财产的减少。而且无论是新兴材料厂无偿转让资产,还是公有资产公司无偿受让并出售资产,均未对担保人新兴材料厂原有的债务进行处理,也未征得债权人事先同意或者事后认可。该财产转让行为侵犯了债权人抚宁农信联社的权利,客观上造成了金融债权的落空。因此,判决公有资产公司在其无偿受让并出售骊骅公司62.09%的股权所得价款范围内与新兴材料厂共同承担连带责任，并无不当。

【案例2】卞某祥与许某、徐州利峰木业有限公司等民间借贷纠纷案①

裁判要旨：民间借贷中，债权人与债务人协议以新贷偿还旧贷，等同于新贷保证人为旧贷提供担保，在前后保证人并非同一人且新贷保证人不知情的情况下，有违保证人的真实意思，保证人不承担民事责任。

基本案情：2014年8月5日，原告卞某祥（出借方、甲方）与被告许某、徐州利峰木业有限公司（以下简称利峰公司）（借款方、乙方），被告刘某、伊嘉美公司、谢某富、海天公司（连带保证方、丙方）签订《借款合同》一份，约定乙方因经营需要资金周转向甲方借款600万元（以银行转账金额为实际借款金额）；借款期限自2014年8月5日起至2015年3月5日止；借款月利率2.5%，每月结息一次；丙方为乙方向甲方借款提供连带责任保证；保证范围包含借款本息、违约金、甲方为实现债权的费用等；保证期限为借款到期之日起两年；如有纠纷由甲方所在地法院管辖等。同日，许某、利峰公司共同向原告出具借条一份，载明借到卞某祥人民币600万元，定于2015年3月5日前归还，利率按月2%计算；担保范围为上述全部债务，担保期限为借款到期之日起两年。刘某、伊嘉美公司、谢某富、海天公司作为保证人在上述借条上签名（或盖章）。嗣后，原告卞某祥于2014年8月8日通过建设银行、农业银行、邳州农商行分别转账70万元、80万元、150万元至被告许某银行账户，于2014年8月9日通过大丰农商行转账90万元至许某银行账户，于2015年1月2日通过农业银行、工商银行分别转账34万元、20万元至许某银行账户，于2015年1月28日通过邳州农商行分别转账10万元、80万元、50万元至许某银行账户。许某合计收到原告上述银行汇款584万元，其中，于2014年8月8日收到300万元汇款后随即取款150万元返还给原告，于2015年1月2日、1月28日收到194万元汇款后随即全部取现返还给原告。2015年1月1日、1月2日、1月10日，许某通过案外人倪某在邳州农商行的账户分别转账1万元、1.34万元、20万元，合计22.34万元至原告银行账户。2015年4月27日，许某、利峰公司向原告出具《总付款说明》一份，载明"至2015年1月20日付的23万元中13万元是付原告从谢某山处拉来抵债的建筑模板货款，余款10万元为借款利息。（建筑模板数按谢某山处开出的单为准）"。另查明，2013年11月29日，被告许某、利峰公司向原告卞某祥借款400万元，借款

---

①　参见卞某祥与许某、徐州利峰木业有限公司等民间借贷纠纷案，载《最高人民法院公报》2021年第1期。

期限自2013年11月29日起至2013年12月18日止，截至2014年8月4日，许某、利峰公司未能偿还全部借款本息。2014年7月1日，卞某祥委托许某、利峰公司保管板材，保管期间，因许某、利峰公司与案外人花某荣发生债务纠纷，案外人花某荣抢走许某、利峰公司为原告保管的部分板材。卞某祥因委托许某、利峰公司保管的板材被抢，于2015年1月29日向邳州市人民法院提起诉讼，要求花某荣、许某、利峰公司返还板材，该案邳州市人民法院正在审理中。案件审理中，原告卞某祥与被告许某一致认可许某于2014年8月8日取现150万元给原告系用于偿还2013年11月29日向原告借款400万元的未偿还本息。原告主张许某于2015年1月2日、1月28日取现194万元给其是用于赔偿为其保管的板材为花某荣所抢的损失，但未能提供证据证明。对此，许某亦予以否认。另外，卞某祥因向被告索款无果，委托江苏道远律师事务所提起本案诉讼，为此支付律师代理费10万元。2013年11月29日，一审被告许某、利峰公司向被上诉人卞某祥出具了400万元的借条一份，该借条上签章的保证人与本案所涉保证人完全不相同。

裁判理由：关于保证人是否已通过《借款合同》对借新还旧的款项作出了保证承诺的问题。《借款合同》第13条约定，保证人承诺在借款人和贷款人协商同意变更借贷条款，但未加重借款人的责任的情形下，无须经保证人同意，保证人仍应当继续按照约定履行担保责任。本案中，双方对该约定的具体含义存在争议，应当按照合同所使用的词句、合同的有关条款、交易习惯以及诚实信用原则，确定当事人订立合同的真实意思，并结合合同条款的目的予以解释。《借款合同》第2条约定，借款用途为用于企业经营周转，按照一般理解，经营周转应与企业的经营行为相联系，难以涵盖偿还出借人旧债的情形。此外，鉴于担保合同的附属性质，借款人债务负担的大小直接影响保证人的保证责任的范围。为此，《借款合同》特别约定"保证人同意在未加重借款人的责任的前提下继续承担保证责任"。担保责任不同于主债务责任，担保责任以债务人到期未偿还主债务为前提，担保的属性意味着保证人对债务人偿债能力的高度敏感性，担保责任的大小并非仅通过借款数额反映。当债务人不能按期偿还债务的风险增加时，担保责任也相应增加，以新还旧即属于未加重债务人的责任但加重了保证人责任的情形。故本案中虽然保证人同意借款人和出借人可协商变更包括借款用途在内的具体合同条款，但该承诺首先应当理解为是保证人基于对其自身责任考量的结果，也即保证人同意继续承担保证责任的前提是未加重自身的保证责任。在以新还旧的情形下，保证人事实上在订立合同时即承担了债务不能清偿的风险，明显加重了保证人的责任，该借新还旧的情形超出《借款合同》第13条约定的保证人可以预见并概括同意保证的范围，直接导致了保证人在对债务人偿债能力作出错误评估的基础上予以保证。故被申请人卞某祥以《借款合同》第13条的约定主张再审申请人谢某富、海天公司应当继续承担保证责任不能成立，不予支持。法院应当依职权审查合同效力，不受申请人申请范围的限制。民间借贷案件中要平衡各方当事人利益，既要保护合法债权，又要防范非法债务，防止“套路贷”等非法行为得逞。本案中债权人与债务人的借新还旧行为通过隐瞒借款用途“套路”了保证人，因此对善意保证人不发生效力，借新还旧范围内的担保合同无效，《借款合同》的其他保证人刘某、伊嘉美公司在借新还旧的150万元借款范围内也无须承担保证责任。

71. 主债权债务人未告知保证人主合同债务系以该贷款偿还旧贷款的，保证责任如何认定？

【案例】巷东农村信用合作社诉保证人东宏纺织工艺厂承担借新还旧借款合同连带清偿责任案[①]

裁判要旨：主债权债务人未告知保证人主合同债务系以该贷款偿还旧贷款的，违背保证人真实意思表示，保证人不承担保证责任。

基本案情：1997年3月31日，巷东农村信用合作社（以下简称巷东信用社）与厦门市同安县嘉茂石油公司签订一份《保证担保借款合同》，合同约定：厦门市同安县嘉茂石油公司向巷东信用社借款36万元，借款期限自1997年3月31日至1998年3月31日，借款月利率11.26‰，借款用途为流动资金。东宏纺织工艺厂（以下简称东宏纺织厂）在合同保证人一栏及《保证人认可复函》上盖章，保证对债务承担连带责任，厦门市同安县嘉茂石油公司法定代表人许某进亦在合同保证人一栏盖章，以自然人身份提供担保，保证人保证期间自1997年3月31日起至2000年3月31日止。嗣后，巷东信用社和许某进未经东宏纺织厂同意即将合同借款期限改至1997年10月30日，将保证人保证期限改为至1999年10月30日，并由巷东信用社经办人黄某宗和许某进在更改处盖章，事后双方亦未告知东宏纺织厂。厦门市同安县嘉茂石油公司系许某进个人出资兴办的企业，因未年检，于1998年被厦门市同

① 参见最高人民法院中国应用法学研究所编：《人民法院案例选（分类重排本）·商事卷》，人民法院出版社2017年版，第1925－1958页。

安区工商行政管理局注销。借款期限届满后,厦门市同安县嘉茂石油公司未按约偿本付息,巷东信用社遂于1998年9月14日提出诉讼,要求借款人许某进偿还借款本息,担保人东宏纺织厂承担连带清偿责任。庭审中,许某进对所诉借款事实无异议。另查明,1995年12月29日和1996年3月12日,厦门市同安县嘉茂石油公司以厦门市同安县庆丰贸易商行作为担保人,向巷东信用社分别借款10万元和26万元,借款期限届满后一直未还。庭审中,巷东信用社和许某进承认本案借款合同是上述两笔借款的转贷,实际是双方原先借款关系的延续。

裁判理由:一方面,上诉人巷东信用社与许某进签订的借款合同实际上未发生新的借款事实,巷东信用社未按此合同的约定发放贷款,许某进亦未实际取得和支配合同项下的款项。巷东信用社与许某进隐瞒事实真相,以"借新还旧"形式让东宏纺织厂提供担保,违背了担保人的真实意思表示,且巷东信用社未能举证东宏纺织厂担保时知道真相,故担保人东宏纺织厂的担保责任可依法免除。另一方面,在未取得担保人书面同意的情况下,巷东信用社与许某进即对借款期限和保证期限进行更改,导致了合同的变更,损害了担保人的合法权益,担保人依法也不应承担担保责任。巷东信用社在同安县嘉茂石油公司被注销后,直接向许某进主张债权,许某进对此无异议,应予支持,但其要求东宏纺织厂对许某进的全部债务承担连带清偿责任的上诉请求,缺乏相应的事实和法律依据,不予采信。东宏纺织厂要求免除其担保责任的上诉请求于法有据,应予支持。

72. 合同中关于"保证人完全了解借款用途"等一般性约定,能否视为保证人同意以新贷偿还旧贷?

【案例】工行邢台分行营业部诉橡胶材料公司偿还借款保证人力车胎公司以借贷双方串通隐瞒以贷还贷真相为理由要求免除保证责任案①

裁判要旨:借贷双方变更主合同借款用途并非一般的改变用途,合同中关于保证人完全了解借款用途等一般性约定也不能免除征得保证人同意的义务,保证人据此请求免除保证责任的,应当予以支持。

---

① 参见最高人民法院中国应用法学研究所编:《人民法院案例选(分类重排本)·商事卷》,人民法院出版社2017年版,第1959-1964页。

基本案情：1999年12月15日，力车胎公司与橡胶材料公司签订互惠互利协议，约定：橡胶材料公司为甲方，力车胎公司为乙方，甲方因购橡胶资金不足需向工行邢台分行营业部（以下简称工行营业部）贷款260万元，乙方同意为甲方从工行营业部贷款260万元提供担保；甲方承诺购回橡胶后，按比市场价每吨低100元的价格销售给乙方不低于价值260万元的橡胶；乙方承诺收到橡胶后尽快筹集260万元的贷款交甲方，由甲方归还此笔贷款，并由甲方负责从工行营业部撤销260万元的《保证合同》。1999年12月24日，橡胶材料公司为甲方，与乙方工行营业部签订了《流动资金借款合同》，约定甲方为购橡胶向乙方借流动资金260万元，借款期限自1999年12月24日起至2000年6月21日止，月利率6.045‰……同日，力车胎公司为甲方，与乙方工行营业部签订了《保证合同》，约定：甲方完全了解借款用途，为主合同借款人担保完全出于自愿，该合同项下的全部意思表示真实；该合同所担保的主债权为乙方依据主合同发放的260万元贷款，保证方式为连带责任保证；乙方与借款人协议变更主合同的，除展期或增加贷款金额外，无须经甲方同意，甲方仍在原保证范围内承担连带保证责任；任何一方都不得擅自变更或解除，如确需变更或解除，应经双方协商一致并达成书面协议，书面协议达成之前，原合同继续有效。合同签订后，工行营业部于当日向橡胶材料公司账户转入贷款260万元。经与橡胶材料公司协商，工行营业部又于12月27日以特种转账凭证分三笔从橡胶材料公司账户转出该260万元，冲销了工行营业部为橡胶材料公司的银行承兑汇票垫付款。借款到期后，橡胶材料公司没有偿还。2000年9月25日，工行营业部向橡胶材料公司、力车胎公司分别送达了《贷款逾期催收通知书》，上述两公司均签字盖章，未提异议，也未履行约定义务。力车胎公司于2001年3月28日对橡胶材料公司、工行营业部提起撤销《保证合同》诉讼。在二审中还查明如下事实。橡胶材料公司申请的三笔银行承兑汇票并非力车胎公司担保。工行营业部与橡胶材料公司三笔银行承兑汇票的《银行承兑协议》均约定，承兑汇票到期日之前，橡胶材料公司不能足额交付票款时，承兑银行工行营业部对不足支付部分的票款转作逾期贷款。1999年12月27日，工行营业部扣回260万元贷款时亦注明"还贷"。对力车胎公司担保时是否知道或应知道借款人的实际用途是偿还以前工行营业部为橡胶材料公司垫付的银行承兑汇票款问题，借款方经办人倪某亮在庭审中陈述："1999年年底，橡胶材料公司没钱支付银行承兑汇票的到期款，我就与工行营业部当时的经理协商，再贷款260万元偿还承兑汇票到期的260万元。这是在签订本案借款合同之前协商的，最后也是这样经办的。担保人是我找的，我向担保人讲贷款用途是购橡胶,没有说偿还到期的承兑汇票,在我们的借款申请上写的是购橡胶。"2001 年 2 月 28 日,倪某亮给力车胎公司的法定代表人陈某林写了一份书面便函,表明其借款未经力车胎公司同意偿还了银行承兑汇票到期款,深感歉意。对此,担保人力车胎公司主张倪某亮的陈述符合客观事实,力车胎公司担保时不知道也不应知道橡胶材料公司借款 260 万元是为偿还旧贷。

裁判理由:保证合同虽然约定"保证人完全了解借款用途,担保完全出于自愿,也是真实意思表示"等,但因该合同没有说明借款用途是为还旧贷或偿还银行承兑汇票的银行垫付款,主合同中又明确约定借款用途为购橡胶,且橡胶材料公司与力车胎公司之间还签有购橡胶的互惠互利协议,所以,"完全了解"不能说明是对以贷还贷的了解,"自愿担保"应理解为对橡胶材料公司购橡胶借款自愿担保。保证合同中关于"除展期或增加贷款金额外,借贷双方变更主合同无须经担保人同意"的条款,与合同中的"任何一方都不得擅自变更或解除,如确需变更或解除,应经双方协商一致并达成书面协议,书面协议达成之前,原合同继续有效"的约定相矛盾,且借贷双方变更主合同的借款用途并非一般的改变用途,这种以贷还贷的用途的改变,无论是签合同前,还是签合同后,都是将原来他人担保或无担保的债务转嫁到了新的担保人力车胎公司头上,加重了力车胎公司的责任,严重损害了力车胎公司的利益。对此,《担保法解释》第 39 条①明确规定,主合同当事人双方协议以新贷偿还旧贷,除保证人知道或应当知道的外,保证人不承担民事责任。依据法院查明的事实,力车胎公司担保时被告知借款用途为购橡胶,借款合同上也注明了该用途,所以,力车胎公司有理由相信借款用途为购橡胶。故工行营业部不能证明力车胎公司知道或应当知道以贷还贷的借款用途。因此,应免除力车胎公司的保证责任。

① 参见《民法典担保制度解释》第 16 条第 1 款规定:"主合同当事人协议以新贷偿还旧贷,债权人请求旧贷的担保人承担担保责任的,人民法院不予支持;债权人请求新贷的担保人承担担保责任的,按照下列情形处理:(一)新贷与旧贷的担保人相同的,人民法院应予支持;(二)新贷与旧贷的担保人不同,或者旧贷无担保新贷有担保的,人民法院不予支持,但是债权人有证据证明新贷的担保人提供担保时对以新贷偿还旧贷的事实知道或者应当知道的除外。"

73. 新贷发放与旧贷清偿在时间上、金额上存在密切关联，且新保证人与借款人存在同一家庭或者直接亲属等特殊关系的，可否认定新保证人知晓以新还旧的事实？

【案例】浙江泰隆商业银行股份有限公司宁波分行诉史某康、张某珍等金融借款合同纠纷案①

裁判要旨：新贷发放与旧贷清偿在时间上、金额上存在密切关联，且新保证人与借款人存在同一家庭或者直接亲属等特殊关系的，可以认定新保证人知晓以新还旧的事实，保证人拒绝承担保证责任的，不予支持。

基本案情：2011年9月20日，原告浙江泰隆商业银行股份有限公司（以下简称泰隆银行）与被告史某珍、张某珍、姚某栋签订最高额保证合同，约定被告史某珍、张某珍、姚某栋自愿为原告与被告史某康在2011年9月20日至2012年3月20日签订的全部主合同所形成的主债权余额不超过32万元范围内提供最高额保证担保。同年9月23日，原告与被告史某康签订个人借款合同，合同载明借款用途仅限于购买服装，未经贷款人书面同意，借款人不得改变贷款用途，未经贷款人书面同意改变贷款用途或者违法使用贷款而造成的后果，贷款人不承担任何责任；借款金额为25万元；借款期限自2011年9月23日起至2012年3月22日止；月利率12.63‰；还款方式为按季结息，借款到期日一次还本；合同签订后，原告于同年9月23日按约向被告史某康账户发放贷款25万元。贷款到期后，被告史某康未按约还本付息。截至2012年3月22日，被告史某康尚欠本金25万元、利息9169.69元。2011年9月23日，原告向被告史某康放贷25万元的当日，史某康账户发生了金额为277541.29元的还贷业务，用于归还史某康于2011年3月25日发生的25万元贷款本息。2010年9月7日，张某国向原告借款70万元，担保人为史某珍、张某珍、姚某栋，借款到期日为2011年3月7日，原告于同日按约足额将贷款发放至张某国账户。贷款到期后，张某国未按合同约定期限足额还本付息。2011年3月25日，史某康向原告借款30万元，担保人为张某珍、姚某栋，借款到期日为2011年9月20日，原告于2011年3月30日按约足额发放贷款至史某康账户。贷款到期后，史某康未按合同约定期限足额还本付息。

裁判理由：原告泰隆银行与被告史某康、张某珍、姚某栋之间签订的最高额保

① 参见浙江省宁波市江东区人民法院（2012）甬东商初字第640号民事判决书。

证合同和个人借款合同均合法有效，各方应当全面履行。根据借款凭证，被告史某康确认接收贷款的账户，原告按约足额将25万元贷款发放至史某康所确认的本人账户，已完成贷款发放义务，被告史某康应按约还本付息，否则应按借款合同约定支付复利及罚息。被告张某珍、姚某栋、史某珍自愿提供最高额保证担保，应对上述债务承担连带清偿责任，其承担责任后，有权向被告史某康追偿。被告张某珍、姚某栋反驳称对担保对象不知情，无事实依据，法院不予采信。

74. 在新贷与旧贷的担保人不同的情况下，新贷的保证人对于相关事实处于明知或者应知状态的举证责任由谁承担？

【案例1】许某诉瞿某香、瞿某富民间借贷纠纷案①

裁判要旨：在新旧贷保证人不一致的情况下，债权人主张保证人知晓借新还旧事实但保证人予以否认，债权人未提交足以证明保证人明知的相关证据的，保证人不承担保证责任。

基本案情：2011年5月3日，瞿某香因经营需要，立下借条向许某借款15万元，约定了借款期限、利率等，并由案外人瞿某荣在借条上签字担保。借款期限届满后，瞿某香仅偿还了部分利息。2012年11月4日，被告瞿某香向原告许某重新出具了15万元的借条一份，由被告瞿某富签字担保。该借条出具后，原告许某未要求被告瞿某香偿还款项，而是由被告瞿某香收回了原由案外人瞿某荣签字担保的15万元借条并当场予以销毁。此后，被告瞿某香等人未偿还借款本息，许某索款未果向法院提起诉讼，要求瞿某香偿还借款本息，被告瞿某富承担连带清偿责任。瞿某香、瞿某富均认为瞿某富在不知情的情况下替瞿某香的"以贷还贷"的借款提供保证担保，实际系骗取了瞿某富的保证，依据司法解释规定的"以贷还贷"规则，瞿某富不承担保证责任。

裁判理由：《担保法解释》第39条②规定，"主合同当事人双方协议以新贷偿还

---

① 参见江苏省大丰市人民法院（2013）大三民初字第0038号民事判决书。

② 参见《民法典担保制度解释》第16条第1款规定："主合同当事人协议以新贷偿还旧贷，债权人请求旧贷的担保人承担担保责任的，人民法院不予支持；债权人请求新贷的担保人承担担保责任的，按照下列情形处理：（一）新贷与旧贷的担保人相同的，人民法院应予支持；（二）新贷与旧贷的担保人不同，或者旧贷无担保新贷有担保的，人民法院不予支持，但是债权人有证据证明新贷的担保人提供担保时对以新贷偿还旧贷的事实知道或者应当知道的除外。"

旧贷,除保证人知道或者应当知道的外,保证人不承担民事责任。新贷与旧贷系同一保证人的,不适用前款的规定”。许某诉称瞿某富在签字担保时已经知道据以诉讼的借条是用来置换前期借款的借条,但瞿某香、瞿某富对此均予以否认。在此情形下,许某应对瞿某富知道或应当知道该借款系用于偿还旧贷的事情负举证责任,但就此许某未能举证证实,故许某要求瞿某富对讼争借款承担保证责任的诉讼请求,于法无据,不应予以支持。

【案例 2】张景某诉无锡市锡山区恒昌农村小额贷款有限公司等借款合同纠纷案①

裁判要旨:新贷与旧贷的担保人不同的情况下,新贷的保证人对于相关事实处于明知或者应知状态的举证责任由债权人承担。

基本案情:无锡市锡山区恒昌农村小额贷款有限公司(以下简称恒昌公司)与张景某于 2013 年签订最高额保证合同,约定由张景某为其弟张翼某与恒昌公司之间的借款提供连带责任保证,被保证的主债权为主合同债务人自 2013 年 3 月 1 日起至 2016 年 2 月 28 日止在债权人处办理约定的全部贷款业务,主债务的最高本金金额为 1000 万元。2014 年 7 月 8 日,张翼某与恒昌公司签订借款合同,张翼某借款 870 万元用于资金周转,期限为 1 个月,由戴某青(张翼某妻子)及东方宝贝公司为上述借款提供连带责任保证。同日,恒昌公司将 870 万元支付到张翼某的银行账户。张翼某随即将该 870 万元汇至戴某青账户;戴某青将其中的 420 万元汇至恒昌公司账户,转账凭条注明:归还恒昌借款;余 450 万元返还至张翼某账户,张翼某再将 4499857.97 元汇至恒昌公司,转账凭条注明:归还民生银行借款。此外,2013 年张翼某向民生银行借款 450 万元,恒昌公司为该笔借款的保证人,后张翼某未归还该笔借款,恒昌公司作为保证人向民生银行归还 450 万元;2013 年戴某青分三次共向恒昌公司借款 420 万元,张翼某为上述借款保证人。2014 年 7 月 21 日恒昌公司起诉,要求张翼某偿还 870 万元及相应利息,戴某青、东方宝贝公司、张景某承担连带还款责任。

裁判理由:张翼某、恒昌公司不能提供证据证明保证人张景某知道或者应当知道该笔贷款系借新还旧。张翼某未出庭,也未提供相关证据证明张景某对此知道或应当知道。据此推定,张翼某和恒昌公司签订 870 万元借款协议用于以贷还贷时,保证人张景某对此并不知情。

① 参见江苏省无锡市中级人民法院(2015)锡商终字第 0491 号民事判决书。

75. 保证人以多个借贷合同之间没有形式及内在联系为由，否认以新贷偿还旧贷的合同性质，是否应当支持？

【案例】上海国际信托投资有限公司与上海市综合信息交易所、上海三和房地产公司委托贷款合同纠纷案①

裁判要旨：《担保法解释》第39条②规定："主合同当事人双方协议以新贷偿还旧贷，除保证人知道或者应当知道的外，保证人不承担民事责任。新贷与旧贷系同一保证人的，不适用前款的规定。"据此，借贷合同双方当事人基于以新贷偿还旧贷的合意，先后订立多个借贷合同，同一担保人在应当知道的情况下在多个借贷合同上盖章同意担保的，应当依法承担担保责任。担保人以上述多个借贷合同之间没有形式及内在联系为由，否认以新贷偿还旧贷的合同性质，进而拒绝履行担保责任的，人民法院不予支持。

基本案情：1996年1月10日至1998年4月6日，上海国际信托投资有限公司（以下简称上国投）与上海市综合信息交易所（以下简称交易所）共签订5份委托贷款合同，5份贷款合同按时间排列编号分别为922660、922790、922804、922805、300263，借款金额均为人民币2000万元，月利率分别为7.89‰、6.9‰和6.435‰。借款用途为用于物资购销保证金或流动资金周转，保证人均为上海三和房地产公司（以下简称三和公司）。上国投按约向交易所发放了贷款。案外委托人上海市上投投资管理公司仅在后两份委托贷款合同上加盖了公章。该5份委托贷款合同之间均系借新还旧。最后1份300263号合同项下贷款期限届满后，交易所除偿还借款本金227.8万元及逾期贷款利息人民币60万元外，尚欠本金人民币1772.2万元、期内利息人民币789454.95元及相应的逾期利息。上国投请求一审法院判令交易所偿还贷款本息，三和公司对交易所的还款义务承担连带清偿责任。系争的300263号合同为1998年4月6日签订，贷款额为人民币2000万元，上国投在当天放款的同时又全部内扣，以偿还1997年10月10日签订的922805号贷款合同的欠

---

① 参见上海国际信托投资有限公司与上海市综合信息交易所、上海三和房地产公司委托贷款合同纠纷案，载《最高人民法院公报》2008年第10期。

② 参见《民法典担保制度解释》第16条第1款规定："主合同当事人协议以新贷偿还旧贷，债权人请求旧贷的担保人承担担保责任的，人民法院不予支持；债权人请求新贷的担保人承担担保责任的，按照下列情形处理：(一)新贷与旧贷的担保人相同的，人民法院应予支持；(二)新贷与旧贷的担保人不同，或者旧贷无担保新贷有担保的，人民法院不予支持，但是债权人有证据证明新贷的担保人提供担保时对以新贷偿还旧贷的事实知道或者应当知道的除外。"

款,而922805号贷款合同和相关联的1996年12月31日签订的922804号贷款合同、1996年7月10日签订的922790号贷款合同均无放款记录和内扣记录。三和公司为上国投和交易所最早提供担保的是1996年1月10日的922660号贷款合同,上国投在1996年1月11日放款给交易所人民币2000万元的当天即内扣本金人民币1000万元,而在1996年1月10日至11日两天内,上国投共放贷给交易所人民币3200万元(包括另案系争的人民币1200万元),而内扣本金即达人民币3000万元。交易所在1996年11月28日同江苏省锡山市鸿声镇工业总公司(以下简称鸿声公司)签订过一份协议书,协议书上载明从1994年3月1日至1996年6月10日,交易所共借给鸿声公司人民币3040万元,至1995年12月鸿声公司尚欠交易所人民币2500万元。庭审中交易所陈述上述钱款系向上国投所借。一审判决后,交易所于2000年10月30日发函给鸿声公司,内容为:鸿声公司总公司欠交易所的欠款,上国投于1999年11月10日向上海市第二中级人民法院提起诉讼,已于2000年10月25日结案,并判决,1994年以来至今交易所本着帮助鸿声镇的建设发展,先后应鸿声公司的要求向鸿声公司支付本金27497261.15元,现欠息7019685.48元,两项合计34516946.63元(不包括2000年的利息款)。交易所要求鸿声公司总公司积极配合交易所及时归还借款。还查明,在1996年1月10日前上国投借给交易所的所有钱款担保人均不是三和公司,而是案外人上海市物资协作开发公司和中国外汇交易中心,在交易所转借给鸿声公司的钱款中,有1915万元是上国投直接汇给鸿声公司的。

裁判理由:涉案合同名为委托贷款合同,但本案当事人未主张委托贷款的事实,故案件性质应为借款担保合同。本案5份合同中确实存在无实际放款的情况,但此种情况的产生缘于借贷双方在合同第6条的约定。从该约定内容,以及新旧贷款金额相同、贷款期限基本衔接的情况可以看出,借贷双方在旧贷到期尚未清偿时,签订新借款合同的目的就是以新贷偿还旧贷,消灭借款方在旧贷下的债务,该条内容可以视为借贷双方对以贷还贷的约定。上国投当天贷款当天扣划或仅更换贷款凭证、没有实际放款的做法是基于合同中以贷还贷的约定而为的履行行为,亦是以贷还贷的基本履行方式。三和公司连续在几份借款合同上盖章同意为交易所担保,其应当知道此为签约各方以该种方式履行合同第6条的约定,即以贷还贷。本案合同的约定没有违反法律禁止性规定,三和公司已盖章确认,因此,本案应当适用《担保法解释》第39条关于以贷还贷的规定。如若按照三和公司所称本案不属以贷还贷、5个合同之间没有形式及内在联系的理由予以推论,三和公司承担的将不再是一个合同而是5份合同累计金额1亿元的担保责任。三和公司以贷款用途缺乏借新还旧的形式及内在联系,中间3份合同无实际放贷,进而否认以贷还贷的理由不能成立。况且,三和公司在本案合同签订前后,曾作为借款人向上国投多次贷款,而担保人则是交易所。三和公司与上国投所签的那些借款合同的基本格式与本案完全相同,而履行时短期扣划或更换凭证的方式亦与本案履行方式相同。因此,三和公司以不知道或不应知道本案此种约定属于以贷还贷予以抗辩的理由缺乏合理性。自本案300263号合同前溯,连续4份借款合同的担保人均为三和公司,其已失去根据《担保法解释》第39条免除保证人责任的条件,该条第2款明确规定:"新贷与旧贷系同一保证人的,不适用前款的规定。"作为新贷和旧贷同一保证人的三和公司,以其不知道或不应知道主合同系以新贷还旧贷,故应免除担保责任的主张,法院不予支持。本案一审判决关于922660号、922790号、922804号、922805号合同因300263号合同的借新还旧已履行完毕,上国投已按约履行放贷义务,交易所至今未还300263号合同项下借款本息,应承担违约责任,三和公司应承担连带保证责任的认定,上海市高级人民法院再审予以维持,最高人民法院亦予以支持。

76. 新贷与旧贷系同一保证人的,保证人以债权人改变借款用途为由主张不再承担保证责任的,是否应予支持?

【案例1】干河陈农村信用社诉源汇制鞋厂等保证担保借款合同案①

裁判要旨:新贷与旧贷系同一保证人,且保证人明知"换约"事实,以债权人擅自改变借款用途为由主张不再承担保证责任的,不应予以支持。

基本案情:1996年6月4日,由姬崔村委会提供保证担保,源汇制鞋厂(以下简称源汇鞋厂)向干河陈农村信用社(以下简称干河陈信用社)借款4万元;1996年12月16日,源汇鞋厂向干河陈信用社借款20万元,仍由姬崔村委会提供保证担保。以上两笔借款到期后,源汇鞋厂未依约还款,至1997年7月16日,源汇鞋厂尚欠干河陈信用社以上两笔借款本金24万元及利息9580.48元。1997年7月16日,源汇鞋厂向干河陈信用社申请贷新还旧,借款申请书载明:借款种类换约,借款用

---

① 参见最高人民法院中国应用法学研究所编:《人民法院案例选(分类重排本)·商事卷》,人民法院出版社2017年版,第2025-2030页。

途换约、购货，贷款数额30万元，借款期限1997年7月16日至1997年12月30日。姬崔村委会在借款申请书担保人栏签署“同意担保到97年终”并签字盖章。干河陈信用社对换约担保借款申请予以接受，并于同日与借款人源汇鞋厂及保证人姬崔村委会签订担保借款合同一份，合同内容为：第1条，自1997年7月16日至1997年12月30日，由贷款方向借款方提供流资贷款30万元，借款日期1997年7月16日，借款金额30万元，借款利率11.76%，还款日期1997年12月30日。第8条，贷款到期后1个月，如借款方不按期归还本息，由担保人负责为借款方偿还本息和逾期利息。姬崔村委会在担保借款合同保证人栏及贷款借据正联保证人栏签字并加盖了印章，贷款借据（付联）载明贷款用途为“换约”。借款合同签订后，干河陈信用社依约向源汇鞋厂支付贷款30万元，源汇鞋厂将其中249580.48元用于清偿其所欠干河陈信用社1996年6月4日和1996年12月16日两笔旧贷本金24万元及利息9580.48元。借款到期后，源汇鞋厂未依约还款，干河陈信用社向源汇鞋厂和姬崔村委会催收贷款，源汇鞋厂和姬崔村委会分别于1998年6月2日和1998年6月25日在到期贷款催收通知单上签字盖章；1998年12月23日，干河陈信用社再次向源汇鞋厂和姬崔村委会催收贷款，源汇鞋厂和姬崔村委会再次在到期贷款催收通知单上签字盖章。此外，从1997年7月16日借款之日起至2001年9月30日，借款30万元的利息共计178046.40元，源汇鞋厂于1997年11月14日付息3000元，剩余借款本金30万元及利息175046.40元未予偿付。

裁判理由：一审法院认为，保证人辩称该借款合同未实际履行，所借款项由原告直接划入原告的账户，所以担保人不应承担担保责任，因原、被告双方协商借款，借款用途为流动资金，后将该款变更用途，用于偿还老贷款，该借款未能转入被告源汇鞋厂账户，由原告直接划入原告账户用于清偿贷款，由原告干河陈信用社公存现金明细账为证，故合同未实际履行，变更借款用途，属担保人免责的条件，对此辩称理由应予支持。

二审法院认为，《担保法解释》第22条第1款①规定：“第三人单方以书面形式向债权人出具担保书，债权人接受且未提出异议的，保证合同成立。”第39条②规

① 参见《民法典》第685条第2款规定：“第三人单方以书面形式向债权人作出保证，债权人接收且未提出异议的，保证合同成立。”

② 参见《民法典担保制度解释》第16条第1款规定：“主合同当事人协议以新贷偿还旧贷，债权人请求旧贷的担保人承担担保责任的，人民法院不予支持；债权人请求新贷的担保人承担担保责任的，按照下列情形处理：（一）新贷与旧贷的担保人相同的，人民法院应予支持；（二）新贷与旧贷的担保人不同，或者旧贷无担保新贷有担保的，人民法院不予支持，但是债权人有证据证明新贷的担保人提供担保时对以新贷偿还旧贷的事实知道或者应当知道的除外。”

定:“主合同当事人双方协议以新贷还旧贷,除保证人知道或者应当知道的外,保证人不承担民事责任。新贷与旧贷系同一保证人的,不适用前款的规定。”本案中,源汇鞋厂与干河陈信用社协议以新贷还旧贷,在借款申请书以及贷款借据对借款用途为“换约”均记载明确的情况下,姬崔村委会仍在借款申请书及贷款借据保证人栏签字盖章同意担保,故为源汇鞋厂“换约”借款提供担保是姬崔村委会的真实意思表示,法院依法予以认定,且新贷与旧贷的保证人均系姬崔村委会,故姬崔村委会依法应向干河陈信用社承担担保责任。姬崔村委会主张源汇鞋厂与干河陈信用社协议以新贷还旧贷,改变贷款用途,其不应承担保证责任,因其主张于法有悖,法院依法不予支持。

【案例2】江苏宜兴农村商业银行股份有限公司诉江苏中越建材有限公司等金融借款合同纠纷案①

裁判要旨:主合同借款实际用途发生变动,保证人同意的,不得以债务人擅自改变借款用途、债权人未尽事后监管义务为由主张免除保证责任。

基本案情:2016年3月17日,江苏宜兴农村商业银行股份有限公司(以下简称农商行)与江苏中越建材有限公司(以下简称中越公司)签订流动资金循环借款合同一份,约定自2016年3月17日起至2017年3月17日止,农商行向中越公司提供最高本金余额不超过500万元的贷款,同时约定了借款利息、还款方式、违约责任等内容。同日及同年8月10日,农商行分别与储某明等8人及九龙公司签订最高额保证合同共两份,约定储某明等8人、九龙公司自愿为前述债务分别在最高本金余额500万元、30万元范围内提供最高额连带责任保证担保。同时,储某明等8人向农商行出具担保人同意担保声明一份,证明其已明知中越公司利用过桥资金偿还贷款,其同意为中越公司的500万元续贷提供最高额连带责任保证担保。同时,在担保期间,其对借款人利用过桥资金办理转贷继续承担保证责任。上述合同签订后,农商行依约向中越公司发放贷款500万元,此后中越公司未按约还本付息,各保证人也未履行保证责任。被告长嵘公司、潘某新共同答辩称,对提供担保的事实没有异议,但是农商行未能提供证据证明借款已经实际交付,同时,根据合同约定,中越公司该笔借款的用途应为购买钢材,农商行明确承诺监督中越公司专款专用,现农商行未能提供证据证明该笔借款是按照约定使用的,故其对该笔借款不承担保证责任。

① 参见江苏省宜兴市人民法院(2017)苏0282民初8861号民事判决书。

裁判理由:本案的争议焦点为农商行是否按照受托支付方式支付借款,借款人是否擅自改变借款用途,是否由此影响保证责任的承担。农商行提供了提款申请/支付委托书,证明其已按照合同约定的受托支付方式履行了贷款义务。同时,根据储某明等8人出具的担保人同意担保声明,其同意对中越公司因转贷而产生的借款提供连带责任保证担保,系其真实意思表示。因此,根据最高额保证合同及担保声明,长嵘公司、潘某新对中越公司的该笔借款应承担保证责任,对其提出的不承担保证责任的抗辩意见,于法无据,法院不予采信。

77. 置换借据是否属于"以新贷偿还旧贷"?

【案例1】许某诉瞿某香、瞿某富民间借贷纠纷案①

裁判要旨:相同债权人和债务人就同一笔借款先后形成两份借条,出具后一份借条后即销毁前一份借条,且后一份借条未伴随款项实际交付的,可以认定为"以新贷偿还旧贷"。

基本案情:2011年5月3日,瞿某香因经营需要,立下借条向许某借款15万元,约定了借款期限、利率等,并由案外人瞿某荣在借条上签字担保。借款期限届满后,瞿某香仅偿还了部分利息。2012年11月4日,被告瞿某香向原告许某重新出具了15万元的借条一份,由被告瞿某富签字担保。该借条出具后,原告许某未要求被告瞿某香偿还款项,而是由被告瞿某香收回了原由案外人瞿某荣签字担保的15万元借条并当场予以销毁。此后,被告瞿某香等人未偿还借款本息,许某索款未果向法院提起诉讼,要求瞿某香偿还借款本息,被告瞿某富承担连带清偿责任。瞿某香、瞿某富均认为瞿某富在不知情的情况下替瞿某香的"以贷还贷"的借款提供保证担保,实际系骗取了瞿某富的保证,依据司法解释规定的"以贷还贷"规则,瞿某富不承担保证责任。

裁判理由:瞿某香向许某先后出具了两份借条,系两份不同的借款合同。被告瞿某香在出具后一份借条时,随即从原告许某处收回了前一份借条并当场予以销毁,且后一份借条没有款项实际交付,说明借贷双方达成了以后一份借条所载明的债务消灭了前一份借条所载明的债务的意思表示一致,应当认定为"以新贷偿还旧贷"。

---

① 参见江苏省大丰市人民法院(2013)大三民初字第0038号民事判决书。

【案例2】孙某斌诉顾某群等民间借贷纠纷案①

裁判要旨：借新还旧从其本质上讲，是对借款合同中借款期限、利率等关键条款的变更，实质上是对借款期限的延长。从在先借款转结而来的新借条，属于换据行为，符合“以新贷偿还旧贷”的要件。

基本案情：2013年10月30日，顾某群向孙某斌出具金额计6万元的借条一份，约定向其借款6万元，并约定于2014年6月29日之前偿还，由被告沈某山进行担保。2014年12月28日，顾某群就上述借款60000元及结算的利息10000元汇总后向孙某斌出具另一份借条，载明“今借到孙某斌柒万元整用于养鱼，于2015年4月27日之前还清”，同时双方还签订了正式的借款合同，约定借款期限4个月，借款月息2‰，沈某山在担保人栏处签名、捺指印，且其另外向孙某斌出具承诺书，承诺为顾某群的该笔借款提供连带责任保证。后，顾某群未能按期偿还借款，沈某山亦未履行保证义务，孙某斌诉至法院。顾某群与宋某英系夫妻关系，其双方共同辩称，案涉借款实际上发生于2012年前后，借款金额计5万元，彼时由案外人赵某荣提供保证，后因无力偿还借款共换据两次，即2013年10月30日6万元的借条及2014年12月28日7万元的借条，顾某群与宋某英表示同意偿还按2013年10月30日借条载明的6万元本金及该款自2015年4月28日起至2016年6月27日止按月利率2‰计算的利息。沈某山辩称，其本人不清楚案涉借款系之前双方转借而来，其本人未曾见到借款的交付，顾某群重新出具借条换据的行为属于“借新还旧”，根据《担保法解释》第39条②之规定，其不应当承担保证责任。

裁判理由：关于沈某山的担保责任问题，因案涉借款系由2013年10月30日的金额计6万元的借款转结而来，该6万元借款由沈某山提供连带责任担保，新贷旧贷系同一保证人，故对被告沈某山案涉借款系以“新贷还旧贷”保证人不承担担保责任的辩称，法院不予采信，对孙某斌要求沈某山承担连带清偿责任的诉讼请求，法院予以支持。

---

① 参见江苏省盐城市大丰区人民法院(2016)苏0982民初3921号民事判决书。

② 参见《民法典担保制度解释》第16条第1款规定：“主合同当事人协议以新贷偿还旧贷，债权人请求旧贷的担保人承担担保责任的，人民法院不予支持；债权人请求新贷的担保人承担担保责任的，按照下列情形处理：(一)新贷与旧贷的担保人相同的，人民法院应予支持；(二)新贷与旧贷的担保人不同，或者旧贷无担保新贷有担保的，人民法院不予支持，但是债权人有证据证明新贷的担保人提供担保时对以新贷偿还旧贷的事实知道或者应当知道的除外。”

78. 主债务人为履行在先保证债务向主债权人另行借款，保证人为该借款提供保证的，是否构成借新还旧？

【案例】江苏阜宁农村商业银行股份有限公司诉王某龙等金融借款合同纠纷案①

裁判要旨：主债务人为履行在先保证债务向主债权人另行借款，构成借新还旧。债权人无证据证明保证人在提供保证时知晓该笔借款真实用途的，保证人主张不承担保证责任的，应当予以支持。

基本案情：被告王某龙、王某红系夫妻关系。2013年7月29日，两人为化解数笔既往贷款，共同向原告江苏阜宁农村商业银行股份有限公司（以下简称阜宁农商行）申请借款200000元，由被告王某祥等四人提供连带责任保证。原告在客户授信流程审批表中注明："情况属实，建议授信20万元用于化解贷款，提请审批。"同年8月29日，原告向王某龙发放贷款200000元。后借款到期，王某龙只归还本金32000元，原告遂诉至法院，请求判令王某龙、王某红共同偿还剩余借款本息，王某祥等四人负连带保证责任。四保证人辩称诉争借款为借新还旧，其不知道该事实，请求依法免责。此外，被告王某龙曾为案外人王某永等向原告阜宁农商行申请的四笔借款提供连带责任保证，而该四笔借款的实际归还日期与诉争借款出借日期完全一致，且其中三笔借款的归还金额与诉争借款出借当日王某龙的取款金额亦一致。

裁判理由：借新还旧只是对偿债过程的一种动态描述，是对同一债务人向同一债权人负"新债"消灭"旧债"行为的一种统称。同时满足以下四要件的，可以认定为借新还旧：一是形式上存在前后两笔金钱债务；二是两笔债务的主体一致；三是负后债的目的是清偿前债；四是前后两笔债务实质上为同一笔债务。虽然诉争借款被用于清偿既往保证债务，旧保证债务被转化为新借款债务，但是由于两者同为金钱债务，给付内容相同，且不论是次债务还是主债务，被告王某龙均负全部给付义务，因此债务性质不影响对借新还旧的认定。在保证人抗辩的情况下，原告阜宁农商行既未能举证证明已将诉争借款用途告知保证人，又未能举证证明保证人在担保时即已知道或者应当知道借款用途，故可以认定保证人不知道借新还旧的事实，对于原告要求保证人承担保证责任的诉讼请求法院不予支持。

① 参见江苏省阜宁县人民法院（2016）苏0923民初2889号民事判决书。

79. 资金流转过程中介入了其他主体的资金的，是否还能认定为以新贷偿还旧贷？保证合同效力如何认定？

【案例】担保公司诉潘某珍等追偿权纠纷案①

裁判要旨：资金流转过程中介入了其他主体的资金，不改变以新贷还旧贷的性质。债权人违反合同约定的贷款用途挪作他用，保证人对涉案借款系借新还旧不知情的，保证人不承担保证责任。

基本案情：2014 年 12 月 12 日，担保公司与李某安签订委托担保合同，约定担保公司为李某安向农商行的 130 万元贷款提供担保，贷款用途为仅限于经营用流动资金，严禁挪作他用，严禁归还陈欠贷款。李某安一次性缴纳 9 万元担保费，并自愿承担担保公司代偿资金的本息及实现债权所发生的一切费用。张某彬、陈某静、周某、傅某波、潘某珍、李某波、陈某顺、四通公司作为反担保人在该担保合同上签名。2014 年 12 月 12 日，李某安与农商行签订借款合同，向农商行借款 130 万元。同日，担保公司与农商行签订最高额保证合同，为该借款提供连带责任担保。贷款逾期后，担保公司根据农商行的申请代还借款本金 130 万元以及截至 2016 年 5 月 27 日的借款利息 117915.78 元，借款本息共计 1417915.78 元。

裁判理由："以贷还贷"，是指金融机构与借款人约定以新贷款偿还旧贷款的行为，客观上借款人有将新贷偿还旧贷的行为，主观上金融机构与借款人有"以贷还贷"的共同意思表示或联络。再审期间的新证据能够证明，李某安、农商行和担保公司之间事先已达成合意，由担保公司提供资金帮助李某安偿还旧贷，再以新贷偿还担保公司的资金。2014 年 12 月 11 日，担保公司将 130 万元转入李某安农商行的账户内，当日该款便被用于归还贷款，次日，农商行向李某安发放新贷 130 万元，随即该 130 万元被转至担保公司账户。综上，法院认为，农商行和李某安之间以贷还贷意思表示明确，资金流转过程中虽然介入了担保公司的资金，但并未改变李某安用新贷还旧贷的实质，涉案借款属于以新贷偿还旧贷。委托担保合同中约定贷款用途仅限经营，严禁挪作他用和归还陈欠贷款，且现有证据不能证明申诉人潘某珍、傅某波、张某彬对涉案借款系借新还旧知情，涉案贷款用途改变违背了潘某珍

---

① 参见江苏省镇江市中级人民法院(2019)苏 11 民再 35 号民事判决书。

等三人为其提供反担保的真实意思表示，根据《担保法解释》第40条[①]的规定，潘某珍三人不应承担反担保责任。

【现行相关规范】

《民法典担保制度解释》第16条

主合同当事人协议以新贷偿还旧贷，债权人请求旧贷的担保人承担担保责任的，人民法院不予支持；债权人请求新贷的担保人承担担保责任的，按照下列情形处理：

（一）新贷与旧贷的担保人相同的，人民法院应予支持；

（二）新贷与旧贷的担保人不同，或者旧贷无担保新贷有担保的，人民法院不予支持，但是债权人有证据证明新贷的担保人提供担保时对以新贷偿还旧贷的事实知道或者应当知道的除外。

主合同当事人协议以新贷偿还旧贷，旧贷的物的担保人在登记尚未注销的情形下同意继续为新贷提供担保，在订立新的贷款合同前又以该担保财产为其他债权人设立担保物权，其他债权人主张其担保物权顺位优先于新贷债权人的，人民法院不予支持。

【规范沿革】

《担保法解释》第39条

主合同当事人双方协议以新贷偿还旧贷，除保证人知道或者应当知道的外，保证人不承担民事责任。

新贷与旧贷系同一保证人的，不适用前款的规定。

---

① 《民法典》合同编保证合同章及《民法典担保制度解释》未直接保留该条。可以参见《民法典》第149条规定："第三人实施欺诈行为，使一方在违背真实意思的情况下实施的民事法律行为，对方知道或者应当知道该欺诈行为的，受欺诈方有权请求人民法院或者仲裁机构予以撤销。"

专题6 | 保证人死亡与责任承担

实务问题

80. 主债务履行期间届满前保证人死亡的,保证人的继承人是否承担责任?

【案例1】杨某来诉陈某生等保证合同纠纷案①

裁判要旨:保证是一种附条件的民事法律行为,主债务履行期间届满之前保证人死亡的,保证责任尚未产生。债务人不履行还款责任的,保证人的法定继承人不承担还款义务。

基本案情:被告陈某生于1996年4月28日向原告杨某来借款65000元,借款期限自1996年4月28日起至7月28日止,月利率3%。被告陈某生在借款单的借款位置上签了名。欧阳某选(被告陈某花之子,吴某屏之夫,欧阳某南、欧阳某山、欧阳某玲、欧阳某娜、欧阳某明之父)在借款单上表示愿将其厝宇店面一间作为借款抵押物,并将写明所有权人为他自己某房屋的产权证交原告收执。欧阳某选又在借款单上表示:"本人自愿为借款人陈某生提供担保,如债务人到期没有履行还款义务,本人自愿承担连带责任。"欧阳某选还在借款单上的担保人位置上签写自己的姓名。1996年7月24日,欧阳某选去世。借款期满后,被告陈某生经原告多次催讨仍没有还款,原告遂向法院提起诉讼。

裁判理由:被告陈某生向原告借款65000元,事实清楚、证据充分、应予认定。欧阳某选生前虽自愿作为被告陈某生向原告借款的保证人,但在主债务未届履行期时即死亡,当时保证责任尚未产生,故其法定继承人在被告陈某生不履行还款义务时,不必承担保证责任。

【案例2】广东揭阳农村商业银行股份有限公司诉陈某川等金融借款合同纠纷案②

裁判要旨:保证人死亡时,债务尚未到期或债务人不存在违约行为,保证义务还没有转化为保证责任就因公民死亡而消失,保证人的遗产不应当用来承担保证责任。

基本案情:2010年12月20日,借款人陈某川、保证人林某和与贷款人揭阳榕

---

① 参见最高人民法院中国应用法学研究所编:《人民法院案例选(分类重排本)·民事卷》,人民法院出版社2017年版,第1689-1692页。

② 参见广东省揭阳市中级人民法院(2023)揭中法民二终字第55号民事判决书。

城农商行营业部签订《保证担保借款合同》,约定:陈某川的借款用途是借新还旧,借款金额为368万元,借款期限自2010年12月20日起至2011年11月20日止,贷款年利率为11.098%,还款方式为按月(或季)收息,利随本清,林某和为上述借款提供连带责任保证等。合同签订当天,陈某川向揭阳榕城农商行营业部借款368万元,并在相应的《借款借据》上签名并盖章确认。2011年3月28日,揭阳榕城农商行更名为广东揭阳农村商业银行股份有限公司(以下简称揭阳农商行)。按借款合同的约定,陈某川应于每月21日付还揭阳榕城农商行上一个月21日至本月20日的利息。借款后,陈某川已按约定向揭阳榕城农商行付清自借款之日起至2011年7月21日止的利息。2011年8月18日,林某和因病去世。此后陈某川便没有足额还息,仅于2011年8月21日付还利息1642.68元,2011年9月21日付还利息0.85元。至今,陈某川累计付还上述借款的利息为243283.99元,但没有付还借款本金。揭阳农商行多次向陈某川催讨,但陈某川没有再还款。保证人林某和生前与林某娟系夫妻关系,林某如、林某健、林某仲、林某佳、林某侠是林某娟与林某和的子女。揭阳农商行遂于2013年4月26日提起诉讼。

裁判理由:保证人林某和的死亡时间是2011年8月18日,而其担保的借款到期日是2011年11月20日,即林某和在本案借款期限届满前死亡。根据陈某川的还息情况,在林某和死亡前,陈某川均按《保证担保借款合同》约定的还息时间准时足额地付还揭阳农商行的到期利息,不存在违约行为。在林某和死亡后,陈某川才没有还息或足额还息。林某和死亡时,保证义务还没有转化为保证责任就因公民死亡而消失,保证责任尚未产生,林某和的遗产不应用来承担保证责任,其继承人林某娟、林某如、林某健、林某仲、林某佳、林某侠不用在继承遗产的范围内承担保证责任。

【案例3】朱某江与新疆维吾尔自治区巴音郭楞蒙古自治州焉耆回族自治县农村信用合作社金融借款合同纠纷案①

裁判要旨:保证义务于保证合同生效时产生;保证债务的产生则以主债务到期未清偿及债权人于保证期间内向保证人或债务人主张权利为前提。保证人在主债务履行期限届满前死亡的,保证义务尚未转化为保证责任,保证义务亦随保证人的死亡而消灭,债权人无权要求保证人的继承人在继承遗产范围内承担保证责任。

基本案情:2013年2月23日,新疆维吾尔自治区巴音郭楞蒙古自治州焉耆回

① 参见新疆生产建设兵团第二师中级人民法院(2014)兵二民终字第00084号民事判决书。

族自治县农村信用合作社(以下简称焉耆信用社)与朱某江、韩某的丈夫陶某林、陈某、朱某国、陶某军签订农村信用社家户联保借款合同及联保协议,合同约定焉耆信用社向朱某江提供贷款20万元用于购买农资,借款期限为2013年2月23日至2014年2月22日,借款利率为8.5‰,按季结息,各联保小组成员承担连带保证责任,保证期间自该笔借款发生之日起至借款到期后2年。协议约定,陶某林、陈某、朱某国、陶某军互为联保人。焉耆信用社于2013年2月23日发放贷款。联保人陶某林于2013年12月16日死亡。朱某江的借款本金20万元及利息10620.63元至今未偿还。焉耆信用社遂诉请法院判令朱某江归还本金20万元,利息10620.63元,两项共计210620.63元,韩某、陈某、朱某国、陶某军承担连带清偿责任。

裁判理由:本案系金融借款合同纠纷,焉耆信用社与朱某江、陶某林、陈某、朱某国、陶某军自愿签订的借款合同及联保协议,不违反法律、行政法规的强制性规定,合法有效。从焉耆信用社提交的借款借据、朱某江提交的对客业务凭证及法院调取的朱某江在焉耆信用社的贷款账户的流水单可知,焉耆信用社于2013年2月23日发放20万元贷款至朱某江的账户,对客业务凭证也显示,陈某于2013年2月27日从朱某江的收款账户中支取18万元后,余额为20068.20元,该账号流水单也如实记载了相应交易内容,且朱某江对凭证中本人签名无异议,故朱某江在取得焉耆信用社发放的贷款后,应按合同约定按期偿还贷款并承担相应利息。本案中陈某、朱某国、陶某军与朱某江互为借款联保小组成员,按照本案合同约定,如朱某江在债务履行期届满后未履行债务,在债权人主张保证人在保证期内承担责任的情况下,连带保证人依法应当承担保证责任。另外,本案陶某林虽为联保小组成员具有保证义务,但由于陶某林死亡时所保证的债务尚在借款期限内,此时保证义务尚未转化为保证责任,其保证义务已因死亡而消失,故其妻子韩某不应承担保证责任。

【案例4】浙江瑞安农村商业银行股份有限公司诉陈某双等金融借款合同纠纷案①

裁判要旨:主债务尚未到期,债务人也在正常付息过程中,债务是否能够得到清偿并不确定,保证义务尚未转化为保证责任即因保证人死亡而消失,保证人的继承人无须在遗产范围内承担连带保证责任。

基本案情:2016年2月17日,浙江瑞安农村商业银行股份有限公司(以下简称瑞安农商行)按约向陈某双发放贷款20万元,借款到期日为2018年2月15日,王某飞与陈某青分别为上述借款本息在最高融资限额22万元的范围内提供连带责任保

---

① 参见浙江省瑞安市人民法院(2018)浙0381民初11447号民事判决书。

证。保证人陈某青于2017年12月30日死亡，其法定继承人为陈某冲、郑某莲、林某红、陈某怡。借款到期后，陈某双未能按约偿还借款本息，瑞安农商行起诉至法院。

裁判理由：在保证法律关系中，保证义务是债权人和保证人通过订立保证合同为保证人设置的民事义务，其内容是保证人将来可能的债务负担。保证责任则是债务人到期未清偿债务，依照约定或法律的规定，保证人所承担的民事责任。当保证义务转化为保证责任后，保证人才需要承担保证之债，故保证人的遗产是否应用来承担保证责任，关键在于保证人死亡之时保证责任是否已经产生，本案中陈某青于2017年12月30日死亡，借款尚未到期，借款人陈某双亦在正常付息过程中，债务能否得到清偿并不确定，陈某青的保证义务尚未转化为保证责任就因其死亡而消失，故陈某冲、郑某莲、林某红、陈某怡无须在其继承保证人陈某青的遗产的范围内承担连带保证责任。

81. 债权人在保证期间届满前向保证人主张权利，后保证人死亡的，保证人的继承人是否承担责任？

【案例1】黄某军诉谢某旺等民间借贷纠纷案①

裁判要旨：诉讼过程中，保证人死亡的，其继承人应当在继承的遗产范围内清偿保证债务。

基本案情：原告黄某军诉称，被告谢某旺、周某萍于2009年10月20日向原告黄某军借款100万元，借款期限3个月，月利率2%，并约定了违约金，由梁某成承担保证责任。原告黄某军如约提供借款后，被告谢某旺、周某萍支付了3个月的利息后即未再偿还借款本金及利息。梁某成死亡之后，应由其继承人在继承遗产的范围内承担责任，故请求法院判决被告方共同偿还原告黄某军的借款本息并支付违约金。

裁判理由：梁某成作为担保人在《借款协议》上签名，依照《担保法》的相关规定，对被上诉人谢某旺、周某萍尚欠被上诉人黄某军的借款应承担连带清偿责任。因梁某成在诉讼过程中死亡，梁某成的继承人即上诉人梁某和、易某珍、梁某华、梁某1、梁某2、梁某3、原审被告梁某明应在继承的遗产范围内清偿债务，上述上诉人及原审被告梁某明承担清偿责任后，依法有权向被上诉人谢某旺、周某萍追偿。

---

① 参见湖南省娄底市中级人民法院（2014）娄中民二终字第3号民事判决书。

【案例2】银景某诉陈某等民间借贷纠纷案①

裁判要旨:保证人死亡前,债权人已经对其主张权利的,保证责任已经产生,保证之债可以继承。

基本案情:廖某系廖卫某与罗艳某的婚生儿子,廖光某、廖仁某系廖卫某的父母亲。2010年8月20日,陈某、路雪某因公路工程资金周转困难,到银景某家里向银景某借现金50000元用于公路工程资金周转,约定月利息3000元,双方未约定还款期限,廖卫某作担保人,并向银景某出具《借条》。2012年1月20日,银景某要求陈某支付该借款的利息时,陈某当时没有钱付利息,陈某的姐姐陈燕某便自愿作为担保人,在陈某、路雪某借款时出具给银景某的借条上签名:"担保人:陈燕某,2012年1月20日。"2013年3月18日廖卫某及案外人韦如某帮陈某垫付利息19000元给银景某,同时银景某向廖卫某、韦如某出具《收条》,并在《收条》上承认陈某借款的利息已付到2013年3月18日。此后,银景某多次追还借款未果。2014年2月20日担保人廖卫某因病死亡。银景某认为,廖某、廖光某、廖仁某为廖卫某的法定继承人,应在继承遗产的范围内对该债务承担连带清偿责任。罗艳某作为担保人廖卫某的妻子,应对婚姻关系存续期间的共同债务承担连带清偿责任,为此起诉至法院,请求依法判决:七个被告连带偿还借款本金5万元及相应利息。罗艳某认为,其诉讼主体不适格,本人不是债务人。罗艳某与廖卫某于2009年6月已办理离婚。原告与廖卫某的债务关系发生在被告罗艳某与廖卫某离婚之后。廖某、廖光某、廖仁某均表示不放弃对廖卫某遗产的继承权,并称,担保人廖卫某已死亡,其担保责任是否还应当承担,法无明文规定。本案中,廖卫某并未拿任何财产进行担保,仅以其人格担保,在法理上属于人保,现廖卫某已经死亡,人格已经消失,那么,建立在人格基础上的人保应当随之消除。并且,法律法规亦未规定担保人死亡,其担保责任应当延续。债权人选择人保,那么其就应当承担保证人死亡的风险。因此廖某、廖光某、廖仁某不应当承担廖卫某的担保责任。

裁判理由:合法的借贷关系受法律保护。银景某与陈某、路雪某双方达成的民间借贷合同合法有效,对双方当事人均有约束力。债务人应当对未偿还的债务承担清偿责任。廖卫某的担保责任发生在被告罗艳某与廖卫某离婚之后,且廖卫某只是担保人而不是借款人,对罗艳某的诉讼主体不适格,其不应承担偿还责任。陈燕某、廖卫某以担保人的身份在《借条》上签字并捺手印,为本案债务的保证人,保

---

① 参见广西壮族自治区罗城仫佬族自治县人民法院(2014)罗民初字第153号民事判决书。

证合同成立,应当承担保证责任。廖某、廖光某、廖仁某辩称担保人廖卫某享有死亡抗辩权,没有法律依据,法院不予采信。在庭审中三人均表示不放弃对廖卫某遗产的继承权,因此被告廖某、廖光某、廖仁某应在继承担保人廖卫某遗产范围内承担连带清偿责任。

【现行相关规范】

《民法典》第1159条

分割遗产,应当清偿被继承人依法应当缴纳的税款和债务;但是,应当为缺乏劳动能力又没有生活来源的继承人保留必要的遗产。

第六百八十二条　从属性及无效后的责任承担

【民法典条文】

保证合同是主债权债务合同的从合同。主债权债务合同无效的，保证合同无效，但是法律另有规定的除外。

保证合同被确认无效后，债务人、保证人、债权人有过错的，应当根据其过错各自承担相应的民事责任。

实务问题

82. 主合同中仲裁条款的效力是否及于保证合同？

【案例】恒顺船务有限公司诉上海浦东发展银行股份有限公司保证合同纠纷案①

裁判要旨：作为主合同的造船合同中的仲裁条款的效力并不必然及于保证合同项下的争议。纠纷发生后，债权人依照保证人单方出具保函中的仲裁条款提起仲裁的行为，表明其愿意接受仲裁条款约束，双方达成仲裁合意。合同中的有效仲裁条款对于当事方关于缔约过失责任的争议仍然适用。

基本案情：2006 年 12 月 6 日，中坦公司与惠港公司签订了一份造船合同。合同约定，中坦公司在船舶建造中按时间节点向惠港公司分期支付造船款，而惠港公司向被告申请开立退款保函，由被告向中坦公司提供退款担保，即根据合同条款终止造船合同时，如惠港公司在一定期限内未向中坦公司偿还造船款，则由被告承担担保还款责任。此后，中坦公司以更新协议的形式将造船合同转让给原告。被告于 2008 年 9 月 11 日出具了退款保函，随后于 2010 年 3 月 16 日进行了修改。根据保函记载，如果卖方未能在收到买方书面还款请求后 15 个工作日还款，被告不可撤销地、绝对地及无条件地作为主债务人而非仅作为保证人支付卖方应支付的金额；保函自惠港公司收到第一期分期付款之日起生效；任何保函引起的或与保函有关的

① 参见上海市高级人民法院（2015）沪高民四（海）终字第 150 号民事裁定书，该案后入选人民法院案例库。具体见 2023－10－2－104－002 号某船务有限公司诉上海某银行股份有限公司保证合同纠纷案。

争议应根据伦敦海事仲裁员协会的规则与规定在伦敦进行仲裁。原告依合同于2009年11月30日向惠港公司支付了第一期款项1039万美元,于2010年4月22日支付了第二期款项383.7万美元。因惠港公司未按合同约定在原交船日2011年6月30日后的180日内交付船舶,构成迟延交付,原告于2012年1月10日发出取消通知,要求惠港公司退还原告支付的所有款项及利息,但惠港公司并未退还。同年2月17日,原告向被告发出退款请求,但被告未支付任何款项。2012年3月16日,原告向被告发出仲裁申请书,表示已根据退款保函第10条向伦敦海事仲裁员协会提起仲裁。原告认为其已根据退款保函条款提出了退款要求,而被告作为退款保证人未能根据退款保函条款向买方支付应偿付的分期付款及产生的利息,构成违约,故要求裁决被告偿还债务1422.7万美元、相应利息及费用。仲裁庭认定造船合同及保函不可执行,于2013年7月8日裁决驳回原告的索赔请求。原告诉称,被告在订立退款保函时存在过失,请求被告赔偿退款保函确定的还款金额1422.7万美元。被告提起主管异议称,涉案纠纷已在伦敦仲裁解决,故法院不应受理。即便原告以缔约过失提起诉讼,缔约过失责任纠纷亦属于合同纠纷,仍然系仲裁协议约定的仲裁事项,法院不应受理。原告系恶意诉讼,应当驳回起诉。

裁判理由:原告起诉的依据是被告于2008年9月12日签发的保函。该保函第10条约定:“本保函应由英国法律进行解释和管辖,本保函产生的或与之有关的任何争议应根据伦敦海事仲裁员委员会的规则和程序在伦敦提交仲裁。”原告确认依据该仲裁条款于2012年5月17日在伦敦提起仲裁,其仲裁请求被伦敦仲裁庭驳回。本案原告虽主张被告签署保函过程中的重大过错造成其损失,但其诉请内容亦属于与保函相关的争议,应当提交仲裁解决。原告选择伦敦仲裁的行为既确认了仲裁条款的有效性,又表明其接受仲裁条款的约束,并非其起诉时所称仲裁条款系被告单方意思表示。根据法律规定,当事人达成仲裁协议,一方向人民法院起诉未声明有仲裁协议,人民法院受理后,另一方在首次开庭前提交仲裁协议的,人民法院应当驳回起诉。涉案纠纷已由伦敦海事仲裁员协会仲裁解决,法院对本案没有管辖权。

83. 在国际商事交易领域外缔结的独立担保合同，其独立性效力该如何认定？

【案例】周某娟诉豪德（厦门）石材有限公司、厦门市万邦实业有限公司、王某平、王某虎、厦门市融泰投资担保有限公司债权转让合同纠纷案①

裁判要旨：凡是由银行或者非银行金融机构开立的符合《最高人民法院关于审理独立保函纠纷案件若干问题的规定》第1条、第3条规定情形的保函，无论是用于国际商事交易还是用于国内商事交易，均不影响保函的效力。银行或者非银行金融机构之外的当事人开立的独立保函，以及当事人有关排除担保从属性的约定，应当认定无效，但是应当将其认定为从属性担保。

基本案情：2005年10月8日，厦门市融泰投资担保有限公司（以下简称融泰公司）、厦门市万邦实业有限公司（以下简称万邦公司）、豪德（厦门）石材有限公司（以下简称豪德公司）签订《合作协议书》，约定三方经平等协商，为将豪德公司用地开发建设为安置房项目，达成如下协议：(1)项目位置：位于某占地范围，豪德公司承诺其实际占地共108亩，豪德公司经股东会（董事会）决议将土地作价7000万元。(2)在安置房项目建筑工程施工许可证办下来之前，融泰公司主要负责融资，万邦公司负责办理相关立项、审批手续，豪德公司提供土地和必要的办理手续的配合。(3)融泰公司计划融资总额为7000万元。分批到位，支付给豪德公司。豪德公司应将得到的资金用于拆迁补偿、还贷解押、搬迁、土地费用等（包括与何厝村委会的所有其他费用）。三方经过充分沟通并一致明确认可：融泰公司每月为筹集到资金所必须对外付出的成本费用（包括贷入的利息、担保费等）是筹到金额的2.5%。在2005年9月30日前，融泰公司已经支付给豪德公司600万元（把之前的借款转为该项目的前期投资款）……(5)万邦公司负责以融泰公司和万邦公司的名义（或者以双方另行共同注册成立的房地产公司的名义）办理项目立项、政府审批、土地变更、规划设计等行政审批手续，直至办妥建筑工程施工许可证，使项目处于可以开工建设的状态。豪德公司对此应当予以协助……(7)如果万邦公司不能在2005年11月30日前办妥上述选址意见书，包括政府因素的不能，三方又不能达成新的协议，则三方同意不再进一步合作，协议解除。在此期间各方发生的费用各自承担，但除：豪德公司应当将收到的融泰公司的款项返还给融泰公司、同时偿付给融泰公司

---

① 参见福建省厦门市中级人民法院(2009)厦民初字第411号民事判决书。

自收到融泰公司的款项之日起至还款之日止按月2.5%计算的筹集资金费用。对于豪德公司的还款义务,豪德公司应在义务产生之日起10日内制订三方都能接受的还款计划、签订还款计划书。豪德公司的法定代表人个人、万邦公司、万邦公司的法定代表人个人为豪德公司的上述还款义务及违约责任承担连带保证责任,直至豪德公司还清全部款项和费用之时为止。担保人同时放弃豪德公司现在或者以后可能提供的其他物的担保所发生的抗辩权,融泰公司可同时选择任一或者部分或者全部主张。上述担保是独立的,不受合同效力、合同变更等因素的影响。即使三方(包括全部或者融泰公司与其他任一方)达成新的协议,或者其他的解决问题的补充协议,或者达成延期还款的补充协议,除非明确排除上述连带保证责任,否则,上述约定的连带保证责任自动适用于新的协议(包括补充协议)、担保期间也相应延期……(9)在万邦公司办妥建筑工程施工许可证后,豪德公司不再参与本建设项目的权利、风险和利益的分担;融泰公司在收悉该许可证后20天内再支付1400万元给豪德公司。在收到上述1400万元后,豪德公司应在3个月内搬出、腾空,理顺有关的关系,将整幅地块交给融泰公司和万邦公司。融泰公司和万邦公司接收整幅地块后20天内再另行支付给豪德公司余款1000万元。(10)豪德公司退出后,融泰公司和万邦公司继续进行项目合作,双方按各50%的比例享受项目的权利和利益、承担项目的风险、分担项目的费用(包括融泰公司在该协议下支付给豪德公司的款项及付给豪德公司之日起项目结算款项偿付之日止的筹资成本);具体条款由融泰公司和万邦公司再另行协商确认。融泰公司的法定代表人个人、万邦公司的法定代表人个人为各自公司在此条款中的义务承担连带担保责任……2005年8月16日至10月21日,融泰公司通过银行转账给豪德公司合计1250万元。2007年8月16日,融泰公司、万邦公司、豪德公司签订《终止合作确认书》,确认:兹三方在2005年10月8日签署的《合作协议书》,三方确认不再进一步合作,该协议解除。三方经过结算后确认:截至2007年8月16日,融泰公司投入的各项资金和支出累计达2190万元。相关凭证各方均已收回。豪德公司计划在2007年10月31日前偿还上述款项。逾期,则还应按每天2‰承担自2007年8月17日起至实际还款之日止的逾期付款违约金,以及融泰公司的律师费用等。各担保人仍愿意承担独立的不受合同效力影响的直至全部债务得以清偿之时的连带担保责任,各担保人包括豪德公司的法定代表人个人、万邦公司及万邦公司的法定代表人个人。2009年7月9日,融泰公司与周某娟签订一份《债权转让协议书》,约定:(1)融泰公司同意将其对万邦公司、豪德公司及连带责任保证人王某平、王某虎享有的应返还的房地产项目投资和支出款项2190万元及逾期付款违约金等债权(附《合作协议书》《终止合作确认书》)转让给周某娟。(2)周某娟同意受让上述债权。(3)融泰公司、周某娟同意以周某娟最终实际收到的向债务人追回的款项冲抵融泰公司对周某娟的部分借款债务。2009年7月13日,融泰公司将《债权转让通知》分别寄送给豪德公司、万邦公司、王某平、王某虎,告知:因融泰公司尚欠周某娟借款未能清偿,故融泰公司决定将2007年8月16日《终止合作确认书》项下对豪德公司、万邦公司、王某平、王某虎享有的全部债权包括应返还的投资和支出款项2190万元及逾期付款违约金等债权转让给周某娟,豪德公司、万邦公司及有关债务人应于收到通知之日起向周某娟及时履行付款义务。

裁判理由:融泰公司与豪德公司、万邦公司三方于2005年10月8日签订的《合作协议书》约定合作开发的土地为集体土地,该地块不具备合作开发安置房项目的法定前提条件,且融泰公司也未提供证据证明该地块经政府有权部门批准融泰公司与豪德公司、万邦公司三方开发安置房项目。协议约定的在万邦公司办妥建筑工程施工许可证后,豪德公司不再参与本建设项目的权利、风险和利益的分担,豪德公司退出后,融泰公司和万邦公司继续进行项目合作,双方按50%的比例享受项目的权利和利益、承担项目的风险、分担项目的费用等,可以认定《合作协议书》系名为合作开发房地产,实为转让集体土地。根据《土地管理法》第2条第3款第一句规定,任何单位和个人不得侵占、买卖或者以其他形式非法转让土地。第43条中规定,任何单位和个人进行建设,需要使用土地的,必须依法申请使用国有土地。本案一审诉讼期间,《合作协议书》各方也均未能举证证明各自有为合作开发安置房项目办理任何相关手续或作相关实质性工作,因此,融泰公司与万邦公司、豪德公司签订的《合作协议书》,依法应确认无效。根据上述豪德公司和融泰公司各自的举证证明及各证据与案件事实的关联程度、各证据之间的联系等方面综合审查判断,可以认定《终止合作确认书》实为对融泰公司支付给豪德公司的土地使用权转让款及其复利的结算,亦为无效。豪德公司基于无效协议而取得的转让款1250万元应返还给融泰公司。融泰公司、周某娟虽对豪德公司主张的除1250万元外的金额部分有异议,但未能提供足够证据予以反驳,法院依法不予采信,因此,超出1250万元部分实为复利,不受法律保护。鉴于豪德公司实际占用资金,根据公平原则,豪德公司应对其占用款项期间支付相应的利息,该利息按银行同期同类贷款利率计算,自每期款项实际收到之日起至2007年8月16日的《终止合作确认书》之日止。

主合同无效,保证合同无效。万邦公司、王某平、王某虎对其在《合作协议书》

和《终止合作确认书》中约定的担保责任未提出异议，可以认定其作为签订《合作协议书》时的企业、企业法人，明知国家法律、行政法规规定集体土地不得转让而仍然愿以公司和个人名义提供担保，并在《终止合作确认书》中再次明确愿意提供担保，具有过错，应根据其过错承担相应的民事责任，其在承担责任后可向豪德公司追偿。根据《担保法解释》第 8 条①“主合同无效而导致担保合同无效，担保人无过错的，担保人不承担民事责任；担保人有过错的，担保人承担民事责任的部分，不应超过债务人不能清偿部分的三分之一。”之规定，鉴于万邦公司、王某平、王某虎未举证债务人豪德公司不能清偿部分的具体数额，因此，万邦公司、王某平、王某虎承担的责任份额确定为三分之一，即承担 1250 万元和占用期间的利息及其利息的三分之一。

84. 保证合同无效后，在已查明主债务人不能履行、无效保证与连带保证并存时，执行顺序该如何选择？

【案例】尹某红诉贵州壹壹房地产开发有限公司等借款合同纠纷执行案②

裁判要旨：分支机构未经总公司书面授权对外提供担保构成无效保证，无效保证人承担的责任性质为缔约过失责任，为法定责任。在已查明主债务人不能履行、无效保证与连带保证并存时，无效保证人与连带保证人并无执行先后顺序之分。

基本案情：2014 年 4 月 1 日，尹某红作为出借人，与借款人贵州壹壹房地产开发有限公司（以下简称壹壹公司）、担保人东阳贵州分公司、德泰公司签订借款担保协议书一份，约定壹壹公司和中诚公司向尹某红借款 520 万元，借款利息为月息 2.5%，借款期限为半年，东阳贵州分公司、德泰公司对二借款人的债务承担连带保证责任。双方还对利息、违约金及其他权利义务进行了约定。其中担保人东阳贵州分公司是东阳公司的分支机构，其为壹壹公司的涉案债务提供担保并未取得东阳公司的书面授权。合同签订后，尹某红按约履行了出借款项的义务，但借款人未按

① 参见《民法典担保制度解释》第 17 条第 2 款规定：“主合同无效导致第三人提供的担保合同无效，担保人无过错的，不承担赔偿责任；担保人有过错的，其承担的赔偿责任不应超过债务人不能清偿部分的三分之一。”

② 参见重庆市高级人民法院（2018）渝民终 124 号民事判决书、重庆市第五中级人民法院（2018）渝 05 执 1045 号执行裁定书。另参见李翀：《无效保证与连带保证并存时的执行考量》，载《人民司法》2019 年第 5 期。

约还款,担保人亦未承担保证责任,故尹某红起诉至法院。本案由重庆市第五中级人民法院一审,重庆市高级人民法院二审作出(2018)渝民终124号民事判决:(1)壹壹公司对案涉借款520万元及利息承担还款责任。(2)连带保证人德泰公司对壹壹公司的上述债务承担连带清偿责任。(3)因连带保证人东阳贵州分公司为公司的分支机构,其未取得总公司书面授权就对外提供担保,故担保合同无效。同时,出借人尹某红明知东阳贵州分公司无担保资质仍与其签订合同亦有过错,故东阳贵州分公司与尹某红均有过错,东阳分公司应当对主债务人不能清偿部分的二分之一债务承担赔偿责任。(4)东阳公司作为总公司,对其分公司东阳贵州分公司应当承担的债务承担补充赔偿责任。判决生效后,主债务人壹壹公司、连带保证人德泰公司、承担赔偿责任的东阳贵州分公司和东阳公司均未履行生效法律文书确定的义务,尹某红遂向重庆市第五中级人民法院申请强制执行。重庆市第五中级人民法院对上述被执行人进行了总对总、点对点查控,查封并冻结了东阳公司名下银行存款500万元,轮候查封了德泰公司的两辆机动车,未发现主债务人壹壹公司有可供执行的财产。

裁判理由:(1)对连带保证人先于无效保证人执行缺乏法律法规依据。连带保证人承担的责任源于约定之债,而无效保证人承担的缔约过失责任源于法定之债,二者相互独立,并无先后执行顺序之分。本案中,执行法官已查明主债务人构成不能清偿,则无效保证人承担责任的前提条件已经成就,执行法院既可执行无效保证人的财产,也可执行连带保证人的财产。(2)无效保证人较连带保证人享有执行顺序利益有违公平原则。保证人承担连带责任,债权人可以要求任何一个保证人承担全部保证责任,双方相对于债权人而言承担同等顺位的责任,并无先后次序之分,任一保证人履行了全部保证责任均会导致保证债务的清偿。本案中,东阳贵州分公司和德泰公司与债权人尹某红签订了同一份借款担保协议书,约定两位保证人均对全部债务承担保证责任。正常情况下,在保证合同有效时,东阳贵州分公司和德泰公司构成有意思联络的连带共同保证。如因保证人之一的东阳贵州分公司担保主体不适格而导致担保无效,若使其在执行中的顺位处于德泰公司之后,则意味着这样一个悖论的出现:因为东阳贵州分公司自身过错而导致其与债权人的保证条款无效,反而使其最后在执行环节中获益,即获得相对于连带保证人的第二顺位的执行顺序利益,这对于正常提供担保的德泰公司而言显然有失公平。特别是在有意思联络的共同保证中,共同保证人在提供担保之前除对债务人的财产状况、经济实力进行考察外,往往还会考虑其他保证人的经济状况。《担保法解释》第20

条第2款[①]规定:“连带共同保证的保证人承担保证责任后,向债务人不能追偿的部分,由各连带保证人按其内部约定的比例分担。没有约定的,平均分担。”换言之,履行了全部责任的保证人享有两项追偿权,除可对债务人进行追偿之外,还可对其他连带共同保证人追偿。换言之,其他保证人的经济实力会直接影响意欲提供担保的保证人未来通过追偿实现债权的可能性,进而影响其在提供担保时的原初判断。保证人之一因无效担保反而享有执行顺序利益对其他保证人不公,违反了民法的平等原则和公平原则。因此,从平等保护其他保证人角度,连带保证人和补充赔偿责任人的执行顺位不应有所区别。(3)在价值取向上,民事执行与审判存在很大区别,审判以公正为基本价值追求,而民事执行以“快速、及时、不间断地实现生效法律文书中所判定的债权为己任,在价值取向上注重效率”。已经查明主债务人构成不能清偿时,对连带保证人和无效保证人的财产进行执行,应以方便执行为原则,而不应机械规定先执行连带保证人财产、后执行无效保证人财产,以确保执行效率的实现。

85. 债权人未在保证期间内向保证人主张权利,后主合同和保证合同均无效的情况下,债权人主张保证人承担相应缔约过失责任的,保证人是否可以以保证期间已经经过为由拒绝?*

【案例】浙江省宁波力邦融资担保有限公司诉顾某明等借款纠纷案[②]

裁判要旨:保证合同中双方约定的保证期间是双方对各自权利义务行使期限的唯一合理预期,按照该期间确定双方的利益关系,符合双方的缔约本意。在保证合同被认定无效的情况下,保证合同约定的保证期间仍然具有法律意义,当事人仍应按照该保证期间主张权利。且在保证合同无效的情况下,债权人所获得的利益

① 《民法典》及《民法典担保制度解释》中无直接关于此款的规定。关于保证人之间关系的规定,可以参见《民法典担保制度解释》第29条第2款规定:“同一债务有两个以上保证人,保证人之间相互有追偿权……”

* 此问题在实践中尚未形成统一的裁判尺度。但《民法典》颁行后最高人民法院部分理论文章的观点较为一致:保证合同无效,只要债权人在保证期间内未依法行使权利,即使按缔约过失责任的诉讼时效尚未届满,保证人亦不应承担缔约过失责任。参见刘贵祥:《民法典关于担保的几个重大问题》,载《法律适用》2021年第1期;林文学等:《〈关于适用民法典有关担保制度的解释〉的理解和适用》,载《人民司法》2021年第4期。

② 参见浙江省奉化市人民法院(2011)甬奉商初字第698号民事判决书。

不应当超过保证合同有效时所获得的利益，故债权人未在保证期间内主张权利的，无权要求保证人就保证合同的无效承担相应的赔偿责任。

基本案情：原告浙江省宁波立邦融资担保有限公司（以下简称力邦公司）营业执照注明的经营范围是融资性担保业务，并未取得有关部门发放贷款的许可。2008年9月3日，被告顾某明向原告力邦公司借款200万元，双方签订了一份借款合同，约定借款期限自2008年9月3日起至2008年9月29日止，并约定2008年9月3日至2008年9月5日按每日0.4%计收手续费，2008年9月6日至2008年9月29日按每日0.36%计收手续费等。当日，原告力邦公司与被告丁某、沈某雷签订了保证合同，由被告丁某、沈某雷对上述借款提供连带责任保证，并约定保证期间为借款合同履行期限届满之日起两年。当日，被告顾某明在收到200万元借款后出具了一份借据给原告。后经原告催讨，被告顾某明已经归还借款150万元。

裁判理由：未经中国人民银行依法批准，任何单位和个人不得擅自从事贷款业务活动。原告力邦公司未取得中国人民银行从事贷款业务活动的批准，其与被告顾某明之间的借款转贷合同无效。被告顾某明应当返还已经取得的借款，并按照中国人民银行同期贷款基准利率赔偿因未能按时还款给原告造成的利息损失。主合同无效从合同也无效，原告力邦公司与被告丁某、沈某雷之间的保证合同归于无效。保证合同中双方约定的保证期间是双方对各自权利义务行使期限的唯一合理预期，按照该期间确定双方的利益关系，符合双方的缔约本意。在保证合同被认定无效的情况下，保证合同约定的保证期间仍然具有法律意义，当事人仍应按照该保证期间主张权利。且在保证合同无效的情况下，债权人所获得的利益不应当超过保证合同有效时所获得的利益，而原告未在举证期限内提供证据证明其在保证期间内按照担保法的相关规定向保证人主张过权利，故原告要求被告丁某、沈某雷承担赔偿责任的诉讼请求，法院不予支持。

86. 保证人在空白格式合同上签字，债权人在未与保证人形成合议的情况下，自行填补其他合同要素导致最高额合同不成立的，责任如何承担？

【案例】溧阳市华盛农村小额贷款有限公司诉王某等民间借贷纠纷案①

裁判要旨：保证人在空白格式合同上签字，债权人在未与保证人形成合议的情况

① 参见江苏省常州市中级人民法院（2016）苏04民终4082号民事判决书。

下,自行填补其他合同要素导致最高额合同不成立的,双方均有过错,应当分担责任。

基本案情:2012年3月2日,王某作为借款人与贷款人溧阳市华盛农村小额贷款有限公司(以下简称华盛公司)签订最高额借款合同,约定由贷款人根据借款人的需要、资信状况和担保情况等向借款人提供最高贷款余额不超过500万元整的贷款,每笔贷款的金额、期限、用途、还款方式以借款凭证为准。借款人不按期归还贷款本金又未获准展期,从逾期之日起借款人按合同约定利率加付150%的利息。2012年3月2日,华盛公司分批向王某发放贷款500万元,并分别出具了借款借据,约定月利率为19.62‰,到期日为2012年12月1日。陈某欣、天目公司在华盛公司提供的最高额保证空白合同落款处保证人(1)和保证人(3)栏分别签字和盖章。陈某欣、天目公司在最高额保证合同上签字、盖章时,最高额保证合同中只有保证担保的范围、保证期间、保证人承诺及违约责任等格式条款,华盛公司持有的最高额保证合同中载明的"债务人王某,保证人江苏天目机械设备制造有限公司、陈某欣,被保证主债权期限自2012年3月2日起至2014年3月1日止,主债务的最高余额500万元"内容系华盛公司事后添加。后王某未按约还款付息,尚欠借款本金456万元,期内利息40548元。

裁判理由:陈某欣、天目公司均系具备完全民事行为能力的民事主体,能够预见和判断在空白合同上签字的法律后果,但却在签订案涉保证合同时,没有仔细审核合同内容,并在充分知晓、理解合同内容的前提下签字。因此,其随意、放任的行为也直接导致了本案争议的产生,故其也存在相应过错。华盛公司、陈某欣和天目公司对该份最高额保证合同未依法成立均存在过错,双方应根据过错程度承担相应的缔约过失责任。由陈某欣、天目公司对案涉贷款王某不能偿还借款本息的部分,向华盛公司承担50%的赔偿责任。

87. 债权人对保证人(金融机构的分支机构)能否对外进行保证未尽到审慎审查义务的,保证合同无效后,保证人承担民事责任的大小如何判断?

【案例】张某诉启东市农村信用合作联社东海信用社等民间借贷纠纷案①

裁判要旨:保证合同因为金融机构的分支机构未获得法人授权而无效,保证人具有过错,债权人也有过错,保证人承担的责任不应超过债务人不能清偿部分的二

① 参见江苏省南通市中级人民法院(2011)通中民终字第0627号民事判决书。

分之一。

基本案情:2009年12月7日,沈某忠[时任启东市农村信用合作联社东海信用社(以下简称东海信用社)负责人]以为一企业转货需要资金为由向张某借款200万元,约定于2009年12月22日到期归还,沈某忠提供了户名为沈某兰的银行账号,由东海信用社提供担保,沈某忠出具了借条。张某于同年12月8日分两次将200万元汇入沈某忠指定的沈某兰的银行账户。同年12月25日,沈某忠归还了借款101万元,尚有99万元未归还。张某多次催要,沈某忠未予归还。

裁判理由:金融机构的分支机构没有法人的书面授权不具备对外担保资格,东海信用社作为启东市农村信用合作联社的分支机构,没有启东市农村信用合作联社的书面授权,对沈某忠借张某钱款进行担保应为无效。根据张某在起诉时所称,其知道沈某忠并不是自己个人借款,而是为企业转贷向其借款。沈某忠当时是东海信用社负责人,张某在借款时应当审查东海信用社的担保行为是否征得启东市农村信用合作联社的授权,其未尽到谨慎审查的义务导致该担保行为无效,张某也具有过错。东海信用社作为启东市农村信用合作联社的分支机构,在未经启东市农村信用合作联社授权的情况下为沈某忠向他人借款进行担保,内部管理存在问题,也具有过错。根据《担保法解释》的规定,主合同有效而担保合同无效,债权人、担保人有过错的,担保人承担民事责任的部分,不应超过债务人不能清偿部分的二分之一。二审法院最终判决"沈某忠不能清偿上述债务时,由东海信用社在沈某忠不能清偿部分的二分之一之内对张某承担赔偿责任"。

88. 主合同因为债权人违法违规放贷无效,保证人知晓前述情形的,保证人是否具有过错?

【案例】武平县金山投资有限公司诉聂某全、温某礼借款合同纠纷案①

裁判要旨:保证人明知债权人违法违规放贷而提供连带责任保证,对此有过错,应承担债务人不能清偿部分三分之一的赔偿责任。

基本案情:原告武平县金山投资有限公司与二被告于2010年3月1日签订《借款合同》一份,合同约定:被告聂某全以投资需资金周转为由向原告借款50000元,借款期限2个月,即自2010年3月1日起至2010年4月30日止,借款月利率为

① 参见福建省武平县人民法院(2010)武民初字第368号民事判决书。

20‰,理财咨询费按每月30‰收取,届期未归还借款,应按日承担欠款3‰的违约金。借款本息、理财咨询费及违约金由被告温某礼提供连带责任保证。借款期届满,被告聂某全未还本付息,亦未支付理财咨询费和违约金。2010年3月1日被告聂某全向原告借款50000元时,原告已扣第一个月利息和理财咨询费共计2500元,原告实付被告聂某全47500元。原告武平县金山投资有限公司经武平县工商行政管理局注册登记,成立于2009年12月1日,营业期限自2009年12月1日起至2059年11月30日止,注册资本500万元,经营范围:对房地产业、农业、工业、旅游业、娱乐业的投资,在福建省范围内从事法律、法规允许的担保业务(不含融资性担保业务),不得从事金融业务、财政信息业务(以上经营范围涉及许可经营项目的,应在取得有关部门的许可后方可经营)。

裁判理由:原、被告签订借款合同,原告向被告聂某全发放贷款,超出原告经营范围,以高息借款冲击金融市场,违反相关金融法规和政策,损害社会公共利益。由此,原、被告间的借款合同应认定无效,不受法律保护,原告只能要求被告聂某全归还借款本金并承担相应的银行利息。由于主合同无效,原告和被告温某礼间的担保合同亦无效。《担保法解释》第8条①规定:"主合同无效而导致担保合同无效,担保人无过错的,担保人不承担民事责任;担保人有过错的,担保人承担民事责任的部分,不应超过债务人不能清偿部分的三分之一。"被告温某礼明知原告违法违规放贷而提供连带责任保证,对此有过错,应承担相应的民事责任。相关判项为"在被告聂某全不能清偿上述款项时,被告温某礼应承担不能清偿部分三分之一的赔偿责任"。

89. 主合同及保证合同因为借款实际使用人构成刑事犯罪被认定无效后实际使用人被判决承担退赔责任的,名义借款人和未尽审查义务的保证人的责任如何认定?

【案例】菏泽市牡丹区农村信用合作联社诉陈某金等借款合同纠纷案②

裁判要旨:主合同及保证合同因为借款实际使用人构成刑事犯罪被认定无效,

① 参见《民法典担保制度解释》第17条第2款规定:"主合同无效导致第三人提供的担保合同无效,担保人无过错的,不承担赔偿责任;担保人有过错的,其承担的赔偿责任不应超过债务人不能清偿部分的三分之一。"

② 参见山东省菏泽市经济开发区人民法院(2011)菏开商初字第17号民事判决书。

实际使用人在刑事案件中被判处退赔本金及相应利息，名义借款人取得借款后即将款项交付给实际使用人使用，其存在明显过错，应对实际使用人无法退赔的部分承担责任。保证人在对借款目的及实际用途未作审查的情况下盲目签订合同，应当对实际使用人和名义借款人无法清偿部分的30%承担赔偿责任。

基本案情：被告李某欣原是菏泽市牡丹区农村信用合作联社市中信用社职工。陈某金与许某喜、程某平、陈某印、韩某贞、崔某互不认识。李某欣为了取得借款50万元，采取提供虚假营业执照复印件的手段，由陈某金作为借款人、许某喜、程某平、陈某印、韩某贞、崔某作为保证人，向原告的分支机构长江信用社申请贷款。2010年2月8日，陈某金与长江信用社签订《借款合同》，主要内容为：借款用途为扩大足浴经营，借款金额50万元，期限为2010年2月8日至2010年8月8日，年利率9.2925%，担保方式为保证。同日，许某喜、程某平、陈某印、韩某贞、崔某与原告签订了《最高额保证合同》，保证方式为连带责任保证。保证期间为主合同约定的债务人履行债务期限届满之日起两年。许某喜、程某平、陈某印、韩某贞、崔某分别在保证人处签字并盖章，陈某金在保证合同的债务人处签字并盖章。2010年2月8日，原告将借款50万元存入陈某金在长江信用社的账户中，陈某金分别在借款借据和借款凭证上的借款人处签字并盖章。同日，陈某金把存有50万元的银行卡交给了李某欣，李某欣将卡中的38万元取出用于偿还了个人欠款，剩下的由其个人使用。该笔借款到期后，李某欣、陈某金均未归还。李某欣于同年4月逃至天津市隐藏。2010年5月26日，李某欣被天津市公安局和平分局抓获。同年12月24日，菏泽市牡丹区人民法院判决认定李某欣犯骗取贷款罪，判处其有期徒刑1年，并处罚金3万元；责令李某欣将非法所得的50万元本金及利息，退赔给长江信用社。后因李某欣没有将50万元本金及利息退赔给长江信用社，原告向法院提起诉讼，请求：判令被告共同偿还借款本金50万元，利息、罚息57922.46元。

裁判理由：本案所涉贷款，是李某欣通过提供虚假的营业执照，以陈某金作为借款人，以许某喜、程某平、陈某印、韩某贞、崔某作为保证人，通过与原告的分支机构长江信用社签订借款合同而取得，并由李某欣非法占有使用。涉案借款合同、保证合同，只是李某欣骗取长江信用社贷款的手段，属于《合同法》第52条第3项①规定的“以合法形式掩盖非法目的”的合同，应认定无效。本案中，原告的损失为借款本金50万元和相应利息及实现债权的费用。被告李某欣作为原告的职工，是该笔

---

① 参见《民法典》第146条第1款规定：“行为人与相对人以虚假的意思表示实施的民事法律行为无效。”

借款的实际使用人，为了达到骗取贷款的目的，将虚假的营业执照交由陈某金，并以陈某金为借款人，以许某喜、程某平、陈某印、韩某贞、崔某为保证人，在骗取了该笔借款后又非法占有使用不予归还，所以，李某欣对于合同的无效存在主要过错，因该借款合同而取得的财产应当予以返还。因菏泽市牡丹区人民法院在刑事判决书中已经责令李某欣将非法所得的50万元本金及利息退赔给贷款人长江信用社，对李某欣应当承担的民事责任法院不再处理。被告陈某金作为具有完全民事权利能力和民事行为能力的成年人，以自己的名义与长江信用社签订借款合同，取得该笔借款后又交给李某欣占有使用，致使原告的该笔借款无法收回，故对原告在本案中的损失存在明显的过错，应当对李某欣不能清偿的部分承担赔偿责任。被告许某喜、程某平、陈某印、韩某贞、崔某，在对陈某金借款目的及实际用途未作审查的情况下，盲目与长江信用社签订了保证合同，也存在一定的过错，应当对李某欣、陈某金不能清偿的部分承担30%的赔偿责任。长江信用社在签订和履行借款合同及保证合同的过程中，未尽审慎注意义务，对陈某金提交的营业执照及经营状况、贷款用途等未进行认真的调查核实，在贷款的审查、发放、贷后跟踪检查等环节上具有明显的疏漏。同时原告对职工疏于管理，监督不力，导致李某欣骗取贷款犯罪行为的得逞。所以原告对因借款合同的无效所造成的自身损失也存在一定的过错，对实现债权的费用应当自行承担责任。

90. 主合同因为未履行报批义务未能生效，保证合同因为从属性而未生效，保证人无报批义务的，债权人要求保证人承担保证合同未生效的法律责任的，是否应当予以支持？

【案例】华泰股份有限公司诉周某峰保证合同纠纷案①

裁判要旨：主合同因未通过审批机关审批未生效，保证合同因之也未生效，保证人对于主合同的报批既无法定义务也无合同约定义务的，保证合同未生效的责任不应由保证人承担。

基本案情：华泰股份有限公司（以下简称华泰公司）于1999年在香港特别行政区成立。华泰贝通网络科技有限公司（该公司现已更名为华泰贝通软件科技有限公司，以下简称软件科技公司）于2000年4月在北京市工商部门登记成立，股东为

① 参见北京市第一中级人民法院（2014）一中民（商）终字第9789号民事判决书。

华泰公司(持股55%)及北京华泰贝通科技贸易有限责任公司(以下简称科技贸易公司)(持股45%)。中国伟业发展有限公司(以下简称伟业公司)于2006年在香港特别行政区成立,股东为侯某慧、周某峰、龙某冬(三人为软件科技公司高管)。2006年9月9日,华泰公司与伟业公司签订《股权转让合同》,合同约定:华泰公司将其所持有的软件科技公司55%的股权以550万元的价格转让给伟业公司;合同签订后30日内,伟业公司向华泰公司预付50万元,伟业公司在合同签订后合理的90日内完成股权工商变更登记手续;2006年12月31日前伟业公司向华泰公司支付200万元,2007年12月31日前伟业公司向华泰公司支付300万元。同日,华泰公司分别与侯某慧、周某峰、龙某冬签订了《保证付款合同书》,约定了股东对伟业公司的付款义务承担连带保证责任。合同签订后,伟业公司向华泰公司支付50万元。此后,周某峰任软件科技公司董事长、法定代表人。《股权转让合同》签订后,华泰公司、伟业公司均未向外商投资企业审批机关提交相关文件与材料办理批准手续,而由软件科技公司向审批机关提交包括《股权转让合同》及附件在内的股权转让的相关文件。经审批机关审查,《股权转让合同》约定的股权转让行为在程序上不符合法律、行政法规的要求,未获批准。2008年6月19日,华泰公司依据《股权转让合同》向北京仲裁委员会申请仲裁,要求伟业公司依约履行股权变更登记义务,支付股权转让款500万元及相应违约金。北京仲裁委员会认为《股权转让合同》属于应当向审批机关办理批准手续才能生效的合同,由于《股权转让合同》未能向审批机关办理批准手续,故认定华泰公司与伟业公司签订的《股权转让合同》尚未生效。北京仲裁委员会作出(2009)京仲裁字第0225号裁决书,驳回华泰公司的全部仲裁请求。后华泰公司、伟业公司及科技贸易公司三方就股权转让事项签订《股权转让协议》,其内容亦约定了将华泰公司所持有的软件科技公司55%股权转让给伟业公司。该《股权转让协议》写明签署日期为2006年9月9日,庭审中,双方当事人均认可为倒签日期,但对具体的签署日期各执一词。《股权转让协议》签订过程中以及协议签订后,华泰公司未再和包括周某峰在内的个人签订保证合同。该份《股权转让协议》经软件科技公司提交审批机关,获得批准通过。

裁判理由:一审法院认为,关于本案保证合同的效力问题,《担保法》第5条第1款①规定"担保合同是主合同的从合同,主合同无效,担保合同无效。担保合同另有约定的,按照约定。"因《股权转让合同》效力已经过有效仲裁裁决确认为未生效。

---

① 参见《民法典》第388条第1款第3-4句规定:"担保合同是主债权债务合同的从合同。主债权债务合同无效的,担保合同无效,但是法律另有规定的除外。"

周某峰为《股权转让合同》顺利履行而签订《保证付款合同书》，在订立合同过程中，并无证据显示周某峰存有恶意磋商或是其他违背诚实信用原则的情形，周某峰并非《股权转让合同》的合同一方，也非被转让股权所在的目标公司的员工，并不负有法律层面的报批义务，故周某峰对《保证付款合同书》未生效并不负有严格意义上的法律义务，《担保法解释》第 8 条①规定所确立的法律规则，其适用范围为主合同无效而导致担保合同无效的后果负担，而本案中合同系未生效，未生效的合同尚未产生合同约定的效力，不能直接参照或推定适用该条款来确定当事方的责任。

二审法院认为，华泰公司上诉称，周某峰对《保证付款合同书》的成立未生效具有过错，故应当向华泰公司承担赔偿责任。对此法院认为，《保证付款合同书》成立未生效的原因在于其主合同《股权转让合同》未生效，《股权转让合同》未生效的原因为未通过审批机关的审批。《股权转让合同》系华泰公司与伟业公司签订，目标公司为软件科技公司，《股权转让合同》签订时，周某峰虽具有伟业公司的股东及软件科技公司的高级管理人员的双重身份，但其个人对《股权转让合同》的报批并无法定义务，亦无合同约定义务，故《股权转让合同》未生效的责任不应由周某峰承担。

91. 保证合同约定保证合同不因主合同无效而无效的，主合同无效后，保证合同效力如何认定？

【案例】浙江金汇钢业股份有限公司诉中国银行股份有限公司玉环支行保证合同纠纷案②

裁判要旨：主合同无效，相应的最高额保证合同也应认定为无效。对于保证合同另有约定的，按照约定应理解为担保合同当事人对担保合同无效后，合同双方当事人对各自责任承担作出约定，有约定的从其约定。未对双方承担责任作出约定的，根据《担保法解释》第 8 条③的规定按过错承担缔约过失责任，而不再承担担保

① 参见《民法典担保制度解释》第 17 条第 2 款规定："主合同无效导致第三人提供的担保合同无效，担保人无过错的，不承担赔偿责任；担保人有过错的，其承担的赔偿责任不应超过债务人不能清偿部分的三分之一。"

② 参见浙江省台州市中级人民法院（2014）浙台商终字第 688 号民事判决书。

③ 参见《民法典担保制度解释》第 17 条第 2 款规定："主合同无效导致第三人提供的担保合同无效，担保人无过错的，不承担赔偿责任；担保人有过错的，其承担的赔偿责任不应超过债务人不能清偿部分的三分之一。"

责任。

基本案情:2007 年 8 月 3 日、2008 年 5 月 12 日、2008 年 5 月 15 日中国银行股份有限公司玉环支行分三次与台州丰正转向系统有限公司签订三份人民币借款合同,借款金额分别为 100 万元、80 万元和 120 万元,由浙江金汇钢业股份有限公司提供担保,双方签订最高额保证合同。贷款到期后,台州丰正转向系统有限公司未按约如期偿还借款,中国银行股份有限公司玉环支行随后分别于 2008 年 8 月 4 日、11 日和 14 日从浙江金汇钢业股份有限公司账户内分六次扣划 984915.03 元、9661.36 元、800000 元、8935.20 元、1200000 元和 14191.20 元。随后于 2008 年 9 月 10 日,浙江金汇钢业股份有限公司法定代表人潘法某向玉环县公安局报案,该案经侦查、公诉,2014 年 5 月 22 日,台州丰正转向系统有限公司法定代表人石华某因骗取贷款罪被玉环县人民法院判处有期徒刑 1 年,缓刑 1 年 6 个月。其中查明台州丰正转向系统有限公司骗取贷款,其中 20 万元用于出借被告工作人员陈水某,其余资金主要用于支付原告货款(原告认可货款十几万元)、加工费、厂房租赁费、工资和新建在芜湖县的厂房。浙江金汇钢业股份有限公司认为台州丰正转向系统有限公司法定代表人因骗取贷款罪获刑,因此,台州丰正转向系统有限公司与被告签订的借款合同无效,原、被告之间的担保合同因主合同无效而无效,故原告不需承担担保责任。且被告未经原告同意、授权,擅自扣划原告存于被告处的款项用于偿还借款本息,应承担返还的责任。中国银行股份有限公司玉环支行认为现是台州丰正转向系统有限公司法定代表人被判处刑罚,而非台州丰正转向系统有限公司构成犯罪,借款合同应属有效;即便构成犯罪,借款合同也并不一定无效,借款合同有效,担保合同同样有效;即使借款合同无效,根据保证合同约定,保证合同并不因借款合同无效而无效,故保证合同有效,浙江金汇钢业股份有限公司应承担担保责任。银行扣款时间分别为 2008 年 8 月 4 日、11 日和 14 日,浙江金汇钢业股份有限公司现主张返还也已经超过了诉讼时效。

裁判理由:被告提供的证据并不能证明原告同意被告扣划;且被告并未提供证据证明已向原告发送还款通知。故认定被告系在未经通知、双方协商的情况下,擅自扣划原告款项用于偿还贷款。根据玉环县人民法院(2014)台玉刑初字第 22 号刑事判决书及石华某、李某、陈水某在公安机关的陈述可以证实被告的工作人员陈水某作为被告发放贷款的审核人员,应当履行而未履行审核借款人提供的财务报表真实性的职责,故认定被告中国银行股份有限公司玉环支行对台州丰正转向系统有限公司伪造财务报表骗取贷款的事实应当知情,在此情形下与台州丰正转向系统有限公司签订借款合同，行为人涉及骗取贷款罪的借款合同属于以合法形式掩盖非法目的的合同，应认定为无效合同，相应的附属于该合同的最高额保证合同受主合同效力影响也应认定为无效。对于保证合同另有约定的，按照约定应理解为担保合同当事人对担保合同无效后，合同双方当事人对各自责任承担作出约定，有约定的从其约定。未对双方承担责任作出约定的，根据《担保法解释》第8条的规定按过错承担缔约过失责任，而不再承担担保责任。

92. 保证合同约定无条件且不可撤销，效力独立于被保证的借款合同的，如何认定该约定的效力？

【案例】茌平县宏信融资担保有限公司诉茌平县康洁卫生用品有限公司等追偿权案①

裁判要旨：保证合同系从合同，除法律另有规定的以外，当事人关于保证合同独立于主合同的约定无效。

基本案情：2013年9月23日，被告茌平县康洁卫生用品有限公司（以下简称康洁公司）与茌平沪农商村镇银行签订流动资金借款合同，约定：被告康洁公司借款1500000元用于购买聚乙烯，借款期限为1年，自2013年9月23日起至2014年9月17日止。同日，为保证上述借款合同的履行，茌平沪农商村镇银行与原告茌平县宏信融资担保有限公司（以下简称宏信公司）签订法人借款保证合同，约定向茌平沪农商村镇银行提供担保，保证方式为连带责任保证。原告宏信公司与被告康洁公司等各签订保证反担保合同各一份，与被告康洁公司签订抵押反担保合同一份并办理了动产抵押登记书，与被告徐某等各签订反担保书一份。保证反担保合同约定：（1）被告康洁公司等同意以保证反担保人的身份向原告宏信公司提供反担保……（6）保证反担保人同意如果主合同同时接受债务人或第三方提供的抵押或质押担保的，原告宏信公司有权自行决定行使权利的顺序，而无须先行行使担保物权。5份反担保合同书中均约定：（1）担保方式为连带责任担保；（2）被告徐某等以自己的工资收入及其他财产保证履行反担保书所规定的义务；（3）反担保书的效力独立于被保证的借款合同、担保合同，借款合同、担保合同无效的，不影响反担保书的效力……（5）反担保书自签字之日起至贷款合同担保期限到期后5年内有效。

① 参见山东省茌平县人民法院（2015）茌商初字第350号民事判决书。

2014年9月17日，借款合同到期后，被告康洁公司未如约还本付息。2014年9月29日，经茌平沪农商村镇银行催要后，在被告康洁公司未能偿还贷款的前提下，原告宏信公司依照借款保证合同约定向茌平沪农商村镇银行偿还合同项下尚欠借款本金及逾期利息共计1520245.88元。此后，原告宏信公司依照保证反担保合同、抵押反担保合同及反担保书的约定向本案七被告追偿，七被告拒不承担保证责任偿还借款本金及利息。原告催要未果，于2015年5月25日诉至法院，要求七被告立即支付原告公司垫付的银行贷款本息1520245.88元及后续利息，要求对被告康洁公司的抵押财产行使抵押权并优先受偿，并要求七被告承担本案的诉讼费用。

裁判理由：本案中，为保障借款保证人宏信公司的权益，原告宏信公司分别与被告徐某等签订了反担保书及承诺书，四被告自愿为被告康洁公司的借款向原告宏信公司提供反担保。反担保书中均约定："反担保书无条件且不可撤销，反担保书的效力独立于被保证的借款合同，借款、担保合同无效不影响反担保书的效力。"《物权法》第172条第1款①中规定，"担保合同是主债权债务合同的从合同。主债权债务合同无效，担保合同无效，但法律另有规定的除外"。因此，除非有明确的法律规定，担保合同即为从合同，而非独立的合同。原告宏信公司与被告徐某等所签订的反担保书中关于独立担保的约定显然与上述法律规定相悖，应当视为无效条款。

【现行相关规范】

《最高人民法院关于对云南省高级人民法院就如何适用〈关于适用《中华人民共和国担保法》若干问题的解释〉第四十四条请示的答复》(2003年12月24日 〔2003〕民二他字第49号)

云南省高级人民法院：

你院〔2003〕云高民二终字第149号请示收悉。经研究，答复如下：

《关于适用〈中华人民共和国担保法〉若干问题的解释》(以下简称担保法司法解释)第四十四条第二款规定的债权人应在破产程序终结后六个月内要求保证人承担保证责任的规定，仅适用于债务人在破产程序开始时保证期间尚未届满，而在债权人申报债权参加清偿破产财产程序期间保证期间届满的情形。即在上述情况下，考虑到债权人在债务人破产期间不便对保证人行使权利，债权人可以在债务人

① 参见《民法典》第388条第1款第3－4句规定："担保合同是主债权债务合同的从合同。主债权债务合同无效的，担保合同无效，但是法律另有规定的除外。"

破产终结后六个月内要求保证人承担保证责任。你院请示的昆明电缆厂与交通银行昆明分行、昆明电缆股份有限公司担保借款合同纠纷案中，债权人交通银行昆明分行已经在保证期间内、债务人破产程序前要求保证人承担保证责任，因此，不适用担保法司法解释第四十四条第二款的规定。

此复

《民法典担保制度解释》第2条

当事人在担保合同中约定担保合同的效力独立于主合同，或者约定担保人对主合同无效的法律后果承担担保责任，该有关担保独立性的约定无效。主合同有效的，有关担保独立性的约定无效不影响担保合同的效力；主合同无效的，人民法院应当认定担保合同无效，但是法律另有规定的除外。

因金融机构开立的独立保函发生的纠纷，适用《最高人民法院关于审理独立保函纠纷案件若干问题的规定》。

《民法典担保制度解释》第17条

主合同有效而第三人提供的担保合同无效，人民法院应当区分不同情形确定担保人的赔偿责任：

（一）债权人与担保人均有过错的，担保人承担的赔偿责任不应超过债务人不能清偿部分的二分之一；

（二）担保人有过错而债权人无过错的，担保人对债务人不能清偿的部分承担赔偿责任；

（三）债权人有过错而担保人无过错的，担保人不承担赔偿责任。

主合同无效导致第三人提供的担保合同无效，担保人无过错的，不承担赔偿责任；担保人有过错的，其承担的赔偿责任不应超过债务人不能清偿部分的三分之一。

【规范沿革】

《最高人民法院关于专业银行、信用社担保的经济合同被确认无效后保证人是否应当承担连带责任问题的批复》(1987年2月5日　法［经］复〔1987〕5号)

河南省高级人民法院：

你院(1986)豫法经字第19号请示收悉。关于专业银行、信用社担保的经济合同被确认无效后，保证人是否应当承担连带责任问题，经研究答复如下：

一、依照《中华人民共和国民法通则》第八十九条“保证人向债权人保证债务人履行债务，债务人不履行债务的，按照约定由保证人履行或者承担连带责任”及《中华人民共和国经济合同法》第十五条的规定，专业银行、信用社若作为经济合同当事人一方的保证人，在被保证人不履行合同义务时，应当按照约定由保证人履行或者承担连带责任。

二、经济合同被依法确认无效后，当事人依据该合同所取得的财产应当返还给对方。有过错的一方应当赔偿对方因此所受的损失；如果双方都有过错，应当各自承担相应的责任。因此，在担保的经济合同被确认无效后，若被保证人应当返还财产而不能返还或者应当赔偿损失而不能赔偿时，除有特殊约定外，保证人应当承担连带责任。

《民法通则意见》第111条

被担保的经济合同确认无效后，如果被保证人应当返还财产或者赔偿损失的，除有特殊约定外，保证人仍应承担连带责任。

《经济合同案件保证问题规定》第17条

法人的分支机构未经法人同意，为他人提供保证的，保证合同无效，保证人不承担保证责任，但应当根据其过错大小，承担相应的赔偿责任。法人的分支机构管理的财产不足以承担赔偿责任的，由法人承担。

金融部门的分支机构提供保证的，如无其他导致保证合同无效的因素，保证人应当承担保证责任。

《经济合同案件保证问题规定》第18条

法人的内部职能部门未经法人同意，为他人提供保证的，保证合同无效，保证人不承担保证责任，但应当根据其过错大小，由法人承担相应的赔偿责任。

《经济合同案件保证问题规定》第19条

主合同债权人一方或者双方当事人采取欺诈、胁迫等手段，或者恶意串通，使保证人在违背真实意思情况下提供保证的，保证合同无效，保证人不承担责任。

《经济合同案件保证问题规定》第20条

主合同无效，保证合同也无效，保证人不承担保证责任。但保证人知道或者应当知道主合同无效而仍然为之提供保证的，主合同被确认无效后，保证人与被保证人承担连带赔偿责任。

《担保法》第5条

担保合同是主合同的从合同，主合同无效，担保合同无效。担保合同另有约定的，按照约定。

担保合同被确认无效后，债务人、担保人、债权人有过错的，应当根据其过错各自承担相应的民事责任。

《担保法》第29条

企业法人的分支机构未经法人书面授权或者超出授权范围与债权人订立保证合同的，该合同无效或者超出授权范围的部分无效，债权人和企业法人有过错的，应当根据其过错各自承担相应的民事责任；债权人无过错的，由企业法人承担民事责任。

《担保法解释》第7条

主合同有效而担保合同无效，债权人无过错的，担保人与债务人对主合同债权人的经济损失，承担连带赔偿责任；债权人、担保人有过错的，担保人承担民事责任的部分，不应超过债务人不能清偿部分的二分之一。

《担保法解释》第8条

主合同无效而导致担保合同无效，担保人无过错的，担保人不承担民事责任；担保人有过错的，担保人承担民事责任的部分，不应超过债务人不能清偿部分的三分之一。

《担保法解释》第9条

担保人因无效担保合同向债权人承担赔偿责任后，可以向债务人追偿，或者在承担赔偿责任的范围内，要求有过错的反担保人承担赔偿责任。

担保人可以根据承担赔偿责任的事实对债务人或者反担保人另行提起诉讼。

《担保法解释》第10条

主合同解除后，担保人对债务人应当承担的民事责任仍应承担担保责任。但是，担保合同另有约定的除外。

《担保法解释》第130条

在主合同纠纷案件中，对担保合同未经审判，人民法院不应当依据对主合同当事人所作出的判决或者裁定，直接执行担保人的财产。

《担保法解释》第131条

本解释所称“不能清偿”指对债务人的存款、现金、有价证券、成品、半成品、原材料、交通工具等可以执行的动产和其他方便执行的财产执行完毕后，债务仍未能得到清偿的状态。

第六百八十三条　国家机关、公益组织不得作为保证人

【民法典条文】

机关法人不得为保证人，但是经国务院批准为使用外国政府或者国际经济组织贷款进行转贷的除外。

以公益为目的的非营利法人、非法人组织不得为保证人。

实务问题

93. 国家机关以其名义但实际是以其管理的担保基金提供的保证是否有效？

【案例】熊某诉张某、陈某江追偿权纠纷案[①]

裁判要旨：国家机关根据相关政策要求，以其名义但实际是以其管理的担保基金提供的保证有效。

基本案情：2012年4月26日，被告张某为经营"开江县张某副食商行"向开江信用社申请小额担保贷款。经开江信用社审查后，与张某签订了《个人借款合同》。同日，张某、担保人开江县财政局、开江信用社和反担保人熊某签订《自然人反担保合同》，约定反担保人熊某用自己的工资向担保人财政局进行反担保。2012年4月30日，张某与财政局签订《委托担保合同》，约定由财政局的担保基金为张某向开江信用社80000元的借款提供担保。2012年9月4日，开江信用社向张某发放80000元贷款。2014年9月3日，贷款偿还到期后，张某未及时偿还借款，9月10日，开江信用社从财政局的担保基金中扣收80000元。财政局在承担担保责任后，向反担保人熊某主张反担保责任，2015年2月27日，反担保人熊某向担保人财政局支付80000元，承担了反担保人责任。张某、陈某江认为，财政局作为政府机关，依据相关法律规定在本案中没有担保人资格，与开江信用社和借款人签订的担保合同系无效合同。在担保合同无效的前提下，反担保合同也应为无效合同。在反担保合同无效的前提下，原告不具有反担保人权利和义务，对二被告不享有追偿权。

---

① 参见四川省开江县人民法院（2015）开江民初字第1218号民事判决书。

裁判理由:张某以经营“开江县张某副食商行”的名义,依照国家有关政策,向开江信用社申请妇女小额担保贷款。开江县财政局依照《关于完善小额担保贷款财政贴息政策推动妇女创业就业工作的通知》的要求,以其名义但实际是以其管理的担保基金向贷款人开江信用社担保,并签订了《委托担保合同》,不违反相关法律法规的要求,该担保合同合法有效。

94. 乡政府提供保证的,保证合同是否无效?主合同有效的情况下,主债权人系担保公司的,保证合同无效的责任如何认定?

【案例】连云港市晶都咨询担保有限公司诉东海县山左口乡人民政府等担保追偿案①

裁判要旨:乡镇政府提供的保证无效。作为债权人的担保公司未尽审查义务,乡镇政府明知不能保证而为之,双方对保证合同的无效均有过错。乡镇政府应承担的责任不超过债务人不能清偿部分的二分之一。

基本案情:2009年6月9日,被告东海县山左口乡人民政府向原告连云港市晶都咨询担保有限公司(以下简称晶都担保公司)出具《承诺函》,承诺为被告东海县山左口乡左庄花卉生产专业合作社(以下简称花卉合作社)及其会员(包括被告周某明)的贷款本息提供连带保证责任。2009年7月25日,原告晶都担保公司与被告周某明签订了《贷款担保合同》,原告为被告周某明(王某英系其妻子)在江苏银行贷款4万元提供担保,合同约定如被告周某明违约,则应支付原告担保金额的每日0.5‰的违约金。同日,原告晶都担保公司与被告花卉合作社签订《保证反担保合同》,合同约定被告花卉合作社为该贷款提供保证反担保,保证期限为晶都担保公司履行担保义务而向贷款人代偿完毕所有债务后两年内,保证范围为全部债务,保证责任为连带责任保证。同日,被告周某明与江苏银行签订《个人借款合同》,约定被告周某明向江苏银行借款4万元,利息为月利率5.08875‰,罚息为贷款到期执行的利息加收50%计收罚息,借款期限自2009年9月9日起至2010年9月9日,还款方式约定到期一次性还本付息。同日,原告晶都担保公司与江苏银行签订了《保证担保合同(个人版)》,约定原告为被告周某明向江苏银行借款4万元提供担保,保证内容是保证人无条件为债务人在主合同下所欠债权人的全部债务提供

① 参见江苏省连云港市东海县人民法院(2012)东商初字第1077号民事判决书。

连带责任保证担保。保证范围为合同项下的全部债务。全部债务包括贷款本金、利息、复利、罚息、手续费、违约金、律师费等。该借款到期后，被告周某明只偿还部分借款，未按约定还款付息。2010年11月29日，江苏银行划扣原告晶都担保公司的保证金41355.29元用于偿还被告周某明的欠款。被告周某明尚欠原告晶都担保公司借款本息41355.29元、违约金(按担保额4万元的每日0.5‰计算从2010年11月29日起算至借款本息还清之日止)及律师代理费2374元。

裁判理由：根据《担保法》的规定，国家机关不得作为保证人。被告东海县山左口乡人民政府与原告晶都担保公司达成的承诺书无效。原告晶都担保公司未尽审查义务，被告东海县山左口乡人民政府明知不能担保而为之，原、被告对此均有过错。根据相关规定，主合同有效而担保合同无效，债权人、担保人有过错的，担保人承担民事责任的部分，不应超过债务人不能清偿部分的二分之一。被告花卉合作社承担保证责任后，可向债务人周某明、王某英追偿。被告东海县山左口乡人民政府在承担赔偿责任后，可向周某明、王某英追偿。

95. 公立中学对外提供保证，保证合同是否无效？债权人系银行的，保证合同无效后的责任如何承担？

【案例】中国工商银行股份有限公司茌平支行诉秦某国等金融借款合同纠纷案①

裁判要旨：公立中学作为以公益为目的的事业单位，对外提供的担保属无效担保，其提供担保的行为，自身有过错。债权人作为专门从事贷款业务的商业银行，审查不严，亦存在过错。保证人承担民事责任的部分，不应超过债务人不能清偿部分的二分之一。

基本案情：2005年12月26日，中国工商银行股份有限公司茌平支行(以下简称工行茌平支行)与秦某国、崔某娟、茌平县第一中学签订个人购房借款合同1份，合同约定：贷款金额为60000元，用途为用于购买坐落于茌平县城关镇某房产，月利率4.59‰，如遇人民银行贷款利率调整，按规定执行，贷款期限为10年，自2005年12月26日起至2015年12月27日止，自贷款发放次月起，借款人按月按等额本息还款法归还贷款本息共120期；借款人未按合同约定日期(包括被宣布提前到期)偿还的贷款，贷款人有权按罚息利率按日计收利息；对不能按时支付的利息，按罚

① 参见山东省茌平县人民法院(2017)鲁1523民初669号民事判决书。

息利率计收复利；保证人在平县第一中学在保证人处捺印，承担连带责任保证，保证期限为本合同借款人不履行债务之日起两年。被告秦某国、崔某娟以该坐落于在平县城关镇房产提供抵押，但未办理抵押登记手续。2005年12月28日，工行在平支行将60000元贷款转入被告指定的银行账户。自2011年6月起，被告逾期未偿还贷款。

裁判理由：关于保证合同的效力问题。《担保法》第9条[①]规定，学校、幼儿园、医院等以公益为目的的事业单位、社会团体不得为保证人。《担保法解释》第3条[②]规定，国家机关和以公益为目的的事业单位、社会团体违反法律规定提供担保的，担保合同无效。《担保法》第5条第2款[③]规定，担保合同被确认无效后，债务人、担保人、债权人有过错的，应当根据其过错各自承担相应的民事责任。被告在平县第一中学作为以公益为目的的事业单位，为秦某国、崔某娟提供担保，属无效担保，其提供担保的行为，自身有过错。原告作为专门从事贷款业务的商业银行，审查不严，亦存在过错。《担保法解释》第7条[④]规定，主合同有效而担保合同无效，债权人、担保人有过错的，担保人承担民事责任的部分，不应超过债务人不能清偿部分的二分之一。具体判项为"二、上述借款本息、罚息、复利，被告在平县第一中学对被告秦某国、崔某娟不能清偿部分的二分之一承担赔偿责任"。

---

① 参见《民法典担保制度解释》第6条第1款规定："以公益为目的的非营利性学校、幼儿园、医疗机构、养老机构等提供担保的，人民法院应当认定担保合同无效，但是有下列情形之一的除外：(一)在购入或者以融资租赁方式承租教育设施、医疗卫生设施、养老服务设施和其他公益设施时，出卖人、出租人为担保价款或者租金实现而在该公益设施上保留所有权；(二)以教育设施、医疗卫生设施、养老服务设施和其他公益设施以外的不动产、动产或者财产权利设立担保物权。"

② 参见《民法典担保制度解释》第5条第1款规定："机关法人提供担保的，人民法院应当认定担保合同无效，但是经国务院批准为使用外国政府或者国际经济组织贷款进行转贷的除外。"

③ 参见《民法典》第388条第2款规定："担保合同被确认无效后，债务人、担保人、债权人有过错的，应当根据其过错各自承担相应的民事责任。"

④ 参见《民法典担保制度解释》第17条第1款规定："主合同有效而第三人提供的担保合同无效，人民法院应当区分不同情形确定担保人的赔偿责任：(一)债权人与担保人均有过错的，担保人承担的赔偿责任不应超过债务人不能清偿部分的二分之一；(二)担保人有过错而债权人无过错的，担保人对债务人不能清偿的部分承担赔偿责任；(三)债权人有过错而担保人无过错的，担保人不承担赔偿责任。"

96. 领取企业法人执照的保证人，经营活动具有一定公共服务性质的，是否属于以公益为目的的事业单位？

【案例】长乐自来水公司与工行五四支行借款担保纠纷案①

裁判要旨：保证人领取企业法人执照，即属于以营利为目的的企业法人，即使其经营活动具有一定的公共服务性质，亦不属于以公益为目的的事业单位。

基本案情：2003年8月29日，和顺公司向工行五四支行借款，双方签订2003(五四)工银(短)总字第13号《流动资金借款合同》，金额为人民币2800万元整，贷款到期日为2004年8月20日，月利率4.8675‰，按日计息，按月结息。在有其他严重的违约行为时，工行五四支行有权解除合同，并要求和顺公司提前归还贷款本息，赔偿损失。同日，长乐自来水公司与工行五四支行签订一份2003(五四)工银(短)总字第13号保001分号《最高额保证合同》，长乐自来水公司为和顺公司本案2800万元贷款提供连带保证担保。2003年9月5日，工行五四支行向和顺公司发放2800万元贷款。和顺公司自2003年9月20日起就开始欠息，至今未支付分文利息。

裁判理由：长乐自来水公司领取的是企业法人执照，属于以营利为目的的企业法人，其经营活动虽具有一定的公共服务性质，但不属于以公益为目的的事业单位。长乐自来水公司关于其不符合保证主体资格的上诉主张没有事实依据，最高人民法院不予支持。原审判决关于本案保证合同应为有效，长乐自来水公司应当承担连带责任的判决并无不当，最高人民法院予以维持。

97. 村经济合作社对外担保，应当经何种表决程序？

【案例】郑某红诉章某芳、奉化江口街道河西村经济合作社等民间借贷纠纷案②

裁判要旨：村经济合作社为个人借款提供保证担保时，必须经过村民代表大会、社员大会表决通过。出借人在出借款项时应审查表决情况，如未经过表决程序或表决未通过，即使借贷凭证上加盖了合作社印章，因出借人未尽到审查义务，并非善意相对人，该担保也属无效，对经济合作社没有法律约束力。

---

① 参见长乐自来水公司与工行五四支行借款担保纠纷案，载《最高人民法院公报》2005年第9期。

② 参见浙江省宁波市江北区人民法院(2014)甬北商初字第146号民事判决书。

基本案情:被告章某芳系河西村经济合作社代表人,担任社长一职。其与被告陆某儿系夫妻关系,被告陆某儿在被告鑫权黄砂经营部工作。被告章某芳先后三次向张某钧借款,共计30万元。被告章某芳就上述借款向张某钧出具借条一份。借条“担保人”一栏加盖了河西村经济合作社、鑫权黄砂经营部的印章。河西村经济合作社章由章某芳保管,借条上的河西村经济合作社章由章某芳加盖。2013年9月1日,第三人张某钧将上述债权转让给第三人马某方,第三人马某方在2014年1月12日又转让给原告。两次债权转让均已告知被告章某芳。

裁判理由:借条担保人一栏虽盖有河西村经济合作社章,但为个人提供担保并非《浙江省村经济合作社组织条例》规定的经济合作社的职责范围,在河西村经济合作社章由被告章某芳保管且被告章某芳否认其加盖河西村经济合作社章经过该村村民代表大会或社员大会表决通过的情况下,原告也未提供证据对此予以证实,截至本案法庭辩论终结前,河西村经济合作社也未对该担保行为予以追认,故章某芳盖章行为并非河西村经济合作社的真实意思表示,原告据此要求河西村经济合作社承担连带清偿责任的诉讼请求,法院不予支持。

98. 民办学校对外保证的,效力如何认定?*

【案例】江西新能源科技职业学院诉胡某根等民间借贷、保证合同纠纷案①

裁判要旨:民办学校相较于公办学校仅有投资渠道上的不同,私立学校中的设施仍属于社会公益设施,不能因此否定其公益属性,不得为保证人。

基本案情:2014年,胡某根、张某、江西太阳能科技职业学院(后更名为江西新能源科技职业学院,以下简称新能源学院)、廖某平、建盟公司、建盛公司签订《借款及保证合同》,约定张某向胡某根借款1000万元;借期自2014年8月1日起至2014年9月1日止;月利率2%,借款到期,先息后本,利随本清;廖某平、建盟公司、建盛公司、江西太阳能科技职业学院自愿为该合同项下的借款本金、利息、逾期利息、律师服务费等胡某根为实现债权的所有费用提供连带责任担保。2014年8月1日,胡某根、张某、江西太阳能科技职业学院、廖某平、建盟公司、建盛公司签订《融资中

---

* 根据《民法典担保制度解释》第6条第2款“登记为营利法人的学校、幼儿园、医疗机构、养老机构等提供担保,当事人以其不具有担保资格为由主张担保合同无效的,人民法院不予支持”的规定,在审理此类案件时,应当注重对于民办学校登记类型的审查。

① 参见江西省新余市中级人民法院(2017)赣05民终318号民事判决书。

介服务合同》，约定胡某根收取中介费用，每月中介费用按融资金额的1.5%计算；廖某平、建盟公司、建盛公司、江西太阳能科技职业学院自愿为该合同项下规定张某应履行的义务提供连带责任担保。2014年8月1日，张某向胡某根出具借条，写明借胡某根1000万元，借款期限为1个月，即2014年8月1日起至2014年9月1日止，月利率2%。江西太阳能科技职业学院、廖某平、建盟公司、建盛公司在该借条担保人一栏签名或盖章，愿意承担连带保证责任。2014年8月1日、8月14日、8月26日，胡某根分别向张某支付400万元、400万元、200万元。胡某根陈述张某总共归还800万元，其余本息未付。

裁判理由：一审法院认为，新能源学院主张其是民办学校，为公益性事业单位，不具备担保资格。虽然《担保法》第9条①规定，学校、幼儿园、医院等以公益为目的的事业单位、社会团体不得为担保人，但民办学校是否具有公益性质存在争议，应作具体分析，新能源学院为职业教育类学校，其办学经费并非出自国家财政，举办者亦可以从中获取收益，其虽然具有一定的公益性，但并非以公益为目的，根据《担保法解释》第16条②"从事经营活动的事业单位、社会团体为保证人的，如无其他导致保证合同无效的情况，其所签定的保证合同应当认定为有效。"的规定，认定新能源学院可以作为担保人承担责任。新能源学院主张加盖的"江西太阳能科技职业学院"的公章系在新能源学院更名之后，应为无效的意见，一审法院认为，新能源学院已认可"江西太阳能科技职业学院"的公章尚在使用，且新能源学院与"江西太阳能科技职业学院"系同一学校，故对于胡某根要求新能源学院承担连带清偿责任的诉讼请求，予以支持。

二审法院认为，《担保法》第9条规定："学校、幼儿园、医院等以公益为目的的事业单位、社会团体不得为保证人。"新能源学院作为民办学校，相较于公办学校，仅是投资渠道上的不同，并不能因此否定其公益属性，私立学校中的设施仍属于社会公益设施。因此，新能源学院为张某的借款提供担保的行为属依法不得为保证人的情形，故新能源学院与胡某根签订的保证合同为无效合同。《担保法解释》第7

---

① 参见《民法典担保制度解释》第6条第1款规定："以公益为目的的非营利性学校、幼儿园、医疗机构、养老机构等提供担保的，人民法院应当认定担保合同无效，但是有下列情形之一的除外：(一)在购入或者以融资租赁方式承租教育设施、医疗卫生设施、养老服务设施和其他公益设施时，出卖人、出租人为担保价款或者租金实现而在该公益设施上保留所有权；(二)以教育设施、医疗卫生设施、养老服务设施和其他公益设施以外的不动产、动产或者财产权利设立担保物权。"

② 参见《民法典担保制度解释》第6条第2款规定："登记为营利法人的学校、幼儿园、医疗机构、养老机构等提供担保，当事人以其不具有担保资格为由主张担保合同无效的，人民法院不予支持。"

条[1]规定："主合同有效而担保合同无效，债权人无过错的，担保人与债务人对主合同债权人的经济损失，承担连带赔偿责任；债权人、担保人有过错的，担保人承担民事责任的部分，不应超过债务人不能清偿部分的二分之一。"本案中，胡某根、新能源学院在签订合同时均应知悉新能源学院属依法不得为保证人的民事主体，胡某根、新能源学院对案涉保证合同无效均存在过错，对此，胡某根、新能源学院应当根据其过错程度各自承担相应的民事责任。根据《担保法解释》第7条的规定并结合本案具体情况，新能源学院应对张某不能清偿的债务承担二分之一的赔偿责任。综上所述，新能源学院的上诉请求部分成立。改判新能源学院对原判第一、二项款项不能清偿部分承担二分之一的赔偿责任，新能源学院承担赔偿责任后，有权向张某追偿。

99. 私立医院对外提供保证的，效力如何认定？

【案例】兴业银行重庆分行诉刘某菊等借款合同纠纷案[2]

裁判要旨：私立医院作为医疗机构，虽然也以救死扶伤、防病治病、为公民的健康服务为宗旨，具有一定程度的公共服务性质，但其并非以公益为目的的事业单位、社会团体，可以对外提供保证。

基本案情：2011年12月，刘某菊与兴业银行重庆分行签订《个人授信额度借款合同》，合同项下授信本金限额375万元。朱某作为抵押人、担保人与兴业银行重庆分行签订《个人借款最高额抵押合同》《个人借款最高额保证合同》，合川合州医院亦与兴业银行重庆分行签订《个人借款最高额保证合同》为前述授信合同项下刘某菊相应债务提供连带责任担保，合川合州医院出具《股东会决议》对公司对外提供担保予以同意。前述合同签订后，刘某菊与兴业银行重庆分行签订《零售经营类借款合同》约定，刘某菊向兴业银行重庆分行借款375万元，借款期限为11个月，到期一次性归还本金、分期付息，合同项下担保方式包含保证担保、抵押担保，分别以前述《个人借款最高额保证合同》《个人借款最高额抵押合同》所载明的权利义务为

---

① 参见《民法典担保制度解释》第17条第1款规定："主合同有效而第三人提供的担保合同无效，人民法院应当区分不同情形确定担保人的赔偿责任：（一）债权人与担保人均有过错的，担保人承担的赔偿责任不应超过债务人不能清偿部分的二分之一；（二）担保人有过错而债权人无过错的，担保人对债务人不能清偿的部分承担赔偿责任；（三）债权人有过错而担保人无过错的，担保人不承担赔偿责任。"

② 参见重庆市江北区人民法院（2015）江法民初字第08413号民事判决书。

准。兴业银行重庆分行依约将375万元借款发放给刘某菊后。现全部借款履行期限届满,刘某菊尚欠银行相应借款本金和利息未付,担保人朱某、合川合州医院亦未履行担保责任,兴业银行重庆分行遂诉至人民法院。另查明,担保人合川合州医院系在重庆市工商行政管理局合川区分局依法登记、并取得企业法人营业执照的有限责任公司,其营业执照上载明经营范围经许可为从事相关医疗活动,并特别备注按许可证核定事项和期限从事经营;一般经营项目包括医疗咨询服务、医院基础建设管理等。

裁判理由:合川合州医院作为担保人与兴业银行重庆分行签订《个人借款最高额保证合同》,自愿为刘某菊前述债务提供连带责任保证,合川合州医院亦出具了《股东会决议》对公司对外提供担保予以同意,合川合州医院与兴业银行重庆分行就为刘某菊前述债务设立保证担保形成合意。同时,合川合州医院系领取企业法人执照、以提供医疗服务、咨询为具体内容的有限责任公司,实行自主经营、独立核算,系有独立责任财产的经营主体,其作为具有完全民事行为能力的企业法人,应依法对其所从事的民事行为承担责任,故对兴业银行重庆分行要求其承担担保责任的诉请予以支持。

【现行相关规范】

《最高人民法院关于"国家机关不能担任保证人"的时效问题的答复》(1988年10月18日)

中国银行:

你行(88)中信字第77号函悉。关于《最高人民法院关于贯彻执行〈中华人民共和国民法通则〉若干问题的意见(试行)》第一百零六条第二款"国家机关不能担任保证人"的时效问题,经研究,答复如下:

一、凡我院《公报》公布《最高人民法院关于贯彻执行〈中华人民共和国民法通则〉若干问题的意见(试行)》以前,即1988年6月20日以前,国家机关担任保证人,向债权人保证债务人履行债务的,一旦发生纠纷诉至人民法院,人民法院将不仅仅根据该意见而确认保证无效。

二、据悉,自1984年以来,财政部等国务院有关部门曾相继发出通知,要求本系统各级机关不得为经济合同提供担保,已经提供了的,必须立即纠正;中国人民银行在其于1987年2月20日公布的《境内机构提供外汇担保的暂行管理办法》中,亦将国家机关排除在可以提供外汇担保的机构之外。因此,你行来函中所提情况,涉及上述行政规章的效力问题，建议你行再征询国务院有关部门的意见。

《最高人民法院经济审判庭关于国家机关作为借款合同保证人应否承担经济损失问题的电话答复》(1989 年 7 月 17 日)

四川省高级人民法院：

你院川法研〔1989〕8 号《关于国家机关作为借款合同保证人其保证条款被确认无效后经济损失由谁承担的请示》收悉。经研究答复如下：

一、根据《借款合同条例》第七条和第八条规定，及本院法(研)复〔1988〕39 号批复精神，国家机关不应作借款合同的保证人。国家机关作借款合同保证人的，保证条款应确认无效。

二、保证条款被确认无效后，如借款人无力归还银行贷款，给国家造成经济损失的，作为保证人的国家机关应承担相应的赔偿责任，并在赔偿损失后有权向借款人追偿。国家机关无力承担赔偿责任的，人民法院根据民事诉讼法(试行)第一百八十二条第一款第(三)项和第(五)项规定，可裁定中止执行。

三、国家机关下属办事机构作借款合同保证人的，人民法院应将其所属的国家机关列为诉讼当事人，承担民事责任。

此复

附：四川省高级人民法院关于国家机关作为借款合同保证人其保证条款被确认无效后经济损失由谁承担的请示(1989 年 3 月 29 日　川法研〔1989〕8 号)

最高人民法院：

最近，我们收到部分地区人民法院的请示，关于国家机关或其下属办事机构作为借款合同保证人，借款人到期无力归还银行贷款，给国家造成经济损失，其保证人是否承担经济赔偿责任。经我们讨论，有两种意见：

第一种意见认为，国家机关作为借款合同保证人，其保证条款，应确认为无效，借款合同到期后，借款人无力归还银行贷款，给国家造成经济损失，保证人应承担相应的经济赔偿责任，并有权向借款人追偿。如保证人属国家机关的下属办事机构无力承担经济赔偿的，应由具备法人资格的主管国家机关承担保证人应承担的赔偿责任。对于无赔偿能力的国家机关保证人，可裁定终止执行。

第二种意见认为，国家机关或其下属办事机构作为借款合同保证人，其保证条款被确认无效后，保证人不应承担因借款人无力归还而给国家造成经济损失的赔偿责任，应由出借方直接向借款方追还贷款。

我们倾向于第一种意见，当否，请批复。

《最高人民法院关于正确确认企业借款合同纠纷案件中有关保证合同效力问题的通知》(1998 年 9 月 14 日　法〔1998〕85 号)

各省、自治区、直辖市高级人民法院,新疆维吾尔自治区高级人民法院生产建设兵团分院:

近来发现一些地方人民法院在审理企业破产案件或者与破产企业相关的银行贷款合同纠纷案件中,对所涉及的债权保证问题,未能准确地理解和适用有关法律规定,致使在确认保证合同的效力问题上出现偏差,为此特作如下通知:

各级人民法院在处理上述有关保证问题时,应当准确理解法律,严格依法确认保证合同(包括主合同中的保证条款)的效力。除确系因违反担保法及有关司法解释的规定等应当依法确认为无效的情况外,不应仅以保证人的保证系因地方政府指令而违背了保证人的意志,或该保证人已无财产承担保证责任等原因,而确认保证合同无效,并以此免除保证责任。

《最高人民法院研究室关于县级以上供销合作社联合社能否作为保证人问题的复函》(1999 年 6 月 30 日　法研〔1999〕10 号)

河南省高级人民法院:

你院豫高法〔1998〕152 号《关于县级以上供销合作社联合社能否作为保证人的请示》收悉。经研究,答复如下:1999 年 1 月 28 日国务院国发〔1999〕5 号《国务院关于解决当前供销合作社几个突出问题的通知》的规定,全国供销合作总社和省、市(地)级联社"所需经费列入同级财政预算,不再向所办企业提取管理费";县级供销合作社的主要任务是对基层社进行指导、监督和协调,在性质、组织、经费等方面不同于一般的企业,还承担国家委托的政策性业务。因此,1999 年 1 月 28 日国发〔1999〕5 号文件发布后,县级以上供销合作社不符合《担保法》第七条的规定,不能作为保证人。但 1995 年 2 月 28 日印发的《中共中央、国务院关于深化供销合作社改革的决定》规定:"各级供销合作社是自主经营、自负盈亏、独立核算、照章纳税、由社员民主管理的群众性经济组织,具有独立法人地位,依法享有独立进行经济、社会活动自主权。"所以,在 1999 年 1 月 28 日国发〔1999〕5 号文件发布前,供销合作社联合社符合《担保法》第七条规定的,可以作担保人。

《民法典担保制度解释》第 5 条

机关法人提供担保的,人民法院应当认定担保合同无效,但是经国务院批准为使用外国政府或者国际经济组织贷款进行转贷的除外。

居民委员会、村民委员会提供担保的,人民法院应当认定担保合同无效,但是依法代行村集体经济组织职能的村民委员会，依照村民委员会组织法规定的讨论决定程序对外提供担保的除外。

《民法典担保制度解释》第6条

以公益为目的的非营利性学校、幼儿园、医疗机构、养老机构等提供担保的，人民法院应当认定担保合同无效，但是有下列情形之一的除外：

（一）在购入或者以融资租赁方式承租教育设施、医疗卫生设施、养老服务设施和其他公益设施时，出卖人、出租人为担保价款或者租金实现而在该公益设施上保留所有权；

（二）以教育设施、医疗卫生设施、养老服务设施和其他公益设施以外的不动产、动产或者财产权利设立担保物权。

登记为营利法人的学校、幼儿园、医疗机构、养老机构等提供担保，当事人以其不具有担保资格为由主张担保合同无效的，人民法院不予支持。

【规范沿革】

《民法通则意见》第106条

保证人应当是具有代偿能力的公民、企业法人以及其他经济组织。保证人即使不具备完全代偿能力，仍应以自己的财产承担保证责任。

国家机关不能担任保证人。

《最高人民法院关于国家机关能否作经济合同的保证人及担保条款无效时经济合同是否有效问题的批复》［1988年10月4日　法（研）复〔1988〕39号］

山东省高级人民法院：

你院鲁法（经）发〔1987〕130号请示报告收悉。关于国家机关能否作经济合同的保证人及担保条款无效时经济合同是否有效的问题，经研究，答复如下：

一、经济合同的保证人应是具有代为履行或者代偿能力的公民、企业法人以及其他经济组织，国家机关不应作为经济合同的保证人。经济合同中以国家机关作为保证人的，其保证条款，应确认为无效。

二、经济合同中保证条款被确认为无效后，不影响该经济合同其他条款的效力。但当事人双方约定以提供保证作为经济合同成立要件的，保证条款无效时，其他条款亦应确认为无效。

《担保法》第7条

具有代为清偿债务能力的法人、其他组织或者公民，可以作保证人。

《担保法》第 8 条

国家机关不得为保证人,但经国务院批准为使用外国政府或者国际经济组织贷款进行转贷的除外。

《担保法》第 9 条

学校、幼儿园、医院等以公益为目的的事业单位、社会团体不得为保证人。

《担保法》第 10 条

企业法人的分支机构、职能部门不得为保证人。

企业法人的分支机构有法人书面授权的,可以在授权范围内提供保证。

《担保法解释》第 3 条

国家机关和以公益为目的的事业单位、社会团体违反法律规定提供担保的,担保合同无效。因此给债权人造成损失的,应当根据担保法第五条第二款的规定处理。

《担保法解释》第 14 条

不具有完全代偿能力的法人、其他组织或者自然人,以保证人身份订立保证合同后,又以自己没有代偿能力要求免除保证责任的,人民法院不予支持。

《担保法解释》第 15 条

担保法第七条规定的其他组织主要包括:

(一)依法登记领取营业执照的独资企业、合伙企业;

(二)依法登记领取营业执照的联营企业;

(三)依法登记领取营业执照的中外合作经营企业;

(四)经民政部门核准登记的社会团体;

(五)经核准登记领取营业执照的乡镇、街道、村办企业。

《担保法解释》第 16 条

从事经营活动的事业单位、社会团体为保证人的,如无其他导致保证合同无效的情况,其所签定的保证合同应当认定为有效。

【立法资料】

保证是担保的一种方式,即由第三人作为保证人,当债务人不履行债务时,按照约定由保证人履行债务。目前,采取这种担保方式的比较多,问题也比较多,主要是保证人的资格问题。作为保证人应当具备必要的条件,关键是要具有代为清偿的能力。针对实际存在的问题,草案规定,具有代为履行债务能力的法人、其他组织或者公民,可以作保证人。以下组织不得为保证人:(1)国家机关。因为国家机关的财产、经费是为了保证国家机关履行职责的，不能用来提供担保，实际上无力履行担保的义务。考虑到有些特殊情况需要政府提供担保，但必须严格控制，因此规定，经国务院批准对特定事项作保证人的除外。(2)以公益为目的的事业单位、社会团体，如学校、医院等。(3)企业法人的分支机构、职能部门不得为保证人，但有法人书面授权的，可以在授权范围内提供保证，实际上还是由法人保证。①

一、草案第八条规定："国家机关不得为保证人，但经国务院批准对特定事项作保证人的除外。"有的委员提出，国家机关的行政经费是用来履行职责的，国家机关不应当作保证人，建议将"但经国务院批准对特定事项作保证人的除外"一句删去。经征求有关部门意见，对外贸易经济合作部提出，他们代表我国政府与外国政府签订的双边贷款，在转贷给地方使用时，都要求地方政府向中央政府进行责任担保。现在实际上是这样做的。建议将上述规定修改为："国家机关不得为保证人，但经国务院批准为使用外国政府或者国际经济组织贷款进行转贷的除外。"(草案修改稿第八条)②

二、草案第十条规定："医院、学校等以公益为目的的事业单位、社会团体不得为保证人。"第三十八条第(四)项规定："学校、医院、幼儿园等教育设施和公共福利设施"不得抵押。有的委员提出，现在校办工厂是学校多渠道筹资的一个重要方面。建议学校可以为校办工厂贷款作保证人。有的委员提出，应当考虑公立和私立学校、医院的不同性质，对能否作保证人分别作出规定。经征求国家教委、卫生部等有关部门的意见，他们认为，一旦用教育设施、医疗卫生设施来偿还债务，会影响学生上学和社会公众的医疗。学校、医院不宜为他人作保证人，学校、医院因本身(包括自办的不是法人的附属单位)发展需要贷款的，可以用非教育设施、非医疗卫生设施作抵押担保。因此，建议对草案第十条的规定不作修改。将草案第三十八条第(四)项修改为："学校、幼儿园、医院等以公益为目的的事业单位、社会团体的教育设施、医疗卫生设施和其他社会公益设施"不得抵押。[草案修改稿第三十七条第(二)项]。③

草案修改稿第八条规定："国家机关不得为保证人，但经国务院批准为使用外

① 参见全国人大常委会法制工作委员会在1995年2月21日第八届全国人民代表大会常务委员会第十二次会议上所作关于《中华人民共和国担保法(草案)》的说明。

② 参见全国人大法律委员会在1995年6月23日第八届全国人民代表大会常务委员会第十四次会议上所作关于《中华人民共和国担保法(草案)》审议结果的报告。

③ 参见全国人大法律委员会在1995年6月23日第八届全国人民代表大会常务委员会第十四次会议上所作关于《中华人民共和国担保法(草案)》审议结果的报告。

国政府或者国际经济组织贷款进行转贷的除外。”有的委员提出，应当增加规定使用外国银行和国际金融组织贷款的情况。经与有关部门研究，如果是外国政府授权该国银行贷款的，包括在外国政府贷款中，如果是外国银行提供商业性贷款，不应由国家机关作保证人。“国际经济组织”包括了“国际金融组织”。因此，建议对上述规定不作修改。有的委员认为，实践中可能还有要求国家机关作保证人的情况，应当对该条进一步研究。有些委员认为，草案修改稿的规定是合适的，不宜再扩大国家机关作保证人的范围。因此，建议对草案修改稿第八条不作修改。①

专题7 | 公司担保

实务问题

100. 公司违反《公司法》公司对外担保条文②的规定对外提供担保的，在对其效力进行判断的时候，应当考量哪些要素？

【案例】中建材集团进出口公司诉北京大地恒通经贸有限公司、北京天元盛唐投资有限公司、天宝盛世科技发展（北京）有限公司、江苏银大科技有限公司、四川宜宾俄欧工程发展有限公司进出口代理合同纠纷案③

裁判要旨：2005 年修订的《公司法》公司对外担保条文第 1 款规定：“公司向其

① 参见全国人大法律委员会在 1995 年 6 月 29 日第八届全国人民代表大会常务委员会第十四次会议上所作《关于担保法（草案修改稿）、保险法（草案修改稿）和惩治破坏金融秩序犯罪的决定（草案修改稿）修改意见》的汇报（节选）。

② 2005 年修订后的《公司法》第 16 条是关于公司对外投资及提供担保的规定。（第一款）公司向其他企业投资或者为他人提供担保，依照公司章程的规定，由董事会或者股东会、股东大会决议；公司章程对投资或者担保的总额及单项投资或者担保的数额有限额规定的，不得超过规定的限额。（第二款）公司为公司股东或者实际控制人提供担保的，必须经股东会或者股东大会决议。（第三款）前款规定的股东或者受前款规定的实际控制人支配的股东，不得参加前款规定事项的表决。该项表决由出席会议的其他股东所持表决权的过半数通过。2013 年、2018 年的《公司法》修订中，该条文序号及内容均无变化。2023 年《公司法》修订中，该部分内容条文序号变更为第 15 条，第一款和第二款中“股东会、股东大会决议”修订为“股东会决议”，其他内容没有变化。因此，如果继续按照条文顺序进行引用，有可能会引发读者的困扰，故在本书后续内容中，涉及 2023 年《公司法》修订前的第 16 条的部分，均采用法条标题的方式进行表述。本条内容为公司对外投资或者提供担保，因本书中不涉及公司对外投资的内容，故采用“《公司法》公司对外担保条文”的简称。

③ 参见中建材集团进出口公司诉北京大地恒通经贸有限公司、北京天元盛唐投资有限公司、天宝盛世科技发展（北京）有限公司、江苏银大科技有限公司、四川宜宾俄欧工程发展有限公司进出口代理合同纠纷案，载《最高人民法院公报》2011 年第 2 期。

他企业投资或者为他人提供担保,依照公司章程的规定,由董事会或者股东会、股东大会决议;公司章程对投资或者担保的总额及单项投资或者担保的数额有限额规定的,不得超过规定的限额。”该条第2款规定:“公司为公司股东或者实际控制人提供担保的,必须经股东会或者股东大会决议。”但公司违反前述条款的规定,与他人订立担保合同的,不能简单认定合同无效。第一,该条款并未明确规定公司违反上述规定对外提供担保将导致担保合同无效;第二,公司内部决议程序,不得约束第三人;第三,该条款并非效力性强制性的规定;第四,依据该条款认定担保合同无效,不利于维护合同的稳定和交易的安全。

基本案情:2005年,原告中建材集团进出口公司(以下简称中建材公司)与被告北京大地恒通经贸有限公司(以下简称恒通公司)签订5份《进口项目委托代理协议书》,对中建材公司代理恒通公司进口新加坡GXD公司工业计算机服务系统有关事宜进行了约定。2006年10月10日,原告中建材公司与被告恒通公司、北京天元盛唐投资有限公司(以下简称天元公司)签订《备忘录》,确认截至2006年9月30日,恒通公司应向中建材公司支付上述5份《进口项目委托代理协议书》项下的代理进口货款、各项费用(含代理费)共计34279548.21元,逾期利息2706280元,恒通公司已支付18077891.29元,共欠中建材公司18907936.92元;恒通公司承诺于2006年10月归还200万元,每周还50万元,2006年11月归还1000万元,每周还250万元,2006年12月归还800万元,每周还200万元,并将10月至12月的逾期利息一并结清;天元公司为恒通公司还款提供连带责任担保;恒通公司、天元公司承诺在还款期间,由广州海港大酒店代其每日还款,到期恒通公司未足额还款时,由江苏银大科技有限公司(以下简称银大公司)无条件代为支付剩余欠款及利息,直至全部还清。《备忘录》的附件1是恒通公司的应付款(至2006年8月30日)的明细表,附件2是恒通公司付款情况表,附件3是利息及罚息的金额并载明利息罚息按日万分之五计算。2006年10月19日出具的加盖有“江苏广兴达银大科技有限公司”印章和法定代表人何某山签字的《承诺书》载明:“中建材集团进出口公司:依照贵司于2006年10月10日星期二下午在北京市朝阳区大屯路风林绿洲西奥中心北京大地恒通经贸有限公司会议室与北京大地恒通经贸有限公司和北京天元盛唐投资有限公司签署的备忘录,现我司承诺如下:如若北京大地恒通经贸有限公司和北京天元盛唐投资有限公司在上述备忘录的还款期限到期时未能足额还清贵司债务,本公司——江苏银大科技有限公司将无条件代为支付剩余全部欠款及利息等,还款期限20天,直至全部还清。本承诺书作为上述备忘录的补充文件,经我司盖章和法人代表签字后，与原备忘录具有同等效力。”何某山在《承诺书》复印件上签字确认。2008年6月4日，被告天元公司向原告中建材公司出具《承诺函》，承诺为被告恒通公司向中建材公司归还《备忘录》中约定的剩余欠款及利息、违约金、损害赔偿金、诉讼费用和实现担保债权的费用等提供连带责任保证，直至款项全部还清。2008年6月6日，被告天宝盛世科技发展（北京）有限公司（以下简称天宝公司）、四川宜宾俄欧工程发展有限公司（以下简称俄欧公司）分别向原告中建材公司出具《承诺书》，两公司均承诺对被告恒通公司根据《备忘录》对中建材公司的全部应偿还债务（包括但不限于本金及违约金、利息、追索债权费用）承担连带还款责任，该连带还款责任是独立的不可撤销的，直至债务全部还清。前述《备忘录》《承诺函》《承诺书》签订和出具后，被告恒通公司仅向原告中建材公司归还欠款本金70万元，剩余欠款本金和利息未向中建材公司支付，被告天元公司、天宝公司、俄欧公司亦未向中建材公司履行担保责任。庭审中，恒通公司和中建材公司共同确认，截至2007年12月31日，恒通公司的欠款本金为15501656.92元，利息为6304904元。中建材公司主张自2008年1月1日起按日万分之五计算欠款本金15532175.94元（其中包括2007年年底新增加的费用30519.02元）的利息，恒通公司对中建材公司主张的欠款本金总计15532175.94元予以认可，但主张自2008年1月1日起计算新增加的费用30519.02元的利息没有依据，该笔费用应自判决生效之日起计算利息。被告银大公司原名称为江苏广兴达银大科技有限公司，于2005年5月变更为现名称。2005年5月至2007年6月，何某山系银大公司法定代表人。庭审中，银大公司虽主张2006年10月19日《承诺书》上加盖的印章并非其公司印鉴，但经一审法院释明，银大公司表示不申请鉴定。银大公司就原“江苏广兴达银大科技有限公司”印章的去向向一审法院提交的书面说明中表述，该印章存放在银大公司档案室。

裁判理由：一审法院认为，2006年10月19日的《承诺书》出具时，何某山系被告银大公司法定代表人，其在加盖有银大公司印鉴的《承诺书》复印件上签字的行为，表示其对该《承诺书》复印件真实性予以认可。江苏广兴达银大科技有限公司与银大公司仅系公司名称变更的关系，两个名称所指向的为同一公司，银大公司虽对该《承诺书》上“江苏广兴达银大科技有限公司”印鉴的真实性和效力提出质疑，但庭审时表示不申请鉴定，且在银大公司名称变更后，原名称“江苏广兴达银大科技有限公司”的印鉴并未销毁而是由其自行保存，银大公司未能提交有效证据证明其原名称的公章不再使用，故银大公司应承担相应不利的法律后果，对其关于《承诺书》在形式要件上不能成立的主张，不予采信。银大公司主张何某山无权签署《承诺书》，但未能提交有效证据证明银大公司在内部权限划分上，对法定代表人对外担保、订立担保合同进行明确限制。故本案现有证据不能证明何某山系超越权限签署《承诺书》，因此，《承诺书》对银大公司有效，银大公司应对被告恒通公司的债务本息向原告中建材公司承担连带清偿责任。

二审法院认为，一方面，涉案《承诺书》复印件具备相应的形式要件。本案中，虽然被上诉人中建材公司提供的《承诺书》是复印件，但该承诺提供担保的函件得到当时上诉人银大公司法定代表人何某山的签字确认，《合同法》第 32 条①规定，“当事人采用合同书形式订立合同的，自双方当事人签字或者盖章时合同成立”，因此，银大公司出具的《承诺书》有效成立。此外，公司的行为能力及意思表示通过法定代表人以公司的名义所为的行为，是公司法人的法律行为，由此产生的权利义务对公司法人具有约束力，《民法通则》第 38 条②关于“依照法律或者法人组织章程规定，代表法人行使职权的负责人，是法人的法定代表人”以及《民法通则》第 43 条③关于“企业法人对它的法定代表人和其他工作人员的经营活动，承担民事责任”的规定，银大公司法定代表人何某山的行为在法律上即视为银大公司自身的行为，其在《承诺书》上签字的行为应当认定为银大公司对《承诺书》的确认。江苏广兴达银大科技有限公司与银大公司仅系公司名称变更的关系，两个名称所指向的为同一公司，江苏广兴达银大科技有限公司的签章应当视为银大公司的签章。此外，银大公司一、二审均未申请鉴定何某山在涉案《承诺书》复印件上签名的时间，故对银大公司关于其并非该《承诺书》的签章人、该《承诺书》在形式要件上不能成立以及法定代表人何某山在《承诺书》复印件上签字的行为无效的上诉主张，不予采信。另一方面，上诉人银大公司提供担保的承诺应为有效。虽然本案的《进口项目委托代理协议书》签订于 2005 年，但本案涉及的《备忘录》以及银大公司出具的《承诺书》签订于 2006 年 10 月，故本案应适用 2005 年修订的《公司法》。2005 年修订的《公司法》公司对外担保条文第 1 款、第 2 款规定：“公司向其他企业投资或者为他人提

---

① 参见《民法典》第 490 条第 1 款规定：“当事人采用合同书形式订立合同的，自当事人均签名、盖章或者按指印时合同成立。在签名、盖章或者按指印之前，当事人一方已经履行主要义务，对方接受时，该合同成立。”

② 参见《民法典》第 61 条第 1 款规定：“依照法律或者法人章程的规定，代表法人从事民事活动的负责人，为法人的法定代表人。”

③ 参见《民法典》第 61 条第 2 款规定：“法定代表人以法人名义从事的民事活动，其法律后果由法人承受。”

供担保,依照公司章程的规定,由董事会或者股东会、股东大会决议;公司章程对投资或者担保的总额及单项投资或者担保的数额有限额规定的,不得超过规定的限额。公司为公司股东或者实际控制人提供担保的,必须经股东会或者股东大会决议。”第一,该条款并未明确规定公司违反上述规定对外提供担保导致担保合同无效;第二,公司内部决议程序,不得约束第三人;第三,该条款并非效力性强制性的规定;第四,依据该条款认定担保合同无效,不利于维护合同的稳定和交易的安全。此外,关于公司违反这一规定对外提供担保的合同效力问题,根据《最高人民法院关于适用〈中华人民共和国合同法〉若干问题的解释(一)》第 4 条①“合同法实施以后,人民法院确认合同无效,应当以全国人大及其常委会制定的法律和国务院制定的行政法规为依据,不得以地方性法规、行政规章为依据。”以及《最高人民法院关于适用〈中华人民共和国合同法〉若干问题的解释(二)》第 14 条②“合同法第五十二条第(五)项规定的‘强制性规定’,是指效力性强制性规定。”的规定,在《合同法》的基础上进一步明确缩小了合同因违反法律、行政法规的强制性规定而无效的情形。因此,2005 年修订的《公司法》公司对外担保条文的规定并非效力性强制性的规定。在 2005 年修订的《公司法》没有明确规定公司违反 2005 年修订的《公司法》公司对外担保条文对外提供担保无效的情形下,对公司对外担保的效力应予确认。此外,根据《合同法》第 50 条③“法人或者其他组织的法定代表人、负责人超越权限订立的合同,除相对人知道或者应当知道其超越权限的以外,该代表行为有

---

① 参见《民法典》第 153 条第 1 款规定:“违反法律、行政法规的强制性规定的民事法律行为无效。但是,该强制性规定不导致该民事法律行为无效的除外。”《民法典合同编通则解释》第 16 条第 1 款规定:“合同违反法律、行政法规的强制性规定,有下列情形之一,由行为人承担行政责任或者刑事责任能够实现强制性规定的立法目的的,人民法院可以依据民法典第一百五十三条第一款关于‘该强制性规定不导致该民事法律行为无效的除外’的规定认定该合同不因违反强制性规定无效:(一)强制性规定虽然旨在维护社会公共秩序,但是合同的实际履行对社会公共秩序造成的影响显著轻微,认定合同无效将导致案件处理结果有失公平公正;(二)强制性规定旨在维护政府的税收、土地出让金等国家利益或者其他民事主体的合法利益而非合同当事人的民事权益,认定合同有效不会影响该规范目的的实现;(三)强制性规定旨在要求当事人一方加强风险控制、内部管理等,对方无能力或者无义务审查合同是否违反强制性规定,认定合同无效将使其承担不利后果;(四)当事人一方虽然在订立合同时违反强制性规定,但是在合同订立后其已经具备补正违反强制性规定的条件却违背诚信原则不予补正;(五)法律、司法解释规定的其他情形。”

② 同上注。

③ 参见《民法典》第 504 条规定:“法人的法定代表人或者非法人组织的负责人超越权限订立的合同,除相对人知道或者应当知道其超越权限外,该代表行为有效,订立的合同对法人或者非法人组织发生效力。”

效。”以及《担保法解释》第11条①“法人或者其他组织的法定代表人、负责人超越权限订立的担保合同,除相对人知道或者应当知道其超越权限的以外,该代表行为有效。”的规定,公司的法定代表人违反公司章程的规定对外提供担保应认定为有效。可见,对于公司法定代表人越权对外提供担保的情形,公司对外仍应对善意第三人承担民事责任,故本案银大公司的担保责任不能免除。被上诉人中建材公司应为善意第三人。有限责任公司的公司章程不具有对世效力,有限责任公司的公司章程作为公司内部决议的书面载体,它的公开行为不构成第三人应当知道的证据。强加给第三人对公司章程的审查义务不具有可操作性和合理性,第三人对公司章程不负有审查义务。第三人的善意是由法律所推定的,第三人无须举证自己善意;如果公司主张第三人恶意,应对此负举证责任。因此,不能仅凭公司章程的记载和备案就认定第三人应当知道公司的法定代表人超越权限,进而断定第三人恶意。故在上诉人银大公司不能举证证明中建材公司存在恶意的情形下,应当认定中建材公司为善意第三人,中建材公司已经尽到合理的审查义务。可见,上诉人银大公司出具的《承诺书》担保形式完备,内容不违反法律、法规有关效力性的强制性规定,应认定为构成合法有效的第三人保证,银大公司应承担连带保证责任。故银大公司上诉关于其法定代表人何某山对外提供担保,其行为违反公司章程的规定,并没有经过股东会、股东大会或者董事会同意,故何某山对外担保因违反《公司法》公司对外担保条文的强制性法律规定,应为无效担保的上诉请求以及被上诉人中建材公司未能尽到审慎的审查义务,不能作为善意的第三人要求银大公司承担保证责任的上诉请求,不予支持。

101. 未经股东会或者股东大会决议,公司为公司股东或者实际控制人提供担保,效力如何认定?

【案例1】成某诉郦某中等民间借贷纠纷案②

裁判要旨:公司为公司股东或者实际控制人提供担保的,虽然未经股东会或者

① 参见《民法典担保制度解释》第7条第1款规定:“公司的法定代表人违反公司法关于公司对外担保决议程序的规定,超越权限代表公司与相对人订立担保合同,人民法院应当依照民法典第六十一条和第五百零四条等规定处理:(一)相对人善意的,担保合同对公司发生效力;相对人请求公司承担担保责任的,人民法院应予支持。(二)相对人非善意的,担保合同对公司不发生效力;相对人请求公司承担赔偿责任的,参照适用本解释第十七条的有关规定。”

② 参见江苏省无锡市南长区人民法院(2013)南民初字第430号民事判决书。

股东大会决议,但是所担保的借款用于公司生产经营活动,担保行为符合公司自身利益的,公司对外担保有效。

基本案情:郦某中为资源公司法定代表人、董事长。2012 年 9 月 10 日,成某与郦某中签订《借款合同》,约定成某同意借予郦某中 300 万元,借款期限为 2012 年 9 月 10 日至 2012 年 9 月 19 日。后,成某又分别与资源公司、伏德公司签订保证合同,由资源公司、伏德公司为上述借款承担连带保证责任,保证期间为 2 年。同日,成某划付 300 万元至郦某中账户,郦某中确认收到借款。借款到期后,郦某中未按约清偿,资源公司、伏德公司也未履行保证责任。成某于 2013 年 3 月诉至法院,要求郦某中还本付息,资源公司、伏德公司承担连带担保责任。郦某中对于向成某借款 300 万元的事实无异议,但认为借款目的是提供给资源公司经营使用,实际上也确实将该笔借款借给了资源公司。资源公司亦认可郦某中向成某的借款 300 万元,由郦某中借给了资源公司,用于资源公司的生产经营。但资源公司认为郦某中为资源公司的股东和董事长,资源公司为郦某中向成某的借款提供担保未经股东会决议,违反了《公司法》公司对外担保条文第 2 款关于"公司为公司股东或者实际控制人提供担保的,必须经股东会或者股东大会决议"的规定,故资源公司与成某之间的担保合同无效。

裁判理由:从立法本意来看,我国《公司法》对公司为公司股东或公司实际控制人担保的限制是基于保护中小股东和公司外利害相关人的利益而作出的,其主要目的是平衡公司的自主经营权与公司股东的利益。因此,认定公司此种担保是否有效,就是对两种对立法益的平衡、考量直至最后的取舍过程,而不能仅片面强调其中的一种价值。在个案审理中认定公司担保的效力,我们认为衡量的标准是担保行为是不是公司本身的意志以及是否符合公司的利益。如果担保行为确属公司意志且有利于实现公司自身的利益,则担保有效,否则的话则担保无效。这里公司的意志与符合公司的利益在实质上是一致的,公司意志的核心就是实现公司利益的最大化。具体到本案的处理,综合全案证据可以认定作为担保人的资源公司系借款的实际用款人,也即资源公司为公司股东郦某中的借款提供担保,借款用于资源公司的生产经营活动,担保行为符合资源公司自身的利益。因而,最终认定担保行为有效,资源公司应承担担保责任。

【案例 2】许某兵诉江苏金烁置业有限公司等民间借贷纠纷案①

裁判要旨:《公司法》公司对外担保条文第 2 款规范的是公司与股东之间的内

① 参见江苏省高级人民法院(2014)苏商终字第 00472 号民事判决书。

部管理行为，对第三人不具有约束力，不得要求第三人承担审查有无股东会决议的注意义务。公司法定代表人同时系控股股东的，其加盖公司公章为本人借款进行担保，即便未经其他股东授权，相对人系善意的，保证合同有效。

基本案情：2011 年 7 月 14 日，许某兵向汪某军、穆某红出借 300 万元，约定借款期限 1 年，月利率 5%。该笔借款到期后，许某兵向汪某军、穆某红索要该款，汪某军提出其公司房地产项目尚未开发，暂无钱还款，可用公司担保，承担保证责任。遂经结算，于 2012 年 7 月 14 日，由许某兵与汪某军、穆某红签订借款合同，同时汪某军、穆某红向许某兵出具借条，并在借款合同及借条上加盖金烁公司印章。2012 年 7 月 14 日的借款合同主要约定："一、借款用途为企业经营；二、借款数额为 395 万元；三、借款期限为签订合同之日起至 2013 年 7 月 14 日止……六、担保人、担保企业为金烁公司，应保证借款人按期还款，如逾期还款，则无条件向出借人偿还借款。"2012 年 7 月 14 日的借条载明："今借到许某兵现金叁佰玖拾伍万元正(3950000)，按年利息 40% 计算利息，借期壹年。"金烁公司由汪某军创办，2011 年公司成立时，汪某军任公司法定代表人和执行董事，公司印章保管于其手中。2012 年 9 月之前，公司共有 5 名股东，其中汪某军占 35% 股份。2012 年 10 月，公司内部产生矛盾，汪某军将公章交出。

裁判理由：《公司法》公司对外担保条文第 2 款规定，公司为公司股东或者实际控制人提供担保的，必须经过股东会或者股东大会决议。但是，在本案中金烁公司违反前述条款规定，为其股东汪某军向许某兵借款提供保证担保，不能简单地认定该保证合同无效。理由如下：第一，公司法的调整对象是公司的组织和行为以及公司与其股东之间、股东与股东之间的内部管理活动，并不调整公司与第三人之间的交易行为。因此，《公司法》公司对外担保条文第 2 款规范的是公司与股东之间的内部管理行为，对第三人不具有约束力。第二，《公司法》公司对外担保条文第 2 款明确规定审查有无股东会决议的义务主体是公司，第三人没有审查的注意义务。而且，要求第三人承担审查有无股东会决议的注意义务，不利于促进交易安全和效率。第三，本案借款合同明确约定汪某军因经营资金紧缺借款且用于企业经营，汪某军作为时任金烁公司的法定代表人及控股股东，其加盖金烁公司公章为本人借款进行担保，即便未经其他股东授权，许某兵作为善意的相对人完全有理由相信金烁公司的全体股东同意公司为该笔借款进行担保。因此，金烁公司与许某兵之间的保证合同合法有效。由于未约定保证方式，按连带保证承担责任，故金烁公司依法应当对本案借款本息承担连带偿还责任。如果因金烁公司承担担保责任而对公司或其他股东造成损害的，可以另行向汪某军主张。

【案例3】杭州萧山临浦镇资产经营公司诉浙江加兰节能科技股份有限公司等企业借贷纠纷案①

裁判要旨：《公司法》公司对外担保条文第2款未明确规定公司违反上述规定对外提供担保导致担保合同无效，非效力性强制性规定，公司内部决议程序不得约束第三人，无证据证明相对人知晓公司法定代表人以公司名义提供担保超越其权限的，保证合同有效。

基本案情：2011年10月10日，浙江加兰节能科技股份有限公司（以下简称加兰公司）向杭州萧山临浦镇资产经营公司（以下简称资产公司）出具《承诺函》，承诺因其作为宜佳公司的担保人需履行担保责任，向临浦镇政府借款1000万元，在10天内向银行办理好贷款手续后，立即归还给临浦镇政府，利息按银行同期利率支付。同日，资产公司将上述借款出借给加兰公司。2013年9月30日，加兰公司向资产公司出具《承诺书》要求延期归还上述借款，承诺在同年11月10日前归还本金，同时由杨某贵、胡某妹、华兴公司、中婕公司对上述债务提供担保，约定了担保期间、担保范围等。此后，加兰公司未按约定履行义务。杨某贵、胡某妹、华兴公司及中婕公司未依约承担保证责任。另外，中婕公司法定代表人于2012年8月13日由陈某飞变更为杨某贵，于2014年5月28日由杨某贵变更为赵某福。2012年7月19日，中婕公司启用新印章，《承诺书》上“中婕公司”印章印文非其新印章的印章印文。原告认为加兰公司应还本付息，各担保人应承担连带付款义务。中婕公司认为《承诺书》中的印文非公司真实印文，且该担保未经股东会决议。依照我国《担保法》和《公司法》的规定，公司董事、经理违规为公司股东或者其他个人债务提供担保的，担保合同无效，故其公司无须承担担保责任。

裁判理由：一审法院认为，本案主要的争议焦点是中婕公司是否应承担保证责任问题。(1)本案中，未有证据材料显示，资产公司知道或者应当知道杨某贵代表中婕公司为案涉借款提供保证超越权限，故根据《合同法》第50条②及《担保法解

---

① 参见浙江省杭州市中级人民法院(2015)浙杭商终字第1084号民事判决书。

② 参见《民法典》第504条规定：“法人的法定代表人或者非法人组织的负责人超越权限订立的合同，除相对人知道或者应当知道其超越权限外，该代表行为有效，订立的合同对法人或者非法人组织发生效力。”

释》第11条①之规定，认定中婕公司依法对案涉借款提供保证。(2)公司的法定代表人依法代表公司对外进行民事活动。法定代表人发生变更的，应办理变更登记。公司法定代表人已被股东决定停止执行职务，但未办理工商变更登记手续，不影响善意相对人信赖公司登记机关登记与其进行交易。本案中，依据登记资料，杨某贵在2013年9月30日仍是中婕公司的法定代表人，其以中婕公司名义对案涉借款提供担保，公司仍应承担保证责任。(3)《承诺书》上"中婕公司"印章印文由时任该公司的法定代表人杨某贵加盖形成，杨某贵在该函上签名行为就是代表公司的职务行为，中婕公司应对其法定代表人的职务行为承担相应的民事责任。(4)《公司法》公司对外担保条文第2款规定，公司为公司股东或者实际控制人提供担保的，必须经股东会或者股东大会决议。但《公司法》并未明确规定公司违反上述规定对外提供担保导致担保合同无效，该条款非效力性强制性规定；公司内部决议程序，不得约束第三人；违反该规定认定担保合同无效，不利于维护合同的稳定和交易的安全。故中婕公司应当承担相应的担保责任。据此，判决：……五、华兴公司、中婕公司、杨某贵、胡某姝对判决第一项、第二项、第三项给付义务负连带责任……

二审法院认为，《承诺书》上所盖中婕公司的公章虽并非其于2012年7月19日新启用的印章，但杨某贵在盖章处进行了签名，而其系公司登记载明的该公司法定代表人，且中婕公司诉讼中主张当时杨某贵系其实际控制人，杨某贵在承诺书上签名应认定为不仅作为自然人、保证人提供担保，同时也代表公司作为保证人提供担保。因中婕公司并无证据证明资产公司知道或者应当知道杨某贵代表中婕公司为案涉借款提供连带责任保证担保超越了权限，故原审法院认定杨某贵的代表行为对中婕公司有约束力并无不当。2006年1月1日起施行的《公司法》公司对外担保条文第2款之规定并非效力性强制性规定，不能作为认定公司对外提供担保行为无效的法律依据。

---

① 参见《民法典担保制度解释》第7条第1款规定："公司的法定代表人违反公司法关于公司对外担保决议程序的规定，超越权限代表公司与相对人订立担保合同，人民法院应当依照民法典第六十一条和第五百零四条等规定处理：(一)相对人善意的，担保合同对公司发生效力；相对人请求公司承担担保责任的，人民法院应予支持。(二)相对人非善意的，担保合同对公司不发生效力；相对人请求公司承担赔偿责任的，参照适用本解释第十七条的有关规定。"

102. 公司为其股东或者实际控制人提供担保是否有效?

【案例】杨某红诉厦门明大置业投资集团有限公司等民间借贷纠纷案①

裁判要旨:《公司法》公司对外担保条文规定系非效力性强制性规定,未明确规定公司违反上述规定对外提供担保导致担保合同无效,且公司内部约定对第三人也无拘束力。

基本案情:2010年9月3日,被告李某华向原告杨某红借款人民币400万元整,双方约定借款期限从2010年9月3日起至2010年10月2日止……被告厦门明大置业投资集团有限公司(以下简称明大公司)自愿为全部债务承担连带保证担保责任……担保期限为贷款期限届满至本借款还清之日。签订借款协议后原告杨某红如约履行,通过中国建设银行将人民币400万元汇入被告李某华指定的账户。借款期限届满,原告多次催讨未果。

裁判理由:借款协议载明担保方为明大公司,担保方栏由明大公司盖章确认,在协议第4条"担保约定"中载明明大公司自愿为前述全部债务承担连带保证责任,担保责任期限自借款期限届满至本借款还清之日,已足以认定明大公司系讼争债务的连带责任保证的保证人。对于该保证约定是否有效的问题,根据《公司法》公司对外担保条文的规定,李某华虽系明大公司股东和法定代表人,但其一,上述条款并未明确规定公司违反上述规定对外提供担保将导致担保合同无效;其二,上述条款也属非效力性强制性规定;其三,公司内部协议也不得约束第三人;其四,明大公司既未答辩,也未出庭质证,视为对己方权利的放弃,故明大公司对本案债务提供的担保不应认定无效,明大公司应依法承担连带保证责任。

103. 股东会决议存在瑕疵的,是否影响保证合同效力?

【案例】中国农业银行股份有限公司无锡锡山支行诉海安远东新材料有限公司等金融借款合同纠纷案②

裁判要旨:《公司法》公司对外担保条文第2款的立法本意在于限制公司主体行为,防止公司的实际控制人或者高级管理人员损害公司、小股东或其他债权人的

① 参见福建省厦门市集美区人民法院(2011)集民初字第1395号民事判决书。

② 参见江苏省无锡市中级人民法院(2016)苏02民终字第3037号民事判决书。

利益,故其实质是规定公司内部控制程序,规定公司股东、实际控制人的特殊义务,并不能以此直接约束交易相对人。担保债权人与公司签订担保合同时已对公司章程等文件尽到了合理审慎的审查义务,即使股东会决议存在瑕疵,只要不与公司章程中关于公司担保程序的特别规定相冲突,保证合同仍然有效。

基本案情:中国农业银行股份有限公司无锡锡山支行(以下简称锡山支行)与嘉联公司分别于2014年11月4日、12月17日,2015年3月9日、4月13日共签订4份《借款合同》,约定嘉联公司向锡山支行累计借款1970万元。2014年12月17日,锡山支行与海安远东新材料有限公司(以下简称远东公司)签订《最高额保证合同》,约定远东公司为嘉联公司与锡山支行自2014年12月17日起至2017年12月16日止办理借款业务所形成的债务,在最高额2500万元范围内提供连带责任保证担保。该合同由远东公司法定代表人陈某签名并加盖公章。在签订上述保证合同时,陈某向锡山支行提交了股东会决议一份,内容是"现有嘉联公司向锡山支行申请办理流动资金贷款业务,经我远东公司全体股东商议,一致同意对该笔业务中不超过2500万元的敞口授信作保证担保",但该协议上仅有远东公司部分股东签名、盖章。此后,锡山支行依约放款,因嘉联公司未能按约还本付息,远东公司未承担担保责任,锡山支行向法院提起诉讼,请求判令:嘉联公司归还借款本金1970万元并支付该款项的利息;远东公司等对上述本息承担连带清偿责任。审理中,远东公司提交了公司章程一份,以证明该公司实际股东为六人,而案涉股东会决议中仅有两位股东签字、盖章,因此该股东会决议并未获得全体股东的一致同意,且在进行表决时,作为远东公司股东之一的被担保人嘉联公司并未回避,嘉联公司参与表决的行为亦与《公司法》的规定相悖,故案涉股东会决议无效,远东公司不应承担担保责任。

裁判理由:《公司法》公司对外担保条文第2款规定,公司为公司股东或者实际控制人提供担保的,必须经股东会或者股东大会决议。上述《公司法》的立法本意在于限制公司主体行为,防止公司的实际控制人或者高级管理人员损害公司、小股东或其他债权人的利益,故其实质是规定公司内部控制程序,不能以此约束交易相对人,故该规定为管理性强制性规定。因合同法及相关司法解释均已明确,在违反法律或行政法规中的效力性强制性规范时方认定合同无效,故即使陈某向锡山支行提供的股东会决议存在参与表决股东人数不足、被担保股东未回避等瑕疵情形,但因仅违反《公司法》的管理性强制性规定,不能据此认定《最高额保证合同》无效。此外,因远东公司的公司章程中并未规定公司提供担保需经股东会决议通过,故即使股东会决议存在瑕疵，锡山支行基于对远东公司法定代表人陈某的身份及其持有的该公司法人印章及公章的信赖，有理由相信陈某有权代表远东公司签订案涉《最高额保证合同》，陈某以远东公司名义与锡山支行签订案涉《最高额保证合同》的行为构成表见代理，该合同成立并合法有效，远东公司应当承担相应的担保责任。

104. 未经股东会决议，一人有限责任公司为股东提供的担保是否有效？

【案例】袁某诉刘某齐等借款合同纠纷案①

裁判要旨：一人有限责任公司不设股东会，不能因一人有限责任公司未召开股东会进行决议而认定担保无效。

基本案情：2014年3月，原告袁某作为贷款人、被告刘某齐作为借款人，被告东江公司、被告盛和公司、被告常某欣作为保证人，案外人雷某雯作为居间人签订《借款合同》，各方约定原告借给被告刘某齐200万元，借款期限两天，借款年利率22.4%。借款用途用于惠州市盛和物业管理有限公司偿还浦东发展银行珠海分行的贷款。由借款人名下所有财产作为担保，包括而不限于存款、汽车、房产等。另由保证人提供连带责任担保。合同签订后，原告于2014年3月27日委托案外人欧某勇向合同约定的账号汇入200万元，相应的《业务凭证/回单》上注明"往来（代袁某汇）"。2014年3月27日开具相应的收据给原告，确认收到借款人民币200万元，且该款系原告委托欧某勇以转账形式汇入指定的账户。保证人亦同时在收据上签字盖章确认。上述借款到期后，四被告均未向原告偿还任何款项。原告遂诉至法院。此外，被告东江公司系一人有限责任公司，其股东为另一被告刘某齐。

裁判理由：被告盛和公司和被告常某欣系保证人，且提供的保证方式为连带保证，因此，原告要求被告盛和公司和被告常某欣对被告刘某齐的上述债务承担连带责任依据充分，法院予以支持。虽然被告刘某齐系被告东江公司的股东，但被告东江公司系一人有限责任公司，并未设立股东会，被告东江公司已无法召开股东会，因此被告东江公司为被告刘某齐提供连带保证应被确定为有效，原告主张被告东江公司对刘某齐的上述债务承担连带责任依据充分，法院予以支持。

① 参见广东省珠海市香洲区人民法院（2014）珠香法民二初字第1162号民事判决书。

105. 公司法定代表人未经公司权力机关批准或授权，擅自对外提供的保证，是否有效？

【案例】吴某威诉黄某炎、柳州市鼎盛房地产开发有限公司借款合同纠纷案[①]

裁判要旨：《公司法》公司对外担保条文规定系公司内部决议程序，对第三人无拘束力，且其并非效力性强制性规定，除相对人知道或者应当知道公司法定代表人超越权限的以外，其对外提供的保证有效。

基本案情：原告吴某威与被告黄某炎于2014年6月14日签订了《借款担保合同》，该合同约定：吴某威同意向黄某炎发放借款250万元用于资金周转，借款期限从2014年6月14日起至2014年7月13日止，月利率2%，柳州市鼎盛房地产开发有限公司（以下简称鼎盛公司）承担连带保证责任。黄某炎收到借款250万元后于同年9月22日、9月29日向吴某威归还了150万元借款本金。同年6月24日，吴某威与黄某炎签订《借款担保合同》，该合同约定：吴某威同意向黄某炎发放借款400万元用于资金周转，借款期限从2014年6月24日起至2014年8月23日止，月利率2%，鼎盛公司承担连带保证责任。同日，吴某威通过转账和现金给付，黄某炎出具《借条》表明收到了借款400万元。同年10月5日，吴某威与黄某炎签订《借款延期担保合同》，该合同约定：2014年6月14日和2014年6月24日黄某炎共向吴某威借款650万元。2014年9月22日、9月29日黄某炎向吴某威归还了150万元。截至2014年10月5日，黄某炎尚欠吴某威借款500万元，经协商一致将原两份借款合同的借款期限延长至2014年12月24日，担保人的保证期限至借款人还清本息时止，借款合同的其他内容按照原借款合同的内容执行。签订此3份合同时，黄某炎系鼎盛公司的法定代表人，黄某炎在该合同上的担保人栏加盖了刻有鼎盛公司名字的印章并署名。借款到期后，黄某炎并未向吴某威还款。吴某威催付未果诉至法院要求黄某炎归还借款本息并支付律师费168000元，要求鼎盛公司对黄某炎的全部债务承担连带责任。

裁判理由：关于被告鼎盛公司是否应承担担保责任的问题。法院作如下分析：(1)并不能将未经批准、备案刊刻的公章一律认定为假，或者一律追究刑事责任。故法院对被告鼎盛公司辩称本案应由公安机关侦查的主张不予支持。(2)《民法通

① 参见广西壮族自治区柳州市中级人民法院（2015）柳市民二终字第418号民事判决书。

则》第43条①规定:“企业法人对它的法定代表人和其他工作人员的经营活动,承担民事责任。”被告黄某炎的民事行为能代表公司,此乃法律规定。法定代表人以公司名义对外担保,当然属于公司的民事行为。即使法定代表人的授权未经公司权力机关批准或未获得有效授权,公司可以事后追究该法定代表人的责任,但不能因此否定该法定代表人代表公司作出的意思表示,否则将轻易摧毁商事活动中对方的信赖利益和信赖基础。(3)《公司法》公司对外担保条文的规定并非合同无效事由。被告鼎盛公司的担保是否经过股东会、董事会批准等内部决议程序,不得约束善意债权人。若认定担保合同无效,则不利于维护合同的稳定和交易的安全。况且,被告鼎盛公司并未证明原告吴某威存在恶意。另外,公司法上述条款并非效力性强制性规定。因此,被告鼎盛公司担保有效,应当承担保证责任。被告鼎盛公司承担保证责任后,有权向被告黄某炎追偿。

106. 公司在保证合同上加盖公司印章,且有公司法定代表人签字,债权人要求公司承担保证责任,该公司以对外保证未经公司股东会决议为由主张保证无效的,是否应当予以支持?*

【案例】王某高诉正裕公司等民间借贷纠纷案②

裁判要旨:公司章程不具有对世效力,债权人对公司章程不负有审查义务。保证人如未举证证明债权人存在恶意,以担保违反公司章程的规定为由主张担保关系无效的,不予支持。

基本案情:原告与被告任某远、沃某进、正裕公司、宁波市镇海区南洪机械五金厂、沃某琦、任某祥分别于2013年3月7日、2013年3月27日签订《借款保证合同》三份,约定由被告任某远、沃某进分别向原告借款33万元、100万元、63万元。正裕公司、宁波市镇海区南洪机械五金厂、沃某琦、任某祥以担保人身份在《借款保证合同》中签字,约定提供连带责任保证,保证期限为自借款生效之日起至借款人清偿

---

① 参见《民法典》第61条第2款规定:“法定代表人以法人名义从事的民事活动,其法律后果由法人承受。”

* 根据《民法典担保制度解释》第7条第3款第2句“相对人有证据证明已对公司决议进行了合理审查,人民法院应当认定其构成善意,但是公司有证据证明相对人知道或者应当知道决议系伪造、变造的除外。”的规定,相对人对其已经进行了合理审查承担举证责任。

② 参见浙江省宁波市镇海区人民法院(2014)甬镇商外初字第40号民事判决书。

本合同规定的所有款项后止。原告分别于 2013 年 3 月 8 日、2013 年 3 月 29 日按《借款保证合同》约定方式分三次汇入至宁波市镇海任重晖机械轴承有限公司银行账户合计 1960000 元,被告任某远、沃某进分别于汇款同日向原告出具了相应金额的收条。2014 年 1 月 8 日,原告与被告任某远、沃某进、正裕公司、宁波市镇海区南洪机械五金厂、沃某琦、任某祥签订《〈借款保证合同〉补充合同》一份,双方在合同中对借款事实重新进行了确认,并约定还款期限延至 2014 年 2 月 28 日,保证期限为履行期届满后两年。然而,还款期限届满后,被告任某远、沃某进并未按约返还借款,正裕公司、宁波市镇海区南洪机械五金厂、沃某琦、任某祥亦未承担保证责任,为此原告诉至法院。正裕公司辩称:其对担保并不知情,公章并非法定代表人加盖,该公司的章程规定对外担保需经过股东会决议通过,而本案担保并未经公司股东会决议,应为无效。

裁判理由:本案的主要争议焦点在于正裕公司是否应承担连带保证责任。正裕公司认可其公章的真实性,合同抬头担保人一栏中明确注明正裕公司为担保人,且正裕公司的法定代表人沃某琦亦作为担保人在合同中签字,故法院对正裕公司的答辩意见不予采信。正裕公司同时认为其公司章程规定对外提供担保需经股东会决议通过,本案担保并未经公司股东会决议,对外提供担保违反了法律的规定,应属无效。法院认为,正裕公司并未举证证明其公司章程约定对外担保需经过股东会决议,即使正裕公司章程有相关规定,该章程亦不具有对世效力,其仅作为公司内部决议的书面载体,强加给原告对公司章程的审查义务不具有可操作性和合理性,原告对公司章程不负有审查义务,故在正裕公司未举证证明原告存在恶意的情形下,正裕公司以担保违反公司章程的规定为由主张担保关系无效,法院不予支持。法院认定正裕公司系本案借款的连带责任保证人,其应依法承担相应连带保证责任。

107. 公司法定代表人虽未经公司决议程序对外提供担保,但其为单独持有公司三分之二以上有表决权的股东,保证合同是否成立?

【案例】江北公司诉安徽群裕企业管理有限公司等保证合同纠纷案①

裁判要旨:(1)公司法定代表人虽未经公司决议程序对外提供担保,但其为单

① 参见最高人民法院(2020)最高法民终 1082 号民事裁定书。

独持有公司三分之二以上有表决权的股东，应当认定担保合同符合公司的真实意思表示，合同有效。

(2)担保合同上担保人处虽加盖有公司印章，但无公司法定代表人签名，债权人亦不能证明该公司对该担保有相应授权，债权人主张该公司承担担保责任的，不予支持。

基本案情:2013 年 5 月 15 日，江北公司与兴东公司等五公司签订《保证合同》，约定兴东公司等五公司为江北公司与高创公司因委托贷款合同形成的债权提供连带责任保证；保证范围包括委托贷款合同项下借款本金、利息、罚息、复利以及实现债权费用等；保证期间为委托贷款合同约定的债务履行期限届满之日起两年；合同自各方签字或盖章之日起生效。债权人处由江北公司加盖印章，原法定代表人黄某龙签名。保证人处由群裕公司加盖印章；兴东公司法定代表人张某延签名，并加盖公司印章；天星公司法定代表人俞某签名，并加盖公司印章；甬泰公司法定代表人童某宪签名，并加盖公司印章；太平公司加盖印章，童某签名。上述五公司签订《保证合同》时，法定代表人、股东及持股比例为：(1)群裕公司法定代表人为邬某阳，股东为邬某阳、邵某、俞某武、张某，持股比例分别为 38%、30%、16%、16%。(2)甬泰公司法定代表人为童某宪，股东为童某宪、陈某君，持股比例分别为 85%、15%。(3)兴东公司法定代表人为张某延，股东为张某延、徐某、张某，股东持股比例分别为 83.33%、9.15%、7.52%。(4)天星公司法定代表人为俞某，股东为俞某、陈某，持股比例分别为 70%、30%。(5)太平公司法定代表人杨某文，股东为山东鲁地矿业投资有限公司、杨某文、山东地矿集团有限公司，持股比例为 39%、10%、51%。此外，2016 年 12 月 5 日，安徽省芜湖市中级人民法院就江北公司诉高创公司借款合同纠纷案作出(2016)皖 02 民初 23 号民事判决：高创公司于判决生效之日起 10 日内向江北公司清偿借款本金 1 亿元，利息、罚息、复利合计 35713530 元；并支付自 2015 年 11 月 1 日起按照 18.524% 的年利率以 1 亿元本金为基数计算的罚息和以未付利息合计数为基数计算的复利。

裁判理由:关于兴东公司等五公司是否应对案涉主债务承担连带清偿责任。(1)关于江北公司在《保证合同》上加盖印章的时间。江北公司起诉时，提交的落款时间为 2013 年 5 月 29 日的《保证合同》，未加盖江北公司印章；一审审理期间，江北公司提交已经加盖其印章的保证合同原件。江北公司又从农行沈巷支行调取该行持有的落款时间为 2013 年 5 月 15 日的《保证合同》，该合同加盖有江北公司印章，并有该公司原法定代表人黄某龙签名，农行沈巷支行亦在该合同上加盖印章确认。

兴东公司、天星公司、太平公司及甬泰公司虽对此有异议，但未能就此提交相应证据证明，故对于落款时间为2013年5月15日的《保证合同》予以采信。兴东公司、天星公司、太平公司、甬泰公司以江北公司起诉时尚未在保证合同加盖印章为由，主张该合同未生效的主张不能成立。(2)关于兴东公司等五公司应否承担保证责任。《公司法》公司对外担保条文规定，公司为他人提供担保，依照公司章程的规定，由董事会或者股东会、股东大会决议。依据该项规定，担保行为不是法定代表人所能单独决定的事项，而必须以公司股东(大)会、董事会等公司机关的决议作为授权的基础和来源。本案中，兴东公司、天星公司、甬泰公司、太平公司均称股东会或董事会未就此作出决议，江北公司亦未能提交相应证据。故针对案涉五公司签订担保合同的具体情形，分别认定：其一，关于兴东公司、天星公司及甬泰公司。兴东公司系由该公司法定代表人张某延签订案涉保证合同，其签订合同时为兴东公司持股比例为83.33%的股东。故兴东公司股东会虽未就此作出决议，但因张某延系兴东公司持股比例超过三分之二的股东，应当认定保证合同符合公司的真实意思表示，合法有效。换言之，即使当时股东会就此事项表决，亦可通过此项决议。同理，天星公司、甬泰公司均由各自公司法定代表人俞某、童某宪签名，且该两位法定代表人签订案涉保证合同时，分别为天星公司、甬泰公司持股比例为70%、85%的股东，持股比例均超过总股本的三分之二，亦应认定保证合同符合公司的真实意思表示，合法有效。其二，关于太平公司。案涉保证合同保证人处由童某签名，并加盖太平公司印章。首先，太平公司时任法定代表人不是童某，故其行为不属于法定代表人越权代表行为。其次，太平公司否认授权童某签订保证合同，江北公司也未能就此举证，故童某的行为属于无权代理行为。如前所述，公司对外担保属于股东会、董事会决定事项，即使案涉保证合同加盖太平公司印章，如无相应股东会或董事会决议一般不能认定为公司真实意思表示。因《公司法》公司对外担保条文对此已经作出明确规定，江北公司在童某代表太平公司签订保证合同时，未就此进行审查，未尽到必要的注意义务，不属于善意无过错的相对人，故童某行为亦不符合《合同法》第49条①规定的表见代理行为。据此，案涉保证合同对于太平公司不发生效力。其三，关于群裕公司。案涉合同虽然加盖该公司印章，但法定代表人或授权代理人处签名无法辨识，江北公司亦不知系何人所签。另，群裕公司单一股东持股比例最高的为邬某阳，持股比例为38%。据此，与太平公司情形类似，案涉保证合同

① 参见《民法典》第172条规定："行为人没有代理权、超越代理权或者代理权终止后，仍然实施代理行为，相对人有理由相信行为人有代理权的，代理行为有效。"

虽加盖群裕公司印章，不能视为群裕公司的真实意思表示，该合同对群裕公司不具有法律效力。综合上述分析，兴东公司、天星公司及甬泰公司基于有效的保证合同，应当对高创公司未归还江北公司的债务承担连带清偿责任。

108. 未经股东会决议，持有公司三分之二以上表决权的股东签字同意的担保合同，是否对公司发生效力？

【案例】谷某诉投资管理公司等民间借贷纠纷案①

裁判要旨：未经股东会决议，持有公司三分之二以上表决权的股东签字同意的保证合同有效。

基本案情：2016年10月18日，郭某、甲律师事务所、投资管理公司签订《借款合同书》，约定由郭某向甲律师事务所出借人民币600万元，借款期限为3年，由投资管理公司对借款承担连带担保责任。合同签章处有投资管理公司的签章和其法定代表人孙某的签名。2018年8月23日，郭某、甲律师事务所、投资管理公司签订《补充协议》，再次明确由投资管理公司对还款承担连带担保责任，孙某在协议上签名。另外，投资管理公司为有限责任公司，股东孙某、史某分别持股60%、40%，孙某为法定代表人。2018年6月12日，孙某持股比例变更为99.9%，史某持股比例变更为0.01%。2018年10月10日郭某去世，谷某系郭某的女儿。

裁判理由：投资管理公司在《借款合同书》上加盖公章，孙某作为投资管理公司的法定代表人亦在合同上签字。但现有证据并未显示郭某在合同订立时曾就投资管理公司的股东会决议进行过审查。法院二审中调取的投资管理公司工商档案中显示，2016年10月18日《借款合同书》签订时，孙某的持股比例为40%，但至2018年8月23日《补充协议》签订时，孙某在投资管理公司的持股比例已变更为99.99%。尽管郭某在签订《借款合同书》和《补充协议》时未审查投资管理公司的股东会决议，但孙某于2018年8月23日代表投资管理公司再次作出承担连带担保责任的意思表示时，其已经享有公司三分之二以上表决权。所以，投资管理公司对债务承担连带担保责任的意思表示真实，其担保应属有效，其应承担本案《借款合同书》项下的连带还款责任。

① 参见上海市第一中级人民法院(2021)沪01民终2683号民事判决书。

109. 公司对外提供担保时无须机关决议的规定,是否适用于上市公司?

【案例】润兴公司诉盛运环保公司等保证合同纠纷案①

裁判要旨:债权人在接受上市公司作为保证人提供的担保时,应按照上市公司披露的公司章程的相关规定对公司机关决议进行审查。在债权人未对上市公司提供担保的相关公司机关决议进行审查的情况下,因上市公司对外违规担保会影响股东和潜在股东的利益,上市公司的签约代表违规为公司股东或者实际控制人提供担保,上市公司不承担责任。上市公司的签约代表违规为公司股东或者实际控制人之外的人提供担保,债权人应证明其为善意的,否则担保合同无效,上市公司不承担保证责任。债权人未依法审查上市机关公司决议,不能证明其为善意。

基本案情:2015 年 12 月 29 日,委托人润兴公司、受托人江苏银行镇江分行、借款人盛运重工公司签订《委托贷款合同》,约定润兴公司委托江苏银行镇江分行向盛运重工公司发放贷款 2 亿元用于补充流动资金,另对年利率、逾期利息及还款方式等内容作出约定。同日,润兴公司、盛运重工公司分别与盛运环保公司及开某胜签订《保证合同》(法人版)及《保证合同》(自然人版),约定盛运环保公司及开某胜作为保证人对以《委托贷款合同》及所有附件为主合同的项下盛运重工公司对润兴公司所负全部债务提供不可撤销的连带责任保证,另对保证期间、保证责任的范围等内容作出约定。经查,盛运环保公司于 2010 年 6 月 25 日在深圳证券交易所创业板 A 股上市。盛运环保公司未就案涉担保对外公告。盛运环保公司的公司章程第 39 条规定:"股东大会是公司的权力机构,依法行使下列职权……(十二)审议批准本章程第 40 条规定的担保事项……"第 40 条规定:"公司下列对外担保行为,须经股东大会审议通过。(一)本公司及本公司控股子公司的对外担保总额,超过最近一期经审计净资产的 50% 以后提供的任何担保……(六)对股东、实际控制人及其关联方提供的担保;(七)证券交易所规定的应经股东大会审议的其他担保。"第 110 条第 2 款、第 3 款规定:"董事会有权决定下列收购或出售资产、投资、借款、关联交易、对外担保等事项:……(五)本章程第四十条规定之外的对外担保事项。"《安徽盛运环保(集团)股份有限公司关于深交所对公司及相关当事人给予纪律处分决定暨举行公开致歉会的公告》中处分决定的全文部分记载有:"截至 2016 年年末,盛

① 参见北京市第三中级人民法院(2018)京 03 民初 571 号民事判决书。

运环保公司为实际控制人开某胜控制的安徽盛运重工机械有限责任公司提供资金余额9.774512亿元……”根据盛运重工公司的工商登记信息，盛运环保公司持有盛运重工公司的股份在2015年3月9日由59%变更为30%，2016年9月30日由30%变更为25.77%，2017年4月12日，盛运环保公司不再持有盛运重工公司股份。截至2017年12月20日即合同约定的借期内最后一个结息日，盛运重工公司尚欠润兴公司本金2726.078429万元，欠付利息67.218372万元。后盛运重工公司分别于2017年12月21日和2018年1月23日还款35.115166万元和115.539113万元。

裁判理由：关于盛运环保公司是否应在本案中承担保证责任，法院生效裁判认为：无证据证明签订案涉《保证合同》（法人版）时润兴公司曾对盛运环保公司有无相关内部决议进行审查。在此情况下，认定盛运环保公司是否应在本案中承担保证责任，应对润兴公司主张的盛运重工公司为盛运环保公司直接或间接控制的公司、盛运环保公司与盛运重工公司之间相互担保的商业合作关系是否存在以及盛运环保公司作为上市公司无决议对外担保，是否适用一般公司对外担保无须机关决议例外情形进行审查。即便在案证据显示盛运重工公司曾为盛运环保公司的全资子公司，签订案涉《保证合同》（法人版）时，盛运环保公司持有盛运重工公司30%的股份，盛运环保公司的法定代表人开某胜同为盛运环保公司和盛运重工公司的实际控制人，盛运重工公司和盛运环保公司存在相互担保的商业合作关系。考虑到上市公司属于公众公司，上市公司对外担保会影响到股东和潜在股东的利益，如果其违规担保，会影响到证券市场的健康发展，公司对外担保无须机关决议的例外情况并不能直接适用于上市公司这类公众公司。根据在案证据，案涉《保证合同》（法人版）中约定的担保内容未经盛运环保公司内部决议，盛运环保公司为实际控制人开某胜控制的盛运重工公司提供担保属于实际控制人非经营性占用上市公司资金的违规对外担保行为，违反了《公司法》公司对外担保条文、《证券法》第80条等规定，且该行为已受到深圳证券交易所处分，故案涉《保证合同》（法人版）并非盛运环保公司的真实意思表示，该保证合同不成立，不应对盛运环保公司发生法律效力。

110. 仅公司法定代表人在担保人处签字，未加盖公司印章的，能否认定为代表公司作出了保证的意思表示？

【案例】黄某婷诉宁跃公司等民间借贷纠纷案①

裁判要旨：法定代表人本身即代表公司，法定代表人以公司名义作出的意思表示视为公司的意思表示，欠缺公司印章不影响意思表示的作出。合同中存在关于公司承担保证责任约定，公司法定代表人在合同上签字但未盖章的，不影响保证法律关系的成立。

基本案情：宁跃公司与黄某婷之间有多次借款业务往来。2011 年 12 月 22 日，黄某婷与宁跃公司等订立一份还款协议书，该协议书载明甲方出借人黄某婷，乙方借款人即宁跃公司，丙方担保人即谢某水、肖某华、众财公司、科技公司。谢某水系宁跃公司和科技公司法定代表人，谢某水、肖某华系宁跃公司股东。肖某华系众财公司法定代表人。协议确认了乙方共计欠甲方借款本金 4110745 元、利息 337154 元，本息合计 4447899 元；同时，约定了还款方式及违约金等。黄某婷在甲方落款处签名，谢某水、肖某华在丙方落款处签名，众财公司在丙方落款处盖章，乙方落款处未有签名盖章。黄某婷要求宁跃公司归还上述款项及支付违约金，要求肖某华、谢某水、众财公司、科技公司对宁跃公司的上述债务承担无限连带责任。谢某水等一致认为已经结清借款，且还款协议书没有宁跃公司的签字和认可，该协议没有成立、生效，谢某水只是作为担保人在还款协议书上签字，而不是作为宁跃公司的法定代表人对协议进行确认；此外，科技公司也未在担保人处盖章，不承担担保责任。

裁判理由：法定代表人代表企业法人对外从事民事活动，应由企业法人承担相应的民事法律后果。本案中，宁跃公司虽未在还款协议书上盖章，但其法定代表人谢某水在还款协议书上签字，结合宁跃公司与黄某婷曾发生多笔借款往来的事实，应视为谢某水代表宁跃公司确认还款协议书的内容，还款协议书依法成立并生效，并不能因其签字系在丙方落款处而否定还款协议书的效力。同时，稼泰丰公司虽未在丙方落款处盖章，但其法定代表人谢某水的签字行为亦应由该公司对外承担民事法律责任，故稼泰丰公司应按约对本案款项承担连带保证责任。

---

① 参见江苏省无锡市中级人民法院(2012)锡民终字第 1015 号民事判决书。

111. 在公司为实际控制人提供的担保中，善意相对人如何认定？

【案例】咨询公司诉传媒公司等保理合同纠纷案①

裁判要旨：债权人签署的其他合同中明确载明债务人系保证人公司的实际控制人，债权人未查询上市公司保证人的股东大会决议等事项的，不能认定为善意相对人。

基本案情：2018年10月29日，咨询公司（甲方、应收账款受让方）与信息技术公司（乙方、应收账款转让方）、传媒公司（丙1、担保人1）、赖某（丙2、担保人2）签订了《商业保理合同》。该合同主要约定，乙方将其对商务合同买方享有的尚未到期的应收账款债权转让给甲方，甲方向乙方支付本合同约定的受让价款并受让该债权。甲方同意为乙方提供"有追索权循环额度隐蔽国内保理服务"，丙方同意为乙方在本合同项下应承担的义务承担无限连带保证责任。其中第5章担保事宜第14条载明："丙方系乙方实际控制人，若乙、丙方情况变化可能影响甲方，丙方应及时通知甲方。"传媒公司2017年年度报告显示，传媒公司的最终控制方是赖某。同日，传媒公司、赖某分别向咨询公司出具《担保函》，承诺为乙方在《商业保理合同》项下应承担的义务承担无限连带担保责任。传媒公司向咨询公司提供了一份董事会决议，该决议载明：同意对咨询公司与信息技术公司订立的《商业保理合同》项下针对信息技术公司需向咨询公司支付的所有应收账款回购款，已到期、未到期资金占用费，逾期违约金及咨询公司为实现其上述权益发生的所有费用承担无限连带保证责任。传媒公司5名董事会成员在该决议上签名确认。上述合同签订后，咨询公司向信息技术公司支付了5500万元的保理融资款。

裁判理由：咨询公司是《商业保理合同》的签约当事人，该合同明确载明，丙方（传媒公司及赖某）为债务人信息技术公司的实际控制人。因此，咨询公司对债务人及担保人之间的股权或控制关系应属明知，也应当意识到传媒公司提供本案担保可能系受其实际控制人赖某的控制，更应对传媒公司的内部有效决议做审慎审查。上市公司作为公众公司，其公司章程、重大经营信息等均依法公开，其关联担保等重大经营行为还受证券监管部门诸多规章或规范性文件的约束，相对人可以通过很低的交易成本了解到上市公司法定代表人的权限以及公司股东大会的重大决议事项，咨询公司作为金融机构，对此更具备专业的审查能力。咨询公司未提供有效的证据证明其对《担保函》经过传媒公司股东大会决议进行了审查，未尽到应尽

---

① 参见上海金融法院（2020）沪74民终289号民事判决书。

的注意义务，不属于善意相对人。

112. 股东会决议对外能否构成承担保证责任的自认？

【案例】某银行诉电器公司等金融借款合同纠纷案[①]

裁判要旨：股东会决议的作出仅表明公司意思形成，在未以该意思表示与第三人签订保证合同前，并无法律约束力。

基本案情：2017 年 11 月，许某向某银行申请汽车分期贷款，借款 11 万元，期限 36 个月，并约定了期内利息、逾期利息、分期手续费等。同时双方签订贷款抵押合同，约定许某以贷款所购汽车抵押给某银行，沈某向某银行出具《共同还款承诺》及《共有人承诺》。2017 年 11 月 8 日，电器公司形成《股东会决议》，对许某的前述债务承担连带担保责任，并放弃物的担保优先行使的抗辩权，同时经全体股东签字并加盖电器公司公章。2019 年 1 月，许某未按期还款，某银行提前宣布贷款到期，要求许某立即归还借款并支付利息及手续费，同时要求沈某承担共同还款责任，确认贷款所购汽车折价或以拍卖、变卖车辆的价款优先受偿，并要求电器公司对上述债务承担连带保证责任。

裁判理由：《股东会决议》的作出仅表明公司意思形成，系单方意思，并不调整公司与第三人之间的关系，在未以该意思表示与第三人订立法律行为前，并无法律约束力。此外，《担保法》第 13 条[②]规定，保证人与债权人应当以书面形式订立保证合同，本案中某银行与电器公司未订立书面保证合同，故保证合同未成立，法院对某银行仅据电器公司所形成的《股东会决议》，要求电器公司承担连带保证责任的诉请，不予支持。

113. 公司对外担保中法定代表人涉嫌刑事犯罪，但相对人已经尽到形式审查义务的，保证合同效力如何认定？

【案例】东方资产公司诉龙润茶业集团公司、盘龙药业公司等金融借款合同纠纷案[③]

裁判要旨：担保权人主张公司法定代表人代表公司与其签订担保合同有效，应

---

① 参见江苏省无锡市锡山区人民法院(2020)苏 0205 民初 580 号民事判决书。

② 《民法典》中未保留直接规定保证合同要式性的规定。但可参见《民法典》第 685 条规定："保证合同可以是单独订立的书面合同，也可以是主债权债务合同中的保证条款。第三人单方以书面形式向债权人作出保证，债权人接收且未提出异议的，保证合同成立。"

③ 参见云南省高级人民法院(2019)云民终 243 号民事判决书。

当同时符合《民法总则》第 61 条①和《公司法》公司对外担保条文的规定，在签订担保合同时应当履行《公司法》公司对外担保条文规定的适当合理审查义务。担保权人已经履行适当合理的形式审查义务的，可认定其为善意相对人，公司在此情形下以其法定代表人涉嫌刑事犯罪进行抗辩的，并不影响公司承担担保合同约定的担保责任。

基本案情：富滇银行营业部与龙润茶业集团公司于 2016 年 3 月 7 日签订《资金借款合同》，约定龙润茶业集团公司向富滇银行营业部借款 8000 万元短期流动资金贷款，借款用途为向上游企业采购茶叶，贷款期限 1 年，从 2016 年 3 月 10 日起至 2017 年 3 月 9 日止，利息合同期内执行利率（月息）4.75%，逾期年利率按 8.55% 执行，复息按逾期利率计，合同还对借款的发放、还款、违约责任等进行了约定。2016 年 3 月 7 日，龙润集团公司、盘龙药业公司分别与富滇银行营业部签订《担保保证合同》，焦某良和郭某秀、焦某良和高某霞分别与富滇银行营业部签订《个人担保合同》，分别为龙润茶业集团公司在《资金借款合同》中的全部债务提供连带责任保证担保。2016 年 3 月 7 日，龙润茶业集团公司与富滇银行营业部签订《担保抵押合同》，用其名下证号为“云房权证爱华字第某号”共 36 套房产及“云国用（2007）第某号”国有土地使用权为其签订的《资金借款合同》的全部债务提供抵押担保；8000 万元借款富滇银行已经如约实际发放。后因龙润茶业集团公司不能按期偿还借款本息，富滇银行营业部与龙润茶业集团公司、龙润集团公司和盘龙药业公司于 2017 年 3 月 8 日签订《借款展期协议》，对到期未还本金 8000 万元展期 12 个月，其中约定利息的计算方式及结息方式与原合同保持一致，贷款利息按新的期限档次利率计收。并另行约定由龙润茶业集团公司名下“云房权证爱华字第某号”等 36 套房产及“云国用（2007）第某号”国有土地使用权提供抵押担保，并再次办理了抵押登记手续，展期后借款到期日为 2018 年 3 月 8 日。昌宁龙润茶业公司作为担保人用其名下的土地及房产为龙润茶业集团公司借款履行提供担保，于 2017 年 3 月 8 日在《借款展期协议》上作为新的担保人盖章，并与富滇银行营业部签订了《担保抵押合同》，用位于昌宁县某镇达丙打油寨某号房屋产权证号为昌宁县房权证 2006 字第某号房产，昌国用（2006）第某号土地使用权为债务进行抵押担保，并办理了抵押登记。2017 年 3 月 8 日，富滇银行营业部与龙润集团公司、盘龙药业公司分别签订《担保保证合同》，与焦某良和郭某秀、焦某良

① 参见《民法典》第 61 条规定：“依照法律或者法人章程的规定，代表法人从事民事活动的负责人，为法人的法定代表人。法定代表人以法人名义从事的民事活动，其法律后果由法人承受。法人章程或者法人权力机构对法定代表人代表权的限制，不得对抗善意相对人。”

和高某霞、李某能分别签订《个人担保合同》。分别约定由龙润集团公司、盘龙药业公司、焦某良和郭某秀、焦某良和高某霞、李某能为前述展期借款8000万元的全部债务承担连带责任保证。借款到期,截至2018年5月2日,龙润茶业集团公司仅归还了220万元,尚欠本息79835920.91元未按约定偿还。富滇银行营业部为此起诉支出律师费75000元。二审中,因富滇银行营业部将本案债权转让给东方资产公司,并分别申请变更本案当事人,二审法院依法裁定东方资产公司替代富滇银行营业部作为本案被上诉人参加诉讼,富滇银行营业部退出诉讼。

裁判理由:本案盘龙药业公司是否需要承担连带保证责任的核心问题在于其与富滇银行营业部签订的《担保保证合同》是否合法有效。《民法总则》第61条①规定:"依照法律或者法人章程的规定,代表法人从事民事活动的负责人,为法人的法定代表人。法定代表人以法人名义从事的民事活动,其法律后果由法人承受。法人章程或者法人权力机构对法定代表人代表权的限制,不得对抗善意相对人。"本案中,首先,时任盘龙药业公司的法定代表人代表公司与富滇银行营业部签订了《担保保证合同》,同意为龙润茶业集团公司就本案债权提供连带保证担保,公司法定代表人代表公司签订合同的法律后果当然及于盘龙药业公司,法定代表人的意思表示可以推定为法人的意思表示。其次,在签订《担保保证合同》的同时,盘龙药业公司的法定代表人提交了《股东会决议》,表明盘龙药业公司的担保行为并不违反《公司法》公司对外担保条文的规定,符合公司对内、对外担保的形式要件,富滇银行营业部尽到了合理的审查义务,不存在过错。最后,盘龙药业公司不能举证证实其法定代表人与富滇银行营业部之间存在恶意串通,损害其合法利益。故此,盘龙药业公司与富滇银行营业部签订《担保保证合同》可以认定为双方当事人的真实意思表示,且内容不违反法律、行政法规的强制性规定,应当认定合法有效。盘龙药业公司应当根据合同约定承担连带保证责任。此外,《民法总则》第187条②规定:"民事主体因同一行为应当承担民事责任、行政责任和刑事责任的,承担行政责任或者刑事责任不影响承担民事责任;民事主体的财产不足以支付的,优先用于承担民事责任。"即使盘龙药业公司的法定代表人存在私刻或伪造公章的行为,构成犯罪,亦不影响其行为产生的民事责任承担。因本案合同加盖公章的真实性,并不影响《担保保证合同》的成立和生效,一审不予进行司法鉴定并无不当。对于盘龙药业公司二审再次请求鉴定的申请,二审亦不予准许。

---

① 参见《民法典》第61条。内容与《民法总则》第61条相同。

② 参见《民法典》第187条。内容与《民法总则》第187条相同。

114. 在公司对外保证中，债权人未能提供证据证明在订立合同时对其章程、公司决议等与保证相关的文件进行了形式审查的，保证合同效力如何认定?

【案例1】杨某诉刘某荣、金立公司民间借贷纠纷案①

裁判要旨:债权人无证据证明其在订立合同时对公司章程、公司决议等与担保相关的文件进行形式审查，主张保证人承担保证责任的，不应予以支持。

基本案情:2017年10月28日，杨某作为甲方与乙方刘某荣、担保人金立公司签订一份《借款协议》，载明:(1)借款金额:8000万元(大写:人民币捌仟万元整)。(2)借款期限:借款期限为8个月，自2017年10月28日起至2018年6月28日止;(5)担保条款:担保人金立公司对乙方偿还借款的合同义务无条件地承担连带担保责任。(10)生效:本协议经各方签字(盖章)后生效。本合同共六份，各方各执两份……本合同若有其他未尽事宜，双方进一步商定补充条款。甲方处杨某签字，乙方处刘某荣签字，担保人处金立公司盖章。2017年10月26日，杨某通过北京银行向刘某荣中国民生银行深圳分行深南支行账户分两笔各打入4000万元，共计8000万元。2017年12月1日，案外人向杨某账户转入200万元。杨某表示该200万元系刘某荣支付的2017年10月26日至2017年11月25日的利息，故其诉讼请求从2017年11月26日开始计算利息。诉讼中，杨某未提交相关证据证明其在订立合同时对金立公司章程、公司决议等与担保相关的文件进行了形式审查。

裁判理由:《公司法》公司对外担保条文规定:“公司向其他企业投资或者为他人提供担保，依照公司章程的规定，由董事会或者股东会、股东大会决议;公司章程对投资或者担保的总额及单项投资或者担保的数额有限额规定的，不得超过规定的限额。公司为公司股东或者实际控制人提供担保的，必须经股东会或者股东大会决议。前款规定的股东或者受前款规定的实际控制人支配的股东，不得参加前款规定事项的表决。该项表决由出席会议的其他股东所持表决权的过半数通过。”本案中，虽然担保人处加盖有金立公司公章，但杨某未能提供金立公司为担保刘某荣借款所形成的董事会、股东会或者股东大会决议，不符合公司提供担保之规定。此外，亦无证据显示杨某在订立合同时对金立公司章程、公司决议等与担保相关的文件进行了形式审查，无法认定本案构成表见代表，故金立公司关于不承担担保责任的答辩意见具有事实和法律依据，法院予以支持，对杨某的相关诉讼请求，法院不予支持。

① 参见北京市第一中级人民法院(2018)京01民初344号民事判决书。

【案例2】某银行诉农副产品市场公司等金融借款合同纠纷案[①]

裁判要旨：在公司对外担保中，债权人仅应当进行形式审查。债权人尽到形式审查义务，可以认定为善意相对人。股东签字的真实性以及多层持股的穿透性等情形不在形式审查的范围之内。

基本案情：2014年3月31日，某银行与科技集团签订《额度贷款合同》，约定某银行向科技集团提供额度贷款，如科技集团未按合同约定履行对某银行的支付和清偿义务，则某银行有权要求保证人承担保证责任。同日，某银行与矿业公司、农副产品市场公司、吴某签订《最高额保证合同》，约定矿业公司、农副产品市场公司、吴某为科技集团上述借款合同项下债务向某银行提供连带责任保证。合同签订时，农副产品市场公司股东及持股比例分别为科技集团51.5%，刘某13%，潘某10%，吴某5%。吴某作为科技集团的股东，持股比例为55%。某银行依约发放贷款，科技集团未依约还款。2017年6月26日，某银行分别向科技集团、矿业公司、农副产品市场公司、吴某发送《某银行催/还款通知书》，要求承担相应的还款和保证责任。在农副产品市场公司2013年8月31日及2014年12月31日的公司章程上，均由吴某作为法定代表人签字。《最高额保证合同》的签字页上，吴某作为农副产品市场公司的法定代表人签字，同时加盖了农副产品市场公司公章，农副产品市场公司对《最高额保证合同》的真实性不持异议。某银行提交的农副产品市场公司的股东会决议显示"经股东会一致决定，同意农副产品市场公司为科技集团在某银行办理的2500万元整的流动资金贷款额度提供担保"，决议上有吴某、刘某、潘某签字字样，同时加盖了农副产品市场公司公章。

裁判理由：农副产品市场公司为其股东科技集团提供担保，按照法律规定，该担保事项必须经农副产品市场公司股东会决议。债权人某银行在提供贷款时审核了股东会决议，农副产品市场公司就该份股东会决议的实质真实性及表决比例提出了抗辩，故此时需要解决的问题为，在《最高额保证合同》签订时，针对农副产品市场公司提供保证的部分，某银行是否善意。就此该法院认为，某银行作为债权人，已经尽到了其对股东会决议的审查义务，在针对公司机关决议内容审查时，作为案外人的某银行，不可能实际参与到农副产品市场公司的内部决议事项中，故对其审查的要求应限定于形式审查，而非实质审查。本案中，某银行提交的股东会决议中，决议事项明确具体，债务人以外的三名自然人股东进行了签字，三名自然人股东的持股比例

---

① 参见北京市第一中级人民法院(2020)京01民终339号民事判决书。

合计达 28%，除去债务人科技集团，上述三名股东的表决权已过半数，足以证明某银行已尽必要的注意义务。针对农副产品市场公司的抗辩意见，一是股东会决议的真实性问题，包括决议时间缺失及刘某签字不真实，该法院认为股东签字的真实性问题超出了债权人形式审查的合理性范畴，决议时间的缺失并不影响决议内容的整体效力。二是吴某作为科技集团的大股东，是否也应进行表决回避的问题。就此该法院认为，债权人对公司决议的审查应限定于形式审查，在《最高额保证合同》签订时，吴某虽然同时担任科技集团和农副产品市场公司的法定代表人，也同时作为两公司的股东，但从形式角度出发，案涉债务人系科技集团而非吴某个人，如果要求债权人对股东会决议的签字股东进行多层持股的穿透性审查，明显加重债权人义务，增加交易成本，《公司法》公司对外担保条文亦未作出上述规定。同时，根据现有证据，并不足以证明某银行明知案涉股东会决议不真实，或某银行在签订《最高额保证合同》时存在明显恶意，根据《合同法》第 50 条①的规定，应认定《最高额保证合同》合法有效。

115. 在《民法典》施行前上市公司控股子公司的对外担保，是否可以适用《民法典担保制度解释》第 9 条关于相对人审查义务的规定？

【案例】华仪电气公司等诉平安银行上海分行等担保合同纠纷案②

裁判要旨：《民法典担保制度解释》第 9 条规定，相对人对上市公司公开披露的控股子公司担保决议的审查，应当参照上市公司担保决议予以审查。制定上述司法解释规定的依据是《公司法》公司对外担保条文，但由于《公司法》公司对外担保条文并无关于上市公司担保的特别规定，因此该条规定属于规则创制性质的广义法律解释。若将该条规定的相对人审查义务，适用于《民法典》施行之前上市公司控股子公司签订的担保合同，将明显减损当事人合法权益、增加当事人法定义务或者背离当事人合理预期。因此该条规定的上市公司担保规则不应具有溯及力，法院不得据此认定相关担保合同无效。

基本案情：2018 年 12 月 17 日，华仪浙江公司就其向平安银行上海分行申请授信事宜进行审议并出具股东（大）会决议（申请授信），同意华仪浙江公司向平安银

---

① 参见《民法典》第 504 条规定："法人的法定代表人或者非法人组织的负责人超越权限订立的合同，除相对人知道或者应当知道其超越权限外，该代表行为有效，订立的合同对法人或者非法人组织发生效力。"

② 参见上海金融法院（2021）沪 74 民初 1195 号民事判决书。

行上海分行申请授信，授信的本金金额最高不超过2亿元。2018年12月17日，华仪电气公司出具股东决定（担保），该文件载明：华仪电气公司为华仪风能公司一人股东，华仪电气公司于12月17日在公司会议室就华仪浙江公司向平安银行上海分行申请授信提供担保事宜，根据公司章程及公司法要求，依法作出如下决定：（1）同意华仪风能公司为华仪浙江公司向平安银行上海分行申请授信提供质押担保。授信金额为2亿元。该授信的期限、利率及其他条件等由债务人与债权人协商确定。（2）提供抵押/质押担保的，担保物为平安银行存单结构性存款、保证金。华仪风能公司承诺，担保物为本公司所有或有处分权的财产。（3）担保范围为授信合同项下债务人所应承担的全部债务本金、利息、复利及罚息、实现债权的费用，以及保管和维护质物所产生的费用（若为质押物）。本决定的内容和程序符合法律、法规及本公司的章程，所作出的决定真实、完整、合法有效。后附华仪电气公司和华仪风能公司公章样本。经查，华仪风能公司为上市公司华仪电气公司全资子公司，华仪电气公司持有华仪风能公司100%股权。华仪风能公司章程第11条规定，公司不设股东会，股东行使下列职权：……（11）决定公司的资产出售、抵押、对外担保事项。华仪电气公司章程第41条规定，公司下列对外担保行为，须经股东大会审议通过：（1）公司及公司控股子公司的对外担保总额，达到或超过最近一期经审计净资产的50%以后提供的任何担保……（6）对股东、实际控制人及其关联方提供的担保。庭审中，华仪电气公司称该决定中的公章系华仪电气公司实际控制人违规加盖的，但并未提供相关证据。2018年12月19日，平安银行上海分行与华仪浙江公司签署综合授信额度合同、贷款合同，约定贷款金额为9500万元，贷款期限自2018年12月19日起至2019年12月19日。同日，平安银行上海分行向华仪浙江公司出具借款借据，并向华仪浙江公司发放贷款9500万元。2018年12月19日，平安银行上海分行与华仪风能公司签署质押担保合同，约定华仪风能公司以其在平安银行的对公结构性存款产品1亿元及收益，为上述华仪浙江公司与平安银行上海分行的借款提供质押担保。2019年11月25日，华仪电气公司发布的关于公司违规担保、资金占用等事项的公告载明：华仪风能公司以其在平安银行上海分行的结构性存款为平安银行上海分行与华仪浙江公司的债务提供质押担保，担保金额9500万元，担保期限自2018年12月19日起至2019年12月18日。该担保系为华仪电气公司控股股东华仪集团的控股子公司华仪浙江公司提供关联担保。上述违规担保系公司控股股东华仪集团在未经公司董事会、股东大会审议同意的情况下，擅自为公司关联方及其他第三方提供的担保，公司董事会未知悉上述事项，导致上述相关事项未能及时履行信息披露义务。根据《公司法》《上海证券交易所股票上市规则》等有关规定,该担保须经董事会审议通过后,提交股东大会批准并披露。上述违规担保事项未经董事会、股东大会决议程序,华仪电气公司亦未予以追认,对此,华仪电气公司主张上述违规担保对公司不发生效力。2019 年 12 月 3 日,平安银行上海分行向华仪浙江公司发出授信提前到期通知书,宣布主合同债务提前到期,如 2019 年 12 月 4 日 17 时前不能归还,平安银行上海分行将对华仪风能公司出质的质押标的进行扣划。2019 年 12 月 18 日,平安银行上海分行从担保人华仪风能公司的结算账号扣收还款总额 99658694.44 元。2021 年 4 月 20 日,华仪电气公司、华仪风能公司以上述质押合同违反《民法典担保制度解释》第 9 条及相关规定为由,提起本案诉讼,要求确认华仪风能公司与平安银行上海分行 2018 年 12 月 19 日签订的质押担保合同无效,并返还所扣款项。

裁判理由:《民法典》施行前的法律事实引起的民事纠纷案件,当时的法律、司法解释没有规定而民法典有规定的,可以适用民法典的规定,但是明显减损当事人合法权益、增加当事人法定义务或者背离当事人合理预期的除外。本案中,华仪风能公司的章程明确载明对外担保需要股东决议,华仪电气公司也出具了股东决定(担保)并加盖了公章,华仪电气公司并未否认公章真实性,其虽称该股东决议中公章系违规加盖,但并未提交任何证据予以证明。平安银行上海分行依据当时的法律及司法解释规定,审核了华仪风能公司的公司章程,并要求其唯一股东华仪电气公司出具了关于同意质押行为的股东决定(担保),平安银行上海分行已经尽到了形式审查义务,系善意相对人。若对平安银行上海分行与华仪风能公司在《民法典》施行之前签订合同的行为适用《民法典担保制度解释》第 9 条规定认定合同无效,则明显背离平安银行上海分行签订合同时的合理预期,增加其法定义务,故本案不应适用该条规定,而应当适用法律事实发生时的法律、司法解释规定。

116. 在借条空白处加盖空白公章,对方当事人主张成立保证合同的,举证责任由谁承担?债权人未尽到公司担保决议审查义务的,责任如何认定?

【案例】李某弟与杨某强等民间借贷纠纷案①

裁判要旨:借条空白处的公司盖章应由公司承担反证义务,公司无法证明借条

① 参见重庆市第五中级人民法院(2020)渝 05 民终 5203 号民事判决书。

空白处盖章的不合理性，应承担相应责任。债权人主张盖章公司应承担担保责任，但未尽到审查公司担保决议的义务，公司应承担不能清偿部分的二分之一的补充清偿责任。一人有限责任公司股东应举证证明公司财产独立于股东个人，不能证明的，应在公司的责任范围内承担连带清偿责任。

基本案情：2019 年 2 月 13 日杨某强向李某弟借款并出具借条一张，借条上载明：今借到李某弟现金 100 万元，借款时间 6 个月，月利 2.5%，借款人杨某强，建行卡号××××，姓名：杨某强。当日李某弟向杨某强转款 97.5 万元。借条上“借条”一词旁边空白处加盖了重庆倚铖商贸有限公司（以下简称倚铖公司）印章，在印章上书写了“担保公司”，借条内容中的“元”覆盖了印章的编码。李某弟陈述倚铖公司的印章是杨某强让掌管印章的人加盖的，“担保公司”这几个字是工作人员写上去的，写了后才加盖的印章，且先由杨某强写借条，后才由倚铖公司加盖印章。李某弟陈述的印章加盖顺序与借条上显示的不符，故对李某弟的陈述本案一审法院不予认可。本案一审法院认定借条上印章的加盖时间早于借条内容的书写时间。杨某强借款后 2019 年 3 月至 7 月每个月向李某弟支付了当月利息（2.5 万元/月）。此外，倚铖公司为自然人独资，2019 年 10 月 21 日其法定代表人由黄某变更为刘某国。

裁判理由：倚铖公司及黄某是否对本案所涉借款承担连带清偿责任。公司公章代表公司签署的文件具有法律效力，在没有更强证据予以推翻的情况下，公章确认的内容系公司的真实意思表示。现倚铖公司认可公章的真实性，未提供充分的证据证明加盖公章的内容违背其真实意思表示，应当承担举证不能的不利后果。倚铖公司因自身原因未将公司印章妥善保管或及时收回，导致其他人代为在相关材料上盖章的，视为该印章所有人的概括授权，合法成立。倚铖公司在杨某强身份证复印件空白处加盖公章且认可该公章的真实性，应当预测到盖章的法律后果，应对盖章行为的后果负责。

案涉债权人李某弟因未审查倚铖公司出具担保决议没有尽到必要的审查注意义务，案涉公司担保应当认定为无效。《公司法》公司对外担保条文第 1 款规定，公司向其他企业投资或者为他人提供担保，依照公司章程的规定，由董事会或者股东会、股东大会决议；公司章程对投资或者担保的总额及单项投资或者担保的数额有限额规定的，不得超过规定的限额。李某弟对倚铖公司提供担保有无公司决议应当进行必要的审查，以尽到必要的审查注意义务。本案中，李某弟作为债权人未能举示证据证明其在订立担保时对倚铖公司董事会决议或者股东（大）会决议进行了审查，也没有提供证据证实本案系无须公司决议的例外情况，且倚铖公司对案涉担保不予追认，故倚铖公司在案涉合同盖章所作的担保不符合法律规定，法院认定倚铖公司在案涉合同盖章所作的担保行为无效。

尽管倚铖公司案涉担保无效，但仍应承担担保无效相应的民事责任。《担保法解释》第7条①规定，主合同有效而担保合同无效，债权人无过错的，担保人与债务人对主合同债权人的经济损失，承担连带赔偿责任；债权人、担保人有过错的，担保人承担民事责任的部分，不应超过债务人不能清偿部分的二分之一。本案中，倚铖公司未保管好自身公章存在过错。李某弟未审查倚铖公司在借条上盖章签字“担保公司”是否出具相关决议亦存在过错。故法院认为倚铖公司应当对本案所涉债务承担二分之一的连带赔偿责任。《公司法》第63条②规定，一人有限责任公司的股东不能证明公司财产独立于股东自己的财产的，应当对公司债务承担连带责任。黄某作为倚铖公司的唯一股东未举证证明公司财产独立于个人财产，应承担举证不能的不利后果，在倚铖公司的担保责任范围内承担连带清偿责任。

117. 在公司对外担保中，债权人尽到合理、充分审查义务的，是否可以认定相对人构成表见代表？

【案例1】杜某华诉汇通投资公司、龙洋贷款公司民间借贷纠纷案③

裁判要旨：《公司法》公司对外担保条文第2款系管理性强制性规范，是否召开股东会形成担保决议属保证人公司管理规定，不能对抗善意相对方。债权人在接受保证人为其提供担保过程中，已尽到了充分、合理审查注意义务的，可以认定保证人公司法定代表人同意公司担保的行为对外已构成表见代表，保证人应当承担保证责任。

基本案情：2013年7月12日，原告与被告汇通投资公司签订借款协议书一份，约定：被告汇通投资公司向原告借款7000000元，借款期限从2013年7月12日起至2015年7月11日止，借款月利率为1.5%，每月支付一次利息。另经被告龙洋贷

---

① 参见《民法典担保制度解释》第17条第1款规定：“主合同有效而第三人提供的担保合同无效，人民法院应当区分不同情形确定担保人的赔偿责任：（一）债权人与担保人均有过错的，担保人承担的赔偿责任不应超过债务人不能清偿部分的二分之一；（二）担保人有过错而债权人无过错的，担保人对债务人不能清偿的部分承担赔偿责任；（三）债权人有过错而担保人无过错的，担保人不承担赔偿责任。”

② 参见2023年修订后《公司法》第23条第3款“只有一个股东的公司，股东不能证明公司财产独立于股东自己的财产的，应当对公司债务承担连带责任。”

③ 参见四川省彭州市人民法院（2017）川0182民初1509号民事判决书。

款公司法定代表人马某同意，同时约定由被告龙洋贷款公司为被告汇通投资公司的借款债务向原告提供连带保证责任担保，保证期间为借期届满后2年内。当日，原告即向被告汇通投资公司指定账户转款5000000元，另于2014年5月22日再向被告指定账户转款2000000元。借款后至2016年6月30日，被告均能按月按额支付借款利息，并还归还了借款本金59300元，但自2016年7月1日起，被告一直拖欠再未偿还过任何借款本息。

裁判理由：原告与被告汇通投资公司在自愿、平等协商基础上签订的借款协议系双方当事人真实意思的表达，双方对借款事项约定完整、清楚，借款7000000元的事实亦有转账凭据为证，双方建立的借贷法律关系合法、有效，法院对此予以确认。借款届期后，被告本应按约归还全部借款本金，现被告汇通投资公司仅偿还部分借款，而对其余借款本金6940700元一直拖延不还的行为已构成违约，应当承担相应的违约责任。至于逾期借款利息，原告主张按合同借期内月利率1.5%为标准进行计算，不违反法律解释规定，法院予以支持。被告龙洋贷款公司自愿为被告汇通投资公司的借款债务进行连带责任保证担保，故其依法应当对被告汇通投资公司逾期未清偿的债务承担连带清偿责任。诉讼中，被告龙洋贷款公司提出未经公司股东会形成担保决议，故本次担保无效的辩称意见，法院对此认为，是否召开股东会形成担保决议系龙洋贷款公司内部管理规定，不能据此对抗善意第三人即原告，故法院对龙洋贷款公司的该项抗辩意见不予采纳。

【案例2】李某诉亿阳信通公司保证合同纠纷案①

裁判要旨：上市公司违反公司章程提供担保，相对人未尽基本的审查和注意义务，且上市公司不予追认，相对人请求上市公司承担保证责任的，不予支持。

基本案情：2017年5月17日，亿阳集团与李某签订《借款合同》，约定：亿阳集团因经营或创业需要向李某借款，借款金额为7000万元。借款期限3个月，自2017年5月19日起至2017年8月18日止，借款利率为月利率1.8%。亿阳集团逾期偿还借款、支付利息，应向李某支付日0.05%的罚息。此后，亿阳信通公司与李某签订《保证合同》，约定：亿阳信通公司就上述借款向李某提供连带保证担保，保证范围为借款本金7000万元、利息、亿阳集团应支付的违约金、赔偿金和实现抵押权的其他费用（包括不限于诉讼费、评估费、拍卖费、律师费等），保证期间为自本合同约定的用款期及期满后2年止。2017年5月19日、22日，李某分别向亿阳集团支付

① 参见北京市第一中级人民法院（2019）京01民终4630号民事判决书。

4000 万元、3000 万元。2017 年 8 月 18 日，李某与中关村科技公司签订《委托保证合同》，约定：中关村科技公司为李某向北京市海淀区人民法院申请财产保全的 4800 万元资产，以保函的方式提供连带保证责任，李某应支付担保费、评审费 144000 元。2018 年 8 月 21 日，李某向海拓律师事务所支付律师费 15 万元。对此，李某称上述款项系其就本案纠纷委托海拓律师事务所代理而支付了律师费，该合同约定律师费 30 万元，协议签订之日起 3 日内支付 15 万元，本案作出裁判文书，生效后 10 日内支付 15 万元。

裁判理由：《合同法》第 49 条①规定："行为人没有代理权、超越代理权或者代理权终止后以被代理人名义订立合同，相对人有理由相信行为人有代理权的，该代理行为有效。"第 50 条规定："法人或者其他组织的法定代表人、负责人超越权限订立的合同，除相对人知道或者应当知道其超越权限的以外，该代表行为有效。"判断订立合同行为是否构成表见代理或者构成表见代表并对被代理人或者法人产生约束力，其重要的考量因素是合同相对人是否善意、无过失，如果相对人在订立合同时未尽基本的审查和注意义务，则不符合表见代理或者表见代表的法律特征，在被代理人或者法人不予追认的情况下，合同对被代理人或者法人不产生约束力。《公司法》公司对外担保条文第 2 款规定："公司为公司股东或者实际控制人提供担保的，必须经股东会或者股东大会决议。"亿阳信通公司在上海证券交易所公示的公司章程第 50 条第 1 款第 5 项规定："对股东、实际控制人及其关联方提供担保，需经股东大会审议通过。"亿阳信通公司为股份有限公司，亿阳集团系亿阳信通公司的股东，根据《公司法》及亿阳信通公司章程上述规定，亿阳信通公司为亿阳集团债务提供担保，必须经过股东大会决议。本案无证据显示亿阳信通公司为亿阳集团对李某的债务提供担保经过了上述内部决议程序。作为上市公司，亿阳信通公司章程、对外担保决议情况均可在公开渠道查询，李某知道或者应当知道亿阳信通公司签署《保证合同》为亿阳集团债务提供担保，应当经过股东大会决议，李某没有依据《公司法》公司对外担保条文和关于上市公司对外披露信息的相关规定，审查核实亿阳信通公司对外担保是否经过了股东大会的决议，具有过错，不属于善意相对人，亿阳信通公司对担保行为不予追认，并主张《保证合同》对其不发生效力，具有事实和法律依据，应予采信。

---

① 参见《民法典》第 172 条规定："行为人没有代理权、超越代理权或者代理权终止后，仍然实施代理行为，相对人有理由相信行为人有代理权的，代理行为有效。"

118. 保证人在签订《反担保保证合同》时，对提供反担保的公司的章程未履行审查义务，反担保公司能否依据公司章程相关规定免除保证责任？

【案例】新天地公司诉四海公司等保证合同纠纷案①

裁判要旨：公司章程关于法定代表人的相关规定，系企业的内部治理规范，对于该企业的交易相对人并不发生法律约束力，除非与其发生交易的相对人为恶意。

基本案情：2008年10月28日，四海公司与中信银行订立《人民币借款合同》，约定四海公司向中信银行贷款2000万元，贷款期限自2008年10月28日起至2009年10月23日止。同日，新天地公司与中信银行订立《保证合同》一份，为上述借款合同项下的本金2000万元提供担保，保证方式为连带责任保证。同日，新天地公司与港储公司订立《反担保保证合同》，约定港储公司为新天地公司提供连带责任的反担保保证，反担保保证的债权种类及数额以上述《保证合同》的约定为准；该《反担保保证合同》文本上加盖有"南通新大港储开发有限公司"字样公章、"朱某"印章、"朱某"签名。同日，中信银行将借款2000万元发放至四海公司账户。同年12月22日，新天地公司作为保证人为四海公司代偿借款利息12万元。同年12月30日，中信银行以"借款人现涉及重大诉讼"为由通知新天地公司"立即向我行履行担保责任"。同年12月31日，新天地公司提前归还贷款本息20040425元以履行担保义务。此外，四海公司系港资独资经营企业，法定代表人朱某（持中国香港特别行政区居民身份证件）。2009年5月12日，新天地公司以四海公司资不抵债，不能清偿到期债务为由，申请法院对四海公司进行破产还债，法院于同年5月30日裁定受理，并于同年6月25日作出裁定，宣告四海公司破产还债。港储公司为有限责任公司，原法定代表人朱某；2009年4月22日经核准变更为司某伟；同年8月31日经核准变更为何某芳。港储公司章程记载，法定代表人"只依照董事会的具体决定、决议和指示行事""在任何财政年度里批准涉及总额超过50万美元或董事会不时确定的其他数额的任何担保协议、公司借款协议，应有不少于2名董事投赞成票方可通过"。

裁判理由：公司章程的效力范围仅及于公司和相关当事人，不具有普遍约束力。在现实交易中，交易相对人不可能也无法做到在每一次交易时都对对方进行

---

① 参见江苏省无锡市中级人民法院（2010）锡商终字第0155号民事判决书。

深入调查,除非交易相对人明知对方公司章程中限制性、禁止性的规定内容后仍然恶意为之,并且损害到交易双方以外的他人利益或者社会公共利益、国家利益,否则公司章程规定不能对抗合同相对性原则,故港储公司不能据此免责。

119. 公司对外担保后丧失财产独立性和自主经营权但尚未办理工商注销登记的,可否要求具有实际控制权的股东直接承担保证责任?

【案例】郑州市商业银行中原路支行诉金鹰胶垫公司偿还借款并由未进行年检的担保人的股东承担保证责任案①

裁判要旨:公司签订保证合同后,其公章、全部财产由股东直接占有和处置,租赁收入也由股东享有的,即丧失财产独立性和经营自主权,该公司虽未进行注销工商登记,但其民事主体资格已不具备。债权人要求具有实际控制权的股东直接承担保证责任的,应当予以支持。

基本案情:1997年12月26日,原告郑州市商业银行中原路支行(以下简称中原路支行)与被告金鹰胶垫公司、华通塑胶公司签订保证贷款合同一份。合同约定原告借给被告金鹰胶垫公司50万元用于还旧贷款,借款期限自1997年12月30日起至1998年7月30日止,贷款利率为月息7.92‰;华通塑胶公司同意为此笔借款提供连带责任保证,保证期限为自主债务履行期届满之日起两年。合同签订后,原告于1997年12月30日将50万元借款发放给被告金鹰胶垫公司。借款到期后,被告金鹰胶垫公司在1998年9月2日至2000年6月21日先后归还借款本金12万元,尚欠38万元未还;华通塑胶公司亦未履行保证责任。华通塑胶公司系1992年5月成立的有限公司,其股东为郑州华荣装饰材料厂、香港钰津发展有限公司以及被告交通银行郑州分行。华通塑胶公司在1998年3月后未进行工商年检。1998年6月18日,被告交通银行郑州分行与三力公司签订股份转让协议,三力公司以350万元购买交通银行郑州分行在华通塑胶公司的全部股份,交通银行郑州分行负责将华通塑胶公司的企业档案资料及全部财产移交给三力公司。1998年6月19日,三力公司将350万元出让金交付给交通银行郑州分行,交通银行郑州分行将华通塑胶公司的档案资料、公章及财产交付给三力公司。后因双方发生纠纷,三力公司向

① 参见最高人民法院中国应用法学研究所编:《人民法院案例选(分类重排本)·商事卷》,人民法院出版社2017年版,第1946-1949页。

郑州市中级人民法院提起诉讼。经郑州市中级人民法院调解，双方达成终止股份转让协议，双方相互返还从对方取得的财产；该调解书确认华通塑胶公司的租赁收入自2000年7月1日起由交通银行郑州分行享有。基于上述事实，原告中原路支行于2000年7月向郑州市中原区人民法院提起诉讼，请求判令金鹰胶垫公司归还借款本金38万元；因担保单位华通塑胶公司的财产已被其股东交通银行郑州分行实际占有并处分，故请求法院判令被告交通银行郑州分行承担担保责任。

裁判理由：贷款合同中虽约定以新贷还旧贷，但在合同中已注明了贷款的用途，担保人华通塑胶公司属明知，因此不能免除其保证责任。被告金鹰胶垫公司不按约定归还借款，华通塑胶公司不依约履行保证责任，均属违约行为，均应承担违约责任。因华通塑胶公司的财产已被交通银行郑州分行实际占有，所以华通塑胶公司的法律责任应由被告交通银行郑州分行承担。原告要求被告金鹰胶垫公司归还借款本金38万元，要求被告交通银行郑州分行承担担保责任的诉讼请求符合法律规定，予以支持。独立的财产和经营自主权是企业对外独立承担民事责任的基础，华通塑胶公司虽未被工商机关注销工商登记，但其公章、全部财产由交通银行郑州分行占有和处置，租赁收入也由交通银行郑州分行享有，华通塑胶公司的民事主体资格已不具备。股东以其出资为限对公司承担有限责任，这是《公司法》规定的基本原则。股东不仅要尽到完全出资的义务，而且在公司存续期间，股东应尊重公司的经营自主权；只有尽到了诚信的义务，股东才能受到有限责任的保护；任何滥用权利，不当控制公司的行为都将导致股东有限责任的消失。本案被告交通银行郑州分行对华通塑胶公司财产的处置，已超出了股东的正常权限，致使华通塑胶公司不具备对外独立承担民事责任的资格。因此，由交通银行郑州分行承担华通塑胶公司的债务，符合诚实信用原则，交通银行郑州分行的辩称理由予以驳回。判决被告金鹰胶垫公司自本判决生效之日起10日内归还原告中原路支行借款本金38万元，被告交通银行郑州分行对上述债务承担连带保证责任。

120. 在主债务履行期间届满前保证人被注销的，可否主张财产继受人承担保证责任？在原保证人、财产继受人、转制后公司该如何承担责任不明的情况下，债权人在保证期间内向转制后公司主张权利，但法院最终认定原保证人责任应由财产继受人承担，保证债务是否免除？

【案例】农行桐乡市支行因贷款保证人未到履行期前被注销诉留良村委会等财产继受人承担该保证责任案①

裁判要旨：主债务履行期间届满前保证人被注销的，债权人有权主张财产继受人在各自继受的资产范围内连带清偿。在原保证人、财产继受人、转制后公司该如何承担责任不明的情况下，债权人在保证期间内向转制后公司主张权利，但法院最终认定原保证人责任应由财产继受人承担的情况下，视为向适格的保证人在保证期间内主张了权利。

基本案情：1997 年 7 月 17 日，桐乡农发行与桐乡市留良绿色食品厂（以下简称留良食品厂）、嘉兴圣瑞斯集团有限公司（以下简称圣瑞斯公司）签订保证借款合同，约定桐乡农发行于 1997 年 7 月 19 日向留良食品厂发放贷款 400 万元，月利率 9.15‰；归还日期及金额分别为 1998 年 9 月 25 日还 100 万元，1999 年 9 月 25 日还 150 万元，2000 年 9 月 25 日还 150 万元；圣瑞斯公司提供连带保证责任，保证期间为自合同生效之日起至合同项下贷款本金全部还清为止。合同签订后，桐乡农发行依约发放了贷款。1998 年 3 月 25 日留良食品厂归还贷款 100 万元，1998 年 5 月 13 日桐乡农发行、农行桐乡市支行（以下简称桐乡农行）、留良食品厂、圣瑞斯公司签订债权转让协议，桐乡农发行将其还拥有的 300 万元借款本息的债权转让给桐乡农行，圣瑞斯公司继续承担连带保证责任。1998 年 4 月 12 日，圣瑞斯公司的主管部门留良村委会决定成立清产核资小组，圣瑞斯公司资产进行清理，准备将圣瑞斯公司改组成浙江圣瑞斯针织股份有限公司（以下简称股份公司）。同年 5 月 20 日，圣瑞斯公司委托资产评估事务所对其全部资产进行评估。评估结论为：截至 1998 年 4 月 20 日，圣瑞斯公司净资产评估值为 19265473.59 元。1998 年 9 月 8 日，圣瑞斯公司董事会关于资产所有权确认等议案经股东大会审议通过，一致同意将圣瑞斯公司改组为股份公司，圣瑞斯公司的净资产 1926 万元界定给留良村委会 909.46

① 参见最高人民法院中国应用法学研究所编：《人民法院案例选（分类重排本）· 商事卷》，人民法院出版社 2017 年版，第 1977 - 1982 页。

万元、管理协会1016.54万元。1999年1月29日,桐乡市政府作出《关于同意集团公司产权界定的批复》;4月20日,圣瑞斯公司向浙江省工商局申请设立股份公司;5月4日,省工商局核准成立股份公司,并收缴了集团公司的企业法人营业执照正、副本,股份公司注册资本1352.3万元,其中留良村委会出资520万元,管理协会出资730.54万元,姚某忠等自然人出资101.76万元;5月6日,圣瑞斯公司向桐乡市工商局申请注销,该局于当天核准注销;11月20日,桐乡农行以留良食品厂、股份公司为被告,向嘉兴市中级人民法院提起诉讼,要求留良食品厂偿还所欠300万元(其中150万元于1999年9月25日到期,另150万元尚未到期)本息,并由股份公司承担原圣瑞斯公司的保证责任。法院于1999年12月30日作出判决:被告留良食品厂于判决生效后10日内向桐乡农行归还借款300万元、支付利息398238.52元(计至1999年12月31日);驳回桐乡农行对被告股份公司的其他诉讼请求。宣判后,桐乡农行不服,上诉至浙江省高级人民法院。浙江省高级人民法院认为,圣瑞斯公司改组时其全部净资产已界定给留良村委会和管理协会享有,按照民事权利义务一致的原则,原圣瑞斯公司的保证债务应由留良村委会和管理协会共同负责偿还。2000年4月17日,浙江省高级人民法院作出终审判决,驳回上诉,维持原判。该判决生效后的6个月内,桐乡农行未向法院申请强制执行留良食品厂履行主债务。留良食品厂在2002年年初被桐乡市工商局核准注销。2002年4月12日,桐乡农行以上述判决理由为据,以留良村委会、管理协会为被告,向嘉兴市中级人民法院起诉,要求两被告连带清偿原圣瑞斯公司所欠原告的保证债务3911689元(本金300万元,利息911689元)。

裁判理由:一审法院认为,桐乡农发行与留良食品厂、圣瑞斯公司签订的担保借款合同及桐乡农行与桐乡农发行、留良食品厂、圣瑞斯公司签订的债权转让协议合法有效。原保证人圣瑞斯公司已注销,其改组时全部资产已界定给留良村委会和管理协会所有,按照民事权利、义务一致的原则,原圣瑞斯公司的保证债务应由留良村委会和管理协会承担。桐乡农行在第一次以留良食品厂、股份公司为被告提起诉讼,取得有关主债务的二审生效判决后,未申请法院强制执行留良食品厂履行主债务,其放弃的仅是申请法院强制执行的权利,并未放弃债权,当主债务人未履行还款义务时,其仍有权向保证人单独行使请求权。现留良食品厂虽已注销,两被告仍可向留良食品厂的债权债务承继人行使追偿权。故主债务未申请执行对两被告权利并无实质影响,两被告关于主债务未申请执行保证债务归于消灭的抗辩不能成立。圣瑞斯公司注销后,各方对保证债务的主体认识不一,直到二审判决后才确认由本案两被告承担此保证债务。故桐乡农行第一次以股份公司为被告提起诉讼时，应视为其已在合同约定的保证期间内及时主张了保证债权；且圣瑞斯公司注销时，并未将财产界定情况公示，亦未告知债权人桐乡农行。桐乡农行在取得二审判决时，方知圣瑞斯公司的保证债务应由本案两被告承担，侵害其债权的责任主体为两被告，故应认定桐乡农行向股份公司起诉时，原合同中约定的保证期间即归于消灭，自二审判决生效之日（判决书日期为2000年4月17日），重新计算二年的诉讼时效，桐乡农行于2002年4月12日提起诉讼，并未超过诉讼时效。留良村委会和管理协会分别接受了圣瑞斯公司净资产909.46万元、1016.54万元，两被告均负有在继受资产范围内归还本案债务的法定义务，原告有权请求任何一个被告承担此责任。管理协会称应按继受净资产比例按份承担责任的抗辩有违公平原则，亦属两被告内部的责任分担，对外不能对抗善意债权人。

二审法院认为，桐乡农发行与留良食品厂、圣瑞斯公司签订的保证担保借款合同及桐乡农行与桐乡农发行、留良食品厂、圣瑞斯公司签订的债权转让协议，业经该院原二审判决确认合法有效。保证人集团公司本应承担合同约定的保证责任，但因圣瑞斯公司在桐乡农行于1999年11月20日提起诉讼前已注销，桐乡农行依据圣瑞斯公司已转制为股份公司的事实，提起诉讼要求股份公司承担圣瑞斯公司保证债务的行为，应认定桐乡农行向保证人主张了权利。此后，虽然桐乡农行已知悉圣瑞斯公司在企业注销前的财产分割情况，但由于该事实在法院未最终裁决前，仍处于不确定状态，其诉讼时效中断，故二审判决认定本院原一审判决的生效日为本案诉讼时效起算日正确。桐乡农行于2002年4月12日起诉要求留良村委会和管理协会承担圣瑞斯公司的保证债务，并未超过二年的诉讼时效期间，留良村委会和管理协会应共同承担圣瑞斯公司的保证债务，原审判决确定留良村委会和管理协会在各自继受的资产范围内连带清偿本案债务并无不当。管理协会提出的上诉理由均不能成立，不予支持。此外，桐乡农行在收到原二审判决后，未向原审法院申请执行食品厂的财产，但留良村委会也未提供因桐乡农行未申请执行而导致其所受损失的证据，留良村委会提出的其追偿权不能实现，有失公允的理由亦缺乏事实依据，不予支持。

121. 在《民法典》施行前上市公司违规对外担保的，是否依据当时的担保制度司法解释对债权人承担赔偿责任？

【案例】金山公司诉欧浦公司等借款合同纠纷案①

裁判要旨：《民法典》及《民法典担保制度解释》实施前，债权人未根据上市公司对外公开披露的信息与上市公司签订的担保合同引起的纠纷，仍应适用当时的担保制度司法解释的相关规定，即担保合同在被法院认定无效后，债权人仍有权向上市公司主张赔偿责任，其进行交易时的合理预期应予保护。

基本案情：2018年5月31日，黑轴公司作为甲方（借款人）、金山公司作为乙方（出借人）签订《最高额借款合同》，约定：借款限额最高不超过25309986.21元，该借款限额可由借款人多次申请，具体以申请的金额为准；借款发放期间为自2018年5月31日起至2018年7月5日止。借款期限自借款实际发放之日起至2018年7月16日。借款用于补充流动资金。年利率9.6%。2018年5月31日，陈某甲向金山公司出具《个人无限连带责任保证书》，田某某作为陈某甲的配偶在《个人无限连带责任保证书》签字，同意以夫妻共同财产为上述连带责任保证债权提供财产保证。2018年5月31日，陈某乙作为甲方（抵押人）、金山公司作为乙方（抵押权人）签订《抵押合同》，约定了以涉案11套房屋作为抵押。同日，中基公司、欧浦公司均向金山公司出具《无限连带责任保证书》，同意提供连带保证责任，并均出具了股东会决议。中基公司出具的《中基公司股东会决议》载明：2018年5月31日，应到股东3名，实到股东2名，与会股东陈某甲、陈某乙一致同意欧浦公司为《最高额借款合同》项下的全部债务提供连带保证责任担保。欧浦公司为上市公司，其出具的《欧浦公司股东会决议》载明：2018年5月31日，与会股东英顺公司、中基公司一致同意欧浦公司为《最高额借款合同》项下的全部债务提供连带保证责任担保，决议经合计持股占50%以上股东签字（盖章）后生效。《欧浦公司股东会决议》落款处加盖中基公司、英顺公司及欧浦公司印章。欧浦公司不认可其出具的保证书，并提供了公司章程。根据其公司章程第115条的规定，公司的对外担保须经董事会审议，本章程规定的对外担保事项需提交股东大会审议的，董事会审议后还应提交股东大会审议。据此，欧浦公司主张，涉案担保未经其董事会审议，该公司亦未公开披露过对外担保已经审议通过的信息，故其不应承担担保责任，也不应承担担保无效

① 参见北京市第三中级人民法院（2021）京03民终4329号民事判决书。

后的赔偿责任。

裁判理由：本案二审期间的争议焦点为在担保合同无效后，欧浦公司是否应承担赔偿责任。《最高人民法院关于适用〈中华人民共和国民法典〉时间效力的若干规定》第3条规定："民法典施行前的法律事实引起的民事纠纷案件，当时的法律、司法解释没有规定而民法典有规定的，可以适用民法典的规定，但是明显减损当事人合法权益、增加当事人法定义务或者背离当事人合理预期的除外。"本案中，金山公司与黑轴公司的借款法律关系以及欧浦公司的担保法律关系均发生于《民法典》实施前，当时的法律、司法解释虽然没有关于上市公司对于合同无效后赔偿责任的特别规定，但如适用新担保制度司法解释的规定，则会背离金山公司的合理预期，减损其合法权益，故本案不适用上述新担保制度司法解释的规定。根据本案查明的事实，金山公司并未根据欧浦公司公开披露的关于担保事项已经董事会决议通过的信息与其订立担保合同，涉案合同因此应被认定为无效合同，且债权人金山公司对于合同无效存在过错，但这不代表欧浦公司无过错。就过错而言，欧浦公司作为上市公司，其在未经决议的情形下，向债权人出具《无限连带责任保证书》并加盖公章，其合计持股50%以上的股东向债权人出具了所谓的股东会决议，且其股东之一中基公司目前已经持股超过80%，据此，法院认为，欧浦公司及其股东对于对外担保应经过的决议程序更应知悉并遵守，该公司在未经决议并披露的情形下擅自对外提供担保具有过错。关于责任比例，一审法院认定欧浦公司应对黑轴公司不能清偿部分的债务承担50%的责任，该责任比例的认定合理，予以维持。

122. 合伙企业负责人未经全体合伙人同意，超越权限对外提供担保的行为效力如何认定？

【案例】赖某宇诉中业公司等民间借贷纠纷案①

裁判要旨：《合伙企业法》明确规定合伙企业为他人提供担保应当经全体合伙人一致同意，债权人在接受合伙企业担保时须妥善履行形式审查义务。保证人的主营业务并非借贷与担保，债权人未对全体合伙人是否形成一致决议进行审查的，债权人存在重大过失，可以认定债权人明知行为人存在越权行为。

① 参见广东省广州市中级人民法院(2019)粤01民终10125号民事判决书。

基本案情:2011年8月5日,中业公司向赖某宇借款500万元,并出具借据。广大所是经司法行政管理部门批准设立的通过律师为当事人代理案件提供专业服务的普通合伙企业。薛某华作为广大所法定代表人,在未经全体合伙人一致同意的情况下,以广大所名义承诺对上述借款承担补充担保还款责任。借款借据的担保人栏加盖有广大所印章,薛某华在盖章位置签名。此后,借贷双方互有款项往来,并多次对欠款进行确认,薛某华又多次以广大所名义对上述借款担保进行确认,相关借据及确认书上亦加盖有广大所印章。案涉相关借据及确认书签订时,广大所印章未进行备案。赖某宇未对广大所的担保行为是否经过全体合伙人决议进行审查,诉讼中薛某华确认其是借款的实际用款人。赖某宇认为中业公司未依约还款,广大所亦未履行担保责任,遂将中业公司、广大所及广大所合伙人诉至法院。

裁判理由:广大所作为普通合伙企业,其制定的章程未授权负责人对外签署担保合同,薛某华以广大所名义为中业公司债务提供担保未经全体合伙人同意,事后亦未取得全体合伙人追认,显属负责人超越权限订立合同的行为。因此,赖某宇与广大所之间的担保法律关系是否成立,取决于作为担保权人的赖某宇是否知道薛某华的行为越权。赖某宇的"善意"与否作为一种主观意识,应结合客观的行为表现进行综合判断。赖某宇在签署担保条款时,应对广大所章程、合伙人决议进行审查,但其未能尽到最基本的形式审查义务,存在过失,故赖某宇非善意相对人,薛某华的越权行为不构成表见代理。另外,任何人均不得以其不知公开的法律规则为由而主张抗辩,在《合伙企业法》已有明确规定的情况下,赖某宇应当知悉广大所的担保行为须经全体合伙人一致同意。但签订涉案担保合同时,赖某宇未对广大所全体合伙人是否同意担保进行任何审查,存在重大过失,其应当知道薛某华的行为越权。因此,薛某华的越权行为,对广大所不产生约束力,赖某宇应知薛某华的行为越权而与其签订担保条款,相关责任应由赖某宇自行承担。薛某华在诉讼中确认其是借款的实际用款人,且同意与中业公司承担共同还款责任,应予以照准。赖某宇对广大所及其余合伙人的诉讼请求,缺乏事实根据和法律依据,应予以驳回。

123. 合伙执行人擅自以会计师事务所名义对个人借款进行担保的，效力如何认定？

【案例】於某、丛某红诉昕泰会计师事务所等民间借贷纠纷案①

裁判要旨：合伙执行人擅自以会计师事务所名义对个人借款进行担保，债权人明知该事务所的经营范围不包括借贷，且没有审查债务人以事务所名义对外担保是否取得全体合伙人一致同意的，主观上明显存在过错，债务人的行为不构成表见代理，不成立保证合同关系。

基本案情：2013年3月22日，於某与孙某亮签订借款合同，约定由於某向孙某亮出借300万元用于往来，借款期限自2013年3月22日起至2013年5月21日止，月利息1.8%。孙某亮在担保栏中加盖昕泰会计师事务所印章。於某于当日从丛某红的账户中向孙某亮转款300万元。借款到期后，孙某亮因资金链发生断裂而未能还清借款本息。此外，昕泰会计师事务所系普通合伙企业，合伙人为孙某亮、刘某，孙某亮为合伙执行人。该事务所出资额为人民币10万元，孙某亮、刘某各出资5万元。孙某亮系昕泰会计师事务所（普通合伙）的合伙事务执行人，其的办公室橱柜中分别陈列着昕泰会计师事务所的合伙企业营业执照和税务登记证。在昕泰会计师事务所的工商登记资料中，合伙会计师事务所协议第20条约定：合伙人以其在事务所中的财产份额设定担保的，须经其他合伙人一致同意。未经其他合伙人一致同意，合伙人以其在事务所中的财产份额设定对外担保的，其行为无效，或者作为退伙处理；由此给其他合伙人造成损失的，依法承担赔偿责任。

裁判理由：一审法院认为，借款合同是在孙某亮办公室签订，营业执照放置于醒目位置，孙某亮在以昕泰会计师事务所的名义为自己的个人借款提供担保时，於某既没有对昕泰会计师事务所的企业性质进行审查，也没有对昕泰会计师事务所的合伙出资额进行审查，更没有要求孙某亮提供全体合伙人一致同意担保的相关文件，便同意孙某亮以注册资金仅为10万元的普通合伙企业为其300万元个人借款提供担保。因而作为相对人的於某设立担保时，对孙某亮的行为有无代理权未尽到合理注意义务，存在明显的懈怠和疏漏，主观上存有重大过失，孙某亮盖章担保行为不能代表昕泰会计师事务所，不构成表见代理，昕泰会计师事务所不应承担担保责任。既然昕泰会计师事务所不应承担担保责任，於某要求作为合伙人的刘

① 参见江苏省南通市中级人民法院（2015）通中民终字第02305号民事判决书。

某对300万元担保之债承担无限连带责任亦不能成立。二审法院认为，昕泰会计师事务所系以专门知识和专业技能为客户提供服务的会计师事务所，经营范围仅限于会计咨询、服务业务，孙某亮以昕泰会计师事务所的名义为个人借款提供担保，与合伙事务无关，亦不能给合伙企业带来利益，其行为超越了其权限范围。在合同签订过程中，相对人於某仅从昕泰会计师事务所的名称便可知其经营范围系会计咨询、服务机构，昕泰会计师事务所营业执照也放置于醒目位置，其理应知晓孙某亮的行为超出了权限范围，为此，其没有对昕泰会计师事务所的企业性质进行进一步审查，也未要求孙某亮提供全体合伙人一致同意担保的相关文件，便同意孙某亮以注册资金仅为10万元的昕泰会计师事务所为其300万元个人借款提供担保，主观上存在明显过错。因此，孙某亮超越权限的担保行为系无权代理行为，於某对孙某亮的无权代理行为并非善意无过失，因此孙某亮的行为不构成表见代理，涉案借款合同中的从合同担保合同无效。

124. 农民专业合作社法定代表人越权订立的保证合同，其效力如何认定及责任如何承担？

【案例】曾某诉李某等民间借贷纠纷案①

裁判要旨：农民专业合作社的理事长、理事和管理人员不得违反章程规定或者未经成员大会同意，将本社资金借贷给他人或者以本社资产为他人提供担保。在债权人未对成员大会决议进行审查的情况，其与农民专业合作社法定代表人签订的保证合同无效。

基本案情：某合作社系于2015年7月成立的农民专业合作经济组织，共有五名成员，总注册资本为300万元，其中李某认缴出资100万元，为该社法定代表人。曾某于2016年之前在某合作社担任会计职务。李某与顾某系夫妻关系。李某分别于2014年、2017年向曾某借款累计17万元并出具两份借条，曾某于2019年6月21日再次向李某转账1万元。2019年7月24日，曾某、李某、某合作社签订协议，确认李某结欠曾某借款本金18万元、利息7.2万元，合计25.2万元，约定于2019年9月30日前归还，协议中明确某合作社对李某的付款义务“承担连带清偿责任”，期限至“款项全部清偿完毕之日止”。协议由曾某、李某签字，某合作社加盖公章。同日，

① 参见江苏省无锡市锡山区人民法院(2019)苏0205民初5236号民事判决书。

李某、顾某还出具承诺书，承诺对曾某及案外两人的债务由其夫妻共同偿还。

裁判理由：关于某合作社的保证责任。《农民专业合作社法》第36条第1款第2项规定，农民专业合作社的理事长、理事和管理人员不得违反章程规定或者未经成员大会同意，将本社资金借贷给他人或者以本社资产为他人提供担保。某合作社系农民专业合作经济组织，为其法定代表人李某提供连带责任保证，故债权人曾某应当提供证据证明其在2019年7月24日订立协议书时，对成员大会决议进行了审查。现曾某已明确未对成员大会决议进行审查，故认定某合作社提供连带责任的条款无效。担保条款无效后，有过错的一方应当赔偿对方因此所受到的损失，双方均有过错的，应当各自承担相应的责任。曾某未尽审慎注意义务，负有主要过错；某合作社在公章保管等内控制度的建设和落实方面亦存在疏忽，负有次要过错。债权人、担保人均有过错的，担保人承担的民事责任的部分，不应超过债务人不能清偿部分的二分之一，同时考虑到李某在某合作社的占股比例，故认定某合作社应当对李某的案涉付款义务承担李某、顾某不能清偿部分三分之一的赔偿责任。某合作社承担赔偿责任后，有权向李某、顾某追偿。

【现行相关规范】

《公司法》第15条

公司向其他企业投资或者为他人提供担保，按照公司章程的规定，由董事会或者股东会决议；公司章程对投资或者担保的总额及单项投资或者担保的数额有限额规定的，不得超过规定的限额。

公司为公司股东或者实际控制人提供担保的，应当经股东会决议。

前款规定的股东或者受前款规定的实际控制人支配的股东，不得参加前款规定事项的表决。该项表决由出席会议的其他股东所持表决权的过半数通过。

《合伙企业法》第31条

除合伙协议另有约定外，合伙企业的下列事项应当经全体合伙人一致同意：

……

（五）以合伙企业名义为他人提供担保；

……

《全国法院民商事审判工作会议纪要》（法〔2019〕254号）

（六）关于公司为他人提供担保

关于公司为他人提供担保的合同效力问题，审判实践中裁判尺度不统一，严重影响了司法公信力，有必要予以规范。对此，应当把握以下几点：

17.【违反《公司法》第16条构成越权代表】为防止法定代表人随意代表公司为他人提供担保给公司造成损失，损害中小股东利益，《公司法》第16条对法定代表人的代表权进行了限制。根据该条规定，担保行为不是法定代表人所能单独决定的事项，而必须以公司股东（大）会、董事会等公司机关的决议作为授权的基础和来源。法定代表人未经授权擅自为他人提供担保的，构成越权代表，人民法院应当根据《合同法》第50条关于法定代表人越权代表的规定，区分订立合同时债权人是否善意分别认定合同效力：债权人善意的，合同有效；反之，合同无效。

18.【善意的认定】前条所称的善意，是指债权人不知道或者不应当知道法定代表人超越权限订立担保合同。《公司法》第16条对关联担保和非关联担保的决议机关作出了区别规定，相应地，在善意的判断标准上也应当有所区别。一种情形是，为公司股东或者实际控制人提供关联担保，《公司法》第16条明确规定必须由股东（大）会决议，未经股东（大）会决议，构成越权代表。在此情况下，债权人主张担保合同有效，应当提供证据证明其在订立合同时对股东（大）会决议进行了审查，决议的表决程序符合《公司法》第16条的规定，即在排除被担保股东表决权的情况下，该项表决由出席会议的其他股东所持表决权的过半数通过，签字人员也符合公司章程的规定。另一种情形是，公司为公司股东或者实际控制人以外的人提供非关联担保，根据《公司法》第16条的规定，此时由公司章程规定是由董事会决议还是股东（大）会决议。无论章程是否对决议机关作出规定，也无论章程规定决议机关为董事会还是股东（大）会，根据《民法总则》第61条第3款关于"法人章程或者法人权力机构对法定代表人代表权的限制，不得对抗善意相对人"的规定，只要债权人能够证明其在订立担保合同时对董事会决议或者股东（大）会决议进行了审查，同意决议的人数及签字人员符合公司章程的规定，就应当认定其构成善意，但公司能够证明债权人明知公司章程对决议机关有明确规定的除外。

债权人对公司机关决议内容的审查一般限于形式审查，只要求尽到必要的注意义务即可，标准不宜太过严苛。公司以机关决议系法定代表人伪造或者变造、决议程序违法、签章（名）不实、担保金额超过法定限额等事由抗辩债权人非善意的，人民法院一般不予支持。但是，公司有证据证明债权人明知决议系伪造或者变造的除外。

19.【无须机关决议的例外情况】存在下列情形的，即便债权人知道或者应当知道没有公司机关决议，也应当认定担保合同符合公司的真实意思表示，合同有效：

(1)公司是以为他人提供担保为主营业务的担保公司,或者是开展保函业务的银行或者非银行金融机构;

(2)公司为其直接或者间接控制的公司开展经营活动向债权人提供担保;

(3)公司与主债务人之间存在相互担保等商业合作关系;

(4)担保合同系由单独或者共同持有公司三分之二以上有表决权的股东签字同意。

20.【越权担保的民事责任】依据前述3条规定,担保合同有效,债权人请求公司承担担保责任的,人民法院依法予以支持;担保合同无效,债权人请求公司承担担保责任的,人民法院不予支持,但可以按照担保法及有关司法解释关于担保无效的规定处理。公司举证证明债权人明知法定代表人超越权限或者机关决议系伪造或者变造,债权人请求公司承担合同无效后的民事责任的,人民法院不予支持。

21.【权利救济】法定代表人的越权担保行为给公司造成损失,公司请求法定代表人承担赔偿责任的,人民法院依法予以支持。公司没有提起诉讼,股东依据《公司法》第151条的规定请求法定代表人承担赔偿责任的,人民法院依法予以支持。

22.【上市公司为他人提供担保】债权人根据上市公司公开披露的关于担保事项已经董事会或者股东大会决议通过的信息订立的担保合同,人民法院应当认定有效。

23.【债务加入准用担保规则】法定代表人以公司名义与债务人约定加入债务并通知债权人或者向债权人表示愿意加入债务,该约定的效力问题,参照本纪要关于公司为他人提供担保的有关规则处理。

《民法典担保制度解释》第7条

公司的法定代表人违反公司法关于公司对外担保决议程序的规定,超越权限代表公司与相对人订立担保合同,人民法院应当依照民法典第六十一条和第五百零四条等规定处理:

(一)相对人善意的,担保合同对公司发生效力;相对人请求公司承担担保责任的,人民法院应予支持。

(二)相对人非善意的,担保合同对公司不发生效力;相对人请求公司承担赔偿责任的,参照适用本解释第十七条的有关规定。

法定代表人超越权限提供担保造成公司损失,公司请求法定代表人承担赔偿责任的,人民法院应予支持。

第一款所称善意,是指相对人在订立担保合同时不知道且不应当知道法定代表人超越权限。相对人有证据证明已对公司决议进行了合理审查，人民法院应当认定其构成善意，但是公司有证据证明相对人知道或者应当知道决议系伪造、变造的除外。

《民法典担保制度解释》第8条

有下列情形之一，公司以其未依照公司法关于公司对外担保的规定作出决议为由主张不承担担保责任的，人民法院不予支持：

（一）金融机构开立保函或者担保公司提供担保；

（二）公司为其全资子公司开展经营活动提供担保；

（三）担保合同系由单独或者共同持有公司三分之二以上对担保事项有表决权的股东签字同意。

上市公司对外提供担保，不适用前款第二项、第三项的规定。

《民法典担保制度解释》第9条

相对人根据上市公司公开披露的关于担保事项已经董事会或者股东大会决议通过的信息，与上市公司订立担保合同，相对人主张担保合同对上市公司发生效力，并由上市公司承担担保责任的，人民法院应予支持。

相对人未根据上市公司公开披露的关于担保事项已经董事会或者股东大会决议通过的信息，与上市公司订立担保合同，上市公司主张担保合同对其不发生效力，且不承担担保责任或者赔偿责任的，人民法院应予支持。

相对人与上市公司已公开披露的控股子公司订立的担保合同，或者相对人与股票在国务院批准的其他全国性证券交易场所交易的公司订立的担保合同，适用前两款规定。

《民法典担保制度解释》第10条

一人有限责任公司为其股东提供担保，公司以违反公司法关于公司对外担保决议程序的规定为由主张不承担担保责任的，人民法院不予支持。公司因承担担保责任导致无法清偿其他债务，提供担保时的股东不能证明公司财产独立于自己的财产，其他债权人请求该股东承担连带责任的，人民法院应予支持。

《民法典担保制度解释》第12条

法定代表人依照民法典第五百五十二条的规定以公司名义加入债务的，人民法院在认定该行为的效力时，可以参照本解释关于公司为他人提供担保的有关规则处理。

《最高人民法院关于执行担保若干问题的规定》(2020 年 12 月 29 日修正 法释〔2020〕21 号)第 5 条

公司为被执行人提供执行担保的,应当提交符合公司法第十六条规定的公司章程、董事会或者股东会、股东大会决议。

【规范沿革】

《担保法解释》第 4 条

董事、经理违反《中华人民共和国公司法》第六十条的规定,以公司资产为本公司的股东或者其他个人债务提供担保的,担保合同无效。除债权人知道或者应当知道的外,债务人、担保人应当对债权人的损失承担连带赔偿责任。

《担保法解释》第 11 条

法人或者其他组织的法定代表人、负责人超越权限订立的担保合同,除相对人知道或者应当知道其超越权限的以外,该代表行为有效。

专题 8 | 企业分支机构

实务问题

125. 债权人和保证人均系金融机构分支机构,保证人未取得上级法人单位授权的,过错大小如何认定?

【案例】建行新城支行诉陕西建校公司偿还借款保证人交行城北支行以债权人放弃质权要求免除其保证责任案①

裁判要旨:债权人和保证人均系商业银行分支机构,不具备独立企业法人资格,其从事对外担保业务需得到上级法人单位授权,双方在明知未经授权情形下订立的保证合同应属无效,双方过错均等。

基本案情:1996 年 11 月 29 日,原告建行新城支行与被告陕西建校公司订立了 1 份借款合同,约定陕西建校公司借款 400 万元,借款期限自 1996 年 11 月 29 日起至 1997 年 5 月 28 日止,月利率 9.24‰,按季结息。同日,建行新城支行与案外人熊

① 参见最高人民法院中国应用法学研究所编:《人民法院案例选(分类重排本)· 商事卷》,人民法院出版社 2017 年版,第 1986 – 1988 页。

某明订立了1份质押合同,熊某明承诺以其个人所有的500万元存单(该存单为1年期整存整取储蓄存单,期限自1996年4月4日起至1997年4月4日止)出质,为陕西建校公司之400万元借款提供质押担保,质押期限为1996年11月29日至1997年5月28日。质押合同签订后,熊某明向建行新城支行交付了出质的存单。1997年3月27日,建行新城支行又与被告交行城北支行订立了1份保证合同,约定由交行城北支行对陕西建校公司400万元借款本金、利息及违约金提供连带责任保证,保证期限自1997年3月27日起至1999年5月28日止,若借款合同展期,则以展期后所确定的借款合同最终履行期限之日为保证期限届满日。1997年5月28日借款到期后,陕西建校公司仅给付部分利息,建行新城支行未对质押存单行使质权。1997年8月19日,经建行新城支行、陕西建校公司协商,并经交行城北支行同意,原借款合同展期为1997年8月19日至1998年2月18日,其余事项仍按原借款合同约定执行。展期届满后,陕西建校公司仍未偿还借款,交行城北支行亦未履行保证义务。建行新城支行自1999年12月25日起至2001年2月26日止分6次向陕西建校公司催收借款,且于1999年10月21日和2000年8月16日两次通过公证机关向交行城北支行送达了履行担保义务通知书,但陕西建校公司与交行城北支行均未履行其所负义务。2002年5月10日,建行新城支行以上述事实为据向西安市中级人民法院提起诉讼,要求判令陕西建校公司偿还借款本金400万元及利息1388452.78元(利息算至2002年3月20日),并继续承担从2002年3月21日至判决给付之日借款利息;判令交行城北支行对上述借款本息承担连带清偿责任。庭审中建行新城支行承认借款展期协议订立后,其已将质押的存单还给了出质人。

裁判理由:本案所涉及的借款合同、质押合同及借款展期合同皆有效。建行新城支行与交行城北支行皆为商业银行分支机构,不具备独立企业法人资格,其从事对外担保业务须得到上级法人单位授权,在明知未经授权情形下订立之保证合同应属无效,双方过错均等。陕西建校公司逾期未偿还借款本息属违约行为,依法应承担违约责任。建行新城支行放弃对存单的质押权,致合同履行风险形成,此后再要求交行城北支行承担保证责任,不应支持。

126. 银行分支机构未经授权对外担保时，相对人的过错如何认定？

【案例 1】陈某诉九江银行股份有限公司溢浦支行、王某、顾某国、九江银行股份有限公司民间借贷纠纷案①

裁判要旨：商业银行分支机构在未获上级银行对外担保授权的情况下是否已形成具有授权的形式外观，是考量担保合同相对人接受保证时有无过错的重要因素。接受担保的自然人民事主体在银行办公场所接受担保，且分支机构营业执照亦载明其营业范围包括"……提供信用证服务及担保"，除非其明知分支机构未获授权，应当认定担保相对人尽到了合理审查义务。

基本案情：2015 年 1 月 5 日，顾某国因资金周转需要向陈某借款 500 万元，双方签订《借款合同》，约定：借款利率为月利率 2%，借款期限为 15 天，于 2015 年 1 月 21 日一次性结清，借款汇至顾某国指定的王某明的账户……同日，王某、九江银行股份有限公司溢浦支行（以下简称溢浦支行）作为保证人与陈某签订了一份《保证合同》约定：保证人所担保的主债权为陈某依据其与顾某国签订的《借款合同》而享有的对顾某国的债权。保证担保的范围为主债权本金 500 万元及利息、逾期利息、罚息、复利、违约金、损害赔偿金、债权人方为实现债权而发生的费用以及其他所有主合同债务人的应付费用。保证方式为连带责任保证，保证期间为两年，即自债务人依主合同约定的债务履行期限届满之日起两年。保证人保证签订本合同是经保证人公司董事会、股东会等有权机构的批准，并取得了所有必要授权。两份合同签订后，陈某依约将 500 万元借款汇入顾某国指定的王某明的账户。顾某国向陈某出具了两张金额共计 500 万元的借款借据，王某、溢浦支行作为保证人在借款借据上签字盖章。借期届满后，顾某国未履行还款义务，王某、溢浦支行也未履行担保义务，陈某于是诉至法院。此外，王某与陈某签订保证合同时，其身份为溢浦支行的行长。保证合同是在王某任职的行长办公室签订的。溢浦支行为九江银行股份有限公司（以下简称九江银行）的直属支行，不具有法人资格。溢浦支行营业执照载明其经营范围为：吸收公众存款、发放贷款提供信用证服务及担保、代理收付款项及代理保险业务……《保证合同》文本系格式条款，为陈某所提供。

裁判理由：本案《保证合同》是在溢浦支行行长办公室由时任行长王某代表溢浦支行签订的，并加盖了溢浦支行的公章，且《保证合同》已注明"保证人保证本合

① 参见江西省宜春市中级人民法院（2018）赣 09 民终 1108 号民事判决书。

同是经保证人公司董事会、股东会等有权机构的批准，并取得所有必要授权”，此外，溢浦支行的营业执照上也载明其营业范围包括了“提供信用证服务及担保”，在此情形下，普通人均会认为溢浦支行取得了九江银行的授权，故陈某已经尽到了一个普通人应具备的合理的审查义务，其对导致《保证合同》无效不存在过错。

【案例2】范某栋诉邮储银行八路镇支行保证合同纠纷案①

裁判要旨：银行分支机构不具备法人资格，且其经营范围不含担保，其担保行为未经法人书面授权的，保证合同成立但无效。

基本案情：张某原系邮储银行八路镇支行的负责人，在其任职期间，于2014年7月11日以高息为诱饵，谎称帮助他人偿还贷款急需资金为由向范某栋借款，并出具借条一份，载明：“今借到范某栋人民币（大写）贰佰贰拾万元整，￥2200000.00元，定于2014年7月20日前归还，利率按月2%计算。因履行本借款合同发生纠纷，借款人及担保人自愿放弃一切抗辩权。担保范围为上述全部债务，担保期限为借款到期之日起两年。此据，借款人张某，担保人处加盖中国邮政储蓄银行股份有限公司邳州市八路镇支行业务专用章（04）。”同日，张某与邮储银行八路镇支行共同向范某栋出具委托书一份，委托范某栋将所借款项打入户名为张甲的账户。范某栋于2014年7月11日将220万元分三次打入上述账户。委托书上邮储银行八路镇支行盖有“中国邮政储蓄银行股份有限公司邳州市八路镇支行业务专用章（04）”。庭审中，邮储银行八路镇支行负责人陈述借条及委托书中其印章为柜员保管及使用，该业务专用章在邮储银行八路镇支行并非一枚，张某使用“中国邮政储蓄银行股份有限公司邳州市八路镇支行业务专用章（04）”未经上级主管部门批准。另查明，张某因犯集资诈骗罪于2016年3月10日被邳州市人民法院判处有期徒刑14年，张某犯罪所得钱款予以追缴，返还被害人。在该判决书中查明的犯罪事实部分，认定2014年7月11日张某骗取范某栋220万元。邮储银行八路镇支行的经营范围不含对外担保的业务。范某栋请求判令邮储银行八路镇支行对张某的借款本金220万元以及该款相关的利息和合同约定的以借款金额20%计算的违约金承担连带保证责任。邮储银行八路镇支行不同意范某栋的全部诉讼请求。

裁判理由：邮储银行八路镇支行为张某向范某栋借款提供担保是否成立？如成立，效力如何？首先，张某在盖“业务专用章”时系邮储银行八路镇支行的负责人，并非一般柜员，范某栋有理由相信是履行职务的行为。其次，担保合同上盖有邮

① 参见江苏省盐城市中级人民法院（2017）苏09民终4791号民事判决书。

储银行八路镇支行的业务专用章。最后，即使张某利用职务之便私自使用印章为其个人债务提供担保，未获得法人的授权，也并不能影响合同的成立，其仅是影响合同效力的因素。根据《担保法解释》的相关规定，邮储银行八路镇支行不具备法人资格，系中国邮政储蓄银行股份有限公司的分支机构，其担保行为未经法人书面授权，且其经营范围不含担保，保证合同应为无效。邮储银行八路镇支行应承担相应的过错责任。邮储银行八路镇支行的营业执照载明的经营范围并不包括借款担保业务，范某栋与张某多次发生借贷业务，其对邮储银行八路镇支行有无对外担保经营范围未尽到谨慎审查的义务，应承担相应的过错责任。结合《担保法解释》第7条①的相关规定，邮储银行八路镇支行承担民事责任的部分应为不能清偿部分的20%。

127. 分公司违规对外担保的，其效力和责任如何认定？

【案例】周某诉莫某等借款合同纠纷案②

裁判要旨：企业法人的分支机构未经法人书面授权提供保证的，保证合同无效。企业分支机构明知自己为不具备法人资格的分支机构仍对外出具担保，债权人对此明知仍接受其出具的担保的，双方均有过错。

基本案情：2014年6月4日，莫某共向周某借款52万元，周某通过银行转账分5次将借款全部转入莫某的银行账号，并出具借条，约定借款期限为3个月，月息3%，某公司为该笔借款作连带责任保证。借款期限届满后，莫某未能按约还款。2014年7月11日至2015年3月13日，莫某向周某偿还利息和借款共计204800元。2015年8月25日，某集团南宁分公司出具《担保承诺书》，并承诺具备合法的担保资格，承担连带保证责任，保证至莫某完全清偿债务为止，后莫某在《担保承诺书》上签字确认。截至2015年8月23日，莫某尚欠周某本金470600元、利息70500元，该款应于2015年8月31日前清偿。2016年2月24日，周某将莫某、某公司、某集团南宁分公司、某集团诉至法院，在莫某承诺还款后，周某遂向法院申请撤诉。后

---

① 参见《民法典担保制度解释》第17条第1款规定："主合同有效而第三人提供的担保合同无效，人民法院应当区分不同情形确定担保人的赔偿责任：（一）债权人与担保人均有过错的，担保人承担的赔偿责任不应超过债务人不能清偿部分的二分之一；（二）担保人有过错而债权人无过错的，担保人对债务人不能清偿的部分承担赔偿责任；（三）债权人有过错而担保人无过错的，担保人不承担赔偿责任。"

② 参见广西壮族自治区南宁市中级人民法院（2020）桂01民终8034号民事判决书。

经周某多次催告，均未果，遂再次诉至法院。

裁判理由：关于某集团南宁分公司的责任承担问题。《担保法解释》第17条第1款[①]规定："企业法人的分支机构未经法人书面授权提供保证的，保证合同无效。因此给债权人造成损失的，应当根据担保法第五条第二款的规定处理。"《担保法》第5条第2款[②]规定："担保合同被确认无效后，债务人、担保人、债权人有过错的，应当根据其过错各自承担相应的民事责任。"本案中，某集团南宁分公司未经某集团的书面授权而出具《担保承诺书》为莫某的案涉债务提供担保，上述《担保承诺书》应为无效。关于某集团南宁分公司承担责任的数额问题。《担保法解释》第7条[③]规定："主合同有效而担保合同无效，债权人无过错的，担保人与债务人对主合同债权人的经济损失，承担连带赔偿责任；债权人、担保人有过错的，担保人承担民事责任的部分，不应超过债务人不能清偿部分的二分之一。"某集团南宁分公司作为分支机构应当知道自己无权进行担保，却为莫某向周某的借款提供担保。周某系完全民事行为能力人，其向莫某出借资金，却对某集团南宁分公司是否具有法定担保人资格未尽到应尽的审慎和注意义务。法院认定周某与某集团南宁分公司在本案中均存在过错，故某集团南宁分公司对莫某不能清偿部分的二分之一承担民事清偿责任。某集团南宁分公司无须承担责任的辩称，与法律规定不符，不予采纳。关于某集团的责任承担问题。《担保法解释》第17条第3款[④]规定："企业法人的分支机构经营管理的财产不足以承担保证责任的，由企业法人承担民事责任。"《公司法》第14条第1款规定："公司可以设立分公司。设立分公司，应当向公司登记机关申请登记，领取营业执照。分公司不具有法人资格，其民事责任由公司承担。"故某集团南宁分公司如不能承担清偿责任，应由某集团承担补充责任。

---

① 参见《民法典担保制度解释》第11条第1款规定："公司的分支机构未经公司股东（大）会或者董事会决议以自己的名义对外提供担保，相对人请求公司或者其分支机构承担担保责任的，人民法院不予支持，但是相对人不知道且不应当知道分支机构对外提供担保未经公司决议程序的除外。"

② 参见《民法典》第388条第2款规定："担保合同被确认无效后，债务人、担保人、债权人有过错的，应当根据其过错各自承担相应的民事责任。"

③ 参见《民法典担保制度解释》第17条第1款规定："主合同有效而第三人提供的担保合同无效，人民法院应当区分不同情形确定担保人的赔偿责任：（一）债权人与担保人均有过错的，担保人承担的赔偿责任不应超过债务人不能清偿部分的二分之一；（二）担保人有过错而债权人无过错的，担保人对债务人不能清偿的部分承担赔偿责任；（三）债权人有过错而担保人无过错的，担保人不承担赔偿责任。"

④ 参见《民法典》第74条第2款规定："分支机构以自己的名义从事民事活动，产生的民事责任由法人承担；也可以先以该分支机构管理的财产承担，不足以承担的，由法人承担。"

【现行相关规范】

《民法典担保制度解释》第 11 条

公司的分支机构未经公司股东(大)会或者董事会决议以自己的名义对外提供担保,相对人请求公司或者其分支机构承担担保责任的,人民法院不予支持,但是相对人不知道且不应当知道分支机构对外提供担保未经公司决议程序的除外。

金融机构的分支机构在其营业执照记载的经营范围内开立保函,或者经有权从事担保业务的上级机构授权开立保函,金融机构或者其分支机构以违反公司法关于公司对外担保决议程序的规定为由主张不承担担保责任的,人民法院不予支持。金融机构的分支机构未经金融机构授权提供保函之外的担保,金融机构或者其分支机构主张不承担担保责任的,人民法院应予支持,但是相对人不知道且不应当知道分支机构对外提供担保未经金融机构授权的除外。

担保公司的分支机构未经担保公司授权对外提供担保,担保公司或者其分支机构主张不承担担保责任的,人民法院应予支持,但是相对人不知道且不应当知道分支机构对外提供担保未经担保公司授权的除外。

公司的分支机构对外提供担保,相对人非善意,请求公司承担赔偿责任的,参照本解释第十七条的有关规定处理。

【规范沿革】

《民法通则意见》第 107 条

不具有法人资格的企业法人的分支机构,以自己的名义对外签订的保证合同,一般应当认定无效。但因此产生的财产责任,分支机构如有偿付能力的,应当自行承担;如无偿付能力的,应由企业法人承担。

《担保法解释》第 17 条

企业法人的分支机构未经法人书面授权提供保证的,保证合同无效。因此给债权人造成损失的,应当根据担保法第五条第二款的规定处理。

企业法人的分支机构经法人书面授权提供保证的,如果法人的书面授权范围不明,法人的分支机构应当对保证合同约定的全部债务承担保证责任。

企业法人的分支机构经营管理的财产不足以承担保证责任的,由企业法人承担民事责任。

企业法人的分支机构提供的保证无效后应当承担赔偿责任的,由分支机构经营管理的财产承担。企业法人有过错的，按照担保法第二十九条的规定处理。

《担保法解释》第 18 条

企业法人的职能部门提供保证的，保证合同无效。债权人知道或者应当知道保证人为企业法人的职能部门的，因此造成的损失由债权人自行承担。

债权人不知保证人为企业法人的职能部门，因此造成的损失，可以参照担保法第五条第二款的规定和第二十九条的规定处理。

《担保法解释》第 124 条

企业法人的分支机构为他人提供保证的，人民法院在审理保证纠纷案件中可以将该企业法人作为共同被告参加诉讼。但是商业银行、保险公司的分支机构提供保证的除外。

专题 9 ｜ 跨境担保

实务问题

128. 在跨境担保案件中，主债务人在内地无任何财产，仅部分保证人在内地有可供执行财产的，内地法院能否受理该案？

【案例】美达多公司在香港胜诉并获执行后诉瑞昌公司等以在内地的财产清偿尚欠债务案①

裁判要旨：原告选择在一案中同时起诉主债务人和担保人时，人民法院可作一案一并处理。《民事诉讼法》第 272 条并未要求一案中所有的被告人都有可供扣押的财产，只要部分被告人在内地有可供扣押的财产，该财产所在地法院即有该案管辖权。主债务人在内地无任何财产，部分保证人在内地有可供执行财产的，内地法院可以受理相关案件。

基本案情：原告美达多公司是在香港特区注册成立的有限责任公司，并根据《放债人条例》取得放债许可证，取得经营放贷、借款业务资格。被告瑞昌公司、聚龙公司均为在香港特区注册成立的企业。被告黎某刚、温某娟为香港特区居民。1996 年 11 月 22 日，原告与瑞昌公司在香港特区签订《贷款协议》，约定由原告贷款

① 参见最高人民法院中国应用法学研究所编：《人民法院案例选（分类重排本）· 商事卷》，人民法院出版社 2017 年版，第 1953－1958 页。

1.13 亿港元给瑞昌公司,利率为年息 15%,期限为 24 个月。同日,聚龙公司、黎某刚、温某娟签署《不可撤销保证书》,并以保证人身份出具《承诺书》给原告。同月 25 日,瑞昌公司向原告出具《抵押书》,以其在香港特区某物业作为上述贷款抵押,并于次日在香港特区土地登记处办理了抵押登记。1997 年 1 月 31 日,原告与四被告又签订《补充契约协议》,约定由原告再次向瑞昌公司贷款 1300 万港元,此补充协议作为上述《贷款协议》不可分割的一部分,并作为上述保证债务的一部分纳入保证范围内。瑞昌公司的上述抵押物亦作为补充贷款的抵押担保,于 2 月 4 日再次办理了抵押登记。当事人之间签署的上述协议等均表明受香港特区法律约束。原告提供了 1.26 亿港元的贷款后,被告未依约偿付本息给原告。1998 年 3 月,原告上诉至香港特区高等法院,要求四被告偿还贷款本息。诉讼期间,原告与四被告达成和解协议,香港特区高等法院接纳该协议并于 1998 年 4 月发出《同意命令》,裁决由四被告按照和解协议中的《安排表》向原告偿付港币 131489618.40 元,并支付港币本金 1.26 亿元由 1998 年 3 月 19 日起算至欠款全部还清之日止的利息,以 15% 的年息计算;被告同时还应支付应付而未付利息金额的利息,以 20% 年利率计算。被告又未依期还款。原告于 1998 年 12 月 15 日公开拍卖瑞昌公司用作抵押的物业,得价款港币 6150 万元。至 1998 年 12 月 15 日止,瑞昌公司仍欠原告港币 8729.2 万元(其中本金港币 7186.6 万元)。此后,被告未再还款,亦未提供在香港可供执行的其他财产。原告查得被告聚龙公司、黎某刚、温某娟在广州有多处房产和地产,遂以被告在内地有可供执行财产为由,向广州市中级人民法院提起诉讼,要求四被告偿还尚欠借款本息。

裁判理由:本案属借款担保合同纠纷。各方当事人约定选择香港特区法律作为处理合同争议所适用的法律,故本案适用香港特区法律调整。原告为在香港特区注册并依法取得放债人资格的企业,其与被告瑞昌公司于 1996 年 11 月 22 日签订的《贷款协议》及 1997 年 1 月 31 日签订的《补充契约协议》,均为当事人的真实意思表示,双方借贷的约定并不违反《放债人条例》有关放债业务的限制及过高利率之禁止,应认定协议合法有效,对当事人各方均具有约束力。原告已依约发放了贷款给借款人,瑞昌公司逾期未如数偿还贷款本息属违约,瑞昌公司应清偿尚欠原告的贷款并承担约定的违约责任。被告聚龙公司、黎某刚、温某娟为瑞昌公司向原告的借款出具的《承诺书》及在《补充契约协议》中所作的保证承诺是当事人的真实意思表示,与现行香港特区法例无悖,担保应认定为有效,被告聚龙公司、黎某刚、温某娟应履行担保义务,对瑞昌公司欠原告的债务承担约定的连带清偿责任。虽然本案纠纷曾在香港特区诉讼,但因1997年内地与香港特区之间尚无相互申请承认和执行对方法院判决的安排,且本案当事人在有关贷款协议及承诺书中并未选择管辖法院,因此,原告在其权益仍未得到有效保障的情况下,向有可供执行财产地的内地法院起诉请求保护其合法权益,法院对本案具有司法管辖权,原告的请求应予支持。因本案合同当事人约定适用香港特区法律,根据香港特区《放债人条例》之规定以及香港特区现行的有关债之担保的法例,被告聚龙公司、黎某刚及温某娟依约对原告承担担保责任。

129. 外管局批复中指定的担保期限是不是保证期间?《境内机构对外担保管理办法》第15条规定的"债务到期前30天"中的债务是指主债务还是担保债务?

【案例】东亚银行有限公司上海分行诉上海纪盛房产发展有限公司等外汇借款合同对外担保案①

裁判要旨:外管局批准的1年担保期限是批准担保人可以对外承担担保债务的期间,目的是监管担保人的外汇状况、外汇支付等,该担保期限与保证期间系两个不同概念。《境内机构对外担保管理办法》②第15条中"债务到期"对外汇管理局而言,应当是一个可以确定的时间,应当认定为主债务到期。

基本案情:1997年6月10日,原告东亚银行有限公司上海分行(以下简称东亚银行)与被告上海纪盛房产发展有限公司(以下简称纪盛房产)签订《贷款协议书》,约定纪盛公司向原告借款总金额不超过美金400万元,借款期限为6个月,自1997年6月10日起至1997年12月10日止……1997年6月18日,上海市公证处对上述《贷款协议书》进行了公证。1997年6月27日,纪盛公司就系争贷款填写了《外债签约情况表》,并向外管局上海分局进行了外债登记。《贷款协议书》签订生效后,原告共计向纪盛公司放贷美金400万元。1997年12月10日,上述400万美元贷款到期后,双方多次展期,并最终展期至1998年11月30日;还约定除上述还款期限变更外,《贷款协议书》中的其余条款保持不变。之后,纪盛公司就系争贷款的

---

① 参见最高人民法院中国应用法学研究所编:《人民法院案例选(分类重排本)·商事卷》,人民法院出版社2017年版,第2035－2041页。

② 该《办法》已被中国人民银行公告〔2014〕第13号废止。

还款期限分别展期的情况向外管局上海分局进行了外债登记。1997 年 6 月 26 日，原告与南油公司签订《还款担保与赔偿协议书》一份，协议约定南油公司向原告承诺为系争贷款承担连带保证责任，并须全数赔偿贷款人因借款人不履行任何有关债务责任而产生的所有损失及支出……保证期限自本协议生效之日起一直延续至系争债务清偿为止；本协议经担保人、被担保人（贷款人）签字并经有关公证处公证，经外管局深圳分局登记后生效。同日，上海市公证处对《还款担保与赔偿协议书》进行了公证。同日，外管局深圳分局签发了《关于深圳南油（集团）有限公司提供对外担保的批复》，同意南油公司为系争贷款提供全额担保，期限为 1 年；在提供对外担保合同签订后 15 天内办理对外担保登记手续，并及时反馈担保金额变动情况。1997 年 7 月 9 日，南油公司就系争贷款担保事项填写了《非金融机构外汇担保登记表》，向外管局深圳分局进行了对外担保登记。1998 年 10 月 15 日，原告与南油公司又签订了《关于 400 万美元贷款的补充协议》（以下简称《补充协议》），约定南油公司承诺担保期限自原贷款期限届满至 2000 年 10 月 31 日；在此期间，无论原贷款如何展期，南油公司均按照《还款担保与赔偿协议书》的约定承担连带保证责任；本补充协议自双方签字盖章之后，经外管局深圳分局作担保登记之日起生效。嗣后，南油公司并未依照上述《补充协议》之约定，去外管局深圳分局作担保登记。1999 年 8 月 25 日和 2000 年 7 月 26 日，原告就系争贷款分别向南油公司发出了《催讨函》进行催讨，南油公司未予答复。1999 年 2 月 12 日，原告与纪盛公司签订《再抵押合同》，同日，上海市公证处对上述《再抵押合同》进行了公证，2 月 15 日，纪盛公司办理了抵押物登记手续。1999 年 7 月 28 日，纪盛公司填写《抵押外汇贷款登记表》，就系争贷款再抵押事项向外管局上海分局进行了登记。纪盛公司在 1998 年 1 月 21 日至 2001 年 6 月 26 日先后九次致函原告，请求减免部分还款本息。至借款展期协议期间届满，纪盛公司仅归还了至 1998 年 12 月 31 日止的利息和逾期利息，其余借款本息未偿还原告，南油公司亦未履行其连带担保责任。

裁判理由：东亚银行认为，外管局深圳分局批复中的担保期限就是保证期间，其与南油公司签署《补充协议》并未超出 1 年的担保期限。对此，二审法院认为，保证期间是依照法律规定或当事人约定，保证人对履行期届满的主债务承担责任的期间。东亚银行与南油公司在签订的《还款担保与赔偿协议书》中对保证期间作了约定：担保人负连带清偿责任，该连带清偿责任一直延续至债务清偿为止。根据

《担保法解释》第32条[①]的规定，该条款的内容应视为约定不明，保证期间为主债务履行期届满之日起两年。而外管局深圳分局批准的1年担保期限是外汇管理局基于我国外汇管制的现状，根据担保人本身的自有外汇和外汇负债比例情况以及所担保的外债贷款期限长短，批准担保人可以对外承担担保债务的期间，目的是监管担保人的外汇状况、外汇支付等。该担保期限与保证期间系两个不同概念。鉴于批复的有效期自批准之日取得，故东亚银行与南油公司于1998年10月15日签订《补充协议》时，已经超出外管局深圳分局批准的1年的担保期限。

东亚银行认为《境内机构对外担保管理办法》第15条中"债务到期"应理解为"担保债务到期"。对此，二审法院认为，《境内机构对外担保管理办法》第15条中的"债务到期"对外汇管理局而言，应当是一个可以确定的时间。如果将"债务到期"理解为"担保债务到期"，实际上使外汇管理局无法行使监控权，而且，东亚银行将"债务到期"理解为"担保债务到期"，并不能提供相应的法律依据予以证明，故对此不予采信。

130. 当事人约定保证合同适用其他法域法律，会导致该合同规避内地法律对于跨境担保管制的规定，此时应当如何选择准据法？[*]

【案例】中国银行（香港）有限公司诉福建省龙海市电力公司、福建省龙海市人民政府担保合同纠纷案[②]

裁判要旨：由于我国香港特区与内地分属不同法域，参照《民法通则意见》第194条[③]规定所确立的原则，跨境合同当事人选择法律适用时，不得规避内地强制性

---

① 参见《民法典》第692条第2款规定："债权人与保证人可以约定保证期间，但是约定的保证期间早于主债务履行期限或者与主债务履行期限同时届满的，视为没有约定；没有约定或者约定不明确的，保证期间为主债务履行期限届满之日起六个月。"《民法典担保制度解释》第32条规定："保证合同约定保证人承担保证责任直至主债务本息还清时为止等类似内容的，视为约定不明，保证期间为主债务履行期限届满之日起六个月。"

* 另可参见人民法院案例库2024－10－2－104－002号上海某贸易发展有限公司诉某国际商务贸易顾问有限公司、刘某某国际货物保证合同纠纷案。该案裁判要旨明确：当事人未约定涉外担保合同适用法律，但担保合同的签订地及履行地均在中国，根据最密切联系原则，就担保法律关系应当适用中华人民共和国法律。

② 参见福建省高级人民法院（2005）闽民终字第180号民事判决书。

③ 参见《最高人民法院关于适用〈中华人民共和国涉外民事关系法律适用法〉若干问题的解释（一）》第9条规定："一方当事人故意制造涉外民事关系的连结点，规避中华人民共和国法律、行政法规的强制性规定的，人民法院应认定为不发生适用外国法律的效力。"

或禁止性法律规范。内地对于对外担保有强制性的规定,当事人在《不可撤销担保书》中约定适用香港特区法律,显然规避了上述强制性规定,故本案《不可撤销担保书》的纠纷应适用内地法律作为准据法,仍在内地对外担保管制法规强制适用的范围之内。

基本案情:1994 年 12 月 8 日,鑫海公司向华侨银行申请信贷额度,包括开立信用证额度港币(下同)2000 万元,信托提货额度 2000 万元,透支额度 200 万元。福建省龙海市人民政府(以下简称龙海市政府)向华侨银行出具了一份《确认函》,称鑫海公司申请授信额度一事已经其批准,并“愿意督促该驻港公司切实按时归还贵行贷款本息,如该公司出现逾期或拖欠贷款本息现象,本政府将负责解决,不会让贵行在经济上蒙受损失”。1995 年 2 月 20 日,福建省龙海市电力公司(以下简称龙海公司)向华侨银行出具一份《不可撤销担保书》,为鑫海公司向华侨银行贷款提供担保,限额为本金不超过 1800 万元及利息和费用。龙海公司同意:(1)其所承担的责任与鑫海公司还款责任并无任何分别,华侨银行无须先向鑫海公司追讨或起诉,担保人无条件负责清还所有欠款、利息及其他应付款项;(2)本担保书为一持续性担保,在借款本金、利息及其他应付款项尚未清还前,本担保人之担保责任仍持续有效;(3)担保人应在接获华侨银行书面通知后 7 日内无条件把鑫海公司所欠款项全数归还华侨银行;(4)担保人在本担保书项下一切义务,不受华侨银行在任何时间给予鑫海公司任何时间、宽容、放弃、撤销、延迟行使对鑫海公司的任何权利的影响,不因时间失效或本担保书在法律上失效而受任何影响;(5)该担保为独立附加担保,不受鑫海公司现时或将来提供予华侨银行的任何其他担保或押品所影响或替代;(6)华侨银行出具的关于鑫海公司欠款、利息及其他应付款项的书面通知为最终证明,担保人并无异议;(7)该担保书受香港特区法律管辖。1997 年 9 月 11 日,华侨银行致函鑫海公司,授予鑫海公司限额为 800 万元的开立信用证额度、限额为 800 万元的信托收据融资额度、限额为 100 万元的透支额度、限额为 308 万元的按揭贷款额度,该按揭贷款从 1997 年 10 月 5 日开始分 240 个月偿还,每期偿还 28709.64 元。Kwok Shink Tung 和曾某寿提供房屋作抵押担保并由该二人提供无限连带保证。龙海市政府的《确认函》、龙海公司的担保书被手工填写添加到担保条款之中。鑫海公司在函件尾部签署后退回一份给华侨银行。1997 年 9 月 10 日至 1998 年 2 月 13 日,鑫海公司向华侨银行申请开立五份信用证,项下付款金额合计 8579450 元,其中华侨银行为鑫海公司垫付 7296160 元。1998 年 5 月 15 日,华侨银行称借款人已违反其还款承诺并经华侨银行多次催讨无效,要求担保人龙海公司偿还截至

1998年5月7日的债务11549462.06元。1998年8月20日,华侨银行同意给予鑫海公司信贷额度,鑫海公司提交一份《偿还贷款保证书》给华侨银行,双方对债务重组如下:贷款780万元,定期贷款利息按季度计算,贷款所有未还总额每半年偿还一期,每期还款130万元,共计六期逾期偿还将按优惠贷款利率加4.5%或华侨银行通知的利率加收逾期利息。2001年10月1日,华侨银行通过重组并入中国银行(香港)有限公司,其权利义务由原告中国银行(香港)有限公司承接。2003年1月24日,原告委托律师向龙海公司、龙海市政府分别发《律师函》,催讨截至2001年3月22日的债务本金9433876.46元。同年1月29日,该所律师在公证员面前将该《律师函》交付邮政局分别邮寄给两被告。2003年2月8日,龙海市政府以《关于鑫海实业有限公司借款事宜律师函的复函》答复北京市金杜律师事务所深圳分所,称:(1)债务金额是原告单方计算的数据,不能作为确认拖欠债务数额的依据,应以鑫海公司的实际账目并经债权双方确认为准;(2)要求其清还欠款没有法律依据,其所出具的《确认函》并非对债务提供担保。2003年2月9日,龙海公司函复北京市金杜律师事务所深圳分所,亦对债务数额提出异议,并称:其非金融企业法人,没有外汇收入,不能对外提供担保;其出具《不可撤销担保书》的担保行为,未经对外担保的管理机关审批,担保行为无效;鑫海公司向华侨银行借款的还款期限早已届满,债权人未在法定的期间内主张权利,保证人依法也已免除保证责任。2002年11月15日,原告向香港特区高等法院起诉鑫海公司和曾某寿。2004年5月18日,该院作出如下判决:(1)欠款的总额及累计至2004年5月12日之利息总数为13759998.32元;(2)就按揭贷款而言,就2104110.64元之尚欠本金的额外利息,利率为原告之港元年度最优惠利率加5%(现时年利率为10%或每日576.47元),由2004年5月13日计算至本命令作出之日,此后利息按裁判利率计算直至全部款项付清;(3)就期限贷款而言,就7329765.82元之尚欠本金的额外利息,利率为原告之港元年度最优惠利率加4.5%(现时年利率为9.5%或每日1907.75元),由2004年5月13日计算至本命令作出之日,此后利息按裁判利率计算直至全部款项付清。该案存档日期为2004年6月2日。诉讼期间,原告于2003年11月26日处理了涉案抵押房产,售价141万元,加上管理费结余840元,扣除各项开支,净得款1317948.49元。原告将所得款项用于抵扣分期放款项下利息987326.52元、定期放款项下利息333621.97元。香港特区法院的判决已扣除这两部分利息。本案庭审过程中,原告主张根据香港特区《时效条例》的规定,普通诉讼时效为6年。被告对此法律规定的内容予以认可,但认为本案应适用《民法通则》有关两年诉讼时效的规定。除有关时效的法律规定之外,原告及被告对于本案适用内地法律没有异议。原告及龙海公司对于龙海公司出具的《不可撤销担保书》因违反外汇管制的有关规定而无效没有争议。

裁判理由:一审法院认为,根据有关法律规定,涉外案件当事人可以选择处理争议所适用的实体法。被告龙海市政府出具的《确认函》未就处理争议所适用的实体法作出约定,庭审中双方一致选择适用内地法律作为解决争议的实体法,法院予以准许。原告与被告龙海公司对于《不可撤销担保书》因违反对外担保应当办理审批和登记的强制性规定而无效,并且适用内地《担保法》及司法解释有关无效保证的规定进行处理没有争议。但对于诉讼时效的法律适用存在争议。香港特区《时效条例》规定普通诉讼时效为6年,《民法通则》规定的诉讼时效为2年,香港特区与内地有关时效的法律规定发生冲突。在本案适用不同法域的法律将发生截然不同的后果。在合同有效的情况下,当事人对实体法的选择属于当事人意思自治的范畴。在合同无效的一般情况下,当事人约定的解决争端条款(如仲裁条款、法律适用条款等)独立于无效合同之外,仍然具有约束力。但是,本案《不可撤销担保书》无效的原因在于当事人约定适用香港特区法律意图规避内地强行适用的外汇管理规定,法律适用条款本身违法,因此,本案《不可撤销担保书》无效包括法律适用条款无效。《民法通则意见》第194条规定,"当事人规避我国强制性或者禁止性法律规范的行为,不发生适用外国法律的效力"。合同被确认无效后,应当根据最密切联系原则确定准据法或者直接适用法院地法。被告龙海公司的住所地在内地,其在内地出具担保书,因此,内地与本案有最密切联系,应当适用内地法律解决本案无效担保纠纷。最高人民法院的相关意见认为承担外债必须履行相关的批准、登记手续是强制性的规定。当事人未履行批准、登记手续的行为规避了内地强行性法律规范,不发生适用香港特区法律的效力,而应当适用内地法律。司法实践中还存在如下做法:外汇管制是我国实行多年的基本经济政策,在我国经济领域属于社会公共秩序,并根据公共秩序保留条款认定违反我国外汇管制规定的合同无效。因我国法律及司法解释只规定采用公共秩序保留条款,但以什么法律取代被拒绝适用的外国法,则未明确。根据通行的涉外民事法律关系适用法理论,因违反公共秩序而根据保留条款拒绝适用域外法后,应代之适用法院地法。不管是根据法律规避还是公共秩序保留条款认定本案《不可撤销担保书》无效,都不发生适用香港特区法律的效力，而应适用内地法律。《民法通则意见》第195条[①]规定，"涉外民事法律关系的诉讼时效，依冲突规范确定的民事法律关系的准据法确定"。本案准据法已确定为内地法律，根据《民法通则》第135条[②]之规定，本案诉讼时效期限为两年。

二审法院认为，关于龙海公司出具《不可撤销担保书》的法律适用问题。在担保合同效力的认定上，中国银行(香港)有限公司对担保书因未办理对外担保审批、登记手续而无效无异议。但认为本案担保行为不构成法律规避，担保书无效系因公共秩序保留所致，担保书在公共秩序保留范围外仍应适用约定的准据法，即当事人的民事行为能力、诉讼时效等问题，应当继续适用合同约定的香港特区法律。该案原审法院认为，龙海公司为鑫海公司所欠中国银行(香港)有限公司债务提供《不可撤销担保书》属于无效担保合同，其中对于法律适用的条款亦因违反内地公共秩序或因规避内地强制性规定而无效，不发生适用香港特区法律的效果。公共秩序制度是国际私法上一个具有弹性的制度，法官可以决定是适用冲突规范所指向的域外法，还是利用公共秩序制度将域外法排除。根据《民法通则》第150条[③]、《民事诉讼法》第268条的规定，内地立法中限制域外法适用仅限于违反中华人民共和国法律的基本原则或者国家主权、安全、社会公共利益。公共秩序保留制度的意义在于维护本国社会利益，而不能作为任意排除域外法适用的工具，否则将导致滥用从而损害法律意义及价值。原判关于《不可撤销担保书》的法律适用条款因违反内地公共秩序或因规避内地强制性规定而无效的认定是不妥的，应予纠正。中国银行(香港)有限公司关于担保书无效系因公共秩序保留的上诉理由不能成立，法院不予支持。龙海公司出具的《不可撤销担保书》，系内地的公司作为担保人，为香港公司的外币借款进行担保，该担保属于跨境担保。当事人虽然在《不可撤销担保书》中约定适用香港特区的法律，但由于我国香港特区与内地分属于不同的法域，参照《民法通则意见》第194条的规定所确立的原则，涉外合同当事人选择法律适用时，不得规避内地强制性或禁止性法律规范。内地对于对外担保有强制性的规定，本案《不可撤销担保书》的纠纷如果适用香港特区法律，显然规避了上述强制性规定，

---

① 参见《涉外民事关系法律适用法》第7条规定："诉讼时效，适用相关涉外民事关系应当适用的法律。"

② 参见《民法典》第188条第1款规定："向人民法院请求保护民事权利的诉讼时效期间为三年。法律另有规定的，依照其规定。"

③ 参见《涉外民事关系法律适用法》第5条规定："外国法律的适用将损害中华人民共和国社会公共利益的，适用中华人民共和国法律。"

故本案《不可撤销担保书》的纠纷应适用内地法律作为准据法。中国银行(香港)有限公司认为在内地对外担保管制法规强制适用范围之外,担保书仍应适用香港特区法律的上诉理由也不能成立,法院不予支持。

131. 跨境保证合同未经国家外汇管理机关批准登记,保证合同是否有效?*

【案例1】南洋银行诉华宏公司、王某保证合同纠纷案①

裁判要旨:《跨境担保外汇管理规定》第29条规定,外汇局对跨境担保合同的核准、登记或备案情况以及本规定明确的其他管理事项与管理要求,不构成跨境担保合同的生效要件。当事人是否履行相关登记或备案手续,不影响合同效力。

基本案情:2012年11月14日,致诚国际有限公司(以下简称致诚公司,系在香港特别行政区注册成立的公司)与南洋银行签订票据交易及贸易融资主协议。南洋银行向致诚公司提供总额不超过港币2800万元的循环授信融资额度(包含信用证、信托提货及进口票据融资),致诚公司承诺依相关还款条件向南洋银行偿还贷款。2014年11月18日,王某与南洋银行签订担保契约,华宏公司与南洋银行签订保证合同,均约定华宏公司和王某为致诚公司的融资函所列全部债务承担连带保证责任。上述借款及担保合同签订后,南洋银行依约根据致诚公司的融资函的申请事项发放融资款。2015年3月19日,南洋公司向香港特别行政区高等法院起诉致诚公司,请求致诚公司偿还以上融资函所涉及的债务。2015年4月23日香港特别行政区高等法院作出判决,判决致诚公司向南洋公司支付下列款项:(1)本金1855954.93美元。(2)本金1835875.05美元项下利息自2015年3月14日至2015年4月23日(判决日)以年利率11.25%计算,自2015年4月24日起的利息按照香港特区法院判决年利率8%计算,直至所有债务全部清偿之日。截至2015年5月13日,致诚公司尚欠南洋银行票据融资本金1765790.19美元及利息1935.11美元。

裁判理由:根据《涉外民事关系法律适用法》第4条和《最高人民法院关于适用

---

* 另可参见人民法院案例库2024-10-2-104-002号上海某贸易发展有限公司诉某国际商务贸易顾问有限公司、刘某某国际货物保证合同纠纷案。该案裁判要旨明确:境内机构提供或接受除内保外贷和外保内贷以外的其他形式跨境担保,在符合法律规定和《跨境担保外汇管理规定》的前提下,可自行签订跨境担保合同。除国家外汇管理局另有明确规定外,担保人、债务人不需要就其他形式跨境担保到国家外汇管理局办理登记或备案。国家外汇管理局对内保外贷和外保内贷实行登记管理,但外汇局对跨境担保合同的核准、登记或备案情况,不构成跨境担保合同的生效要件。

① 参见山东省菏泽市中级人民法院(2015)菏商初字第93号民事判决书。

〈中华人民共和国涉外民事关系法律适用法〉若干问题的解释(一)》第10条的规定,涉及外汇管制等金融安全的,应直接适用该强制性规定。因此,本案应适用我国内地法律作为准据法。《外汇管理条例》第19条规定,提供对外担保,应当向外汇管理机关提出申请,由外汇管理机关根据申请人的资产负债等情况作出批准或者不批准的决定,申请人签订对外担保合同后,应当到外汇管理机关办理对外担保登记。《担保法解释》第6条①规定:有下列情形之一的,对外担保合同无效:(1)未经国家有关主管部门批准或者登记对外担保的……根据以上规定可以看出,我国对内保外贷实施的是强制性管制制度,即对外担保合同须经国家有关管理机关批准或登记,否则对外担保合同无效。自2014年6月1日起实施的《跨境担保外汇管理规定》第29条规定:“外汇局对跨境担保合同的核准、登记或备案情况以及本规定明确的其他管理事项与管理要求,不构成跨境担保合同的生效要件。”即国家外汇管理局自2014年6月1日起已明确跨境担保登记或备案等手续不再作为效力性规定,而是管理性规定,违反该规定将受行政处罚。故本案当事人是否履行相关登记或备案手续,不影响合同效力。本案担保契约和担保合同应为有效合同。华宏公司和王某应按照合同的约定对致诚公司拖欠原告南洋银行的进口票据融资本金1765790.19美元,利息1935.11美元承担连带担保责任。2015年4月23日,香港特别行政区高等法院作出诉讼号为HCA573/2015的终审判决,对致诚公司拖欠南洋银行的融资贷款数额进行了确认。截至2015年5月13日,致诚公司尚欠南洋银行进口票据融资本金1765790.19美元,利息1935.11美元。

【案例2】华诺公司诉王某、丁某保证合同纠纷案②

裁判要旨:以其他形式跨境担保方式签订跨境担保合同,未经国家有关部门批准或者登记的,不影响合同效力。

基本案情:2018年11月15日,华诺公司与ASTWAY公司签订《购销合同NO5》,该合同标注日期为2018年11月5日,合同约定合同总价值为234000元,货物品名小麦一面包粉,数量900吨,单价260美元/吨,发货时间为供货方账户自收到资金5日内发货,交货条件为DAP阿拉山口站换装库等内容。其中,合同第6条C项约定:供货方未按期发货,应支付购货方违约金,违约金按每日千分之一总货款计算。逾期发货超过15天,购货方有权终止合同。供货方应在约定交货期20日内

① 《民法典》及《民法典担保制度解释》中未直接规定相关内容。

② 参见北京市第三中级人民法院(2019)京03民终13333号民事判决书。

返还全部货款并支付每日3‰总货款的滞纳金及总货款的20%作为违约金。合同约定适用中国法，受中国管辖。合同尾部还手写载明：本人丁某、王某作为合同牵头人，愿为本合同提供保证：承诺就供货方在该合同项下的全部义务承担连带保证责任，保证期间为自合同生效起两年。上述保证条款系丁某手写，丁某签名并注明日期为2018年11月14日；王某亦在上述手写保证条款后签字，并注明日期为2018年11月19日。合同签订后，华诺公司支付了货款，ASTWAY公司随后于2018年12月20日及2018年12月27日各延期发货300吨面粉，剩余货物至今未交付。2019年2月28日，华诺公司通过邮件通知ASTWAY公司取消该笔订单。后ASTWAY公司至今未退还该款。另查明，华诺公司因此次诉讼共支付律师费5万元，华诺公司遂诉至法院。

裁判理由：丁某、王某主张，根据《外汇管理条例》第19条之规定，提供对外担保，应当向外汇管理机关提出申请，由外汇管理机关根据申请人的资产负债等情况作出批准或者不批准的决定。本案担保未经上述机关批准，故根据《担保法解释》第6条第2项①之规定，未经国家有关主管部门批准或者登记，为境外机构向境内债权人提供担保的，对外担保合同无效。对此，法院认为，上述外汇管理条例于1996年实施，司法解释于2000年实施，2014年5月12日，《国家外汇管理局关于发布〈跨境担保外汇管理规定〉的通知》载明，为深化外汇管理体制改革，简化行政审批程序，规范跨境担保项下收支行为，国家外汇管理局决定改进跨境担保外汇管理方式，制定了《跨境担保外汇管理规定》及其操作指引。《跨境担保外汇管理规定》第3条规定，按照担保当事各方的注册地，跨境担保分为内保外贷、外保内贷和其他形式跨境担保。内保外贷是指担保人注册地在境内、债务人和债权人注册地均在境外的跨境担保。外保内贷是指担保人注册地在境外、债务人和债权人注册地均在境内的跨境担保。其他形式跨境担保是指除前述内保外贷和外保内贷以外的其他跨境担保情形。第25条第2款规定，境内机构办理其他形式跨境担保，可自行办理担保履约。从上述规定的制定过程可以看出，为深化外汇管理体制改革，简化行政审批程序，涉案的担保已无须有关部门批准，故《担保法解释》第6条第2项之适用前提已不存在，丁某、王某据此主张担保合同无效，于法无据。

---

① 《民法典》及《民法典担保制度解释》中未直接规定相关内容。

第六百八十四条　保证合同的内容

【民法典条文】

保证合同的内容一般包括被保证的主债权的种类、数额，债务人履行债务的期限，保证的方式、范围和期间等条款。

实务问题

132. 保证合同约定保证人对本息承担保证责任，事后债权人与保证人签订的新协议中仅约定对固定数额的利息承担保证责任，保证责任范围如何认定？

【案例】中国工商银行上海市杨浦支行诉华东厂借款合同纠纷案[①]

裁判要旨：债权人在借款合同期满后，与债务人和保证人又分别就本金和利息重新订立协议。由于债权人与保证人的协议中未涉及本金，基于对从权利的主张并不当然地及于主权利，应认定债权人已对原保证责任范围作了变更且新约定的利息不应包括原保证合同所产生的债务未支付的其他利息。

基本案情：1999年6月28日，原告中国工商银行上海市杨浦支行（以下简称杨浦支行）与中国建设物资上海供应处（以下简称物资供应处）订立短期借款合同1份，约定物资供应处向原告借款170万元，借款期限自1999年6月20日起至2000年5月15日止，利率为月息5.3625%，逾期贷款每日计收0.4‰利息，该合同约定由被告华东厂提供担保。同日，原、被告订立保证合同1份，合同载明，担保借款合同的履行期限自1999年6月20日起至2000年5月15日止，保证期限为两年，自借款人不履行债务之日起计算。保证人承诺对借款人的偿还义务负连带责任。该合同还约定，如借款人未履行相应的义务，出借人在合同履行期限内可直接向保证人追索，保证人保证在接到出借人书面索款通知后30日内清偿上述款额。当日，原告

① 参见上海市第二中级人民法院（2003）沪二中民三（商）终字第376号民事判决书。

交付给物资供应处贷款170万元。2000年7月24日,物资供应处更名为中国建设物资上海有限公司(以下简称物资公司)。同年11月16日,物资公司与原告订立银企协议1份,约定:物资供应处所欠原告借款170万元由物资公司承担。在协议书订立后的一个工作日内,物资公司偿付原告本金60万元,余款110万元于2000年12月20日前付清。物资公司在归还本金170万元后,与原告之间的债权债务关系消灭。嗣后,物资公司于同年11月21日还款60万元,2001年2月1日还款20万元。2001年3月,原、被告订立银企协议,双方约定,被告对物资公司所欠原告贷款利息30万元承担担保还息责任。被告承诺自同年3月起由原告从其账户每月代扣利息3万元,截至年底。根据原告提供的清单,截至2001年2月底,物资公司应付原告利息为298470.08元。另原、被告在2003年1月22日、1月24日、3月11日的3次庭审中,确认所订立的银企协议中关于"本协议未尽事宜,由甲、乙双方本着实事求是、相互理解的原则,协商解决"的内容与本案无关。2003年4月1日,原告书面向法院提出,据当时主管信贷员反映,"未尽事宜"包括贷款本金的清偿事宜,但是原告对其自认后的反悔未提供证据。

裁判理由:依据保证合同,华东厂应对借款人的借款义务承担连带还款责任。但借款期满后,杨浦支行与物资公司签订了银企协议,在该份协议中,杨浦支行仅要求物资公司偿付借款本金,未涉及利息的内容。杨浦支行与华东厂签订的银企协议中,双方仅约定华东厂偿付30万元利息,对借款本金也未提起。之后,物资公司归还了80万元,华东厂归还了30万元,杨浦支行分别以本金和利息收取。应推定杨浦支行签订两份银企协议的同时,实际已对原借款合同借款人的责任及保证合同保证人的责任做了变更,就本案而言,杨浦支行在银企协议中实际已免除了华东厂偿付本金的责任,华东厂应承担的保证责任仅为偿付30万元的利息。杨浦支行与华东厂签订的银企协议中注明"未尽事宜协商解决",杨浦支行及华东厂在最初几次庭审中均表示该条款的内容与本案无关,虽然杨浦支行之后又推翻了其庭审中的自认,表示"未尽事宜"包含了本金,但未提供证据予以印证,故法院不予采信。既然"未尽事宜"与本案双方所争议的事实无关,而双方在银企协议中约定华东厂的保证责任为偿付30万元利息,现华东厂已按协议履行了30万元利息,杨浦支行再要求其承担偿付借款本金及30万元以外利息的责任,缺乏事实和法律依据,法院不予支持。

133. 债务人未如约还款的，债权人（银行）可否径直从保证人账户中扣划存款用以偿还贷款？

【案例】保证人农机公司诉农业银行扣划其存款清偿有履行能力的被保证人的贷款侵权案①

裁判要旨：债务人未如约还款的，债权人（银行）径直从保证人账户中扣划存款的，系侵权行为，保证人请求返还扣划款项并赔偿利息的，应当予以支持。

基本案情：1993 年 8 月 12 日，塔城市法达实业有限公司（以下简称法达公司）向被告农业银行借款 7 万元，借款期限从 1993 年 8 月 12 日起至 1993 年 9 月 12 日止。原告农机公司作为担保单位，在担保协议上签了字。该担保协议第 8 条约定："贷款到期后一个月，如借款方不按期归还本息，由担保单位（或担保人）负责为借款方偿还本息和逾期还贷罚息。"法达公司于同年 10 月和 12 月两次向被告偿还贷款 2 万元，1994 年 5 月又偿还 2000 元。1994 年 12 月下旬，法达公司的负责人打电话告知被告，该公司准备用货物抵偿尚欠的贷款，被告答复表示同意。但到 1995 年 1 月上旬，被告口头告知法达公司，要将法达公司尚欠的贷款转给担保人即原告农机公司。因原告法定代表人暂不在单位，被告向原告表示待春节后再协商还贷问题。但到 1995 年 2 月上旬，被告未与原告和法达公司商量，便分两次从原告在其处的存款中扣划 54217.20 元，尔后被告通知原告以此款清偿法达公司所欠的贷款。原告认为被告擅自扣划其存款的行为是侵权，即向塔城地区中级人民法院提起诉讼。

裁判理由：一审法院认为，按照原告与被告订立的担保借款协议的约定，原告承担的是代为履行的责任，而不是连带责任。原告承担代为履行责任有两个前提：一是被告在求偿的顺序上首先应要求法达公司履行；二是有法达公司不能履行主合同债务的事实。法达公司既未丧失履行的能力，也未拒绝履行，一直与被告协商清欠贷款。但被告在法达公司尚有财产可供抵债的情况下，不去要求法达公司履行债务而直接扣划原告的存款，显然有悖于《民法通则》规定的保证制度和《经济合

① 参见最高人民法院中国应用法学研究所编：《人民法院案例选（分类重排本）· 商事卷》，人民法院出版社 2017 年版，第 2208 – 2211 页。

同案件保证问题规定》第5条[①]、第8条[②]的规定。原告提出被告扣划其存款是侵权行为的理由成立,其要求被告返还扣划的存款应予支持。

二审法院认为,上诉人农业银行同被上诉人农机公司及法达公司签订的担保借款协议合法有效,应受法律保护。该协议未约定上诉人可直接从被上诉人账户上扣划存款。按照《经济合同案件保证问题规定》的规定,当借款人和保证人未按协议约定的期限归还借款本息时,贷款人有权向借款人和保证人求偿,但并没有规定可以直接扣划保证人账户上的存款。故上诉人直接扣划被上诉人账户上的存款,既无协议约定的根据,也无法律规定的根据,属行使权利不当,依法应承担侵权民事责任,其上诉理由不能成立。

134. 在债务人破产,债权人受偿为零的情况下,债权人(银行)可否将保证人的存款划至债务人的账户用于清偿借款?

【案例】张家界水泥厂诉中银张家界旅游经济开发区支行因债务人破产其受偿为零擅自扣划保证人的存款侵权案[③]

裁判要旨:债权人不享有对保证人不履行保证义务的自力救济权。债权人请求保证人承担保证责任的,保证人对债权人享有先诉抗辩权或者享有债务人的抗辩权。债权人擅自扣划保证人货款,不仅是对其财产所有权的侵犯,也剥夺了其依法享有的抗辩权,系侵权行为,依法应承担侵权损害赔偿的民事责任。

基本案情:1993年12月26日,原张家界国营建材厂在中银张家界旅游经济开发区支行(以下简称开发区支行)借款15万元作为流动资金,约定于1994年3月16日归还,同时约定由张家界水泥厂提供担保。担保合同约定:"担保期限到张家界国营建材厂还清开发区支行此笔贷款本息和其他费用时止。"逾期后,借款人张

① 参见《民法典》第687条规定:"当事人在保证合同中约定,债务人不能履行债务时,由保证人承担保证责任的,为一般保证。一般保证的保证人在主合同纠纷未经审判或者仲裁,并就债务人财产依法强制执行仍不能履行债务前,有权拒绝向债权人承担保证责任,但是有下列情形之一的除外:(一)债务人下落不明,且无财产可供执行;(二)人民法院已经受理债务人破产案件;(三)债权人有证据证明债务人的财产不足以履行全部债务或者丧失履行债务能力;(四)保证人书面表示放弃本款规定的权利。"

② 参见《民法典》第691条规定:"保证的范围包括主债权及其利息、违约金、损害赔偿金和实现债权的费用。当事人另有约定的,按照其约定。"

③ 参见最高人民法院中国应用法学研究所编:《人民法院案例选(分类重排本)·商事卷》,人民法院出版社2017年版,第2237-2239页。

家界国营建材厂未偿还此贷款本息，开发区支行亦未向担保人水泥厂追偿。1996年6月，张家界国营建材厂因资不抵债向张家界市永定区人民法院提出破产申请，永定区人民法院于同年6月宣告张家界国营建材厂破产还债，并于同年11月18日，裁定破产程序终结。根据清算，对开发区支行的清偿率为零。开发区支行得知张家界国营建材厂进入破产程序后，遂于1996年6月3日向张家界水泥厂首次书面下达催款通知书，张家界水泥厂未履行义务，开发区支行又于同年11月21日再次书面下达催款通知书，要求张家界水泥厂偿还担保贷款本息，张家界水泥厂没有偿付担保贷款。1997年3月17日，中国银行张家界分行将其在1993年赊购张家界水泥厂的水泥款52000元偿还，转账进入张家界水泥厂在开发区支行的账户上。开发区支行未经张家界水泥厂同意，于1997年4月18日将此款转入已破产的张家界国营建材厂的账户上，以偿还上述逾期担保贷款。张家界水泥厂在取此货款时，得知货款已被开发区支行截留。

裁判理由：开发区支行未经存款人张家界水泥厂的同意，擅自将中国银行张家界分行给付张家界水泥厂的钱款转入已宣告破产的张家界国营建材厂的账户上，作为其偿还贷款的行为，属违法行为，侵害了张家界水泥厂的合法权利。张家界水泥厂要求开发区支行返还财物的理由成立，予以支持。

135. 担保费的收取能否应依当事人意思自治确定，是否应该受到民间借贷案件中关于适用中国人民银行同期贷款利率四倍标准的限制？*

【案例】金宝德公司诉陈某弟、罗某光保证合同纠纷案①

裁判要旨：当事人可以约定担保费，但其与利息损失之和的总数额应以中国人民银行同期贷款利率四倍为限。

基本案情：2012年9月12日，陈某件、罗某光、陈某弟与金宝德公司共同签订个人借款担保服务合同。合同约定陈某弟、罗某光向陈某件借款352万元用于归还

* 此问题在实践中争议较大。对于能否收取担保费，以及能否向债务人追偿，意见较为一致。但是，对于担保费用能否与违约金并存？担保费的数额是否与其他费用一起受到利率四倍的限制？还是像违约金一样，可以根据个案的情况进行调整？实践中均有不同的处理。比如，在(2022)湘04民终2937号案中，二审法院认定利息、违约金和担保费用总计不得超过24%；在(2024)湘11民终140号案中，二审法院认为担保费用可以和违约金并存；在(2022)豫10民再67号案中，法院全额支持了年担保费率2.3%的担保费用。

① 参见北京市第二中级人民法院(2005)二中民(商)终字第12409号民事判决书。

银行借款，借款期限自2012年9月13日起至9月22日止；金宝德公司同意为陈某弟、罗某光向陈某件提供该笔个人借款的担保，担保金额352万元；陈某弟、罗某光所申请贷款银行不予批准的，本合同解除，陈某弟、罗某光须在银行通知不予放款之日起5日内向陈某件返还全部借款；金宝德公司替陈某弟、罗某光代偿借款后，即成为债权人，为了保证金宝德公司债权实现，金宝德公司有权直接以坐落于北京市朝阳区建国路×号院某房屋作价抵偿代偿款和有关损失，或直接变卖、委托拍卖机构拍卖本合同所涉房屋，直接以所得款项抵偿代偿款和有关损失，该损失包括金宝德公司为索偿代偿款支付的律师费等。同日，三方签订收费协议，协议约定陈某弟、罗某光因向银行申请办理房屋抵押贷款，需向陈某件借款用于解押赎楼，鉴于金宝德公司提供相关服务，陈某弟、罗某光在签署本合同当日向金宝德公司支付担保费42240元，具体收费标准为借款期限10天以内，金宝德公司按照实际借款金额的1.2%收取担保费，实际借款期限超出预计借款期限的，金宝德公司有权每日按照借款金额的0.2%加收担保费，并有权从银行发放的贷款中直接予以扣除。上述合同签订后，2012年9月12日，陈某件向陈某弟、罗某光支付352万元。但陈某弟、罗某光并未在规定的期限内归还借款。2013年6月18日，金宝德公司向陈某件还款352万元。2013年12月1日，陈某弟向金宝德公司出具欠款明细及承诺，确认已在2013年5月22日前还款2225725元，尚欠本金1294275元，确认自2013年5月23日每月按合同约定应付未付的担保费，并承诺于2014年6月23日至当月底归还。金宝德公司为主张对陈某弟、罗某光的债权，与北京市百伦律师事务所签订委托代理协议并向该事务所付款3万元。

裁判理由：收费协议约定了担保费，系金宝德公司承担保证责任产生的费用，为合理费用，应予保护，但与利息损失之和的总数额以不超过银行同期贷款利率的四倍为限，在此范围内的部分，法院予以支持，此范围外的部分，应予驳回。

136. 当事人关于担保费计算的截止期间约定不明的，应当如何认定？

【案例】周某晨诉郭某聪、潘某保证合同纠纷案①

裁判要旨：当事人关于担保费计算的截止期间约定不明的，应当计算至保证责任终止之日。

① 参见北京市第二中级人民法院(2016)京02民终3672号民事判决书。

基本案情:2014年1月23日,出借人王某武与借款人郭某聪、担保人金宝德公司签订《借款合同》,约定:郭某聪向王某武借款人民币248万元,贷款用途为银行贷款,贷款期限两个月,自贷款发放之日起计算;郭某聪每月应按借款金额的1.5%向王某武支付综合管理费,每月按借款金额的1.5%向金宝德公司支付担保费……本合同项下的贷款由金宝德公司为郭某聪提供全程连带责任保证担保;郭某聪未依约偿还到期本金、利息、综合管理费等,王某武有权要求金宝德公司代偿,金宝德公司代偿的,应书面通知郭某聪,郭某聪应在金宝德公司代偿后的3日之内向金宝德公司支付相当于代偿额的2倍款项(1倍作为违约金)等。在实际支付借款时,郭某聪提出多借款1万元,合计借款249万元。同年3月5日,潘某出具《担保书》,为金宝德公司在其父郭某聪向第三人借款中提供的担保提供反担保,对借款人应付金宝德公司的担保费、违约金等提供连带责任保证担保,并确认以其所有的及名下的房产等资产向金宝德公司提供抵押担保。同年4月17日,因郭某聪未依约偿付借款本息及滞纳金,王某武书面通知金宝德公司,要求代郭某聪偿还借款本金249万元、综合管理费105825元、滞纳金31125元,共计2626950元。同年4月17日,金宝德公司与王某武、周某晨签署《协议书》,约定:由周某晨代金宝德公司向王某武代偿郭某聪应付王某武的借款本金、利息、滞纳金等,并将其享有的保证责任追偿权、担保费及违约金的债权请求权等转让给周某晨。同年4月18日,周某晨向王某武支付代偿款2626950元。同年4月21日,金宝德公司出具《已代偿欠款及权利转让通知书》并快递给郭某聪、潘某,告知其代偿情况,并通知二人向周某晨付款。周某晨多次联系郭某聪、潘某付款,二人均不予支付,故其诉至法院要求被告:(1)支付其受让的金宝德公司代被告向出借人王某武偿还的借款本金及各项费用所形成的债权2626950元(含代偿借款本金249万元、代偿综合管理费105825元、代偿滞纳金31125元);(2)支付其受让的被告应付金宝德公司的担保费(计算标准为:借款金额的1.5%/月,自2014年1月24日起算,计算至被告付清债务之日止,暂计算至2014年4月17日,担保费为105825元)、违约金(按同期银行贷款利率的四倍计算,但不低于代偿金额的30%,暂计算至起诉日,违约金为788085元);(3)承担本案诉讼费、保全费等费用。

裁判理由:一审法院认为,借款人与担保人约定的担保费,应计算至保证责任终止之日,即金宝德公司向王某武偿还款项的2014年4月18日。故原告要求的自2014年1月24日起至2014年4月18日止的担保费104580元,予以支持;超出部分,不予支持。周某晨不服一审判决,就担保费问题提出上诉。请求撤销一审判决第2项、第4项,改判郭某聪、潘某增加支付担保费(自2014年4月19日起至实际清偿之日止,以249万元为基数,按照每月1.5%计算)。二审法院认为,《借款合同》第1条第4款第2项仅约定了郭某聪应向金宝德公司支付借款金额每月1.5%的担保费,但没有明确约定担保费的支付期间。《借款合同》第3条第1款系有关保证期间的约定。所谓保证期间,在连带保证情况下,是指根据当事人约定或者法律规定,债权人应当保证主张权利的期间。因此,该约定不能作为周某晨主张郭某聪应继续支付担保费的合同依据。判决驳回上诉,维持原判。

【规范沿革】

《担保法》第15条

保证合同应当包括以下内容:

(一)被保证的主债权种类、数额;

(二)债务人履行债务的期限;

(三)保证的方式;

(四)保证担保的范围;

(五)保证的期间;

(六)双方认为需要约定的其他事项。

保证合同不完全具备前款规定内容的,可以补正。

【立法资料】

有的委员提出,应当增加规定从事担保业务可以收取担保费用。担保是一项民事活动,专门从事担保业务的企业,收取适当的费用是可以的。考虑到我国目前在担保业务中大多数没有收费,第三人为债务人提供担保,主要是基于信用和互助,如果法律明确规定可以收费,涉及面较宽,而且,收费标准多少适宜等尚缺乏经验,因此,建议对此可以不作规定。①

---

① 参见全国人大法律委员会在1995年6月29日第八届全国人民代表大会常务委员会第十四次会议上所作《关于担保法(草案修改稿)、保险法(草案修改稿)和惩治破坏金融秩序犯罪的决定(草案修改稿)修改意见》的汇报。

第六百八十五条　保证合同的形式

【民法典条文】

保证合同可以是单独订立的书面合同，也可以是主债权债务合同中的保证条款。

第三人单方以书面形式向债权人作出保证，债权人接收且未提出异议的，保证合同成立。

实务问题

137. 在《民法典》施行前，当事人在《担保法》及其司法解释规定的保证合同形式之外，单方出具单方承诺书的，是否构成保证？

【案例】工行都江堰支行诉华美公司等借款合同案①

裁判要旨：法律或司法解释规定的保证合同形式并非限定了保证合同的形式，当事人在前述形式之外，以单方承诺方式作出保证的意思表示，债权人接受的，保证合同成立。

基本案情：华美公司与工行都江堰支行（以下简称工商银行）从1994年开始建立了长期借贷关系。从1994年8月29日起至1998年4月28日止，华美公司向工商银行借款共计19笔（次），借款总金额为947万元。1994年8月26日，交发公司与华美公司签订了一份《贷款担保合同书》。双方约定：从1994年8月1日起至1999年8月1日止，交发公司愿作为担保人为华美公司与工商银行之间发生的贷款，在300万元担保金额限额内承担连带责任，直至还清全部贷款本息为止；在担保合同有效期间及担保金额限额内，工商银行对华美公司的贷款到期、展期或任何宽限，无须通知交发公司；对贷款合同条款的修改、补充、删除，均不影响担保合同的效力；华美公司可将担保合同书径直送达工商银行，交发公司的担保行为即告成立，

① 参见最高人民法院中国应用法学研究所编：《人民法院案例选（分类重排本）·商事卷》，人民法院出版社2017年版，第2015－2019页。

发生担保效力。1995年10月10日，新气象宾馆与华美公司签订了一份与前述《贷款担保合同书》内容基本相同的最高限额为300万元的《贷款担保合同书》，但该合同仅约定了担保期限是从1995年10月10日开始计算，未约定担保截止日。1997年1月31日，华美公司将其所有的23辆出租汽车经营权出质给工商银行，双方订立了《权利质押合同书》。1997年2月21日，都江堰市客运出租车管理处对该合同进行了备案。华美公司从1994年12月14日至1998年4月27日陆续还给工商银行借款共计25笔，还款总金额为650万元。截至1998年4月28日最后一次借款债务届满期日，华美公司尚欠工商银行借款本金297万元及其利息。因华美公司逾期未归还借款引起讼争，工商银行于2000年8月25日向法院起诉要求华美公司立即归还借款本金297万元及其利息并要求交发公司、新气象宾馆承担连带责任。

裁判理由：关于保证合同是否成立。交发公司、新气象宾馆称，本案的保证合同并未成立。因为根据《担保法》第13条①规定的保证人与债权人应当以书面形式订立保证合同，明确了保证合同应该在保证人和债权人之间订立，而在本案中，保证合同是在债务人华美公司和保证人交发公司和新气象宾馆之间订立，保证人因此抗辩保证合同签订主体不合格；并且在《担保法解释》第22条②规定了保证合同的三种形式，即主从合同形式、主从条款形式、以保证人身份在主合同上签字盖章形式，本案的保证合同并不具备《担保法解释》第22条规定的保证合同形式，因此，合同签订主体不合格，合同的形式要件不具备，保证合同并未成立。对于保证合同形式的限制不能规定过死，否则不利于发挥其保障商品融通和资金融通的作用。就保证合同签订主体而言，只要保证人作出愿意担保的意思表示，债权人予以接受，就可以认定保证行为成立，而不必限定为必须是在保证人和债权人之间订立；就保证合同形式而言，《担保法解释》第22条只是对司法实践中存在的常见的典型保证合同形式进行了规定，但这并非“法定”了保证合同的形式，除了法律规定的典型保证合同之外，还有像本案这样的由保证人单方出具的承诺书的单方承诺形式。这种保证书是否成为保证合同，关键在于债权人是否接受，债权人的接受属于承诺性质，接受则保证合同成立，不接受则不成立。债权人接受保证承诺书的形式亦不必限制过死，除了用书面、语言形式外，还可以用行为方式，比如债权人收到保证承诺

① 《民法典》《民法典担保制度解释》中未保留直接规定保证合同要式性的规定。

② 参见《民法典》第685条规定：“保证合同可以是单独订立的书面合同，也可以是主债权债务合同中的保证条款。第三人单方以书面形式向债权人作出保证，债权人接收且未提出异议的，保证合同成立。”

书后履行主合同的行为，即可视为接受。保证承诺书可以直接向债权人出具，也可以通过债务人转交。就本案的保证合同形式而言，保证合同订立是产生于债务人和保证人之间，交发公司和新气象宾馆在保证合同的条款中明确表示愿为华美公司在工商银行处的贷款提供担保，在发生贷款行为时可将保证合同径直送达工商银行，该担保行为即告成立，发生法律效力，可见，交发公司、新气象宾馆对于华美公司在工商银行处的借款提供担保的真实意思表示清楚，并且明示了保证合同是通过债务人转交。此后华美公司在每次发生贷款时都依约送达了《贷款担保合同书》，并且原告工商银行在与华美公司订立《借款合同》时都将《贷款担保合同书》作为借款合同的担保条款，并且履行了主合同，因此完全可以视为债权人已经就保证人承诺予以接受，保证合同已经成立，交发公司、新气象宾馆应当在其"保证承诺"的范围承担保证责任。

138. 保证人单独向债权人出具担保书，后未在借款合同保证人处签字的，保证合同是否成立？

【案例】长阳信用联社诉赵某等金融借款合同纠纷案①

裁判要旨：保证人自愿出具载明担保内容的保证书后，债权人接受且未表示异议的，保证合同成立。保证人事后未在借款合同保证人处签字的，不影响合同的成立。

基本案情：2005 年 3 月 16 日，被告赵某以购买汽车配件为由，向原告长阳信用联社申请以保证担保方式借款 100000 元。同日，原告长阳信用联社在被告彭某、官某诚、吴某军提供载有自愿在为被告赵某 100000 元借款提供担保内容的《保证书》上签名并提交本人身份证复印件及其所在单位提供的工资收入证明后，与被告赵某签订《保证担保借款合同》，办理《湖北省农村信用合作社借款正本》并给被告赵某发放借款 100000 元。前述《保证书》中载明的保证方式、保证范围、保证期限与前述《保证担保借款合同》中载明的保证方式、保证范围、保证期限一致。前述《保证担保借款合同》及《湖北省农村信用合作社借款正本》中的保证人栏内，均有"彭某""官某诚""吴某军"的签名字样。其中，"彭某"二字经鉴定，非其本人签名。被告赵某借款后，仅支付了 2005 年 12 月 31 日前的利息，100000 元本金及其后的利

① 参见湖北省长阳土家族自治县人民法院(2009)长民初字第 312 号民事判决书。

息,经原告长阳信用联社多次催收无果,故引起讼争。

裁判理由:被告彭某向原告长阳信用联社出具载有自愿为被告赵某 100000 元借款提供担保内容的《保证书》,原告长阳信用联社接受该《保证书》且未提出异议,保证合同即依法成立。被告彭某未在《保证担保借款合同》《湖北省农村信用合作社借款正本》上签名,不影响担保合同的成立。

【现行相关规范】

《最高人民法院关于沈阳市信托投资公司是否应当承担保证责任问题的答复》(2001 年 8 月 22 日　法民二〔2001〕50 号)

辽宁省高级人民法院:

你院〔1999〕辽经初字第 48 号《关于沈阳市信托投资公司是否应当承担保证责任的请示》收悉。经研究,答复如下:

我国《担保法》所规定的保证,是指保证人和债权人约定,当债务人不履行债务时,保证人按照约定履行债务或者承担责任的行为。这里所称"保证人和债权人约定"系指双方均为特定人的一般情况。由于公司向社会公开发行债券时,认购人并不特定,不可能要求每一个认购人都与保证人签订书面保证合同,因此,不能机械地理解和套用《担保法》中关于"保证"的定义。向社会公开发行债券时,债券发行人与代理发行人或第三人签订担保合同,该担保合同同样具有证明担保人之真实意思表示的作用。而认购人的认购行为即表明其已接受担保人作出的担保意思表示。你院请示中的第一种意见,即只要沈阳市信托投资公司的保证意思是自愿作出的,且其内容真实,该保证合同即应为有效,该公司应对其担保的兑付债券承担保证责任,是有道理的。

【规范沿革】

《民法通则意见》第 108 条第 1 款

保证人向债权人保证债务人履行债务的,应当与债权人订立书面保证合同,确定保证人对主债务的保证范围和保证期限。虽未单独订立书面保证合同,但在主合同中写明保证人的保证范围和保证期限,并由保证人签名盖章的,视为书面保证合同成立。公民间的口头保证,有两个以上无利害关系人证明的,也视为保证合同成立,法律另有规定的除外。

《经济合同案件保证问题规定》第1条

保证人与债权人就保证问题依法达成书面协议的，保证合同成立。

《经济合同案件保证问题规定》第2条

保证人以书面形式向债权人表示，当被保证人不履行债务时，由其代为履行或者承担连带责任并为债权人接受的，保证合同成立。

《经济合同案件保证问题规定》第3条

保证人在债权人与被保证人签订的订有保证条款的主合同上，以保证人的身份签字或者盖章；或者主合同中虽没有保证条款，但保证人在主合同上以保证人的身份签字或者盖章的，视为保证合同成立。

《经济合同案件保证问题规定》第9条

向债权人保证监督支付专款专用的，作出该项保证的人，在履行了监督支付专款专用义务后，不再承担责任。未尽监督义务造成资金流失的，应对流失的资金承担连带责任。

《担保法》第13条

保证人与债权人应当以书面形式订立保证合同。

《担保法》第93条

本法所称保证合同、抵押合同、质押合同、定金合同可以是单独订立的书面合同，包括当事人之间的具有担保性质的信函、传真等，也可以是主合同中的担保条款。

《担保法解释》第22条

第三人单方以书面形式向债权人出具担保书，债权人接受且未提出异议的，保证合同成立。

主合同中虽然没有保证条款，但是，保证人在主合同上以保证人的身份签字或者盖章的，保证合同成立。

《担保法解释》第26条

第三人向债权人保证监督支付专款专用的，在履行了监督支付专款专用的义务后，不再承担责任。未尽监督义务造成资金流失的，应当对流失的资金承担补充赔偿责任。

第六百八十六条　保证方式及约定不明的推定

【民法典条文】

保证的方式包括一般保证和连带责任保证。

当事人在保证合同中对保证方式没有约定或者约定不明确的，按照一般保证承担保证责任。

实务问题

139. 当事人在保证合同中未使用“一般保证”，也未使用“连带责任”用语的，是否可以认定为对保证方式没有约定或者约定不明确？

【案例】张某行诉刘某保证人一般保证抗辩案①

裁判要旨：债务人不能系指客观不能，当事人在保证合同中未使用“一般保证”，也未使用“连带责任”用语的，系“当事人对保证方式没有约定或者约定不明确的”情形，可以认定为连带责任保证。

基本案情：1999年1月29日，案外人易某秀给原告张某行出具了一份内容为“今欠河南省夏邑县张某行现金30400元，从1998年9月开始按2分计息，尽快给予解决。湖北荆襄磷化集团公司，易某秀，1999年1月29日”的欠条。2000年7月1日，张某行委托孔某、李某港与易某秀及被告刘某、程某凡达成的书面协议约定：易某秀所欠张某行的30400元债务，于协议的当日先给付1万元，下欠的现金，务必在2000年9月全部结清。如不付清，担保人刘某、程某凡承担清偿责任。当日，易某秀向张某行归还了1万元本金。此后，易某秀、刘某、程某凡均未再履行还款义务。易某秀亦在此后离开夏邑县去向不明，其住址也不详。原告张某行向夏邑县人民法院起诉称：被告刘某、程某凡担保债务20400元，到期后不还。请求二被告归还所欠本金及利息（按约定月息2分计算）。

---

① 参见最高人民法院中国应用法学研究所编：《人民法院案例选（分类重排本）·商事卷》，人民法院出版社2017年版，第2006－2010页。

裁判理由：张某行、易某秀及担保人刘某、程某凡约定，易某秀务必在2000年9月全部结清下欠款，如不付清，担保人承担清偿责任。该协议中刘某、程某凡对易某秀的欠款进行了担保，但对其担保方式约定不明，《担保法》第19条①规定，"当事人对保证方式没有约定或者约定不明的，按照连带责任保证承担保证责任"，保证合同内容应当包括有保证方式，由于被上诉人对其保证方式未明确约定，故其依法应承担连带保证责任，原审认定为一般保证不当。本案不具备一般保证的特征，刘某、程某凡以该保证为一般保证的抗辩理由不能成立，上诉人张某行的诉请应予支持。刘某、程某凡应当按照约定承担清偿责任。根据《担保法》第31条②的规定，二被上诉人在清偿债务后有权要求债务人易某秀偿还其代为清偿的欠款。

140. 当事人在保证合同中注明了"不能偿还"字样，但同时约定债务人未在特定时间还款即承担保证责任的，保证方式如何认定？

【案例】李某诉王某保证合同纠纷案③

裁判要旨：担保条款中虽含有"不能"二字，但应当与约定的承担责任的时间要素结合理解，"不能"并非指"不能履行"，应当认定为连带责任保证。

基本案情：2016年4月22日，被告王某自愿在其父母王某福、邓某勤向原告李某出具的借条上书写"我自愿为我父母王某福、邓某勤在李某处借款壹佰肆拾玖万肆仟元（1494000元）承担担保责任。若我父母在2016年5月15日前不能归还该借款，由我承担担保责任。担保人：王某，2016.4.22"。之后，王某福等并未按约返还借款，原告李某多次催收未果，遂起诉被告王某承担保证责任。

裁判理由：原告与王某福、邓某勤之间的民间借贷关系应受到法律保护。借款人王某福、邓某勤到期未按约偿还借款本金，被告王某为借款提供保证担保，在保证期间内应承担保证责任。《担保法》第16条④规定，保证的方式有一般保证和连带责任保证。当事人在保证合同中约定，债务人不能履行债务时，由保证人承担担

---

① 《担保法》第19条规定："当事人对保证方式没有约定或者约定不明确的，按照连带责任保证承担保证责任。"当前有效的法条为《民法典》第686条第2款规定："当事人在保证合同中对保证方式没有约定或者约定不明确的，按照一般保证承担保证责任。"

② 参见《民法典》第700条规定："保证人承担保证责任后，除当事人另有约定外，有权在其承担保证责任的范围内向债务人追偿，享有债权人对债务人的权利，但是不得损害债权人的利益。"

③ 参见重庆市巴南区人民法院（2016）渝0113民初14030号民事判决书。

④ 参见《民法典》第686条第1款规定："保证的方式包括一般保证和连带责任保证。"

保责任的，为一般保证。连带责任保证和一般保证的根本区别就是保证人是否享有先诉抗辩权，即债权人是否必须先行对主债务人主张权利并经强制执行仍不能得到清偿时，方能要求保证人承担保证责任。本案中，被告王某在保证条款中使用的“不能”字样，是与确定的期限即“2016年5月15日前”结合在一起使用的，仅是表明债务人在2016年5月15日前不能偿还借款即产生保证责任，不能将其理解为债务人客观上无力偿还借款时产生保证责任的约定。因此，本案中的保证方式应认定为连带保证责任。

141. 保证合同约定承担保证责任的前提是债务人“不能按期偿还债务”的，保证人承担的是一般保证还是连带责任保证？

【案例】官某玉诉北京品刚投资担保公司等借款合同纠纷案①

裁判要旨：承担保证责任的条件是债务人“不能按期”偿还债务，该“不能”字样是与“按期”结合在一起使用，不能将其理解为确实无力偿还借款的客观能力的约定，仅是表明到期不能偿还即产生保证责任，应认定为连带保证责任。

基本案情：2017年3月13日，官某玉（作为甲方、委托方）与九鼎铭洋公司（作为乙方、受托方），签订《合作投资管理协议》，约定：甲方授权乙方对甲方资金进行运作，乙方承诺由此产生的相关风险由乙方承担，相关风险包括金融市场风险、信用风险等；甲方将委托资金金额200000元整存入乙方公司，委托期限自2017年3月13日起至2017年9月12日止。乙方承诺，在合同正常履行的前提下，甲方自签订合同之日起，每个月可以获得初期投入本金1%的收益以及3%的分红，取得收益的日期为每月15日，金额为8000元整。2017年3月13日，品刚投资担保公司向官某玉出具《担保函》，内容为：“投资人官某玉于2017年3月13日与九鼎铭洋公司签署的《合作投资管理协议》（以下简称《投资协议》），为保证投资人的资金安全，应九鼎铭洋公司的申请，品刚投资担保公司特出具担保函，同意为投资人在《投资协议》项下的资金承担保证，担保金额为人民币贰拾万元整。并约定，本保函为投资人官某玉在有效投资周期内，保证本金及预期收益的投资安全；担保函自开立之日起生效，期限为6个月，即从2017年3月13日起至2017年9月12日止，月利率1%及分红为3%；本公司承诺《投资协议》到期，若九鼎铭洋公司不能按期偿还，投资人要求我公司

① 参见北京市朝阳区人民法院（2018）京0105民初8314号民事判决书。

承担保证责任的，自我公司接到申请后三个工作日内无条件承担代偿义务。"

裁判理由：品刚投资担保公司出具的《担保函》中载明，"本公司承诺《投资协议》到期，若九鼎铭洋公司不能按期偿还，投资人要求我公司承担保证责任的，自我公司接到申请后三个工作日内无条件承担代偿义务"。在本案《担保函》中，表达了保证人承担保证责任的条件是九鼎铭洋公司"不能按期"偿还债务，而非九鼎铭洋公司"不能"偿还债务。该"不能"字样是与"按期"结合在一起使用，不能将其理解为确实无力偿还借款的客观能力的约定，仅是表明到期不能偿还即产生保证责任，应认定为连带保证责任。故品刚投资担保公司作为保证人，应为九鼎铭洋公司的上述债务提供连带责任保证，品刚投资担保公司承担保证责任后，有权向九鼎铭洋公司追偿。

142. 保证人主张口头约定了保证方式，但并无证据予以证实的，如何认定保证方式？

【案例】唐某、唐某英诉肖某新、何某华民间借贷纠纷案①

裁判要旨：保证人主张以口头方式对保证方式进行了约定，但是并未提交证据予以证实的，视为对保证方式没有约定或者约定不明确。通过其他证据也无法查明当事人真实意思表示的，按照保证方式的推定规定进行认定。*

基本案情：被告肖某新于2009年6月向原告唐某丈夫邓某（死亡）借款5万元并出具借条，没有约定还款时间，被告何某华在借条上"担保人"一栏后签字，对担保内容没有其他书面约定。邓某于2013年死亡后，其妻子唐某向法院提起诉讼，要求肖某新偿还借款及利息，何某华承担连带偿还责任。起诉时，被告肖某新已经下落不明，被告何某华辩称自己与贷款人邓某当时口头约定是一般保证，保证期限为1年，当肖某新在1年内无法偿还借款时，才承担保证责任，现保证期限已过，因此自己无须再承担保证责任。但是在庭审时，被告肖某新下落不明，贷款人邓某已经死亡，被告何某华也没有证据可以证明自己提供的保证是一般保证，因此，法院最后判令何某华对该笔借款承担连带保证责任。

裁判理由：被告何某华在该借条"担保人"处签名，视为保证合同成立。由于对

---

① 参见湖南省双牌县人民法院(2013)双民初字第570号民事判决书。

* 保证方式的推定规则，民法典有了新规定。本案裁判要旨根据民法典新规定进行了调整，与基本案情和裁判理由不一致。原案情和理由，仅供参考。

保证的方式无明确约定，根据《担保法》第19条[①]的规定，应按照连带责任保证承担保证责任。

143. 当事人约定承担保证人名下担保责任的，责任形式如何认定？

【案例】黄某飞诉吕某等民间借贷纠纷案[②]

裁判要旨：当事人约定承担保证人名下担保责任的，应当在保证人不能清偿的范围之内承担清偿责任。承担责任后，有权向债务人、担保人追偿。

基本案情：原告与三被告系朋友关系。2009年10月14日，被告吕某因生意周转需要，向原告借款20万元，不计利息，约定借期为20个月，每月归还1万元。当日，由借款人吕某向黄某飞出具了借条，李某生以担保人署名，黄某生则于李某生名下签注"本人承担李某生名下担保责任"。此后，被告吕某先后归还原告借款42300元，尚欠157700元未还。黄某生辩称其只是为李某生担保，与原告没有任何关系，也没有与吕某发生任何关系，不是本案的适格被告。且当时讲好李某生只担保10万元，自己的本意是在被告吕某、李某生没有还款能力的时候才承担清偿责任。

裁判理由：李某生在吕某向黄某飞出具的借条上以担保人的身份签名担保，该保证关系合法、有效，依法应承担连带保证责任。黄某生在该借条上签署"本人承担李某生名下担保责任"，属再担保。所谓再担保，是对担保的担保，是指在债务已设定担保的基础上，对该担保再设定担保，当前一担保人不能清偿债务时，由后一担保人在前一担保人不能清偿的范围内对债务清偿。

144. 再保证人与保证人签订再保证合同，其中约定的再保证人承担再保证责任的条件，是否对债权人有拘束力？

【案例】中国民生银行股份有限公司总行营业部诉再担保公司保证合同纠纷案[③]

裁判要旨：保证人为主债权提供保证，再担保人与保证人签订再保证合同向债

---

① 《担保法》第19条规定："当事人对保证方式没有约定或者约定不明确的，按照连带责任保证承担保证责任。"当前有效的法条为《民法典》第686条第2款规定："当事人在保证合同中对保证方式没有约定或者约定不明确的，按照一般保证承担保证责任。"

② 参见福建省长汀县人民法院(2010)汀民初字第2105号民事判决书。

③ 参见北京市西城区人民法院(2013)西民初字第11769号民事判决书。

权人提供再保证，债权人要求再保证人承担再保证责任的，应当符合再保证合同中约定的条件。

基本案情：2010 年 6 月 2 日，再担保公司与中商信联信用担保有限公司（以下简称中商公司）签订《再担保合同》，约定再担保公司同意对中商公司包括贷款担保在内的担保业务提供一般再担保。在一般再担保方式下，对经再担保公司出具《再担保函》确认纳入一般再担保范围的担保项目，再担保公司在以下条件均满足的情况下，受理担保受益人提出的索赔申请：(1)主合同及保证合同项下的纠纷已经形成生效判决或裁决，债权人已依法对主债务人及作为保证人的中商公司申请采取强制执行措施，但主债权仍不能获得足额清偿，且人民法院已出具强制执行终结裁定书；(2)中商公司作为保证人对债权人已经丧失偿付能力，经人民法院裁定终结中商公司破产程序且中商公司完成注销登记。担保受益人索赔时，须提供强制执行终结裁定书、中商公司的破产终结裁定书和注销公告等资料。如担保受益人不能提供上述文件资料，再担保公司有权拒绝受理索偿申请。2011 年 4 月 2 日，民生银行与借款人肖某签订《借款合同》，并于 2011 年 8 月 24 日向其发放贷款 500 万元，借款期限为 2011 年 8 月 24 日起至 2012 年 8 月 24 日止。2011 年 4 月 2 日，民生银行与中商公司签订《保证合同》，约定中商公司为肖某在《借款合同》项下债务提供连带责任保证。2011 年 4 月 29 日，再担保公司出具《再担保函》，对中商公司在《借款合同》项下为肖某 500 万元借款而向民生银行提供之保证担保提供再担保，再担保金额为 500 万元，再担保方式为一般再担保，该函系《再担保合同》的有效组成部分。《借款合同》到期后，肖某未能履行还款义务，中商公司亦未履行连带保证责任。民生银行曾起诉要求肖某偿还所欠借款本息，并要求中商公司承担连带保证责任。经法院主持调解，达成(2012)海民初字第 21242 号民事调解书，但肖某和中商公司未按调解书履行还款及保证义务。民生银行申请强制执行，但相应债权仍未获得清偿。民生银行提起诉讼，要求再担保公司承担一般保证责任，偿还肖某所欠贷款本金及相应利息、罚息。再担保公司认为：其根据《再担保合同》和《再担保函》，对该笔贷款承担一般再担保责任而非一般保证责任。目前既没有法院出具的强制执行终结裁定书，也没有完成中商公司的破产清算程序，不符合再担保公司承担一般再担保责任的约定条件，故不同意民生银行的诉讼请求。民生银行则主张其并非《再担保合同》的签约方，该合同中关于再担保公司履行一般再担保责任的条件约定，对其不具有拘束力。截至最后一次庭审之日，中商公司尚未注销登记。

裁判理由：《再担保合同》和《再担保函》均系当事人的真实意思表示，且不违反法律、行政法规的强制性规定，应属合法有效。依据这2份材料，针对中商公司为《借款合同》项下贷款所提供的连带责任保证，再担保公司向民生银行提供一般保证责任再担保。民生银行作为担保受益人，有权在满足约定条件的情况下，要求再担保公司承担再担保责任。本案涉及的一般再担保，并不完全等同于《担保法》规定的一般保证。民生银行所享有的再担保权益，源于再担保公司与中商公司的合同约定，民生银行并非《再担保合同》直接的签约当事人，其相应权利能否实现，应遵循再担保公司和中商公司之间的合同约定。就本案诉争的再担保合同关系而言，民生银行是纯获益的一方，对其根据《再担保合同》和《再担保函》而享有的附约束条件的一般再担保权益，民生银行可以选择整体接受或者整体拒绝，但不能仅受领权益却不接受相应约束。中商公司尚未注销登记，再担保公司履行一般再担保责任的条件尚未完全成就。民生银行要求再担保公司现在就对本案诉争款项承担一般保证责任的诉讼请求，缺乏相应事实和法律依据，不予支持。

145. 在案件审理期间保证人为被执行人提供保证的，保证方式如何认定？

【案例】青海金泰融资担保有限公司与上海金桥工程建设发展有限公司、青海三工置业有限公司执行复议案[①]

裁判要旨：在案件审理期间保证人为被执行人提供保证，承诺在被执行人无财产可供执行或者财产不足清偿债务时承担保证责任的，执行法院对保证人应当适用一般保证的执行规则。在被执行人虽有财产但严重不方便执行时，可以执行保证人在保证责任范围内的财产。

基本案情：青海省高级人民法院在审理上海金桥工程建设发展有限公司（以下简称金桥公司）与青海海西家禾酒店管理有限公司（以下简称家禾公司）建设工程施工合同纠纷一案期间，依金桥公司申请采取财产保全措施，冻结家禾公司账户存款1500万元（账户实有存款余额23万余元），并查封该公司32438.8平方米土地使用权。之后，家禾公司以需要办理银行贷款为由，申请对账户予以解封，并由担保人

① 本案系指导案例120号。关于该案的注解，可以参见后面两篇文章。韩煦：《执行经济性原则下一般保证人的执行保证责任》，载《人民司法》2018年第29期；邵长茂、马蓓蓓：《〈青海金泰融资担保有限公司与上海金桥工程建设发展有限公司、青海三工置业有限公司执行复议案〉的理解与参照——诉讼保全的执行担保中关于无财产可供执行或其财产不足清偿债务的规定，应当适用一般保证的执行规则》，载《人民司法》2022年第11期。

宋某玲以银行存款1500万元提供担保。青海省高级人民法院冻结宋某玲存款1500万元后，解除对家禾公司账户的冻结措施。2014年5月22日，青海金泰融资担保有限公司（以下简称金泰公司）向青海省高级人民法院提供担保书，承诺家禾公司无力承担责任时，愿承担家禾公司应承担的责任，担保最高限额1500万元，并申请解除对宋某玲担保存款的冻结措施。青海省高级人民法院据此解除对宋某玲1500万元担保存款的冻结措施。案件进入执行程序后，经青海省高级人民法院调查，被执行人青海三工置业有限公司（原青海海西家禾酒店管理有限公司）除已经抵押的土地使用权及在建工程外（在建工程价值4亿余元），无其他可供执行财产。保全阶段冻结的账户，因提供担保解除冻结后，进出款8900余万元。执行中，青海省高级人民法院作出执行裁定，要求金泰公司在3日内清偿金桥公司债务1500万元，并扣划担保人金泰公司银行存款820万元。金泰公司对此提出异议称，被执行人青海三工置业有限公司尚有在建工程及相应的土地使用权，请求返还已扣划的资金。

裁判理由：最高人民法院认为，《最高人民法院关于人民法院执行工作若干问题的规定（试行）》（2008修正）第85条规定："人民法院在审理案件期间，保证人为被执行人提供保证，人民法院据此未对被执行人的财产采取保全措施或解除保全措施的，案件审结后如果被执行人无财产可供执行或其财产不足清偿债务时，即使生效法律文书中未确定保证人承担责任，人民法院有权裁定执行保证人在保证责任范围内的财产。"上述规定中的保证责任及金泰公司所做承诺，类似于担保法规定的一般保证责任。《担保法》第17条第1款及第2款①规定："当事人在保证合同中约定，债务人不能履行债务时，由保证人承担保证责任的，为一般保证。一般保证的保证人在主合同纠纷未经审判或者仲裁，并就债务人财产依法强制执行仍不能履行债务前，对债权人可以拒绝承担保证责任。"《担保法解释》第131条②规定："本解释所称'不能清偿'指对债务人的存款、现金、有价证券、成品、半成品、原材料、交通工具等可以执行的动产和其他方便执行的财产执行完毕后，债务仍未能得到清偿的状态。"依据上述规定，在一般保证情形，并非只有在债务人没有任何财产可供

① 参见《民法典》第687条规定："当事人在保证合同中约定，债务人不能履行债务时，由保证人承担保证责任的，为一般保证。一般保证的保证人在主合同纠纷未经审判或者仲裁，并就债务人财产依法强制执行仍不能履行债务前，有权拒绝向债权人承担保证责任，但是有下列情形之一的除外：（一）债务人下落不明，且无财产可供执行；（二）人民法院已经受理债务人破产案件；（三）债权人有证据证明债务人的财产不足以履行全部债务或者丧失履行债务能力；（四）保证人书面表示放弃本款规定的权利。"

② 《民法典》及《民法典担保制度解释》中未直接规定相关内容。

执行的情形下，才可以要求一般保证人承担责任，即债务人虽有财产，但其财产严重不方便执行时，可以执行一般保证人的财产。参照上述规定，由于青海三工置业有限公司仅有在建工程及相应的土地使用权可供执行，既不经济也不方便，在这种情况下，人民法院可以直接执行金泰公司的财产。

【现行相关规范】

《民间借贷案件规定》第4条

保证人为借款人提供连带责任保证，出借人仅起诉借款人的，人民法院可以不追加保证人为共同被告；出借人仅起诉保证人的，人民法院可以追加借款人为共同被告。

保证人为借款人提供一般保证，出借人仅起诉保证人的，人民法院应当追加借款人为共同被告；出借人仅起诉借款人的，人民法院可以不追加保证人为共同被告。

【规范沿革】

《经济合同案件保证问题规定》第7条

保证合同没有约定保证人承担何种保证责任，或者约定不明确的，视为保证人承担赔偿责任。当被保证人不履行合同时，债权人应当首先请求被保证人清偿债务。强制执行被保证人的财产仍不足以清偿其债务的，由保证人承担赔偿责任。

《担保法》第16条

保证的方式有：

（一）一般保证；

（二）连带责任保证。

《担保法》第19条

当事人对保证方式没有约定或者约定不明确的，按照连带责任保证承担保证责任。

《最高人民法院关于涉及担保纠纷案件的司法解释的适用和保证责任方式认定问题的批复》（2002年11月23日　法释〔2002〕38号）

一、最高人民法院法发［1994］8号《关于审理经济合同纠纷案件有关保证的若干问题的规定》，适用于该规定施行后发生的担保纠纷案件和该规定施行前发生的尚未审结的第一审、第二审担保纠纷案件。该规定施行前判决、裁定已经发生法律效力的担保纠纷案件，进行再审的，不适用该《规定》。《中华人民共和国担保法》生效后发生的担保行为和担保纠纷，适用担保法和担保法相关司法解释的规定。

二、担保法生效之前订立的保证合同中对保证责任方式没有约定或者约定不明的，应当认定为一般保证。保证合同中明确约定保证人在债务人不能履行债务时始承担保证责任的，视为一般保证。保证合同中明确约定保证人在被保证人不履行债务时承担保证责任，且根据当事人订立合同的本意推定不出为一般保证责任的，视为连带责任保证。

在本批复施行前，判决、裁定已经发生法律效力的担保纠纷案件，当事人申请再审或者按审判监督程序决定再审的，不适用本批复。

【立法资料】

关于保证的责任方式，草案根据实际情况和需要，规定为一般保证和连带责任保证。一般保证是，债务人不履行债务，债权人应当首先要求债务人履行，经诉讼或者仲裁后债务人确实无法履行债务时，由保证人承担责任。连带责任保证是，债务人期满不履行债务，债权人可以要求债务人履行，也可以要求保证人在保证范围内承担责任。①

关于保证方式的推定。草案第四百七十六条第二款规定，当事人在保证合同中对保证方式没有约定或者约定不明确的，按照连带责任保证承担责任，但是自然人之间的保证合同除外。有的部门、法学教学研究机构和社会公众提出，连带责任保证是一种加重保证人责任的保证方式，原则上宜由当事人明确约定；没有约定或者约定不明的，一概推定为连带责任保证，会加重实践中因互相担保或者连环担保导致资不抵债或者破产的问题，影响正常的生活和经营秩序。宪法和法律委员会经研究认为，将当事人对保证方式没有约定或者约定不明确的推定为一般保证，有利于防止债务风险的扩散，维护经济社会稳定。据此，建议将草案第四百七十六条第二款修改为："当事人在保证合同中对保证方式没有约定或者约定不明确的，按照一般保证承担保证责任。"（草案二次审议稿第四百七十六条第二款）②

民法典修改了担保法关于保证方式推定的规则，在当事人对于保证责任的方

---

① 参见全国人大常委会法制工作委员会在 1995 年 2 月 21 日第八届全国人民代表大会常务委员会第十二次会议上所作关于《中华人民共和国担保法（草案）》的说明。

② 参见全国人民代表大会宪法和法律委员会在 2018 年 12 月 23 日十三届全国人大常委会第七次会议第一次全体会议上所作关于《民法典合同编（草案）》修改情况的汇报。

式没有约定或者约定不明时，推定为一般保证。实践中，可能会存在将推定规则与解释规则混为一谈的现象，即认为只要当事人没有明确约定连带责任保证，就应认定为一般保证。我们认为，推定规则只有在难以确定保证人真实意思表示的情况下才能适用。反之，如果可以通过意思表示解释规则，确定当事人承担的是连带责任保证的，就不能简单地根据推定规则将其认定为一般保证。[①]

① 民二庭负责人就《最高人民法院关于适用〈中华人民共和国民法典〉有关担保制度的解释》答记者问，载《人民法院报》2021 年 1 月 16 日，第 3 版。

第六百八十七条　一般保证及先诉抗辩权

【民法典条文】

当事人在保证合同中约定，债务人不能履行债务时，由保证人承担保证责任的，为一般保证。

一般保证的保证人在主合同纠纷未经审判或者仲裁，并就债务人财产依法强制执行仍不能履行债务前，有权拒绝向债权人承担保证责任，但是有下列情形之一的除外：

（一）债务人下落不明，且无财产可供执行；

（二）人民法院已经受理债务人破产案件；

（三）债权人有证据证明债务人的财产不足以履行全部债务或者丧失履行债务能力；

（四）保证人书面表示放弃本款规定的权利。

实务问题

146. 主债务人死亡，债权人提供主债务人未有遗产的证据的，一般保证人是否还享有先诉抗辩权？

【案例】售车人联拓公司为购车人的汽车消费信贷担保并履行部分担保义务后诉李某兰承担为购车人的分期付款购车合同及汽车消费信贷合同向其提供的反担保责任案[①]

裁判要旨：主债务人死亡，债权人提供主债务人未有遗产的证据的，一般保证人无权拒绝承担保证责任。

基本案情：2000年8月12日，杨某松与原告北京联拓机电公司（以下简称联拓公司）签订《汽车分期付款购销合同》，约定：杨某松以分期付款的方式在联拓公司

① 参见最高人民法院中国应用法学研究所编：《人民法院案例选（分类重排本）·商事卷》，人民法院出版社2017年版，第1983－1985页。

购买"捷达"FV7160GTX型轿车一辆,总价款16.6万元;根据联拓公司与中国工商银行九龙山支行(以下简称九龙山支行)联合推出的贷款购车办法,杨某松应与九龙山支行签订汽车消费信贷合同,杨某松首期支付车辆总价款的40%(66400元),剩余60%款项(99600元)由九龙山支行审查客户资信后,直接划给联拓公司在支行开设的账户。当日,被告李某兰应杨某松的请求,在联拓公司签署了由该公司提供的担保书。担保书中的担保人为李某兰(甲方),被担保人为杨某松(乙方),主要内容为:根据购车合同及汽车消费信贷合同,若乙方不能按贷款协议之规定偿还所欠银行的本金及利息,或乙方不具备偿还能力时,甲方自愿为乙方承担担保责任,负责偿还乙方所欠银行的所有款项。该担保书作为购车合同的附件,存放在联拓公司。同月21日,杨某松与九龙山支行签订《汽车消费贷款借款合同》,约定:杨某松向该行借款99600元,借款期限为60个月,自2000年8月21日起至2005年8月21日止。当日,联拓公司与该行签订《汽车消费贷款保证合同》,联拓公司为杨某松所签借款合同向该行提供担保,担保方式为连带责任保证。此后杨某松共还贷款金额3152.57元。同年10月20日,杨某松酒后驾车且超速行驶,造成车毁人亡。经交警部门认定:杨某松负事故全部责任。根据保险条款中关于责任免除的规定,驾驶员饮酒造成事故的,保险人不负责赔偿。杨某松死亡后,联拓公司承担连带保证责任,共向九龙山支行支付26418.82元(自2000年10月起至2001年10月止)。在诉讼中,联拓公司向法庭出具了杨某松无遗产的证据,李某兰对此未提出异议。联拓公司于2001年9月诉至北京市宣武区人民法院,要求李某兰承担反担保责任,支付车款计93791.95元。

裁判理由:李某兰提供的担保为一般保证。《担保法》第17条第2款①规定,一般保证的保证人在主合同纠纷未经审判或者仲裁,并就债务人财产依法强制执行仍不能履行债务前,对债权人可以拒绝承担保证责任。所以联拓公司在要求李某兰承担保证责任时,应当提供证据证明杨某松无可供履行债务的财产。虽杨某松生前已为车辆投保,但因其酒后驾车超速行驶导致车毁人亡,保险公司依法不承担保险责任。本案审理中,联拓公司出具了杨某松未有遗产的证据,李某兰对此未提出异议。故李某兰作为一般保证人,在此情况下不得拒绝承担保证责任。

---

① 参见《民法典》第687条第2款规定:"一般保证的保证人在主合同纠纷未经审判或者仲裁,并就债务人财产依法强制执行仍不能履行债务前,有权拒绝向债权人承担保证责任,但是有下列情形之一的除外:(一)债务人下落不明,且无财产可供执行;(二)人民法院已经受理债务人破产案件;(三)债权人有证据证明债务人的财产不足以履行全部债务或者丧失履行债务能力;(四)保证人书面表示放弃本款规定的权利。"

147. 主债务人仅有的著作权登记证书不具备评估拍卖条件的，能否认定主债务人无可供执行财产不能清偿债务进而执行保证人的财产？

【案例】艾某田诉白某海、仓颉公司执行异议案①

裁判要旨：非货币性财产在案件执行过程中能否可供执行取决于标的物转化为货币的可能性，著作权登记证书因不具备评估的基本条件而无法进入评估程序的，可以认定为债务人客观不能够履行债务，可以执行一般保证人的财产。

基本案情：北京市丰台区人民法院于2010年9月8日判决：(1)仓颉公司退还艾某田投资款55000元；(2)仓颉公司如不能清偿上述债务，由白某海承担保证责任。白某海上诉后，二审法院维持原判。艾某田向北京市丰台区人民法院申请执行。2011年6月27日该院向仓颉公司送达执行通知书及财产申报表，6月30日仓颉公司将财产申报表交至该院，上面记载仓颉公司有著作权的登记证书。后该院将该著作权登记证书委托价格评估。2013年6月19日，评估机构出具退案函：因当事人无法提供价格评估所需的基本资料，该案件不具备评估的基本条件，无法进入评估程序，因此只能作退案处理。2013年10月23日，该院依法冻结白某海在工商银行北京北大地支行的银行账户。异议人白某海向该院提出执行异议，称"我是本案第二被执行人，仅承担保证责任。而现在法院在仓颉公司有著作权财产的申报情况下，法院仍冻结我的养老金账户，我认为法院的随意执行是违反法律程序的……综上，故请求法院解除对我养老金账户的冻结，并依法执行仓颉公司的财产"。被异议人艾某田辩称："我申请执行后法院查不到仓颉公司及崔某红的任何财产，法院于2012年11月对崔某红进行拘留，可以说明法院已经穷尽了方式均查不到仓颉公司的财产。我认为法院对白某海的执行符合法律规定，我不同意异议人的申请，并请求法院要求白某海承担全部迟延履行利息。"

裁判理由：该案中仓颉公司拥有著作权登记证书，但是由于客观条件，该著作权不具备评估拍卖条件，也没有变现的市场。因此仓颉公司无可供执行的财产，无法满足申请人的债权，不能清偿债务。此时债务人不能履行债务，且经过法院对债务人的财产依法强制执行不能履行债务，因此应当执行担保人白某海的财产。

---

① 参见北京市第二中级人民法院(2014)二中执复字第00309号执行裁定书。

【现行相关规范】

《民法典担保制度解释》第25条

当事人在保证合同中约定了保证人在债务人不能履行债务或者无力偿还债务时才承担保证责任等类似内容,具有债务人应当先承担责任的意思表示的,人民法院应当将其认定为一般保证。

当事人在保证合同中约定了保证人在债务人不履行债务或者未偿还债务时即承担保证责任、无条件承担保证责任等类似内容,不具有债务人应当先承担责任的意思表示的,人民法院应当将其认定为连带责任保证。

《民法典担保制度解释》第26条

一般保证中,债权人以债务人为被告提起诉讼的,人民法院应予受理。债权人未就主合同纠纷提起诉讼或者申请仲裁,仅起诉一般保证人的,人民法院应当驳回起诉。

一般保证中,债权人一并起诉债务人和保证人的,人民法院可以受理,但是在作出判决时,除有民法典第六百八十七条第二款但书规定的情形外,应当在判决书主文中明确,保证人仅对债务人财产依法强制执行后仍不能履行的部分承担保证责任。

债权人未对债务人的财产申请保全,或者保全的债务人的财产足以清偿债务,债权人申请对一般保证人的财产进行保全的,人民法院不予准许。

《民法典担保制度解释》第27条

一般保证的债权人取得对债务人赋予强制执行效力的公证债权文书后,在保证期间内向人民法院申请强制执行,保证人以债权人未在保证期间内对债务人提起诉讼或者申请仲裁为由主张不承担保证责任的,人民法院不予支持。

【规范沿革】

《担保法》第17条

当事人在保证合同中约定,债务人不能履行债务时,由保证人承担保证责任的,为一般保证。

一般保证的保证人在主合同纠纷未经审判或者仲裁,并就债务人财产依法强制执行仍不能履行债务前,对债权人可以拒绝承担保证责任。

有下列情形之一的,保证人不得行使前款规定的权利:

(一)债务人住所变更,致使债权人要求其履行债务发生重大困难的;

(二)人民法院受理债务人破产案件,中止执行程序的;

(三)保证人以书面形式放弃前款规定的权利的。

《担保法解释》第 25 条

担保法第十七条第三款第(一)项规定的债权人要求债务人履行债务发生的重大困难情形,包括债务人下落不明、移居境外,且无财产可供执行。

《担保法解释》第 125 条

一般保证的债权人向债务人和保证人一并提起诉讼的,人民法院可以将债务人和保证人列为共同被告参加诉讼。但是,应当在判决书中明确在对债务人财产依法强制执行后仍不能履行债务时,由保证人承担保证责任。

第六百八十八条　连带责任保证

【民法典条文】

当事人在保证合同中约定保证人和债务人对债务承担连带责任的，为连带责任保证。

连带责任保证的债务人不履行到期债务或者发生当事人约定的情形时，债权人可以请求债务人履行债务，也可以请求保证人在其保证范围内承担保证责任。

实务问题

148. 连带责任保证中主债务履行期间届满后，保证人与债务人是否处于同一法律地位？

【案例】泉州市丰泽区城东粮食管理站诉郑某坚保证合同纠纷案①

裁判要旨：连带责任保证的债务人在主合同约定的债务履行期届满没有履行债务的，债权人可以要求债务人履行债务，也可以要求保证人在其保证范围内承担保证责任。连带保证中主债务期间届满后，保证人与债务人处于同一法律地位，债权人可以同时起诉主债务人和连带保证人，也可以单独起诉连带保证人。

基本案情：原告于2002年5月27日将优质稻谷300吨（价值31.5万元）寄存于郑某国（被告之兄）处，事后，郑某国未能应原告的要求予以归还，2004年4月2日，原告即向泉州市丰泽区人民法院提起诉讼，要求郑某国归还稻谷或支付货款。诉讼期间即2004年4月13日，被告向原告出具一份还款担保书，被告自愿为其兄郑某国与原告因经济往来所欠款项提供15万元的还款担保，保证该笔款项于2005年5月1日前汇到原告指定的账户上，若违约，愿承担相应的法律责任。2004年4月29日，在泉州市丰泽区人民法院的主持下，原告与郑某国达成调解［（2004）丰民初字第789号］即郑某国应于2004年5月9日前归还给原告优质稻谷300吨，否则应于2004年5月10日前一次性支付给原告稻谷款31.5万元。事后，经原告催讨，

① 参见福建省泉州市中级人民法院（2005）泉民终字第1919号民事判决书。

郑某国没有履行调解书规定的归还货物或支付货款的义务，被告也没有履行相应的担保责任，原告于2005年6月16日向泉州市丰泽区人民法院提起诉讼。泉州市丰泽区人民法院判决郑某坚对郑某国所欠原告的款项31.5万元中的15万元承担连带保证责任，其承担责任后，有权向郑某国追偿。郑某坚不服，上诉至泉州市中级人民法院。

裁判理由：郑某坚认为在2004年4月13日为郑某国所作的15万元的担保是附条件的，在所附条件即被郑某坚撤诉未成就的情况下，郑某坚依法不承担担保责任。但还款担保书的内容并没有涉及郑某坚所称的附随条件，郑某坚也未能提供证据加以证明。泉州市丰泽区人民法院（2004）丰民初字第789号民事调解书并未对债权债务进行变更，也未加重担保人的担保责任，因此，该还款担保书合法有效。根据有关法律规定，连带责任保证的债务人在主合同约定的债务履期届满没有履行债务的，债权人可以要求债务人履行债务，也可以要求保证人在其保证范围内承担保证责任。因此，郑某国根据还款担保书有权要求郑某坚在保证范围内承担保证责任。

149. 在连带保证责任中，债权人是否可以直接先行向保证人主张权利？

【案例】本溪市商业银行建设支行诉黄某丹、朱某国保证合同纠纷案①

裁判要旨：连带共同保证的债务人在主合同规定的债务履行期届满没有履行债务的，债权人可以直接要求保证人承担保证责任。

基本案情：2011年12月26日，原告本溪市商业银行建设支行与苗某宏签订个人借款合同，约定原告向苗某宏提供借款6万元，借款期限从2011年12月26日起至2012年12月25日止，月利率10.167‰。两被告与原告签订借款保证合同，由两被告为苗某宏贷款6万元提供连带责任保证，2011年11月16日，被告黄某丹、朱某国向原告出具还款承诺书，承诺在苗某宏不能按期偿还贷款时，愿用本人工作收入为其承担偿还贷款本息，直至贷款本息还清为止。苗某宏至贷款之日起偿还8个月利息后未再偿还利息，到期后也未偿还本金。原告诉至法院，要求两被告承担保证责任。

裁判理由：连带保证责任是指保证人与债务人共同承担履行责任，两个以上的

① 参见辽宁省本溪市平山区人民法院（2013）平民一初字第00001号民事判决书。

保证人对同一债务同时或者分别提供保证时，各保证人与债权人没有约定保证份额的，应当认定连带共同保证。连带共同保证的保证人以其相互之间约定各自承担的份额对抗债权人，连带共同保证的债务人在主合同约定的债务履行期届满没有履行债务的，债权人可以要求债务人履行债务，也可以要求任何一个保证人承担全部保证责任。两被告就苗某宏与原告借款6万元，与原告签订的借款保证合同，合同中两被告自愿为苗某宏借款6万元承担连带保证责任，故在原告向两被告主张担保责任，应予以支持。

150. 债权人是否有权同时要求主债务人承担主债务和保证人就主债务的一半承担责任？

【案例】重庆奔亿机械设备有限公司诉朱某阳等追偿权案①

裁判要旨：在连带责任保证中，债权人要求债务人和保证人向其承担连带责任，只能要求债务人或保证人之一向其承担责任，无权同时要求债务人和保证人就同一笔债务同时向其承担责任。

基本案情：被告朱某阳与第三人兴银公司合意购买挖掘机一台。被告李某伟自愿为其提供担保，后被告朱某阳未按时支付融资租赁款，原告共为其向第三人兴银公司垫付了融资租赁款771784.15元，履行了担保责任。同时，被告朱某阳、李某香系夫妻关系。原告请求判令被告朱某阳、李某香偿还原告为其垫付的771784.15元的融资租赁款及资金占用损失，要求被告李某伟对上述款项承担一半的付款责任即385892元。

裁判理由：《担保法》第18条第2款②规定："连带责任保证的债务人在主合同规定的债务履行期届满没有履行债务的，债权人可以要求债务人履行债务，也可以要求保证人在其保证范围内承担保证责任。"虽然该条规定连带责任保证的债务人在主合同规定的债务履行期限届满后，既有权要求债务人履行债务也有权要求保证人履行债务，说明在保证人为债务人向债权人提供连带保证的情况下，债权人有权同时起诉债务人和保证人，要求债务人和保证人同时就债务承担连带清偿责任，

---

① 参见重庆市黔江区人民法院(2014)黔法民初字第01784号民事判决书。

② 参见《民法典》第688条第2款规定："连带责任保证的债务人不履行到期债务或者发生当事人约定的情形时，债权人可以请求债务人履行债务，也可以请求保证人在其保证范围内承担保证责任。"

债权人有权要求债务人或保证人清偿全部的债务，在保证人向债权人就全部的债务进行清偿后，保证人有权向债务人追偿。保证制度的建立发展是为了更好地保护债权人的利益，维护市场交易秩序，促进市场经济的发展，但连带保证人保证的范围是事先约定的债务范围，是为了债务人的利益不受损失而不是就保证本身获利，在本案中，原告即债权人向债务人主张全部的债务并同时要求保证人对前述债务的一半进行承担的诉求于法无据，有违保证法律制度实施的初衷，故法院依法予以驳回。

151. 在连带责任保证中，债权人是否可仅起诉连带责任保证人承担责任？

【案例1】纪某诉王某1等民间借贷纠纷案①

裁判要旨：连带共同保证的债务人在主合同规定的债务履行期届满没有履行债务的，债权人可以要求债务人履行债务，也可以要求任何一个保证人承担全部保证责任。

基本案情：被告王某1、宋某娟系夫妻关系。被告王某1、王某2系兄弟关系。2014年7月28日，被告王某1、宋某娟夫妇因经商向原告借款200000元，被告王某2、戴某富、王某财进行担保，五被告共同向原告出具了借款合同及借据，双方约定月利率3%，还款日期为2014年9月27日，逾期则按日给付违约金500元。借款到期后，经原告多次索要，五被告至今未履行还款义务。现原告诉讼要求被告戴某富、王某财立即偿还被告王某1、宋某娟向原告借款200000元，利息25000元，违约金15000元，合计240000元，原告放弃对剩余利息及违约金的诉讼请求。五被告对原告主张的借款事实无异议。被告王某1同意偿还借款本息及违约金；被告王某2同意承担保证责任；被告戴某富、王某财同意承担保证责任，不同意原告只请求其二人立即偿还被告王某1、宋某娟向原告借款本息及违约金的主张，应由五被告共同承担相应的责任。

裁判理由：原告与五被告所签订的借款合同书及借据，双方均无异议，被告王某1、宋某娟应偿还向原告的借款。在借款合同书中，被告王某2、戴某富、王某财的担保方式没有明确约定，视为连带保证。原、被告之间借贷关系明确，事实清楚，原告要求保证人戴某富、王某财偿还借款本息及违约金合理部分的诉讼请求符合法

① 参见黑龙江省北安市人民法院（2015）北商初字第39号民事判决书。

律相关规定,法院应予支持。被告戴某富、王某财承担保证责任后,向被告王某1、宋某娟不能追偿的部分,由各连带保证人平均分担。

【案例2】刘某波诉齐某华借款合同纠纷案①

裁判要旨:连带责任保证的债务人在主合同约定的债务履行期届满没有履行债务的,债权人可以要求债务人履行债务,也可以要求保证人在其保证范围内承担保证责任,保证人要求追加债务人作为共同被告的,人民法院可以不予准许。

基本案情:2014年11月28日和2014年12月8日原告刘某波分别与王某和汤某全签订借款合同各一份,借款金额均为500000元;借款用途为正常经营活动和消费;借款期限分别为2014年11月28日至2015年3月27日、2014年12月8日至2015年3月7日,借款利率均为3.5%/月。被告齐某华对两份借款合同均承担连带担保责任。合同签订后,王某、汤某全分别为原告刘某波出具借款借据各一份,被告齐某华分别在两份担保协议上签了字,捺了手印。两份合同到期后,王某、汤某全未偿还本金,原告刘某波同意延期,分别与汤某全、王某续签借款合同各一份,合同金额均为500000元;借款期限分别为2015年3月7日至2015年5月6日、2015年3月27日至2015年6月26日;借款利率均为月利率2%,中介服务费1.5%/月,被告齐某华对两份借款合同均承担连带担保责任。合同签订后,汤某全、王某分别为原告刘某波出具借据各一张,被告齐某华分别在两份担保协议上签了字。担保协议上写明担保责任为连带担保责任,担保范围为"借款本金、利息(包括罚息、复息等)、违约金、损失赔偿金和实现债权的费用(包括诉讼费、律师代理费、催讨差旅费和其他合理费用),并承担相应的法律责任"。合同到期后,汤某全与王某未履行还款义务。在审理过程中,保证人要求追加债务人为共同被告。

裁判理由:借款到期后,王某、汤某全未履行还款义务,《担保法》第18条第2款②规定,连带责任保证的债务人在主合同规定的债务履行期届满没有履行债务的,债权人可以要求债务人履行债务,也可以要求保证人在其保证范围内承担保证责任。原告刘某波要求被告齐某华承担连带担保责任,履行还款义务的诉讼请求符合法律规定。被告齐某华提出应追加王某、汤某全为被告的辩论意见,法院不予支持。

---

① 参见河北省大厂回族自治县人民法院(2015)大厂民初字第876号民事判决书。

② 参见《民法典》第688条第2款规定:"连带责任保证的债务人不履行到期债务或者发生当事人约定的情形时,债权人可以请求债务人履行债务,也可以请求保证人在其保证范围内承担保证责任。"

【案例3】韩某诉孙某芳保证合同纠纷案①

裁判要旨：连带共同保证的债务人在主合同约定的债务履行期届满没有履行债务的，债权人可以要求债务人履行债务，也可以要求任何一个保证人承担全部保证责任，主债务人并非必须参加诉讼的共同被告。

基本案情：原告韩某与被告孙某芳系多年朋友。被告在中宇公司工作期间，介绍原告将资金出借予中宇公司，中宇公司可以支付相对较高的利息。2014年1月2日、2014年4月11日，原告作为债权人，中宇公司的法定代表人艾某作为债务人，中宇公司作为保证人，三方分别签订借款协议约定：艾某向原告借款金额分别为100万元、30万元，借款期限1年；借款利息为年利率13%，按季度支付利息；中宇公司对艾某的上述债务承担连带保证责任。两份借款合同签订当日，原告即将100万元、30万元汇入合同约定的收款账户。原告出借上述130万元后，艾某仅依约支付了100万元借款的两个季度利息6.5万元以及30万元借款的一个季度利息9750元，剩余利息及全部借款本金未能给付。在原告的要求下，原、被告于2014年12月22日签订借款担保书，内容为："韩某于2014年1月1日至2014年4月12日期间累计向借款人艾某（中宇公司董事长）提供借款合计130万元，每笔借款均有合同为凭。按照约定借款期限为1年整，借款利率为13%。借款期间产生的经济损失由本保证人承担全部经济责任。"原、被告分别在该担保书尾部"出借人""保证人"处签字捺印。两份借款合同均到期后，经原告催要，被告于2015年4月29日交付原告价值约10万元的投资金条一根，并于5月25日偿还原告10万元，履行了部分保证责任。原告认为，其出借款项系通过被告的介绍，被告亦签订借款担保书承诺承担保证责任，故其可以仅向被告主张权利。本案原告起诉要求被告承担保证责任，立即偿还借款130万元并支付利息。被告申请追加艾某为本案共同被告。

裁判理由：根据相关法律规定，连带共同保证的债务人在主合同规定的债务履行期届满没有履行债务的，债权人可以要求债务人履行债务，也可以要求任何一个保证人承担全部保证责任，故艾某不属必须参加诉讼的共同被告。现原告选择仅向被告主张权利，具有法律依据，故法院依法不予追加艾某为本案共同被告。

---

① 参见北京市东城区人民法院（2015）东民（商）初字第05485号民事判决书。

152. 债权人起诉连带保证人执行不能后，是否可以再行起诉债务人？

【案例】工行洪山支行诉陈某武、泽皓公司借款合同纠纷案①

裁判要旨：债权人起诉连带保证人胜诉后，保证人已经进行破产清算程序不能履行保证义务的，债权人可以向债务人主张权利，但是债务人通过破产清算程序受偿的债权份额应在本案执行中予以相应扣减。

基本案情：2007年6月12日，陈某武与工行洪山支行签订两份《个人购房借款/担保合同》，该合同约定：分别借款84万元和89万元，用于购买两套房屋，陈某武用以上购买的两套房屋提供抵押担保，并办理期房抵押登记，泽皓公司对以上两笔借款提供连带保证责任。工行洪山支行按约定发放贷款后，陈某武仅履行部分还款义务。2009年1月18日，泽皓公司与陈某武签订《解除合同协议书》，解除双方签订的商品房买卖合同，同时约定：泽皓公司分别退还陈某武购房首付款567250元、607250元，陈某武在工行洪山支行办理的按揭借款84万元本金及利息，89万元本金及利息，全部由泽皓公司承担。但是没有证据表明《解除合同协议书》已实际履行和陈某武已实际收到退款。2009年6月15日，工行洪山支行以陈某武未按期归还借款本息为由起诉陈某武及泽皓公司，由于陈某武下落不明，工行洪山支行撤回了对陈某武的起诉。2010年8月11日，工行洪山支行与泽皓公司达成调解协议，湖北省武汉市洪山区人民法院依法制作并送达(2009)洪民商初字第483号民事调解书，载明：泽皓公司于2010年8月30日前向工行洪山支行偿还借款本金1577986.6元以及利息、罚息；泽皓公司如逾期不履行调解书的上述义务，工行洪山支行有权以案涉两套房屋折价或以拍卖、变卖该财产的价款优先受偿。因泽皓公司未能履行(2009)洪民商初字第483号民事调解书，工行洪山支行于2010年9月6日提出强制执行申请，后在法院主持下达成执行和解协议，但该和解协议未能实际履行，泽皓公司未清偿工行洪山支行任何款项。2017年7月6日，湖北省武汉市新洲区人民法院受理由申请人逸夫公司提出的对泽皓公司进行破产清算的申请，并作出(2017)鄂0117破2号民事裁定书。2017年11月22日，工行洪山支行向破产清算管理人进行债权申报，申报金额包括(2009)洪民商初字第483号民事调解书确定的债权本息。此后，工行洪山支行提起诉讼。

裁判理由：2007年6月12日，陈某武与工行洪山支行签订两份《个人购房借

---

① 参见湖北省武汉市中级人民法院(2019)鄂01民终7936号民事判决书。

款/担保合同》，该合同合法有效，陈某武、工行洪山支行及泽皓公司均未对合同效力提出异议。工行洪山支行依照合同约定如期发放了贷款，陈某武理应承担还款责任。但陈某武仅履行了部分还款义务，其余部分应该依约还款。对工行洪山支行主张的借款本金人民币 1468942.6 元，利息 810792.25 元（计算至 2014 年 6 月 21 日），陈某武对数额并没有异议，但认为自己至今没有收房，不应该还款。法院认为，泽皓公司没有向陈某武交房，陈某武可以另案向泽皓公司主张权利，不能以此作为拒不承担还本付息的理由。2009 年 1 月 18 日，泽皓公司与陈某武签订《解除合同协议书》，但是作为债权人的工行洪山支行明确表示不同意还本付息责任仅由泽皓公司承担。根据《合同法》第 84 条①规定，该债务转移对工行洪山支行没有约束力，工行洪山支行仍然可以向陈某武主张权利。2010 年 8 月 11 日，工行洪山支行与泽皓公司达成调解协议，法院制作并送达（2009）洪民商初字第 483 号民事调解书，在该调解书的执行过程中，双方又达成和解协议。但该和解协议仍没有得到履行。虽然案涉债权有（2009）洪民商初字第 483 号民事调解书予以确认，但调解书并未得到履行，工行洪山支行没有根据此调解书得到任何款项。在陈某武与工行洪山支行的按揭购房关系中，工行洪山支行是债权人，陈某武是债务人，泽皓公司是连带责任保证人。当保证人已经进行破产清算程序不能履行保证义务时，作为债权人的工行洪山支行可以向债务人陈某武主张权利。（2009）洪民商初字第 483 号民事调解书不应成为本案判决的障碍。需要指出的是，由于（2009）洪民商初字第 483 号民事调解书已经生效，工行洪山支行已经在武汉市新洲区人民法院申报破产债权，工行洪山支行通过破产清算程序受偿的债权份额，在本案执行中予以相应扣减。

【现行相关规范】

《民间借贷案件规定》第 4 条

保证人为借款人提供连带责任保证，出借人仅起诉借款人的，人民法院可以不追加保证人为共同被告；出借人仅起诉保证人的，人民法院可以追加借款人为共同被告。

保证人为借款人提供一般保证，出借人仅起诉保证人的，人民法院应当追加借款人为共同被告；出借人仅起诉借款人的，人民法院可以不追加保证人为共同被告。

---

① 参见《民法典》第 551 条第 1 款规定："债务人将债务的全部或者部分转移给第三人的，应当经债权人同意。"

【规范沿革】

《经济合同案件保证问题规定》第 6 条

保证合同明确约定保证人承担连带责任的，当被保证人到期不履行合同时，债权人既可向被保证人求偿，也可直接向保证人求偿。

《担保法》第 18 条

当事人在保证合同中约定保证人与债务人对债务承担连带责任的，为连带责任保证。

连带责任保证的债务人在主合同规定的债务履行期届满没有履行债务的，债权人可以要求债务人履行债务，也可以要求保证人在其保证范围内承担保证责任。

《担保法解释》第 27 条

保证人对债务人的注册资金提供保证的，债务人的实际投资与注册资金不符，或者抽逃转移注册资金的，保证人在注册资金不足或者抽逃转移注册资金的范围内承担连带保证责任。

《担保法解释》第 126 条

连带责任保证的债权人可以将债务人或者保证人作为被告提起诉讼，也可以将债务人和保证人作为共同被告提起诉讼。

第六百八十九条　反担保

【民法典条文】

保证人可以要求债务人提供反担保。

实务问题

153. 反担保未约定保证期间的，保证期间应从何时起算？*

【案例1】鑫凯界面公司诉华尔康公司、吴某高保证合同追偿纠纷案①

裁判要旨：反担保人担保的是债务人应当向保证人偿还的债务，没有对该债务履行期间进行约定的，保证人可以随时要求债务人偿还，但应当给予相应的宽限期。债务人下落不明，保证人代为偿还后两年内起诉要求反担保人承担责任的，保证人提起诉讼之日可以视为宽限期届满之日。

基本案情：2012年5月5日，海门农商行与顾某、南通飞拓界面工程科技有限公司（鑫凯界面公司的前身，以下简称飞拓界面公司）、周某龙、王某龙订立《最高额个人担保借款合同》，约定：贷款人海门农商行，借款人顾某，担保人飞拓界面公司、周某龙、王某龙；最高本金余额不超过200万元；贷款存入顾某名下的某账户；担保方式为连带共同保证担保。同年5月8日，华尔康公司出具《反担保书》一份。全文如下：根据债务人顾某与债权人海门农商行签订的《最高额个人担保借款合同》，合同金额200万元，周某龙为上述债务进行连带保证担保。为保障担保人周某龙的合法权利，反担保人华尔康公司自愿为担保人周某龙提供反担保，如债务人逾期还款造成反担保权人周某龙损失的，反担保人华尔康公司自愿承担连带保证责任。该《反担保书》下方反担保人签章处由吴某高签名并加盖华尔康公司印章。同日，吴某高出具《反担保书》一份：本人自愿为飞拓界面公司和周某龙给顾某向海门农

---

* 在人民法院案例库2023-08-2-143-008号甘肃某生化科技公司诉甘肃某担保公司等追偿权纠纷案中，虽然该案核心争议问题为反担保的保证期间的起算问题，但是在裁判要旨的表述中明确提及了反担保的保证期间自保证人适当履行保证责任之日起算。

① 参见江苏省南通市中级人民法院（2015）通中商终字第00366号民事判决书。

商行德胜支行借款200万元担保的事项提供反担保。如逾期不还款,该笔借款造成周某龙的一切经济损失由本人承担连带保证责任。该《反担保书》下方反担保人签章处由吴某高签名。2012年5月10日,海门农商行将200万元转入上述《最高额个人担保借款合同》约定的顾某的账户。后因顾某不按时还本付息,海门农商行向保证人催收,飞拓界面公司代为偿还。2013年6月,飞拓界面公司更名为鑫凯界面公司。吴某高曾于2014年10月30日以鑫凯界面公司等为被告向一审法院提起民事诉讼,其在起诉状中陈述"加上原告认可代顾某偿还银行贷款本息210万元"。二审庭审中,各方当事人对顾某失踪的事实无异议。吴某高对于鑫凯界面公司主张的本息,除利息起算时间外,并无异议。上述事实,由《最高额个人担保借款合同》、海门农商行出具的《代偿证明》一份和《反担保书》两份等书证,以及双方当事人一致陈述为证。

裁判理由:其一,根据《担保法解释》第33条①的规定,主合同对主债务履行期限没有约定或者约定不明的,保证期间自债权人要求债务人履行义务的宽限期届满之日起计算。2013年4月25日,鑫凯界面公司代顾某向海门农商行偿还全部本息后,其即享有向顾某追偿的权利。吴某高所担保的主债务即为顾某应向鑫凯界面公司偿还代垫款项的债务。鑫凯界面公司与顾某之间并未对该债务约定履行期限,鑫凯界面公司有权随时要求顾某履行,只是应给顾某必要的准备时间即宽限期。结合顾某失踪的事实以及一般诉讼时效两年的规定,鑫凯界面公司提起诉讼向吴某高主张权利可视为其给予顾某的宽限期届满,保证期间应自起诉时计算六个月。其二,从吴某高2014年10月30日向海门市人民法院递交的诉状来看,其应明知鑫凯界面公司已为顾某代偿全部本息的事实,可以推断鑫凯界面公司最晚于2014年10月30日前就曾向吴某高主张过权利。综上,鑫凯界面公司向吴某高主张保证责任并未超过保证期间。

【案例2】李某智诉欧某鹏等追偿权纠纷案②

裁判要旨:反担保保证期间的起算以追偿权成立为条件,应当从担保人实际履行担保责任之日起计算,而非从主债权履行期届满之日起开始起算。

基本案情:2015年12月28日,邝某源、李某智向郴州农商行出具《共同借款人

① 参见《民法典》第692条第3款规定:"债权人与债务人对主债务履行期限没有约定或者约定不明确的,保证期间自债权人请求债务人履行债务的宽限期届满之日起计算。"

② 参见湖南省郴州市中级人民法院(2020)湘10民终602号民事判决书。

承诺书》，载明：推荐邝某源作为代表人办理借款手续，借款100000元，期限24个月，代表人在银行所立借据形成的债务是双方的共同债务，双方自愿对借款承担连带清偿责任。同日，邝某源与郴州农商行签订了《个人借款合同》，约定：(1)借款用途为经营三农院推广，金额100000元；(2)借款期限24个月，自实际提款之日起计算，月利率6.9583‰。次日，郴州市人社局经济开发区分局、李某智分别与郴州农商行签订《保证合同》，合同主要约定：(1)对邝某源的借款承担连带责任担保，担保范围为债务本金、利息等费用；(2)担保期限为主债务履行期限届满之日起二年。2016年1月7日，邝某源、欧某鹏、三农院共同向李某智出具《承诺书》，载明："今承诺李某智为三农院(法人邝某源)借到郴州市开发区人力资源创业贷款资金10万元提供的担保，保证两年之内按时归还清，一定不会让李某智承担。如出现没有按时归还的情形，则让出股份10%，或者5倍偿还李某智。"2015年12月28日《个人借款合同》到期后，邝某源偿还贷款本金8081.28元，剩余91918.72元由郴州市人社局经济开发区分局于2018年7月4日代偿。郴州市人社局经济开发区分局于2018年向湖南郴州北湖法院起诉要求邝某源、李某智偿还上述代偿款项。该院认定案涉贷款100000元系邝某源、李某智两人的共同债务，依法判决由邝某源、李某智偿还郴州市人社局经济开发区分局91918.72元。该判决生效后，李某智自行偿还郴州市人社局经济开发区分局1000元代偿款。三农院成立于2008年3月20日，系普通合伙企业。邝某源在涉案贷款期间系该院的执行事务合伙人。2018年3月5日，变更周某为该院的执行事务合伙人。2018年12月24日，邝某源退出合伙。欧某鹏现系该院的普通合伙人之一。

裁判理由：一审法院认为，本案系保证合同纠纷。案涉《承诺书》系邝某源、欧某鹏、三农院为李某智与邝某源于2015年12月28日共同向郴州农商行借款100000元提供的保证担保，该保证担保系当事人的真实意思表示，且不违反法律、法规的强制性规定，合法有效。因没有约定保证方式，依照《担保法》第19条之规定，应按照连带责任保证承担保证责任。《承诺书》约定的"保证两年之内按时归还清10万元贷款"，该保证合同约定的保证期间等于主债务履行期限，依照《担保法解释》第32条①之规定，视为没有约定，保证期间为主债务履行期届满之日起六个

① 参见《民法典》第692条第2款规定："债权人与保证人可以约定保证期间，但是约定的保证期间早于主债务履行期限或者与主债务履行期限同时届满的，视为没有约定；没有约定或者约定不明确的，保证期间为主债务履行期限届满之日起六个月。"《民法典担保制度解释》第32条规定："保证合同约定保证人承担保证责任直至主债务本息还清时为止等类似内容的，视为约定不明，保证期间为主债务履行期限届满之日起六个月。"

月。故李某智应在涉案的主债务10万元借款履行期限届满之日起六个月内要求邝某源、欧某鹏、三农院承担保证责任。如逾期保证人则免除保证责任。涉案的主债务于2017年12月28日到期,李某智作为该笔借款的共同债务人,明知邝某源及其本人均未按借款期限偿还借款本息,李某智应最迟于2018年6月28日前向邝某源、欧某鹏、三农院主张保证责任。然而,李某智于2019年11月22日才向一审法院起诉要求承担保证责任,于法不符,故对李某智的诉讼请求,不予支持。

二审法院认为,担保保证人对主债务人的追偿权应从其承担责任之日起成立,也从该日起担保人才有向反担保人主张承担反担保保证责任的权利。反担保责任的履行应以保证人已履行担保责任为前提,只有担保主债权的担保人履行了担保责任,才取得对主债务人的追偿权。本案中,李某智要求邝某源、欧某鹏、三农院承担担保责任的前提是李某智自己作为担保人已实际承担了主债权的担保责任。实际上,李某智至今仅代偿了案涉100000元贷款中的1000元,故李某智行使本案追偿权的条件尚未完全成就,待李某智实际代偿了案涉贷款,履行了担保责任后可向邝某源、欧某鹏、三农院进行追偿。反担保的保证期间应当从担保人实际履行担保责任之日起计算(反担保保证期间的起算以追偿权成立为条件),而非从主债权履行期届满之日起开始起算,一审判决混淆了主合同的保证期间与反担保人的保证期间,从而认定本案已过保证期间属适用法律错误,法院予以纠正。综上所述,一审判决认定事实清楚,适用法律错误,但裁判结果正确,予以维持。

154. 为他人的反担保提供反担保,反担保人已经就保证人代偿的款项进行支付,为反担保提供反担保之保证期间如何认定?

【案例】首创融资公司诉视际佳润公司等追偿权纠纷案①

裁判要旨:为他人的反担保提供反担保,反担保人已经就保证人代偿的款项进行支付,为反担保提供反担保之保证期间应当自反担保人向保证人承担责任之日

① 参见北京市第二中级人民法院(2018)京02民终7900号民事判决书。

起算。*

基本案情：2013年8月，视际佳润公司向北京银行广安支行申请贷款，委托原告首创融资公司为其上述借款提供保证担保，并于2013年8月26日与原告签署《委托保证合同》。原告在2013年11月与北京银行签订了《保证合同》，为视际佳润公司向该行贷款提供担保。在原告为其提供了担保的前提下，视际佳润公司于2013年11月与北京银行签订《借款合同》，获得贷款人民币300万元整。2013年8月26日，针对此笔借款国瑞泰融资公司与原告签订了《信用反担保合同》，为上述担保提供了反担保，约定对原告为被告视际佳润公司代为清偿后的代偿本金、利息、罚息、违约金、诉讼费用等承担连带保证责任，保证期间为原告代偿之日起两年，并约定了违约责任、争议解决等。2011年5月，首创融资公司、国瑞泰融资公司、盈腾融资公司三方签订《战略合作协议》，约定了合作模式、操作细则、保证责任、合作期限为五年，保证责任条款中明确"丙方（盈腾融资公司）对乙方（国瑞泰融资公司）承担的全部项目的责任风险向甲方（原告）承担第三方信用连带保证责任，不再逐一单笔出具保证合同。丙方在合作范围内对乙方提供的保证担保承担无限连带责任"。2015年1月27日，首创融资公司向北京银行广安支行代偿视际佳润公司贷款300万元，北京银行广安支行向首创融资公司出具代偿确认书。2017年7月12日，国瑞泰控股公司更名为国瑞顺泰控股公司，现名称为银杏公司。2017年8月7日，汇款人国瑞泰控股公司向首创融资公司建行信汇300万元，标注视际佳润代偿还款。2017年10月31日，国瑞顺泰控股公司出具关于代为付款的说明。

裁判理由：关于盈腾融资公司的涉案保证债务是否已过保证期间。依据相关法律的规定，当事人未约定保证期间，保证期间为主债务履行期届满之日起六个月。本案中，依据《战略合作协议》约定，盈腾融资公司为银杏公司的债务向首创融资公司提供连带保证责任，即盈腾融资公司提供保证的主债务为银杏公司向首创融资公司承担的保证责任。银杏公司承担保证责任的期间为2015年1月27日（首创融资公司代偿贷款之日）至2017年1月27日（保证期间两年期届满之日），在该期间内，银杏公司是否承担保证责任取决于首创融资公司在该期间内是否向银杏公司主张保证责任。首创融资公司于2017年1月18日向一审法院起诉要求银杏

---

* 该案为少见的为反担保人的担保提供担保的案件。为便于论述，后面将保证人提供的担保称为第一层担保，将反担保称为第二层担保，将为反担保提供的担保称为第三层担保。根据人民法院案例库2023－08－2－143－008号案指引的规则"反担保的保证期间自保证人适当履行保证责任之日起算"来看，第二层担保的保证期间起算自保证人履行保证责任，而第三层担保起算自其担保的第二层担保的担保人履行保证责任之时。

公司主张保证责任，因该日期处于银杏公司提供保证的期间内，故此时银杏公司确定地负有向首创融资公司承担还款责任，即银杏公司对首创融资公司保证的债务进入还款期间，亦即盈腾融资公司担保的主债务的履行期已经届满。因《战略合作协议》中未有关于盈腾融资公司承担保证责任期间的约定，故依据法律的规定，盈腾融资公司承担保证责任的期间为主债务履行期届满之日起6个月，即2017年1月18日（银杏公司向首创融资公司确定地负有还款责任之日）至2017年7月18日（保证期间6个月期满之日）。因首创融资公司于2017年1月18日向一审法院提起本案之诉，并持续向盈腾融资公司主张承担保证责任至今，故首创融资公司向盈腾融资公司主张保证责任处于盈腾融资公司提供保证的期间之内。如按盈腾融资公司的主张，其保证债务已过保证期间，就会出现在主债务人承担责任期间内保证人不承担保证责任的情形，明显与《担保法解释》第32条第1款[①]规定（保证合同约定的保证期间早于或者等于主债务履行期限的，视为没有约定，保证期间为主债务履行期届满之日起六个月）的精神相悖，有违法理。基于以上分析，法院认定盈腾融资公司的涉案保证债务未过保证期间，对其该项主张，法院不予采信。

155. 当事人向保证人出具了担保书，未列明担保权人，但也未与主债权人签订保证合同的，是否可以认定为反担保？

【案例】售车人联拓公司为购车人的汽车消费信贷担保并履行部分担保义务后诉李某兰承担为购车人的分期付款购车合同及汽车消费信贷合同向其提供的反担保责任案[②]

裁判要旨：当事人向保证人出具了担保书，未列明担保权人，但也未和主债权人签订保证合同的，可以认定为保证债务提供反担保。

基本案情：2000年8月12日，杨某松与原告北京联拓机电公司（以下简称联拓公司）签订《汽车分期付款购销合同》，约定：杨某松以分期付款的方式在联拓公司购买"捷达"FV7160GTX型轿车一辆，总价款16.6万元；根据联拓公司与中国工商

---

① 参见《民法典》第692条第2款规定："债权人与保证人可以约定保证期间，但是约定的保证期间早于主债务履行期限或者与主债务履行期限同时届满的，视为没有约定；没有约定或者约定不明确的，保证期间为主债务履行期限届满之日起六个月。"

② 参见最高人民法院中国应用法学研究所编：《人民法院案例选（分类重排本）·商事卷》，人民法院出版社2017年版，第1983－1985页。

银行九龙山支行（以下简称九龙山支行）联合推出的贷款购车办法，杨某松应与九龙山支行签订汽车消费信贷合同，杨某松首期支付车辆总价款的40%（66400元），剩余60%款项（99600元）由九龙山支行审查客户资信后，直接划给联拓公司在支行开设的账户。当日，被告李某兰应杨某松的请求，在联拓公司签署了由该公司提供的担保书。担保书中的担保人为李某兰（甲方），被担保人为杨某松（乙方），主要内容为：根据购车合同及汽车消费信贷合同，若乙方不能按贷款协议之规定偿还所欠银行的本金及利息，或乙方不具备偿还能力时，甲方自愿为乙方承担担保责任，负责偿还乙方所欠银行的所有款项。该担保书作为购车合同的附件，存放在联拓公司。同月21日，杨某松与九龙山支行签订《汽车消费贷款借款合同》，约定：杨某松向该行借款99600元，借款期限为60个月，自2000年8月21日起至2005年8月21日止。当日，联拓公司与该行签订《汽车消费贷款保证合同》，联拓公司为杨某松所签借款合同向该行提供担保，担保方式为连带责任保证。此后杨某松共还贷款金额3152.57元。同年10月20日，杨某松酒后驾车且超速行驶，造成车毁人亡。经交警部门认定：杨某松负事故全部责任。根据保险条款中关于责任免除的规定，驾驶员饮酒造成事故的，保险人不负责赔偿。杨某松死亡后，联拓公司承担连带保证责任，共向九龙山支行支付26418.82元（自2000年10月起至2001年10月止）。在诉讼中，联拓公司向法庭出具了杨某松无遗产的证据，李某兰对此未提出异议。联拓公司于2001年9月诉至北京市宣武区人民法院，要求李某兰承担反担保责任，支付车款计93791.95元。

裁判理由：联拓公司作为汽车销售方，在为购车人贷款购车向银行提供担保前，为保证其在承担保证责任后自身债权的实现，要求债务人（购车人）或第三人向其提供的担保为反担保。李某兰提供的担保即属反担保性质的担保。在李某兰签署的担保书中虽未列明合同相对方，但因该担保书由联拓公司出具并持有，故应视其为该担保合同的相对人，亦即联拓公司系该反担保合同之担保权人，李某兰为反担保合同中的担保人。作为一般保证人，在被保证人杨某松不能履行债务时，李某兰应承担保证责任。联拓公司作为本担保的保证人，在其承担保证责任取得追偿权后，有权向反担保人追偿。鉴于目前联拓公司尚未履行全部债务，故其只能就已履行部分向李某兰追偿。对杨某松尚未到期的、联拓公司未履行的债务，联拓公司无权要求李某兰承担保证责任，故法院对联拓公司此项诉讼请求，不予支持。李某兰提出的其是向银行担保的主张，因无证据证明，故不予采信。李某兰在担保书中对被保证人、保证方式作出承诺并注明该担保书为《分期付款购销合同》之附件，故李某兰以该担保书为格式合同，应作出不利于联拓公司解释的抗辩理由不能成立。

156. 保证债务存在反担保，保证人在向债务人承担保证责任后，在向债务人追偿时是否可以同时要求反担保人承担保证责任？

【案例】山东日金公司诉日照古棉公司等担保追偿权案①

裁判要旨：保证债务存在反担保，保证人在向债权人承担保证责任后，可以向债务人追偿，也可以同时要求反担保人承担保证责任。

基本案情：2008 年 12 月 5 日，日照古棉公司从日照银行股份有限公司贷款 1500000 元，山东日金公司为日照古棉公司的贷款提供担保。该笔借款到期后，日照古棉公司无力还款。2009 年 12 月 17 日，张某栋、夏某分别与原告签订了反担保书，约定愿意对原告的担保追偿提供反担保，与日照古棉公司承担连带还款责任；12 月29 日，山东日金公司与日照古棉公司、刑某签订反担保协议，刑某作为原告的反担保人在该协议上签字确认。原告作为担保人为履行担保义务，于 2009 年 12 月 30 日从日照银行股份有限公司贷款 1600000 元，将该笔款中的 1571453. 37 元用于偿还日照古棉公司的借款。原告承担还款保证责任后，多次催要未果，遂于 2010 年 9 月 27 日诉至法院，请求依法处理。

裁判理由：原告山东日金公司与被告日照古棉公司、张某栋、刑某、夏某之间签订的反担保合同，系各方当事人之间真实的意思表示，该合同成立并生效，原告主张被告日照古棉公司支付为其垫付的本金及利息 1571453. 37 元，法院予以支持。各被告在反担保书上的签名及所担保的内容均为有效的约定，应当对原告承担担保责任。各反担保人承担责任后，有权向被告日照古棉公司进行追偿。具体判项为“一、被告日照古棉公司于本判决生效后 10 日内偿还原告山东日金公司垫付款 1571453. 37 元，并按照协议约定向原告偿还银行贷款自 2010 年 1 月 1 日起的利息，利率为日照银行股份有限公司的同期贷款利率。二、被告张某栋、刑某、夏某对上述垫付款承担连带清偿责任，上述垫付款偿还后，有权向被告日照古棉公司追偿”。

① 参见山东省日照经济技术开发区人民法院（2010）日开商终字第 193 号民事判决书。

157. 反担保人是为债权人与保证人签订的保证合同提供的反担保，还是为保证人向主债务人的追偿权提供的反担保？

【案例】渠某月诉孙某胜追偿权、保证合同纠纷案[①]

裁判要旨：反担保的担保对象是担保人对债务人的追偿权，该追偿权在担保合同成立时已设定并在担保人承担担保责任后实际发生，其性质为担保人基于担保合同关系及代债务人为债务清偿之事实而产生的新债权。

基本案情：2011年9月16日，出借人田某武作为甲方与借款人邵某1、张某英及担保人滕州市聚福投资担保有限公司签订《借款/担保合同》一份，约定借款人邵某1、张某英向出借人田某武借款16万元，借款期限自2011年9月16日起至2012年9月16日止，利率月息1.5%；借款到期不能按期清偿债务的，担保人同意7日内向田某武代为偿还，担保人向田某武提供连带责任担保，保证期间为本合同约定的主债务履行期满之日起6个月。借款人邵某1当日收到了田某武的借款16万元并写下收据签名、捺指印。同日，反担保人邵某珠、张某英、邵某2、孙某胜、邵某礼作为甲方与借款人邵某1、张某英（乙方）及担保人滕州市聚福投资担保有限公司（丙方）签订反担保合同一份，约定乙方借款16万元，借款期限为2011年9月16日至2012年9月16日，借款到期后7日内如甲方、乙方不履行还款和反担保义务，甲方、乙方同意丙方按《借款/担保合同》代为偿还给出借人，丙方承担保证责任后有权同时或逐个向乙方或甲方追偿。反担保方式为连带责任担保，反担保的保证期间为乙方借款到期之日起两年。借款到期后，邵某1、张某英未按时归还借款，滕州市聚福投资有限公司作为保证人于2012年9月20日偿还田某武借款本金160000元，借款利息400元。滕州市聚福投资担保有限公司将上述债权164000元转让给原告，经《枣庄日报》公告，分别通知了邵某1、张某英、孙某胜、邵某2。王某林自愿为上述转让的债权承担连带责任保证。滕州市聚福投资担保有限公司于2012年7月11日更名为滕州市聚福投资有限公司。

裁判理由：《担保法》第4条[②]规定："第三人为债务人向债权人提供担保时，可以要求债务人提供反担保。反担保适用本法担保的规定。"具体到本案中，第一种

---

① 参见山东省滕州市人民法院（2013）滕民初字第3082号民事判决书。

② 参见《民法典》第387条第2款规定："第三人为债务人向债权人提供担保的，可以要求债务人提供反担保。反担保适用本法和其他法律的规定。"《民法典》第689条规定："保证人可以要求债务人提供反担保。"

观点认为保证反担保人孙某胜、邵某2是为保证人与债务人和债权人签订的保证合同提供的担保；第二种观点认为保证反担保人是为主债务的保证人享有的追偿权提供担保。法院认为：本担保的担保对象是主合同债权人对债务人的债权，换言之，所担保的是债务人对债权人之债务的履行、债权人债权的实现。本担保已经实现了保证合同的目的，不需要反担保再为担保合同提供担保，所以第一种理解失之偏颇。反担保的担保对象是担保人对债务人的追偿权，该追偿权在担保合同成立时既已设定并在担保人承担担保责任后实际发生，其性质为担保人基于担保合同关系及代债务人为债务清偿之事实而产生的一种新债权。基于保证人滕州市聚福投资有限公司代债务人邵某1、张某英向债权人田某武偿还了借款，滕州市聚福投资有限公司依法享有向主债务人邵某1、张某英及反担保人孙某胜、邵某2的追偿权。

158. 主债务人同时提供了动产抵押和保证人作为反担保，在动产抵押中明确了动产的财产监管人，动产监管人未尽到监管职责的，保证人在承担了保证责任后，是否可以同时起诉反担保人和抵押动产的监管人承担责任？

【案例】中国投资担保有限公司天津分公司诉景跃公司等追偿权纠纷案[①]

裁判要旨：主债务人同时提供了动产抵押和保证人作为反担保，在动产抵押中明确了动产的财产监管人，动产监管人未尽到监管职责的，保证人在承担了保证责任后，可以基于反担保合同要求反担保人承担责任，也可以基于委托监管合同的约定要求监管人承担违约责任。

基本案情：2011年12月28日，景跃公司与北京银行梅江支行（以下简称梅江支行）签订《借款合同》（以下简称主合同），向梅江支行借款2000万元，用于采购钢材，借款期限12个月。同日，中国投资担保有限公司天津分公司（以下简称天津分公司）就上述借款向梅江支行提供连带责任保证并约定了景跃公司逾期不支付代偿款得承担违约责任。景跃公司（甲方）、天津分公司（乙方）及北方公司（丙方）签订《动产质押及监管合同》约定甲方以其所有的存储于丙方的钢材向乙方提供质押反担保。丙方不得允许甲方低于乙方核定的最低库存量提取质押财产。甲方、丙方串通损害乙方利益的，对主合同项下的债务本息、违约金承担连带责任；如丙方因

① 参见北京市海淀区人民法院（2013）海民初字第07653号民事判决书。

监管不力造成质押财产短损的，丙方应向乙方承担赔偿责任。天津分公司与丙方签订《委托监管协议》，内容与上述约定基本一致。景跃公司、鸿万公司、海天泰公司、瑞天翔公司组成的联保小组以及肖某发等7人分别就主合同项下债务对天津分公司提供连带责任保证，并均承诺放弃担保顺位利益。北方公司允许景跃公司在低于最低库存量时提取货物，导致质押钢材短缺。主合同到期后，景跃公司逾期未偿还借款。天津分公司履行了代偿义务。现天津分公司要求：(1)景跃公司偿还代偿款及利息并支付违约金400万元；(2)天津分公司对景跃公司提供的提货保证金3320260元具有优先受偿权；(3)天津分公司有权对景跃公司储存在北方公司的剩余质押钢材39.848吨折价或以拍卖、变卖该质押钢材的价款优先受偿；(4)北方公司支付违约金352万元；(5)鸿万公司、海天泰公司、瑞天翔公司、肖某发等7人就第1项诉讼请求承担连带责任；(6)北方公司就第1项诉讼请求承担连带责任。

裁判理由：本案系追偿权诉讼，在此案由及请求权基础上，天津分公司分别依据不同合同向多方主体进行追偿，并无法律和法理上的限制，且各责任主体相互之间并不存在责任承担上的矛盾，故北方公司可作为本案被告。北方公司作为具体监管方，其在明知景跃公司库存钢材不能低于最低库存量的前提下，仍同意放货，导致质物短缺，结合在案其他证据，可推知二者有相互串通情形。北方公司应依约对借款合同项下的债务本息、违约金等承担连带责任。另外，因质物并未全部短损，故北方公司承担责任的范围应为处分现有库存质押钢材后仍未受清偿的部分。

159. 公司向银行借款，第三人提供保证并要求公司提供反担保，反担保人出具的反担保书中载明的担保对象为公司法定代表人和唯一股东的，保证人承担保证责任后，可否向反担保人主张权利？

【案例】宏大公司诉王某海、俞某喜担保责任追偿权纠纷案①

裁判要旨：公司向银行借款，第三人提供保证并要求公司提供反担保，反担保人出具的反担保书中载明的担保对象为公司法定代表人和唯一股东的，如果反担保人明知前述事实，且该公司在特定银行仅有涉案借款的，可以认定为反担保人对前述借款提供了反担保人。

基本案情：黄某宝系宝丰公司的法定代表人，黄某宝欲向农商行甘垛支行申请

① 参见江苏省扬州市中级人民法院(2017)苏10民终3445号民事判决书。

贷款50万元,并向宏大公司提出希望为其担保。宏大公司为保证日后追偿,要求黄某宝提供反担保。因此,2014年7月17日、7月18日,王某年及俞某喜、王某海分别向宏大公司出具《反担保合同书》,合同书载明“兹有黄某宝向高邮农村商业银行甘垛支行申请贷款伍拾万元(500000元),期限一年,由宏大公司为其担保,我自愿为其提供反担保,此次贷款到期如不能按期偿还,我将负连带责任,负责偿还此次贷款的全部本金及利息等相关费用”。2014年7月29日,宝丰公司与农商行甘垛支行签订《流动资金循环借款合同》,借款50万元,借款期限为2014年7月29日至2015年1月25日。同日,宏大公司与农商行甘垛支行签订《最高额保证合同》,自愿为上述50万元借款提供担保,保证期间为2014年7月29日至2015年1月25日。贷款到期后,由于宝丰公司没有按时偿还,宏大公司于2015年2月3日分三笔将50万元汇入宝丰公司的法定代表人黄某宝的账户内,由黄某宝偿还了该笔贷款。2015年2月4日,宝丰公司再次与农商行甘垛支行签订《流动资金循环借款合同》,再次借款50万元,借款期限为2015年2月4日至2015年7月15日。同日,宏大公司又与农商行甘垛支行签订《最高额保证合同》,又一次为借款50万元提供担保,保证期间为2015年2月4日至2015年7月15日。其后,农商行甘垛支行向宏大公司发出贷款催收通知书,要求宏大公司提前履行保证责任,宏大公司遂于2015年5月11日出具转账支票,金额为510559.71元,收款人为宝丰公司,用途为偿还贷款。同日,宝丰公司偿还了该笔贷款。此外,宝丰公司及其法定代表人黄某宝2014年7月17日至2015年7月16日在农商行甘垛支行,除本案诉争的50万元贷款外,无其他贷款记录。

裁判理由:两被告向原告出具的《反担保合同书》中已载明自愿提供反担保,该《反担保合同书》系两被告的真实意思表示,真实有效。关于《反担保合同书》记载的反担保对象与实际借款的情况的差别,即“黄某宝”与“宝丰公司”之差。依据《反担保合同书》中的“向高邮农村商业银行甘垛支行申请贷款伍拾万元”以及“由宏大公司为其担保”等其他记载及查明的第三人及其法定代表人在2014年7月17日至2015年7月16日无其他贷款记录,能够确定两被告的反担保对象即是本案诉争的50万元贷款的本息。况且第三人宝丰公司系黄某宝注册的自然人独资公司,黄某宝系其法定代表人。王某海、俞某喜系黄某宝的近亲属,应当知晓黄某宝与宝丰公司之间的关系,由王某海、俞某喜承担反担保责任未加重王某海、俞某喜的负担。因此,《反担保合同书》中的记载与实际贷款之间虽有差别,但不影响原告与两被告之间的反担保关系成立。

160. 反担保合同中约定债务人未如约偿还债务，保证人在承担保证责任前可以直接处置反担保财产的，是否有效？

【案例】陈某妹、孙某俊诉金原公司保证合同纠纷案①

裁判要旨：反担保合同中约定债务人未如约偿还债务，保证人在承担保证责任前处置反担保财产的，该约定有效。

基本案情：2014年8月27日，案外人博百智公司向华夏银行厦门分行贷款510万元。孙某俊同意以海沧区沧林路×号店面等三处不动产为上述贷款提供抵押担保，其中厦门市海沧区沧林路×号房产评估价值为301.01万元。2014年10月14日，华夏银行厦门分行向博百智公司提供250万元的贷款，贷款期限为1年。金原公司就博百智公司的上述贷款向华夏银行厦门分行提供保证担保。孙某俊以其名下位于厦门市海沧区沧林路×号房产等三处不动产作为抵押担保（反担保），并就前述抵押担保物办理委托公证，委托金原公司、郭某燕代为办理上述房产的还贷解押、出售等事宜。2014年10月15日，博百智公司与金原公司、孙某俊、陈某妹等人签订《还款协议》，约定一旦金原公司为博百智公司承担保证责任为其代偿，债权人有权从折价抵偿、拍卖、变卖担保物等方式中选择一项或多项方式实现债权；金原公司承担代偿责任后，博百智公司、孙某俊、陈某妹对执行自己所提供的抵押物无任何异议。2015年3月23日，华夏银行厦门分行通知博百智公司及保证人，前述两份合同项下贷款本金510万元、本金250万元及相应利息提前到期。因博百智公司未在银行要求的时间内清偿上述银行贷款本息，金原公司工作人员郭某燕以孙某俊代理人的名义将孙某俊坐落于海沧区沧林路×号房产以200万元的成交价出售给吴某。后金原公司分四次偿还本金、利息、罚息等5161435.18元、52107.82元、1850722.18元、684291.52元。法院委托评估机构对厦门市海沧区沧林路×号房产于2015年7月15日的市场价值进行评估。经评估，该房产于2015年7月15日的市场价值为274.73万元。

裁判理由：一审法院认为，金原公司在孙某俊、陈某妹委托权限内将案涉房产出售，并以出售款项代为清偿博百智公司的银行贷款，符合合同约定，并无不当。二审法院认为，关于金原公司是否有权出售案涉房产。孙某俊、陈某妹认为《还款协议》并未赋予金原公司对案涉房产的处分权，金原公司追偿债权应当在履行担保责

---

① 参见福建省厦门市中级人民法院（2018）闽02民终3055号民事判决书。

任后,才能向法院申请执行。法院认为,《还款协议》约定了金原公司向法院申请强制执行的条件及实现的方式,该约定是金原公司追偿债权的实现方式之一。但孙某俊、陈某妹与金原公司同时对案涉房产以公证的方式对追偿债权进行了约定,该约定实现的前提条件是主债务人未能清偿银行贷款。金原公司在主债务人未能清偿银行贷款,华夏银行厦门分行要求其承担保证责任的前提下,在公证的权限内出售案涉房产,符合双方的约定。故孙某俊、陈某妹主张金原公司无权出售案涉房产不能成立。

161. 担保人承诺向债权人的贷款提供担保,但需要以债务人资产和其他所有担保人提供反担保为条件,债权人在某笔放贷中未为担保人办理反担保的,该担保是否成立?

【案例】包某诉基金中心追偿权案[①]

裁判要旨:担保人承诺向债权人的贷款提供担保,但需要以债务人资产和其他所有担保人提供反担保为条件,债权人在某笔放贷中未为担保人办理反担保的,保证合同未成立。

基本案情:包某与某公司的法定代表人李某原系夫妻。基金中心是一家为小微企业贷款提供信用担保等的事业单位法人。包某及李某分别于2016年2月4日、2017年7月3日为某公司向某银行的借款提供最高额保证。2018年8月7日,基金中心与某银行签订《合作协议》,约定由基金中心为某银行发放的融资业务提供担保,合作的期限为2018年8月7日至2021年8月6日;某银行在针对相关融资业务追加其他担保时,需同时为基金中心所提供的信用保证代为办理相应反担保,反担保的担保人需包含为同一笔融资业务提供担保的其他全部担保人;某银行在办理本保证授信时,追加其他担保,但未按约定同时为甲方代办相应反担保的,基金中心将免除该保证责任,不予代偿。该基金中心与某银行约定,上述"其他担保",是指某银行为保证其融资业务的安全,除基金中心提供信用保证外,对同一笔融资业务同时要求客户以自有资产提供担保,或者要求以与客户有关联关系的自然人(包括法定代表人、实际控制人、股东及其配偶、成年子女等)、企业(包括形成投资或控股关系的母子公司、其他企业等)提供保证的担保。2018年11月20日,

① 参见浙江省台州市中级人民法院(2021)浙10民终198号民事判决书。

某公司向某银行贷得款项50万元。2018年11月28日,基金中心承诺承担担保责任。某银行没有为基金中心代为办理反担保手续。

裁判理由:本案构成连带共同保证当无疑义。包某主张基金中心承担保证份额的前提是各保证人均应当承担保证责任。《合作协议》约定了基金中心代偿免责情形。涉案债务发生时,包某提供担保符合"其他担保"的情形。本案争议的是"追加其他担保"中"追加"如何理解。基金中心的设立目的主要是为小微企业的融资提供信用保证,降低小微企业的融资成本;《合作协议》约定某银行代办反担保目的是降低基金中心追偿不能的风险。只有在这两个目的都能实现的情况下,基金中心才能更好地运营,并承担起服务小微企业的社会责任。因此,对"追加其他担保"的理解,应当从基金中心的设立目的、合作协议条款、自主保证产品说明等方面进行整体上的把握。如果依提供担保时间来界定是否属于"追加其他担保"情形,则会出现因"其他担保"提供时间不同而产生银行有无代办相应反担保义务的不同,进而导致基金中心承担不同的保证风险。这不符合基金中心设立及运营的目的。另外,由于"其他担保"的担保人均与债务人存在特定的关联关系,基金中心通过反担保将其代偿后风险转移给"其他担保"的担保人,更加公平合理。某银行没有代办反担保,基金中心据此约定不应承担保证代偿责任,包某追偿缺乏前提条件。各保证人承担或不承担保证责任均基于其各自与债权人订立的保证合同,包某不能向基金中心追偿,是由于根据《合作协议》约定其免于向某银行承担保证责任,而不是《合作协议》排除或限制包某追偿权的结果,故不存在《合作协议》约定损害包某利益的问题。

【现行相关规范】

《民法典担保制度解释》第19条

担保合同无效,承担了赔偿责任的担保人按照反担保合同的约定,在其承担赔偿责任的范围内请求反担保人承担担保责任的,人民法院应予支持。

反担保合同无效的,依照本解释第十七条的有关规定处理。当事人仅以担保合同无效为由主张反担保合同无效的,人民法院不予支持。

【规范沿革】

《担保法》第4条

第三人为债务人向债权人提供担保时,可以要求债务人提供反担保。

反担保适用本法担保的规定。

《担保法解释》第2条

反担保人可以是债务人,也可以是债务人之外的其他人。

反担保方式可以是债务人提供的抵押或者质押,也可以是其他人提供的保证、抵押或者质押。

第六百九十条　最高额保证

【民法典条文】

保证人与债权人可以协商订立最高额保证的合同，约定在最高债权额限度内就一定期间连续发生的债权提供保证。

最高额保证除适用本章规定外，参照适用本法第二编最高额抵押权的有关规定。

实务问题

162. 当事人未直接约定最高额保证，但存在“借款总额”“担保期间”等约定的，可否认定为最高额保证？

【案例】林某某诉杨某某等民间借贷纠纷案①

裁判要旨：当事人虽然没有直接关于最高额保证约定，但是在合同中存在关于担保的期间、担保的最高限额等约定，符合关于“在最高债权额限度内就一定期间连续发生的债权”的核心构成要件的，可以认定为最高额保证。

基本案情：林某某表示梁某某为银行副行长，于2011年至2013年多次以投资为由向其借款。林某某为证实其主张，提交证据如下：……(3)落款时间为2013年1月31日的《担保合同》一份，内容为：“出借人：林某某，身份证号：……借款人：梁某某，身份证号：……担保人：杨某某，身份证号：……借款人梁某某向出借人借款3000000大写叁佰万元整；担保人杨某某对借款人所借款项进行保证担保，担保人同时以广州市天河区珠江新城翡梵咖啡厅所有资产做担保。上述担保期限从2013年1月31日起至2014年1月30日止。担保类型为无限连带担保。出借人：林某某2013.1.31(手写签名)借款人：梁某某2013.1.31(手写签名)担保人：杨某某2013.1.31(手写签名)。”梁某某对上述证据的真实性不持异议。

---

① 参见广东省广州市中级人民法院(2014)穗中法民金终字第909号民事判决书。

裁判理由：一审法院认为，《担保法》第14条①规定，保证人与债权人可以就单个主合同分别订立保证合同，也可以协议在最高债权额限度内就一定期间连续发生的借款合同或者某项商品交易合同订立一个保证合同。从三方当事人签订的《担保合同》内容分析，三方对该合同中杨某某承担担保责任的标的物约定为“借款人梁某某向出借人借款3000000元”，从字面表述应理解为一笔金额为300万元的借款。另上述合同约定相应的担保期限为“2013年1月31日至2014年1月30日”，可见上述时间仅为杨某某承担担保责任的期限，而非对标的物即借款产生的时间进行的约定。因此，上述合同并不属于法律规定的最高额保证合同。现林某某未能另行举证证明上述合同所涉的300万元借款包括本案所涉款项在内，故林某某据此要求杨某某对涉案借款承担连带担保责任，缺乏事实及法律依据，法院不予支持。

二审法院认为，本案二审争议的焦点在于杨某某在2013年1月31日《担保合同》中所作的担保是否为最高额保证担保，应否对本案债务承担连带清偿责任。根据《担保法》第14条规定，保证人与债权人可以就单个主合同分别订立保证合同，也可以协议在最高债权额限度内就一定期间连续发生的借款合同或者某项商品交易合同订立一个保证合同。结合本案具体案情分析，首先，杨某某签订《担保合同》的本意就是为梁某某向林某某借款提供300万元的担保，合同中约定借款人、出借人、借款金额等内容均是明确的，杨某某对300万元的借款承担保证责任的意思表示也是清楚的。其次，合同中约定担保标的物为“借款人梁某某向出借人借款3000000元”，原审对此认为应理解为一笔金额为300万元的借款，过于牵强，也没有其他证据佐证，而实际上林某某与梁某某之间也并没有发生过一笔300万元的借款。再次，林某某与梁某某之间发生多笔借款，担保合同中没有明确是对哪一笔或哪几笔提供担保，而是约定担保数额，符合最高额担保合同的整体担保特征。最后，根据担保相关法律规定，保证指的是当债务人不履行债务时，由保证人按照约定履行债务或者承担责任的行为。本案《担保合同》中并没有约定标的债务的履行期限，而是约定“担保期限从2013年1月31日起至2014年1月30日止”，原审将该约定直接理解为杨某某担保责任的期限，不符合逻辑推断。上诉人林某某主张该期限约定的本意是对2013年1月31日签订合同后一年内的300万元贷款承担保证责任，与林某某、梁某某在该期间发生多笔借款的情形相吻合，法院予以采信。综

---

① 参见《民法典》第690条第1款规定：“保证人与债权人可以协商订立最高额保证的合同，约定在最高债权额限度内就一定期间连续发生的债权提供保证。”

上，认定杨某某在2013年1月31日《担保合同》中所作的担保为最高额保证担保，林某某请求判令杨某某对本案债务承担连带清偿责任的理由成立，予以支持。

163. 最高额保证合同欠缺被担保的对象（债务人）、被保证主债权期限及担保金额等主要条款的，最高额保证合同是否成立？

【案例】溧阳市华盛农村小额贷款有限公司诉王某等民间借贷纠纷案[①]

裁判要旨：最高额保证合同欠缺被担保的对象（债务人）、被保证主债权期限及担保金额等主要条款的，最高额保证合同不成立。

基本案情：2012年3月2日，王某作为借款人与贷款人华盛公司签订最高额借款合同，约定由贷款人根据借款人的需要、资信状况和担保情况等向借款人提供最高贷款余额不超过500万元整的贷款，每笔贷款的金额、期限、用途、还款方式以借款凭证为准。借款人不按期归还贷款本金又未获准展期，从逾期之日起借款人按合同约定利率加付150%的利息。2012年3月2日，华盛公司分别向王某发放贷款500万元，并分别出具了借款借据，约定月利率为19.62‰，到期日为2012年12月1日。陈某欣、天目公司在华盛公司提供的最高额保证空白合同落款处保证人(1)和保证人(3)一栏分别签字和盖章。陈某欣、天目公司在最高额保证合同上签字、盖章时，最高额保证合同中只有保证担保的范围、保证期间、保证人承诺及违约责任等格式条款，华盛公司持有的最高额保证合同中载明的"债务人王某，保证人江苏天目机械设备制造有限公司、陈某欣，被保证主债权期限自2012年3月2日起至2014年3月1日止，主债务的最高余额500万元"内容系华盛公司事后添加。后王某未按约还款付息尚欠借款本金456万元，期内利息40548元。

裁判理由：陈某欣、天目公司在最高额保证合同上签字盖章时，最高额保证合同除了部分格式条款外，其余被担保的对象（债务人）、被保证主债权期限及担保金额等内容均是华盛公司事后添加的，该内容对陈某欣、天目公司不具有法律约束力，故最高额保证合同因欠缺主要条款而不成立。

---

① 参见江苏省常州市中级人民法院(2016)苏04民终4082号民事判决书。

164. 在最高额保证中，当主债务本金的数额，加上其他诸如利息、违约金等费用超过该数额的，保证人是否需要承担超出部分？*

【案例1】威海市商业银行股份有限公司诉兴源公司等金融借款合同纠纷案①

裁判要旨：将最高限额约定为本金最高限额，构成名为最高额担保合同，实为对本金设立了最高限额的普通担保合同。担保人承担责任的范围既包括最高限额下的本金，还包括利息、罚息、复利、违约金、补偿金、损害赔偿金等。担保人在本金不超过最高限额的情况下，根据合同中关于担保范围的约定，对基于该本金而产生的利息、罚息、复利、违约金、补偿金、损害赔偿金等仍要承担担保责任。

基本案情：2014 年 1 月 29 日，原告与瑞祥公司、新天地公司签订《最高额保证合同》，约定：瑞祥公司、新天地公司自愿为兴源公司自 2014 年 1 月 29 日起至 2015 年 1 月 27 日止在原告处办理约定的各类业务实际形成的债务最高本金余额 500 万元提供担保，在本合同约定的上述期间内发生的各类业务，如债务人按国家和原告的有关规定缴存保证金或者债务人、第三人提供银行存单、国债、银行承兑汇票质押，则债务人缴存保证金或债务人、第三人提供银行存单、国债、银行承兑汇票质押部分的贷款或其他银行信用卡不占用本合同约定的最高余额，在本合同约定的期间和最高余额内，每笔业务的起始日、截止日、利（费）率、金额、用途等事项以主合同的借款凭证或相关债权凭证为准，在合同约定的期间和最高余额内，原告发放贷款或提供其他银行信用时无须逐笔办理担保手续；保证担保的范围包括所有主合同项下的债务本金、利息、逾期利息、复利、罚息、违约金、损害赔偿金等和为实现债权、担保权而发生的一切费用；保证方式为连带责任保证；保证期间为主合同项下债务履行期限届满之日起两年。同日，原告与兴源公司签订《威海市商业银行承兑协议》，约定：出票人为兴源公司，承兑人为原告，收款人为瑞祥公司，汇票金额为

---

* 该问题争议较大，如本问题下的案例 4 是一个公报案例，与人民法院案例库最新确定的裁判尺度有很大差距。人民法院案例库 2024－17－5－102－001 号某合伙企业与某甲公司等执行实施案明确：具有“最高债权额”限度，是最高额担保区别于一般抵押权及一般保证的根本特征。对“最高债权额”的正确认定，决定着抵押权人基于该权利所能获得的优先受偿权的最高限度，以及担保人承担担保责任的最高限度。如将“最高债权额”仅理解为债权本金，那么当债务人逾期时，合同实际产生的利息、违约金、实现债权费用等总额处于不确定状态，使债权总额冲破最高限额的限制，实际上变成一种无额度担保，不利于保护合同当事人的预期利益，亦与最高额担保制度设立的本意相悖。故当事人无明确约定时，则“最高债权额”即为包括债权本金、利息、实现债权费用等全部债权。

① 参见山东省威海市中级人民法院（2014）威商初字第 89 号民事判决书。

1000万元，出票日期为2014年1月29日，汇票到期日为2014年7月29日；兴源公司于汇票到期日前无条件将应付票款向原告足额交存，兴源公司提供汇票金额的50%作为履约保证金存入原告指定的保证金专户，兴源公司在汇票到期日前不能足额交付票款时，原告有权直接扣划保证金以清偿票款不足部分，承兑手续费按票面金额的万分之五计算，在银行承兑时一次付清；兴源公司对因原告垫付而形成的垫付票款及逾期罚息，承担还款责任；承兑汇票到期日，除法律法规规定可予拒付的情形外，原告凭票按《支付结算办法》的规定向持票人支付票款；汇票到期日之前兴源公司不能足额交付票款时，原告所垫付票款自付款之日起转作兴源公司逾期贷款，并按照有关规定计收逾期利息，无须通知兴源公司及另签借款合同，原告有权在兴源公司开立的任何存款账户中直接扣收票款及相应的逾期利息。2014年7月29日汇票到期时，兴源公司未能向原告足额缴存票款，原告于2014年7月29日、7月30日对1000万元汇票作出了承兑，其中，扣收兴源公司在该行缴存的500万元保证金及利息9704.57元，共计5009704.57元，并垫付了汇票票款差额部分4990295.43元。截至2014年8月28日，兴源公司欠付原告垫付款项4990295.43元及利息72359.28元。

裁判理由：依据原告与被告瑞祥公司、被告新天地公司签订的《最高额保证合同》的约定，本案所涉本金余额500万元、主合同项下的债务本金、利息、逾期利息和为实现债权、担保权而发生的一切费用，皆为该合同的保证担保范围，被告瑞祥公司、被告新天地公司应为被告兴源公司的上述债务承担连带清偿责任，并在承担责任后有权在承担责任的范围内向被告兴源公司追偿。最终判项表述为，"（1）被告兴源公司于本判决生效后十日内偿付原告威海市商业银行股份有限公司汇票承兑垫款4990295.43元及利息72359.28元（截至2014年8月28日），2014年8月29日至实际履行之日的利息以汇票承兑垫款4990295.43元为基数按每日万分之五的利率计付；（2）被告寿光市瑞祥禽业有限公司、被告山东新天地肥业有限公司对被告寿光市兴源食品有限公司的上述债务承担连带清偿责任"。

【案例2】山东省淄博市博山区农村信用社诉范某三等借款合同纠纷案①

裁判要旨：在借款保证合同中，除当事人另有约定外，最高额保证的范围应及于主债权及其利息、违约金、实现债权的费用等债权人的全部损失，保证人不应对超出该限额的部分承担责任。

---

① 参见山东省淄博市博山区人民法院（2008）博民初字第386号民事判决书。

基本案情:淄博市博山区山头农村信用合作社与被告范某三于2006年3月30日签订借款合同,范某三借款48000元,到期日为2007年3月10日,双方在借款合同中约定了利息计付方式、违约责任条款等内容,其中包括逾期利息、罚息、复利的计收方式。2006年3月30日淄博市博山区山头农村信用合作社与被告范某亮、范某福签订最高额保证合同,由被告范某亮、范某福自愿为被告范某三的该笔借款提供连带责任保证,双方约定的被保证的主债权最高额为48000元,保证期间为主合同约定的债务人履行债务期限届满之日起两年。借款到期后,被告范某三未能及时履行还款义务,按照双方合同约定的方式计算,截至2007年12月20日尚欠借款本金48000元、利息23074.13元。被告范某三、范某亮、范某福经法院传票传唤无正当理由拒不到庭参加诉讼,也未出具任何答辩意见。此外,淄博市博山区山头农村信用合作社根据银监会批文注销,其债权债务由原告淄博市博山区农村信用合作联社概括承担。

裁判理由:本案两保证人与原告签订的是最高额保证合同,所担保的最高债权额限度为48000元,故被告范某亮、范某福应当在48000元限度内承担连带清偿责任,在其承担连带清偿责任后,有权向债务人即被告范某三追偿。

《担保法解释》第23条①规定:最高额保证合同的不特定债权确定后,保证人应当对在最高债权额限度内就一定期间连续发生的债权余额承担保证责任。根据该条规定,在最高额保证中,保证人的责任范围就是"最高债权额限度内的债权余额"。本案债权人信用社与担保人约定保证担保的范围包括贷款本金、利息、贷款人实现债权的费用,该贷款本金、利息、贷款人实现债权的费用应均属于"债权余额"的范畴,同时双方又约定了担保的最高限额为48000元,因此,范某亮、范某福二担保人应在最高限额48000元之内对所发生的贷款本金、利息、贷款人实现债权的费用承担保证责任,而不应对超出该限额的部分承担责任。本案中范某亮、范某福二担保人作为连带共同保证人,应对信用社的债权与借款人范某三承担连带责任。

【案例3】中国建设银行股份有限公司温州瓯江支行诉陆某峰等金融借款合同纠纷案②

裁判要旨:最高额保证中的"最高额"应为保证人所担保债权的最高限度额,超

---

① 参见《民法典担保制度解释》第15条第1款规定:"最高额担保中的最高债权额,是指包括主债权及其利息、违约金、损害赔偿金、保管担保财产的费用、实现债权或者实现担保物权的费用等在内的全部债权,但是当事人另有约定的除外。"

② 参见浙江省温州市中级人民法院(2014)浙温商终字第960号民事判决书。

出此限度则保证人不再承担保证责任。

基本案情:2010 年 7 月 23 日,陆某峰、朱某分别与中国建设银行股份有限公司温州瓯江支行(以下简称建行瓯江支行)签订 1 号和 2 号的《保证合同(本金最高额)》,自愿为建行瓯江支行与衣美针公司在 2010 年 7 月 23 日至 2013 年 7 月 23 日签订的主合同项下的一系列债务提供连带责任保证,保证范围为主合同项下不超过 2900 万元的本金余额以及利息(含复利和罚息)、违约金及实现债权与担保权而发生的一切费用等。后衣美针公司与建行瓯江支行签订《最高额抵押合同》,以其所有的房屋和土地使用权为贷款提供最高额抵押担保,抵押担保责任的最高限额为 2250 万元,并办理了抵押登记。罗纳河公司和佳信公司先后与建行瓯江支行签订两份《最高额保证合同》,为衣美针公司的银行贷款提供最高限额均为 1650 万元的连带责任担保。2012 年 10 月 11 日,衣美针公司向建行瓯江支行贷款 150 万元,期限为 12 个月,年利率 6%,结息方式为每月的第 20 日;贷款逾期的罚息利率为贷款利率上浮 50%;如未按照本合同约定的结息日付息,则自次日起计收复利。借款逾期的,对未按时还清的借款本金和利息,自逾期之日起至本息全部偿清之日止按罚息利率和合同约定的结息方式计收利息和复利。后衣美针公司仅支付利息至 2013 年 3 月 20 日,剩余贷款本息均未归还,建行瓯江支行起诉要求衣美针公司立即偿还借款本息,并要求佳信公司、陆某峰、朱某、罗纳河公司对上述债务按照合同约定承担相应担保责任,建行瓯江支行就衣美针公司提供的抵押物享有优先受偿权。

裁判理由:最高额保证合同是指保证人在最高债权额限度内就一定期间内连续发生的不特定债权提供保证的担保合同。最高额保证中的"最高额"应为保证人所担保债权的最高限度额,是最高额保证合同必须明确的内容,决定着保证人承担保证责任的最大限度,超出此限度则保证人不再承担保证责任。建行瓯江支行提供最高额保证合同文本的格式仅对所担保主合同项下本金余额设定最高额,未就全部债权余额设定最高限额,违反了法律规定,不符合最高额保证合同的本质要求,该约定的最高本金余额应视为最高债权限额。

【案例 4】长城公司山西分公司与华美奥公司等借款合同纠纷案①

裁判要旨:在最高额保证合同关系中,如果合同明确约定所担保的最高债权额

① 参见中国长城资产管理股份有限公司山西省分公司与山西朔州平鲁区华美奥崇升煤业有限公司等借款合同纠纷案,载《最高人民法院公报》2020 年第 5 期。

包括主债权的数额和相应的利息、违约金、损害赔偿金以及实现债权的费用,保证人即应当依照约定对利息、违约金、损害赔偿金以及实现债权的费用承担保证责任,而不受主债权数额的限制。

基本案情:2013 年 6 月 4 日,中信银行太原分行与华美奥公司签订《综合授信合同》,约定华美奥公司在 2013 年 6 月 4 日起至 2016 年 6 月 3 日止的使用期限内可向中信银行太原分行申请使用 5 亿元的综合授信额度。2013 年 6 月 4 日,中信银行太原分行(乙方)与华美奥公司(甲方)签订《流动资金贷款合同》,约定在合同项下贷款 30000 万元,贷款期限自 2013 年 6 月 4 日至 2016 年 6 月 3 日,用途为购煤。贷款利率为年利率 7%,甲方未能按本合同约定偿还本金,乙方除有权根据实际逾期天数加收 50% 的罚息利率计收复利;对甲方不能按时支付的利息,乙方有权根据实际逾期的天数计收复利;甲方未能按本合同约定用途使用借款,乙方除有权行使本条第 13.3 款约定的权利外,有权对违约使用的部分自挪用日起加收 100% 的罚息利率计收利息;乙方因实现债权所发生的各项费用(包括但不限于诉讼、差旅、主债权总额 20% 内的律师、财产保全、公证认证、翻译、评估拍卖费等),均由甲方承担。2013 年 6 月 4 日,中信银行太原分行向华美奥公司发放贷款 30000 万元;2015 年 1 月 23 日中信银行太原分行向华美奥公司发放贷款 5000 万元;2015 年 6 月 26 日、2015 年 12 月 24 日中信银行太原分行分别向华美奥公司发放贷款 28843472.38 元和 173600056 元。截至一审,经当事人一致确认,华美奥公司已归还本金 6000 万元;剩余借款本金的计算为 492443528.38 元。2016 年 6 月 22 日,中信银行太原分行与秦发公司、秦发实业公司、崇升煤业公司、冯西煤业公司、徐某华、王某敏、徐某、邓某晶分别签订《最高额保证合同》,均约定秦发公司等四家公司、徐某华等四人为确保中信银行太原分行与华美奥公司在一定期限内连续发生的多笔债权的履行,保障中信银行太原分行债权的实现,愿意为债务人履行债务提供最高额保证担保,担保的债权最高额限度为 5 亿元,担保方式为连带责任保证,保证期间为主合同项下债务履行期限届满之日起两年,保证范围包括主合同项下的主债权、利息、罚息、复利、违约金、损害赔偿金、为实现债权的费用(包括但不限于诉讼、仲裁、律师、差旅、评估、过户、保全、公告、执行等费和其他所有应付的费用)。2016 年 6 月 22 日,中信银行太原分行与华美奥公司签订《最高额应收账款质押合同》和《应收账款质押登记协议》,约定为确保中信银行太原分行与华美奥公司在一定期限内连续发生的多笔债务的履行,华美奥公司愿意以其享有的应收账款为主合同债务人履行债务提供最高额质押担保。质押担保的债权最高额限度为 5 亿元,质押担保的范围包括主债权、利息、罚息、违约金、损害赔偿金、保管质押财产以及为实现债权、质权等发生的一切费用（包括但不限于诉讼、仲裁、律师、差旅、评估、过户、保全、公告、公证认证、翻译、执行费等）和其他所有应付的费用；并于2015年12月24日在中国人民银行征信中心动产权属统一登记。最高人民法院二审另查明如下事实。2018年12月14日，中信银行太原分行与长城公司山西分公司签订《债权转让协议》，将案涉债权转让给长城公司山西分公司，双方于2019年1月7日在《经济日报》上刊登《债权转让暨债务催收联合公告》，向案涉债务人及保证人履行了通知义务。中信银行太原分行与秦发公司、秦发实业公司、崇升煤业公司、冯西煤业公司、徐某华、王某敏、徐某、邓某晶分别签订《最高额保证合同》，均约定，秦发公司、秦发实业公司、崇升煤业公司、冯西煤业公司、徐某华、王某敏、徐某、邓某晶在本合同项下担保的债权最高额限度为“债权本金（币种）（大写金额）五亿元整和相应的利息、罚息、违约金、损害赔偿金以及为实现债权、担保权利等所发生的一切费用（包括但不限于诉讼费、仲裁费、律师费、差旅费、评估费、过户费、保全费、公告费、公证认证费、翻译费、执行费等）和其他所有应付的费用之和”。担保方式为连带保证责任。长城公司山西分公司为实现债权已经支付了保全费5000元，律师费20万元。

裁判理由：关于一审判决案涉保证人在5亿元最高额限度内承担连带清偿责任是否正确的问题，最高人民法院认为，本院已查明中信银行太原分行与秦发公司、秦发实业公司、崇升煤业公司、冯西煤业公司、徐某华、王某敏、徐某、邓某晶签订的《最高额保证合同》中均约定，各担保人担保的债权最高额限度为“债权本金5亿元整”和相应的利息、罚息、违约金、损害赔偿金以及为实现债权、担保权利等所发生的一切费用、其他所有应付的费用之和，即各保证人所担保债权最高额限度为本金5亿元和相应的利息、违约金、律师费、保全费实现债权费用等均属于被担保债权范围。该约定系当事人真实意思表示，且不违反国家法律、法规的强制性规定，应为合法有效，各方亦应依约履行。因各保证人所签订的《最高额保证合同》中已明确约定，本案在最高额担保的“债权本金5亿元和实现债权的律师费、保全费等实现债权的费用”范围内承担保证责任。本案已查明，至本案一审庭审时本案未偿还借款本金为492443528.38元，该数额并未超出《最高额保证合同》约定的本金5亿元，各保证人应以合同约定对华美奥公司的涉案债务本金5亿元和实现债权的律师费、保全费实现债权的费用等承担连带清偿责任。原审判决各保证人仅在5亿元最高债权额限度内承担连带清偿责任，属事实认定错误，最高人民法院予以纠正。上诉人长城公司山西分公司的关于“改判秦发公司、秦发实业公司、崇升煤业公司、冯西煤业公司、徐某华、王某敏、徐某、邓某晶对该判决第一项所确定的华美奥公司的债务承担连带清偿责任”的上诉请求具有合同和法律依据，最高人民法院予以支持，原审对此认定错误，最高人民法院予以纠正。

165. 对超出最高债权余额限度代为清偿的借款本息，保证人能否向债务人追偿？

【案例】谢某文诉远梦地产公司、郭某华追偿权案①

裁判要旨：保证人对于超出最高债权额的部分不承担责任，实际给付的金额大于保证合同约定的金额的，保证人不得就超出部分向债务人追偿。

基本案情：2015 年 2 月 17 日，远梦地产公司及法定代表人郭某华因公司经营需要资金周转，向饶某龙借款 300 万元。双方签订的借款合同约定：借款本金 300 万元，月利率 3.5%，借期 1 个月。同日，谢某文与饶某龙签订了一份最高额保证合同，约定保证人谢某文愿意为债权人饶某龙与债务人远梦地产公司于 2015 年 2 月 17 日至 3 月 16 日形成的债权提供最高债权余额为 300 万元的担保，并明确保证范围包括主合同项下借款本金、利息、罚息、复利、违约金等，保证方式为连带责任担保。上述合同签订后，饶某龙按远梦地产公司要求的方式交付了 300 万元。借款合同履行期届满后，远梦地产公司、郭某华未还本付息。但谢某文在 2015 年 3 月 16 日至 12 月 25 日，以月利率 3.5% 的标准，先后向饶某龙指定的账户归还本息累计 373.63 万元。2017 年 12 月 20 日，饶某龙出具了一份情况说明，称谢某文代远梦地产公司、郭某华向其归还了借款本金 300 万元及利息 109.26 万元。谢某文履行完担保责任后，远梦地产公司、郭某华一直未还款给谢某文。2018 年 1 月 15 日，谢某文以其已代远梦地产公司、郭某华向饶某龙清偿借款本息为由诉至法院。

裁判理由：在最高额保证中，保证人的责任范围就是最高债权额限度内的债权余额。本案中，依据饶某龙与谢某文签订的《最高额保证合同》第 1 条约定，案涉借款本金、利息、罚息、费用等均属于债权余额范畴。如果该 300 万元最高限额仅指借款本金，那么对于保证人而言，其可能负担的债权是一个未知数，这有违《担保法》关于最高额保证制度的立法本意。故谢某文本应依合同约定，在最高限额 300 万元

---

① 参见江西省吉安市中级人民法院(2019)赣 08 民终 1145 号民事判决书。

之内对所发生的借款本金、利息以及贷款人实现债权的费用等承担保证责任,而对超出该300万元限额的部分不承担责任。根据《担保法》第31条[①]的规定,担保人只要按照担保合同的约定向债权人清偿责任后,即可取得对债务人的追偿权。但若担保人承担保证责任时,实际给付的金额大于担保合同约定的金额,则对于超出部分,保证人不得向债务人追偿。

166. 最高额保证期间内债务总额发生变动的,保证人担保的最高额是以变动前后的最高额度为准,还是以决算日当天的额度为准?

【案例】厦门兴业银行诉东区公司应在最高额度内对在保证期限内债务人的借款承担连带责任案[②]

裁判要旨:在最高额保证中,无论在规定的"一定期间"内债权债务如何变动,保证人担保的最高额是以决算日时实际存在的债权数额来衡量的,不能将最高额理解为在规定期间内发生的债权总额。

基本案情:1996年4月29日,厦门兴业银行与金象制衣厂、东区公司签订一份短期借款合同(兴银厦厦港字第96043号),约定:厦门兴业银行贷款100万元给金象制衣厂用于流动资金周转;期限从1996年4月29日起至同年10月28日止;若借款人金象制衣厂没有按约履行合同,保证人东区公司应承担连带责任,保证范围为贷款本息及实现债权的费用。三方均在合同上签字盖章确认。同日,保证人东区公司还为借款人金象制衣厂向厦门兴业银行出具一份不可撤销保证函,该保证函载明:(1)保证总金额(一笔或多笔贷款):本金100万元以及由此产生的利息、罚息和贵行实现债权的费用;(2)保证函期限:本保证人自签字之日起至1997年4月28日止对借款方在保证总金额内向贵行取得的每一笔贷款保证无条件、不可撤销地负连带清偿责任;(3)保证期限:每一笔贷款保证期限为该笔贷款发放之日起至该笔贷款的本息及其他费用全部清偿为止……(7)无论主合同是否有效,本保证人仍承担连带责任。合同签订后,原告厦门兴业银行依约发放贷款。借款期限届满之日(1996年10月29日),原告厦门兴业银行又与被告金象制衣厂签订一份短期借款

---

① 参见《民法典》第700条规定:"保证人承担保证责任后,除当事人另有约定外,有权在其承担保证责任的范围内向债务人追偿,享有债权人对债务人的权利,但是不得损害债权人的利益。"

② 参见最高人民法院中国应用法学研究所编:《人民法院案例选(分类重排本)·商事卷》,人民法院出版社2017年版,第1938-1941页。

合同(兴银厦厦港字第96114号),约定:由原告贷款100万元给被告金象制衣厂作为流动资金周转,期限从1996年10月29日起至1997年4月28日止,月利率8.415‰,逾期利息按每日万分之四计收。该合同补充条款中注明:以东区公司出具的不可撤销保证函作担保。但东区公司未在该合同的保证人一栏中签字盖章。同日,原告厦门兴业银行与被告金象制衣厂以借新还旧方式将再借的100万元款项用于偿还前一笔贷款。1997年4月28日,第二笔贷款到期后,被告金象制衣厂未能还本付息。原告厦门兴业银行经多次催讨未果,遂于1997年6月12日诉至法院,要求被告金象制衣厂立即偿还贷款本金100万元及利息,被告东区公司承担连带保证责任。法院在审理中另查明,1997年4月至6月,被告东区公司将该公司贷款证上交中国人民银行厦门市分行办理年审换卡手续,该贷款证担保情况表中载明:1996年4月29日至1996年10月28日为金象制衣厂担保100万元,已撤;1996年10月29日至1997年4月28日为金象制衣厂担保100万元。

裁判理由:一审法院认为,原、被告三方当事人签订的兴银厦厦港字第96043号借款合同及被告东区公司出具的不可撤销保证函,均为各方当事人的真实意思表示,且不违反国家有关法律的规定,应认定有效。被告东区公司出具的不可撤销保证函,应认定为其自愿为被告金象制衣厂在100万元本息的最高债权额限度内向厦门兴业银行就一年期间内发生的借款合同提供连带责任保证。在兴银厦厦港字第96043号借款合同期限届满时,原告厦门兴业银行又与被告金象制衣厂签订兴银厦厦港字第96114号借款合同,此时仍在被告东区公司的保证函期限内,借款金额未超过100万元,借款期限亦未超过保证函期限,且该笔借款实际用于偿还第一笔贷款,并未增加被告东区公司的保证责任。故东区公司应对保证总金额额度内的债务余额承担连带清偿责任。原告厦门兴业银行要求被告金象制衣厂还款付息,被告东区公司承担连带保证责任的诉讼请求合理合法,应予支持。被告东区公司要求免责的抗辩意见经相关证据证实,理由不足,不予采信。二审法院认为,厦门兴业银行和金象制衣厂用东区公司出具的额度担保函签订编号为96114号借款合同,所借的款项用于偿还东区公司为金象制衣厂担保的96043号借款合同项下的款项,并未增加被告东区公司的保证责任。原审认定事实清楚,适用法律并无不当,应予维持。

167. 主债权有多份最高额保证合同但仅在主合同中列明部分合同的，未列明保证合同的保证人是否应当承担保证责任？

【案例】温州银行股份有限公司宁波分行诉浙江创菱电器有限公司等金融借款合同纠纷案①

裁判要旨：在有数份最高额担保合同情形下，具体贷款合同中选择性列明部分最高额担保合同，如债务发生在最高额担保合同约定的决算期内，且债权人未明示放弃担保权利，未列明的最高额担保合同的担保人也应当在最高债权限额内承担担保责任。

基本案情：2010 年 9 月 10 日，温州银行与婷微电子公司、岑某锋分别签订了编号为温银 9022010 年高保字 01003 号、01004 号的最高额保证合同，约定婷微电子公司、岑某锋自愿为创菱电器公司在 2010 年 9 月 10 日至 2011 年 10 月 18 日发生的余额不超过 1100 万元的债务本金及利息、罚息等提供连带责任保证担保。2011 年 10 月 12 日，温州银行与岑某锋、三好塑模公司分别签署了编号为温银 9022011 年高保字 00808 号、00809 号最高额保证合同，岑某锋、三好塑模公司自愿为创菱电器公司在 2010 年 9 月 10 日至 2011 年 10 月 18 日发生的余额不超过 550 万元的债务本金及利息、罚息等提供连带责任保证担保。2011 年 10 月 14 日，温州银行与创菱电器公司签署了编号为温银 9022011 企贷字 00542 号借款合同，约定温州银行向创菱电器公司发放贷款 500 万元，到期日为 2012 年 10 月 13 日，并列明担保合同编号分别为温银 9022011 年高保字 00808 号、00809 号。贷款发放后，创菱电器公司于 2012 年 8 月 6 日归还了借款本金 250 万元，婷微电子公司于 2012 年 6 月 29 日、10 月 31 日、11 月 30 日先后支付了贷款利息 31115.30 元、53693.71 元、21312.59 元。截至 2013 年 4 月 24 日，创菱电器公司尚欠借款本金 250 万元、利息 141509.01 元。另查明，温州银行为实现本案债权而发生律师费用 95200 元。

裁判理由：本案的争议焦点为，婷微电子公司签订的温银 9022010 年高保字 01003 号最高额保证合同未被选择列入温银 9022011 企贷字 00542 号借款合同所约定的担保合同范围，婷微电子公司是否应当对温银 9022011 企贷字 00542 号借款合

① 本案系指导案例 57 号。参见吴光侠、杨治、袁玮玮：《〈温州银行股份有限公司宁波分行诉浙江创菱电器有限公司等金融借款合同纠纷案〉的理解与参照》，载《人民司法》2017 年第 14 期。此文从推选过程及意义、裁判要点的理解与说明以及其他需要说明的问题三部分对该案例进行了详细说明。

同项下债务承担保证责任。对此,法院经审理认为,婷微电子公司应当承担保证责任。理由如下:第一,民事权利的放弃必须采取明示的意思表示才能发生法律效力,默示的意思表示只有在法律有明确规定及当事人有特别约定的情况下才能发生法律效力,不宜在无明确约定或者法律无特别规定的情况下,推定当事人对权利进行放弃。具体到本案,温州银行与创菱电器公司签订的温银 9022011 企贷字 00542 号借款合同虽未将婷微电子公司签订的最高额保证合同列入,但原告未以明示方式放弃婷微电子公司提供的最高额保证,故婷微电子公司仍是该诉争借款合同的最高额保证人。第二,本案诉争借款合同签订时间及贷款发放时间均在婷微电子公司签订的编号温银 9022010 年高保字 01003 号最高额保证合同约定的决算期内(2010 年 9 月 10 日至 2011 年 10 月 18 日),温州银行向婷微电子公司主张权利并未超过合同约定的保证期间,故婷微电子公司应依约在其承诺的最高债权限额内为创菱电器公司对温州银行的欠债承担连带保证责任。第三,最高额担保合同是债权人和担保人之间约定担保法律关系和相关权利义务关系的直接合同依据,不能以主合同内容取代从合同的内容。具体到本案,温州银行与婷微电子公司签订了最高额保证合同,双方的担保权利义务应以该合同为准,不受温州银行与创菱电器公司之间签订的温州银行非自然人借款合同约束或变更。第四,婷微电子公司曾于 2012 年 6 月、10 月、11 月三次归还过本案借款利息,上述行为也是婷微电子公司对本案借款履行保证责任的行为表征。综上,婷微电子公司应对创菱电器公司的上述债务承担连带清偿责任,其承担保证责任后,有权向创菱电器公司追偿。

168. 不定期最高额保证中,保证人未行使随时终止权,债权人起诉债务人和保证人要求承担责任的,是否可以视为决算期到来?

【案例】工行都江堰支行诉华美公司等借款合同纠纷案①

裁判要旨:不定期最高额保证中保证人可以随时书面通知债权人终止保证合同,债权人首先提出诉讼的,提出诉讼之日视为决算期,该终止期日所决算的债务余额即为保证范围。

基本案情:华美公司与工行都江堰支行(以下简称工商银行)从 1994 年开始建

① 参见最高人民法院中国应用法学研究所编:《人民法院案例选(分类重排本)· 商事卷》,人民法院出版社 2017 年版,第 2015 - 2019 页。

立了长期借贷关系。从 1994 年 8 月 29 日起至 1998 年 4 月 28 日止，华美公司向工商银行借款共计 19 笔(次)，借款总金额为 947 万元。1994 年 8 月 26 日，交发公司与华美公司签订了一份《贷款担保合同书》。双方约定：从 1994 年 8 月 1 日起至 1999 年 8 月 1 日止，交发公司愿作为担保人为华美公司与工商银行之间发生的贷款，在 300 万元担保金额限额内承担连带责任，直至还清全部贷款本息为止；在担保合同有效期间及担保金额限额内，工商银行对华美公司的贷款到期、展期或任何宽限，无须通知交发公司；对贷款合同条款的修改、补充、删除，均不影响担保合同的效力；华美公司可将担保合同书径直送达工商银行，交发公司的担保行为即告成立，发生担保效力。1995 年 10 月 10 日，新气象宾馆与华美公司签订了一份与前述《贷款担保合同书》内容基本相同的最高限额为 300 万元的《贷款担保合同书》，但该合同仅约定了担保期限是从 1995 年 10 月 10 日开始计算，未约定担保截止日。1997 年 1 月 31 日，华美公司将其所有的 23 辆出租汽车经营权出质给工商银行，双方订立了《权利质押合同书》。1997 年 2 月 21 日，都江堰市客运出租车管理处对该合同进行了备案。华美公司从 1994 年 12 月 14 日至 1998 年 4 月 27 日陆续还给工商银行借款共计 25 笔，还款总金额为 650 万元。截至 1998 年 4 月 28 日最后一次借款债务届满期日，华美公司尚欠工商银行借款本金 297 万元及其利息。因华美公司逾期未归还借款引起讼争，工商银行于 2000 年 8 月 25 日向法院起诉要求华美公司立即归还借款本金 297 万元及其利息并要求交发公司、新气象宾馆承担连带责任。

裁判理由：新气象宾馆承诺的保证中未约定保证合同终止之日，此种情况下保证范围如何确定呢？担保过程中出现的不定期最高额保证，保证人将无休止地承担保证责任，一旦发生纠纷，保证范围很难确定，为了权衡债权人和保证人之间的利益，防止这样有起无止的保证合同对保证人可能出现的不利，《担保法》第 27 条①作出了合理规定，赋予了保证人随时终止权，即保证人可以随时书面通知债权人终止保证合同，通知到达之日，即为决算期，保证范围就在决算期确定。但在本案中，保证人并未行使随时终止权，反而是债权人首先提出诉讼，此种情况又该如何处理呢？因为债权人与债务人的借贷关系没有约定终止期限，那么任何一方都可以随时提出终止，既然债权人已经决定终止与债务人的借贷关系，在主合同终止时，将

---

① 《民法典》及《民法典担保制度解释》中无关于书面通知终止保证合同的规定。但关于最高额保证的保证期间可参见《民法典担保制度解释》第 30 条第 2 款规定："最高额保证合同对保证期间的计算方式、起算时间等没有约定或者约定不明，被担保债权的履行期限均已届满的，保证期间自债权确定之日起开始计算；被担保债权的履行期限尚未届满的，保证期间自最后到期债权的履行期限届满之日起开始计算。"

保证合同同时终止对保证人没有任何不利影响，反而最大限度地保护了保证人的利益，因此，工商银行提出诉讼之日，可以视为保证合同终止之日，同时又可以视为决算期，该终止期日所决算的债务余额即为保证范围。综上所述，交发公司应当对1999年8月1日决算期日确定的债权余额及其利息承担保证责任；新气象宾馆应当对2000年8月25日（工商银行提出诉讼之日）确定的债权余额及其利息承担保证责任。

169. 在最高额借款合同期内若债务人夫妻离婚，担保人代偿债务后向债务人夫或妻追偿，该追偿债务是否应认定为夫妻共同债务？

【案例】杨某某诉姜某某、佑安公司等追偿权纠纷案①

裁判要旨：首先应确定追偿债务发生的具体时点；其次应进一步了解合同项下单笔债务产生的时点、前后笔债务之间的关联性等，尤其是是否存在借新还旧或展期续贷的情形；最后应依据夫妻共同债务认定的基本要点进行判断。

基本案情：佑安公司成立于2007年10月30日，系朱某某独资的一人有限责任公司。佑安公司于2013年1月25日向江山农商行营业部申请贷款90万元，该贷款由姜某某、周某甲以其所有的江山市虎山街道南门路×号房产提供抵押担保，由朱某某、杨某某、姜某某、周某甲提供连带责任保证担保。因佑安公司未归还前述贷款，江山农商行于2016年7月26日以佑安公司、朱某某、杨某某、姜某某、周某甲为被告向江山市人民法院提起诉讼，案号为（2016）浙0881民初3200号。后该案经法院调解，各方达成如下调解协议：（1）佑安公司归还江山农商行借款本金90万元，并支付至2016年7月11日止的利息85145.95元，从2016年7月20日起至借款本金实际还清之日止的利息按月利率11.144762‰据实计算，于2016年11月30日前履行完毕；（2）姜某某、周某甲以其所有的江山市虎山街道南门路×号房产对上述第一项款项承担抵押担保责任；（3）朱某某、杨某某、姜某某、周某甲对上述第一项款项承担连带保证责任。因佑安公司未按调解协议履行付款义务，江山农商行向法院申请强制执行。进入强制执行程序后，杨某某于2017年7月24日归还了225000元借款本金、支付了52798.32元利息以及案件受理费6826元，姜某某共计偿付了675000元借款本金、203950.11元利息，并支付了11400元执行费。佑安公

① 参见浙江省衢州市中级人民法院（2020）浙08民终261号民事判决书。

司的90万元贷款发生时,朱某某、杨某某系夫妻关系。2013年10月15日,朱某某与杨某某离婚。双方在离婚协议中约定朱某某名下的佑安公司归朱某某所有,朱某某及此公司的一切债权与债务自离婚之日起与杨某某无关,由朱某某自行拥有和承担。杨某某提起上诉后,经双方当事人举证以及法院依职权调取证据,二审法院经审理对原审法院认定"佑安公司的90万元贷款发生时,朱某某、杨某某系夫妻关系"的事实不予确认外,对原审法院认定的其他事实予以确认。2013年1月25日《流动资金最高额抵押借款合同》约定贷款人同意自2013年1月25日至2016年1月23日向借款人发放贷款,最高贷款限额为90万元。同日,姜某某、周某甲以其所有的江山市虎山街道南门路×号房产为该笔融资提供抵押担保,朱某某、杨某某、姜某某、周某甲分别出具《保证函》和《融资保证函》,同意为该笔融资提供连带责任保证。2013年1月25日江山农商行营业部向佑安公司发放90万元贷款,贷款到期日为2014年1月23日,2014年1月23日、1月24日佑安公司合计还款90万元;2014年1月26日江山农商行营业部再次向佑安公司发放90万元贷款,贷款到期日为2015年1月23日,2015年1月19日佑安公司柜面还贷90万元;2015年1月20日江山农商行营业部第三次向佑安公司发放90万元贷款,贷款到期日2016年1月19日,佑安公司的贷款利息交至2015年9月20日。2013年、2014年、2015年借款借据上借款用途栏均记载购羊毛纱。

裁判理由:本案的争议焦点是姜某某能否以夫妻共同债务法律关系向杨某某追偿已代偿款项。第一,根据(2016)浙0881民初3200号案件民事起诉状内容,江山农商行依据2015年1月20日借款借据向借款人佑安公司主张归还借款本金90万元及逾期利息,并向朱某某、杨某某、姜某某、周某甲分别主张其各自应承担的担保责任。该案于2016年8月25日达成调解协议,进入执行程序后姜某某共计代偿了675000元借款本金及相应利息等。因此,本案中姜某某向杨某某追偿的代偿债务应认定为2015年1月20日借款借据项下的银行贷款。第二,根据二审查明的事实,虽然2013年1月25日《流动资金最高额抵押借款合同》项下的第一笔贷款发生在杨某某和朱某某夫妻关系存续期间,但该第一笔贷款已由佑安公司于2014年1月23日、1月24日偿还完毕,因此2015年1月20日借款借据所涉90万元借款并非由2013年1月25日借款借据所涉90万元借款展期而来,也未注明存在借新还旧之情形,应分属两笔不同的银行贷款。杨某某与朱某某已于2013年10月15日登记离婚,案涉追偿债务并未发生在双方夫妻关系存续期间,故姜某某主张案涉代偿债务是杨某某和朱某某的夫妻共同债务,依据不足,一审认定事实有误,二审法院予以纠正。

170. 决算期届满后，债务履行期届满前，最高额保证人清偿债务的行为如何认定？

【案例1】某银行诉建筑公司等金融借款合同纠纷案①

裁判要旨：最高额保证决算期到来后，主债务履行期间届满前，保证人代为偿还部分借款的，依然系履行保证责任，主债务的剩余最高额保证限额应当扣除。

基本案情：2011年12月14日，建筑公司与某银行签订《最高额抵押合同》，约定：建筑公司以其名下坐落于温州市鹿城区矮凳桥×号的不动产为其与某银行自2011年12月14日至2016年12月14日连续签订的多笔《中小企业金融服务合同》项下的全部债务提供最高额抵押担保，担保的最高债权额为2800万元。后办理了抵押登记手续。2015年1月23日，建筑公司与某银行签订《中小企业金融服务合同》，约定：某银行向建筑公司授信1550万元，期限为2015年1月23日至2016年1月23日。2015年1月23日，华杰公司、林某华分别与某银行签订《最高额保证合同》，约定：华杰公司、林某华各自为上述《中小企业金融服务合同》项下债务提供最高额保证，担保的最高债权额为700万元，被担保的主债权发生期间为2015年1月23日至2016年1月23日；无论是否存在其他担保，某银行有权选择优先行使本合同项下的担保权利。2016年1月22日，建筑公司向某银行提取借款1540万元，借款期限自2016年1月22日至2016年7月22日，年利率为5.0025%，逾期利率上浮50%。华杰公司于2016年6月30日偿还涉案借款共计198508.85元。建筑公司至今尚欠借款本金14883497.91元、利息66338.71元、复利13.38元。为此，某银行诉请法院判决：(1)建筑公司立即偿还全部借款本息；(2)某银行有权对建筑公司提供的抵押财产拍卖、变卖或折价款在2800万元最高限额内享有优先受偿；(3)华杰公司、林某华分别在700万元最高限额内对上述款项承担连带清偿责任。华杰公司认为其于2016年6月30日代建筑公司向某银行偿还了198508.85元，已部分履行最高额保证责任，该偿还金额应从华杰公司的剩余保证限额内扣除。某银行认为，华杰公司于2016年6月30日偿还198508.85元属实，该款已在借款本息中扣除，但本案借款期限自2016年1月22日至7月22日，华杰公司的保证期间是债务

① 参见浙江省温州市中级人民法院(2018)浙03民终1803号民事判决书。

履行期届满后2年，华杰公司的付款行为发生在借款期限内，不属于保证人履行保证责任，华杰公司仍应在700万元最高限额内承担连带清偿责任。

裁判理由：一审法院认为，华杰公司虽在借款期满前清偿部分款项，但仍应依照《最高额保证合同》的约定在700万元限额内对案涉债务承担连带责任。二审法院认为，双方一致认可华杰公司于2016年6月30日偿还了涉案借款198508.85元。华杰公司提供最高额保证的主债权发生期间为2015年1月23日至2016年1月23日，华杰公司于2016年6月30日代偿债务198508.85元，虽代偿时涉案借款尚未满履行期限，但约定的主债权发生期间已届满，被担保的债权归于确定，最高额保证已具备决算条件，该代偿行为应认定为华杰公司部分履行最高额保证责任，故其对本案债务的保证责任最高限额应当扣除198508.85元。

【案例2】温州银行股份有限公司宁波慈溪支行诉潘某冲等金融借款合同纠纷案①

裁判要旨：主合同债权发生于多份最高额担保合同约定的债权发生期间内，主合同仅列明部分最高额担保合同为对应的担保合同，债权人针对该主合同放弃其余最高额担保合同的担保权。

基本案情：慈溪市胜山镇伟央五金厂（以下简称伟央厂）是潘某冲设立的个体工商户。2012年5月30日，原告与余某央签订《最高额抵押合同》，约定余某央为原告与伟央厂在2012年5月30日至2014年5月30日内签署的所有主合同项下各笔债权提供最高额抵押担保，担保的最高债权余额为116万元。次日，原告与蒋某达签订《最高额保证合同》，约定蒋某达为原告与伟央厂在2012年5月31日至2013年11月30日内签署的所有主合同项下各笔债权提供最高额连带保证，保证的最高债权余额为187万元，保证期间自本合同生效之日起至合同生效之日两年后为止。次日，原告取得了慈房他证2012字第005765号房屋他项权证。同年11月19日、29日，伟央厂与原告分别签订《非自然人借款合同》（编号分别为9020－12012企贷字00275号、00282号、00281号），约定伟央厂向原告分别借款100万元、70万元、80万元，到期日分别为2013年5月15日、2013年5月20日、2013年5月20日，借款月利率均为5.133333‰，100万元借款由余某央、蒋某达提供担保，担保合同为上述《最高额抵押合同》《最高额保证合同》，70万元借款由蒋某达提供担保，担保合同为上述《最高额保证合同》，80万元借款由余某央提供担保，担保合同为上述《最高额抵押合同》。原告均于借款合同签订当日按约向伟央厂发放了借

① 参见浙江省慈溪市人民法院（2014）甬慈商初字第762号民事判决书。

款。上述3笔借款到期后,伟央厂仅归还借款3054.33元,支付利息至2013年6月20日。担保人均未履行担保之责。蒋某达辩称编号为902012012企贷字00281号《非自然人借款合同》第7条债权担保中没有蒋某达的担保内容,故蒋某达对该笔借款不承担保责任。请求法院驳回原告对蒋某达的诉讼请求。

裁判理由:蒋某达不应对902012012企贷字00281号《非自然人借款合同》项下债务承担担保责任。首先,上述《非自然人借款合同》中债权担保条款中以打印方式罗列了部分担保人、担保方式及担保合同编号,但未列明蒋某达的担保内容,原告作为债权人与债务人就单笔借款重新选择担保方式并在借款合同中予以注明,并未违反法律规定。其次,《最高额保证合同》的法律性质仍为借款合同的从合同,当主合同不存在或不确定时,从合同当事人无承担责任之基础,涉案《非自然人借款合同》仅明确部分对应的担保合同,未被明确的担保合同自始无对应的特定的主合同。最后,原告作为格式合同的拟定、提供者,应充分明白合同含义,并应承担合同条款产生的对其不利的法律后果,蒋某达的抗辩并非对条款字面意思的曲解,因此原告应对合同条款产生两种不同理解时作出对其不利的理解承担法律后果。

【现行相关规范】

《民法典》第420条

为担保债务的履行,债务人或者第三人对一定期间内将要连续发生的债权提供担保财产的,债务人不履行到期债务或者发生当事人约定的实现抵押权的情形,抵押权人有权在最高债权额限度内就该担保财产优先受偿。

最高额抵押权设立前已经存在的债权,经当事人同意,可以转入最高额抵押担保的债权范围。

《民法典》第421条

最高额抵押担保的债权确定前,部分债权转让的,最高额抵押权不得转让,但是当事人另有约定的除外。

《民法典》第422条

最高额抵押担保的债权确定前,抵押权人与抵押人可以通过协议变更债权确定的期间、债权范围以及最高债权额。但是,变更的内容不得对其他抵押权人产生不利影响。

《民法典》第423条

有下列情形之一的,抵押权人的债权确定:

（一）约定的债权确定期间届满；

（二）没有约定债权确定期间或者约定不明确，抵押权人或者抵押人自最高额抵押权设立之日起满二年后请求确定债权；

（三）新的债权不可能发生；

（四）抵押权人知道或者应当知道抵押财产被查封、扣押；

（五）债务人、抵押人被宣告破产或者解散；

（六）法律规定债权确定的其他情形。

《民法典》第424条

最高额抵押权除适用本节规定外，适用本章第一节的有关规定。

《民法典担保制度解释》第15条

最高额担保中的最高债权额，是指包括主债权及其利息、违约金、损害赔偿金、保管担保财产的费用、实现债权或者实现担保物权的费用等在内的全部债权，但是当事人另有约定的除外。

登记的最高债权额与当事人约定的最高债权额不一致的，人民法院应当依据登记的最高债权额确定债权人优先受偿的范围。

《民法典担保制度解释》第30条

最高额保证合同对保证期间的计算方式、起算时间等有约定的，按照其约定。

最高额保证合同对保证期间的计算方式、起算时间等没有约定或者约定不明，被担保债权的履行期限均已届满的，保证期间自债权确定之日起开始计算；被担保债权的履行期限尚未届满的，保证期间自最后到期债权的履行期限届满之日起开始计算。

前款所称债权确定之日，依照民法典第四百二十三条的规定认定。

【规范沿革】

《担保法》第14条

保证人与债权人可以就单个主合同分别订立保证合同，也可以协议在最高债权额限度内就一定期间连续发生的借款合同或者某项商品交易合同订立一个保证合同。

《担保法》第27条

保证人依照本法第十四条规定就连续发生的债权作保证，未约定保证期间的，保证人可以随时书面通知债权人终止保证合同，但保证人对于通知到债权人前所发生的债权，承担保证责任。

《担保法解释》第23条

最高额保证合同的不特定债权确定后，保证人应当对在最高债权额限度内就一定期间连续发生的债权余额承担保证责任。

《担保法解释》第37条

最高额保证合同对保证期间没有约定或者约定不明的，如最高额保证合同约定有保证人清偿债务期限的，保证期间为清偿期限届满之日起六个月。没有约定债务清偿期限的，保证期间自最高额保证终止之日或自债权人收到保证人终止保证合同的书面通知到达之日起六个月。

第六百九十一条　保证责任的数额范围

【民法典条文】

保证的范围包括主债权及其利息、违约金、损害赔偿金和实现债权的费用。当事人另有约定的，按照其约定。

实务问题

171. 保证合同的约定范围与主合同不一致的，效力如何认定？

【案例】国家开发银行股份有限公司诉力邦公司等金融借款纠纷案①

裁判要旨：保证合同虽从属于借款合同，但保证合同本身也具有独立性，保证合同约定的担保债权的范围未包含复利的，保证人无须就复利向债权人承担连带保证责任。

基本案情：2009年7月3日，力邦公司与国家开发银行股份有限公司（以下简称国开行）签订了《借款合同》，约定：借款金额3000万元。借款期限从2009年7月3日起至2014年7月2日止。借款首次执行的借款年利率为合同生效日中国人民银行公布的同期限档次人民币贷款基准利率基础上上浮30%。逾期借款罚息利率=借款利率×150%。借款从贷款人将资金划入借款人在贷款人经办分行开立的存款账户之日起计算利息。结息日为每年3月20日、6月20日、9月20日、12月20日。付息日为结息日后的第一日。最后一期付息日为最后一笔借款的还本日，利随本清。借款人应在付息日5日前，将应付利息划入其在贷款人经办分行开立的存款账户，由贷款人经办分行从该账户中直接收取……贷款人对借款人不能按期支付的利息计收复利。其中，对不能按期支付的逾期借款或挪用借款的利息按相应的罚息利率计收复利。2009年7月3日，国开行向力邦公司发放贷款3000万元。2009年7月3日，王某明、马某与国开行签订《保证合同》，约定：为确保借款人力邦公司履行其与国开行签订《借款合同》（主合同），保证人愿意向贷款人提供担保。

① 参见北京市西城区人民法院（2013）西民初字第19483号民事判决书。

担保范围:根据主合同的约定,借款人向贷款人借款3000万元,借款期限5年(从2009年7月3日起至2014年7月2日止)。保证人愿意就借款人偿付主合同项下全部借款本金、利息、罚息、补偿金、违约金、损害赔偿金和实现债权的费用向贷款人提供担保。2009年7月3日,京安担保公司、黔农担保中心(保证人)与国开行(贷款人)签订《贷款保证合同》,约定担保范围:根据主合同的约定,借款人向贷款人借款3000万元,借款期限5年(从2009年7月3日起至2014年7月2日止)。保证人黔农担保中心和保证人京安担保公司分别愿意就借款人偿付主合同项下全部借款本金、利息、罚息、补偿金、违约金、损害赔偿金和实现债权的费用的39.33%、60.67%向贷款人提供担保。2013年5月24日,国开行贵州省分行向力邦公司送达《贷款到期通知书》,要求力邦公司于2013年7月2日前归还国开行贷款本金800万元;2013年7月2日,黔农担保中心按照担保比例代偿了本金314.64万元。2013年7月22日,国开行贵州省分行向京安担保公司送达《逾期贷款催收通知书》及《要求履行担保责任通知书》,要求京安担保公司代为清偿借款人拖欠的贷款本金485.36万元。截至2013年8月2日,力邦公司尚欠借款1785.36万元未归还。2014年7月2日,黔农担保中心已经按照担保比例代偿了511.29万元本金及相应的利息。

裁判理由:京安担保公司、王某明、马某亦应在约定的担保范围内对力邦公司的债务承担连带保证责任,因《贷款保证合同》及《保证合同》约定的担保范围未含复利,国开行要求京安担保公司、王某明、马某对复利承担连带保证责任的诉讼请求没有合同依据,不予支持。

172. 保证合同中的违约金条款可否得到支持?

【案例1】刘某诉彭某、邓某华民间借贷纠纷案①

裁判要旨:保证责任的范围虽然可以由债权人与保证人协商确定,但因保证责任是主债务的从债务,基于从属性原则,保证责任的范围及强度不能超过主债务的范围及强度,超过部分应缩减至主债务的限度。

基本案情:2012年4月17日,刘某与邓某华、彭某签订《借款合同》约定:邓某华因流动资金周转向刘某借款50万元,期限自2012年4月17日起至2012年6月16日止;彭某对邓某华的借款提供连带责任保证担保,保证范围包括借款本息、滞

① 参见四川省成都市中级人民法院(2014)成民终字第5894号民事判决书。

纳金、违约金、损害赔偿金和实现债权的一切费用[包括诉讼费、律师费(按借款金额的4%支付)、执行费、差旅费等相关费用],且彭某自愿放弃抗辩权,保证期间为两年;如邓某华逾期还款,刘某除对借款期限内的两个月按一年期商业贷款利率的四倍计收利息外,逾期仍按前款标准计收利息至实际结清本息之日,并从逾期之日起以该笔借款总额每日万分之五计收滞纳金至实际结清本息之日止,邓某华还应支付借款总额20%的违约金、损害赔偿金和实现债权的一切费用。同日,刘某、邓某华与彭某签订《个人保证合同》约定:彭某为邓某华的上述借款提供连带担保,保证人不承担保证责任或违反合同约定的其他义务的,保证人应按借款金额的15%向债权人支付违约金,债权人损失超过前述违约金的,保证人还应足额赔偿债权人的全部损失。同日,邓某华出具收到刘某委托他人转账支付50万元的收据。借款到期后,因邓某华、彭某未履行还本付息义务,刘某遂支付律师费4万元聘请律师,诉至成都市武侯区人民法院,请求判令:(1)邓某华返还借款本金50万元,并按银行同期贷款利率的四倍支付从2012年9月17日起至付清之日止的利息;(2)邓某华支付违约金10万元、律师费4万元;(3)彭某对上述债务承担连带保证责任;(4)彭某向刘某支付违约金7.5万元。

裁判理由:本案的二审争议焦点为保证人彭某应否在主债务之外依据保证合同的约定另行向债权人刘某给付违约金,即保证人承担保证责任的范围能否超过主债务。首先,《担保法》第21条[①]规定,“保证担保的范围包括主债权及利息、违约金、损害赔偿金和实现债权的费用。保证合同另有约定的,按照约定。当事人对保证担保的范围没有约定或者约定不明确的,保证人应当对全部债务承担责任”。保证人承担保证责任的范围优先适用保证合同的约定,未约定或约定不明则对被保证人的全部债务承担责任。保证合同对保证责任范围的约定,虽实行意思自治,但因保证合同是主合同的从合同,保证责任是主债务的从债务,基于从属性原则,保证责任的范围及强度不能超过主债务的范围及强度。其次,如果允许保证责任超过主债务的范围,将违反保证责任的从属性规则,可能产生滥用权利的后果。最后,保证责任超过主债务的部分,使债权人获得从主债务人处不能获得的利益,保证人对该部分承担后无法对主债务人追偿,对保证人产生不公平的结果。

① 参见《民法典》第691条规定:“保证的范围包括主债权及其利息、违约金、损害赔偿金和实现债权的费用。当事人另有约定的,按照其约定。”

【案例2】赵某诉丛某、赵某1民间借贷纠纷案①

裁判要旨:主债务人未清偿借款本息的情况下,保证人也未履行保证责任的,债权人可以要求保证人支付违约金。

基本案情:2014年5月9日,原告赵某与被告丛某签订了借款协议一份,该协议约定的主要内容如下:被告丛某向原告赵某借款50万元,借款期限自2014年5月9日至2015年5月8日;借款期限内,被告丛某按月息1.5%向赵某支付利息,金额为7500元;利息支付方式为月度支付,支付时间为借款后的次月同日起;该协议落款处有原告及二被告的签名。2014年5月12日,原告赵某如约给付了被告丛某50万元。2014年10月4日,原告与二被告签订借款担保协议,该协议约定的主要内容如下:被告赵某1为被告丛某的借款承担连带保证责任,担保范围为被告丛某向原告赵某借用的本金及其相应的利息,担保期限为自借款发放之日起至借款到期后两年止,且被告赵某1保证在被告丛某未按约定偿付本息时在收到原告索款通知书后清偿上述款项,否则同意按照担保金额的万分之五每日向原告赵某支付违约金;协议的担保金额随被告丛某或被告赵某1代为清偿本协议约定的本金、利息的数额而相应扣减;被告赵某1代被告丛某清偿借款本息,有权向被告丛某追偿。2015年2月27日原告赵某通过增益速递向被告丛某发送还款通知函催要还款,同时向担保人赵某1发送还款通知函催要还款。截至庭审之日,被告赵某1偿还了原告自2014年5月13日至2014年8月13日共计3个月的利息22500元,剩余本息尚未偿还。

裁判理由:关于本案所涉债务的担保,依据合同约定,被告赵某1在保证期间内应对被告丛某的上述债务承担连带担保责任,故法院对原告赵某要求被告赵某1对被告丛某所负之债务承担连带清偿责任的请求予以支持。对于原告要求被告赵某1向其支付违约金的诉讼请求,因双方在担保协议中已有约定,且未违反法律规定,约定的违约金计算利率亦未超过法律规定,法院予以支持。

【案例3】担保公司诉甲公司等追偿权纠纷案②

裁判要旨:反担保合同中约定如未履行或未完全履行反担保责任,应向担保公司支付违约金的,该违约责任已经超出主债务范围,额外增加了反担保人的负担,有违担保的从属性,超出部分的约定无效。

---

① 参见北京市西城区人民法院(2015)西民(商)初字第15663号民事判决书。

② 参见北京市高级人民法院(2019)京民终326号民事判决书。

基本案情：2014年1月15日，乙公司与担保公司签订《授信追偿合同》，约定：鉴于担保公司同意为乙公司因向某银行申请贷款，并以保证的方式提供担保，双方经协商订立本合同。担保公司同意授予乙公司最高2.2亿元的担保授信额度。担保公司按照约定履行全部或部分保证责任后，有权要求乙公司立即归还担保公司为履行保证责任支付的全部款项和自支付之日起的利息（利率为日万分之五）以及担保公司的其他费用和损失。同日，担保公司、淀粉公司与某银行签订《最高额保证合同》，约定担保公司为上述主合同提供最高额保证担保，担保的最高债权额为2.2亿元。同日，甲公司、生化公司分别与担保公司签订《反担保保证合同（最高额）》，甲公司、生化公司同意为乙公司向担保公司提供2.2亿元最高额反担保保证，承担连带保证责任。反担保保证的范围包括主合同中约定的乙公司应向担保公司支付的代偿款本金、利息、担保费、违约金、赔偿金以及担保公司实现债权的费用。同时还约定，如甲公司、生化公司未履行或未完全履行本合同的约定，应按照款项总额（乙公司应向担保公司支付的所有款项）的5%向担保公司支付违约金。同日，乙公司向担保公司提供最高额抵押反担保。孙某以其个人及家庭所有的财产向担保公司提供最高额反担保保证，以其股权出质提供最高额质押反担保。商贸公司以其股权出质提供最高额质押反担保。上述担保均签订书面合同并办理了相关手续，最高债权额均为2.2亿元。随后，某银行向乙公司发放多笔款项。担保公司在其担保范围内先后为乙公司代偿了未付利息、复利及本金等共计1亿余元。

裁判理由：关于甲公司、生化公司在反担保合同中约定违约责任的效力及范围认定问题。法院认为，甲公司、生化公司分别与担保公司就反担保人的担保责任，约定如生化公司、甲公司未履行或未完全履行反担保责任，应按照主债务总额的5%向担保公司支付违约金。该违约责任已经超出了主债务的范围，额外增加了反担保人的负担，与担保的从属性不符。故超出部分的约定应属无效，甲公司、生化公司的反担保责任均应缩减至担保公司基于《最高额保证合同》向某银行支付的代偿款项的范围之内。

173. 借条上记载多笔在先欠款，保证人在某一笔欠款后署名的，是应当对全部债务承担保证责任，还是仅针对署名所对应的债务？

【案例】陈某华诉郭某保证合同纠纷案[①]

裁判要旨：主债权人和债务人之间存在多笔债务，后载于同一张借条，保证人在借条上签名，除有证据能够证明债权人和保证人约定仅对部分债务承担保证责任的以外，保证人对欠条所载的全部债务承担保证责任。

基本案情：李某霞、郭某曾向陈某华出具诉争借条，借条正面记载，“借条：借陈某华人民币伍万元整。借款人：李某霞。2007.6.20（李某霞）。借条：借陈某华人民币肆拾万元人民币整。借款人：李某霞。2007.6.14。借条：借陈某华人民币壹拾万元整。担保人：郭某。借款人：李某霞。2007.6.14”。该借条背面记载，“注：因本人无钱还款，争取尽快将欠钱还上。李某霞。2011.12.21（以前所写借条全部作废）”。李某霞曾向郭某出具涉案借条，内容为“借条：兹向郭某借款肆拾万元人民币。至2007.6.13之前保证一次性还清。此致。廊坊鹏源房地产、借款人：李某霞。2007.6.14”“借条：借郭某人民币壹拾万元正。2007.6.18前还清。廊坊鹏源房地产：借款人：李某霞。2007.6.14”“借条：借到郭某人民币伍万元正。快还。借款人：李某霞。2007.6.20”。各方均认可诉争借条三部分内容一次书写完毕、担保人郭某是在李某霞写完诉争借条后写的。关于郭某的担保责任，陈某华称要求郭某清偿借款的依据是郭某为连带责任担保人；郭某则认为其不承担担保责任，答辩时称“只对2007年6月14日金额10万元的借款提供担保”是指对李某霞向陈某华借款10万元的事实进行证明，其未使用一分钱，不负责偿还。郭某还称陈某华让其担保并签字，没有告知后果，自己本不想写担保人，是陈某华指着借条让在这一笔上写；陈某华称三笔借条是从涉案借条上抄写过来的，是郭某自愿写的；李某霞称陈某华要求郭某在最后一笔上写上担保人，之前各方从未提过担保。陈某华称当时商量郭某担保范围是55万元，但没有证据；郭某称未对担保范围进行约定，其不对借款担保，如果法院认定其承担担保责任，也只是10万元；李某霞称未约定郭某担保范围，如果法院认定郭某承担担保责任，也只是10万元。

裁判理由：各方对郭某的担保范围为10万元还是55万元存在争议。对此，法院认为，从“担保人：郭某”字样在诉争借条中的位置来看，其位于2007年6月14日

① 参见北京市海淀区人民法院（2013）海民初字第26932号民事判决书。

10万元借条处，但各方均认可诉争借条内三处内容非落款日期所写，而是一次书写完毕，“担保人：郭某”也为同一时期书写。由此可见，三处内容虽然落款时间不同，但并非相互独立，而是对已经发生事实的重述和确认，应当视为整体；从当事人的陈述看，郭某对李某霞55万元借款的事实以及诉争借条的内容实属明知，承担55万元借款的保证责任并不超过其合理预期；结合诉争借条内各部分文字所处的空间结构，将“担保人：郭某”字样理解为对该字样以上全部内容的承诺并不违背中文的读写习惯；诉争借条系李某霞、郭某书写，而郭某在书写“担保人：郭某”字样时未明确担保何笔借款，现却辩称仅担保其中一笔借款，根据诚实信用原则，应对担保条款作出对郭某不利的解释。因此，在没有相反证据的情况下，郭某担保范围应为全部借款55万元。

174. 当事人在空白保证合同上签字，后期添加担保数额的，保证责任的范围如何认定？

【案例1】日照市岚山区正昊小额贷款有限公司诉日照德田木业有限公司等小额借款合同纠纷案[①]

裁判要旨：保证人负有核实债权人以及真实债务情况的审慎注意义务，在空白保证合同上签字的，视为其放弃审查保证债务的相关信息，产生的不利后果应由其本人自行承担，对合同的全部借款承担保证责任。

基本案情：被告日照德田木业有限公司（以下简称德田公司）向原告日照市岚山区正昊小额贷款有限公司（以下简称正昊小贷公司）申请借款120万元，由雪丰公司和被告王某田担保，2012年5月18日，原告向德田公司发放贷款；后德田公司又向原告申请借款100万元，鉴于德田公司的120万元借款尚未偿还又申请借款的情况，原告要求德田公司追加担保；德田公司在雪丰公司和被告王某田担保的基础上追加了被告程某鹏和被告苏某担保，原告同意并于2012年5月22日发放贷款100万元。上述两笔借款共用一份保证合同，保证合同的签订时间为2012年5月22日；原告认为被告苏某是被告程某鹏联系签订的保证合同，其签字担保时保证合同系空白合同，但这并不影响被告苏某承担担保责任。苏某认为其在空白保证合同（除统一文本打印体外的“空白栏”处系空白）中签字担保属实，但并非为本案德

① 参见山东省日照市岚山区人民法院(2014)岚商初字第229号民事判决书。

田公司借款120万元提供担保；其签字是为雪丰公司的法定代表人黄某艳借款20万元提供担保。经鉴定，保证合同中"苏某"签名与合同中其他手写内容并非同时形成，"壹佰万整"与"和壹佰贰拾万元整共贰佰贰拾万元正"字迹不是一次连续书写形成，其中"和壹佰贰拾万元整共贰佰贰拾万元正"为添加书写形成。

裁判理由：德田公司与原告签订的借款合同、雪丰公司、王某田为该笔借款提供连带责任保证担保，合法有效。雪丰公司的法定代表人黄某艳向被告程某鹏明确告知了担保贷款数额为1200000元，被告程某鹏找被告苏某担保时应当告知其担保数额，苏某也应当会向程某鹏询问。本案没有债权人存在恶意、担保人违背自身真实意思提供担保的情况，不能免除担保人的担保责任。核实债权人以及真实债务的情况，是保证人应尽的审慎注意义务，苏某作为完全民事行为能力人，在签订担保合同时，应仔细审查合同的内容，在自身充分清楚、理解合同内容的前提下签字。被告苏某在空白保证合同上签字，应该视为其放弃审查其担保债务的相关信息，产生的不利后果应由其本人自行承担。

【案例2】江苏扬州农村商业银行股份有限公司城北支行诉刘某雨等金融借款合同纠纷案①

裁判要旨：保证人在提供保证担保前应当主动了解借款人的经营情况、偿债能力，债权人不负担向保证人告知借款人信用情况的法定义务，保证人以此主张遭受主合同当事人骗取保证的，不应予以支持。

基本案情：2014年3月10日，原告江苏扬州农村商业银行股份有限公司城北支行（以下简称扬州农商行城北支行）与借款人刘某雨及担保人陈某琴、王某和、薛某华、黄某义签订《个人担保借款合同》，合同约定：借款本金为30万元，借款期限自2014年3月10日起至2015年3月5日止，实际借款期限以借款凭证记载为准，借款利率为月利率9‰；担保方式为连带责任保证担保……在合同条款中，借款本金数额、借款期限起止时间、借款固定月利率、借款担保方式均系手写字迹。2014年3月11日，原告向刘某雨发放借款30万元。借款期限届满后，刘某雨尚欠借款本金30万元未予归还……审理中，被告刘某雨辩称，原告及其本人均未向担保人如实告知其信用记录不良，其与原告构成了串通骗取保证人提供保证的情形，各担保人均不应承担保证责任。被告薛某华、黄某义亦均抗辩称不应对刘某雨的债务承担连带保证责任，提出的抗辩理由主要是：保证人在与原告签订《个人担保借款合

① 参见江苏省扬州市邗江区人民法院（2015）扬邗商初字第0429号民事判决书。

同》时，均是直接在原告提供的手写内容尚未填写的空白合同上签名、捺手印的，合同所涉借款本金数额、借款期限起止时间、借款固定月利率、借款担保方式等均为手写字迹内容，保证人在签订合同时根本就不清楚。

裁判理由：在未发生保证人因受到欺诈、胁迫而提供违背个人真实意思表示的保证担保的情况下，若保证人的确未对主债务、担保范围、担保方式等作全面了解即为他人债务提供担保，应视为对缔约中知情权的自动放弃，理应自担风险，该情形不构成导致担保无效的法定情形。

175. 主债务没有约定利息的，承担了保证责任的保证人可否向债务人主张利息损失？

【案例】熊某诉张某、陈某江追偿权纠纷案①

裁判要旨：主债务没有约定利息的，承担了保证责任的保证人在向债务人追偿时也无权主张利息损失。

基本案情：2012 年 4 月 26 日，被告张某为经营"开江县张某副食商行"向开江信用社申请小额担保贷款。经开江信用社审查后，与张某签订了《个人借款合同》。同日，张某、担保人开江县财政局、开江信用社和反担保人熊某签订《自然人反担保合同》，约定反担保人熊某用自己的工资向担保人财政局进行反担保。2012 年 4 月 30 日，张某与财政局签订《委托担保合同》，约定由财政局的担保基金为张某向开江信用社 80000 元的借款提供担保。2012 年 9 月 4 日，开江信用社向张某发放 80000 元贷款。2014 年 9 月 3 日，贷款偿还到期后，张某未及时偿还借款，2012 年 9 月 10 日，开江信用社从财政局的担保基金中扣收 80000 元。财政局在承担担保责任后，向反担保人熊某主张反担保责任，2015 年 2 月 27 日反担保人熊某向担保人财政局支付 80000 元，承担了反担保人责任。熊某认为，其本人作为反担保人按照合同约定承担反担保责任后，张某一直不履行还款义务的行为损害了其权益，故请求法院判决二被告及时向其履行归还 80000 元借款本金，并从反担保人实际代偿之日起按月利率 2% 承担资金利息，同时二被告还应承担其他经济损失 5000 元。

裁判理由：原告（反担保人）要求被告承担按 2% 的利率承担资金利息，因被告申请的是妇女小额担保贷款，贷款资金由政府财政全额贴息，合同中也没有明确约

① 参见四川省开江县人民法院（2015）开江民初字第 1218 号民事判决书。

定利息标准和计算方式,原告该项诉求无基本事实和法律依据,故不予支持。

176. 当事人对保证担保的范围没有约定或者约定不明确的,保证责任的范围如何认定?

【案例】邱某诉孙某等民间借贷纠纷案[①]

裁判要旨:当事人对保证担保的范围没有约定或者约定不明确的,保证人应当对全部债务承担责任。

基本案情:2015年2月6日被告孙某向原告借款80000元,用期1个月,并用牡丹城××号车库作为抵押,约定如到期未还款,将车库过户给邱某抵利息,被告戴某秀作为连带保证人在欠条上签字。被告孙某未按照约定偿还借款,每月向原告支付利息3500元至2016年3月。原告多次向孙某和戴某秀主张权利,被告戴某秀于2016年8月20日向原告出具还款计划,承诺自2016年8月开始,戴某秀每个月偿还本金20000元,拖欠的利息按照19000元计算,在偿还借款本金后次月给付,但戴某秀未履行还款协议。故原告诉至法院。

裁判理由:被告戴某秀作为担保人,对保证担保的范围没有约定,应当对全部债务承担责任,亦包括借款本金产生的利息,故其对利息不承担保证责任的抗辩意见,法院不予支持。其在履行保证责任后,可在已履行的范围内向被告孙某追偿。

177. 主合同中未约定债务人应承担债权人因实现债权而支出的律师费,从合同中约定保证责任范围包括债权人因实现债权而支出的费用的,主债务是否包含相应的律师费?

【案例】陈某燕诉厦门好兆头公司等民间借贷纠纷案[②]

裁判要旨:主合同中未约定债务人应承担债权人因实现债权而支出的律师费,从合同中约定保证责任范围包括债权人因实现债权而支出的费用的,主债务的范围包括债权人为实现债权而支出的律师费。

基本案情:好兆头公司原名为"厦门欧迈家居有限公司",于2015年12月15日

---

① 参见黑龙江省牡丹江市阳明区人民法院(2017)黑1003民初字第62号民事判决书。

② 参见福建省厦门市集美区人民法院(2016)闽0211民初497号民事判决书。

变更名称。2013 年 9 月 23 日，旺成公司作为甲方，欧迈公司作为乙方，陈某栋、陈某盛作为丙方，签订 1 份《债转股投资协议》。该协议约定，甲方拟向乙方发放贷款 2000 万元，借期 10 个月，贷款利率分阶段调整，从第 11 个月起除按月利率 2.5% 计息外，每月加收未还款总额 5% 的违约金。丙方作为担保人，对借款承担连带责任保证，保证期间自该合同生效之日起至该合同项下借款本金全部还清为止，保证范围为该合同项下借款本金、利息、违约金以及债权人实现债权的费用。当乙方未按合同约定支付借款本息和相应费用时，丙方保证在接到甲方书面索款通知后 15 日内无条件地代为偿付。后好兆头公司未如约还本付息。2016 年 1 月 6 日，陈某燕与福建至信律师事务所签订 1 份《委托代理合同》，约定将本案诉讼事务委托给福建至信律师事务所代理，代理费为 165960 元。2016 年 1 月 13 日，福建至信律师事务所向陈某燕开具总金额为 165960 元的律师费发票 2 张。

裁判理由：在案证据可以证明，陈某燕因本案支出律师代理费 165960 元。《债转股投资协议》虽未明确约定债务人违约应承担债权人为追讨债权支出的律师费，但关于保证人的保证责任范围包括了债权人为实现债权而支出的费用。从目的解释的角度来看，主债务的范围当然涵盖从债务所及的范围，故应认定讼争的主债务包括债权人为实现债权而支出的律师费。因此，好兆头公司应承担陈某燕因本案支出的律师费 165960 元。陈某栋、陈某盛为讼争借款的连带责任保证人，保证责任期间尚未届满，讼争债权转让给陈某燕后，仍应对讼争的借款本金、利息及债权人为实现债权而支出的律师费向陈某燕承担连带清偿责任。此外，根据《担保法》第 31 条①的规定，保证人承担保证责任后，有权向债务人追偿，故陈某栋、陈某盛在承担连带保证责任后，有权向好兆头公司追偿。

178. 主债权债务人均明知债务已经清偿，债权人起诉保证人承担连带清偿责任，债务人承认债权的，是否构成侵权？

【案例】飞达公司诉隆兴小贷公司、金创公司侵权责任纠纷案②

裁判要旨：债权人和债务人明知债务已清偿，债权人积极起诉担保人要求其承

① 参见《民法典》第 700 条规定：“保证人承担保证责任后，除当事人另有约定外，有权在其承担保证责任的范围内向债务人追偿，享有债权人对债务人的权利，但是不得损害债权人的利益。”

② 参见南京市高淳县飞达教育技术装备有限责任公司诉南京市高淳区隆兴农村小额贷款有限公司、江苏金创信用再担保股份有限公司侵权责任纠纷案，载《最高人民法院公报》2019 年第 6 期。

担连带清偿责任，债务人消极应诉且承认债权，系滥用诉讼权利损害担保人合法权益的共同侵权行为，担保人依法提出赔偿合理的律师费用等正当要求，应予支持。

基本案情:2016 年 1 月 26 日，金创公司起诉隆兴小贷公司、吴某强及飞达公司等，案号为(2016)苏 0114 民初 653 号，并申请财产保全，保全数额为 200 万元，1 月 27 日一审法院冻结了飞达公司名下的 2 个账户存款各 200 万元，实际冻结 1021.11 元、7033.09 元；1 月 29 日，隆兴小贷公司归还金创公司 130000 元，3 月 4 日归还 200 万元，5 月 9 日撤诉，撤诉后未解除保全。

2016 年 4 月 11 日，法院立案受理高淳农商行与飞达公司、孙某华、孙某财金融借款合同纠纷一案，并于 2016 年 11 月 10 日作出(2016)苏 0118 民初 1099 号民事判决，判令：(1)飞达公司归还原告借款本金 2900 万元及利息；(2)原告对飞达公司某房屋在 2900 万元本息范围内享有优先受偿权；(3)被告孙某华、被告孙某财对原告实现上述抵押权不足部分的被告飞达公司的债务承担连带清偿责任。判决生效后，飞达公司在执行过程中支付案件受理费、保全费、评估费、执行费、逾期利息等共计 920000 元。

2016 年 5 月 6 日、5 月 13 日，金创公司向一审法院以主债务人甘某龙等 9 人与担保人隆兴小贷公司及反担保人飞达公司、王某明、甘某贵为被告提起 9 起追偿权纠纷诉讼，诉讼标的分别为代偿款共计本金 1500 余万元，同时主张违约金及利息等。2016 年 5 月 31 日，一审法院在 9 案中以相关案件轮候冻结了飞达公司建设银行高淳支行银行账户存款 150 万元，账户实际存款 1021.11 元。

一审认为，反担保是指第三人为债务人向债权人提供担保时，债务人或他人应第三人的要求为第三人所提供的担保。飞达公司、王某明、甘某贵虽名义上自愿为隆兴小贷公司在《综合授信合同》及具体业务合同项下所有义务的履行向金创公司提供连带责任保证反担保，并分别与金创公司签订了《最高额保证反担保合同》，但并不符合反担保的成立要件，实际是飞达公司、王某明、甘某贵为金创公司代隆兴小贷公司代偿后，双方形成的新的债权债务关系所提供的担保，故飞达公司、王某明、甘某贵应在隆兴小贷公司的还款义务范围内向金创公司承担连带清偿责任。据此，判决支持金创公司关于代偿款本金及利息的诉讼请求，同时判令隆兴小贷公司、飞达公司、王某明、甘某贵对上述债务承担连带清偿责任。一审判决后，飞达公司对 6 案均提起上诉。

南京市中级人民法院二审查明：金创公司于二审中提交"金创综合授信 2015065 号"《最高额综合授信合同》项下代偿明细，自认：金创公司已代隆兴小贷公司清偿了2700余万元的债务，其中仅其于2016年4月26日代偿葛某兵的开鑫贷本1555000元，发生在2016年5月20日之前，其余代偿款项均发生在2016年5月20日之后。案涉“金创综合授信2014008号”《最高额综合授信合同》与案涉“金创综合授信2015065号”《最高额综合授信合同》中《反担保措施》章节均约定为连带责任保证反担保，除反担保人有所变更外，其他反担保条款基本相同；《乙方的还款责任》章节约定的责任范围基本相同；《违约责任》章节约定的违约责任条款基本相同。

南京市中级人民法院二审认为，隆兴小贷公司于2016年3月给付金创公司的1800万元系代偿款，足以证明隆兴小贷公司系将该18000000元用于偿还金创公司的代偿款。该1800万元系隆兴小贷公司分四次给付金创公司，如此大额给付，双方在款项给付前不可能未经协商，隆兴小贷公司每次均在付款单据中款项用途一栏注明“代偿”，金创公司对此应当知晓，其未向隆兴小贷公司提出异议，应当视为对于隆兴小贷公司注明的款项用途予以认可。二审中，金创公司主张其与隆兴小贷公司约定1800万元用于交纳编号“金创综合授信2015065号”《最高额综合授信合同》项下的特别保证金。该主张与隆兴小贷公司在代偿申请表、财务记账凭证、付款回单上载明的款项用途不符，金创公司亦未提供证据证明其与隆兴小贷公司在款项给付之前就此有过约定。隆兴小贷公司所欠金创公司代偿款一经清偿，债务即消灭，即使金创公司与隆兴小贷公司事后重新对款项用途作出约定，亦不能以此要求保证人对原债务承担保证责任。且截至隆兴小贷公司给付1800万元时，编号“金创综合授信2015065号”《最高额综合授信合同》项下的债务均未到期，隆兴小贷公司没有给付该授信合同项下特别保证金的义务，金创公司的前述主张与常理不符。故对金创公司的主张不予采信，认定隆兴小贷公司于2016年3月给付金创公司的1800万元系偿还金创公司的代偿款。隆兴小贷公司与金创公司对隆兴小贷公司已支付的款项用于清偿具体哪一笔已发生的代偿款未作约定，亦未约定清偿抵充的顺序，根据《最高人民法院关于适用〈中华人民共和国合同法〉若干问题的解释(二)》第20条①规定，隆兴小贷公司的给付应当优先抵充先到期的债务即金创公司代偿时间在先的款项。隆兴小贷公司于2016年3月给付金创公司的1800万元

---

① 参见《民法典》第560条规定：“债务人对同一债权人负担的数项债务种类相同，债务人的给付不足以清偿全部债务的，除当事人另有约定外，由债务人在清偿时指定其履行的债务。债务人未作指定的，应当优先履行已经到期的债务；数项债务均到期的，优先履行对债权人缺乏担保或者担保最少的债务；均无担保或者担保相等的，优先履行债务人负担较重的债务；负担相同的，按照债务到期的先后顺序履行；到期时间相同的，按照债务比例履行。”

系归还金创公司的代偿款,2016年1月28日至2016年5月20日,隆兴小贷公司向金创公司支付代偿款46901741.94元,而截至2016年5月20日,金创公司仅代隆兴小贷公司清偿了26482090.02元("金创综合授信2014008号"《最高额综合授信合同》项下代偿款24927090.02元+"金创综合授信2015065号"《最高额综合授信合同》项下代偿款1555000元),即截至2016年5月20日隆兴小贷公司支付的款项已足以覆盖金创公司的代偿款。据此,南京市中级人民法院二审改判6案驳回金创公司全部诉讼请求。

法院另查明,案涉"金创综合授信2014008号"《最高额综合授信合同》项下连带责任保证反担保人落实有(包括但不限于):红太阳集团有限公司、南京兴业建设有限公司、飞达公司、王某明、甘某贵;案涉"金创综合授信2015065号"《最高额综合授信合同》项下反担保人中没有飞达公司。上述雨花法院一审9案诉讼中,飞达公司为其中7案支付江苏秋林律师事务所代理费7万元;二审6案有3份代理合同,第1份合同代理(2016)苏0114民初2106号、2108号、2113号三案二审上诉事宜,标的本金9021028.33元,代理费30万元;第二份合同风险代理(2016)苏0114民初2105号、2110号案件二审上诉事宜,标的2127200元,代理费100000元,第3份合同风险代理(2016)苏0114民初2335号案件二审上诉事宜,标的1331000元,代理费7万元,2份风险代理合同均约定代理费实现上诉请求后支付。金创公司在一审法院起诉的9案一审过程中,被告隆兴小贷公司仅于2016年8月31日在涉南京明欧物流有限公司(以下简称明欧公司)一案开庭时出庭应诉,其主要抗辩为明欧公司未按约归还私募债;其中被告王某明、甘某贵系隆兴小贷公司原董事长、原总经理,二人均为隆兴小贷公司股东;在相关案件二审过程中隆兴小贷公司陈述其2016年3月给付金创公司的18000000元代偿款系"金创综合授信2015065号"《最高额综合授信合同》项下的保证金。2016年12月5日,飞达公司在法院提起股东知情权纠纷诉讼,要求查阅隆兴小贷公司财务账册等,法院调解结案,调解后飞达公司派公司财务人员及律师到隆兴小贷公司查询相关财务资料,隆兴小贷公司予以提供。

裁判理由:两被告在一审法院与原告飞达公司的9案诉讼中是否共同侵害了原告的合法权益,法院认为,本案讼争应为一般侵权,两被告存在共同侵害原告合法权益的事实,应承担相应赔偿责任。首先,从侵权责任的构成要件分析是否构成侵权。(1)南京市中级人民法院终审判决认定,隆兴小贷公司于2016年3月分四次给付金创公司的1800万元系代偿款,案涉债务已清偿,两被告对此应当知晓。金创公司明知案涉债务已清偿的情形下,仍起诉飞达公司 9 案要求其承担连带清偿责任,系滥用诉讼权利,侵害飞达公司合法权益的行为。(2)飞达公司一审败诉,二审胜诉,为不当诉讼支出律师费,存在损害事实。(3)金创公司起诉及隆兴小贷公司消极应诉的行为,与飞达公司为不当诉讼支出律师代理费之间存在因果关系。其次,从两被告意思表示、行为及后果分析是否构成共同侵权。(1)从两被告意思表示来看,一审法院 9 案诉讼过程中,隆兴小贷公司一审不抗辩不举证,二审中承认金创公司关于 1800 万元代偿款系支付另一合同保证金的主张,二者意思表示指向一致。(2)从客观行为表现来看,金创公司与隆兴小贷公司均明知案涉债务已清偿,且隆兴小贷公司持有飞达公司胜诉的关键证据(财务记账凭证及付款回单),而其在诉讼中对债务已清偿事实不抗辩也不提供证据,系造成飞达公司一审败诉的主要原因;就实现债权目的而言,金创公司作为专业服务于江苏省小额贷款公司的担保/再担保业务平台,本身担负着防范金融风险的职能,其在一审法院所起诉 9 案所涉反担保合同中还有其他反担保人,诉请全部反担保人承担责任显然更为合理,也是其职能要求,而其所起诉反担保人中除王某明、甘某贵为履职责任人外,仅诉请飞达公司承担责任,金创公司对不起诉其他反担保人之原因未向法院作出合理解释。(3)从案件处理结果来看,原告败诉对隆兴小贷公司与金创公司均有利益,即前一份授信合同(由飞达公司担保)金创公司将额外受偿,后一份授信合同(无飞达公司担保)将额外增加保证金,金创公司与隆兴小贷公司共同受益,二者存在共同不当利益。最后,从两被告有无法律上的义务分析。飞达公司为隆兴小贷公司的经营业务无偿向金创公司提供反担保,两被告均有诚信履行反担保合同义务,且隆兴小贷公司作为反担保合同受益一方更有维护反担保人合法权益的义务,而两被告在明知债务已清偿事实情况下,金创公司起诉追偿,隆兴小贷消极应诉,二者起诉行为与消极应诉行为相结合致飞达公司一审败诉,共同损害了原告合法权益。

【现行相关规范】

《民法典担保制度解释》第 3 条

当事人对担保责任的承担约定专门的违约责任,或者约定的担保责任范围超出债务人应当承担的责任范围,担保人主张仅在债务人应当承担的责任范围内承担责任的,人民法院应予支持。

担保人承担的责任超出债务人应当承担的责任范围,担保人向债务人追偿,债务人主张仅在其应当承担的责任范围内承担责任的,人民法院应予支持;担保人请求债权人返还超出部分的，人民法院依法予以支持。

【规范沿革】

《民法通则意见》第108条第2款

保证范围不明确的，推定保证人对全部主债务承担保证责任。

《经济合同案件保证问题规定》第8条

保证合同对保证范围有明确约定的，保证人在约定的保证范围内承担责任；保证合同没有约定保证范围或者对保证范围约定不明确的，保证人应当对被保证人的全部债务承担保证责任。

《担保法》第21条

保证担保的范围包括主债权及利息、违约金、损害赔偿金和实现债权的费用。保证合同另有约定的，按照约定。

当事人对保证担保的范围没有约定或者约定不明确的，保证人应当对全部债务承担责任。

《最高人民法院关于因法院错判导致债权利息损失扩大保证人应否承担责任问题的批复》(2000年8月8日　法释〔2000〕24号)

依照《中华人民共和国担保法》第二十一条的规定，除合同另有约定的外，主债权的利息是指因债务人未按照合同约定履行义务而产生的利息。因法院错判引起债权利息损失扩大的部分，不属于保证担保的范围，保证人不承担责任。

专题10　混合担保

实务问题

179. 混合担保中约定担保物权优先实现，担保物权未设立的，保证人可否主张免除部分保证责任？

【案例1】刘某生诉张某卫等民间借贷纠纷案①

裁判要旨：债权人因未考察抵押房屋的情况对涉案房屋不能实行抵押权具有过错，其因过错造成的损失不能由其他保证人承担，故应当在抵押房屋的范围内免

① 参见山东省东营市河口区人民法院(2014)河民初字第1171号民事判决书。

除保证人的责任。

基本案情:2013年2月28日,被告张某卫向原告刘某生出具借据一份,双方约定月息为18000元。同日,原告刘某生以转账的方式向被告张某卫交付5000000元。自2013年3月至2013年8月,被告张某卫偿还原告刘某生现金108600元。2014年2月28日,被告张某卫、姜某存向原告出具了借条一张,该借条载明"借条:今借刘某祥现金叁拾万元整(小写:¥300000元整)。期限伍个月,至2014年7月28日止,借款人:姜某存、张某卫,担保人:李某民、李某鹏、马某友、刘某军",被告李某亭在日期的左侧方签字。2014年2月28日被告张某卫、姜某存向原告出具了《房屋车辆抵押协议》一份。该协议载明"今有张某卫欠刘某祥现金叁拾叁万元整¥330000元整(含3个月利息3万元整,本金300000元整),期限为三个月。起始时间为2014年2月28日至2014年5月28日。将房屋:位于广河村住宅新区多层宿舍楼2单元×室一套,车辆一辆:车号鲁E9F×××,作为债务抵押。如到期未还清以上债务,自愿将其以上所述房屋、车辆处置。抵押的房屋和车辆作价为叁拾叁万元整(¥330000元)。特此证明。抵押人:张某卫、姜某存。担保:证明人:李某民、李某鹏、马某友、刘某军",被告李某亭亦在日期的左侧方签字。房屋车辆抵押协议中的房屋、车辆所有权人均为被告张某卫、姜某存。房屋、车辆均未办理抵押登记。原告刘某生与借条及房屋车辆抵押协议中的"刘某祥"为同一人。张某卫与姜某存系夫妻。原告刘某生,被告张某卫、李某民、李某鹏、马某友、刘某军、李某亭7人系同学关系。借条及房屋车辆抵押协议均由被告李某鹏书写。各被告在借条、房屋车辆抵押协议中签字后,与原告共同用餐。

裁判理由:原告刘某生与被告张某卫、姜某存达成的房屋车辆抵押协议,虽未对房屋及车辆进行抵押登记,但双方已达成房产及车辆抵押的合意,没有办理房屋、车辆抵押登记不影响抵押合同的效力。原告刘某生与被告张某卫未对涉案房屋办理抵押登记,故原告刘某生享有的房屋抵押权未能设立亦未生效,原告刘某生对涉案房屋不享有优先受偿权。原告刘某生因未考察抵押房屋的情况对涉案房屋不能实行抵押权具有过错,其因过错造成的损失不能由其他保证人承担,故应当在抵押房屋的范围内免除保证人的责任。鲁E9F×××号轿车的抵押权自抵押合同生效之日起设立,故原告刘某生对该车辆享有优先受偿权。原告刘某生在庭审中放弃对该车辆的优先受偿权，根据《物权法》第194条第2款[①]之规定，应在其丧失优先受偿权益的范围内免除保证人的保证责任。原告刘某生与被告张某卫、姜某存之间存在抵押协议，其中对涉案房屋及车辆约定价值为33万元，故各保证人在33万元范围内对房屋车辆抵押协议中约定的借款、利息、逾期利息免除保证责任。

【案例2】唐某洪诉裴某兵、朱某峰民间借贷纠纷案[②]

裁判要旨：混合担保中拟设定的质权因未登记而未设立，保证人就债权人实现担保物权后仍未受清偿的部分债权承担保证责任存在合理信赖，由此产生的信赖利益应受法律保护。保证人因信赖利益保护而享有的免责范围，应依据债权人、债务人、保证人各方过错情况，在债务人提供的物的担保范围内部分或全部免除保证人的保证责任。

基本案情：2014年4月22日，唐某洪与裴某兵签订借款合同，约定裴某兵向唐某洪借款200万元，借款期限两个月，裴某兵以其在建材公司全部股权250万元为借款提供质押担保。签约后，唐某洪与裴某兵并未就该股权质押进行工商登记。2014年4月22日，唐某洪与裴某兵、朱某峰订立借款担保合同，约定朱某峰为上述借款承担连带责任保证担保，保证期间两年。次日，唐某洪向裴某兵转账200万元。2015年10月22日，裴某兵与唐某洪经结算后出具《欠据》并订立还款协议，载明尚欠唐某洪借款本金111.738295万元，定于2016年1月21日前一次性清偿。2015年1月30日，裴某兵分别与案外人王某、裴某签订股权转让协议，将其所持有的建材公司50%的股权，以150万元转让30%的股权给裴某，以100万元转让20%的股权给王某。2015年2月4日，转让给裴某的30%的股权办理了工商变更登记。2015年3月9日，因执行裴某债务案，湖北省宜都市人民法院裁定冻结该股权。后经评估、拍卖，法院于2016年11月14日作出执行裁定，裁定登记在裴某名下的建材公司30%的股权及相应权利归买受人谢某武所有。2017年1月9日，该股东变更办理了工商登记。

裁判理由：(1)关于债务人提供的股权质押未设立，保证人应否在质押担保的

---

① 参见《民法典》第409条第2款规定："债务人以自己的财产设定抵押，抵押权人放弃该抵押权、抵押权顺位或者变更抵押权的，其他担保人在抵押权人丧失优先受偿权益的范围内免除担保责任，但是其他担保人承诺仍然提供担保的除外。"

② 参见湖北省宜昌市中级人民法院(2020)鄂05民再9号民事判决书。

范围内部分或全部免除保证责任的问题。《物权法》第176条[①]规定:“被担保的债权既有物的担保又有人的担保的,债务人不履行到期债务或者发生当事人约定的实现担保物权的情形,债权人应当按照约定实现债权;没有约定或者约定不明确,债务人自己提供物的担保的,债权人应当先就该物的担保实现债权;第三人提供物的担保的,债权人可以就物的担保实现债权,也可以要求保证人承担保证责任。提供担保的第三人承担担保责任后,有权向债务人追偿。”该案中,唐某洪与裴某兵订立合同后并未就约定的裴某兵在建材公司的全部股权到工商部门办理出质登记,双方拟设定的质权因未登记而未设立。保证人朱某峰基于前述法律规定对其仅就债权人实现担保物权后仍未受清偿的部分债权承担保证责任存在合理信赖,由此产生的保证人的信赖利益应受法律保护。保证人因信赖利益保护而享有的免责范围,应依据债权人(质权人)、债务人(出质人)、保证人各方过错情况,在债务人提供的物的担保范围内部分或全部免除保证人的保证责任。该案各方并无证据证实案涉股权质押未办理登记的责任系债权人唐某洪未积极要求办理还是债务人裴某兵怠于履行,双方均存在过错,而保证人朱某峰作为时任出质股权对象建材公司的经理,其对案涉股权质押事宜理应明知,且亦有条件知悉办理股权质押登记的进展情况,其对自身信赖利益受损害亦有过错。故应由唐某洪、裴某兵、朱某峰对朱某峰信赖利益受损各承担三分之一的责任,朱某峰可在案涉股权质押担保三分之二的范围内免除保证责任。(2)关于保证人朱某峰具体免责范围或额度的认定问题。根据《物权法》关于质押担保的相关规定,在质权正常设立情况下,质押担保债务的额度应以质权人实现质权时质物的市场价值为限。虽然在该案中朱某峰并未提供案涉借款到期时(债权人可实现质权时)案涉质押股权市场价值的证据,但一方面,在债权人唐某洪与债务人裴某兵签订的借款合同中对全部质押股权250万元价值已明确;另一方面,裴某兵于案涉借款到期后的2015年1月30日向案外人转让案涉股权的总价款亦为250万元,故可以认定案涉借款2014年6月21日到期时案涉质押股权的市场价值为250万元,即该案所涉质押担保债务的额度可认定为250万元。依前述,保证人朱某峰可按250万元的三分之二在1666666.67元额度内免除保证责任。

---

① 参见《民法典》第392条规定:“被担保的债权既有物的担保又有人的担保的,债务人不履行到期债务或者发生当事人约定的实现担保物权的情形,债权人应当按照约定实现债权;没有约定或者约定不明确,债务人自己提供物的担保的,债权人应当先就该物的担保实现债权;第三人提供物的担保的,债权人可以就物的担保实现债权,也可以请求保证人承担保证责任。提供担保的第三人承担担保责任后,有权向债务人追偿。”

180. 混合担保中，债权人尚未实现债务人提供的担保物权的，可否要求保证人承担保证责任？

【案例】英某兴诉容某坚、黄某清民间借贷纠纷案①

裁判要旨：混合担保中，债权人未主张实现债务人本人提供的担保物权，其债权能否完全受偿尚不能确定，保证人是否应当对在债权不能完全受偿的余额范围内承担连带责任亦不能确定，不能要求保证人承担连带清偿责任。

基本案情：黄某清与英某兴签订《借款合同》，约定黄某清向英某兴借款30万元，借款期限为6个月，并以其所有的挖掘机作为抵押物，但未办理抵押登记，容某坚作为"担保人"签名。2013年7月17日，英某兴在扣除借款第一个月的利息9000元后，通过银行转账的方式向黄某清支付借款291000元。英某兴主张双方口头约定月息3分，借款期限届满后黄某清偿还过1个月的利息9000元；容某坚主张不清楚二人有无利息约定。英某兴曾在2014年4月向一审法院起诉但未缴纳案件受理费，该案按撤诉处理。

裁判理由：一审法院认为，容某坚在《借款合同》上"担保人"一栏签名，保证合同成立；该案《借款合同》没有约定保证方式，被告容某坚应对该合同债务承担连带责任。判决容某坚对上述第一项确定的债务（黄某清向英某兴偿还借款本金29.1万元及相应利息）承担连带清偿责任。二审法院认为，涉案债权既有物的担保又有人的担保，且没有约定债务人黄某清不履行到期债务时如何实现担保物权，债权人英某兴应当先就物的担保即抵押物神钢牌挖掘机实现债权，而后在不能完全受偿的余额范围内再向保证人容某坚主张。英某兴至今未对上述抵押物挖掘机主张实现担保物权，其债权能否完全受偿尚不能确定，容某坚是否应当对英某兴债权不能完全受偿的余额范围内承担连带责任亦不能确定，故英某兴在未对上述抵押物挖掘机主张担保物权前，不能要求容某坚对该案债务承担连带清偿责任。判决维持其他判项，撤销"容某坚对上述第一项确定的债务承担连带清偿责任"的判项。

---

① 参见广东省珠海市中级人民法院(2016)粤04民终1634号民事判决书。

181. 混合担保中，债权人放弃债务人本人设立的质权，保证人可否要求免除相应责任？

【案例】北大荒担保公司与七星公司、黑龙江省建三江农垦宏达粮油工贸有限公司等担保合同纠纷案①

裁判要旨：《物权法》第176条②对债务人提供的物保与第三人提供的人保并存时的债权实现顺序有明文规定，保证人对先以债务人的质物清偿债务存在合理信赖，债权人放弃质权损害了保证人的顺位信赖利益，保证人应依《物权法》第218条③的规定在质权人丧失优先受偿权益的范围内免除保证责任。

基本案情：2013年11月15日，三江缘公司与中国建设银行股份有限公司哈尔滨农垦支行（以下简称农垦建行）签订一份编号为NKXQ(2013)016号的《人民币流动资金贷款合同》（以下简称《16号借款合同》），借款金额1000万元，借款期限自2013年11月5日起至2014年10月4日止。北大荒担保公司为该笔借款提供担保，并与农垦建行签订一份编号为NKXQ(2013)016号的《16号保证合同》。2013年11月17日，北大荒担保公司与三江缘公司、邵某玲、徐某军签订一份编号为(2013)北担合字第042号的《反担保合同》（以下简称《42号反担保合同》），约定：邵某玲、徐某军为前述借款向北大荒担保公司提供反担保，担保方式为连带责任保证；三江缘公司将其所有的机器设备98台（套）、邵某玲所有的局直字第×××号房屋所有权、徐某军所有的建局房私字第×××号房屋所有权抵押给北大荒担保公司，并均已办理抵押登记手续；三江缘公司将4560吨水稻质押给北大荒担保公司；邵某玲、徐某军将其各自持有三江缘公司的50%的股权（出质权数额为200万元）质押给北大荒担保公司，亦办理了股权质押登记。同日，北大荒担保公司与七星公司、宏达公司、华龙公司和稻福公司（以下简称四保证人）签订一份编号为2013

① 参见黑龙江北大荒投资担保股份有限公司与黑龙江省建三江农垦七星粮油工贸有限责任公司、黑龙江省建三江农垦宏达粮油工贸有限公司等担保合同纠纷案，载《最高人民法院公报》2018年第1期。

② 参见《民法典》第392条规定："被担保的债权既有物的担保又有人的担保的，债务人不履行到期债务或者发生当事人约定的实现担保物权的情形，债权人应当按照约定实现债权；没有约定或者约定不明确，债务人自己提供物的担保的，债权人应当先就该物的担保实现债权；第三人提供物的担保的，债权人可以就物的担保实现债权，也可以请求保证人承担保证责任。提供担保的第三人承担担保责任后，有权向债务人追偿。"

③ 参见《民法典》第435条规定："质权人可以放弃质权。债务人以自己的财产出质，质权人放弃该质权的，其他担保人在质权人丧失优先受偿权益的范围内免除担保责任，但是其他担保人承诺仍然提供担保的除外。"

年保字第001号的《保证合同》(以下简称《保证合同1》),四保证人为三江缘公司的借款提供连带保证。2013年11月,农垦建行向三江缘公司发放借款1000万元。2014年6月23日,因三江缘公司未能偿还前述《16号借款合同》项下借款的当月利息,北大荒担保公司分别于同年6月30日、7月31日向农垦建行代偿利息65353.46元和67632.34元,同年8月27日代偿本息10083496.53元,代偿本息合计为10216482.33元。邵某玲与徐某军系夫妻关系,该二人系三江缘公司股东。上述《42号反担保合同》签订后,邵某玲、徐某军将水稻存放在三江缘公司仓库内,但未停止生产经营。2014年6月,北大荒担保公司发现三江缘公司不再偿还农垦建行借款利息且三江缘公司院内水稻大部分减少,遂向黑龙江省建三江农垦公安局经济犯罪侦查大队报案。北大荒担保公司在"建三江"地区设有办事处,主要工作包括公积金担保贷款、中小企业贷款调查及贷款企业的保后监管。北大荒担保公司所聘用监管人员由该办事处管理,每名监管人员负责2个至3个贷款企业的生产经营状况、法人情况及企业变动等情况的日常巡视并向北大荒担保公司汇报,监管人员工资由借款企业转给北大荒担保公司后支付。北大荒担保公司为"建三江"地区企业提供担保的方式为:对企业提供担保的同时与被担保的企业签订反担保合同,由被担保的企业提供抵押、质押财产,同时由几家企业进行连带保证。企业所提供的质押财产大多为生产经营所需的水稻,由于生产经营的需要无法进行第三方监管或封存质押,监管地点在出质企业院内,并估算出水稻数量,对生产经营的水稻用量进行核对。2014年水稻最低收购价格为1.55元每市斤。北大荒担保公司与三江缘公司、四保证人所签《保证合同1》约定,"鉴于三江缘公司与农垦建行签订《16号借款合同》,北大荒担保公司与农垦建行签订《16号保证合同》,为三江缘公司的1000万元借款提供担保,为避免北大荒担保公司承担风险,四保证人向北大荒担保公司提供担保;保证范围为《16号借款合同》中的本金、利息、罚息、复利、违约金、损害赔偿金以及诉讼(仲裁)费、律师费、逾期担保费等实现债权和担保权的费用;北大荒担保公司向银行履行了担保责任后有权向本合同任一保证人追偿款项,保证人在接到北大荒担保公司书面通知后7日内即时支付北大荒担保公司全部代偿金额及应付费用;任何一方违反本合同之部分或全部约定即构成违约,违约方须向守约方支付担保金额总额20%的违约金"。黑龙江省建三江农垦公安局经济犯罪侦查大队于2014年11月12日向四保证人出具一份《证明》,其内容为:"2014年6月,刘某本、刘某峰和北大荒担保公司的法律顾问刘律师、崔某健来经侦大队报案称,三江缘公司质押给北大荒担保公司的4560吨水稻被三江缘公司处理,希望经侦大队给予侦查……”2014 年 6 月 22 日，北大荒担保公司向宏达公司出具一份《告知函》，其内容为：“依据你公司与我公司签订的《反担保合同》[编号：(2013)北担合字第 041 号]和《动产质押监管协议》的约定，限你公司于 2014 年 6 月 25 日前将质押我公司的水稻差额部分置于我公司监管员指定的监管区域，并配合我公司完成监管工作……你公司应履行与农垦建行及我公司签订的合同义务，包括偿还借款本息、提供抵押物、配合监管……根据你公司与我公司签订的《保证合同》，作为五户联保企业之一，应敦促其他企业履行合同义务，关注联保企业经营情况，采取适当措施，以免造成损失。”北大荒担保公司与四保证人于 2013 年 11 月 14 日、17 日分别签订的编号为(2013)北担合字第 041、043、044、045 号的《反担保合同》，所涉反担保方式与案涉《42 号反担保合同》中三江缘公司提供的反担保方式一致，均系以各自所有的机器设备、房产和水稻向北大荒担保公司提供抵押和质押担保。与前述(2013)北担合字第 041、043、044、045 号《反担保合同》对应的四份《保证合同》中载明四保证人和三江缘公司其中一方作为借款人时，其他四方向北大荒担保公司提供保证担保。二审庭审中，北大荒担保公司对四保证人分别作为借款人向农垦建行所借款项均已清偿完毕无异议。

裁判理由：保证合同中虽未明确约定债务人提供水稻质押是保证人提供保证的条件，但《物权法》对债务人提供的物保与第三人提供的人保并存时的债权实现顺序有明确规定，保证人对先以债务人的质物清偿债务存在合理信赖利益，北大荒担保公司怠于行使质物交付请求权损害了保证人的顺位信赖利益，保证人应在质物优先受偿价值范围内免责。该案中，借款债务人三江缘公司与四保证人均系稻米经营企业，互相之间存在五户联保关系，联保形式相同，即任何一户的银行贷款均由北大荒担保公司提供担保，再由借款债务人以各自所有的机器设备、房产和水稻向北大荒担保公司提供抵押和质押担保，其他四户向北大荒担保公司提供保证担保。案涉质押合同与保证合同系同一天签订。以上事实表明，案涉各方当事人均知晓北大荒担保公司的反担保债权上应同时设立债务人提供的物的担保和第三人提供的人的担保。《物权法》第 176 条①规定：“被担保的债权既有物的担保又有人的担保的，债务人不履行到期债务或者发生当事人约定的实现担保物权的情形，债

---

① 参见《民法典》第 392 条规定：“被担保的债权既有物的担保又有人的担保的，债务人不履行到期债务或者发生当事人约定的实现担保物权的情形，债权人应当按照约定实现债权；没有约定或者约定不明确，债务人自己提供物的担保的，债权人应当先就该物的担保实现债权；第三人提供物的担保的，债权人可以就物的担保实现债权，也可以请求保证人承担保证责任。提供担保的第三人承担担保责任后，有权向债务人追偿。”

权人应当按照约定实现债权；没有约定或者约定不明确，债务人自己提供物的担保的，债权人应当先就该物的担保实现债权；第三人提供物的担保的，债权人可以就物的担保实现债权，也可以要求保证人承担保证责任。提供担保的第三人承担担保责任后，有权向债务人追偿。”依据上述规定，因该案当事人没有约定债权实现顺序，若债务人提供的担保物权正常设立，保证人只对物的担保以外的债权承担保证责任，故四保证人对自己享有法定的顺位利益存在一种合理信赖，从保证人七星公司法定代表人刘某本、保证人宏达公司法定代表人刘某峰在得知三江缘公司处分质物后立即向公安部门报案的情况来看，也能证明保证人存在此种信赖，由此产生的信赖利益受法律保护。若令保证人在债务人提供的担保物权未设立时继续承担保证责任，则恶意违约的债务人与怠于行使权利的债权人利益不受损，保证人的信赖利益却遭受侵害，这无疑违反民法的公平原则和诚实信用原则。故而，保证人合理的顺位信赖利益遭受债权人和债务人的侵害，保证人应当在质押物4560吨水稻的价值范围内免除保证责任。

182. 混合担保中，合同约定排除保证人主张优先就债务人自己提供的物保进行清偿的权利的，是否有效？

【案例1】岱岳农信社诉金港公司、张某海金融借款合同纠纷案①

裁判要旨：保证合同约定在混合担保中债权人有权要求保证人先于物的担保承担保证责任的，该约定有效，债权人可以主张保证人对全部债务承担保证责任。

基本案情：2012年3月13日，岱岳农信社与金港公司签订最高额抵押合同，约定金港公司以自有土地使用权作为抵押。2012年3月14日，岱岳农信社与金港公司为上述土地办理了抵押登记，抵押期间为2012年3月13日至2015年3月12日。2014年3月12日，岱岳农信社与金港公司签订流动资金借款合同，约定岱岳农信社向金港公司发放贷款240万元，借款用途为购买钢材，借款期限为2014年3月12日至2015年3月11日，年利率9%。2014年3月12日，岱岳农信社与张某海签订了保证合同，合同约定张某海自愿为金港公司的上述240万元贷款提供担保，保证方式为连带责任保证，同时约定“本合同所担保的债权同时存在债务人提供物的担保和保证担保的，债权人有权要求保证人先于物的担保承担保证责任”。2014年3

① 参见山东省泰安市岱岳区人民法院(2014)岱商初字第964号民事判决书。

月 12 日，岱岳农信社向金港公司发放了 240 万元贷款。截至 2014 年 12 月 17 日，金港公司尚欠岱岳农信社本金 240 万元、贷款利息 36600 元。另外，金港公司因与他人存在经济纠纷，其名下的多处土地使用权已被泰安市中级人民法院于 2014 年 9 月 29 日采取了保全措施。

裁判理由：张某海为金港公司的 240 万元贷款提供担保，且岱岳农信社与张某海约定“同时存在债务人提供物的担保和保证担保的，债权人有权要求保证人先于物的担保承担保证责任”。故对于张某海关于岱岳农信社应先就该土地的抵押实现债权的抗辩意见不成立，岱岳农信社有权要求张某海对全部债权承担保证责任，保证人承担保证责任后，有权向债务人追偿。

【案例 2】宏信公司诉康洁公司等追偿权纠纷案①

裁判要旨：同一债务既有物的担保又有保证，保证合同中约定债权人有权自行决定行使权利的顺序的，保证人抗辩首先实现债务人提供的担保物的，不应予以支持。

基本案情：2013 年 9 月 23 日，被告康洁公司与茌平沪农商村镇银行签订流动资金借款合同，约定：被告康洁公司借款 1500000 元用于购买聚乙烯，借款期限为 1 年，自 2013 年 9 月 23 日起至 2014 年 9 月 17 日止。2013 年 9 月 23 日，为保证上述借款合同的履行，茌平沪农商村镇银行与原告宏信公司签订法人借款保证合同，约定向茌平沪农商村镇银行提供担保，保证方式为连带责任保证。原告宏信公司与被告康洁公司等各签订保证反担保合同各一份，与被告康洁公司签订抵押反担保合同一份并办理了动产抵押登记书，与被告徐某等各签订反担保书一份。保证反担保合同约定：(1) 被告康洁公司等同意以保证反担保人的身份向原告宏信公司提供反担保……(6) 保证反担保人同意如果主合同同时接受债务人或第三方提供的抵押或质押担保的，原告宏信公司有权自行决定行使权利的顺序，而无须先行行使担保物权。5 份反担保合同书中均约定：(1) 担保方式为连带责任担保；(2) 被告徐某等以自己的工资收入及其他财产保证履行反担保书所规定的义务；(3) 反担保书的效力独立于被保证的借款合同、担保合同，借款合同、担保合同无效的，不影响反担保书的效力……(5) 反担保书自签字之日起至贷款合同担保期限到期后 5 年内有效。2014 年 9 月 17 日，借款合同到期后，被告康洁公司未如约还本付息。2014 年 9 月 29 日，经茌平沪农商村镇银行催要后，在被告康洁公司未能偿还贷款的前提下，原告宏信公司依照借款保证合同约定向茌平沪农商村镇银行偿还合同项下尚

① 参见山东省茌平县人民法院（2015）茌商初字第 350 号民事判决书。

欠借款本金及逾期利息共计1520245.88元。此后，原告宏信公司依照保证反担保合同、抵押反担保合同及反担保书的约定向该案七被告追偿，七被告拒不承担保证责任偿还借款本金及利息。原告催要未果，于2015年5月25日诉至法院，要求七被告立即支付原告公司垫付的银行贷款本息1520245.88元及后续利息，要求对被告康洁公司的抵押财产行使抵押权并优先受偿，并要求七被告承担该案的诉讼费用。

裁判理由：对于保证人宏信公司的反担保既有物的抵押担保，也有反担保人的保证，《物权法》第176条①规定："被担保的债权既有物的担保又有人的担保的，债务人不履行到期债务或者发生当事人约定的实现担保物权的情形，债权人应当按照约定实现债权；没有约定或者约定不明确，债务人自己提供物的担保的，债权人应当先就该物的担保实现债权；第三人提供物的担保的，债权人可以就物的担保实现债权，也可以要求保证人承担保证责任。提供担保的第三人承担担保责任后，有权向债务人追偿。"对于被告康洁公司等，在保证反担保合同书中均约定了"原告宏信公司有权自行决定行使权利的顺序"，因此原告宏信公司既可以依据抵押反担保合同行使抵押权，也可以要求被告康洁公司等履行保证反担保合同义务，清偿欠款。对于被告徐某等，反担保书中并未约定债权人实现债权的顺序，因此原告宏信公司应先就借款人康洁公司所提供的物的担保实现债权后，不足部分再向被告徐某等追偿。

【案例3】中信银行股份有限公司成都分行诉王某宏等金融借款合同纠纷案②

裁判要旨：当事人约定放弃《担保法》第28条③及《物权法》第176条④项下的

---

① 参见《民法典》第392条规定："被担保的债权既有物的担保又有人的担保的，债务人不履行到期债务或者发生当事人约定的实现担保物权的情形，债权人应当按照约定实现债权；没有约定或者约定不明确，债务人自己提供物的担保的，债权人应当先就该物的担保实现债权；第三人提供物的担保的，债权人可以就物的担保实现债权，也可以请求保证人承担保证责任。提供担保的第三人承担担保责任后，有权向债务人追偿。"

② 参见四川省成都市高新技术产业开发区人民法院（2016）川0191民初字第1218号民事判决书。

③ 参见《民法典》第392条规定："被担保的债权既有物的担保又有人的担保的，债务人不履行到期债务或者发生当事人约定的实现担保物权的情形，债权人应当按照约定实现债权；没有约定或者约定不明确，债务人自己提供物的担保的，债权人应当先就该物的担保实现债权；第三人提供物的担保的，债权人可以就物的担保实现债权，也可以请求保证人承担保证责任。提供担保的第三人承担担保责任后，有权向债务人追偿。"

④ 参见《民法典》第392条规定："被担保的债权既有物的担保又有人的担保的，债务人不履行到期债务或者发生当事人约定的实现担保物权的情形，债权人应当按照约定实现债权；没有约定或者约定不明确，债务人自己提供物的担保的，债权人应当先就该物的担保实现债权；第三人提供物的担保的，债权人可以就物的担保实现债权，也可以请求保证人承担保证责任。提供担保的第三人承担担保责任后，有权向债务人追偿。"

针对原告的所有抗辩及上述法条所可能获得的全部权利的，保证人抗辩首先实现债务人提供的担保物的，不应予以支持。

基本案情：2014 年 11 月，原、被告签订《中信银行个人借款合同》，主要约定：被告王某宏、温某春向原告借款300 万元，借款期限自2014 年11 月21 日起至2015 年11 月21 日止，年利率7.8%。被告王某宏、温某春以其所有的成都市高新区某房屋、被告卢某跃以其所有的双流县某房屋为该笔贷款作抵押担保并办理了抵押登记。被告双流县和元茂食品商行、青羊区和元茂农牧商行为被告王某宏、温某春该笔借款承担连带责任保证。保证人放弃《担保法》第 28 条及《物权法》第 176 条项下的针对原告的所有抗辩及上述法条所可能获得的全部权利。合同签订后，原告依约向被告王某宏、温某春发放了借款。被告王某宏、温某春未按约还款。

裁判理由：被告双流县和元茂食品商行、青羊区和元茂农牧商行自愿为被告王某宏、温某春上述债务承担连带责任保证，对原告要求被告双流县和元茂食品商行、青羊区和元茂农牧商行对被告王某宏、温某春的上述债务承担连带责任的诉请，法院予以支持。被告王某宏、温某春以其位于成都市高新区的房屋、被告卢某跃以其位于双流县的房屋为被告王某宏、温某春该笔借款作抵押担保并办理了抵押登记，对原告要求对上述两套房屋享有优先受偿权的诉请，法院予以支持。因该案既有人的担保亦有物的担保，关于原告实现债权的顺序问题，法院认为，保证人双流县和元茂食品商行、青羊区和元茂农牧商行在《中信银行个人借款合同》中约定放弃《担保法》第 28 条及《物权法》第 176 条项下的针对原告的所有抗辩及上述法条所可能获得的全部权利。原告可以选择要求被告双流县和元茂食品商行、青羊区和元茂农牧商行先行承担连带责任，而对于被告王某宏、温某春位于成都市高新区的房屋和被告卢某跃位于双流县的房屋享有优先受偿权的债权实现顺序。根据《物权法》第 176 条之规定，被告卢某跃作为抵押人，并未与原告就实现债权顺序有约定，原告应先就债务人王某宏、温某春位于成都市高新区的房屋享有优先受偿权以实现债权，而后在其债权不能完全受偿的余额范围内再就被告卢某跃位于双流县的房屋享有优先受偿权。

【案例 4】中信银行常州分行诉万圆公司等金融借款合同纠纷案①

裁判要旨：债权人与保证人约定债权人向保证人主张权利“无须事先行使其他担保权利”的，保证人抗辩先就债务人提供的物的担保进行清偿，债权人有权就债

① 参见江苏省常州市钟楼区人民法院（2018）苏 0404 民初 666 号民事判决书。

务人提供的担保物进行折价或者拍卖、变卖的价款优先受偿,也有权要求保证人承担保证责任。

基本案情:2012年7月16日,万圆公司与原告中信银行常州分行签订《最高额抵押合同》,万圆公司将其名下的坐落于常州某村的土地设定抵押担保。2016年6月2日,长江焊材公司、蔡某庆、华某芳、蔡某、孙某艳分别与原告签订《最高额保证合同》,约定各被告为原告与万圆公司在2016年6月2日至2018年6月2日所签订的主合同而形成的债务提供连带保证责任;2016年6月6日,被告逸恒公司与原告签订《最高额保证合同》,约定为原告与万圆公司在2016年6月6日至2017年12月6日所签订主合同而形成的债务提供连带保证责任。前述所签的《最高额保证合同》第6.5条约定:当主合同债务人不履行到期债务或发生约定的保证人承担保证责任的情形下,无论乙方(原告)对主合同项下的债权是否拥有其他担保(包括但不限于主合同债务人和/或第三人提供物的担保、保证、保函、备用信用证等担保方式),乙方均有权直接要求甲方(保证人)在其担保范围内承担担保责任,无须事先行使其他担保权利(包括但不限于先行处置主合同债务人和/或第三人提供的物的担保);如合同的担保范围包含多笔债权的,乙方有权决定债权之间的清偿顺序及比例。2016年6月16日、2016年7月13日,万圆公司分别与原告签订两份《人民币流动资金贷款合同》,向原告贷款合计2800万元。贷款发放后,被告万圆公司及保证人均未按约履行合同义务,及时偿还借款。原告诉至法院,要求:被告万圆公司立即归还原告欠款本息及实现债权的费用;就万圆公司所提供的抵押物进行折价或拍卖、变卖的款项优先受偿;各保证人对万圆公司所涉债务承担连带清偿责任。被告万圆公司、长江焊材公司、蔡某庆、华某芳、蔡某、孙某艳认为:《最高额保证合同》第6.5条系格式条款,该条款违反了法律强制性规定,无法律效力,根据《担保法》的规定债权有抵押的,抵押物优先进行偿还债务,保证人的担保责任应该在主债务人不动产抵押不足以清偿债务时承担。

裁判理由:依据《物权法》第176条①之规定,在物保与人保并存时当事人有关于担保权利实现顺位约定的,应从其约定。该案中,原告与各保证人在《最高额保证合同》第6.5条明确约定"无论乙方(原告)对主合同项下的债权是否拥有其他担

---

① 参见《民法典》第392条规定:"被担保的债权既有物的担保又有人的担保的,债务人不履行到期债务或者发生当事人约定的实现担保物权的情形,债权人应当按照约定实现债权;没有约定或者约定不明确,债务人自己提供物的担保的,债权人应当先就该物的担保实现债权;第三人提供物的担保的,债权人可以就物的担保实现债权,也可以请求保证人承担保证责任。提供担保的第三人承担担保责任后,有权向债务人追偿。"

保(包括但不限于主合同债务人和/或第三人提供物的担保、保证、保函、备用信用证等担保方式)”,原告均有权“直接要求甲方(保证人)在其担保范围内承担担保责任,无须事先行使其他担保权利(包括但不限于先行处置主合同债务人和/或第三人提供的物的担保)”。通过分析可以看出,该合同条款已对担保责任承担顺序作出了明确约定,其中“无须事先行使其他担保权利”即包含了保证人不得提出先就债务人万圆公司物的担保进行清偿的抗辩。故法院认为,该约定为双方真实意思表示,合法有效,被告万圆公司、长江焊材公司、蔡某庆、华某芳、蔡某、孙某艳辩称原告应先实现物的担保,不足以清偿时才由保证人承担担保责任的意见不成立,法院不予采纳。因此,在被告万圆公司未能按约履行付款义务的情况下,原告有权就被告万圆公司名下的坐落于常州市某村的土地和房产进行折价或者拍卖、变卖的价款优先受偿,亦有权根据《最高额保证合同》约定,要求被告逸恒公司、长江焊材公司、蔡某庆、华某芳、蔡某、孙某艳对上述债务承担连带保证责任。

183. 混合担保中,债权人和保证人约定放弃优先实现债务人提供的担保物权,但主合同中没有相关约定的,该约定是否有效?

【案例】天长农商行诉天叶公司等金融借款合同纠纷案①

裁判要旨:混合担保中,债权人和保证人约定放弃优先实现债务人提供的担保物权,但物的担保人没有和债权人达成合意的,视为对保证和担保物权的顺位没有约定。

基本案情:2015年12月30日,天长农商行与天叶公司分别签订《流动资金借款合同》和《最高额抵押合同》各一份,借款合同约定:天叶公司向天长农商行借款1000万元,借款期限1年(自2015年12月30日至2016年12月30日),借款年利率为8.980%,逾期利率上浮50%;抵押合同约定:天叶公司以其所有的房地权天公(2005)字第×号等6处房地产为上述借款提供抵押担保,并办理了抵押登记。2015年12月30日,南化永大公司、张某华和郭某明分别与天长农商行签订《最高额保证合同》,为上述借款提供连带责任保证。天长农商行遂按约向天叶公司发放贷款1000万元。借款到期后,天叶公司未返还本金,利息结算至2016年8月20日。

裁判理由:涉案保证担保合同中虽约定“债务人提供了物的担保的,债务人不

① 参见安徽省滁州市中级人民法院(2017)皖11民终1266号民事判决书。

履行到期债务或者发生抵押、质押担保合同中约定的实现担保物权的情形,债权人在就该抵押物、质物实现债权前要求保证人承担全部债务保证责任时,保证人不予抗辩”的条款,该约定仅是对人的担保合同中关于保证债权实现的约定,并非抵押权人与抵押人关于实现担保物权的约定,不能得出已就担保物权的实现顺序与方式等作出了明确约定,故不能将案涉保证担保合同中的以上约定理解为“当事人约定的实现担保物权的情形”。

184. 混合担保中,保证人在承担保证责任后能否向抵押人追偿?*

【案例】莱茵公司诉王某新追偿权纠纷案①

裁判要旨:同一债务既有抵押也有保证,保证人在承担保证责任后可以要求抵押人清偿其应当分担的份额。保证人和抵押人对于承担责任的数额有约定的,从其约定;责任数额没有约定的,平均负担。

基本案情:2015 年 4 月 3 日,借款人锦杭公司与齐商银行签订借款合同,约定借款人锦杭公司向齐商银行借款人民币 200 万元,借款期限 12 个月,借款用途为给付货款,年利率 8.025%。2015 年 4 月 3 日,被告王某新与齐商银行签订抵押合同,约定被告为债务人锦杭公司向齐商银行借款 200 万元的借款本金及利息提供抵押担保,抵押担保的范围为主合同项下的全部债务,后双方为该抵押房产办理了抵押登记。2015 年 4 月 10 日,原告莱茵公司作为保证人与齐商银行签订保证合同,约定保证人自愿为债务人锦杭公司与债权人签订的借款合同向债权人提供保证担保,所担保的主债权种类为主合同项下的本金及利息,其中本金数额为 200 万元,保证方式为连带责任保证,保证范围为主合同项下的全部债务,保证期间为自主合同项下债务履行期限届满之日起两年。上述合同签订后,齐商银行向借款人锦杭公司发放了贷款。但借款人在还款过程中未如约还本付息。自 2016 年 3 月 21 日至 2016 年 5 月 4 日,原告代锦杭公司向齐商银行偿还 1981907.6 元。原告起诉请求:

---

* 《民法典》删除了担保人之间相互追偿的规定,不允许担保人之间相互追偿的用意不言自明,但担保人之间存在追偿约定的依然从其约定(参见林文学等:《〈关于适用民法典有关担保制度的解释〉的理解和适用》,载《人民司法》2021 年第 4 期)。共同保证的保证人之间相互追偿的情况包括三种:一是合同约定保证人之间可以相互追偿的;二是合同明确约定系连带共同保证的;三是多个保证人在同一合同书上签字、盖章或捺指印的。除上述三种情况外,共同保证人之间无相互追偿权(参见刘贵祥:《民法典关于担保的几个重大问题》,载《法律适用》2021 年第 1 期)。

① 参见山东省淄博市中级人民法院(2016)鲁 03 民终字第 2977 号民事判决书。

(1)被告向原告支付应当分担的担保份额 330318 元,并支付至实际付清之日的利息;(2)依法拍卖、变卖被告的抵押物,原告享有优先受偿权;(3)被告承担该案诉讼费和律师费。

裁判理由:一审法院认为,原告代借款人向银行偿还借款本息后可以向借款人追偿;其向借款人不能追偿的部分,也可以向其他共同保证的保证人按比例要求分担。该案所涉借款中与原告同为共同保证人的是:刘某霞、伊某永、崔某、刘某虹,而王某新并非与原告共同向齐商银行提供保证的保证人,而是以其所有的房产为借款人的借款提供抵押担保的抵押人,法律没有规定保证人承担保证责任后有权向抵押人追偿。因此,对于原告要求被告承担其代偿金额六分之一份额的诉讼请求,不予支持,且保证和抵押均是为了保证主债权实现的担保方式,保证人代借款人清偿全部借款本息后,主债权已经实现,主债权人也没有再行使抵押权的必要。另外,该抵押的抵押权人为齐商银行,而非原告,即使原告代借款人向齐商银行清偿借款本息后,也不能自然享有该主债权的抵押权。因此,原告要求就被告提供的抵押物优先受偿的诉讼请求,于法无据,不予支持。据此,一审判决驳回莱茵公司的诉讼请求。

二审法院认为,同一债权上既有第三人提供的物的担保又有保证人提供的保证时,物的担保人与保证人处于同一法律地位。由于债权人享有选择权,既可以要求物的担保人承担担保责任,也可以要求保证人承担保证责任。第三人作为物的担保人与债权人或保证人与债权人对所担保的范围没有作出约定的话,两者构成债的共同担保。无论是保证人还是物的担保人在承担了担保责任后,均可以向债务人追偿,也可以要求保证人或者其他物的担保人清偿其应当分担的份额。物的担保人与保证人对彼此责任的数额有约定的话,在行使追偿权时,可以按照约定的数额来行使,双方对彼此责任的数额没有约定的话,在行使追偿权时,要平均负担。该案中,包括莱茵公司在内共有 5 名保证人,以及作为抵押人的王某新。莱茵公司代锦杭公司向齐商银行偿还 1981907.6 元,其六分之一为 330318 元。故莱茵公司可以在房屋的实际价值内要求王某新承担损失 330318 元。据此,二审法院判决王某新在抵押物价值范围内,于该判决生效后 10 日内支付莱茵公司 330318 元。

185. 混合担保中，承担了担保责任的抵押人，能否向保证人追偿？保证人的责任大小如何认定？

【案例1】众新公司诉罗某华等追偿权纠纷案①

裁判要旨：承担担保责任后的抵押人同时向债务人及保证人追偿时，保证人应对债务承担补充清偿责任，其分担的份额为对债务人不能清偿部分，按担保人人数平均分担后所得数额。*

基本案情：腾建公司与浦发银行签订《流动资金借款合同》，约定腾建公司向浦发银行借款1500万元，借款期限一年，合同中对利息、逾期利息、复息等作出了具体约定。众新公司以其所有的国有土地使用权为腾建公司上述债务向浦发银行提供抵押担保，罗某华提供连带保证责任担保。借款到期后，腾建公司未按约清偿借款，浦发银行诉至法院，要求腾建公司归还借款本息及众新公司、罗某华各自履行担保义务，法院判决支持上述诉请。该判决生效后，经强制执行程序，以拍卖众新公司抵押物所得价款清偿了上述债务，浦发银行收到执行款17820117.26元。众新公司诉至法院，请求判令：(1)腾建公司偿还代偿款17820117.26元并支付利息；(2)罗某华、杨某对上述付款义务承担连带清偿责任。罗某华抗辩认为众新公司要求其承担还款责任没有依据，请求驳回众新公司对其的诉讼请求。

裁判理由：关于罗某华应否承担连带清偿责任的问题。根据《担保法解释》第38条第1款①"同一债权既有保证又有第三人提供物的担保的，债权人可以请求保证人或者物的担保人承担担保责任。当事人对保证担保的范围或者物的担保的范围没有约定或者约定不明的，承担了担保责任的担保人，可以向债务人追偿，也可以要求其他担保人清偿其应当分担的份额"之规定，针对腾建公司与浦发银行之间的债务，众新公司作为第三人提供物的担保、罗某华作为第三人提供连带保证担保，均系独立地为上述债务提供担保，众新公司与罗某华虽无直接的意思联系，但

---

① 参见云南省昆明市中级人民法院(2013)昆民四初字第411号民事判决书。

* 根据《民法典担保制度解释》第13条第3款的规定，保证人应当首先向债务人追偿，只有在债务人不能追偿的情况下，才能请求其他担保人分担，且仅限于债务人不能清偿的部分。

① 参见《民法典》第392条规定："被担保的债权既有物的担保又有人的担保的，债务人不履行到期债务或者发生当事人约定的实现担保物权的情形，债权人应当按照约定实现债权；没有约定或者约定不明确，债务人自己提供物的担保的，债权人应当先就该物的担保实现债权；第三人提供物的担保的，债权人可以就物的担保实现债权，也可以请求保证人承担保证责任。提供担保的第三人承担担保责任后，有权向债务人追偿。"

二者对上述债务形成共同担保关系。现众新公司已完全履行其抵押担保责任，有权要求作为保证人的罗某华承担其应当分担的债务份额。众新公司与罗某华在各自的担保合同中并未约定担保份额，事后也未达成一致，二者均是对全部债务提供担保，根据我国《担保法》及其相关司法解释的立法精神及公平合理的原则，二者应当平均分担上述债务份额，即罗某华应对代偿款及相应利息承担50%的清偿责任。至于责任承担方式，腾建公司是上述债务最终的、本位上的承担者，为避免日后的追偿权诉累，罗某华对腾建公司不能清偿部分承担补偿清偿责任较为公平合理。众新公司要求罗某华承担连带清偿责任的主张不能成立，不予支持。判决：(1)腾建公司于判决生效之日起10日内偿还众新公司代偿款17820117.26元及以17820117.26元为基数，自2013年6月6日起至判决确定的履行期限届满之日止，按中国人民银行同期贷款利率计算的利息；(2)罗某华对腾建公司上述债务不能清偿部分的二分之一承担清偿责任；(3)驳回众新公司的其他诉讼请求。

【案例2】丁某宸诉任某杰、李某梅追偿权纠纷案①

裁判要旨：在混合担保中，当事人对保证担保的范围或者物的担保的范围没有约定或者约定不明的，承担担保责任的担保人，可以向债务人追偿，也可以要求其他担保人清偿其应当分担的份额。各担保人之间未约定份额的，根据公平原则，各担保人平均分担。*

基本案情：2015年11月30日，任某杰与民生银行签订借款合同，约定任某杰向民生银行借款575万元，借款期限自2015年11月30日起至2016年11月30日止，年利率5.655%，到期一次性偿还本金。任某杰担任法定代表人的鹏爱官公司和其妻李某梅为上述债务提供连带保证担保；丁某宸与李某琳以各自房屋为上述债务提供抵押担保，丁某宸提供的抵押物评估价为3394100元；李某琳提供的抵押物评估价为4319300元。各保证人、担保人共同签署了担保合同。借款期内，任某杰逾期未支付利息，丁某宸于2016年1月25日代其偿还利息13198元。此后，任某杰仍然未能依约还款，民生银行按合同约定宣布借款提前到期，并申请强制执行。为避免被强执，2017年6月22日，丁某宸再次向民生银行还款298万元，民生

① 参见北京市东城区人民法院(2018)京0101民初16441号民事判决书。

* 该案属于《民法典担保制度解释》第13条第2款规定的“同一债务有两个以上第三人提供担保，担保人之间未对相互追偿作出约定且未约定承担连带共同担保，但是各担保人在同一份合同书上签字、盖章或者按指印”的情形，承担了担保责任的担保人，可以就债务人不能追偿部分，请求其他担保人按照比例分担。

银行将其抵押房屋解押。另一抵押人李某琳则承担了其余贷款的担保责任。因任某杰、李某梅系夫妻关系,李某梅亦持有鹏爱官公司20%的股权。故丁某宸要求向任某杰、李某梅追偿其已承担担保责任的款项2993198元及相应利息142176.91元。李某梅认为,借款人为任某杰,款项用于公司经营而非家庭生活,不应认定为夫妻共同借款。李某梅仅为案涉借款的连带保证人,只应承担连带保证责任,因借款的担保主体为4个,故其承担连带保证责任的份额不应超过原告已承担责任的25%。

裁判理由:李某梅虽与任某杰系夫妻关系,但原告并未举证证明案涉借款用于夫妻共同生活,且保证合同中亦明确载明李某梅为借款的保证人,故李某梅应承担保证责任而非共同还款责任。原告在向债务人追偿不能时,可以要求李某梅清偿其应当分担的份额。因各担保人、保证人之间并未就份额分担进行约定,根据公平原则,法院认为各担保人、保证人应平均分担。故法院对李某梅关于其应承担25%份额即748299.5元保证责任的答辩意见予以支持。

186. 混合担保中,债权人与保证人约定在主债务履行期间后特定时间向债权人履行保证责任,后主债务人又向债权人提供了动产抵押的,动产抵押和保证的实现顺位如何认定?

【案例】鑫盛公司诉方某等借款合同纠纷案①

裁判要旨:混合担保中物保和人保的实现顺位,当事人有约定的,从其约定。当事人以其约定与法律规定不一致,要求按照法定顺位实现的,不应予以支持。

基本案情:2014年7月3日,原告鑫盛公司(甲方)与被告大地公司(乙方)、方某(丙方)、龙某鱼(丙方)签订借款合同,合同约定:乙方因流动资金需要向甲方借款,丙方同意为乙方向甲方提供无条件不可撤销连带责任保证,借款额度大写:贰佰万元整,借款期限2014年7月3日至2014年10月20日,以借款凭证为准。乙方不可撤销地委托甲方将借款付至以下账户,账户名称:刘某琼,开户行:交通银行,账号:6222600××××,借款月利率为2%,借款按月结息。若借款人未能按期清偿全部借款本息,则丙方应在到期日后10日内向甲方履行保证责任,在承担连带清偿责任后,有权向乙方行使追偿权。方某、龙某鱼作为保证人在借款合同上签字并出

① 参见湖北省当阳市人民法院(2014)鄂当阳民初字第01328号民事判决书。

具担保承诺函。2014年7月3日，大地公司根据公司章程规定，召开全体股东大会，会议一致决议：(1)大地公司向鑫盛公司申请贷款200万元，贷款期限3个月。公司全体股东一致同意为该笔贷款提供抵押担保，抵押物为该公司的库存产品，总价值为3512150.40元。(2)该公司及公司股东同意为该笔贷款承担无条件不可撤销连带责任保证，并由方某、龙某鱼作为公司股东在决议上签字。2014年7月4日，大地公司(甲方)与鑫盛公司(乙方)签订抵押合同，合同约定：甲方所担保的主合同为乙方与大地公司于2014年7月3日签订的主合同，担保的主债权金额和期限依主合同之约定，甲方同意以公司总价值3512150.40元的库存产品作为抵押物。若借款人不能按期偿还借款，抵押权人有权按评估价格或低于评估价格(以实际可变现价格处置)变现处置抵押物品，以此来偿还借款，不足的由借款人另外筹资偿还。双方于2014年7月11日签订动产抵押登记书。鑫盛公司于2014年7月11日向合同约定的账户发放借款2000000元。被告大地公司至该案立案之日起尚欠1545320.40元借款本金未还。原告鑫盛公司于2014年10月28日诉至法院，要求被告大地公司偿还借款本息，被告方某、龙某鱼承担保证责任。

裁判理由：原告起诉要求被告方某、龙某鱼对大地公司所欠借款本息承担连带清偿责任，方某、龙某鱼辩称其在抵押物不足的情况下才承担责任，公司提供的抵押物足以清偿债务，二被告不应该承担偿还责任。《物权法》第176条①规定："被担保的债权既有物的担保又有人的担保的，债务人不履行到期债务或者发生当事人约定的实现担保物权的情形，债权人应当按照约定实现债权……"在原告鑫盛公司与被告大地公司、方某、龙某鱼签订的借款合同中明确约定：若借款人未能按期清偿全部借款本息，则方某、龙某鱼应在到期日后10日内向鑫盛公司履行保证责任，原告鑫盛公司与被告大地公司及方某、龙某鱼对实现债权进行了明确约定，现借款期限届满被告大地公司未按期偿还借款，被告方某、龙某鱼应按照约定履行保证责任，故对被告的抗辩意见不予采纳。原告要求被告方某、龙某鱼对借款本息承担连带清偿责任的诉讼请求符合法律规定，予以支持。

---

① 参见《民法典》第392条规定："被担保的债权既有物的担保又有人的担保的，债务人不履行到期债务或者发生当事人约定的实现担保物权的情形，债权人应当按照约定实现债权；没有约定或者约定不明确，债务人自己提供物的担保的，债权人应当先就该物的担保实现债权；第三人提供物的担保的，债权人可以就物的担保实现债权，也可以请求保证人承担保证责任。提供担保的第三人承担担保责任后，有权向债务人追偿。"

187. 混合担保中，当事人只约定了主张权利的对象，并未明确各个主体承担责任顺位的，是否可以认定为约定不明？

【案例】农行天长支行诉金福公司等金融借款合同纠纷案①

裁判要旨：在混合担保中，当事人只约定了主张权利的对象，并未明确各个主体承担责任顺位的，视为约定不明，债权人应当按照法律规定的顺位主张权利。

基本案情：2014年10月15日，农行天长支行与金福公司签订《最高额抵押合同》。合同约定："金福公司以其所有的两处房地产为其在2014年10月15日至2017年10月14日期间与农行天长支行签订的合同所形成的债务提供最高额为371万元的抵押担保。所担保的债权同时存在物的担保（含债务人或第三人提供）和保证担保的，抵押权人可就物的担保实现债权，也可以要求保证人承担保证责任。本合同所担保的债权同时存在两个以上物的担保人的（含债务人提供的担保），抵押权人有权就其中任一或者各个担保物行使担保物权。抵押权人已经选择某一担保方式/担保物来实现债权的，也可同时主张通过其他担保方式/担保物来实现全部或部分债权。"合同签订后双方办理了抵押登记手续。2016年11月22日，农行天长支行与王某有、陈某香签订《最高额保证合同》。合同约定："王某有、陈某香为金福公司在2016年11月22日至2018年11月21日与农行天长支行签订的合同所形成的债务提供最高额为420万元的保证担保，保证方式为连带责任保证。所担保的债权同时存在物的担保（含债务人或第三人提供）和保证担保的，债权人可以就物的担保实现债权，也可以要求保证人承担保证责任。债权人已经选择某一担保来实现债权的，也可同时主张通过其他担保来实现全部或部分债权。"2016年12月2日，农行天长支行与金福公司签订《流动资金借款合同》。合同约定："借款金额为310万，期限一年，执行利率5.655%，逾期加收30%罚息，按月结息，若金福公司违反合同约定的义务，未按合同约定归还贷款本息，构成违约，农行天长支行有权提前收回已发放借款。"合同签订当日，农行天长支行按约定将借款310万元汇至金福公司指定的账户内。之后，金福公司未按月结息。截至2017年4月20日，金福公司累计欠息43770.24元。

裁判理由：农行天长支行在与王某有、陈某香签订《最高额保证合同》时约定：本合同所担保的债权同时存在物的担保（含债务人或第三人提供）和保证担保的，

① 参见安徽省滁州市中级人民法院（2017）皖11民终2610号民事判决书。

债权人可就物的担保实现债权,也可以要求保证人承担保证责任。债权人已经选择某一担保来实现债权的,也可同时主张通过其他担保来实现全部或部分债权。上述保证合同的表述基本上是银行或其他金融机构、担保公司等担保权人在人保与物保并存情况下,常用的标准表述。案涉条款应属于约定不明确的条款,并没有就债务人提供的物保与第三人提供的人保,谁先行承担责任进行明确的约定。

188. 同一担保债务,既有抵押反担保,又有保证反担保,担保人放弃抵押反担保的,反担保保证人是否可以要求仅在担保人放弃的抵押物价值范围之外承担责任?

【案例】兴融公司诉宝树公司、曾某追偿权纠纷案①

裁判要旨:同一债务既有第三人提供的担保物权,又有保证的,债权人放弃第三人提供的担保物权的,不影响保证人承担责任的范围。

基本案情:2014 年 6 月 22 日,宝树公司与兴融公司签订《委托保证合同》,约定兴融公司同意就宝树公司通过案外人小微公司向其投资人会员申请的融资,为宝树公司向与其形成债权债务关系的投资人会员以保证的方式提供最高本金总额不超过 1500 万元的担保等内容。2014 年 6 月 22 日,兴融公司与宝树公司签订《保证合同》,约定兴融公司承诺依照《委托保证合同》约定履行担保义务,兴融公司就《融资服务合同》约定的融资款项代宝树公司赔偿债权人的损失后,有权向宝树公司追偿等内容。曾某与兴融公司签订《保证反担保合同》,约定曾某为上述《委托保证合同》向兴融公司提供连带保证的反担保等内容。后宝树公司向兴融公司支付保证金 25 万元。2014 年 6 月 24 日,宝树公司通过案外人小微公司金融交易平台融资 15 笔共计 1400 万元,融资期限分别为 6 个月。该债务到期后,宝树公司未按期还款,2014 年 12 月 26 日至 2015 年 1 月 6 日合计借款本金及利息 14122666.78 元。2015 年 1 月 29 日,宝树公司向兴融公司出具了《代偿确认单》,确认了上述代偿事实。小微公司确认上述款项已清分至各个投资人账户。此外,案外人金正达公司以其享有权利的房屋为宝树公司与兴融公司签订的《委托保证合同》提供抵押权反担保,并进行了登记,反担保债权数额为 1500 万元。在该案诉讼过程中,兴融公司申请撤回其对金正达公司的起诉并出具的情况说明,载明"2012 年我公司解除了登记

① 参见云南省高级人民法院(2016)云民终 520 号民事判决书。

在我公司名下的金正达公司的五套房产的抵押权登记，我公司不再行使相应抵押权，同意金正达公司对该房产自行处置”，庭审中，兴融公司认可其放弃金正达公司提供的抵押反担保。

裁判理由：涉案《委托保证合同》《保证反担保合同》内容符合法律规定，系有效合同。鉴于宝树公司在涉案借款期限届满后并未向案外人偿还本金及利息，依照《担保法》第6条①、第31条②之规定，兴融公司有权向债务人宝树公司追偿上述款项。对兴融公司（债权人）与宝树公司（债务人）之间的债权债务关系，曾某、金正达公司分别提供了合法有效的第三人保证担保和第三人抵押担保，兴融公司亦有权依照《物权法》第176条③之规定要求曾某承担担保责任以实现其债权。该案中，兴融公司虽明确表示放弃案外人金正达公司提供的抵押担保，但宝树公司、曾某在诉讼中提及的《担保法》第38条已被在后颁布的《物权法》第176条修订，《物权法》第176条规定在第三人物的担保与保证并存时，债权人可以就物的担保实现债权，也可以要求保证人承担保证责任，二者并无先后顺序，按照“后法优于前法”的原则，该案应当适用《物权法》第176条之规定，故兴融公司是否放弃物的担保并不影响曾某的连带保证担保，曾某仍应依约承担连带清偿责任。

189. 当事人向债权人提供连带共同保证，部分当事人又向债权人提供抵押，约定债权人可以就保证人或者抵押人承担担保责任进行选择，债权人行使抵押权后，当事人是应对全部债务承担连带责任，还是仅对在行使抵押权后不能获偿的部分承担连带责任？

【案例】汴京银行诉付某国等借款合同纠纷案④

裁判要旨：当事人向债权人提供连带共同保证，部分当事人又向债权人提供抵

① 参见《民法典》第681条规定：“保证合同是为保障债权的实现，保证人和债权人约定，当债务人不履行到期债务或者发生当事人约定的情形时，保证人履行债务或者承担责任的合同。”

② 参见《民法典》第700条规定：“保证人承担保证责任后，除当事人另有约定外，有权在其承担保证责任的范围内向债务人追偿，享有债权人对债务人的权利，但是不得损害债权人的利益。”

③ 参见《民法典》第392条规定：“被担保的债权既有物的担保又有人的担保的，债务人不履行到期债务或者发生当事人约定的实现担保物权的情形，债权人应当按照约定实现债权；没有约定或者约定不明确，债务人自己提供物的担保的，债权人应当先就该物的担保实现债权；第三人提供物的担保的，债权人可以就物的担保实现债权，也可以请求保证人承担保证责任。提供担保的第三人承担担保责任后，有权向债务人追偿。”

④ 参见河南省开封市中级人民法院（2018）豫02民终675号民事判决书。

押，债权人按照约定可以要求保证人承担责任，也可以要求抵押人承担责任。债权人要求就抵押物拍卖价款优先受偿的，其选择权已经行使完毕，保证人仅对在行使抵押权后未获清偿的部分承担连带责任。

基本案情：2016年7月15日，汴京银行与隆昌公司签订了一份借款合同，约定汴京银行向隆昌公司提供借款1200万元。2016年7月15日，付某民、付某国与汴京银行签订了一份保证合同并出具了两份担保承诺书，保证合同约定付某国、付某民为隆昌公司的上述债务提供连带责任保证，并约定债权人可以就要求保证人或者抵押人承担担保责任进行选择。2016年7月15日，付某国与汴京银行另签订了一份抵押合同，约定付某国将其有权处分的林地使用权及拥有所有权的林木为隆昌公司的上述债务提供抵押担保，并办理了抵押登记手续。上述合同签订后，汴京银行如期发放贷款，后隆昌公司未能按期偿还借款本息。汴京银行诉至法院，要求隆昌公司偿还借款本息，付某国、付某民对上述债务承担连带清偿责任，并对付某国抵押的林地使用权及林木进行拍卖，就变卖所得隆昌公司在借款本息范围内享有优先受偿权。付某国、付某民辩称，应当依法对抵押物进行拍卖，不足部分才由保证人承担保证责任。

裁判理由：根据《物权法》第176条①、第178条②之规定，结合该案，付某国、付某民既是隆昌公司的债务保证人，付某国又以林木所有权及林地使用权作抵押，汴京银行可以要求付某国、付某民承担连带责任，也可以要求付某国以其物保财产实现债权。汴京银行要求对付某国所抵押的林地使用权及林木进行拍卖，变卖所得在借款本息内优先受偿，已经行使了对于第三人物保和人保的选择权。故而，付某国、付某民对汴京银行行使抵押权后不获清偿的部分承担连带责任。

---

① 参见《民法典》第392条规定："被担保的债权既有物的担保又有人的担保的，债务人不履行到期债务或者发生当事人约定的实现担保物权的情形，债权人应当按照约定实现债权；没有约定或者约定不明确，债务人自己提供物的担保的，债权人应当先就该物的担保实现债权；第三人提供物的担保的，债权人可以就物的担保实现债权，也可以请求保证人承担保证责任。提供担保的第三人承担担保责任后，有权向债务人追偿。"

② 该条规定的是《物权法》与《担保法》效力衔接的问题，内容为"担保法与本法的规定不一致的，适用本法"。

190. 同一债权人向同一债务人发放多笔贷款，同时存在主债务人提供的最高额抵押和主债务人公司法定代表人保证，在单笔贷款履行期限已经届满但最高额抵押存续期间尚未届满时，保证期间从何时起算？

【案例】陈良支行诉周某举保证合同纠纷案①

裁判要旨：同一债权人向同一债务人发放多笔贷款，同时存在主债务人提供的最高额抵押和保证，在单笔贷款履行期限已经届满但最高额抵押存续期间尚未届满时，保证期间应当从最高额抵押存续期间届满之日起算。

基本案情：周某举系空调厂的法定代表人。空调厂与陈良支行先后签订四份最高额抵押贷款合同并办理了抵押登记，具体为：2004年6月24日，空调厂以自有价值1123万元的机床等设备作抵押，为2004年6月24日至2007年6月23日形成的最高余额不超过705万元的贷款提供担保；2006年4月29日，空调厂以自有价值2572.95万元的机床等设备作抵押，为2006年4月29日至2008年4月29日形成的最高余额不超过1200万元的贷款提供担保；2006年5月15日，空调厂以自有土地使用权作抵押，为2006年5月15日至2009年5月14日形成的最高余额不超过50万元的贷款提供担保；2006年5月15日，空调厂以自有厂房作抵押，为2006年5月16日至2009年5月15日形成的最高余额不超过50万元的贷款提供担保。2006年2月至11月，空调厂分26笔向陈良支行申请贷款累计1100万元，其中最早到期日2007年1月20日，最晚到期日2007年4月20日。2006年7月31日，周某举向原告出具承诺书，载明"空调厂在陈良信用社的贷款，本人自愿为其提供担保，本人承诺按照担保法的有关规定承担连带担保责任"。2007年5月10日，陈良镇政府与陈良支行及空调厂达成三方协议，约定将上述已抵押土地交由陈良镇政府用于招商引资，陈良镇政府代空调厂偿还贷款400万元。至此，空调厂的贷款余额减至700万元。2007年12月5日，阜宁县人民法院受理空调厂的破产申请，陈良支行随即申报了债权。2009年12月29日，阜宁县人民法院裁定原告债权为700万元（不含利息），对设立抵押的财产享有优先受偿权，但因设立抵押的财产变现收入尚不足以清偿职工债务，故债权分配为零。2010年5月26日，阜宁县人民法院裁定终结破产程序且确认未得到清偿的债权不再受偿。2010年6月10日，陈良支行遂向江苏省盐城市中级人民法院起诉，要求周某举承担连带保证责任清偿700万元贷

① 参见江苏省高级人民法院（2011）苏商终字第0040号民事判决书。

款。周某举则辩称不再承担担保责任,因为从涉案26笔贷款中最晚到期一笔的履行期限届满之日2007年4月20日起算,至空调厂申请破产2007年12月5日止,陈良支行从未向其主张过保证债权,所以陈良支行的诉请已经超过6个月的保证期间。

裁判理由:(1)依据《物权法》第176条①第1款的规定,被担保的债权既有物的担保又有人的保证的,债务人不履行到期债务,若债务人自己提供物的担保的,债权人应当先就该物的担保实现债权。据此,陈良支行在空调厂以自身抵押物清偿债务前可享有免于承担保证责任的抗辩权。由于法律对该情形下保证期间的起算并未作出明确规定,且连带保证人所享有的抗辩权又类似于一般保证人的先诉抗辩权,故可参照适用《担保法》第25条第2款②的规定,即债权人应在得以行使抵押权之日起6个月的保证期间内行使抵押权,否则保证人免除保证责任。(2)涉案四份抵押均为最高额抵押,26笔贷款的到期日也不尽相同,因此在单笔贷款到期日与最高额抵押权存续期间届满之日不一致时,应以两者中较迟到期日作为保证期间的起算点。据此,在单笔贷款履行期限已经届满而最高额抵押权存续期间尚未届满时,6个月保证期间应当自债权人可行使抵押权之日,即最高额抵押权存续期间届满之日起计算。虽然该案26笔贷款中最晚到期的一笔已于2007年4月20日届满,但除第一笔最高额抵押合同的存续期间于2007年6月23日届满外,其余三笔约定的最高额抵押权的存续期间至法院受理空调厂破产清算申请之日均未届满,且第一笔最高额抵押合同期间届满之日距破产受理之日亦不足6个月。因此陈良支行的诉请并未超过6个月的保证期间。

【现行相关规范】

《民法典》第392条

被担保的债权既有物的担保又有人的担保的,债务人不履行到期债务或者发生当事人约定的实现担保物权的情形,债权人应当按照约定实现债权;没有约定或者约定不明确,债务人自己提供物的担保的,债权人应当先就该物的担保实现债

---

① 参见《民法典》第392条规定:“被担保的债权既有物的担保又有人的担保的,债务人不履行到期债务或者发生当事人约定的实现担保物权的情形,债权人应当按照约定实现债权;没有约定或者约定不明确,债务人自己提供物的担保的,债权人应当先就该物的担保实现债权;第三人提供物的担保的,债权人可以就物的担保实现债权,也可以请求保证人承担保证责任。提供担保的第三人承担担保责任后,有权向债务人追偿。”

② 参见《民法典》第693条第1款规定:“一般保证的债权人未在保证期间对债务人提起诉讼或者申请仲裁的,保证人不再承担保证责任。”

权;第三人提供物的担保的,债权人可以就物的担保实现债权,也可以请求保证人承担保证责任。提供担保的第三人承担担保责任后,有权向债务人追偿。

【规范沿革】

《经济合同案件保证问题规定》第15条第1句后半句及第2句

债权人放弃抵押权的,保证人就放弃抵押权的部分不再承担保证责任。但保证人同意继续承担保证责任的除外。

《担保法》第28条

同一债权既有保证又有物的担保的,保证人对物的担保以外的债权承担保证责任。

债权人放弃物的担保的,保证人在债权人放弃权利的范围内免除保证责任。

《担保法解释》第38条

同一债权既有保证又有第三人提供物的担保的,债权人可以请求保证人或者物的担保人承担担保责任。当事人对保证担保的范围或者物的担保的范围没有约定或者约定不明的,承担了担保责任的担保人,可以向债务人追偿,也可以要求其他担保人清偿其应当分担的份额。

同一债权既有保证又有物的担保的,物的担保合同被确认无效或者被撤销,或者担保物因不可抗力的原因灭失而没有代位物的,保证人仍应当按合同的约定或者法律的规定承担保证责任。

债权人在主合同履行期届满后怠于行使担保物权,致使担保物的价值减少或者毁损、灭失的,视为债权人放弃部分或者全部物的担保。保证人在债权人放弃权利的范围内减轻或者免除保证责任。

《担保法解释》第128条第2款

同一债权既有保证又有物的担保的,当事人发生纠纷提起诉讼的,债务人与保证人、抵押人或者出质人可以作为共同被告参加诉讼。

《物权法》第176条

被担保的债权既有物的担保又有人的担保的,债务人不履行到期债务或者发生当事人约定的实现担保物权的情形,债权人应当按照约定实现债权;没有约定或者约定不明确,债务人自己提供物的担保的,债权人应当先就该物的担保实现债权;第三人提供物的担保的,债权人可以就物的担保实现债权,也可以要求保证人承担保证责任。提供担保的第三人承担担保责任后,有权向债务人追偿。

第六百九十二条　保证期间的绝对性及期间、主债务履行期限的推定

【民法典条文】

保证期间是确定保证人承担保证责任的期间，不发生中止、中断和延长。

债权人与保证人可以约定保证期间，但是约定的保证期间早于主债务履行期限或者与主债务履行期限同时届满的，视为没有约定；没有约定或者约定不明确的，保证期间为主债务履行期限届满之日起六个月。

债权人与债务人对主债务履行期限没有约定或者约定不明确的，保证期间自债权人请求债务人履行债务的宽限期届满之日起计算。

实务问题

191. 保证合同无效后，债权人主张权利是否应受保证期间的限制？

【案例】舜欣公司诉舜亦公司、单县财政局等金融不良债权追偿案[①]

裁判要旨：国家机关保证无效后，国家机关应当承担的民事责任转换为缔约过失责任。保证合同无效，债权人未在约定的保证期间内向无效保证人主张权利的，无效保证人应当免除赔偿责任。

基本案情：2010年9月16日，省国托与舜亦公司签订信托贷款合同，由舜亦公司向省国托借款2000万元，借款期限3年，自2010年9月16日起至2013年9月15日止，借款年利率5.4%。2010年9月16日，省国托与泰信公司签订保证合同，由泰信公司为该笔借款提供连带责任保证，保证期间自保证合同生效之日至信托贷款到期后两年。2010年9月16日，省国托向舜亦公司发放借款2000万元。单县财政局向省国托出具《关于为舜亦公司借款提供担保的函》（以下简称担保函），承诺单县财政局自愿为舜亦公司合同项下的义务向省国托提供不可撤销的连带责任担保，保证期间自担保函盖章之日起至信托贷款合同项下最后一笔贷款到期之日后两年止。2013年7月5日、2014年5月15日、2015年7月3日、2016年7月2日，

---

① 参见山东省济南市中级人民法院（2019）鲁01民初3191号民事判决书。

省国托向舜亦公司催收还款。2014 年 5 月 15 日、2015 年 7 月 3 日、2016 年 7 月 2 日，省国托向泰信公司催收还款。2016 年 12 月 30 日，省国托将上述债权转让。2017 年 2 月 16 日，省国托与受让债权人联合登报公告债权转让并催收，被催收人为舜亦公司和泰信公司。2017 年 2 月 17 日，省国托通知舜亦公司和泰信公司债权转让。2017 年 3 月 1 日，省国托通知单县财政局债权转让。2018 年 3 月 19 日，受让债权人再度将上述债权转让给舜欣公司。2018 年 4 月 20 日，受让债权人和舜欣公司通知泰信公司、单县财政局债权转让并催收。舜欣公司起诉要求舜亦公司偿还借款本金 2000 万元及利息，泰信公司承担连带清偿责任，单县财政局对舜亦公司不能清偿的部分承担二分之一的赔偿责任。

裁判理由：单县财政局作为国家机关不得作为保证人，故其向省国托出具的担保函依法无效，单县财政局应承担缔约过失责任。鉴于当事人基于合同无效所承担的缔约过失责任不应超过合同有效时的履行利益，故在担保函有效时债权人尚应在保证期间内向保证人主张权利，在担保函依法无效时担保函中约定的保证期间对于债权人主张权利依然具有拘束力。根据担保函的约定，保证期间至信托贷款合同到期之日后两年即 2015 年 9 月 15 日止。2017 年 3 月 1 日，省国托通知单县财政局债权转让时已超过保证期间，单县财政局依法应予免除赔偿责任。在担保函无效的情况下，单县财政局的保证责任因缔约过失而转换为赔偿责任，其与另一保证人泰信公司之间不是连带债务关系，不应适用《最高人民法院关于审理民事案件适用诉讼时效制度若干问题的规定》第 17 条第 2 款关于“对于连带债务人中的一人发生诉讼时效中断效力的事由，应当认定对其他连带债务人也发生诉讼时效中断的效力”的规定。故对泰信公司催收引起的诉讼时效中断的效力，不及于单县财政局。

192. 保证期间是否会因为商品房预告抵押登记等而延长保证期间？

【案例】招商银行大连分行与一方公司保证合同纠纷案①

裁判要旨：阶段性担保在商品房预售合同中比较常见，通过办理买房人所购房屋的预告抵押登记，可以有效减少金融机构和房地产企业的风险。因其阶段性特

① 参见招商银行股份有限公司大连分行与大连一方地产有限公司保证合同纠纷案，载《最高人民法院公报》2018 年第 5 期。

征,预告抵押登记和商品房预售登记的衔接非常重要。金融机构怠于办理预告抵押登记,等于无限延长房地产企业的保证期间,有违担保法的精神,亦有违诚实信用原则。

基本案情:2011 年 2 月 10 日,招商银行大连分行与一方公司签订《担保协议》,该协议第 1 条约定:甲乙(招商银行为甲方,一方公司为乙方)双方自 2011 年 2 月 10 日起至 2021 年 2 月 10 日止,就乙方依法开发的一方公馆项目的商品房进行个人住房贷款合作。该协议所覆盖额度为人民币 3 亿元。第 4 条约定:乙方对根据该协议的规定向甲方及其所属分支机构申请个人住房贷款的全部借款人所办理的个人住房贷款承担连带责任保证担保,担保总额度为 3 亿元;在担保总额度之内乙方无须逐笔业务向甲方出具担保书。第 5 条约定:乙方保证对每笔贷款承担阶段性担保,担保范围包括但不限于贷款的本金、利息、罚息及甲方收回债权的相关费用;担保期限为自每笔贷款放款之日起至预告抵押登记完成之日止。第 6 条约定:乙方在承担保证担保期间,应当办理购房合同的真实有效的登记备案手续,并及时将购房合同的登记备案手续转交甲方指定代办机构,积极配合甲方办理预告抵押登记手续。如果乙方未能在该协议规定的时限内办妥相关手续,乙方应在接到甲方书面通知书后 5 个工作日内无条件将甲方发放的该笔贷款的本金、利息和其他相关费用归还甲方。第 7 条约定:自甲方贷款发放之日起,至预抵押登记完之日止之前,如出现以下任一情况,甲方有权要求乙方履行担保责任:……(3)非因甲方原因未能在 90 个工作日内办妥借款人所购房屋预告抵押登记手续……(7)非甲方原因造成的抵押登记手续未能办理或存在瑕疵。出现上述情况时,甲方有权要求乙方立即代借款人清偿全部贷款本金、利息、罚息及甲方收回债权的相关费用。第 8 条约定:该协议生效后,任何一方不得擅自变更或解除,需要变更和解除该协议时,应当双方协商一致,达成书面协议。第 10 条约定:该协议自双方有权签字人签字并加盖公章后生效。第 12 条约定:该协议有效期即为第 1 条确定的 2011 年 2 月 10 日起至 2021 年 2 月 10 日。2012 年 7 月 18 日,一方公司与高某签订《商品房买卖合同》(合同编号:0519589),该合同第 3 条约定所购商品房为第×幢×单元×层×号房,用途为公建。第 6 条第 3 项约定:首期房款 980.7 万元于该合同签订的同时支付,剩余房款 979 万元以按揭贷款方式于该合同签署后 30 日内支付,按照附件四补充条款执行。第 18 条约定:案涉房屋仅作公建使用。第 20 条约定:该合同未尽事项,可由双方约定后签订补充协议(附件四)。第 21 条约定:该合同及其附件,空格部分填写的文字与印刷文字具有同等效力。2012 年 9 月 29 日,招商银行大连分行与高某就案涉房屋签订《个人购房借款及担保合同》,该合同第3条约定贷款金额为979万元;第4条约定贷款期限120个月,即从2012年9月29日起至2022年9月29日止……2012年10月9日,招商银行大连分行把高某的借款979万元打入高某本人账户后又转入一方公司在招行五一广场支行开立的账号中。2013年7月8日,一方公司在房产部门对案涉《商品房买卖合同》(合同编号:31700126)进行网签备案,该备案商品房买卖合同说明部分第6条约定:出卖人与买受人可以针对合同未约定或者约定不详的内容,根据所售项目的具体情况签订公平合理的补充协议,也可以在相关条款后的空白行中进行补充约定。双方补充协议的内容属于合同内容,但不在网签系统备案的范围内。该备案合同第3条约定:案涉房屋的用途"非住宅"。双方当事人都未主张此时签订过补充协议。2014年1月17日,一方公司与高某签订附件四《补充协议》,该补充协议第18条约定:×栋仅可用作住宅使用,不允许用作经营、办公等其他用途。第21条第2项约定:该协议作为《商品房买卖合同》不可分割的组成的部分,与《商品房买卖合同》有相抵触部分,以该协议为准。2014年1月17日,一方公司将备案合同(2013年7月8日)及附件四《补充协议》移交给招商银行大连分行。2015年3月6日,案涉房屋因另案被法院查封。自2015年3月10日起,高某未按期偿还银行贷款本金及利息,截至2015年3月10日,未偿还本金余额为8111960.77元。2015年4月22日,招商银行大连分行向法院提起诉讼,请求判令:(1)高某、周某共同偿还本金8111960.77元及至最终还款日止的利息、罚息、复息;(2)高某、周某共同承担银行为实现债权而支付的律师费36万元;(3)一方公司就高某、周某对银行所负的上述债务承担连带清偿责任。2015年8月24日,招商银行大连分行申请撤回对高某、周某的起诉,理由是高某已经死亡,目前对高某的继承人无法查明,也无法联络,为了不影响该案诉讼程序的正常进行,申请撤回对高某、周某的起诉。经查,高某、周某为夫妻关系,《居民死亡医学证明(推断)书》(一方公司提供)证明高某于2015年2月27日去世,招商银行大连分行自愿申请撤回对高某、周某的起诉,符合法律规定,法院予以准许。后招商银行大连分行变更诉讼请求为:(1)判令一方公司就借款人高某所欠银行债务承担连带保证担保责任,偿还本金8111960.77元及该借款自2015年3月10日起至实际清偿之日止的利息、复息、罚息;(2)判令一方公司承担银行为实现债权而支付的律师费36万元。

裁判理由:招商银行大连分行与一方公司在《担保协议》第5条约定,一方公司承担的是阶段性担保,保证期间是每笔贷款放款之日至预告抵押登记完成之日。

双方签订《担保协议》的目的是一方公司在90个工作日内办妥高某所购房屋预告抵押登记手续交给招商银行大连分行，招商银行大连分行办理完预告抵押登记后，一方公司的担保责任即可免除，招商银行大连分行通过抵押权来保障债权实现。从字面上理解，双方当事人对保证期间进行了约定，以办妥预告抵押登记为时间节点，保证期间可以延长，也可以缩短。该约定是双方当事人的真实意思表示，但不能与《担保法》的规定相悖，不能无限延长保证期间，也是阶段性担保的应有之义。因此，该案的保证期间应确定为自2012年10月9日招商银行大连分行放款之日起，至2014年1月17日一方公司向招商银行大连分行交付商品房预告抵押登记手续后，招商银行大连分行在合理期限内办理完预告抵押登记止。《担保协议》第7条约定，如出现非因招商银行大连分行原因未能在90个工作日内办妥借款人所购房屋预告抵押登记手续，招商银行大连分行在自贷款发放之日起，至预告抵押登记完之日止之前，其有权要求一方公司履行担保责任。同理，一方公司将购房合同的登记备案手续交给招商银行大连分行后，招商银行大连分行亦应在合理期限内办理预告抵押登记，而合理期限应以上述双方约定的90个工作日作为参照。关于一方公司应否承担保证责任。该案中，招商银行大连分行是办理预告抵押登记的义务主体，在一方公司未在约定的90个工作日内交付办理预告抵押登记手续情况下，招商银行大连分行收到一方公司迟延交付的预告抵押登记手续后，应当在合理期限内及时办理预告抵押登记，防止案涉房屋被法院查封而无法办理。但是招商银行大连分行在收到一方公司迟延交付的预告抵押登记手续后，不但没有提出异议，而且在一年多的时间里不去办理预告抵押登记，且无合理解释，应视为一方公司阶段性担保的保证责任免除条件成就。根据《担保法》第26条第2款[①]“在合同约定的保证期间和前款规定的保证期间，债权人未要求保证人承担保证责任的，保证人免除保证责任”的规定，招商银行大连分行未在保证期间内向一方公司主张权利，一方公司的保证责任免除。另外，《合同法》第119条第1款[②]规定：“当事人一方违约后，对方应当采取适当措施防止损失的扩大；没有采取适当措施致使损失扩大的，不得就扩大的损失要求赔偿。”因此，招商银行大连分行因怠于履行办理预告抵押登记义务所造成抵押物被法院查封的责任，应当由其自行承担。

---

① 参见《民法典》第693条第2款规定：“连带责任保证的债权人未在保证期间请求保证人承担保证责任的，保证人不再承担保证责任。”

② 参见《民法典》第591条第1款规定：“当事人一方违约后，对方应当采取适当措施防止损失的扩大；没有采取适当措施致使损失扩大的，不得就扩大的损失请求赔偿。”

193. 保证合同约定保证期间至主债务全部清偿完毕之日的，保证期间如何认定？

【案例1】吉利区城市信用社超过法定保证期限诉连带责任保证人中原内燃机配件总厂承担保证责任案①

裁判要旨：当事人在担保合同中约定担保期间至主债务本息全部清偿完毕之日止，视为未约定保证期间，债权人有权自主债务履行期届满之日起6个月内要求保证人承担保证责任。

基本案情：1996年1月20日，原告吉利区城市信用社与被告孟县天然保健食品饮料厂、河南省中原内燃机配件总厂签订借款担保合同一份。合同约定：由吉利区城市信用社贷给孟县天然保健食品饮料厂10万元，期限自1996年1月20日起至1996年6月20日止，由河南省中原内燃机配件总厂作为连带责任保证人，担保期间至主债务本息全部清偿完毕之日止。该笔贷款到期后，原告多次向被告孟县天然保健食品饮料厂催要，该被告一直拖欠不还。1996年8月15日，原告要求担保人河南省中原内燃机配件总厂承担保证责任，但其至诉讼时也未履行还款义务。截至1997年2月28日，被告孟县天然保健食品饮料厂尚欠原告贷款本金10万元，利息2234.50元，并应向原告支付逾期还款罚息2777.94元，共计贷款本息为105012.44元。1997年3月3日，吉利区城市信用社遂向洛阳市吉利区人民法院提起诉讼，要求判令孟县天然保健食品饮料厂立即归还拖欠的贷款本金和利息，并支付逾期还款的罚息，担保单位承担连带赔偿责任。

裁判理由：该案争议的焦点主要在于被告河南省中原内燃机配件总厂是否还要承担连带保证的责任。首先要确定河南省中原内燃机配件总厂承担保证责任的期间。关于这一点，当事人在担保合同中约定担保期间至主债务本息全部清偿完毕之日止，由于该约定的担保期间的终止时间处于不确定的状态，这在严肃的法律方面是绝对不允许的，故该担保期间的约定应当属于约定不明，视为未约定保证期

① 参见最高人民法院中国应用法学研究所编：《人民法院案例选（分类重排本）·商事卷》，人民法院出版社2017年版，第1917－1920页。

间，担保期间的起算仍应从主债务履行期间届满之日起算。依照《担保法》第26条①的规定，连带责任保证的保证人与债权人未约定保证期间的，债权人有权自主债务履行期届满之日起6个月内要求保证人承担保证责任。就该案而言，主债务的履行期在1996年6月20日届满，原告应当在此之后的6个月内向保证人主张保证权利。

【案例2】向某芳诉颜某旭等民间借贷纠纷案②

裁判要旨：保证合同约定保证人承担保证责任直至主债务本息还清为止等类似内容的，视为没有约定，保证期间为主债务履行期限届满之日起六个月。*

基本案情：2009年6月1日，周某宁向向某芳出具2份《借条》，分别载明，周某宁借向某芳250000元、50000元，期限到2009年8月15日。2009年10月28日，颜某旭出具了一份《担保书》和一份《承诺书》，《担保书》载明，颜某旭自愿为周某宁所欠向某芳的300000元作全额担保；《承诺书》载明，颜某旭承诺从2009年10月28日起，每月至少与向某芳见面一次，直至债务清偿完毕为止。

裁判理由：本案的争议焦点是向某芳要求颜某旭承担保证责任是否已过保证期间。《担保法解释》第32条第2款③规定：保证合同约定保证人承担保证责任直至主债务本息还清时为止等类似内容的，视为约定不明，保证期间为主债务履行期届满之日起2年。就该案而言，2009年10月28日颜某旭向向某芳同时出具《担保书》和《承诺书》，颜某旭为周某宁所欠向某芳的300000元借款提供担保并承诺担保至债务清偿完毕。从《担保书》和《承诺书》出具的时间和内容来看，《承诺书》中所指的债务应为周某宁所欠向某芳的300000元借款，其承诺至债务清偿完毕的内

① 参见《民法典》第692条第2款规定："债权人与保证人可以约定保证期间，但是约定的保证期间早于主债务履行期限或者与主债务履行期限同时届满的，视为没有约定；没有约定或者约定不明确的，保证期间为主债务履行期限届满之日起六个月。"第693条第2款规定："连带责任保证的债权人未在保证期间请求保证人承担保证责任的，保证人不再承担保证责任。"

② 参见湖北省宜昌市中级人民法院（2012）鄂宜昌中民一终字第00391号民事判决书。

* 《担保法解释》第32条规定："保证合同约定的保证期间早于或者等于主债务履行期限的，视为没有约定，保证期间为主债务履行期届满之日起六个月。保证合同约定保证人承担保证责任直至主债务本息还清时为止等类似内容的，视为约定不明，保证期间为主债务履行期届满之日起二年。"《民法典》修正了这一规定，对于约定的保证期间早于债务履行期限或者与主债务履行期限同时届满的"视为没有约定"情形与"约定不明确"的情形做了统一处理，两种情况下保证期间均为主债务履行期限届满之日起6个月。参见黄薇主编：《中华人民共和国民法典合同编解读》，中国法制出版社2020年版，第763－764页。

③ 参见《民法典担保制度解释》第32条规定："保证合同约定保证人承担保证责任直至主债务本息还清时为止等类似内容的，视为约定不明，保证期间为主债务履行期限届满之日起六个月。"

容,符合上述规定,故该案应认定双方对于保证期间约定不明,保证期间应为主债务履行期届满之日起2年,即从2009年8月16日至2011年8月15日。

194. 保证人在保证期间起算前代替债务人向债权人清偿债务的,该清偿行为是否有效?

【案例】江商担保公司与宁波传慧投资有限公司、单某杰、任某龙、新宝马公司、长荣公司、董某银追偿权纠纷案①

裁判要旨:法律未禁止连带责任保证人在主债务履行期限内代替债务人向债权人清偿债务,如果通过审查可以认定保证人先于保证期间代偿债务具备合理性,并且保证人的代偿行为未损害第三方的权益,应当认定连带责任保证人先于保证期间履行保证责任的行为有效。

基本案情:2014年11月28日,被告新宝马公司与奉化市锦茂投资有限公司(以下简称锦茂公司)、中国银行股份有限公司奉化支行(以下简称中国银行奉化支行)签订委托贷款合同一份,约定锦茂公司委托中国银行奉化支行向被告新宝马公司发放贷款300万元,借款期限为12个月,还款日为2015年11月25日,年利率6.6%。2014年12月1日,中国银行奉化支行按约将300万元贷款汇入被告新宝马公司开立在中国银行奉化支行的账户。2014年11月,原告向锦茂公司出具承诺书一份,承诺原告自愿为被告新宝马公司在委托贷款合同项下的贷款向锦茂公司提供连带保证责任。保证期限自贷款发放之日起到主合同约定的贷款期限届满后2年止。2014年11月26日,原告与被告新宝马公司、被告长荣公司签订贷款反担保协议一份,约定原告为被告新宝马公司代偿借款本息和相应费用后,被告新宝马公司应承担自原告实际代偿之日起以代偿金额为本金按月利率2%计算的利息损失和违约金。被告长荣公司自愿为被告新宝马公司在贷款反担保协议项下的债务向原告承担连带保证方式的反担保责任,反担保责任期限为自原告实际代偿之日起满2年止。2014年11月27日,被告长荣公司、董某银向原告出具反担保承诺书,约定原告为被告新宝马公司代偿借款本息和相应费用后,二被告自愿为被告新宝马公司承担连带保证方式的反担保责任,反担保范围及于代偿的借款本息及相应利息损失和违约金,以及一切为实现债权所付费用。2014年11月28日,被告传慧公

① 参见浙江省高级人民法院(2018)浙民再477号民事判决书。

司、单某杰、任某龙分别向原告出具反担保承诺书，约定原告为被告新宝马公司代偿借款本息和相应费用后，三被告自愿为被告新宝马公司承担连带保证方式的反担保责任，反担保范围及于代偿的借款本息及相应利息损失和违约金，以及一切为实现债权所付费用。2015 年 4 月 21 日，原告向被告新宝马公司出具收据一份，收取保证金 33 万元。自借款之日至 2015 年 11 月 17 日，被告新宝马公司按期付息。2015 年 11 月 25 日，即借款到期日，原告向被告新宝马公司开立在中国银行奉化支行的账号汇款 3003850 元。

裁判理由：本案的争议焦点为江商担保公司于 2015 年 11 月 25 日将 3003850 元汇入新宝马公司账户，是否为江商担保公司履行保证义务的行为。根据委托贷款合同，新宝马公司应于 2015 年 11 月 25 日偿还案涉贷款本金及利息，江商担保公司向新宝马公司汇款用以备足偿还案涉贷款本息的资金，符合委托贷款合同中约定的还款方式，江商担保公司代新宝马公司偿还案涉贷款的意图明确，客观上亦使新宝马公司的贷款债务因此而消灭。据现有证据，江商担保公司与新宝马公司间除案涉贷款存在保证法律关系外并无其他法律关系，亦无证据显示二公司存在关联关系或者其法定代表人、实际控制人等存在关联。故在现有证据下，江商担保公司代新宝马公司偿还案涉贷款，除因系江商担保公司为案涉贷款提供了保证外，并无其他原因，江商担保公司该民事法律行为若非系履行保证义务的行为，再无其他法律依据。债务担保的目的在于保障债权实现，法律亦未禁止保证人在主债务履行期限届满前提前清偿债务，且该案江商担保公司出具的承诺书载明保证期限自贷款发放之日起到主合同约定的贷款期限届满后 2 年止，江商担保公司的代偿行为处于其承诺的期限内，锦茂公司亦曾于该期间内向江商担保公司出具代偿贷款通知书要求代偿案涉债务。综上所述，江商担保公司代新宝马公司偿还案涉贷款的行为应为其履行保证义务的行为。

195. 保证人在保证期间开始前履行部分保证义务的，是否导致保证期间失效并开始起算诉讼时效？

【案例】殷某成诉江某红、盛某才民间借贷纠纷案①

裁判要旨：保证人在保证期间开始前履行部分保证义务的，不会产生保证期间

① 参见江苏省江阴市人民法院（2015）澄徐民初字第 00391 号民事判决书。

失效的法律效果,保证期间依然从原约定的时间起算。

基本案情:2014 年 3 月 8 日,江某红、盛某才共同向殷某成出具借条一份,载明借款 60 万元,江某红系借款人,盛某才系担保人。殷某成、盛某才一致认可还款期限为 2014 年 8 月。2014 年 8 月 20 日,盛某才向殷某成转账 10 万元,殷某成认可该款为归还的借款本金。2015 年 7 月 6 日,殷某成具状起诉。

裁判理由:保证期间不因任何事由发生中断、中止、延长的法律后果。连带责任保证的债权人在保证期间届满前要求保证人承担保证责任的,从债权人要求保证人承担保证责任之日起,开始计算保证合同的诉讼时效。该案中,借条上虽未写明还款时间,但庭审中殷某成、盛某才一致认可借款时口头约定于 2014 年 8 月前还款,该约定合法有效,故盛某才的保证期间自 2014 年 9 月 1 日起计算 6 个月,殷某成于 2015 年 7 月 6 日提起诉讼,已超过法律规定的保证期间,殷某成未提供证据证明其在保证期间内向盛某才主张过权利,应承担举证不能的法律后果;虽然 2014 年 8 月 20 日盛某才经手归还了 10 万元,但该还款系在担保期内,尚未开始计算保证期间,根据上述规定,债权人在保证期间届满前要求保证人承担保证责任的,从债权人要求保证人承担保证责任之日起开始计算保证合同的诉讼时效,故在借期内经盛某才还款不产生开始计算保证合同诉讼时效的结果。综上,盛某才关于不再承担担保责任的主张于法有据,法院依法予以支持,盛某才的保证责任免除;殷某成未在保证期间内向保证人主张权利,应自行承担相应的法律后果。

196. 当事人约定的保证期间超过主债务诉讼时效的,是否有效?

【案例】常某斌与陆某珍、原审被告张某军、朱某华民间借贷纠纷案①

裁判要旨:保证合同约定的保证期间超过主债务诉讼时效的,应当认定约定合法有效。

基本案情:2011 年 8 月 31 日,张某军、朱某华向常某斌出具借条一份,载明"借到常某斌 6 万元,期限 90 天,月利率 24‰,担保期间为自借款之日起 4 年"。陆某珍在该借条连带责任担保人处签名担保。后张某军仅给付部分利息,借款本金及其余利息未付。原告常某斌起诉至法院,请求判令张某军、朱某华立即归还借款 6 万元,并支付利息 17280 元;陆某珍对上述债务承担连带清偿责任。被告张某军、朱某

① 参见江苏省泰州市中级人民法院(2014)泰中民四终字第 00783 号民事判决书。

华辩称：借款当时原告实际扣了一个月的利息2400元，故实际向常某斌借得57600元；后已按月利率4%给付利息至2013年11月。现只同意分期归还本金6万元。被告陆某珍辩称：虽然书面约定其的担保期限为4年，但当时口头约定其的担保期间仅为3个月。现该保证期间已过，其的保证责任已经免除，请求驳回原告对其的诉讼请求。

裁判理由：一审法院认为，根据双方当事人提供的证据，可以确认原告和被告间存在借贷担保法律关系。原告要求被告张某军、朱某华归还借款的诉讼请求成立，依法予以支持。至于被告陆某珍的保证责任，双方约定保证期间为自借款之日起4年，该约定规避了诉讼时效的规定，超出诉讼时效部分为无效约定，故陆某珍的保证期间应为自借款之日起2年。原告起诉时已超过该保证期间，陆某珍的保证责任已免除，不应承担连带清偿责任。

二审法院认为，本案涉诉借条载明"担保期间为自借款之日起4年"，陆某珍在该借条连带责任担保人处签名担保，一方面，该约定内容具体明确，并不会产生令人误解的歧义；另一方面，该约定虽然超出了主债务的诉讼时效，但系各方当事人的真实意思表示，且并未违反法律、行政法规的规定，故应当认定该约定有效。主债务的诉讼时效发生中断或者连续中断的，连带责任保证人应当在保证合同约定的保证期间内承担担保责任。该案中，因债权人常某斌主张自己连续向主债务人张某军、朱某华主张利息，且张某军、朱某华亦陈述自己偿还了部分利息，虽双方对利息偿还截止的时间不一致，但据此应当认定主债务的诉讼时效产生中断，常某斌起诉时借款合同在诉讼时效期间内，故陆某珍应当在保证合同约定的保证期间内承担保证责任。原审判决认定保证期间4年超过了诉讼时效，超出诉讼时效部分为无效约定，适用法律错误，据此所作判决应予纠正。

197. 双方约定的"保证期间"因其能否到来尚不确定，性质上属于条件，而非期间，此种情形下，如何认定该"保证期间"的效力？

【案例】民生银行上地支行诉薛某纯抵押借款合同纠纷案①

裁判要旨：当双方约定的"保证期间"原本属于"条件"的情形下，如该约定不妨碍保证期间的功能，则应承认此种约定之效力。同时，因债权人导致双方约定的条

① 参见北京市第一中级人民法院(2009)一中民初字第9021号民事判决书。

件未能成就，保证人的保证义务应当免除。

基本案情：2003年9月26日，原告民生银行上地支行与被告薛某纯等签订《个人住房抵押借款合同》。约定：民生银行上地支行（乙方）提供一定期限的贷款给薛某纯（甲方），作为甲方支付购买诉争房屋的部分房款；甲方将该房产抵押予乙方，作为偿还合同项下贷款的担保；被告松榆房地产公司（丙方）自愿且不可撤销地承担合同项下贷款的连带保证责任；贷款金额为171万元；贷款期限自2003年9月29日起，至2021年9月29日止；合同项下的贷款，只能用于购买位于北京某处的房屋，建筑面积193.57平方米；贷款的年利率为5.04%，首次还款日为2003年10月20日，此后每月还款日为当月的20日；甲方自愿以该合同第3条所列的房产向乙方提供抵押，作为合同项下贷款的担保；丙方自愿且不可撤销地为该合同项下的所有贷款本金、利息、罚息、复利、违约金、损害赔偿金等费用及甲方应付的其他款项承担连带保证责任，在该合同项下，丙方的保证担保为阶段性保证担保，甲方对在抵押房产办妥抵押登记后才到期的债务，丙方不再承担保证责任；不论任何原因，导致抵押房产不能在房地产管理部门办理抵押登记手续，或乙方无法取得保证其在该合同项下抵押权益的证明文件的，乙方有权要求甲方提前偿还部分或全部贷款，或依法处分抵押房产并优先受偿，或要求丙方履行保证责任。另查，原告民生银行上地支行于2003年9月29日向薛某纯发放了171万元贷款并转存至松榆房地产公司的账户。被告薛某纯于2003年10月开始履行还款义务，2008年5月起，薛某纯停止还款。

裁判理由：关于被告松榆房地产公司是否仍应承担连带保证责任的问题，原告主张根据《个人住房抵押借款合同》第十二章第33条的约定："除非下列事项已在乙方感到满意的情况下获得圆满解决，否则乙方可以在以下任何一项或本合同第二十七条第三款规定的情况发生时，有权要求……或要求丙方履行保证责任……不论任何原因，导致抵押房产不能在房地产管理部门办理抵押登记手续，或乙方无法取得保证其在本合同项下抵押权益的证明文件"，被告松榆房地产公司仍应对被告薛某纯的债务承担连带保证责任。被告松榆房地产公司则提出未能办理抵押登记系原告的过错，在办理好该案所涉房屋的房地产权证明后，其即将有关证书提交给原告，并多次催办，因此，其不应再承担保证责任。庭审中，原告认可已经收到房产证明，并称2004年办理抵押登记时，因必须有共同共有人的签字，而凯特琳陈晓英是外籍人，需要办理相关手续，因手续繁杂，故未办理抵押登记。因原告未提供充分、有效的证据证明该案所涉房屋客观上确已不能在房地产管理部门办理抵押登记，故对于原告提出适用《个人住房抵押借款合同》第十二章第33条约定的主张，法院不予支持。由于原告民生银行上地支行怠于办理涉案房屋抵押登记，其提出请求判令被告松榆房地产公司承担连带保证责任，缺乏事实和法律依据，法院不予支持。

198. 主合同为无固定借款期限借款合同的，保证期间自何时起算？

【案例】付某利诉冯某贵保证合同纠纷案[①]

裁判要旨：主债务还款日期没有约定的，债权人可以随时要求返还，保证期间自债权人要求债务人履行义务的宽限期届满之日起计算。

基本案情：2014年11月14日，叶某龙向付某利借款并出具借条，该借条载明："今借付某利现金贰拾万元整(200000元)。借款人：叶某龙；担保人：冯某贵；2014年11月14日；叶某龙。"借条主文为付某利本人书写，"叶某龙"签名为叶某龙本人签署，"冯某贵"签名为冯某贵本人签署。付某利于2014年11月14日通过工商银行向叶某龙转账18.6万元。关于剩余款项的支付，付某利称其将剩余部分以现金的方式直接交付叶某龙。冯某贵称约定借款金额为20万元，但当日付某利实际给付叶某龙19.1万元，预先扣除了3个月利息9000元，其认可转账金额18.6万元，但对于剩余款项如何交付不清楚。冯某贵提交录音证据一份以证明：(1)该案为一般保证，保证人冯某贵享有先诉抗辩权；(2)录音中付某利承认其与叶某龙之间的借款期限实际为3个月，保证合同的保证期间应当自借款期届满后即2015年2月15日开始计算，至该案付某利起诉时已经超过了6个月的保证期间。在保证期间内，付某利未要求冯某贵承担保证责任，现保证合同已过保证期间，故冯某贵作为保证人得以免除保证责任。庭审中，付某利自认，2014年11月14日打完涉诉借条后的两三个月，其开始找叶某龙要求还钱，并同时找冯某贵要求还钱，其主要是通过打电话找叶某龙，叶某龙总说给但就是一直拖着，直到2016年年初，叶某龙失联。2016年9月23日，付某利向法院提起诉讼，要求冯某贵承担保证责任。

裁判理由：关于涉诉借款的履行期，借条本身并未约定还款期限，出借人可随时要求借款人返还借款。原告付某利自认，从2014年11月14日打完涉诉借条后的两三个月，其多次找借款人叶某龙要求还款，故涉诉借款的履行期自原告付某利

---

① 参见北京市顺义区人民法院(2016)京0113民初14090号民事判决书。

首次要求叶某龙还款之日届满，最迟可推定为2015年2月15日。关于保证合同的保证期间，根据《担保法》第26条①的规定，连带责任保证的保证人与债权人未约定保证期间的，债权人有权自主债务履行期届满之日起6个月内要求保证人承担保证责任，保证期间内债权人未要求保证人承担保证责任的，保证人免除保证责任。原告付某利未提供证据证明其在保证期间内要求被告冯某贵承担保证责任，至该案起诉时已经超过涉案保证合同约定的保证期间。

199. 在已生效法律文书执行期间为文书载明的债务提供担保的，保证期间如何计算？*

【案例】江某英诉永芳仓储公司、永芳贸易公司保证合同纠纷案②

裁判要旨：在已生效法律文书执行期间为文书载明的债务提供担保的，债权人对保证人享有的权利不受保证期间和诉讼时效的限制。

基本案情：2011年7月14日，南通市劳动人事争议仲裁委员会出具仲裁调解书，确认永芳贸易公司于2011年7月30日前给付江某英工资26988元、经济补偿11000元及其他拖欠款5992元，合计43980元。2012年1月19日，永芳仓储公司向包括江某英在内的16名员工出具担保函，表示自愿为永芳贸易公司欠该16名员工的工资、社会保险费用提供担保和补发。2013年1月25日，江某英等7人达成协议书，因其与永芳贸易公司工资、社会保险等待遇执行纠纷一案，正在执行过程中，永芳贸易公司可供执行的财产不足以清偿协议人所有的工资、社会保险等，只提供了22万元人民币供协议人分配，可供分配的金额不足，后协商确认，不足清偿部分的工资、社会保险由各协议人另行依法向永芳贸易公司等负有法律义务之人主张。江某英获得分配资金33134元。2013年1月29日，江某英向南通市崇川区人民法院递交结

① 参见《民法典》第692条第2款规定："债权人与保证人可以约定保证期间，但是约定的保证期间早于主债务履行期限或者与主债务履行期限同时届满的，视为没有约定；没有约定或者约定不明确的，保证期间为主债务履行期限届满之日起六个月。"第693条第2款规定："连带责任保证的债权人未在保证期间请求保证人承担保证责任的，保证人不再承担保证责任。"

* 人民法院案例库2024－17－5－202－040号储某某与刘某乙执行复议案中的观点可供参考：为担保被执行人履行生效法律文书确定的全部或者部分义务，可以由他人提供财产担保或者保证。他人提供执行担保的，应当向人民法院提交担保书，并载明担保人自愿接受直接强制执行的承诺等内容。执行程序中应当严格按照上述规定认定担保人的身份，否则不应直接裁定执行担保财产或者保证人的财产。同时，追加被执行人应当依照变更追加的相关规定严格执行，不得将执行担保人变更、追加为被执行人。

② 参见江苏省南通市中级人民法院(2016)苏06民终2680号民事判决书。

案申请书,对于其申请执行永芳贸易公司仲裁纠纷一案,已收到执行款人民币33134元,现申请结案,并解除对被执行人的财产查封。2013年2月28日,南通市崇川区人民法院通知江某英申请执行永芳贸易公司仲裁纠纷一案已执行完毕,现结案。

裁判理由:江某英通过仲裁调解书获得胜诉债权,永芳仓储公司在执行期间提供连带责任保证,其为执行结果提供担保,在胜诉债权尚未执行到位的情形下,江某英主张权利不受保证期间约束,亦不受诉讼时效约束。

200. 为已经到期的债务提供保证的,保证期间如何认定?*

【案例1】张某娣诉周某芬等保证合同纠纷案①

裁判要旨:保证人为已经到期的债务提供保证的,保证的债权已经确定,其提供保证的意思表示一经债权人接受,保证人即对已经确定的债务向债权人承担保证责任,不再受保证期间的限制,诉讼时效自保证承诺书出具之日起算。

基本案情:2012年6月7日,张某娣(甲方)与扬州人家国际大酒店有限公司(乙方,以下简称大酒店公司)、扬州人家置业有限公司(乙方,以下简称置业公司)签订《还款协议》。协议第1条确认张某娣已经分次实际出借给大酒店公司、置业公司以下资金:大酒店公司、置业公司分别于2008年4月30日、2010年11月5日、2011年11月29日向张某娣借款5470万元、3000万元、1500万元,上述借款合计9970万元,此款张某娣均已全额支付。协议第2条约定大酒店公司、置业公司应在2012年11月30日之前归还借款本金。第3条约定2013年4月30日前,本金和利息全部结清。大酒店公司将其坐落在扬州市解放南路×号的不动产进行了不动产抵押登记。2012年9月7日,上海市奉贤公证处作出《执行证书》,对前述《还款协议》赋予强制执行效力。2013年4月19日,张某娣向江苏省高级人民法院申请依据《执行证书》强制执行。2013年7月29日,江苏省高级人民法院裁定该案指定南京市建邺区人民法院执行。2014年8月31日,周某芬、赵某辉、许某生出具一份担保承诺书,内容载明:张某娣与大酒店公司、置业公司借款纠纷案,其作为大酒店公司、置业公司的投资人和法定代表人,在张某娣与大酒店公司、置业公司于2012年

---

* 该问题争议较大。但四川省高级人民法院的观点"对到期债务提供保证,只要意思表示真实,应该认定成立保证法律关系,而非其他。未约定保证期间的,保证期间为提供保证担保之日起6个月"殊值参考。参见王晓利、王晓川:《为到期债务提供保证的性质》,载《人民司法·案例》2019年第29期。

① 参见江苏省扬州市中级人民法院(2016)苏10民初138号民事判决书。

6月7日签订的《还款协议》第3.4条中承诺自愿为大酒店公司、置业公司履行《还款协议》承担连带保证责任。现因大酒店公司、置业公司至今未履行《还款协议》第2条约定的还款义务，为此，其承诺继续承担连带责任保证人义务至大酒店公司、置业公司向张某娣清偿全部债务之日。2015年11月17日，张某娣申请追加赵某辉、周某芬、许某生为被执行人。2016年12月23日，南京市建邺区人民法院告知张某娣不能直接在执行程序中追加周某芬、赵某辉、许某生为被执行人。此外，中国工商银行股份有限公司扬州分行与大酒店公司、周某芬、赵某辉、许某生金融借款合同纠纷一案经扬商初字第0083号民事判决书判决：大酒店公司于判决生效之日起偿还中国工商银行股份有限公司扬州分行借款本金11860万元及相应利息，并判决如大酒店公司不履行上述债务，中国工商银行股份有限公司扬州分行有权对大酒店公司抵押给中国工商银行股份有限公司扬州分行的位于扬州市解放南路×号的房屋及土地使用权折价或者以拍卖、变卖该抵押物的价款优先受偿。经司法拍卖，大酒店公司位于扬州市解放南路×号的部分房地产流拍。

裁判理由：该案被告周某芬、赵某辉、许某生向债权人提供的担保，系在主债务履行期限届满之后，即债务均已到期之后提供的担保，不适用保证期间的规定，应直接适用诉讼时效的有关规定。被告周某芬、赵某辉、许某生在2014年8月31日作出承诺自愿承担连带担保责任之时，系在主债务均已到期后。保证期间作为一种除斥期间，系赋予债权人一种单方面的形成权利，是在权利尚未形成时设定的时间上的限制。该案债务的保证人周某芬、赵某辉、许某生因其提供担保的债权范围是确定的，其作出担保的意思表示一经债权人接受，债权人即已取得了实然的担保债权，即保证人对当时已经确定的债务向债权人承担担保责任，不存在债权人是否通过在一定期间内行使形成权将或然担保债权确定为实然担保债权的问题。故该案应直接适用诉讼时效的规定，被告周某芬、赵某辉、许某生应当自担保承诺书出具之日起两年内对涉案债务承担担保责任。原告张某娣于2015年11月17日向南京市建邺区人民法院申请追加周某芬、赵某辉、许某生为张某娣和大酒店公司、置业公司借贷案件的被执行人，故该案的诉讼时效应自该日起中断，并重新起算。原告后于2016年12月6日向法院提起诉讼并未超出诉讼时效，符合法律规定，依法予以支持。

【案例2】中信银行诉达因力合公司等金融借款合同纠纷案①

裁判要旨：主债务履行期届满后作出保证，若约定了保证期间，在该约定不违

① 参见北京市西城区人民法院(2019)京0102民初380号民事判决书。

法亦不从根本上否定保证承诺的情况下，从其约定。若未约定保证期间，则不宜适用保证期间制度。

基本案情：1998 年 12 月 28 日，中信银行与达因力合公司签署《人民币借款合同》，约定：中信银行向达因力合公司提供 1700 万元贷款，提款日期为 1999 年 1 月 15 日，还款日期为 1999 年 11 月 15 日。中信银行如约放款。贷款期满后，达因力合公司未能全部偿还贷款本息，尚有 100 万元本金未还，且从 2001 年 6 月 21 日起，未再依约支付利息。2002 年 1 月，达因科技公司、能基投资公司向中信银行出具《保证书》，承诺由达因科技公司与能基投资公司为案涉借款合同项下 100 万元人民币本金及该合同项下所有欠息承担连带责任的保证担保。后中信银行于 2002 年 8 月 14 日、2006 年 10 月 31 日、2008 年 10 月 17 日、2011 年 9 月 2 日、2004 年 11 月 12 日、2010 年 11 月 4 日、2011 年 11 月 25 日、2012 年 11 月 22 日、2013 年 12 月 13 日、2014 年 12 月 3 日、2015 年 11 月 11 日、2016 年 12 月 2 日等时间，以当面、向注册地邮寄并公证的方式向达因力合公司送达《逾期贷款索偿函》《逾期贷款催收函》等催收款项文件，督促达因力合公司还款。中信银行于 2002 年 8 月 14 日、2006 年 11 月 8 日、2007 年 11 月 2 日、2008 年 11 月、2009 年 7 月 2 日、2011 年 9 月 2 日、2011 年 11 月 25 日、2012 年 11 月 22 日、2013 年 12 月 13 日、2014 年 12 月 3 日、2015 年 11 月 11 日、2016 年 12 月 2 日等时间，以当面、向注册地邮寄并公证的方式向保证人达因科技公司、能基投资公司送达《逾期贷款协助催收函》《逾期贷款催收函》《逾期贷款担保催收函》等催收款项文件，要求两公司承担担保责任。

裁判理由：关于主债务履行期届满后作出的保证是否适用保证期间制度。法院认为，对于主债务履行期届满后作出的保证，若约定了保证期间，在该约定不违法亦不从根本上否定保证承诺的情况下，应从其约定。若是未约定保证期间，则不宜适用保证期间制度。其理由在于，在连带责任保证中，法律仅规定了保证人在主债务履行期届满前作出了保证，未约定保证期间的，债权人须自主债务履行期届满之日起 6 个月内要求保证人承担保证责任。就保证期间的维度而言，法律并未要求债权人对于主债务履行期届满后作出的连带保证须在某一个时间内要求保证人承担保证责任，以满足保证期间制度的要求。当然，债权人的权利也并非不受到任何制约，其依然受到诉讼时效制度的制约。

201. 主合同对主债务履行期限没有约定的,重新签订借条的行为能否认定为要求债务人履行债务?保证期间自何时起算?

【案例】林某成诉张某堂等民间借贷纠纷案①

裁判要旨:主合同对主债务履行期限没有约定或者约定不明的,重新签订借条的行为视为要求债务人履行债务,保证期间自债权人要求债务人履行义务的宽限期届满之日起计算。

基本案情:张某堂因经营煤炭生意缺乏资金陆续多次向林某成借款。2007年12月7日,张某堂向林某成借款1000000元(该款转入张某堂指定的张某权银行账户),月利率3%。2007年12月7日,张某堂出具借条予以确认,苏某窍在借条上注明,"本人愿将玉山路某某号房屋所有权证(03×号)、土地使用证(013×号)为张某堂向林某成借款壹佰万元提供担保,并承担连带经济责任",并作为担保人在借条上签名并捺手印。截至2008年12月31日,张某堂共支付利息378840元。2016年4月30日,林某成与张某堂结算,张某堂共结欠林某成借款本金1660000元(包含该案借款1000000元及其他3笔借款)。2016年12月31日,张某堂重新出具借条一份予以确认,该借条载明:"本人向林某成借现金人民币壹佰陆拾陆万元整:(1)其中叁拾万元的利息已结至2014年12月31日;(2)壹佰叁拾陆万元的利息已结至2008年12月31日;(3)利息标准按原借款单计算;(4)借款单原件作附件使用。"借款人张某堂在借条上签名并捺手印。此后,张某堂未再偿还款项给林某成。截至2017年7月30日,张某堂尚欠林某成借款本金1000000元、利息1681160元(扣除林某成自认的张某堂已付利息378840元,按月利率2%计算),合计2681160元。苏某窍提供抵押的位于大田县均溪镇玉山路某某号的房产至今未办理抵押登记手续。张某堂、陈某秀于1976年11月10日办理结婚登记手续。

裁判理由:2007年12月7日,张某堂出具一份借条,载明其向林某成借款100万元及相应的利息标准,但未约定还款期限,苏某窍作为担保人在借条上注明,"本人愿将玉山路某某号房屋所有权证(03×号)、土地使用证(013×号)为张某堂向林某成借款壹佰万元提供担保,并承担连带经济责任",借条上亦未约定保证期间。2007年12月7日,张某堂在林某成提交的福建省农村信用合作社储蓄存款凭证上签字确认收到该100万元借款。2016年4月30日张某堂又向林某成出具了一份借

① 参见福建省高级人民法院(2018)闽民申1636号民事裁定书。

款总金额为166万元的借条，就张某堂尚欠的多笔借款本息情况进行确认，林某成和张某堂双方确认该借条中的166万元借款包括该案100万元借款，并确认该案100万元借款的利息已经付至2008年12月31日。苏某窍未在该166万元的借条上签字。因该案中张某堂出具的100万元的借条中未约定保证期间，根据《担保法》第26条①的规定，该案连带责任保证期间为主债务履行期届满之日起的6个月。该案主债务未约定履行期限，根据《担保法解释》第33条②的规定，“主合同对主债务履行期限没有约定或者约定不明的，保证期间自债权人要求债务人履行义务的宽限期届满之日起计算。”林某成和张某堂二人于2016年4月30日就双方的借款情况(包括该案的100万元借款)进行确认并由张某堂出具上述166万元的借条，应视为林某成于2016年4月30日就涉案100万元借款要求张某堂还款，该案保证期间为主债务履行的宽限期届满之日起6个月。林某成没有证据证明该案100万元借款产生后其向苏某窍主张过保证责任，林某成亦明确表示2016年4月30日当天未能联系上苏某窍，苏某窍未在166万元的借条上签字，其亦没有证据证明166万元的借条签订后向苏某窍主张过保证责任。林某成于2017年8月8日提起该案诉讼，与2016年4月30日已时隔1年3个月，远超过6个月，根据前述法律规定，林某成未在宽限期届满之日起6个月内要求苏某窍承担连带保证责任，则苏某窍的连带保证责任得以免除，故原审认定苏某窍无须对该案债务承担连带清偿责任并无不当。

202. 分期付款债务中，债务人违约导致主债务履行期限提前届满，保证期间从何时开始起算？

【案例】机械公司诉全某、张某买卖合同纠纷案③

裁判要旨：因债务人违约导致主债务履行期限提前届满，保证期间自提前届满之日起算。

---

① 参见《民法典》第692条第2款规定：“债权人与保证人可以约定保证期间，但是约定的保证期间早于主债务履行期限或者与主债务履行期限同时届满的，视为没有约定；没有约定或者约定不明确的，保证期间为主债务履行期限届满之日起六个月。”第693条第2款规定：“连带责任保证的债权人未在保证期间请求保证人承担保证责任的，保证人不再承担保证责任。”

② 参见《民法典》第692条第3款规定：“债权人与债务人对主债务履行期限没有约定或者约定不明确的，保证期间自债权人请求债务人履行债务的宽限期届满之日起计算。”

③ 参见重庆市第五中级人民法院(2020)渝05民终8396号民事判决书。

基本案情:全某作为买受人向机械公司购买挖掘机一台,采取分期方式付款。张某为贷款提供连带责任保证,保证期间为合同履行期限届满之日起两年。挖掘机交付后,全某未按照合同约定支付贷款。2014 年 5 月 16 日,机械公司收回挖掘机,并给予全某 15 日宽限期,明确 15 日内未与机械公司结清逾期欠款的,机械公司有权通过变卖所收回的设备用于偿还逾期欠款。2014 年 6 月 1 日宽限期届满后,全某未能结清欠款,机械公司遂将挖掘机出卖给案外人。

裁判理由:本案的争议焦点为保证期间的起算问题。《担保法解释》第 30 条第 2 款①明确规定,债权人与债务人对主合同履行期限作了变动,未经保证人书面同意的,保证期间为原合同约定的或者法律规定的期间。对于因债务人违约导致主债务履行期限提前届满,保证期间应从原合同约定的债务履行期届满之日起算,还是从提前届满之日起算,法律和司法解释均未作出明确规定。主合同双方擅自变更主债务履行期限是保证人所无法预料的,而履行期限会因当事人约定而变更,是保证人在提供保证时应当预计的风险。保证期间应从主债务履行期限提前届满日起算。该案中,因全某的违约行为导致主债务履行期限届满时间为 2014 年 6 月 1 日。现机械公司未举证证明其于 2016 年 6 月 1 日前向张某主张过权利,张某免除保证责任。

203. 保证期间的起算时间不是月、年的第一天,保证期间的届满之日如何计算?

【案例】中国东方资产管理公司北京办事处诉宏大房地产公司等金融借款合同纠纷案②

裁判要旨:保证期间的起算时间不是月、年的第一天,保证期间为两年的,每年应当按照 365 天计算,还应当注意期间是否有闰年的情形。

基本案情:2001 年 8 月 24 日,中贸商品交易中心有限责任公司(后变更名称为中辰九亿信用担保有限公司,以下简称中贸商品交易公司)向中国建设银行北京丰台支行(以下简称丰台支行)借款 3000 万元,宏大房地产公司提供连带责任保证。丰台支行向中贸商品交易公司发放了贷款 3000 万元,到期后中贸商品交易公司未

① 参见《民法典》第 695 条第 2 款规定:“债权人和债务人变更主债权债务合同的履行期限,未经保证人书面同意的,保证期间不受影响。”

② 参见北京市第二中级人民法院(2010)二中民终字第 04267 号民事判决书。

归还借款本息，宏大房地产公司亦未承担保证责任。2004 年，丰台支行向中贸商品交易公司发出逾期催收通知；2004 年 8 月 12 日，丰台支行以特快专递方式向宏大房地产公司发出逾期催收通知，并办理了证据保全公证。后丰台支行将该债权转让给信达资产公司，信达资产公司又再次转让给东方资产公司。

裁判理由：对于保证期间的认定，根据《民法通则》第 154 条第 1 款①的规定，民法所称的期间按照公历年、月、日、小时计算。《民法通则意见》第 198 条②规定，当事人约定的期间不是以月、年第一天起算的，一个月为 30 日，一年为 365 日。期间的最后一天是星期日或者其他法定休假日，而星期日或者其他法定休假日有变通的，以实际休假日的次日为期间的最后一天。该案中，宏大房地产公司与丰台支行在保证合同中约定的保证期间为：自该合同生效之日起至主合同项下的债务履行期限届满之日后两年止。根据借款合同的约定，债务履行期限届满之日为 2002 年 8 月 12 日，所以该案保证期间应至 2002 年 8 月 13 日后两年。因丰台支行与宏大房地产公司约定的两年期间不是从一年的第一天起算，所以依照《民法通则意见》的规定，一年应为 365 日，两年即为 730 日，故该案保证期间为 2002 年 8 月 13 日至 2004 年 8 月 11 日（由于 2004 年为闰年，二月比平年多出一日，故该案的保证期间为 2002 年 8 月 13 日至 2004 年 8 月 11 日，共计 730 日）。丰台支行于 2004 年 8 月 12 日向宏大房地产公司发出逾期贷款催收通知书已经超过保证期间，宏大房地产公司不应对中贸商品交易公司的债务承担连带保证责任。

【现行相关规范】

《最高人民法院关于处理担保法生效前发生保证行为的保证期间问题的通知》（2002 年 8 月 1 日　法〔2002〕144 号）

各省、自治区、直辖市高级人民法院，解放军军事法院，新疆维吾尔自治区高级人民法院生产建设兵团分院：

我院于 2000 年 12 月 8 日公布法释〔2000〕44 号《关于适用〈中华人民共和国担保法〉若干问题的解释》后，一些部门和地方法院反映对于担保法实施前发生的保证行为如何确定保证期间问题没有作出规定，而我院于 1994 年 4 月 15 日公布的法发〔1994〕8 号《关于审理经济合同纠纷案件有关保证的若干问题的规定》对此问题

① 参见《民法典》第 200 条规定："民法所称的期间按照公历年、月、日、小时计算。"

② 此条第 1 款规定：当事人约定的期间不是以月、年第一天起算的，一个月为三十日，一年为三百六十五日。《民法典》及《民法典总则编解释》没有直接相关的法条。

亦不十分明确。为了正确审理担保法实施前的有关保证合同纠纷案件,维护债权人和其他当事人的合法权益,经全国人大常委会法制工作委员会同意,现就有关问题通知如下:

一、对于当事人在担保法生效前签订的保证合同中没有约定保证期限或者约定不明确的,如果债权人已经在法定诉讼时效期间内向主债务人主张权利,使主债务没有超过诉讼时效期间,但未向保证人主张权利的,债权人可以自本通知发布之日起6个月(自2002年8月1日至2003年1月31日)内,向保证人主张权利。逾期不主张的,保证人不再承担责任。

二、主债务人进入破产程序,债权人没有申报债权的,债权人亦可以在上述期间内向保证人主张债权;如果债权人已申报了债权,对其在破产程序中未受清偿的部分债权,债权人可以在破产程序终结后6个月内向保证人主张。

三、本通知发布时,已经终审的案件、再审案件以及主债务已超过诉讼时效的案件,不适用本通知。

《民法典担保制度解释》第29条

同一债务有两个以上保证人,债权人以其已经在保证期间内依法向部分保证人行使权利为由,主张已经在保证期间内向其他保证人行使权利的,人民法院不予支持。

同一债务有两个以上保证人,保证人之间相互有追偿权,债权人未在保证期间内依法向部分保证人行使权利,导致其他保证人在承担保证责任后丧失追偿权,其他保证人主张在其不能追偿的范围内免除保证责任的,人民法院应予支持。

《民法典担保制度解释》第31条

一般保证的债权人在保证期间内对债务人提起诉讼或者申请仲裁后,又撤回起诉或者仲裁申请,债权人在保证期间届满前未再行提起诉讼或者申请仲裁,保证人主张不再承担保证责任的,人民法院应予支持。

连带责任保证的债权人在保证期间内对保证人提起诉讼或者申请仲裁后,又撤回起诉或者仲裁申请,起诉状副本或者仲裁申请书副本已经送达保证人的,人民法院应当认定债权人已经在保证期间内向保证人行使了权利。

《民法典担保制度解释》第32条

保证合同约定保证人承担保证责任直至主债务本息还清时为止等类似内容的,视为约定不明,保证期间为主债务履行期限届满之日起六个月。

《民法典担保制度解释》第 33 条

保证合同无效，债权人未在约定或者法定的保证期间内依法行使权利，保证人主张不承担赔偿责任的，人民法院应予支持。

《民法典担保制度解释》第 34 条

人民法院在审理保证合同纠纷案件时，应当将保证期间是否届满、债权人是否在保证期间内依法行使权利等事实作为案件基本事实予以查明。

债权人在保证期间内未依法行使权利的，保证责任消灭。保证责任消灭后，债权人书面通知保证人要求承担保证责任，保证人在通知书上签字、盖章或者按指印，债权人请求保证人继续承担保证责任的，人民法院不予支持，但是债权人有证据证明成立了新的保证合同的除外。

《民法典担保制度解释》第 35 条

保证人知道或者应当知道主债权诉讼时效期间届满仍然提供保证或者承担保证责任，又以诉讼时效期间届满为由拒绝承担保证责任或者请求返还财产的，人民法院不予支持；保证人承担保证责任后向债务人追偿的，人民法院不予支持，但是债务人放弃诉讼时效抗辩的除外。

【规范沿革】

《经济合同案件保证问题规定》第 11 条

保证合同中没有约定保证责任期限或者约定不明确的，保证人应当在被保证人承担责任的期限内承担保证责任。保证人如果在主合同履行期限届满后，书面要求债权人向被保证人为诉讼上的请求，而债权人在收到保证人的书面请求后一个月内未行使诉讼请求权的，保证人不再承担保证责任。

《经济合同案件保证问题规定》第 12 条第 1 款

债权人与被保证人未经保证人同意，变更主合同履行期限的，如保证合同中约定有保证责任期限，保证人仍在原保证责任期限内承担保证责任；如保证合同中未约定保证责任期限，保证人仍在被保证人原承担责任的期限内承担保证责任。

《担保法》第 25 条第 1 款

一般保证的保证人与债权人未约定保证期间的，保证期间为主债务履行期届满之日起六个月。

《担保法》第 26 条第 1 款

连带责任保证的保证人与债权人未约定保证期间的，债权人有权自主债务履行期届满之日起六个月内要求保证人承担保证责任。

《担保法解释》第31条

保证期间不因任何事由发生中断、中止、延长的法律后果。

《担保法解释》第32条

保证合同约定的保证期间早于或者等于主债务履行期限的,视为没有约定,保证期间为主债务履行期届满之日起六个月。

保证合同约定保证人承担保证责任直至主债务本息还清时为止等类似内容的,视为约定不明,保证期间为主债务履行期届满之日起二年。

《担保法解释》第33条

主合同对主债务履行期限没有约定或者约定不明的,保证期间自债权人要求债务人履行义务的宽限期届满之日起计算。

第六百九十三条　保证期间经过的法律效果

【民法典条文】

一般保证的债权人未在保证期间对债务人提起诉讼或者申请仲裁的,保证人不再承担保证责任。

连带责任保证的债权人未在保证期间请求保证人承担保证责任的,保证人不再承担保证责任。

实务问题

204. 法院是否应当依职权主动审查保证期间是否经过的事实?*

【案例1】甲诉乙民间借贷纠纷案①

裁判要旨:对保证期间是否经过的案件事实,人民法院应当依照职权进行审查,不应仅因保证人未主动提出保证期间经过的抗辩,而对保证期间是否经过的事实不予审查,并直接认定保证人应当就已经超过保证期间的债务承担担保责任。

基本案情:甲、乙于2009年1月20日签订借款合同,约定甲向乙借款3000万元,期限3个月,丙公司在合同上盖章,为甲提供连带保证责任,保证期限6个月。借款到期后,因甲未按合同约定归还借款本息,乙于2010年10月向法院提出诉讼,要求甲归还借款本息,并要求丙公司对借款承担连带责任。

裁判理由:再审法院经审查认为:保证期间在性质上属除斥期间,保证期间是

---

* 最高人民法院民二庭指出,考虑到保证期间届满消灭的是实体权利,对当事人权利义务的影响很大,人民法院对与保证期间有关的事实进行审理时不宜采取类似诉讼时效那样的当事人抗辩主义,而应当在向当事人释明的基础上查明与保证期间有关的基本事实……保证人享有的权利与诉讼时效制度中债务人享有的时效抗辩权虽然都是私权,但内涵完全不同,债权人的债权过了诉讼时效,但债权还是存在的,只是不能获得强制执行的权利。而保证责任则不同,如果债权人没有在保证期间内依法主张权利,保证人的保证责任消灭,故人民法院应当主动查明与保证期间有关的案件基本事实。参见最高人民法院民事审判第二庭:《最高人民法院民法典担保制度司法解释理解与适用》,人民法院出版社2021年版,第325－326页。

① 参见最高人民法院中国应用法学研究所编:《人民法院案例选分类重排本(2016－2020)·民事卷》,人民法院出版社2022年版,第1339－1341页。

否经过，属于案件的基本事实。虽然丙公司在一审、二审中未明确提出超过保证期限的抗辩，但是法院应当依照职权进行审查。故即使保证人未提出已过保证期间的抗辩，法院亦应依职权主动审查保证期间是否经过的事实。一审、二审均未对保证期间是否经过的事实予以审查，即认定丙公司应对该案借款承担连带责任。

【案例2】农村信用社常家分社诉田某民等金融借款合同纠纷案①

裁判要旨：保证人并未对保证期间是否届满提出抗辩的，法院也应当主动审查保证期间是否届满。

基本案情：被告田某民于2007年3月4日与原告农村信用社常家分社签订借款合同，向原告借款30000元，合同到期日为2009年3月28日，借款种类为短期流动资金贷款，借款用途是承包土地，月利率10.1175‰，借款按月结息。借款合同第3条第3项约定因借款人不履行该合同约定的义务，影响贷款人债权实现时，贷款人有权向人民银行、其主管部门或新闻媒体进行公告催收。担保人王某芝、王某、田某军与原告农村信用社常家分社于2007年3月29日签订最高额保证合同，为该笔借款提供保证担保，保证担保的债权最高余额为30000元，保证方式为连带责任保证，保证范围包括主债权本金、利息、罚息、违约金、损害赔偿金以及实现债权的费用，保证期间为主合同约定的债务人履行期限届满之日起2年。合同签订后，原告于2008年3月30日支付被告田某民借款30000元，并确定贷款期限至2009年3月28日，贷款利率为月利率11.8275‰，借款到期后，被告田某民未按照合同约定偿还本息。担保人王某芝、王某、田某军亦未履行担保责任。借款到期后，原告于2011年1月18日在《山东法制报》上刊登催收公告对借款人及担保人进行催收。原告认为，在被告的行为已经影响债权实现的情形下，根据借款合同的约定可以进行公告催收。四被告均未到庭进行答辩。

裁判理由：该案审理的关键在于原告农村信用社常家分社通过报纸公告催收的事实，能否引起保证期间向诉讼时效的转换。原告与借款人王某在借款合同中第3条第3项约定因借款人不履行该合同约定的义务，影响贷款人债权实现时，原告有权采用公告进行催收。在借款人不按时偿还借款的情形下，原告按照约定进行公告行为可以引起诉讼时效的中断。但原告与担保人即该案被告王某、王某芝、田某军之间的最高额保证合同中没有能够适用该方式向担保人主张履行担保责任的约定，并且原告无证据证实担保人存在下落不明或住所变更的情形，该公告催收

---

① 参见山东省高青县人民法院(2012)高商初字第1062号民事判决书。

并不引起保证期间向诉讼时效的转换。故，对原告称报纸公告催收的行为能够引起担保期间与诉讼时效转化之效力的主张，法院不予认可。

【案例3】葛某锋诉王某利、黄某芬民间借贷纠纷案①

裁判要旨:保证期间系除斥期间，保证期间经过，连带责任保证人免除保证责任，连带责任保证人无援引时效抗辩之必要，法院可依职权径行处理。

基本案情:2012 年 7 月 3 日，葛某锋与王某利签订《借款合同》，约定：王某利从事个体经营，急需一笔资金周转。王某利向葛某锋借款 6 万元，于 2012 年 10 月 2 日前还清，借款期限 3 个月，自 2012 年 7 月 3 日起至 2012 年 10 月 2 日止。自支出贷款之日起，按实际支出计算利息。在合同约定的借期内，月利率 2.5%。借款方如果不按期还款，逾期部分加收利率 0.5%。黄某芬作为连带保证人在《借款合同》上签字。2012 年 7 月 3 日，王某利向葛某锋出具借据，载明：因王某利做生意急需用钱做周转，特向葛某锋借款 6 万元，承诺于 2012 年 10 月 2 日前将该笔借款的本金及利息如数归还葛某锋。后葛某锋通过银行向王某利账户汇款 6 万元。2012 年 8 月 14 日，王某利通过银行向葛某锋还款 4000 元。2012 年 8 月 15 日，王某利通过银行向葛某锋还款 3000 元。2012 年 9 月 3 日，王某利通过银行向葛某锋还款 4500 元。2012 年 9 月 11 日，王某利通过银行向葛某锋还款 2000 元。诉讼中，双方表示《借款合同》与借据指向的是同一笔借款。双方均认可王某利通过银行归还葛某锋的 13500 元是本金，故葛某锋对诉讼请求予以调整，要求王某利归还借款本金 46500 元，支付利息（以 46500 元为本金，从 2012 年 10 月 2 日起至实际支付之日止，按照月利率 2.5% 计算）。王某利表示还以现金方式向葛某锋还过部分款项，但是葛某锋对王某利曾经以现金方式还款的说法不予认可。北京市朝阳区人民法院一审判决：(1)被告王某利于本判决生效之日起 10 日内返还原告葛某锋借款 46500 元及利息（以 46500 元为基数，从 2012 年 10 月 2 日至实际付清之日止，按照中国人民银行同期贷款利率 4 倍的标准计付）；(2)驳回原告葛某锋的其他诉讼请求。后葛某锋以法院主动适用保证期间为由申请再审。

裁判理由:关于保证期间是否需要当事人援引的问题。葛某锋认为保证期间系诉讼时效期间，因保证人未抗辩，一审法院越权审查系属违法。就此问题，应首先厘定保证期间之性质。除斥期间是法律规定的权利存续的期间，当期间届满时该权利当然消灭，且该期间不发生中断、中止或延长，当事人纵不援用，法院亦应依职

① 参见北京市第三中级人民法院(2014)三中民申字第 06552 号民事裁定书。

权加以调查。根据《担保法》第25条第2款①、第26条第2款②之规定，保证期间是债权人行使对保证人保证债权的期间，在保证期间内债权人不行使权利，保证人即免除保证责任，其性质与诉讼时效有本质区别，而应属于除斥期间。《担保法解释》第31条③规定，“保证期间不因任何事由发生中断、中止、延长的法律后果”，该规定更进一步肯定了保证责任期间系除斥期间。综上，保证期间系除斥期间，保证期间经过，连带责任保证人免除保证责任，连带责任保证人无援引时效抗辩之必要，法院可依职权径行处理。一审法院认定黄某芬的保证期间已经届满，故葛某锋无权要求黄某芬承担连带保证责任正确。再审法院裁定驳回葛某锋的再审申请。

【案例4】工行福安支行诉吉尔顺公司等金融借款合同纠纷案④

裁判要旨：保证期间届满产生实体权利消灭的法律后果，债权人未在保证期间要求保证人承担保证责任的，保证人免除保证责任，不论保证人是否抗辩，人民法院都应当依职权主动审查保证期间是否已超过的事实。

基本案情：2013年6月7日，工行福安支行与吉尔顺公司签订《小企业借款合同》。合同约定：(1)吉尔顺公司因购电机向工行福安支行借款人民币400万元，借款期限为12个月……年利率为7.2%……2013年6月7日，瑞利达公司、恒实担保公司分别与工行福安支行签订《保证合同》，自愿为吉尔顺公司与工行福安支行于2013年6月7日签订的《小企业借款合同》项下的400万元借款提供连带责任保证担保。保证期间为主合同项下的借款期限届满之日起两年。2013年6月7日，叶某、刘某群向工行福安支行出具担保函，自愿为吉尔顺公司向工行福安支行借款400万元提供无限连带责任保证。合同签订后，工行福安支行依约向吉尔顺公司发放400万元贷款。2014年6月5日，该笔借款到期后，吉尔顺公司未按合同约定偿还借款本息，叶某、瑞利达公司、刘某群、恒实担保公司作为连带责任保证人亦未就吉尔顺公司的上述债务向工行福安支行进行清偿。截至2015年11月21日，吉尔顺公司尚欠工行福安支行借款本金人民币3996336.09元及利息人民币606496.25元（含借款利息、罚息、复利）。

---

① 参见《民法典》第693条第1款规定：“一般保证的债权人未在保证期间对债务人提起诉讼或者申请仲裁的，保证人不再承担保证责任。”

② 参见《民法典》第693条第2款规定：“连带责任保证的债权人未在保证期间请求保证人承担保证责任的，保证人不再承担保证责任。”

③ 参见《民法典》第700条规定：“保证人承担保证责任后，除当事人另有约定外，有权在其承担保证责任的范围内向债务人追偿，享有债权人对债务人的权利，但是不得损害债权人的利益。”

④ 参见福建省福安市人民法院(2015)安民初字第6089号民事判决书。

裁判理由：叶某、刘某群向工行福安支行出具担保函，但未对保证期间进行约定，根据《担保法》第 26 条[①]的规定，叶某、刘某群承担连带保证责任的期间为自主债务履行期届满之日起 6 个月即保证期间自 2014 年 6 月 5 日起至 2014 年 12 月 4 日止。该案中工行福安支行于 2015 年 9 月 14 日诉至法院，要求叶某、刘某群对吉尔顺公司的债务承担连带清偿责任，已超过上述保证期间，叶某、刘某群免除保证责任。保证期间届满产生实体权利消灭的法律后果，债权人未在保证期间要求保证人承担保证责任的，保证人免除保证责任。故无论保证人是否抗辩，人民法院都应当依职权主动审查保证期间是否已超过的事实，进而确定是否免除保证人的保证责任。

【案例 5】王某诉尹某松、郭某文民间借贷纠纷案[②]

裁判要旨：债权人起诉前保证期间已经经过的，保证人没有抗辩的，人民法院也应当主动进行审查。

基本案情：王某与郭某文系朋友关系。2013 年 6 月 7 日，郭某文因资金周转从王某处借款 5.5 万元并为王某出具借条一张，写明："今有郭某文向王某借款人民币现金（伍万伍千圆整）55000 元整，因家中有事所借，于 2013 年 6 月 17 日前归还。其有东南菱悦银灰色车一辆作为抵押，如到日不还其愿无偿过户一切手续 ×××（发动机号）。"郭某文作为借款人，尹某松作为担保人在借条落款处签字、捺指印。此外，借款时，王某与郭某文并未书面约定借款期限及逾期利息，王某与尹某松未约定担保期限。

裁判理由：对保证方式没有约定或者约定不明确的，按照连带责任保证承担保证责任。连带责任保证的保证人与债权人未约定保证期间的，债权人有权自主债务履行期届满之日起 6 个月内要求保证人承担保证责任。在保证期间内，债权人未要求保证人承担保证责任的，保证人免除保证责任。该案中，尹某松作为担保人在该借条上签字，应对该债务承担连带保证责任，该保证责任的保证期间应于 2013 年 12 月 17 日届满。现王某并未提供充分证据证明其在保证期间内要求尹某松承担连带保证责任，故尹某松免除保证责任，王某要求尹某松对郭某文的债务承担连带

---

① 参见《民法典》第 692 条第 2 款规定："债权人与保证人可以约定保证期间，但是约定的保证期间早于主债务履行期限或者与主债务履行期限同时届满的，视为没有约定；没有约定或者约定不明确的，保证期间为主债务履行期限届满之日起六个月。"第 693 条第 2 款规定："连带责任保证的债权人未在保证期间请求保证人承担保证责任的，保证人不再承担保证责任。"

② 参见北京市密云区人民法院（2017）京 0118 民初 5628 号民事判决书。

保证责任的诉讼请求,于法无据,法院不予支持。

【案例6】房某芹诉赵某辉、赵某伟民间借贷纠纷案①

裁判要旨:保证期间属于除斥期间,诉讼过程中,即使保证人未以保证期间届满抗辩,人民法院也应主动审查保证人的保证期间是否已过除斥期间,债权人未在保证期间内向保证人主张权利的,保证人保证责任免除。

基本案情:2012年4月8日,被告赵某辉因经营取暖工程需要资金,向原告房某芹借款50万元,双方约定按月利率2.5%计算利息,借款期限为1年。2012年4月8日原告丈夫姜某成通过银行转账方式向被告赵某辉支付借款50万元。2013年5月20日,被告赵某辉付清约定利息及10万元本金后,双方重新签订借款合同一份,双方约定:借款本金为40万元,按月利率2.5%计算利息;2014年5月20日,被告赵某辉依约付清借款利息后,双方依据先前条款又重新签订借款合同一份。当年5月至8月的利息赵某辉已付清,自2014年9月起,赵某辉再未支付利息。2015年5月20日,原告房某芹作为甲方(出借人)、被告赵某辉作为乙方(借款人)、赵某伟作为乙方保证人,签订借款合同一份,三方约定:"乙方向甲方借款肆拾万元,甲方于2015年5月20日将款项交付乙方。借款时间为一年,从2015年5月20日起至2016年5月20日止,年利率30%,乙方每月向甲方支付利息10000元。"赵某辉在借款合同中的第3条"借款利息"条款的空白处,填写"2014年9月利息未付,到2015年5月20日共欠玖万元整"的内容,房某芹、赵某辉、赵某伟在借款合同的甲方、乙方、乙方保证人处分别签名并捺指印。

裁判理由:本案的争议焦点问题是,该案借款是否已超过保证期间。关于保证期间问题,根据《担保法》第26条②之规定,连带责任保证的保证人与债权人未约定保证期间的,债权人有权自主债务履行期届满之日起6个月内要求保证人承担保证责任。在合同约定的保证期间和上述规定的保证期间,债权人未要求保证人承担保证责任的,保证人免除保证责任。该案中,上诉人、被上诉人以及原审被告于2015年5月20日签订的借款合同约定借款期限为1年,该借款合同于2016年5月20日履行期届满后,被上诉人于2018年5月17日向一审法院起诉,已超过6个月

---

① 参见山东省烟台市中级人民法院(2019)鲁06民终1353号民事判决书。

② 参见《民法典》第692条第2款规定:"债权人与保证人可以约定保证期间,但是约定的保证期间早于主债务履行期限或者与主债务履行期限同时届满的,视为没有约定;没有约定或者约定不明确的,保证期间为主债务履行期限届满之日起六个月。"第693条第2款规定:"连带责任保证的债权人未在保证期间请求保证人承担保证责任的,保证人不再承担保证责任。"

的法定除斥期间。故上诉人主张由于被上诉人未在法定期限内要求上诉人承担保证责任,其保证责任依法应当免除的上诉意见,于法有据,法院予以支持。

【案例7】惠来农信社诉广州天特食品有限公司等金融借款合同纠纷案①

裁判要旨:保证人到庭未提出保证期间抗辩或无正当理由不到庭的,应视为保证人放弃抗辩的权利,法院不主动审查保证期间,保证人不应免除保证责任。

基本案情:2014年10月6日,广州天特食品有限公司(以下简称天特食品公司)向惠来农信社营业部申请贷款。2014年10月9日,作为贷款人的惠来农信社营业部与作为借款人的天特食品公司签订《借款合同》,天特食品公司法人代表李某云、股东官某花向惠来农信社营业部出具《承诺书》,表示为保证公司的贷款3300万元能够按期归还本息,公司所有股东作出如下承诺:公司法定代表人、股东及双方配偶愿为公司贷款提供连带责任保证;当偿债能力不足时,由公司所有股东筹资弥补缺口。2014年10月9日,普宁市时力贸易有限公司向惠来农信社营业部出具《股东会决议书》和《保证担保贷款担保者承诺书》。2014年10月9日,惠来农信社与借款人天特食品公司、李某平签订《保证借款合同》,合同第5条约定,保证人对借款承担连带保证责任,保证期间自借款之日起至借款到期日后2年,保证范围包括贷款本金、利息、违约金、损害赔偿金和贷款人实现债权的费用。2015年4月4日,惠来农信社营业部与天特食品公司、李某平签订《展期还款协议书》,天特食品公司归还本金130万元。2017年7月12日,惠来农信社营业部向李某平发出《逾期贷款催收通知书》,要求其敦促天特食品公司清偿欠款,该《逾期贷款催收通知书》还载明李某平愿意对天特食品公司在2014年10月9日至2015年9月29日向惠来农信社的所有借款承担连带保证责任,李某平于同日予以签名确认。但之后,天特食品公司没有归还本金3170万元及利息。

裁判理由:惠来农信社与天特食品公司签订的《借款合同》系双方的真实意思表示,合法有效,债权债务明确。天特食品公司的法人代表及股东向惠来农信社出具《承诺书》,可视为第三人以书面形式向债权人出具担保书,惠来农信社接受且未提出异议,保证合同成立。因此,官某花应承担连带保证责任。关于李某云在庭审中的答辩意见(其在庭审中辩称债权人没有在约定的保证期间内要求李某云承担保证责任,李某云依法应当免除保证责任),《承诺书》中仅载明“当偿债能力不足

① 参见广东省惠来县人民法院(2018)粤5224民初139号民事判决书。

时，由公司所有股东筹资弥补缺口”，根据《担保法解释》第 32 条[①]之规定，应视为约定不明，保证期间为主债务履行期届满之日起 2 年，李某云的理由成立，予以采纳。

205. 债权人提交的与连带责任保证人的通话清单，是否可以认定为债权人向保证人主张权利的依据？

【案例】申某福诉陈某刚、宋某武民间借贷纠纷案[②]

裁判要旨：对于当事人的举证义务不宜设定得过于苛刻，应综合全案及生活常理，合理把握其提供证据的效力。债权人提供连续期间内与保证人的多次通话清单，保证人抗辩债权人给其打电话并未索要过借款的，不符合常理和生活常识，不应予以支持。

基本案情：2011 年 11 月 4 日，被告陈某刚向原告申某福借现金 62000 元，并给原告出具了欠条一张，约定被告陈某刚于 2012 年 11 月 1 日将借款还清，并由被告宋某武作为保证人在该欠条上签名、捺指印，未约定保证方式、保证期间。借款到期后经原告催要未果，故诉至法院请求判令被告陈某刚归还借款 62000 元及利息，由被告宋某武承担连带清偿责任。原告为支持其主张，提供了欠条原件一张及 2013 年 2 月至 7 月原告与被告宋某武的通话清单 11 张。被告陈某刚未到庭应诉，被告宋某武认为其保证方式为连带责任保证，因欠条中未约定保证期限，保证期间应从还款期届满之日即 2012 年 11 月 1 日起计算 6 个月，到 2013 年 5 月 1 日止。原告未在保证期限内要求保证人承担保证责任，因此担保人的担保责任已经免除，请求法院依法驳回原告要求保证人承担责任的诉讼请求。

裁判理由：因原、被告在欠条中未约定保证人宋某武的保证责任方式，对其保证方式应视为连带责任保证，保证期间为主债务履行期届满之日起 6 个月，原告与被告陈某刚约定 2012 年 11 月 1 日付清借款，则此为债务履行届满之日，被告宋某武的保证期间应从 2012 年 11 月 1 日起计算 6 个月。关于争议焦点问题的举证关键点在于原告对于其在此保证期间内向保证人主张过保证责任的证明义务。根据现实生活中的实际情况，对此种证据的搜集有难度，因此对于原告的举证义务不宜

---

① 参见《民法典担保制度解释》第 32 条规定：“保证合同约定保证人承担保证责任直至主债务本息还清时为止等类似内容的，视为约定不明，保证期间为主债务履行期限届满之日起六个月。”

② 参见新疆维吾尔自治区哈密市人民法院（2013）哈市民一初字 1079 号民事判决书。

设定得过于苛刻，应综合全案及生活常理，合理把握其提供证据的效力，法院根据原告提供的其在保证期间内与保证人的通话记录清单，结合生活常理，对此通话记录的效力予以采纳，可认定为原告在保证期间内通过此种方式向保证人主张过保证责任，自原告主张保证责任之日起开始计算保证合同的诉讼时效，该案保证人不能免除连带保证责任。保证人抗辩的原告给其打电话并未索要过借款不符合常理和生活常识，法院不予采信。

206. 债权人口头向保证人主张权利的，是否可以认定为在保证期间内主张了权利？

【案例】冷某诉姜某琪、王某海民间借贷纠纷案①

裁判要旨：债权人以提起诉讼的形式请求保证人承担保证责任，仅为其主张权利的一种方式，债权人也可以在诉讼外请求保证人承担保证责任，即债权人以口头等其他形式主张权利，也是债权人要求保证人承担保证责任的合法方式。

基本案情：王某海（曾用名王某）于2007年3月10日向冷某借款10万元，王某海以王某的名义给冷某出具借据一份，约定还款期限为2个月，由姜某琪作为担保人。借款到期后，因王某海下落不明，冷某于2007年11月5日向姜某琪索要过借款，要求其承担保证责任，但姜某琪对该借款及利息分文未付。故冷某诉至法院，请求王某海立即偿还借款10万元及利息，并要求姜某琪承担连带偿付责任。一审法院判决姜某琪承担连带保证责任后，姜某琪提出上诉称，冷某在2008年1月10日前没有找过上诉人要求偿还借款，请求二审法院依法改判，免除上诉人的保证责任。

裁判理由：连带责任保证的保证责任因保证期间的届满或者完成而消灭，以债权人未向保证人主张权利为要件。债权人未向保证人行使权利，是指债权人未以任何形式请求保证人承担保证责任。债权人向保证人主张权利，不以诉讼为必要，债权人以诉讼方式请求保证人承担保证责任，仅为其主张权利的一种方式，债权人也可以在诉讼外请求保证人承担保证责任。该案中，被上诉人冷某本人委托他人在该借款履行期限届满之日起6个月内曾以口头形式向上诉人姜某琪索要过该借款，即要求其承担保证责任。故原审法院判决上诉人姜某琪承担连带保证责任，并无不当之处。

---

① 参见辽宁省本溪市中级人民法院（2010）本民一终字第00130号民事判决书。

207. 债权人仅提供了到保证人处的照片，并无其他直接证据的，可否认定向保证人主张了权利？

【案例】邮政银行周村支行与邵某凯等金融借款合同纠纷案①

裁判要旨：债权人仅提供了到保证人处的照片，虽无其他证据，但债权人和保证人之间也不存在其他纠纷，债权人主张系为借款逾期事宜找保证人并拍照对现场情况进行保留，虽然无法完全排除存在相反的可能性，但符合日常经验，在保证人没有提交足以推翻债权人证据的相反证据的情况下，可以认定债权人向保证人主张了权利。

基本案情：2011 年 1 月 26 日，邮政银行周村支行与唐某富、邵某凯、杜某鹏签订《小额贷款联保协议书》一份，约定：(1)唐某富、邵某凯、杜某鹏自愿组成联保小组，联保小组成员自愿组合、诚实守信、风险共担；(2)自 2011 年 1 月 26 日至 2013 年 1 月 26 日，各成员对成员中单一借款人在邮政银行周村支行贷款最高额 100000 元以内承担连带保证责任，保证范围为借款本金、利息、罚息和实现债权的费用，保证期间为借款之日至借款到期后二年。张某作为邵某凯的配偶、宋某英作为杜某鹏的配偶、刘某珍作为唐某富的配偶分别在上述《小额贷款联保协议书》中签名、捺指印。2011 年 1 月 26 日，唐某富与邮政银行周村支行签订《小额联保借款合同》一份，约定：(1)唐某富向邮政银行周村支行借款 100000 元，借款期限 12 个月，自 2011 年 1 月至 2012 年 1 月，年利率 13.5%，逾期加收借款利率 50% 的罚息；(2)还款方式为阶段性等额本息还款法，即借款前 3 个月按月偿还当月利息，不还本金，此后期间，按照等额本息还款法偿还。该借款协议签订当日，邮政银行周村支行与刘某珍签订《小额借款合同补充协议》一份，约定刘某珍作为唐某富的配偶自愿作为共同借款人，对唐某富的借款本息承担连带清偿责任。上述合同签订后，邮政银行周村支行按合同约定于 2011 年 1 月 26 日向唐某富发放借款 100000 元，存入唐某富在邮政银行周村支行开设的账户内，并由唐某富出具借据一份，借据载明的借款本金、借款期限、还款方式、执行利率等均与借款合同一致。截至 2014 年 3 月 17 日，唐某富、刘某珍尚欠借款本金 50859.11 元、利息及罚息 25842.38 元未偿还。另查明，刘某珍原系唐某富之妻，双方于 2011 年 4 月 6 日协议离婚。借款逾期后，邮政银行周村支行到唐某富、刘某珍原住处催收贷款，因二人已不在该处居住未果。

① 参见山东省淄博市周村区人民法院(2015)周民再字第 2 号民事判决书。

2012 年 10 月 20 日，邮政银行周村支行工作人员到邵某凯、杜某鹏处告知唐某富的借款尚未还清，并要求其告知唐某富还款。对于邮政银行周村支行有无要求担保人承担保证责任双方有争议。

裁判理由：对于邮政银行周村支行是否向邵某凯、张某、杜某鹏、宋某英主张了保证责任，根据邮政银行周村支行提交的到邵某凯、杜某鹏处的照片及双方庭审的陈述，证实邮政银行周村支行于 2012 年 10 月 20 日就借款逾期事宜找到保证人，已经明确告知主债务人唐某富未还款的事实，并要求保证人找唐某富还款。对于当时是否要求保证人还款没有书面记载，但是从日常经验及常情角度分析，双方当事人之间并无其他纠纷，邮政银行周村支行为借款逾期事宜找到保证人明确向主债务人催收借款，并以拍照方式对当时现场情况进行了保留。其为实现债权主张权利意图明确，要求保证人承担保证责任应为题中之义，在双方各执一词的情况下，邮政银行周村支行的陈述更具证明力，法院对邮政银行周村支行主张唐某富还款时已要求保证人承担保证责任的事实予以确认。

208. 保证人在保证期间内支付利息的，可否视为债权人主张保证责任？

【案例】瑞城公司与高某、董某新以及颜某军、兰某芬、永安市永达金属制品有限公司、健盛食品股份有限公司、三明市诚成融资担保有限公司、福建安益冷冻有限公司民间借贷纠纷案①

裁判要旨：经股东会授权，公司法定代表人对外处理担保的行为视为公司行为，后来形成的股东会决议不能对抗外部债权人。在保证期间内保证人支付债务利息的行为，视为债权人向保证人主张了本息债权的保证责任，保证人无权再以保证期间经过为由要求免除保证责任。保证责任的诉讼时效从债权人主张保证责任之日起算。

基本案情：颜某军、兰某芬系夫妻关系。2011 年 4 月 19 日，颜某军、兰某芬立下借条载明："兹本人向董某新借到 2000 万元。本笔借款限定用于三明市瑞城房地产开发有限公司支付永安市大窑坑路 × × 号地块的土地出让金，本笔款项由出借人直接存入余某铨账户，开户行：建行三明分行，账号：6227 × × ×，同时转入土地出让金约定账户。借款期限 3 个月，即自 2011 年 4 月 19 日起至 2011 年 7 月 18 日止。

① 参见最高人民法院（2016）最高法民申 621 号民事裁定书。

利息按日0.1%计付。借款担保人对本借款承担连带清偿责任。借款人和担保人自愿放弃清偿抗辩权,同意由出借人所在地人民法院审理。"瑞城公司等在担保一栏处加盖公章,法定代表人签名。2011年4月19日,颜某军、兰某芬又立下借条一份,除载明出借人为高某外,其他内容与第一张借条一致。2011年4月19日,高某、董某新依约将上述借款4000万元存入借条上指定的余某铨开设的银行账户。瑞城公司的法定代表人余某铨在借款后至2013年2月5日一直在支付利息。借款期限届满后,颜某军、兰某芬未能按期还款。经高某、董某新多次催讨,瑞城公司(未加盖公章,法定代表人余某铨签字)、颜某军、兰某芬等于2012年3月5日向高某、董某新出具还款承诺书,载明:"2011年4月19日,承诺人因资金周转困难,兹向高某、董某新两位借款4000万元。本笔借款经双方当事人协商一致,承诺人向借款人对本笔借款作出还款承诺,限于2012年3月19日前归还1000万元及其资金占用费720万元(结算至2012年3月19日);自2012年4月19日起至2012年6月19日止,在当月19日前归还借款1000万元及其资金占用费(按借条约定计付)。如逾期归还,承诺人自己承担由此产生的清偿及违约责任。"2013年4月25日,颜某军、兰某芬向高某、董某新再次出具还款承诺书。后颜某军、兰某芬仍未按承诺偿还相关款项。高某、董某新于2013年5月6日提起诉讼,要求颜某军、兰某芬及瑞城公司还本付息。另外,瑞城公司成立于2011年1月26日,当时的股东为余某铨、邱某坚、朱某平、刘某花,法定代表人为余某铨。2011年4月17日,瑞城公司召开股东会议,形成股东(董事)会决议书:"因瑞城公司暨永达公司交付土地出让金需要,以颜某军、兰某芬夫妻的名义向外借款4000万元整。现就本笔借款担保事项和授权代理人权限等两项事宜,经本次会议作出决议如下:一、本公司同意作为颜某军、兰某芬向高某、董某新借款4000万元整的担保人承担连带清偿责任;二、本公司同意授权余某铨作为本笔借款担保事宜的代理人,后者在本次代理中的合法行为全部均予承认。"上述决议书由各个股东签名确认并加盖瑞城公司公章。2013年4月19日,瑞城公司法定代表人变更为姚某渠。一审审理中,各方共同确认颜某军、案外人连某源和余某铨共向高某、董某新支付款项3010万元。

裁判理由:2012年3月5日,余某铨在《还款承诺书》上签字承诺还款的行为属职务行为。2011年4月17日,瑞城公司形成股东会决议书,同意为颜某军、兰某芬的4000万元借款提供担保,并载明,"本公司同意授权余某铨作为本笔借款担保事宜的代理人,后者在本次代理中的合法行为全部均予承认",包括余某铨在内的全体股东签字,并加盖瑞城公司公章予以确认。2012年4月19日,瑞城公司在颜某军、兰某芬出具的两份借条上盖章确认，为4000万元借款提供担保，余某铨以瑞城公司的法定代表人身份签字认可，借款直接汇入余某铨的账户，用于瑞城公司交付土地出让金。瑞城公司称，2011年11月22日，其股东结构发生了重大变化，公司股东会于2012年1月10日作出过股东会决议，明确法定代表人在没有股东会一致决议的情况下，对外签字属个人行为。但瑞城公司未提供相应证据，且该决议只是其内部文件，并不具有对外效力，不能据此否定余某铨作为法定代表人对外代表瑞城公司的效力。根据一审、二审查明的事实，直到2013年4月19日，瑞城公司法定代表人才由余某铨变更为姚某渠，余某铨亦不再为公司股东。但在此之前，余某铨代表瑞城公司处理该案借款保证事务的身份是持续和一贯的，没有证据证明余某铨与债权人恶意串通或者债权人明知余某铨已经无权处理该事务。因此，2012年3月5日余某铨在《还款承诺书》上签字应当视为瑞城公司的意思表示，瑞城公司应对此承担相应的法律责任。结合上述对余某铨行为性质的认定，余某铨在借款后至2013年2月5日持续从自己的账户向债权人高某、董某新支付利息的行为，应当认定为瑞城公司在自动履行保证义务。瑞城公司的自动履行行为业已为债权人高某、董某新所接受，实际上已经达到了债权人在保证期间内要求保证人承担保证责任的法律效果。在此情况下，债务持续履行行为本身就足以表明债权人要求保证人承担保证责任，债权人有无口头或书面表示形式，并非所问。《担保法解释》第34条第2款[①]规定："连带责任保证的债权人在保证期间届满前要求保证人承担保证责任的，从债权人要求保证人承担保证责任之日起，开始计算保证合同的诉讼时效。"鉴于当事人在法定保证期间届满后仍持续履行债务，诉讼时效应适用《民法通则》第137条[②]的规定，从瑞城公司最后一次支付利息时间即2013年2月5日起计算诉讼时效。该案主债务届满之日为2011年7月18日，其后6个月即为2012年1月18日。即便依照上述司法解释，诉讼时效也应当是在2012年1月18日前，瑞城公司最后一次支付利息之日起算，即不可能早于2011年7月18日。因此，高某、董某新于2013年5月6日提起诉讼，要求保证人承担保证责任并未超过两年诉讼时效。

---

① 参见《民法典》第694条第2款规定："连带责任保证的债权人在保证期间届满前请求保证人承担保证责任的，从债权人请求保证人承担保证责任之日起，开始计算保证债务的诉讼时效。"

② 参见《民法典》第188条第2款规定："诉讼时效期间自权利人知道或者应当知道权利受到损害以及义务人之日起计算。法律另有规定的，依照其规定。但是，自权利受到损害之日起超过二十年的，人民法院不予保护，有特殊情况的，人民法院可以根据权利人的申请决定延长。"

209. 债权人向法院申请执行保证人投资的公司财产的，是否可以认定为主张保证债权的行为？

【案例】工行乌鲁木齐市解放南路支行诉投资公司担保合同纠纷案①

裁判要旨：债权人以保证人为被申请人，以经过公证的具有强制执行效力的债权文书公证书申请强制执行，尽管被法院以公证程序违法为由确定不予执行，但该行为也应当认为是债权人向保证人主张权利。

基本案情：1994年12月17日，工行乌鲁木齐市解放南路支行与新疆新凯蛭石制品有限公司（以下简称新凯公司）签订了6000000元借款合同，还款期限为3年。合同签订后，工行乌鲁木齐市解放南路支行实际发放贷款3000000元。还款到期后，新凯公司未按约定归还借款。1998年12月17日，工行乌鲁木齐市解放南路支行与新凯公司就该借款签订延期还款合同，约定还款期限延至1999年10月17日。投资公司为该延期还款合同提供了连带责任保证，约定保证期间为两年，即至2001年10月17日。该合同签订后，工行乌鲁木齐市解放南路支行于1999年5月单方持上述合同到乌鲁木齐市公证处办理强制执行的公证。乌鲁木齐市公证处在未与主债务人新凯公司及保证人投资公司核实的情况下，出具了具有强制执行效力的债权文书公证书。延期还款到期后，新凯公司及投资公司均未履行还款义务。2000年4月，工行乌鲁木齐市解放南路支行持上述公证的债权文书向新疆维吾尔自治区乌鲁木齐市中级人民法院申请强制执行。该中级人民法院经审查，认为该公证程序违法，确定不予执行。2002年5月，工行乌鲁木齐市解放南路支行向人民法院提起诉讼。

裁判理由：一审法院认为，保证期间为权利除斥期间，债权人应当在保证期间内主张权利，否则将丧失对保证人的担保债权，保证人即免除保证责任。工行乌鲁木齐市解放南路支行未征得债务人和保证人的同意，违法进行强制执行公证，并以此为依据申请强制执行，该行为不具有主张保证债权的法律效力。

二审法院认为，上诉人工行乌鲁木齐市解放南路支行与被上诉人投资公司所签订的保证合同为有效合同，合同当事人应当按照合同的约定承担义务。上诉人工行乌鲁木齐市解放南路支行向人民法院申请强制执行时其所持的公证债权文书虽因公证程序违法而无效，但其产生的法律后果，只是人民法院对上诉人工行乌鲁

---

① 参见新疆维吾尔自治区高级人民法院（2002）新民二终字第103号民事判决书。

木齐市解放南路支行申请强制执行的依据进行审查后认定，其执行依据无效而不予执行，并不能因为人民法院对强制执行依据的无效评价，而否定上诉人工行乌鲁木齐市解放南路支行向人民法院申请强制执行的行为是在要求被上诉人投资公司承担连带保证责任。工行乌鲁木齐市解放南路支行既已在保证期间内向被上诉人投资公司主张了权利，被上诉人投资公司即应依据担保合同的约定承担连带保证责任，即偿还借款本金及利息。

210. 保证人受债务人委托向债权人还款的，是否可以视为债权人向保证人主张了权利？

【案例】高某志、钟某桥诉罗某才等民间借贷纠纷案①

裁判要旨：债权人在保证期间内向保证人主张权利的，保证期间失效，保证人应当向债权人承担保证责任。

基本案情：被告罗某才、李某练系夫妻关系。2011 年 10 月 11 日，被告罗某才因投资需要向原告借款 500000 元，并约定了还款期限和利息。被告左某华在借据上签字担保，但没有注明担保方式。2012 年 1 月，被告左某华代被告罗某才向原告支付利息 50000 元，同年 12 月又向原告支付了利息 40000 元。此后，被告未再支付利息，借款到期后被告也未偿还本金，两原告多次向被告追讨本息，被告均以各种借口推诿。

裁判理由：被告左某华为该笔借款进行了担保，两原告是否在保证期限内向保证人左某华主张了保证权利？在庭审中，被告罗某才认可在借款后，被告左某华多次打电话给其说夹在中间为难，催促其还款给两原告，故委托被告左某华于 2012 年 1 月和 2012 年 12 月向两原告总计付款 90000 元。证人陈某明亦证实其陪同两原告于 2012 年 11 月和 2013 年 1 月找过被告左某华催款。以上足以证明两原告在保证期内向被告左某华主张了权利，故两原告要求被告左某华承担连带偿还的请求，法院予以支持。

---

① 参见湖南省湘乡市人民法院(2013)湘法民二初字第 856 号民事判决书。

211. 连带保证中债权人在保证期间内起诉保证人后撤诉的，是否可以认定保证人应承担保证责任？*

【案例】林某喜诉卢某会保证合同纠纷案①

裁判要旨：连带保证中债权人在保证期间内起诉保证人后撤诉的，债权人首次起诉时保证期间即失效，保证债权的诉讼时效自该日起计算，撤诉行为并不能视为其在实体上放弃了对保证人主张保证责任的权利。

基本案情：2012年5月23日，林某喜（甲方）与庄某玉（乙方）签订《个人借款合同》，约定：乙方向甲方申请借款人民币1000万元，借款期限自2012年5月23日起至2012年8月22日止；合同项下借款利率为月息2%。2012年5月23日，卢某会（甲方）与林某喜（乙方）签订《信誉担保合同（1）》，约定：甲方愿意为主合同项下的债权向乙方提供保证担保；保证方式为连带责任保证；保证期间为自主合同约定的主债务履行期届满之日起两年，前款所述"主债务履行期届满之日"包括在主合同借款人分期清偿债务的情况下，每一笔债务到期之日，还包括依主合同约定，出借人宣布提前到期之日；甲方保证具有法律规定的保证人资格和代为清偿能力，自愿承担并履行保证责任。上述协议签订后，林某喜向庄某玉支付了借款1000万元。后因庄某玉未按期偿还林某喜借款，卢某会亦未承担保证责任，林某喜于2014年8月4日将庄某玉、卢某会诉至法院，要求判令庄某玉偿还借款1000万元及利息120万元，卢某会承担连带责任。诉讼过程中，林某喜撤回了对卢某会的起诉，并与庄某玉于2014年10月8日达成调解协议，法院出具调解书确认：庄某玉于2014年10月30日前偿还林某喜借款本金1000万元及利息。后因庄某玉未按上述民事调解书约定的期限履行义务，林某喜申请强制执行。在执行过程中，法院未发现被执行人庄某玉名下其他可供执行的财产信息，于2015年5月18日裁定终结该次执行程序。因庄某玉未履行调解书的上述义务，卢某会亦未向林某喜承担保证责任，故林某喜于2015年4月22日将卢某会诉至法院。

---

* 债权人提起诉讼或者申请仲裁后又撤回起诉或者仲裁申请，能否视为债权人依法向保证人主张过权利，实践中存在较大争议。一般认为，如果法院将起诉状或者仲裁申请书副本送达保证人的，应当认定债权人在保证期间内对保证人主张了权利；如果未送达给保证人的，应当认定为未在保证期间内向保证人主张权利。参见林文学等：《〈关于适用民法典有关担保制度的解释〉的理解和适用》，载《人民司法》2021年第4期；杨永清：《〈新担保司法解释〉中有关保证合同的几个问题》，载《法律适用》2021年第2期。

① 参见北京市丰台区人民法院（2015）丰民（商）初字第09394号民事判决书。

裁判理由：针对卢某会在该案中提出的林某喜的保证债权已超过双方约定保证期间的辩称意见，法院认为，林某喜已于保证期间内以诉讼方式向卢某会主张了保证责任，其后虽撤回了对卢某会的起诉，但并未明确表示免除卢某会的保证责任。林某喜在保证期间届满前主张了权利，已开始计算保证责任的诉讼时效，故根据《担保法解释》第34条第2款①的规定，该案中林某喜的起诉并未超过卢某会的保证期间及诉讼时效，卢某会的上述辩称意见不能成立。

212. 债权人无其他证据可以证明其在保证期间内向保证人主张了权利，但其与保证人在保证期间内签订借款合同，数额与主合同尚欠借款数额一致，但并未实际交付款项的，该借款合同未生效，是否可以作为债权人向保证人主张权利的证明？

【案例】胡某诉鼎一公司、刘某明民间借贷纠纷案②

裁判要旨：债权人无其他证据可以证明其在保证期间内向保证人主张了权利，但其与保证人在保证期间内签订借款合同，数额与主合同尚欠借款数额一致，但并未实际交付款项的，该借款合同未生效，但可以作为债权人向保证人主张权利的证明。

基本案情：被告鼎一公司因资金周转于2011年7月15日从原告胡某处借款100万元，原告之子韩某炜于当日以转账方式将该款项汇至被告鼎一公司法定代表人董某的资金账户。被告公司于2011年8月2日向原告胡某出具借条一份，载明："今借到胡某现金1000000元（壹佰万元整），归还日期2012年1月19日。借款人：鼎一公司，担保人：刘某明。"其上亦有董某签名及被告刘某明签名并捺印。被告公司于2012年1月18日向原告胡某还款20万元后再未还款。被告刘某明于2012年5月10日向原告出具借据一份，载明："今借到胡某现金80万元（捌拾万元整），承诺在2012年6月30日前还清。借款人：刘某明。"后原告胡某起诉要求二被告连带偿还借款本金80万元，并承担该案全部诉讼费用。被告刘某明则以原告并未在其保证期间内主张保证责任，故应其免除其保证责任，其虽于2012年5月10日向原告出具了借据，但原告并未实际交付所借款项，该借据因缺乏实质

① 参见《民法典》第694条第2款规定："连带责任保证的债权人在保证期间届满前请求保证人承担保证责任的，从债权人请求保证人承担保证责任之日起，开始计算保证债务的诉讼时效。"

② 参见陕西省汉中市汉台区人民法院（2013）汉民初字第01103号民事判决书。

要件不构成法律上的借贷关系而未生效为由，请求驳回原告要求其承担连带责任的诉讼请求。

裁判理由：原告胡某要求被告鼎一公司归还借款，有原、被告陈述和原告出具的借据原件佐证，事实清楚、证据确凿，应予以支持。被告刘某明在借据上以担保人身份签名，应视为其真实意思表示，因借据上未约定保证方式，故被告刘某明应按照连带责任保证承担保证责任。对于被告刘某明于2012年5月10日给原告胡某出具的借款80万元，承诺在2012年6月30日前还清的借据，被告刘某明当庭陈述是因其在2011年8月2日出具的借条上是担保人，原告胡某让其出具此份借条，并不是新的借款。故此份借条应为原告胡某在主债务履行期届满之日起6个月内要求保证人承担保证责任。被告刘某明作为承担连带责任的保证人，应对被告鼎一公司清偿原告胡某尚欠借款承担连带责任，被告刘某明承担保证责任后，有权向被告鼎一公司追偿。

213. 在混合担保中，债权人通过实现担保物权程序实现了担保物权，是否可以视为向保证人主张了权利？

【案例】某银行大丰支行诉广庆公司等金融借款合同纠纷案①

裁判要旨：在既有物保又有人保的情况下，当事人既可以选择实现担保物权这一特别程序，也可以选择一般程序要求义务人承担相关义务。债权人仅向担保物权人主张权利的，不能视为向保证人主张了权利。

基本案情：2012年7月4日，某银行大丰支行（贷款人）与广庆公司（借款人暨抵押人）、杨某1（保证人）、潘某香（保证人）、杨某2（保证人）、谭某荣（保证人）签订《企业最高额抵押、保证借款合同》，约定："……自2012年7月4日起至2015年7月4日止……向借款人发放最高限额贷款不超过柒佰万元正，7000000.00……担保方式为最高额抵押＋保证担保……抵押人同意以位于大丰市开发区科技孵化园、房地产权证书（编号）为大丰房权证大中字第×号厂房，位于大丰市开发区科技孵化园房地产权属证书（编号）为×号土地的使用权作为抵押物……借款人不履行到期债务或发生合同中约定的实现担保物权的情形，贷款人在就该担保物实现债权前要求保证人承担全部债务的保证责任时，保证人不予抗辩……"2012年8月7

① 参见江苏省盐城市中级人民法院（2019）苏09民终2988号民事判决书。

日，广庆公司根据合同约定办理最高额抵押权登记及土地他项权证。2012年8月7日，某银行大丰支行按约将500万元贷款发放至约定账户，广庆纺织公司向某银行大丰支行出具借款借据一份，载明借款利率为6.75‰，借款金额为500万元，到期日为2015年7月4日。2014年12月8日，广庆公司结算了2014年9月20日前的利息，后期利息未能按约偿还。2015年4月3日，某银行大丰支行向法院提起特别程序，申请实现担保物权。2015年4月23日，作出裁定。后经法院执行，将位于大丰开发区科技孵化园1幢、2幢房屋，位于大丰开发区科技孵化园的土地使用权拍卖，获得拍卖款5040000元。2017年11月1日，扣除各项款项后广庆公司尚欠原告欠款本金914809.95元、利息1832241.5元。2017年4月17日，某银行大丰支行以挂号信方式分别向上诉人杨某1、杨某2、谭某荣及原审被告潘某香邮寄了《催收通知书》。其中，收信人为杨某2的因拒收退回，收信人为谭某荣的因地址不详退回。某银行大丰支行提起该案诉讼的时间是2018年8月7日。

裁判理由：一审法院认为，债权人某银行大丰支行在保证期间内积极行使自身权利，且按照法律规定的顺序积极行使，不存在怠于行使权利的情形；担保合同是主债务合同的从合同，无论是物的担保还是人的担保，都是担保合同的组成部分，它作为一个整体对案涉债权共同承担担保责任，所以债权人向担保合同中的任何一部分要求承担担保责任的行为，其效力应自然及于整个担保合同的其他部分。债权人某银行大丰支行根据法律规定的顺序首先申请实现担保物权的行为，其效力应及于其他保证人，应视为向其他保证人主张了债权。二审法院认为，保证期间不因任何事由发生中断、中止、延长的法律后果。该案中，合同约定的保证期间为债务履行期限届满之日起2年；若发生法律、法规规定或合同约定的事项导致借款人在该合同项下的债务提前到期的，贷款人有权要求保证人提前履行保证责任，保证人保证期间自合同债务提前到期之日起2年。同时，合同约定借款人不履行到期债务或发生合同中约定的实现担保物权的情形，贷款人在就该担保物实现债权前要求保证人承担全部债务的保证责任时，保证人不予抗辩。该约定表明，被上诉人在实现担保物权前，有权要求保证人承担保证责任，也就是说，被上诉人要求保证人承担保证责任不以实现担保物权为前提。由此，该案的保证期间应从债务提前到期之日起开始计算。被上诉人于2015年4月3日向法院提起诉讼申请实现担保物权，债务提前到期。故该案的保证期间应当从2015年4月3日起至2017年4月2日止。上诉人虽于2017年4月17日向各保证人发送《催收通知书》，但已过保证期间。由此，根据上述规定，上诉人杨某1、杨某2、谭某荣及原审被告潘某香的保证责任免除。综上所述,一审法院认定该案债权未过保证期间,系法律适用错误,二审法院予以纠正。

214. 作为保证人的企业改制,债权人已经接收相关通知并表示同意,债权人仅向当时已经注销的改制前企业主张权利的,是否可以认定为向保证人主张了权利?

【案例】中国长城资产管理公司沈阳办事处诉本溪市泉山煤矿等金融借款合同纠纷案①

裁判要旨:债权人已经知晓保证人注销及其债权债务由新主体接收的事实,仍对已经消亡的主体进行催收,不能构成对其他主体主张权利。债权人要求新主体承担保证责任,新主体以债权人未在保证期间内向其主张权利为由主张免除保证责任的,应当予以支持。

基本案情:本溪市泉山煤矿(以下简称泉山煤矿)于2003年6月在中国工商银行本溪市分行(以下简称本溪市工行)借款27万元,借款期限至2004年5月13日。本溪冶炼集团有限公司(以下简称冶炼集团)为泉山煤矿上述借款提供连带责任保证。借款期限届满后,二被告未履行还款义务。2005年7月15日中国工商银行辽宁省分行(以下简称辽宁省工行)与中国长城资产管理公司沈阳办事处(以下简称长城公司沈阳办事处)达成债权转让协议,长城公司沈阳办事处催要无果后提起诉讼,请求泉山煤矿偿还欠款本息合计43.64万元;冶炼集团对上述贷款承担保证责任。泉山煤矿对原告主张的借款本息没有异议,但表示因企业已停产多年,其没有偿还能力。冶炼集团主张,2003年6月为泉山煤矿27万元借款提供保证的是本溪冶炼厂,2004年12月本溪冶炼厂改制为本溪冶炼厂(有限公司),新成立的本溪冶炼厂(有限公司)并没有承接本溪冶炼厂的债务。后本溪冶炼厂(有限公司)更名为被告本溪冶炼集团,冶炼集团也不应承担本溪冶炼厂本应承担的保证责任。此外,原告向本溪冶炼厂提出的权利主张对冶炼集团不具有法律效力。

裁判理由:因原保证人本溪冶炼厂已注销,本溪冶炼厂(有限公司)接收其人员、财产及全部债权债务,故本溪冶炼厂(有限公司)应继续承担本溪冶炼厂对泉山煤矿借款的保证义务。根据保证合同的约定,借款的保证期限至2006年5月13

---

① 参见辽宁省高级人民法院(2010)辽民二终字第153号民事判决书。

日。本溪冶炼厂注销前，因该笔欠款向中国工商银行本溪满族自治县支行（以下简称本溪县工行）通知其转制及由本溪冶炼厂（有限公司）承债的情况。因此，2004年12月13日本溪县工行督促已注销的本溪冶炼厂而非新成立的本溪冶炼厂（有限公司）履行保证责任的行为，不应视为在保证期间内向保证人主张了保证责任。2005年7月15日，长城公司沈阳办事处同时受让了本溪冶炼厂作为债务人及保证人的两笔债权，其与辽宁省工行在2005年11月11日的债权转让及催收公告第1104项对新成立的本溪冶炼厂（有限公司）而非签订借款合同时的本溪冶炼厂进行公告，表明长城公司沈阳办事处与辽宁省工行已知晓本溪冶炼厂注销及本溪冶炼厂（有限公司）成立的情况。因此，长城公司沈阳办事处与辽宁省工行在同份公告第1108项向本溪冶炼厂催收的行为，不应视为向保证人冶炼集团主张了权利。由于长城公司沈阳办事处无其他证据证明其或原债权人在保证期间内要求冶炼集团承担保证义务，故冶炼集团免除保证责任。对于长城公司沈阳办事处要求冶炼集团对泉山煤矿借款本息承担保证责任的主张，不予支持。

【现行相关规范】

《最高人民法院对〈关于担保期间债权人向保证人主张权利的方式及程序问题的请示〉的答复》（2002年11月22日　〔2002〕民二他字第32号）第1条

本院2002年8月1日下发的《关于处理担保法生效前发生保证行为的保证期间问题的通知》第一条规定的“向保证人主张权利”和第二条规定的“向保证人主张债权”，其主张权利的方式可以包括“提起诉讼”和“送达清收债权通知书”等。其中“送达”既可由债权人本人送达，也可以委托公证机关送达或公告送达（在全国或省级有影响的报纸上刊发清收债权公告）。

《最高人民法院关于债权人在保证期间以特快专递向保证人发出逾期贷款催收通知书但缺乏保证人对邮件签收或拒收的证据能否认定债权人向保证人主张权利的请示的复函》（2003年6月12日　〔2003〕民二他字第6号）

河北省高级人民法院：

你院〔2003〕冀民二请字第1号请示收悉。经研究，答复如下：

债权人通过邮局以特快专递的方式向保证人发出逾期贷款催收通知书，在债权人能够提供特快专递邮件存根及内容的情况下，除非保证人有相反证据推翻债权人所提供的证据，应当认定债权人向保证人主张了权利。

《最高人民法院关于在保证期间内保证人在债权转让协议上签字并承诺履行原保证义务能否视为债权人向担保人主张过债权及认定保证合同的诉讼时效如何起算等问题请示的答复》(2003 年 9 月 8 日 〔2003〕民二他字第 25 号)

云南省高级人民法院:

你院云高法报〔2003〕5 号《关于在保证期间内,保证人在债权转让协议上签字并承诺履行原保证义务,能否视为债权人向担保人主张过债权,从而认定保证合同的诉讼时效从签字时起算的请示报告》收悉。经研究,答复如下:

《中华人民共和国担保法》(以下简称《担保法》)第二十六条第一款规定的债权人要求保证人承担保证责任应包括债权人在保证期间内向保证人主动催收或提示债权,以及保证人在保证期间内向债权人作出承担保证责任的承诺两种情形。请示所涉案件的保证人—个旧市配件公司于保证期间内,在所担保的债权转让协议上签字并承诺"继续履行原保证合同项下的保证义务"即属《担保法》第二十六条第一款所规定的债权人要求保证人承担保证责任的规定精神……

【规范沿革】

《经济合同案件保证问题规定》第 10 条

保证合同中约定有保证责任期限的,保证人在约定的保证责任期限内承担保证责任。债权人在保证责任期限内未向保证人主张权利的,保证人不再承担保证责任。

《担保法》第 25 条第 2 款

在合同约定的保证期间和前款规定的保证期间,债权人未对债务人提起诉讼或者申请仲裁的,保证人免除保证责任;债权人已提起诉讼或者申请仲裁的,保证期间适用诉讼时效中断的规定。

《担保法》第 26 条第 2 款

在合同约定的保证期间和前款规定的保证期间,债权人未要求保证人承担保证责任的,保证人免除保证责任。

第六百九十四条　保证债务诉讼时效的起算

【民法典条文】

一般保证的债权人在保证期间届满前对债务人提起诉讼或者申请仲裁的，从保证人拒绝承担保证责任的权利消灭之日起，开始计算保证债务的诉讼时效。

连带责任保证的债权人在保证期间届满前请求保证人承担保证责任的，从债权人请求保证人承担保证责任之日起，开始计算保证债务的诉讼时效。

实务问题

215. 保证人部分履行债务的行为是否引发保证合同诉讼时效的起算？

【案例】杨某朝诉余某双等民间借贷纠纷案①

裁判要旨：保证人在保证期间部分履行债务的行为应视为债权人要求保证人承担保证责任后保证人做出的行为，可以认定债权人已在保证期间要求保证人承担保证责任。

基本案情：罗某佩与曹某桥是夫妻关系，两人于2008年12月16日登记结婚。杨某朝与罗某佩是朋友关系，经罗某佩介绍，杨某朝与余某双、余某鹏相识，余某双、余某鹏因资金紧张向杨某朝提出借款。2014年8月23日，余某双、余某鹏向杨某朝借款40万元，并于当日出具《借款借据》一份。借款到期后，余某双、余某鹏并未依约还款，仅在2014年9月26日转账20000元给罗某佩，罗某佩在收到该款当天转账16600元给杨某朝。后杨某朝通过处理余某鹏名下房产而清偿了本金150000元，尚欠本金250000元至今未还。被告罗某佩认为其不是该案的担保人，虽然在借据担保人处签字了，但实际上是见证人，原告也没有在保证期限内向被告罗某佩主张过权利，也过了保证期限，所以被告罗某佩不应当承担任何责任。

裁判理由：一审法院认为，保证人在保证期间部分履行债务的行为不能排除未经债权人主张，保证人主动向债权人还款的情形，故不能推定必然发生债权人向保

---

① 参见广东省广州市中级人民法院（2016）穗01民终字15364号民事判决书。

证人主张担保责任的事实，据此一审法院认为保证期间已过，保证人免除保证责任。二审法院认为，保证人在保证期间部分履行债务的行为应视为债权人要求保证人承担保证责任后保证人做出的行为，债权人已在保证期间要求保证人承担保证责任，债权人在保证合同的诉讼时效期间内起诉保证人，保证人应当承担保证责任。

216. 连带责任保证中，债权人于保证期间内主张权利的，诉讼时效何时起算？

【案例1】钱某侠诉李某1等民间借贷纠纷案①

裁判要旨：债权人在保证期间内向保证人主张权利后，保证期间失效，诉讼时效开始起算。

基本案情：2010年11月19日，李某1、杨某燕经李某2、高某、案外人钱某仁担保向钱某侠借款200000元并出具借条一份，约定月息2分，2011年11月15日归还。2011年10月22日，李某1向钱某侠出具还款计划一份，保证2011年春节前还款不低于20000元、春节后半年内还本金30000元、两年内还清借款。因李某1未能按约还款，钱某侠于2012年5月14日向法院起诉，要求李某1、杨某燕、李某2、高某清偿欠款，后因钱某侠未能按期交纳案件受理费且未能履行相应诉讼费缓减免手续，法院于2012年7月17日裁定该案按撤诉处理。后因李某1仍未能偿还借款，钱某侠于2014年4月再次诉至法院。李某1自借款之日起至2014年4月6日止，共偿还原告借款利息45960.36元。李某2、高某认为，该借款合同已于2011年11月15日到期，原告的起诉日期已过两年的诉讼时效，被告李某2、高某不再承担保证责任。

裁判理由：原告于2012年5月14日第一次向法院起诉，后因原告未能及时交纳诉讼费用被法院按撤诉处理，因被告仍未能偿还借款，原告于2014年4月29日再次诉至法院。原告第一次起诉的日期尚未超出连带责任保证人应当承担保证义务的6个月保证期间，则原告要求被告李某2、高某承担保证义务的诉讼时效期间应从2012年5月14日起计算2年，原告再次诉讼的日期未超出法定的诉讼时效期间，故对被告李某2、高某该辩解不予采纳。

① 参见江苏省宿迁市宿豫区人民法院（2014）宿豫皂民初字第00280号民事判决书。

【案例2】北京农商行汤河口支行诉飞箭公司、宝鸿公司返还金融借款合同纠纷案①

裁判要旨:债权人于保证期间向保证人主张权利,保证期间作用完结,保证债务诉讼时效开始计算。

基本案情:2009 年 11 月 2 日,飞箭公司与北京农商行汤河口支行签订了《借款合同》,约定:借款用途为用于偿还贷款人所欠贷款本金;借款金额为 370000 元,借款期限自 2009 年 11 月 2 日至 2010 年 11 月 2 日;年利率 5.31%,按季结息……飞箭公司法定代表人杨某英、北京农商行汤河口支行负责人崔某全在合同上签字,并加盖了飞箭公司和北京农商行汤河口支行的公章。2009 年 11 月 2 日,北京农商行汤河口支行与飞箭公司签订了《抵押合同》,约定:飞箭公司提供抵押担保;飞箭公司未在该合同约定的抵押财产上设定其他抵押,该合同生效后,北京农商行汤河口支行为第一顺序的抵押权人;用于抵押的财产价值为 738208 元……飞箭公司法定代表人杨某英、北京农商行汤河口支行负责人崔某全在合同上签字,并加盖了飞箭公司和北京农商行汤河口支行的公章。双方在北京市工商行政管理局怀柔分局进行了抵押物的动产抵押登记,抵押物为机器设备 21 台,价值 73.82 万元,被担保债权为 37 万元。2009 年 11 月 2 日,北京农商行汤河口支行与宝鸿公司签订《保证合同》,约定:宝鸿公司愿意向北京农商行汤河口支行提供保证担保;宝鸿公司为主合同项下的债务履行提供全程保证担保,至主合同项下债权获得全额清偿时自动解除。保证期间为自主合同约定的债务履行期届满之次日起两年;主合同项下的债权设定了多个担保时,北京农商行汤河口支行在不放弃其他担保的前提下,有权首先要求宝鸿公司承担保证责任,宝鸿公司不得提出抗辩……宝鸿公司的委托代理人方某、北京农商行汤河口支行负责人崔某全在合同上签字,并加盖了宝鸿公司和北京农商行汤河口支行的公章。2009 年 11 月 6 日,北京农商行汤河口支行签发了贷款发放通知单,发放金额处显示 370000 元,贷款期限自 2009 年 11 月 6 日至 2010 年 11 月 2 日,贷款用途借新还旧,月利率 0.4425%。对应的借款借据上有飞箭公司的公章及其法定代表人杨某英的签字并加盖了姓名章。2009 年 12 月 21 日至 2011 年 6 月 29 日,飞箭公司 8 次还本付息。2011 年 6 月 30 日、2013 年 1 月 8 日、2013 年 10 月 31 日、2015 年 1 月 21 日、2016 年 9 月 26 日,北京农商行汤河口支行分别向债务人、抵押人、担保人发出债权催收通知书,债务人、抵押人、担保人均在通知书上签字确认。截至北京农商行汤河口支行起诉时,飞箭公司尚欠北京农商行汤河口支

① 参见北京市怀柔区人民法院(2018)京 0116 民初 3430 号民事判决书。

行借款本金292000元,截至2017年12月20日,按照双方签订的合同的约定,共产生利息、罚息、复利共计187244.88元。北京农商行汤河口支行未就抵押物行使抵押权,宝鸿公司亦未承担保证责任。

裁判理由:保证期间是债权人向债务人或保证人主张权利的期间,在该案保证人承担连带责任保证的情况下,债权人于保证期间向保证人主张权利即会产生保证期间的作用完结、诉讼时效开始计算的法律后果,而北京农商行汤河口支行几乎每年一次的债权催收也保证了诉讼时效的延续,因此保证人宝鸿公司仍要承担连带保证责任。

217. 从债权诉讼时效中断,是否导致主债权诉讼时效中断?*

【案例1】城郊信用社诉陈某、林某梅、陈某东借款合同纠纷案①

裁判要旨:《民法通则意见》第173条②中规定,权利人向债务保证人、债务人的代理人或者财产代管人主张权利的,可以认定诉讼时效中断。债权人向债务保证人主张债权的,诉讼时效中断。时效中断的效力不仅及于保证人,还及于债务人。

基本案情:2005年2月3日,陈某为修建住房与艾家信用分社签订借款合同,约定其向艾家信用分社借款30000元,借款期限从2005年2月3日至2006年2月3日,月利率6.975‰。合同签订后,艾家信用分社按合同约定日期、数额提供了借款。2006年2月1日,双方约定还款期限展期至2007年2月3日,展期期间月利率8.16‰。林某梅、陈某东对陈某的该笔借款提供连带责任保证担保,保证期间自展期协议重新约定的债务发生期限届满之日起2年。陈某归还借款本金7064.19元,结清2008年1月16日之前的利息4731.13元。2008年7月21日,城郊信用社向陈某东发出逾期贷款催收通知书,陈某东同意对陈某的该笔借款在2010年7月21日

---

* 由于连带保证债务人系从债务人,而且其在承担担保责任之后,就全部担保债务对主债务人享有追偿权,因此,为保障保证人的追偿权,应规定保证债务诉讼时效中断,主债务诉讼时效不中断。否则,主债务人诉讼时效中断,在主债务诉讼时效期间完成后,存在保护保证人追偿权和主债务人的诉讼时效抗辩权的冲突。参见最高人民法院民事审判第二庭编著:《最高人民法院关于民事案件诉讼时效司法解释理解与适用》,人民法院出版社2015年版,第296页。

① 参见湖北省宜昌市点军区人民法院(2010)点民初字第249号民事判决书。

② 参见《民法典总则编解释》第38条规定:“诉讼时效依据民法典第一百九十五条的规定中断后,在新的诉讼时效期间内,再次出现第一百九十五条规定的中断事由,可以认定为诉讼时效再次中断。权利人向义务人的代理人、财产代管人或者遗产管理人等提出履行请求的,可以认定为民法典第一百九十五条规定的诉讼时效中断。”

前承担连带保证责任，但该借款仍未得到清偿，城郊信用社于2010年5月申请诉前调解未能达成协议，故于同年7月29日起诉至法院，要求陈某、林某梅、陈某东承担连带清偿责任。此外，2005年2月3日陈某向艾家信用分社借款时与林某梅系夫妻关系。2007年2月14日，城郊信用社承继原艾家信用分社的债权债务。

裁判理由：城郊信用社提交的证据及当事人的当庭陈述均表明陈某尚欠城郊信用社借款本金22935.81元，该笔借款于2007年2月3日到期后，城郊信用社多次主张债权，引起借款合同诉讼时效中断。陈某认为城郊信用社的起诉已过诉讼时效的观点，与审理查明的事实不符，不予采纳。城郊信用社要求陈某偿还借款的请求符合法律规定，予以支持。陈某东对陈某的借款提供连带责任保证担保，应对该借款承担连带清偿责任。

【案例2】中国农业银行股份有限公司泉州鲤城支行诉开元喷涂厂等金融借款合同纠纷案①

裁判要旨：债权人未能在主债务的诉讼时效期间内向债务人主张权利，但均在主债务的诉讼时效期间内向债务保证人主张权利，应认定保证债务的诉讼时效中断，主债务的诉讼时效亦同时中断。

基本案情：被告开元喷涂厂作为借款人分别于1993年11月26日、1994年1月25日、1994年3月19日向原告借款12万元、8万元、6万元用于购买材料，由泉州市鲤中黎兴塑料厂作为担保人提供担保，并签订三份《中国农业银行担保借款协议书》，三份协议书均约定借款期限为6个月，月利率10.98‰……上述合同签订后，原告依约分3次向被告开元喷涂厂发放贷款共26万元。此后，被告开元喷涂厂只陆续归还借款本金6.5万元，其余借款本金19.5万元及借款利息均未归还。泉州市鲤中黎兴塑料厂后变更名称为被告泉州市丰泽黎兴塑料厂。1999年11月11日，被告开元喷涂厂被工商行政管理机关注销，注销原因为“被吊销”。上述3笔借款到期后，原告曾于1995年11月3日、1997年6月6日、1998年8月25日、1999年2月21日、2000年2月27日、2001年4月1日、2002年9月21日、2004年8月11日、2005年12月20日、2007年9月30日、2009年9月7日向担保人即被告泉州市丰泽黎兴塑料厂送达《债务逾期催收通知书》或《担保人履行责任通知书》催收贷款，并于1998年8月25日、2002年9月23日、2002年12月25日、2004年12月22日、2005年12月20日、2006年12月30日、2008年6月30日、2010年5月31日向

① 参见福建省泉州市鲤城区人民法院(2011)鲤民初字第2094号民事判决书。

被告开元喷涂厂送达《债务逾期催收通知书》催收贷款。至2011年6月10日止，被告开元喷涂厂尚欠原告借款本金195000元，利息、罚息550692.22元。被告泉州市丰泽黎兴塑料厂至今未履行保证责任。原告于2011年6月16日向法院提起诉讼。

裁判理由：《经济合同案件保证问题规定》第11条[①]规定："保证合同中没有约定保证责任期限或者约定不明确的，保证人应当在被保证人承担责任的期限内承担保证责任。保证人如果在主合同履行期限届满后，书面要求债权人向被保证人为诉讼上的请求，而债权人在收到保证人的书面请求后一个月内未行使诉讼请求权的，保证人不再承担保证责任。"上述条款中规定了一个被保证人承担责任的期限，但没有明确具体期限，是在主债务履行期限内或是主债务履行的诉讼时效期限内。根据上述条款规定，保证人在主债务履行期限内必须行使救济权利，通过履行相应程序才能使保证责任免除。所以，被保证人承担责任的期限应认定为主债务履行的诉讼时效期限内。该认定与《民法通则意见》第173条第2款[②]规定相符合，该条款规定："权利人向债务保证人、债务人的代理人或者财产代管人主张权利的，可以认定诉讼时效中断。"该案债权人虽未能在主债务的诉讼时效期间内向债务人主张权利，但在主债务的诉讼时效期间内向债务保证人主张了权利，故应认定诉讼时效中断，且保证债务的诉讼时效中断，主债务的诉讼时效亦同时中断。

【案例3】税郭信用社诉王某龙等金融借款合同纠纷案[③]

裁判要旨：对于连带债务人中的一人发生诉讼时效中断效力的事由，应当认定对其他连带债务人也发生诉讼时效中断的效力。连带保证债务诉讼时效中断的效力及于主债务。

基本案情：2008年4月16日，税郭信用社与王某龙签订借款合同一份，合同对借款金额、借款期限、借款利率等进行了约定。2008年4月16日，税郭信用社与吴某通、王某、刘某海签订保证合同一份，按保证合同约定，担保人吴某通、王某、刘某海对王某龙的上述借款提供连带责任保证，保证期间为主合同约定的债务人履行债务期限届满之日起2年。借款及担保合同签订后，税郭信用社于2008年4月17日向王某龙发放了贷款10万元。借款到期后，借款人王某龙未按时偿还借款，担保人也未履行担保责任，税郭信用社诉至法院，要求借款人王某龙偿还借款本金及利

---

① 《民法典》及《民法典担保制度解释》中不存在直接相关的条款。

② 参见《民法典总则编解释》第38条第2款规定："权利人向义务人的代理人、财产代管人或者遗产管理人等提出履行请求的，可以认定为民法典第一百九十五条规定的诉讼时效中断。"

③ 参见山东省枣庄市中级人民法院（2012）枣商终字第141号民事判决书。

息、逾期利息，并要求担保人吴某通、王某、刘某海承担担保责任。庭审中，税郭信用社主张借款到期后借款人王某龙、担保人王某均联系不上，但向另外两担保人催收过，并于2009年12月15日派工作人员与刘某海一起到担保人吴某通家催收过，担保人刘某海对此予以认可。

裁判理由：税郭信用社在保证期间及诉讼时效期间内向保证人刘某海多次主张权利。由于该案保证人吴某通、王某、刘某海对王某龙的借款承担连带责任保证，因此王某龙、吴某通、王某、刘某海均为该案的连带债务人。《最高人民法院关于审理民事案件适用诉讼时效制度若干问题的规定》第17条第2款规定："对于连带债务人中的一人发生诉讼时效中断效力的事由，应当认定对其他连带债务人也发生诉讼时效中断的效力。"因此，税郭信用社向刘某海主张权利产生诉讼时效中断的事由，对其他连带债务人王某龙、吴某通、王某均产生诉讼时效中断的效力。吴某通及王某龙、王某、刘某海均应向税郭信用社承担偿还借款本金及利息、逾期利息的责任，且互负连带清偿责任。保证人吴某通、王某、刘某海承担完保证责任后，有权向债务人王某龙进行追偿。

【案例4】朱某诉玫瑰园公司、梁某森民间借贷纠纷案①

裁判要旨：根据连带保证责任制度关于权利人既可以向主债务人主张权利，也可以向保证人主张权利以及保证人享有追偿权的权利平衡的立法目的和制度原理，权利人向从债务人主张权利的，应可以推出其主张主债权，主债权诉讼时效因之中断。

基本案情：2010年12月31日，中圣公司（甲方）、森茂公司（甲方）与玫瑰园公司（乙方）签订了《借款协议》，约定借款支付与期限：自乙方拿到甲方银行承兑汇票即2010年12月31日起计算利息，借款期限为3个月。约定借款由梁某森个人承担连带担保责任。2010年12月31日，中圣公司、森茂公司（甲方）与玫瑰园公司（乙方）、朱某（丙方）、梁某森（丁方）签订《协议书》，约定甲乙双方于2010年12月31日签订的《借款协议》的出借人由甲方变更为丙方朱某，乙方与丙方之间成立借款关系，实际出借人为丙方，借款期限自2010年12月31日起3个月，到期本息须一并向丙方付清。《协议书》约定由丁方梁某森对协议约定的借款承担连带清偿责任。朱某称在按期足额向玫瑰园公司支付了借款2200万元之后，玫瑰园公司却未能按时足额履行还本付息义务。玫瑰园公司于2011年6月12日通过其法定代表

---

① 参见北京市高级人民法院（2015）高民（商）终字第4759号民事判决书。

人梁某森向朱某出具一份《承诺书》,《承诺书》中确认了借款期限届满日期为2011年3月30日,承诺欠款连同利息、罚息最迟于2011年6月30日还清,并承诺由梁某森对上述欠款及利息和罚息承担连带偿还责任(该《承诺书》未加盖玫瑰园公司印章,有梁某森签字)。后玫瑰园公司仅于2011年7月20日偿还了500万元。2011年7月27日,玫瑰园公司法定代表人由梁某森变更为梁某坤。2013年1月,玫瑰园公司的法定代表人由梁某坤变更为张某辉。2013年7月18日,玫瑰园公司(乙方)、梁某森(丁方)与中圣公司(甲方)、森茂公司(甲方)以及朱某(丙方)签署了《借款确认及承诺书》,确认了玫瑰园公司欠朱某借款本金、利息、罚息等事项。玫瑰园公司、梁某森还确认了梁某森同意并承诺对《承诺书》所确定的借款本金、利息及罚息承担连带偿还责任……同时专门向朱某出具了《借款确认及承诺函》,《借款确认及承诺函》写明"致朱某先生",其内容与《借款确认及承诺书》的内容基本一致,落款处有梁某森签字,所盖玫瑰园公司的印章与2013年4月1日玫瑰园公司在公安机关新刻制并预留的印鉴不同。北京市第一中级人民法院于2014年12月23日受理了此案。玫瑰园公司在一审中答辩称:截至朱某起诉时已经超过2年诉讼时效。在诉讼时效届满前,虽有《借款确认及承诺书》和《借款确认及承诺函》,但该2份函件中玫瑰园的盖章均为假章,该2份函件并非玫瑰园公司的真实意思表示,因此不能构成诉讼时效的中断。综上,玫瑰园公司不认可朱某的诉讼请求。

裁判理由:一审法院认为,根据《担保法解释》第36条第1款①的规定,该条文虽然未规定连带责任保证诉讼时效中断可以导致主债务诉讼时效中断,但是连带责任保证从属于主债务,债权人既可以向主债务人主张债权,亦可以向连带责任保证人主张债权,保证人承担保证责任后可以向主债务人追偿。如果主债务人诉讼时效中断,将导致保证人追偿权和主债务人诉讼时效抗辩的冲突。《最高人民法院关于审理民事案件适用诉讼时效制度若干问题的规定》第17条第2款关于"连带债务人"和"其他连带债务人"诉讼时效中断的规定,虽然与该案"主债务人"和"连带责任保证人"并不完全一致,但是均具有连带责任的相同法理基础,可以参照适用。《民法通则意见》第173条②规定:"诉讼时效因权利人主张权利或者义务人同意履行义务而中断后,权利人在新的诉讼时效期间内,再次主张权利或者义务人再

---

① 《民法典》及《民法典担保制度解释》中未直接规定相关内容。

② 参见《民法典总则编解释》第38条规定:"诉讼时效依据民法典第一百九十五条的规定中断后,在新的诉讼时效期间内,再次出现第一百九十五条规定的中断事由,可以认定为诉讼时效再次中断。权利人向义务人的代理人、财产代管人或者遗产管理人等提出履行请求的,可以认定为民法典第一百九十五条规定的诉讼时效中断。"

次同意履行义务的，可以认定为诉讼时效再次中断。权利人向债务保证人、债务人的代理人或者财产代管人主张权利的，可以认定诉讼时效中断。”综上，可以得出朱某向连带责任保证人梁某森主张权利，梁某森同意履行义务，导致朱某向玫瑰园公司主张权利的诉讼时效中断的结论，故应当认定朱某向玫瑰园公司主张债权并未超过诉讼时效。

二审法院认为，根据连带保证责任制度关于权利人既可以向主债务人主张权利，也可以向保证人主张权利、保证人享有追偿权的权利平衡的立法目的和制度原理，权利人向从债务人主张权利的，应可以推出其主张主债权。因为，从债权从属于主债权，无主债权的存在也无从债权的存在，且从债权实现后从债务人行使追偿权的行为必然使主债务人承担债务清偿责任。《民法通则意见》第 173 条第 2 款规定，权利人向债务保证人、债务人的代理人或者财产代管人主张权利的，可以认定诉讼时效中断。因此，朱某向连带责任保证人梁某森主张权利、梁某森同意履行义务，亦导致朱某对玫瑰园公司的主债权诉讼时效中断。一审法院判决据此认定朱某向玫瑰园公司主张债权并未超过诉讼时效，符合法律规定。

218. 连带共同保证中，债权人仅向部分保证人主张权利的，对其他连带保证人是否产生诉讼时效中断的效力？

【案例】城郊信用社诉陈某、林某梅、陈某东借款合同纠纷案①

裁判要旨：债权人要求保证人承担保证责任的，应在保证期间内向保证人本人主张，向其中一个保证人主张的，效力不及于其他保证人。

基本案情：2005 年 2 月 3 日，陈某为修建住房与艾家信用分社签订借款合同，约定其向艾家信用分社借款 30000 元，借款期限从 2005 年 2 月 3 日至 2006 年 2 月 3 日，月利率 6.975‰。合同签订后，艾家信用分社按合同约定日期、数额提供了借款。2006 年 2 月 1 日，双方约定还款期限展期至 2007 年 2 月 3 日，展期期间月利率 8.16‰。林某梅、陈某东对陈某的该笔借款提供连带责任保证担保，保证期间自展期协议重新约定的债务发生期限届满之日起 2 年。陈某归还借款本金 7064.19 元，结清 2008 年 1 月 16 日之前的利息 4731.13 元。2008 年 7 月 21 日，城郊信用社向陈某东发出逾期贷款催收通知书，陈某东同意对陈某的该笔借款在 2010 年 7 月 21

① 参见湖北省宜昌市点军区人民法院(2010)点民初字第 249 号民事判决书。

日前承担连带保证责任,但该借款仍未得到清偿,城郊信用社于2010年5月申请诉前调解未能达成协议,故于同年7月29日起诉至法院,要求陈某、林某梅、陈某东承担连带清偿责任。此外,2005年2月3日陈某向艾家信用分社借款时与林某梅系夫妻关系。2007年2月14日,城郊信用社承继原艾家信用分社的债权债务。

裁判理由:城郊信用社提交的证据及当事人的当庭陈述均表明陈某尚欠城郊信用社借款本金22935.81元,该笔借款于2007年2月3日到期后,城郊信用社多次主张债权,引起借款合同诉讼时效中断。陈某认为城郊信用社的起诉已过诉讼时效的观点,与审理查明的事实不符,不予采纳。城郊信用社要求陈某偿还借款的请求符合法律规定,予以支持。陈某东对陈某的借款提供连带责任保证担保,应对该借款承担连带清偿责任。

219. 连带责任保证中,主债权诉讼时效中断的,连带保证债务的诉讼时效是否中断?*

【案例1】淄博市淄川区农村信用合作联社诉王某等金融借款合同纠纷案①

裁判要旨:对于连带债务人中的一人发生诉讼时效中断效力的事由,应当认定对其他连带债务人也发生诉讼时效中断的效力。《最高人民法院关于审理民事案件适用诉讼时效制度若干问题的规定》第17条第2款优于《担保法解释》第36条适用。

基本案情:2006年11月24日,原告淄博市淄川区农村信用合作联社与被告王某签订《借款合同》。合同约定,被告王某从原告处借款114万元用于借新还旧。借款期限自2006年11月24日至2007年11月23日。2006年11月24日,原告又与被告李某、张某、刘某签订《保证合同》。合同约定,该三人自愿为被告王某上述

---

* 《最高人民法院关于审理民事案件适用诉讼时效制度若干问题的规定》第17条第2款规定,对于连带债务人中的一人发生诉讼时效中断效力的事由,应当认定对其他连带债务人也发生诉讼时效中断的效力。但是,主债务人与连带保证人承担的债务的性质并不相同,两者具有独立性,主债务的诉讼时效起算点与保证债务的诉讼时效起算点也不相同,中断、中止事由也各具独立性。而且,连带保证的连带性就其内部关系而言,较一般连带债务不同。连带保证人并非最终责任人,故不应对连带性的认定过于严格。在权利人只向主债务人主张权利,而未向保证人主张权利的情形下,保证债务的诉讼时效应不随主债务诉讼时效的中断而中断。参见最高人民法院民事审判第二庭编著:《最高人民法院关于民事案件诉讼时效司法解释理解与适用》,人民法院出版社2015年版,第295页。

① 参见山东省淄博市淄川区人民法院(2010)川商初字第746号民事判决书。

借款提供连带责任保证,保证期间为主合同约定的债务人履行债务期限届满之日起2年,保证人之间未约定各自的担保份额。上述借款、保证合同签订后,原告按约履行了放贷义务。此款到期后,被告王某未按约还款。原告自2007年至2009年多次连续向被告王某催收该笔贷款。在此期间亦多次连续向保证人李某、张某送达《担保人履行责任通知书》。但保证人刘某仅在2007年11月25日向其送达了一份《担保人履行责任通知书》,此后未再向其主张过权利。原告请求法院判令被告王某偿还所欠借款本息,被告李某、张某、刘某承担连带清偿责任。

裁判理由:《担保法解释》第36条第1款[①]规定:一般保证中,主债务诉讼时效中断,保证债务诉讼时效中断;连带责任保证中,主债务诉讼时效中断,保证债务诉讼时效不中断。该案中,原告虽在借款逾期后至起诉前,连续向借款人及其他保证人主张权利,引起了主债务诉讼时效的中断,但原告与保证人刘某之间保证合同的诉讼时效并不中断。自原告在保证期间内向刘某主张权利至其起诉时,的确已经超出了2年诉讼时效期间。据此,原告要求刘某承担保证责任将会丧失胜诉权。2008年9月1日,最高人民法院颁布施行了《关于审理民事案件适用诉讼时效制度若干问题的规定》,该司法解释第17条第2款规定:"对于连带债务人中的一人发生诉讼时效中断效力的事由,应当认定对其他连带债务人也发生诉讼时效中断的效力。"照此规定,该案债权人原告向主债务人连续主张权利的事实,不仅导致主债务诉讼时效中断,同时也导致刘某保证债务诉讼时效的中断,那么保证人刘某理应承担保证责任。该条规定与《担保法解释》第36条的规定明显矛盾。但因该两项规定均出自最高人民法院,而专门的诉讼时效司法解释系新法,《最高人民法院关于审理民事案件适用诉讼时效制度若干问题的规定》第24条规定:该规定施行前最高人民法院作出的有关司法解释与该规定相抵触的,以该规定为准。故该案应当适用《最高人民法院关于审理民事案件适用诉讼时效制度若干问题的规定》第17条的规定,刘某应当承担保证责任。

【案例2】信达广东分公司诉连山水务局、连山供电局借款合同纠纷案[②]

裁判要旨:连带责任保证中,主债权诉讼时效中断的,连带保证债务的诉讼时效不中断。

基本案情:1995年12月27日,被告连山水务局与工行连山支行签订借款合

① 《民法典》及《民法典担保制度解释》中未直接规定相关内容。

② 参见广东省连山壮族瑶族自治县人民法院(2012)清山法民初字第10号民事判决书。

同,约定被告连山水务局向工行连山支行借款2000000元,借款期限为1995年12月27日至1998年12月30日。被告连山供电局作为保证人在借款合同上签字盖章,约定当借款方不履行合同时,保证方同意连带承担偿还本息的责任。借款期限届满后,被告连山水务局没有依约归还借款本金及利息。1999年1月22日、4月2日、11月10日和2000年6月11日,工行连山支行先后向被告连山水务局发出催收通知。2001年11月26日,被告连山水务局向工行连山支行归还借款本金100000元。2003年4月24日,工行连山支行又向被告连山水务局发出催收通知。2003年9月29日,被告连山水务局向工行连山支行归还借款本金100000元。同时,工行连山支行先后于1999年1月22日、4月2日、2000年3月13日、6月11日,向被告连山供电局发出催收通知。之后,工行连山支行被撤销,工行连山支行的债权债务由中国工商银行连州支行管理。2005年7月20日,中国工商银行连州支行将被告连山水务局所欠的借款本金1800000元和利息231538.81元(截至2005年5月20日)转让给原告信达广东分公司。双方于2005年9月6日在《南方日报》刊登了《债权转让通知书暨债务催收联合公告》。原告信达广东分公司又于2007年4月29日在《南方日报》、2009年4月19日在《羊城晚报》、2011年3月28日在《南方日报》刊登了《催收公告》。原告信达广东分公司认为两被告没有依约还款,请求两被告归还尚欠的借款本金及利息。

裁判理由:该案中,当工行连山支行于1999年1月22日向被告连山供电局发出催收通知,此时保证期间依法解除,开始计算2年的保证合同诉讼时效。此后,工行连山支行的催收行为,均受诉讼时效相关规定的约束。由于该案的保证责任是连带保证责任,主债务诉讼时效中断,并没有引起保证债务诉讼时效中断。因此,该案保证合同诉讼时效独立于主债务诉讼时效,在保证债务诉讼时效已过的情况下,原告起诉要求被告连山供电局承担保证责任依法不应支持。

【案例3】厚望公司诉宁某等借款合同纠纷案①

裁判要旨:主合同当事人涉及犯罪被公安机关侦查,主债务诉讼时效中断,但并不影响债权人向保证人主张权利,连带保证债务的诉讼时效不一并中断。

基本案情:1997年4月至9月,农行柳州分行、柳州地区羽绒厂、广西柳州特种变压器厂(后更名为该案中的特变公司)三方分别签订两份《保证担保借款合同》,约定由柳州地区羽绒厂向农行柳州分行借款共计300万元,借款期限1年,全部借

① 参见广西壮族自治区高级人民法院(2012)桂民一终字第14号民事判决书。

款由特变公司提供连带责任保证，保证期间为借款到期后2年。合同签订后，农行柳州分行依约向柳州地区羽绒厂足额发放了贷款。贷款到期后，柳州地区羽绒厂无力偿还。农行柳州分行遂于1999年11月3日将柳州地区羽绒厂、特变公司一并诉至法院，要求其对欠款承担偿还责任。案件审理过程中，农行柳州分行将上述300万元贷款本息及特变公司担保权益债权如数转让给中国长城资产管理公司南宁办事处（以下简称长城公司南宁办事处），并向柳州地区羽绒厂发出债权转移通知书，柳州地区羽绒厂予以确认；2002年6月24日，原柳州地区行政公署公安局经济侦查支队以宁某、何某涉嫌贷款诈骗罪立案侦查。随后，长城公司南宁办事处以此为由向法院申请撤诉，法院裁定准许长城公司南宁办事处撤回起诉。2004年3月8日，长城公司南宁办事处将其对特变公司、柳州地区羽绒厂的债权在广西《法治快报》上发布催收公告。2004年10月12日，长城公司南宁办事处又将其受让取得的上述债权通过公开拍卖转让给厚望公司，并将该债权转让在《柳州日报》上予以公告。2007年3月15日，来宾市公安局（原柳州地区行政公署公安局）以宁某、何某贷款诈骗犯罪事实不存在为由，决定撤销案件。长城公司南宁办事处即向特变公司发出通知，告知其债权转让事宜，要求特变公司直接向厚望公司履行保证责任。特变公司在该通知上签字盖章确认收到。2007年3月31日，厚望公司向特变公司发出债权催收通知书，要求特变公司承担连带清偿的保证责任。特变公司于2007年4月4日盖章确认收到该通知。根据原柳州地区中级人民法院（2002）柳地民初字第16号民事裁定书认定，柳州地区羽绒厂名为集体所有，实为宁某、何某个人的私人企业，因未年检于2000年被工商机关吊销营业执照。厚望公司于2007年5月10日以宁某、何某、特变公司为被告向一审法院提起诉讼，要求宁某、何某对300万元借款本息承担还款责任，特变公司对上述债务承担连带清偿责任。宁某、何某经法院合法传唤未到庭参加诉讼。特变公司辩称该案保证债务诉讼时效已过，其不应对该案债务承担保证责任。

裁判理由：从法律关系上看，主合同与保证合同虽然存在关联性，但仍是各自独立的两份合同。根据《担保法解释》第36条第1款①的规定，在连带责任保证中，主债务、保证债务的诉讼时效计算各自具有独立性，且诉讼时效的中断效力主要表现为主张权利的意思表示到达相应义务主体。在债权人只向主债务人主张权利而未向保证人主张权利的情形下，并不能推定其向保证债务人也已主张权利。在该

① 《民法典》及《民法典担保制度解释》中未直接规定相关内容。

案公安机关对宁某、何某涉嫌犯罪的侦查期间,厚望公司向特变公司主张权利不存在客观障碍。因此,自2004年10月12日厚望公司从长城公司南宁办事处受让债权,至2007年4月4日特变公司在厚望公司向其发出的债权催收通知书上盖章确认收到之日,业已超过2年,在此期间,厚望公司无证据证实曾向特变公司主张过权利,故该案的保证债务已经超过诉讼时效。在特变公司没有明确表示对原担保债务承担保证责任的前提下,亦不应承担该案债务的连带清偿责任。

【现行相关规范】

《民法典担保制度解释》第28条

一般保证中,债权人依据生效法律文书对债务人的财产依法申请强制执行,保证债务诉讼时效的起算时间按照下列规则确定:

(一)人民法院作出终结本次执行程序裁定,或者依照民事诉讼法第二百五十七条第三项、第五项的规定作出终结执行裁定的,自裁定送达债权人之日起开始计算;

(二)人民法院自收到申请执行书之日起一年内未作出前项裁定的,自人民法院收到申请执行书满一年之日起开始计算,但是保证人有证据证明债务人仍有财产可供执行的除外。

一般保证的债权人在保证期间届满前对债务人提起诉讼或者申请仲裁,债权人举证证明存在民法典第六百八十七条第二款但书规定情形的,保证债务的诉讼时效自债权人知道或者应当知道该情形之日起开始计算。

《最高人民法院关于吉林省高级人民法院请示的经济合同纠纷案有关保证人保证责任问题的复函》(1995年4月17日　法函〔1995〕39号)

吉林省高级人民法院:

你院吉高法〔1994〕57号报告收悉。经研究,答复如下:

本案中国投资银行吉林省分行与吉林市国营8270厂、吉林省轻工业品进出口公司与中国投资银行吉林省分行之间分别为主合同和保证合同法律关系。由于保证合同中未约定保证责任期限,故该保证人应当在被保证人吉林市国营8270厂承担责任的期限内承担保证责任。本案主合同债权人于贷款期限届满后多次找主债务人催要贷款,主合同诉讼时效中断,债权人在两年诉讼时效内向主债务人主张了权利。依照《最高人民法院关于审理经济合同纠纷案件有关保证的若干问题的规定》第29条之规定,保证合同未约定保证责任期限的,主债务的诉讼时效中断,保证债务的诉讼时效亦中断，故本案保证人吉林省轻工业品进出口公司仍应承担保证责任。

《最高人民法院关于甘肃省高级人民法院就在诉讼时效期间债权人依法将主债权转让给第三人保证人是否继续承担保证责任等问题请示的答复》（2003年10月20日　〔2003〕民二他字第39号）

甘肃省高级人民法院：

你院甘高法〔2003〕176号请示收悉。经研究，答复如下：

……

二、按照《关于适用〈中华人民共和国担保法〉若干问题的解释》第三十六条第一款的规定，主债务诉讼时效中断，连带保证债务诉讼时效不因主债务诉讼时效中断而中断。按照上述解释第三十四条第二款的规定，连带责任保证的债权人在保证期间内要求保证人承担保证责任的，自该要求之日起开始计算连带保证债务的诉讼时效。《最高人民法院对〈关于贯彻执行最高人民法院"十二条"司法解释有关问题的函〉的答复》是答复四家资产管理公司的，其目的是为了大限度地保全国有资产。因此，债权人对保证人有公告催收行为的，人民法院应比照适用《最高人民法院关于审理涉及金融资产公司收购、管理、处置国有银行不良贷款形成的资产的案件适用法律若干问题的规定》第十条的规定，认定债权人对保证债务的诉讼时效中断。

【规范沿革】

《经济合同案件保证问题规定》第27条

保证合同约定有保证责任期限的，债权人应当在保证责任期限届满前向保证人主张权利。保证人拒绝承担保证责任的，债权人向人民法院请求保护其权利的诉讼时效期间，适用民法通则的有关诉讼时效的规定。

《经济合同案件保证问题规定》第28条

保证合同约定有保证责任期限，但在保证责任期限内，债权人仅向被保证人主张权利而未向保证人主张权利的，主债务诉讼时效中断，保证债务的诉讼时效不中断。

《经济合同案件保证问题规定》第29条

保证合同未约定保证责任期限的，主债务的诉讼时效中断，保证债务的诉讼时效亦中断。

《经济合同案件保证问题规定》第30条

依照《中华人民共和国民法通则》第一百三十九条的规定，主债务诉讼时效中止的，保证债务的诉讼时效同时中止。

《担保法解释》第34条

一般保证的债权人在保证期间届满前对债务人提起诉讼或者申请仲裁的，从判决或者仲裁裁决生效之日起，开始计算保证合同的诉讼时效。

连带责任保证的债权人在保证期间届满前要求保证人承担保证责任的，从债权人要求保证人承担保证责任之日起，开始计算保证合同的诉讼时效。

《最高人民法院关于在保证期间内保证人在债权转让协议上签字并承诺履行原保证义务能否视为债权人向担保人主张过债权及认定保证合同的诉讼时效如何起算等问题请示的答复》(2003年9月8日 〔2003〕民二他字第25号)

……自保证人个旧市配件公司承诺之日起，保证合同的诉讼时效开始计算……

《担保法解释》第35条

保证人对已经超过诉讼时效期间的债务承担保证责任或者提供保证的，又以超过诉讼时效为由抗辩的，人民法院不予支持。

《担保法解释》第36条

一般保证中，主债务诉讼时效中断，保证债务诉讼时效中断；连带责任保证中，主债务诉讼时效中断，保证债务诉讼时效不中断。

一般保证和连带责任保证中，主债务诉讼时效中止的，保证债务的诉讼时效同时中止。

【立法资料】

六、草案修改稿第一百九十六条规定，对连带债权人或者连带债务人中的一人发生诉讼时效中断的，中断的效力及于全部连带债权人或者连带债务人。有的代表提出，债权人向一个连带债务人提出履行债务的请求，导致诉讼时效对该连带债务人中断是合理的，但能否导致对其他连带债务人的诉讼时效中断，目前理论上和实践中争议较大，建议再斟酌。法律委员会经研究，建议删除这一条规定。[①]

① 第十二届全国人民代表大会法律委员会关于《中华人民共和国民法总则(草案修改稿)》修改意见的报告(2017年3月14日第十二届全国人民代表大会第五次会议主席团第三次会议通过)

第六百九十五条　主合同变更对保证债务的影响

【民法典条文】

债权人和债务人未经保证人书面同意，协商变更主债权债务合同内容，减轻债务的，保证人仍对变更后的债务承担保证责任；加重债务的，保证人对加重的部分不承担保证责任。

债权人和债务人变更主债权债务合同的履行期限，未经保证人书面同意的，保证期间不受影响。

实务问题

220. 债权人与债务人协商变更主合同，但对保证人利益没有影响的，是否需要保证人同意？

【案例】王某1与兆博公司、通朗公司、王某2、杨某静、王某祥、夏津万兴新能源有限公司典当纠纷案①

裁判要旨：物的担保合同未生效，担保物权视为自始未设立，不应认定为债权人放弃物的担保。保证期间，债权人与债务人协商变更主合同，对于变更后的结果不影响保证人的利益甚至有利于保证人利益的，无须适用《担保法》关于主合同变更须征得保证人书面同意的规定。

基本案情：2011年3月20日，兆博公司与通朗公司签订借款合同，约定：通朗公司向兆博公司借款1700万元，借款期限自2011年3月21日至5月20日。每月综合费用为借款额的3.5%，按月交付。合同经双方签章后与抵押担保合同同时生效。2011年3月20日，双方签订抵押合同，约定通朗公司以其所有的宝坻区×号路×号房产为抵押物向兆博公司提供担保，但未办理抵押权登记。当日，通朗公司向兆博公司出具1700万元的借款凭证。2011年3月21日，兆博公司通过案外人账户向通朗公司支付1700万元。之后，通朗公司共还款16次。2011年3月20日，王

① 参见天津市高级人民法院(2016)津民终33号民事判决书。

某2、杨某静、王某1签署个人担保承诺函，承诺为上述借款提供保证。保证方式为连带责任保证；保证期间为主合同约定的债务人履行债务期限届满之日起2年，债权人与债务人就主合同债务履行期限达成展期协议的，保证人的保证期间自展期协议重新约定的债务履行期限届满之日起2年。2011年3月20日，三人签署声明，表示"如借款人逾期未还，在规定天数内也未续期，我愿意接受典当行任何形式的催收……若借款人不能偿还所有债务，我愿变卖自己的所有财产偿还借款人所欠债务"。2013年8月29日，通朗公司签署还款协议，协议写明"一、乙方积极筹措资金，在2013年10月15日前归还820万元，按时还清该款后，甲方视同乙方还清全部债务，并放弃追究王某2、王某1、杨某静全部经济责任和个人担保责任。二、乙方如未能在2013年10月15日前还清820万元，即此协议失效，原先签订的借款合同继续有效，甲方将继续追偿乙方所欠全部债务(1494.94万元)及所产生的利息。三、此协议签订后，乙方如不能按时还清约定的820万元，原先签订的借款合同继续有效。甲方保留追究王某及其他担保人法律责任的权利，并可出售所持股权用于归还乙方借款，不足部分将继续向借款人、担保人追偿……"王某2、王某祥、杨某静在该还款协议上签字。还款协议签订后，通朗公司并未按照还款协议还款。

裁判理由：主合同直接决定着债务人承担义务的范围，也决定着保证人承担保证责任的范围。债权人与债务人协商变更主合同内容直接影响到保证人的利益，因此《担保法》第24条①规定，主合同的变更应当征得保证人的书面同意，否则其不承担保证责任。但是主合同变更的情形有很多，如果主合同的所有变化都应该征得保证人的书面同意否则就免除保证责任，对于债权人来讲是显失公平的。因为有些变化不仅没有加重保证人的保证责任，反而对保证人是有利的。因此，《担保法解释》第30条②对主合同内容变化对保证责任的影响进行了规定。该条第1款规定，保证期间，债权人与债务人对主合同数量、价款、币种、利率等内容作了变动，未经保证人同意的，如果减轻债务人的债务的，保证人仍应当对变更后的合同承担保证责任；如果加重债务人的债务的，保证人对加重的部分不承担保证责任。该案中，当事人于2013年8月29日签订了还款协议，从协议的内容来看，该协议通过对

---

① 参见《民法典》第695条第1款规定："债权人和债务人未经保证人书面同意，协商变更主债权债务合同内容，减轻债务的，保证人仍对变更后的债务承担保证责任；加重债务的，保证人对加重的部分不承担保证责任。"

② 参见《民法典》第695条第1款规定："债权人和债务人未经保证人书面同意，协商变更主债权债务合同内容，减轻债务的，保证人仍对变更后的债务承担保证责任；加重债务的，保证人对加重的部分不承担保证责任。"

账对双方的欠款及还款数额进行了确认，并且约定了剩余债权的减免条件。协议并没有对借款合同的主要条款进行变动，也没有加重债务人的债务，相反，还款协议还对原来的债务进行了有条件的减免。譬如，还款协议在确定通朗公司债务总额为1494.94万元的同时，还约定，如通朗公司按约定日期归还820万元，则视同还清全部债务，并放弃追究王某2等人全部经济责任和个人担保责任，实际上在一定程度上减轻了债务人通朗公司的债务。此外，王某1个人签署的个人担保函亦明确承诺，如债权人与债务人就主合同债务履行期限达成展期协议的，保证人的保证期间自展期协议重新约定的债务履行期限届满之日起2年。实际上，王某1本人对于主债权人与主债务人嗣后达成类似还款协议的相关展期协议应有所预见，且预先予以同意。综上，应该认定还款协议构成借款合同的补充合同而非新的独立合同，王某1的保证责任不能免除。在还款协议将该案借款的还款期限展期至2013年10月15日，且王某1个人担保函亦针对此情形对其保证期间予以相应展期的情况下，在通朗公司实际未能如约于2013年10月15日前还款820万元时，兆博公司起诉，向王某1等人主张保证责任，王某1的保证责任期间并未经过，应该对债务人未偿还部分承担连带保证责任。

221．债务人将本应用于经营周转的借款改用于偿还债务，债权人默认，并未征得保证人同意的，保证人是否可以主张免除保证责任？

【案例】玛县工行诉利宝公司等借款担保合同因主合同内容发生变动，未征得保证人之一天山公司同意而免除天山公司保证责任案①

裁判要旨：债权人与债务人在保证期间变动主合同内容，将借款用于偿还债务而非用于增加公司经营销售收入，降低了偿还借款的可能，加重了保证人的风险，在未征得保证人同意的情况下，保证人的保证责任应予免除。

基本案情：2000年6月15日，原告玛县工行与被告利宝公司签订了一份流动资金借款合同，约定：原告玛县工行借给被告利宝公司120万元；借款期限为12个月，自2000年6月15日至2001年6月14日。2000年6月15日，原告玛县工行与被告天山公司和被告玛电综合公司签订保证合同，约定：保证方提供的保证为连带

① 参见最高人民法院中国应用法学研究所编：《人民法院案例选（分类重排本）·商事卷》，人民法院出版社2017年版，第2031－2034页。

责任保证;保证的范围包括借款本金、利息、复利、罚息、违约金、赔偿金、实现债权的费用和所有其他应付费用;保证期间,自主合同确定的借款到期日的次日起2年。原告玛县工行在与三被告订立合同后的当日,给被告利宝公司借款120万元。次日,被告利宝公司将此120万元借款用于偿还被告玛电综合公司的欠款。被告利宝公司于2001年6月14日、9月13日和2002年1月18日先后偿还原告玛县工行借款本金共80万元,尚有40万元借款本金至今未还。此外,利宝公司(甲方)于2000年6月15日与玛县工行(乙方)签订借款合同一份,其中约定:(1)该合同项下的借款为流动资金借款;(2)该合同项下的借款用途为周转;(3)未经乙方书面同意,甲方不得改变该合同中确定的借款用途;(4)甲方应按该合同约定的期限和用途提取和使用借款,如果未按该合同约定的用途使用借款的,乙方有权提前收回部分乃至全部借款或解除合同;(5)玛电综合公司、天山公司与玛县工行签订了保证合同一份,其中约定:保证人完全了解主合同借款人的借款用途,自愿为主合同借款人提供保证担保;(6)合同签订后,玛县工行于2000年6月15日给利宝公司发放贷款120万元,利宝公司于同月22日用02106582号转账支票将其从玛县工行借来的120万元归还了玛电综合公司;(7)利宝公司在其开户行玛县工行的账户上,2000年6月14日的资金余额仅为398431.50元,2000年6月23日的资金余额为169431.94元,在该时间点期间,除借还款120万元外,未有超出20万元的进出款项;(8)2002年8月9日,玛电综合公司经玛纳斯县工商行政管理局核准,将该企业名称变更为"佳华公司"。

裁判理由:一审法院认为,原告玛县工行与被告利宝公司、天山公司、玛电综合公司分别订立的流动资金借款合同和保证合同,是各方真实意思表示,且内容合法,应确认为有效合同,各方均应履行合同约定的义务。原告玛县工行依法向被告利宝公司发放了借款,而被告利宝公司在收到原告玛县工行的借款120万元后,未按合同约定的用途使用借款,将此款用于偿还被告玛电综合公司的债务,系违约行为。被告利宝公司应承担逾期和违反借款使用用途的民事责任,但被告天山公司不承担该案保证责任的理由不能成立。利宝公司改变借款用途,将借款用于偿还其欠玛电综合公司的债务,玛县工行对此虽然不知情,但对该借款的使用监督管理不够,对此负有一定的责任。玛电综合公司认为利宝公司改变借款用途,是因与玛县工行进行了恶意串通,但对此未提供相应的证据,故法院不予采纳。因此,被告天山公司和被告玛电综合公司应承担连带保证责任。

二审法院认为,民事活动应当遵循诚实信用的原则,当事人均应严格依合同履行义务。利宝公司在收到玛县工行借款120万元后，违背诚实信用原则，不按合同约定将资金用于企业经营中的流动资产周转，却将借款悉数偿还了其所欠玛电综合公司的借款，属于违约行为，应当承担相应的法律责任。玛县工行对于借款人使用款项负有监督之责，在利宝公司偿还玛电综合公司120万元借款时，玛县工行明知利宝公司违反合同约定的借款用途而不予制止，有失职责，亦应承担一定的民事责任。天山公司在签订保证合同时的意思表示，是给利宝公司提供周转用流动资金，并由利宝公司用销售收入归还借款本息，而利宝公司将借款偿还玛电综合公司债务后，已无资金用于生产经营，亦不可能有销售收入用来归还其向玛县工行的借款。利宝公司改变借款用途的行为，属于变更主合同条款的行为；玛县工行明知利宝公司改变借款用途而不予制止，属于行为默认。因此，利宝公司所借玛县工行款项不能归还的责任，应由利宝公司和玛县工行承担。由于利宝公司改变借款用途，实质上改变了主合同条款，又未经保证人同意，故天山公司的保证责任应当予以免除。

222. 主债务人改变借款用途用于偿还在先债务的，如前后两笔债务的债权人不同，能否认定为改变主合同内容的行为？

【案例】民泰宁波分行诉新大宏公司等金融借款合同纠纷案①

裁判要旨：借款人以“购买棉纱”为由借款，却与出借人协商将部分借款用于偿还他人借款的垫款，属变动主合同内容的行为，而非以贷还贷。由于该借款用途的变更加重了债务人的债务及保证人的责任，如未经保证人同意，则保证人对变更用途的借款不承担保证责任。

基本案情：蔡某静于2011年9月22日向国家开发银行（原告民泰宁波分行系该行代理人）借款200万元，借款期限自2011年9月22日至2012年3月5日，信用担保公司和被告卜某华、陈某等人提供保证担保。因蔡某静逾期未还款，信用担保公司和景某娜分别垫付了其中的178万元和22万元。2012年3月21日，原告民泰宁波分行与八被告签订《保证借款合同》一份，约定：原告民泰宁波分行向被告新大宏公司发放短期流动资金借款300万元，借款用途为“购买棉纱”；被告卜某华、陈某英、姜某、陈某、千凡公司、浩源公司、苏某明为被告新大宏公司的上述债务提供连

① 参见浙江省宁波市鄞州区人民法院（2013）甬鄞民初字第228号民事判决书。

带责任保证担保。合同签订当日,原告民泰宁波分行将借款300万元划入被告新大宏公司账户,被告新大宏公司委托原告民泰宁波分行将其中的100万元用于支付棉纱款,将其中的178万元和22万元分别支付给信用担保公司和景某娜。被告卜某华是被告新大宏公司的法定代表人,且是被告千凡公司的实际控制人,后被告千凡公司的法定代表人由被告姜某变更为被告卜某华。被告陈某英是被告卜某华的配偶且是被告新大宏公司的股东。

裁判理由:该案借款与蔡某静借款的出借人与借款人均不同,且该案200万元借款付给了蔡某静借款的垫款人,而未付给蔡某静借款的出借银行,故该案借款用途的变更不属以贷还贷。《担保法》第24条①规定:"债权人与债务人协议变更主合同的,应当取得保证人书面同意,未经保证人书面同意的,保证人不再承担保证责任……"《担保法解释》第30条第1款②规定:"保证期间,债权人与债务人对主合同数量、价款、币种、利率等内容作了变动,未经保证人同意的,如果减轻债务人的债务的,保证人仍应当对变更后的合同承担保证责任;如果加重债务人的债务的,保证人对加重的部分不承担保证责任。"被告新大宏公司未将借款中的200万元用于"购买棉纱"这一自身的生产经营项目,而是用于偿还他人借款的垫款这一债务负担的行为,加重了被告新大宏公司的债务,故未同意变更借款用途的保证人对该变更用途的200万元借款本息不承担保证责任。

223. 主合同当事人延长还款期限,无证据证明保证人同意的,保证人是否需要继续承担保证责任?保证期间如何计算?

【案例1】黄某华诉林某跃等民间借贷纠纷案③

裁判要旨:债权人和债务人未经保证人同意变更借款期限的,保证人在原担保范围内承担担保责任,保证期间为原合同约定的期间。

基本案情:2010年6月5日,林某跃由王某平担保向黄某华借款80000元,并由

① 参见《民法典》第695条第1款规定:"债权人和债务人未经保证人书面同意,协商变更主债权债务合同内容,减轻债务的,保证人仍对变更后的债务承担保证责任;加重债务的,保证人对加重的部分不承担保证责任。"

② 参见《民法典》第695条第1款规定:"债权人和债务人未经保证人书面同意,协商变更主债权债务合同内容,减轻债务的,保证人仍对变更后的债务承担保证责任;加重债务的,保证人对加重的部分不承担保证责任。"

③ 参见福建省三明市清流县人民法院(2011)清民初字第974号民事判决书。

林某跃出具借条给黄某华，借条载明：兹今向黄某华借到现金捌万元整（80000.00元）用于生意周转，借期一年，月息2%，合计壹仟陆佰元整（每月）。借款人：林某跃。王某平在该借条上书写“本人自愿为林某跃担保捌万元整，如到期无力偿还，本人自愿为林某跃偿还”。2010年9月、10月，黄某华、林某跃在未经王某平未书面同意的情况下将该借款期限更改为半年，并于2010年12月21日向清流县人民法院提起诉讼，要求林某跃、王某平承担还款责任和担保责任。王某平书面抗辩借期由一年改为半年未经其书面同意、担保人仅承担原担保责任、该次起诉时间为2010年12月21日、其担保责任的期限未到、担保人享有先诉抗辩权，要求法院驳回黄某华的起诉。2011年1月19日，黄某华以“王某平提出借款期限未到，到期后再起诉”为由撤回起诉，清流县人民法院裁定准予撤诉。2011年6月28日即借款一年期届满后，原告黄某华以借款期限一年为由再次起诉要求林某跃、王某平承担还款责任和担保责任。

裁判理由：对于被告王某平辩称其担保期限已过，无须承担担保责任的问题，法院认为，原告黄某华与被告林某跃未经被告王某平书面同意变更借款期限，被告王某平在原担保范围内承担担保责任，被告王某平的保证期间为原合同约定的期间，即被告王某平的保证期间为自2011年6月6日起至2011年12月5日止6个月，故其辩解不能成立，不予采纳。

【案例2】张某英诉陈某仰、张某生民间借贷纠纷案①

裁判要旨：债权人与债务人协议延长还款期限，未经保证人书面同意的，延长还款期限的约定对保证人无拘束力。

基本案情：2011年2月26日，被告陈某仰向原告张某英出具借条一份，载明：“今向张某英借款（大写）伍万元整，即50000元，用于购车。借期自2011年2月26日起至2012年2月25日止，共12个月。利息按季度5%计算。利息应按每月支付，本金于2012年2月26日前一次性偿还。本人声明：如果本人没有按上述约定每月支付利息或于2012年2月26日前一次性归还本金，即构成违约，本人除应归还上述本金及利息外，还应支付给出借人张某英违约金伍仟元，以及承担出借人张某英实现债权的费用（含诉讼费、律师代理费及其他实际出的费用）。”由陈某仰在借款人处签名、捺指印，由张某生在担保人处签名。该借条上的“季度”二字写在打印的“月息”二字上。2013年2月20日，陈某仰在该借条右下角即担保人签名下

---

① 参见福建省厦门市集美区人民法院（2014）集民初字第901号民事判决书。

方，书写了“因到期未付延期壹年。2013年至2014年2月26日一次性还清”的字样并签名、捺指印。原告张某英在庭审中自认借给被告陈某仰的借款预先扣除了利息2500元，实际借给陈某仰47500元。张某英交付借款后，陈某仰支付过2500元利息，二被告均未偿还借款。

裁判理由：《担保法》第24条①规定：“债权人与债务人协议变更主合同的，应当取得保证人书面同意，未经保证人书面同意的，保证人不再承担保证责任。保证合同另有约定的，按照约定。”陈某仰于2013年2月20日在借条上书写了延长还款期限等字样属于协议变更主合同条款，张某英未能提供证据证明该变更取得了张某生的书面同意，张某生亦否认其知情且同意，因此该延长还款期限的约定对张某生不具约束力。

【案例3】中国工商银行股份有限公司柳州分行诉国机公司等金融借款合同纠纷案②

裁判要旨：主合同双方协商延长原借款使用期限，但未经保证人同意的，该借款期限的变更不会导致保证期间的变更，保证期间不会随着主债务借款期限的延长而相应延长。

基本案情：2012年12月6日，被告国机公司与原告签订《网贷通循环借款合同》，向原告申请借款2200万元，原告于2012年12月13日向国机公司发放2200万元（贷款到期日为2013年12月3日）。2012年12月6日，国机公司与原告签订《最高额抵押合同》，以其名下位于柳州市跃进路的两套房屋及其坐落的土地使用权提供抵押担保，所担保为自2012年12月6日至2014年12月3日产生的债权。2012年12月6日，被告夏某枝、周某池，被告梁某义与原告分别签订《保证合同》，约定被告夏某枝、周某池为国机公司在原告处形成的《网贷通循环借款合同》项下2200万元融资提供连带责任保证。后国机公司于2013年12月3日全额还款。后原告与国机公司将《网贷通循环借款合同》的到期日延长至2014年12月10日，但并未取得原保证人夏某枝、周某池、梁某义的同意。原告根据与国机公司达成的延长协议于2013年12月12日又向国机公司发放2200万元贷款，到期日为2014年12月10日。现国机公司在原告处办理的2013年12月12日发放的2200万元贷款

---

① 参见《民法典》第695条第1款规定：“债权人和债务人未经保证人书面同意，协商变更主债权债务合同内容，减轻债务的，保证人仍对变更后的债务承担保证责任；加重债务的，保证人对加重的部分不承担保证责任。”

② 参见广西壮族自治区柳州市柳北区人民法院（2015）北民二初字第574号民事判决书。

已到期，但国机公司未能按期归还借款本息，故原告诉至法院，要求国机公司偿还借款本息、要求对抵押物享有优先受偿权、要求三保证人承担连带保证责任。

裁判理由：因债权人原告与债务人国机公司将《网贷通循环借款合同》项下的借款的使用期限到期日从2013年12月3日延长至2014年12月3日，但并未取得保证人夏某枝、周某池、梁某义的书面同意，根据《担保法》的规定，保证人对发生在延长期间即2013年12月3日至2014年12月3日的借款不再承担保证责任。故原告要求被告夏某枝、周某池、梁某义就原告于2013年12月12日发放给国机公司的借款承担连带保证责任的诉请缺乏法律依据，法院不予支持。

【案例4】中国进出口银行诉山东栖霞台湾农民创业园开发有限公司等金融借款合同纠纷案①

裁判要旨：主合同还款期限延长，未经保证人同意的，保证人仅按照原合同约定的保证期间承担保证责任。

基本案情：2009年7月28日，借款人山东栖霞台湾农民创业园开发有限公司（以下简称栖霞公司）与贷款人中国进出口银行签订《借款合同》，约定贷款人向借款人提供最高不超过23000万元的贷款。借款人申请提取贷款的期限至2010年7月28日止（以下简称提款期间），在提款期间的终止日，借款人未申请提取的贷款额度自动取消。贷款期限为120个月。合同还约定了贷款利率、违约利率、还款计划、违约事件等。2009年7月28日，吴泰公司与中国进出口银行签订《保证合同》，约定吴泰公司为栖霞公司在《借款合同》项下4000万元本金、利息及违约金等的债务提供连带责任保证，该担保独立于被担保债务的任何其他担保；并约定，贷款人和借款人协议变更《借款合同》内容的，应事先通知但无须取得保证人的同意，保证人须在变更后的保证范围内承担责任，但是对《借款合同》的贷款金额、期限、币种等内容进行变更并且加重保证人责任的除外。2009年7月28日，包头公司与中国进出口银行签订《房地产抵押合同》，约定包头公司将四处房产抵押给中国进出口银行，以担保《借款合同》项下不超过4000万元的本金、利息及违约金等的债权实现，该担保独立于被担保债务的任何其他担保；并约定，抵押权人和借款人协议变更《借款合同》内容的，无须征得抵押人的同意，抵押人将在变更后的担保范围内承担责任，但是对《借款合同》的贷款金额、期限、币种和利率等内容进行变更并且加重抵押人责任的除外。2009年9月17日，栖霞公司与中国进出口银行签订《房地

---

①　参见北京市第四中级人民法院（2015）四中民（商）初字第283号民事判决书。

产抵押合同》，约定栖霞公司将三处国有土地使用权抵押给中国进出口银行，以担保《借款合同》项下不超过23000万元的本金、利息及违约金等的债权实现。2010年11月18日，栖霞公司与中国进出口银行签订1号《补充协议》调整了提款期间，将该期限延至2012年7月28日。2010年11月18日，烟台公司与中国进出口银行签订《保证合同》，约定烟台公司为栖霞公司在《借款合同》项下5000万元本金、利息及违约金等的债务提供连带责任保证，该担保独立于被担保债务的任何其他担保；并特别约定，烟台公司完全知悉1号《补充协议》项下的内容。2011年6月21日，中国进出口银行、栖霞公司分别与烟台市信用担保有限责任公司和吴泰公司签订2号、3号《补充协议》，对《借款合同》的还款计划作出调整，即前几年每年还款金额减少。2013年12月30日，中国进出口银行与栖霞公司再次调整还款计划，即前几年每年还款金额再次减少。2012年2月16日，贵州公司与中国进出口银行签订《保证合同》，约定贵州公司为栖霞公司在《借款合同》项下12000万元本金、利息及违约金等的债务提供连带责任保证，该担保独立于被担保债务的任何其他担保；并约定，贷款人和借款人协议变更《借款合同》内容的，应事先通知但无须取得保证人的同意，保证人须在变更后的保证范围内承担责任，但是对《借款合同》的贷款金额、期限、币种等内容进行变更并且加重保证人责任的除外。2009年7月28日至2010年7月28日，中国进出口银行仅按栖霞公司申请，向其放款4000万元；2010年11月19日至2012年11月13日，放款16000万元。栖霞公司分三笔偿还本金800万元：2013年7月1日偿还300万元；2014年7月16日偿还200万元；2014年11月21日偿还300万元。自2015年3月21日起，栖霞公司再未按合同约定支付利息，仅用账户余额归还了371.12元的利息。另外，2016年3月2日，法院裁定受理申请人对被申请人吴泰公司的破产申请。

裁判理由：对于吴泰公司而言，首先，上述变更未通知并征得其同意，因此吴泰公司应按原合同约定的提款期间承担保证责任，即其担保的债权仅针对原提款期间内4000万元贷款（首笔贷款）而言。其次，栖霞公司分三笔偿还的本金800万元，因借款借据上注明了首笔贷款的还款期限，确认该笔贷款最先到期，故应认为是针对首笔贷款的还款。随着栖霞公司主合同原约定下应向中国进出口银行偿还款项的减少，吴泰公司担保的债权亦应随之减少，800万元应从吴泰公司担保的债权中予以扣除。鉴于吴泰公司已于2016年3月2日被法院受理破产申请，根据《企业破产法》第46条之规定，吴泰公司所担保债权的利息、罚息和复利仅计至2016年3月1日。对于包头公司而言，变更未征得其同意，因此包头公司应按原合同约定的提款期间承担担保责任，即其担保的债权仅针对原提款期间内4000万元贷款（首笔贷款）而言。基于前述理由，800万元还款也应从4000万元中扣除。该案既有人的担保又有物的担保，债权人应按照《保证合同》《房地产抵押合同》中的约定来实现债权。

【案例5】都安瑶族自治县农村信用合作联社诉唐某红金融借款合同纠纷案①

裁判要旨：债权人延长贷款期限，系对主合同的变更，未得到债务人及保证人人的同意，事后也未得到追认的，此部分内容对债务人及保证人无效，保证人应在原保证合同约定的范围内承担保证责任。

基本案情：借款人杨某于2011年6月12日向原告都安瑶族自治县农村信用合作联社申请贷款5万元，用于建房。双方于2011年6月12日签订《个人借款合同》，合同约定借款期限为3年，借款期限自2011年6月12日至2014年6月12日，还款方式为按季结息到期还本。被告唐某红作为以上借款的连带责任保证人进行保证。合同签订后，原告于签订合同当日向杨某发放贷款5万元。贷款到期后，原告多次催收，杨某只偿还部分本息，尚欠本金4.5万元及相应利息。该案被告唐某红也没有按合同约定履行其保证义务偿还剩余的本金及利息。该案借款到期后，原告方的信贷员为避免借款人形成不良贷款，影响“抓降任务”而在电脑系统中修改了贷款履行期限，即原告私自延长借款期限18个月。

裁判理由：原告与借款人、保证人所签订的《个人借款合同》《抵押担保合同》系双方的真实意思表示，两份合同均合法有效。虽然在借款期限到期后原告私自延长了贷款期限18个月，但根据《担保法解释》第30条②的规定，该案中，原告私自延长贷款期限，是对主合同的变更，未得到借款人及担保人的同意，事后也未得到借款人及担保人的追认，此部分内容对借款人及担保人应属无效，担保人应在原担保合同约定的范围内承担保证责任。

---

① 参见广西壮族自治区都安瑶族自治县人民法院(2016)桂1228民初681号民事判决书。

② 参见《民法典》第695条第1款规定：“债权人和债务人未经保证人书面同意，协商变更主债权债务合同内容，减轻债务的，保证人仍对变更后的债务承担保证责任；加重债务的，保证人对加重的部分不承担保证责任。”

224. 债权人按照主合同约定向债务人宣布借款提前到期，但既未通知最高额保证人也未征得其同意的，最高额保证人是否需要对因借款提前到期而产生的逾期利息承担相应保证责任？

【案例】浦发温州瑞安支行诉圣雷公司、新瑞公司金融借款合同纠纷案①

裁判要旨：债权人按照主合同约定向债务人宣布借款提前到期，并非要求保证人在最高额保证限额外再另行承担责任，未加重保证人的责任，保证人应对借款本金、期内利息、逾期利息及期内利息的复利等承担保证责任。

基本案情：2014 年 12 月 8 日，原告浦发温州瑞安支行与被告新瑞公司签订编号为××241 的《最高额保证合同》，约定由其对原告与圣雷公司自 2014 年 12 月 8 日至 2016 年 12 月 8 日办理的各类融资业务的主债权在最高额 400 万元限额内作连带责任保证担保。2014 年 12 月 16 日，圣雷公司与原告浦发温州瑞安支行签订编号为××839 的《流动资金借款合同》，圣雷公司向原告借款 490 万元，借款期限自 2014 年 12 月 16 日至 2015 年 12 月 16 日，借款利率按年利率 7.504% 计算；借款人到期应付而未付其签署的其他借贷合同、协议项下的债务的，原告有权宣布合同项下借款本金全部或部分立即提前到期，并要求立即归还部分或全部借款、所欠利息结清，并通过各种形式向担保人或借款人追索。原告依约向被告圣雷公司发放上述贷款 490 万元。圣雷公司未在借款期限届满前偿还其与原告在 2014 年 8 月 22 日签订的编号为××562 的《流动资金借款合同》项下债务。原告于 2015 年 9 月 14 日向圣雷公司送达提前到期通知书，要求其归还包含涉案借款在内的四笔借款，未向被告新瑞公司送达该通知书。原告要求被告新瑞公司对上述主债权及主债权产生的利息（包括利息、罚息和复利）、违约金等及其后期实现债权的费用等承担连带清偿责任。被告新瑞公司认为原告主张借款提前到期并不成立，并未告知保证人，也未征得保证人的同意，保证人应相应免责，就提前到期而致产生的逾期利息不承担保证责任。

裁判理由：关于担保人的担保范围问题。《最高额保证合同》具有独立性，原告浦发温州瑞安支行单方宣布借款提前到期的行为，并非要求担保人在最高额保证限额外再另行承担责任，未加重担保人的责任，担保人应对借款本金、期内利息、逾期利息及期内利息的复利等承担担保责任。被告新瑞公司在承担担保责任后，有权向被告圣雷公司追偿。

---

① 参见浙江省瑞安市人民法院（2015）温瑞商初字第 4384 号民事判决书。

225. 主债务人系其他企业的第二名称，二者均解散后财产由主管机关继受的，保证人是否继续承担保证责任？

【案例】桥西信用社诉桥西文教局等借款及担保合同纠纷案①

裁判要旨：主债务人系其他企业的第二名称，二者均解散后财产由主管机关继受的，保证人继续承担保证责任。

基本案情：1989 年 3 月 8 日，桥西信用社与借款方石家庄市特种润滑材料厂（以下简称润滑材料厂）、砂布厂签订借款合同。合同约定：润滑材料厂借桥西信用社 30 万元，用于购买脱腊设备，利率 14.1%，借款期限自 1989 年 3 月 8 日至 6 月 8 日，由砂布厂提供担保。合同签订当日，桥西信用社将 30 万元借款转到润滑材料厂在桥西信用社的账户中。借款到期后，润滑材料厂仅将 1990 年 3 月 21 日前的利息 60756.9 元付给桥西信用社，借款本金及剩余利息直至 1993 年 7 月 27 日未付。1987 年 7 月 30 日经石家庄市桥西区工商行政管理局（以下简称工商局）批准设立润滑材料厂，主管为桥西文教局。经营场地与石家庄市桥西区研磨材料厂（以下简称研磨材料厂）同一，财产及账目未与研磨材料厂分立。经工商局审核，同意在研磨材料厂基础上增挂润滑材料厂为第二名称。1990 年 6 月，润滑材料厂经工商局登记变更为石家庄市桥西石油化工厂（以下简称石油化工厂），原润滑材料厂的债权债务由石油化工厂承担。1990 年 11 月 2 日，经工商局批准，研磨材料厂、石油化工厂换发执照为企业法人营业执照，工商局仍同意保留石油化工厂为研磨材料厂的第二名称。1990 年年底，石油化工厂、研磨材料厂相继停产，并自 1991 年至 1993 年年末进行工商年检。经桥西文教局决定，1992 年 3 月成立研磨材料厂、石油化工厂遗留问题处理小组，清理二厂的债权债务，处理现有的财产。至此，研磨材料厂、石油化工厂人员解散，厂房及经营场地由桥西文教局占用。其间，1991 年 10 月 17 日，桥西信用社曾向借款方发出催还款通知，限于 1991 年年底还清贷款本息。1991 年 10 月 23 日，研磨材料厂函复称："接到通知后，进行了研究，根据桥西文教局局务会精神，已向桥西区政府汇报，采取措施，解决问题，尽快还贷。"以前，1989 年 3 月 8 日，研磨材料厂、润滑材料厂厂长向砂布厂厂长立下字据，称：如果 30 万元借款到期不能偿还，愿以研磨材料厂全部厂房、设备、土地、办公室作为担保，抵押给砂布厂作

① 参见最高人民法院中国应用法学研究所编：《人民法院案例选（分类重排本）· 商事卷》，人民法院出版社 2017 年版，第 1885－1887 页。

为补偿。桥西信用社经多次催还借款未果,1993年6月1日,向石家庄市桥西区人民法院起诉。

裁判理由:原告与润滑材料厂、砂布厂签订的借款合同合法有效,借款方润滑材料厂借款到期应及时偿还原告,润滑材料厂的债务应由该企业变更后的石油化工厂偿还。石油化工厂虽领有企业法人营业执照,但工商局审核意见为研磨材料厂的第二名称,二者经营场地相同,财产账目未分立,视为一个企业。现研磨材料厂、石油化工厂已厂闭人散,并自1991年起未进行工商年检,视为自行解散。其财产由被告桥西文教局继受。被告桥西文教局应在继受研磨材料厂、石油化工厂财产范围内对该两厂的债务承担清偿责任。1991年10月17日,原告桥西信用社向借款方润滑材料厂发出的催还借款通知,中断诉讼时效,原告桥西信用社与被告砂布厂之间的借款担保从合同与主合同即原告与润滑材料厂签约的借款合同的诉讼时效相同,原告向借款方主张权利在诉讼时效期间,向担保方主张权利的诉讼时效期间亦然。原告向借款方发出催还借款通知,研磨材料厂的函复未明确承诺于1991年年底前还清借款本息。因此,不能认为原告与借款方未经担保人同意就延期还款达成新的协议。研磨材料厂、润滑材料厂厂长要求被告砂布厂为其借款提供担保时向砂布厂所立字据,对原告没有约束力,不影响原告向被告砂布厂主张权利。

【现行相关规范】

《最高人民法院关于审理民事案件适用诉讼时效制度若干问题的规定》(2020年12月29日修正　法释〔2020〕17号)第15条

对于连带债权人中的一人发生诉讼时效中断效力的事由,应当认定对其他连带债权人也发生诉讼时效中断的效力。

对于连带债务人中的一人发生诉讼时效中断效力的事由,应当认定对其他连带债务人也发生诉讼时效中断的效力。

《最高人民法院经济审判庭关于购销合同当事人延长履行期限后保证人是否承担保证责任问题的电话答复》(1991年4月27日)

江苏省高级人民法院:

你院(90)经请字第2号"关于购销合同当事人延长履行期限后保证人是否承担保证责任的请示"收悉。经研究,原则同意你院关于本案保证人不承担保证责任的处理意见。

但据所附材料看,本案似为诈骗犯宋某良借用被保证人单位名义(包括单位合同、公章、帐户），以签订合同为名，骗取债权人货款。对此，保证人并不知情。如情况属实，因被保证人出借单位合同、公章及帐户，使宋某良得以行骗，给债权人造成的7万多元经济损失，应当由被保证人自行承担，保证人则不应对此承担保证责任。

附：江苏省高级人民法院关于购销合同当事人延长履行期限后保证人是否承担保证责任的请示［1990 **年** 9 **月** 27 **日**　（90）**经请字第** 2 **号**］

最高人民法院：

我省盐城市中级人民法院在审理盐城市第二农业生产资料公司（以下简称生资公司）诉东台市安丰多种经营经理部（以下简称经理部）、盐城市化工供销公司（以下简称化工公司）购销合同返还货款纠纷一案中，对化工公司是否承担保证责任问题，现向你院请示。

一、基本案情

1988年6月4日，经理部与生资公司签订了一份由经理部供给生资公司2500条柴褶的购销合同。合同规定：货款总额137500元正；6月13日前交货，结算方式为银行汇款或汇票结算。合同还规定了质量标准、验收方法等内容。合同签订后，化工公司于1988年6月6日为经理部提供了款项担保。

6月13日前，经理部、生资公司都未履行合同。6月17日，双方未经担保人的同意，将合同履行期延长，并在原合同上增加了："需方货款汇至供方后，如有损失，则保证单位负责赔偿。"6月18日，生资公司向经理部付款137500元，后经理部不能交货，货款也不能退还。生资公司起诉要求经理部的保证人化工公司赔偿损失。

二、我院意见

我院认为：购销合同中的保证人，只能对经其同意的保证内容承担保证责任，该案供、需双方未经保证人同意，变更合同的履行期限，应视为新的法律关系成立，原合同中的保证人对此而产生的纠纷不负保证责任。

以上意见当否？请批示。

《最高人民法院关于保证人的保证责任应否免除问题的复函》（1992年12月2日　法函〔1992〕148号）

山西省高级人民法院：

你院〔1992〕晋法经报字第5号"关于沁水县农业银行诉沁水县乡镇企业供销公司和沁水县汽车运输公司借款合同担保纠纷一案的请示报告"收悉。经研究，答复如下：

本案沁水县农业银行（下称"沁水农行"）与沁水县乡镇企业供销公司（下称"供销公司"）1988年12月31日签订的借款合同第六条规定："……如需延期，借款方至迟在贷款到期前3天，提出延期申请，经贷款方同意，办理延期手续。但延期最长不得超过原订期限的一半，贷款方未同意延期或未办理延期手续的逾期贷款，加收罚息。”保证人沁水县汽车运输公司（下称“汽运公司”）在合同上签字、盖章，认可了这一条款。合同履行期限届满前四天，借款方供销公司提出了延期还款申请，贷款方沁水农行同意延期还款的期限恰是原借款合同履行期的一半。

借款合同当事人双方的行为，应视为符合借款合同第六条规定。因此，债权人沁水农行在诉讼时效期限内向保证人主张权利，保证人汽运公司的保证责任不应免除。

特此函复

《最高人民法院关于四川省汽车运输成都公司与四川省农村信托投资公司担保借款纠纷一案中四川省汽车运输成都公司应否承担保证责任的复函》（1996年10月30日）

四川省高级人民法院：

你院（1992）川高法申民字第6号关于四川省汽车运输成都公司与四川省农村信托投资公司担保借款纠纷一案的请示报告收悉。经研究认为：借款方四川省汽车运输成都公司商业公司（以下简称商业公司）在担保方四川省汽车运输公司（以下简称成都公司）不知晓的情况下，擅自改变合同约定的贷款用途，将贷得的250万元挪作它用，属改变合同的主要内容。贷款方四川省农村信托投资公司（以下简称投资公司）收到借款方商业公司的退回款250万元后，以“代单位转款”名义擅自划转170万元给借款方商业公司使用，是投资公司的过错。据此，成都公司不应承担担保责任。

【规范沿革】

《最高人民法院关于借款合同双方当事人未经保证人同意达成延期还款协议后保证人是否继续承担担保责任的批复》［1988年1月9日　法（经）复〔1988〕4号］

河南省高级人民法院：

你院（1987）豫法经字第3号请示收悉。经研究，并征询有关部门意见，答复如下：

在保证合同中，保证人只应对经他同意、签字（盖章）的保证内容承担担保责任。你院请示的案件中，南乐县公路管理段在借款方南乐县大华贸易公司与贷款方中国工商银行南乐县支行1985年3月所签订的借款合同中担保单位栏内盖章，故对该合同中借款方所应履行的义务承担担保责任。但借、贷双方在履行合同中，不通知担保人，亦未征得担保人同意，于同年4月下旬达成书面协议，将还款日期延长1个月，这一变更，应视为成立了新的法律关系，解除了原来的担保合同。因此，南乐县公路管理段不应再承担保证责任。

此复。

《经济合同案件保证问题规定》第12条第2款

债权人与被保证人未经保证人同意，在主合同履行期限内变更合同其他内容而使被保证人债务增加的，保证人对增加的债务不承担保证责任。

《经济合同案件保证问题规定》第16条

依照法律规定或者当事人约定，免除被保证人部分或者全部债务的，保证人相应的保证责任得以免除。

《民法通则意见》第109条

在保证期限的，保证人的保证范围，可因主债务的减少而减少。新增加的债务，未经保证人同意担保的，保证人不承担保证责任。

《担保法》第24条

债权人与债务人协议变更主合同的，应当取得保证人书面同意，未经保证人书面同意的，保证人不再承担保证责任。保证合同另有约定的，按照约定。

《担保法解释》第30条

保证期间，债权人与债务人对主合同数量、价款、币种、利率等内容作了变动，未经保证人同意的，如果减轻债务人的债务的，保证人仍应当对变更后的合同承担保证责任；如果加重债务人的债务的，保证人对加重的部分不承担保证责任。

债权人与债务人对主合同履行期限作了变动，未经保证人书面同意的，保证期间为原合同约定的或者法律规定的期间。

债权人与债务人协议变动主合同内容，但并未实际履行的，保证人仍应当承担保证责任。

【立法资料】

为了维护保证人的合法权益，草案规定：……5、债权人与债务人未经保证人书面同意而变更主合同的……保证人不再承担保证责任。①

① 参见全国人大常委会法制工作委员会在1995年2月21日第八届全国人民代表大会常务委员会第十二次会议上所作关于《中华人民共和国担保法（草案）》的说明。

第六百九十六条　债权转让对保证的效力

【民法典条文】

债权人转让全部或者部分债权，未通知保证人的，该转让对保证人不发生效力。

保证人与债权人约定禁止债权转让，债权人未经保证人书面同意转让债权的，保证人对受让人不再承担保证责任。

实务问题

226. 债权人将主债权转让给第三人的，保证人是否继续承担保证责任？

【案例1】张某诉孙某、孙某年民间借贷纠纷案①

裁判要旨：债权人将债权转让给第三人，保证人知晓的，对转让后的债权仍承担保证责任。

基本案情：2011年4月20日，高某为(甲方)与孙某(乙方)、孙某年(担保人)签订借款协议，协议第1条约定借款用途为乙方用于履行(2010)丰民初字第7898号民事判决书。协议第2条约定甲方借给乙方100万元，借款期限为24个月，即自2011年4月1日至2013年3月30日……第4条担保条款约定，乙方对于上述条款的履行，由担保人孙某年向甲方提供担保，如乙方到期无法还款，将由担保人代替乙方向甲方支付全额借款。2011年5月10日，高某为代孙某交纳案款142万元。后被告孙某分批偿还高某为借款共计21万元。2012年3月8日，高某为(转让人)与原告张某(受让人)签订个人债权转让协议书，其内容为"一、甲、乙双方一致确认：截至本协议签署之日，甲方拖欠张某及乙方本人借款共计玖拾壹万元，由乙方代为偿还。二、甲、乙双方一致同意，甲方将对孙某、孙某年所享有的全部的债权共计玖拾壹万元全部转让给乙方行使，乙方按照本协议直接向孙某、孙某年主张债权……四、本协议生效后，乙方不得再向甲方主张债权。五、如本协议无效或被撤销，则甲方仍继续按照原合同及其他法律文件履行义务。"该协议书签字人甲方为高某

---

① 参见北京市丰台区人民法院(2022)丰民初字第11454号民事判决书。

为、乙方为原告张某。后高某为向二被告发出债权转让通知书。后张某诉至法院，请求判令二被告偿还张某借款91万元并按中国人民银行同期贷款利率的4倍给付逾期还款利息，该案诉讼费用由被告负担。被告孙某、孙某年认为二被告与高某为确实存在借款关系，借款数额认可，高某为与原告进行债权转让一事也告诉过二被告，二被告知晓此事，现因二被告经济困难无力偿还借款及利息。

裁判理由：依据法律规定，债权人可以将合同的权利全部或者部分转让给第三人，债权人转让权利的，应当通知债务人。未经通知，该转让对债务人不发生效力。高某为与原告张某签订个人债权转让协议书，将其对被告孙某享有的91万元债权转让给张某，该协议书系双方真实意思表示，不违反法律规定。双方在签订个人债权转让协议书后高某为将债权转让一事通知二被告，现二被告已知晓，故债权转让对二被告发生效力，二被告应当依照借款协议向原告张某履行还款义务。因被告孙某一直依照借款协议履行还款义务，共计已偿还高某为21万元，出于维护担保人的合法权益，该21万元应当从借款协议约定的100万元中扣除，即高某为转让给原告张某的债权包括由被告孙某年担保的79万元借款及12万元无担保借款。对于由被告孙某年担保的79万元借款，被告孙某应当依照借款协议约定向原告张某履行还款义务，被告孙某年应当依照借款协议承担保证责任，现原告张某要求被告孙某偿还借款及逾期还款利息，被告孙某年承担保证责任，法院予以支持。

【案例2】李某军诉润发公司、宇宏公司民间借贷纠纷案①

裁判要旨：保证期间，债权人依法将主债权转让给第三人的，保证人在原保证担保的范围内继续承担保证责任。

基本案情：2012年2月20日至2012年7月15日，原告李某军，与韩某莉等18人将39笔总计277万元交给被告润发公司。润发公司收款后为19位出借人出具39份借据。39笔借款均由润发公司的业务经理陈某丰经办。39份借据格式一致，担保人栏内“山东润发担保有限公司”和借款利率栏内“月息15%”文字属印制，出借人、借款人、借款金额、借款期限等栏内记载文字为手写。借据附有印制的“说明”栏，主要内容为：借款人委托润发公司为其介绍出借人，出借人委托润发公司为其借款提供担保；双方签署该借据后，出借人收到该借据时，借款人已收到该借据记载的借款金额；如借款人未及时归还，由润发公司代偿后进行追偿。39份借据的

① 参见山东省枣庄市中级人民法院(2013)枣民一终字第230号民事判决书。

担保人栏内，均有润发公司印文和时任法定代表人王某签名。2012 年 7 月 31 日，韩某莉等 18 人为债权转让人、原告李某军为债权受让人，双方签订债权转让确认书。债权转让确认书内容为，“债权转让人、债权受让人共同确认：1. 债权转让人将各自享有的由山东省润发担保有限公司、山东宇宏太阳能光电科技有限公司担保的借款债权已转让给债权受让人李某军，转让的具体借款债权以交与李某军持有的出借人为各债权转让人的借据原件为据；2. 各债权转让人共同委托债权受让人李某军（含李某军之代理人）向债务人（含借款人及担保人）通知债权转让之事实；债权转让人未获受偿前，李某军以借据及本债权转让确认书为据向各债务人主张权利，即为李某军向各债务人通知债权转让之事实，各债务人应向李某军履行债务”。被告宇宏公司向出借人出具书面担保函。该担保函载明，“我公司自愿为由山东省润发担保有限公司已担保且由业务经理陈某丰经办的借贷债务提供连带责任保证，担保的具体债务以加盖山东润发担保有限公司印章的书面借据且由陈某丰确认经办为准，担保期间自借款发生之日至借款到期后两年内”。

裁判理由：《合同法》第 81 条[①]规定，“债权人转让权利的，受让人取得与债权有关的从权利，但该从权利专属于债权人自身的除外”。《担保法》第 22 条[②]规定，“保证期间，债权人依法将主债权转让给第三人的，保证人在原保证担保的范围内继续承担保证责任。保证合同另有约定的，按照约定。”韩某莉等 18 人将债权转让给李某军后，对于李某军受让取得的债权，宇宏公司应继续承担保证责任。担保函确定的保证方式为连带责任保证，保证期限为两年。李某军主张的 39 笔债权现均已到期，其请求宇宏公司承担责任未超过保证期限。故宇宏公司应向李某军承担连带保证责任。

---

① 参见《民法典》第 547 条第 1 款规定：“债权人转让债权的，受让人取得与债权有关的从权利，但是该从权利专属于债权人自身的除外。”

② 参见《民法典》第 696 条规定：“债权人转让全部或者部分债权，未通知保证人的，该转让对保证人不发生效力。保证人与债权人约定禁止债权转让，债权人未经保证人书面同意转让债权的，保证人对受让人不再承担保证责任。”

227. 国有商业银行（包括国有控股银行）向金融资产管理公司转让不良贷款，或者金融资产管理公司收购、处置不良贷款的，担保债权同时转让未征得保证人同意，保证人是否仍应在原担保范围内对受让人继续承担担保责任？

【案例】北京赛科药业有限责任公司诉信达北京办事处借款担保执行异议案①

裁判要旨：国有商业银行（包括国有控股银行）向金融资产管理公司转让不良贷款，或者金融资产管理公司收购、处置不良贷款的，担保债权同时转让无须征得担保人的同意，担保人仍应在原担保范围内对受让人继续承担担保责任。*

基本案情：1999年3月，中国工商银行新街口支行（以下简称工行新街口支行）与北京医药物资联合经营公司（以下简称医药公司）签订借款合同，约定工行新街口支行向医药公司提供贷款210万元，贷款期限自1999年3月26日至1999年12月16日；工行新街口支行与北京第二制药厂（以下简称制药二厂）签订保证合同，约定制药二厂为上述借款合同向工行新街口支行提供连带保证责任。工行新街口支行如约履行了放款义务。合同到期后，医药公司未履行还款义务，制药二厂亦未履行保证责任，工行新街口支行诉至法院。2001年12月22日，北京市西城区人民法院判决医药公司向工行新街口支行支付借款本金210万元及相应利息；制药二厂对医药公司上述债务承担连带责任。制药二厂上诉后二审法院维持原判。2002年11月16日，工行新街口支行向北京市西城区人民法院提出强制执行申请，2003年1月8日法院向被执行人发出执行通知，并对医药公司的财产予以冻结、变卖，同年7月30日执行回现金616600元。2005年7月11日，工行新街口支行与信达北京办事处签订债权转让协议，同年7月25日工行新街口支行与信达北京办事处在《金融时报》上刊登债权转让公告，2007年7月19日再次在《金融时报》上发布催收公告。2009年3月19日，信达北京办事处向北京市西城区人民法院申请恢复执行。2009年5月该院向赛科药业（北京第二制药厂于2002年7月更名为北京赛科药业有限责任公司，以下简称赛科药业）发出执行通知，告知该判决已发生法律效力，工行北

① 参见北京市第一中级人民法院（2011）一中执复字第1120号执行裁定书。

* 该裁判尺度来源于《关于审理涉及金融不良债权转让案件工作座谈会纪要》。但在实践中，大有将该纪要扩张适用于所有金融不良资产处置的趋势，从而既违反平等保护原则，也与不良资产处置自身呈现的市场化、法治化趋势相悖。参见麻锦亮编著：《民法典·担保注释书》，中国民主法制出版社2023年版，第248页。

京分行已将此笔债权转让给信达北京办事处,信达北京办事处作为权利人向法院申请执行。赛科药业收到执行通知后,未履行生效判决确定的义务。2009 年 6 月,该院裁定冻结了赛科药业在银行的存款和位于朝阳区广渠路的土地使用权。2009 年 6 月,被执行人赛科药业向北京市西城区人民法院提出执行异议。

裁判理由:赛科药业的法律地位是担保人,而非主债务人。《担保法》第 22 条①规定,"保证期间,债权人依法将主债权转让给第三人的,保证人在原保证担保的范围内继续承担保证责任……"另外,2005 年公布的《最高人民法院关于金融资产管理公司收购、处置银行不良资产有关问题的补充通知》第 2 条规定:"国有商业银行(包括国有控股银行)向金融资产管理公司转让不良贷款,或者金融资产管理公司收购、处置不良贷款的,担保债权同时转让无须征得担保人的同意,担保人仍应在原担保范围内对受让人继续承担担保责任……"因此,在债权转让成立的情形下,赛科药业理应履行其担保义务。值得注意的是,转让判决书确认债权的现象关系司法权威和执行制度的发展,在司法实践中有其特殊性,应予妥善处理。在法律不明确禁止的情况下,应出台法律、司法解释规范相关的行为。如 2001 年 4 月公布的《最高人民法院关于审理涉及金融资产管理公司收购、管理、处置国有银行不良贷款形成的资产的案件适用法律若干问题的规定》(该案例中以下简称《十二条规定》)对国有银行不良债权转让、处置的相关法律适用问题进行了明确规范;2011 年 1 月公布的《最高人民法院关于判决生效后当事人将判决确认的债权转让债权受让人对该判决不服提出再审申请人民法院是否受理问题的批复》明确规定判决确认的债权的受让人不具有申请再审人主体资格,其对该判决不服提出再审申请的,人民法院应依法不予受理。另外,《十二条规定》作出的背景是当时国有银行不良资产问题严峻,如果按照常规方式一一进行通知的话,无法在短期内快速解决不良资产问题,将对国家金融安全构成威胁。因此,最高人民法院以司法解释的形式对债权转让的通知要件作出了一个例外性的规定。那么,对于金融资产管理公司和国有银行外的其他当事人之间转让债权的行为能否比照这个规定办理?答案是否定的。最高人民法院在《十二条规定》中特别强调,"本规定仅适用于审理涉及金融资产管理公司收购、管理、处置国有银行不良贷款形成的资产的有关案件"。

---

① 参见《民法典》第 696 条规定:"债权人转让全部或者部分债权,未通知保证人的,该转让对保证人不发生效力。保证人与债权人约定禁止债权转让,债权人未经保证人书面同意转让债权的,保证人对受让人不再承担保证责任。"

【现行相关规范】

《最高人民法院关于甘肃省高级人民法院就在诉讼时效期间债权人依法将主债权转让给第三人保证人是否继续承担保证责任等问题请示的答复》(2003年10月20日　〔2003〕民二他字第39号)

甘肃省高级人民法院：

你院甘高法〔2003〕176号请示收悉。经研究，答复如下：

一、在诉讼时效期间，凡符合《中华人民共和国合同法》第八十一条和《中华人民共和国担保法》第二十二条规定的，债权人将主债权转让给第三人，保证债权作为从权利一并转移，保证人在原保证担保的范围内继续承担保证责任。

……

《最高人民法院关于金融资产管理公司收购、处置银行不良资产有关问题的补充通知》(2005年5月30日　法〔2005〕62号)

各省、自治区、直辖市高级人民法院，新疆维吾尔自治区高级人民法院生产建设兵团分院：

为了深化金融改革，规范金融秩序，本院先后下发了《关于审理金融资产管理公司收购、管理、处置国有银行不良贷款形成的资产的案件适用法律若干问题的规定》《关于贯彻执行最高人民法院“十二条”司法解释有关问题的函的答复》和《关于国有金融资产管理公司处置国有商业银行不良资产案件交纳诉讼费用的通知》。最近，根据国务院关于国有独资商业银行股份制改革的总体部署，中国信达资产管理公司收购了中国银行、中国建设银行和交通银行剥离的不良资产。为了维护金融资产安全，降低不良资产处置成本，现将审理金融资产管理公司在收购、处置不良资产发生的纠纷案件的有关问题补充通知如下：

一、国有商业银行(包括国有控股银行)向金融资产管理公司转让不良贷款，或者金融资产管理公司受让不良贷款后，通过债权转让方式处置不良资产的，可以适用本院发布的上述规定。

二、国有商业银行(包括国有控股银行)向金融资产管理公司转让不良贷款，或者金融资产管理公司收购、处置不良贷款的，担保债权同时转让无须征得担保人的同意，担保人仍应在原担保范围内对受让人继续承担担保责任。担保合同中关于合同变更需经担保人同意的约定，对债权人转让债权没有约束力。

三、金融资产管理公司转让、处置已经涉及诉讼、执行或者破产等程序的不良债权时，人民法院应当根据债权转让协议和转让人或者受让人的申请，裁定变更诉讼或者执行主体。

《民法典》第547条

债权人转让债权的，受让人取得与债权有关的从权利，但是该从权利专属于债权人自身的除外。

受让人取得从权利不因该从权利未办理转移登记手续或者未转移占有而受到影响。

【规范沿革】

《经济合同案件保证问题规定》第13条

债权人在保证责任期限内，将债权转移给他人，并通知保证人的，保证人应向债权受让人承担保证责任。

《担保法》第22条

保证期间，债权人依法将主债权转让给第三人的，保证人在原保证担保的范围内继续承担保证责任。保证合同另有约定的，按照约定。

《担保法解释》第28条

保证期间，债权人依法将主债权转让给第三人的，保证债权同时转让，保证人在原保证担保的范围内对受让人承担保证责任。但是保证人与债权人事先约定仅对特定的债权人承担保证责任或者禁止债权转让的，保证人不再承担保证责任。

第六百九十七条　债务移转对保证的效力

【民法典条文】

债权人未经保证人书面同意，允许债务人转移全部或者部分债务，保证人对未经其同意转移的债务不再承担保证责任，但是债权人和保证人另有约定的除外。

第三人加入债务的，保证人的保证责任不受影响。

实务问题

228. 公司注销后债务由股东承担的，保证债务如何处理？

【案例】华融公司昆明办事处诉水泥公司公司解散纠纷案①

裁判要旨：公司注销时债务由股东承担属于债务转移，若未征得保证人书面同意，则保证人对未经其同意转让的债务不再承担保证责任。

基本案情：1998 年 10 月，因水泥公司接管案外人的财产时资金紧缺，便由其投资设立的达隆公司出面为其向银行借款。达隆公司遂与玉溪工行签订《借款合同》，约定达隆公司向玉溪工行借款 400 万元，借款期限为 1 年。光华造纸厂为该笔借款提供连带责任保证。其在提供担保时知道该笔借款是用于接管案外人的财产。后借款到期后达隆公司未按约还款。2000 年 4 月 30 日，玉溪工行将上述债权及相关从权利转让给华融公司昆明办事处。2002 年 6 月 24 日，达隆公司申请注销，注销前未进行具体的债权债务、现有财产等相关清算工作和公告，未通知债权人华融公司昆明办事处。所谓的清算工作仅是与水泥公司约定该公司债权债务由水泥公司承担，并将该约定在其解散清算报告、股东会决议中载明，并凭上述材料在公司登记机关申请了注销。华融公司昆明办事处在起诉时始知道达隆公司已注销等上述事实，故诉请判令水泥公司承担还款责任，光华造纸厂承担连带清偿责任。

---

① 参见高雁：《公司注销时债务由股东承担是否属于债务转移　本案保证人应否继续承担保证责任》，载《法律适用》2006 年第 11 期。

裁判理由:公司申请注销,约定债权债务由其股东承担,但股东对公司只承担出资义务,对公司的对外债务无法定承担的义务,故公司注销时股东为其承担债务不具有法定性,不是承继关系,而是债务转移。现原告公司起诉该股东,即承认了该公司是债务人,承认债务转移的事实,股东对此事实也无异议。但证据不能证明该转移行为征得了保证人的书面同意,故保证人对未经其同意转让的债务,依法不再承担保证责任。

【规范沿革】

《经济合同案件保证问题规定》第14条

被保证人经债权人同意在保证责任期限内,将债务转移给他人,未经保证人同意的,保证人不再承担保证责任,但保证人追认的除外。

《担保法》第23条

保证期间,债权人许可债务人转让债务的,应当取得保证人书面同意,保证人对未经其同意转让的债务,不再承担保证责任。

《担保法解释》第29条

保证期间,债权人许可债务人转让部分债务未经保证人书面同意的,保证人对未经其同意转让部分的债务,不再承担保证责任。但是,保证人仍应当对未转让部分的债务承担保证责任。

【立法资料】

为了维护保证人的合法权益,草案规定:……在保证期间,债权人未经保证人书面同意,许可债务人转移债务的,保证人不再承担保证责任。①

① 参见全国人大常委会法制工作委员会在1995年2月21日第八届全国人民代表大会常务委员会第十二次会议上所作关于《中华人民共和国担保法(草案)》的说明。

第六百九十八条　一般保证责任的免除

【民法典条文】

一般保证的保证人在主债务履行期限届满后，向债权人提供债务人可供执行财产的真实情况，债权人放弃或者怠于行使权利致使该财产不能被执行的，保证人在其提供可供执行财产的价值范围内不再承担保证责任。

【规范沿革】

《经济合同案件保证问题规定》第15条第1句前半句及第2句

债权人在保证责任期限内，无正当理由拒绝被保证人履行债务的，保证人不再承担保证责任。但保证人同意继续承担保证责任的除外。

《担保法解释》第24条

一般保证的保证人在主债权履行期间届满后，向债权人提供了债务人可供执行财产的真实情况的，债权人放弃或者怠于行使权利致使该财产不能被执行，保证人可以请求人民法院在其提供可供执行财产的实际价值范围内免除保证责任。

第六百九十九条　共同保证的份额

【民法典条文】

同一债务有两个以上保证人的，保证人应当按照保证合同约定的保证份额，承担保证责任；没有约定保证份额的，债权人可以请求任何一个保证人在其保证范围内承担保证责任。

实务问题

229. 连带共同保证中保证人减少时，保证份额应当如何分配？

【案例】顾某芳诉张某君、林某钢、钟某军追偿权纠纷案[①]

裁判要旨：连带共同保证中保证人减少时，应按实际保证人人数平均分配保证份额。

基本案情：2010年8月26日，案外人马某荣、原告顾某芳与被告林某钢、钟某军及“张某君”与案外人浙江泰隆商业银行股份有限公司宁波余姚支行签订了最高额保证合同一份，合同载明：原告顾某芳，被告林某钢、钟某军及“张某君”自愿为债务人（马某荣）自2010年8月26日起至2011年8月26日止，在债权人（浙江泰隆商业银行股份有限公司宁波余姚支行）处办理约定的各类业务实际形成的债权的最高额3500000元提供担保。但该最高额保证合同中“张某君”的名字并非被告张某君本人签名。案外人马某荣分别于2011年2月21日、2011年5月31日与案外人浙江泰隆商业银行股份有限公司宁波余姚支行签订了两份借款合同，借款金额分别为950000元和600000元。后案外人马某荣没有履行偿还责任，原告分别于2011年8月1日、2011年9月30日、2011年12月15日向案外人浙江泰隆商业银行股份有限公司宁波余姚支行清偿案外人马某荣的借款及利息分别为200000元、834000元和541207.46元。

裁判理由：一审法院认为，马某荣向浙江泰隆商业银行股份有限公司宁波余姚支行借款，由原告顾某芳及被告林某钢、钟某军作保证，且保证人之间没有约定保证份额，保证人应承担连带责任。在马某荣未履行还款义务时，原告及林某钢、钟某军均有义务履

---

① 参见顾某芳诉张某君、林某钢、钟某军追偿权纠纷案，载《最高人民法院公报》2017年第10期。

行代偿义务,现原告向浙江泰隆商业银行股份有限公司宁波余姚支行代偿了马某荣的借款本息,原告有权要求林某钢、钟某军承担应当承担的份额。《浙江泰隆商业银行股份有限公司最高额保证合同》上虽明确保证人有四人,但被告张某君未在合同上签名,故该案实际保证人只有三人,顾某芳和林某钢、钟某军应各自承担三分之一的份额,即525069.15元。钟某军辩称与马某荣约定应由张某君先签名后,再由钟某军作保证,但无证据证明,故法院对该意见不予采纳;钟某军辩称马某荣和顾某芳、三被告(张某君、林某钢、钟某军)与浙江泰隆商业银行股份有限公司宁波余姚支行签订的《浙江泰隆商业银行股份有限公司最高额保证合同》未生效,《浙江泰隆商业银行股份有限公司最高额保证合同》第8.1条约定:该合同自合同各方当事人签字或盖章之日起生效,至主合同项下债务本金、利息、复利、罚息、违约金、赔偿金、实现债权的费用及所有其他应付费用偿清之日起终止。对该条生效条件应当认为是合同当事人在该合同上签名或盖章后,即对该当事人生效。在该合同上"张某君"并非其本人签名,故该合同对张某君未生效,对顾某芳及林某钢、钟某军已生效,且具有约束力。故对钟某军辩称的《浙江泰隆商业银行股份有限公司最高额保证合同》未生效的意见亦不予采纳。二审法院认为,被上诉人顾某芳在签订最高额保证合同时是否知晓"张某君"并非其本人所签,从而可以对债权人浙江泰隆商业银行股份有限公司宁波余姚支行的代偿请求提出抗辩。对此,上诉人钟某军并未提供证据证明顾某芳在签订最高额保证合同时已知晓"张某君"并非其本人所签。在此情形下,顾某芳作为保证人代为清偿债务人的债务并无不妥之处。在其代为清偿后,有权根据法律规定要求其他保证人平均分担。

230. 连带共同保证中,债权人免除部分保证人责任时,其他保证人的责任如何认定?*

【案例1】周某顺诉杨某料、久联公司等民间借贷纠纷案①

裁判要旨:连带共同保证中,债权人免除部分保证人的保证责任,其他保证人

* 根据《民法典》第520条第2款"部分连带债务人的债务被债权人免除的,在该连带债务人应当承担的份额范围内,其他债务人对债权人的债务消灭"的规定,在债权人免除特定保证人债务的范围内,应当免除其他保证人的责任。参见林文学等:《〈关于适用民法典有关担保制度的解释〉的理解和适用》,载《人民司法》2021年第4期;杨永清:《〈新担保司法解释〉中有关保证合同的几个问题》,载《法律适用》2021年第2期。

① 参见浙江省温州市中级人民法院(2016)浙03民终2086号民事判决书。

承担责任后无权向该部分保证人追偿,其他保证人应在该部分保证人内部应承担保证份额的范围内免除保证责任。

基本案情:久联公司于2012年开始多次向周某顺借款,并按月利率1.3%支付利息。2014年1月1日,经结算,久联公司向周某顺出具借款144万元的借据,双方约定:借款时间为12个月,借款按月利率1.3%计息。杨某料、林某努、上官某科、缪某爱、林某来、林某想、蔡某棉、林某满8人在借据中担保人处签字捺印,约定保证期间为借款期限届满后的两年,但未约定保证方式。2014年1月1日,久联公司向周某顺出具收到款项144万元的收款收据。借款期限届满后,久联公司只按月利率1.3%支付至2014年6月30日止、按月利率0.6%支付至2014年12月31日止的利息。故周某顺于2015年6月8日向法院提起诉讼。起诉同日,周某顺向法院出具情况说明,称在民间习惯中,上官和官、科和棵是通用的,借据中签署的"官某棵"就是该案的被告上官某科。2015年12月10日,周某顺向法院提交《撤回申请书》,称周某顺放弃对上官某科的诉讼请求,请求原审法院予以准许。原审法院在判决书中予以准许。

裁判理由:该案主要的争议焦点在于周某顺在原审中放弃对连带保证人之一上官某科的诉讼请求,对其他保证人的责任该如何认定。《担保法》第12条①规定:"同一债务有两个以上保证人的,保证人应当按照保证合同约定的保证份额,承担保证责任。没有约定保证份额的,保证人承担连带责任,债权人可以要求任何一个保证人承担全部保证责任,保证人都负有担保全部债权实现的义务。已经承担保证责任的保证人,有权向债务人追偿,或者要求承担连带责任的其他保证人清偿其应当承担的份额。"根据该规定,连带共同保证人之间因追偿而产生的法律关系,应当建立在共同保证的基础上,如果共同保证的部分保证人的保证责任被免除,该部分保证人对债权人不再承担清偿债务的责任时,那么共同保证人之间追偿和被追偿的法律关系就失去了存在的基础。该案中,周某顺在原审法院确认"官某棵"即为上官某科的情况下,又自愿放弃对上官某科的诉讼请求,由此产生的法律后果应由周某顺自行承担。周某顺在原审中放弃了对保证人之一上官某科的诉讼请求,周某顺和上官某科之间的保证合同法律关系因债权人周某顺免除上官某科的担保债务而归于终止,上官某科对该案主债务不再负担连带清偿责任的份额,则杨某

---

① 参见《民法典》第699条规定:"同一债务有两个以上保证人的,保证人应当按照保证合同约定的保证份额,承担保证责任;没有约定保证份额的,债权人可以请求任何一个保证人在其保证范围内承担保证责任。"

料、林某努、缪某爱、林某来、林某想、林某满、蔡某棉如清偿债务后将无权向上官某科追偿。周某顺处分自己的权利,但损害了其他保证人追偿的法定权利,其他担保人的担保责任应相应减轻。依据《担保法解释》第 20 条第 2 款[①]“连带共同保证的保证人承担保证责任后,向债务人不能追偿的部分,由各连带保证人按其内部约定的比例分担。没有约定的,平均分担。”的规定,现各当事人无证据证明连带保证人之间对担保份额有内部约定,应按平均分担处理。周某顺放弃对 8 名担保人其中一个人的诉讼请求,应视为免除总债务八分之一的保证份额,其他 7 名担保人应当对主债务的八分之七承担连带保证责任。林某满的该项上诉理由有事实和法律依据,予以支持。

【案例 2】张某诉文化公司、李某民间借贷纠纷案[②]

裁判要旨:连带共同保证关系中,债权人免除其中部分债务人的债务的,在该连带债务人所应承担份额范围内,其他债务人对债权人的债务消灭。

基本案情:2017 年 4 月 25 日,甲方(出借方)张某、乙方(借款方)文化公司、丙方(担保方)李某、陈某勇、陈某签署《借款协议》。约定:甲方应乙方要求,于 2017 年 4 月 25 日借款给乙方 470 万元。借款利率为每月 2%,若到期未足额还款,则未还款部分自逾期日后的利率计算调整为每月 5%。利息金额以实际出借日至实际收回日为收益计算期间。按协议还款计划计算,借款本息合计 4794000 元,其中本金 470 万元,利息 94000 元,且所有借款本息由丙方承担无限责任连带担保。后张某于 2017 年 4 月 27 日、5 月 2 日、5 月 3 日向文化公司账户转账支付 80 万元、200 万元、100 万元。2018 年 9 月 13 日,张某与陈某勇、陈某签订《还款协议》,内容为:有关文化公司与张某之间于 2017 年 4 月 25 日签订的《借款协议》,由陈某勇、李某、陈某作为担保方。现由于公司运营无力偿还。经双方友好协商,上述欠款中共计 160 万元的欠款,由陈某勇、陈某共同承担还款责任,陈某勇、陈某所承担部分为 160 万元,将分 3 次偿还欠款,不再计算利息。该协议自签署之日起,张某承诺《借款协议》作废,张某不再追究陈某勇、陈某除《还款协议》中以外的任何责任。张某在《借款协议》中手写以下内容:依照 2018 年 9 月 13 日签订《还款协议》约定债务人陈某、陈某勇承担债务 160 万元,于 2018 年 11 月 14 日之前还清后,张某将不再追究《借

① 《民法典》及《民法典担保制度解释》中无直接关于此款的规定。关于保证人之间关系的规定,可以参见《民法典担保制度解释》第 29 条第 2 款规定:“同一债务有两个以上保证人,保证人之间相互有追偿权……”

② 参见北京市第二中级人民法院(2021)京 02 民终 15431 号民事判决书。

款协议》中陈某勇和陈某的无限连带责任担保，此协议终止。2018 年 11 月 14 日，张某出具收款证明认可《还款协议》中标明的还款责任已全部履行完毕。张某认可 2017 年 6 月 2 日至 2018 年 11 月 14 日文化公司、李某、陈某勇、陈某共还款 353 万元。

裁判理由：债务免除系债权人的权利，债权人免除债务人部分或者全部债务的，合同的权利义务部分或者全部终止。该案中，李某、陈某勇、陈某作为保证人并未约定保证份额，为共同保证，三人之间并非按份之债，而系连带债务关系，债权人免除其中部分债务人的债务相当于免除其他连带债务人的共同债务。部分连带债务人的债务被债权人免除的，在该连带债务人所应承担份额范围内，其他债务人对债权人的债务消灭。因陈某勇及陈某还款 160 万元，张某作为债权人免除了连带保证人陈某勇、陈某的剩余债务，债务免除的效力及于李某。现张某要求李某就剩余本金及利息继续承担连带保证责任的诉讼请求于法无据，不予支持。

专题 11 | 共同保证人之间的关系

实务问题

231. 连带共同保证中，债权人向部分保证人主张权利的，其效力是否及于未被主张权利的其他保证人？*

【案例 1】冯某兰诉孙某生民间借贷纠纷案①

裁判要旨：保证人之间的连带责任仅指在责任承担的数额和顺序上具有连带性，但各保证责任仍具有独立的法律地位，保证期间届满而未被主张权利的保证人，其保证责任消灭。

基本案情：2009 年 8 月 20 日，刘某吉、孙某丽向冯某兰借款 7 万元，并出具借条一份，约定借款期限为 1 年，到 2010 年 8 月 20 日前还清，未约定借款利息。孙某生

---

* 针对该问题，案例素材较多，但该问题的通行观点却发生了较大的变化，此处收录案例在法律适用上的参考性很低，仅供阅读。主流的观点为，在连带共同保证中，债权人向部分保证人主张权利的行为，其效果不及于其他保证人。参见林文学等：《〈关于适用民法典有关担保制度的解释〉的理解和适用》，载《人民司法》2021 年第 4 期；杨永清：《〈新担保司法解释〉中有关保证合同的几个问题》，载《法律适用》2021 年第 2 期。

① 参见山东省东营市中级人民法院（2011）东民四终字 133 号民事判决书。

与刘某作为担保人分别在借条上签字，未约定保证方式及保证期限。2010年8月20日刘某代刘某吉偿还借款3.5万元，冯某兰为刘某出具收条一份，并在收条中明确表示放弃对刘某剩余债权的主张，只要求孙某生承担剩余借款本金35000元及逾期利息3000元。孙某生认为双方未约定保证期间，在法定的保证期间内，冯某兰未向其主张权利，其保证责任已经免除。

裁判理由：保证人之间的连带责任仅指在责任承担的数额和顺序上具有连带性，但各保证责任仍具有独立的法律地位，保证期间届满而未被主张权利的保证人，其保证责任消灭。具体到该案，两保证人之间虽是连带共同保证，但两者是分别提供保证，并无意思联系，冯某兰向刘某主张权利的意思表示也不必然到达孙某生，故孙某生的保证责任已免除。

【案例2】杨某辉诉邢某铭等民间借贷纠纷案①

裁判要旨：连带责任人相对于债权人而言，在保证债务的履行上具有共同性、一致性及不可分割性，在保证期间，债权人向任意保证人主张保证权利都意味着向其他连带保证人主张保证权利。

基本案情：陈某新与施某芳、陈某平与万某辉系两对夫妻。陈某新、陈某平系邢某铭的哥哥、姐姐。从2008年2月3日起，邢某铭因经营所需陆续向杨某辉借款，2008年11月14日经双方结账，由邢某铭向杨某辉出具借条："今向杨某辉借贰佰万元整(2000000元)，于2008年11月25日归还壹佰万元、2008年12月10日归还壹佰万元，逾期不足部分借款人自愿按日千分之三付息直至还清为止。"江苏吕鲜水产品有限公司(以下简称吕鲜公司)、陈某新、施某芳、陈某平、万某辉作为担保人也在借条上签名。同时，邢某铭出具收条。嗣后，邢某铭、陈某新、施某芳、陈某平、万某辉未能及时归还借款本息，经杨某辉催要未果，遂诉至法院，提出上述诉请。另查明，吕鲜公司已破产，杨某辉向破产管理人申报债权的日期为2009年4月16日，杨某辉在破产程序中受偿71412元。

裁判理由：一审法院认为，由于在借条上签名提供担保的保证人，在双方签名时未明确约定保证的形式及保证期间，保证人应当承担连带保证责任，保证期间为主债务履行期届满之日起6个月，杨某辉现向保证人主张保证责任，已超过了保证人承担保证责任的期间，应免除保证人的保证责任，遂判决由主债务人邢某铭承担归还借款本息的责任，驳回杨某辉要求陈某新、施某芳、陈某平、万某辉承担保证责

① 参见江苏省南通市中级人民法院(2013)通中民终字第0334号民事判决书。

任等其他诉讼请求。

二审法院认为，吕鲜公司、陈某新、施某芳、陈某平、万某辉均为案涉债务的担保人，在主合同及担保合同中均未约定保证份额、保证方式、保证期间，故各保证人之间承担连带保证责任，保证期间为自主债务履行期届满之日起6个月。案涉债务约定的履约期届满之日为2008年12月10日，杨某辉于2009年4月16日向吕鲜公司主张保证责任，在保证期间之内。连带责任人相对于债权人而言，在保证债务的履行上具有共同性、一致性及不可分割性，在保证期间，债权人向任意保证人主张保证权利都意味着向其他连带保证人主张保证权利。该案因杨某辉在保证期间内向吕鲜公司主张保证责任，该主张效力及于陈某新、施某芳、陈某平、万某辉。故其四人应依法对案涉债务承担清偿责任。

【案例3】龚某富诉翔球置业公司等民间借贷纠纷案①

裁判要旨：在连带共同保证中，保证人是作为一个整体共同对债权人承担保证责任，债权人向共同保证人的任何一人主张权利，都是债权人要求保证人承担保证责任的行为，其效力自然及于所有的保证人。

基本案情：2013年7月23日，龚某富和翔球置业公司在厦门市思明区签订了一份《借款协议之一》，约定翔球置业公司向龚某富借款1500万元，借款期限自2013年7月23日至2014年7月22日，翔球置业公司每月应支付实际借款金额2%的资金占用费；若逾期还款，应按约定的资金占用费多加20%支付给龚某富作为逾期违约金；玉鹭集团公司、翔球集团公司和杜某祖对上述债务承担连带保证责任，担保期限为借款到期之日起两年。2013年7月24日、7月25日和8月1日，龚某富向翔球置业公司陆续转账400万元、200万元和420万元，合计1020万元。2013年8月2日和5日，龚某富通过案外人林某雅向翔球置业公司指定的案外人方某婷账户转账200万元和100万元，合计300万元。此外，龚某富另以现金支付给翔球置业公司180万元。以上款项总计1500万元。2013年8月5日，翔球置业公司和翔球集团公司向龚某富出具一张《收据》，确认收到借款1500万元。翔球置业公司于2014年9月之前归还龚某富本金600万元，自2014年5月起未再支付资金使用费。2014年8月，龚某富向厦门市中级人民法院提起诉讼，要求翔球置业公司偿还借款900万元及资金占用费，并要求玉鹭集团公司和翔球集团公司承担连带保证责任。后因龚某富未预交案件受理费，福建省厦门市中级人民法院于2014年9月29日裁

① 参见福建省厦门市思明区人民法院（2016）闽0203民初15783号民事判决书。

定按龚某富撤诉处理。龚某富于2016年9月28日提起该案诉讼，请求判令翔球置业公司立即偿还借款900万元及利息，玉鹭集团公司、翔球集团公司和杜某祖对上述债务承担连带还款保证责任。翔球置业公司、玉鹭集团公司、翔球集团公司和杜某祖均未作答辩。

裁判理由：玉鹭集团公司、翔球集团公司、杜某祖自愿为上述还款义务承担连带保证责任，保证期自借款到期之日起两年。借款到期后，龚某富已在保证期间内通过诉讼的方式向玉鹭集团公司和翔球集团公司主张保证责任，龚某富要求玉鹭集团公司和翔球集团公司承担保证责任，有事实和法律依据。虽龚某富未在保证期间向杜某祖主张保证责任，但鉴于玉鹭集团公司、翔球集团公司和杜某祖是共同的连带保证人，故龚某富向部分保证人主张权利的效力及于全部保证人。

【案例4】长三角公司诉龙升公司追偿权纠纷案①

裁判要旨：在保证期间内向承担连带保证责任中的一人主张权利的，其效力及于其他保证人。

基本案情：2014年7月10日，钱某明与龙升公司、长三角公司签订只用作土管局办理他项权证的借款协议，约定龙升公司向钱某明借款2000万元，用于生产经营，借款期限自2014年3月至2014年5月，月利率2%，在借款到期之日与本金一并支付。长三角公司自愿对龙升公司的上述债务承担连带担保责任，担保期限为直至本息全部结清为止。同时，龙升公司与长三角公司签订最高额抵押合同，约定龙升公司以其名下坐落于无锡市某处的国有土地使用权为长三角公司的担保提供反担保，并于2014年7月11日办理抵押登记，权利价值2000万元。2015年6月30日，钱某明诉龙升公司、郑某理、郑某普民间借贷纠纷案经江苏省无锡市中级人民法院调解出具(2015)锡民初字第53号民事调解书，载明“一、双方确认，截至2015年6月23日，龙升公司结欠钱某明19670167元及截至2014年9月30日的利息350768元，龙升公司同意在2015年7月28日前一次性归还上述本息；二、龙升公司同意在2015年7月28日前一次性支付利息(自2014年10月1日起，以实欠本金19670167元为基数按年息20%计算)……五、郑某理、郑某普对上述龙升公司的付款承担连带责任”等内容。2017年12月31日，长三角公司(甲方)与钱某明(乙方)签订协议一份，约定：截至2014年6月，龙升公司结欠乙方(江阴福庄投资咨询服务部)借款本金2000万元以及相应利息等费用，甲方为此向乙方提供担保。2014年7

① 参见江苏省无锡市中级人民法院(2018)苏02民终4100号民事判决书。

月 11 日,龙升公司将其广益镇某房地产向甲方提供抵押反担保……承担抵押反担保责任限额为 2000 万元。目前债务人尚未支付乙方本息,乙方一直向甲方主张权利。经甲、乙双方多次协商,达成如下协议:(1)甲方为债务人龙升公司结欠乙方的利息、逾期罚息(至 2017 年 12 月 31 日)合计 1330 万元承担担保支付责任。(2)甲方于 2018 年 1 月 15 日前支付上述 1330 万元。(3)甲方如期付清上述 1330 万元后,甲方不再承担担保责任。其余款项由乙方向债务人自行主张。若逾期支付,仍应在 2000 万元范围内承担剩余担保责任。(4)甲方支付 1330 万元后自行主张对债务人房地产的反担保抵押权。协议签订后,长三角公司分别于 2017 年 8 月 17 日、9 月 3 日、10 月 31 日、12 月 27 日和 2018 年 1 月 2 日代龙升公司偿还给钱某明利息款 10 万元、600 万元、20 万元、200 万元、500 万元,合计 1330 万元,钱某明确认收到长三角公司的银行承兑汇票,并在银行承兑汇票的收件上均注明系长三角公司代龙升公司偿还的款项(利息罚息)。

裁判理由:保证人承担保证责任后,有权向债务人追偿。在该案中,长三角公司承担了相应的保证责任,代龙升公司向钱某明偿还了借款利息 1330 万元,现长三角公司要求龙升公司立即返还代偿款 1330 万元及该款自 2018 年 5 月 2 日起至实际给付之日止按照中国人民银行同期同类贷款基准利率计算的利息,依法予以支持。对于龙升公司提出的长三角公司的保证责任已于 2016 年 5 月底就消灭了,此后的还款系其单方面自愿行为,与其他公司无关的抗辩意见,法院认为,在江苏省无锡市中级人民法院作出的(2015)锡民初字第 53 号民事调解书中钱某明虽未对长三角公司提起诉讼,但已对其他的连带保证人提起了诉讼,故长三角公司的保证责任并未消灭,故法院对龙升公司的上述抗辩意见依法不予采信。

【案例 5】天府银行江汉支行诉罗某、罗某华保证合同纠纷案①

裁判要旨:连带共同保证中,债权人在保证期间内仅向部分保证人主张权利,未被主张权利的保证人主张已经经过保证期间不承担保证责任的,不应予以支持。

基本案情:2015 年 1 月 26 日,南商行江汉支行与罗某、罗某华签订最高额保证合同,主要约定保证人罗某、罗某华自愿为债务人吉隆工程公司在债权人南商行江汉支行办理约定的各类业务实际形成的债务的最高余额,折合人民币 492 万元整提供保证担保;保证方式为连带责任保证;银行承兑汇票的保证期间为债权人垫付款项之日起两年。2015 年 7 月 28 日,吉隆工程公司与南商行江汉支行签订承兑汇票

① 参见四川省成都市青羊区人民法院(2019)川 0105 民初 5338 号民事判决书。

合同，约定由南商行江汉支行同意对吉隆工程公司申请承兑的一张总金额为820万元的商业汇票予以承兑。吉隆工程公司按申请承兑的汇票金额的50%在南商行江汉支行开列定期存单作为质押担保，对申请承兑的商业汇票票面金额与吉隆工程公司缴纳的保证金或提供的定期存单之差额部分，由吉隆工程公司提供以下担保：由张某才、苏某华、罗某、罗某华提供连带责任保证担保。合同签订后，承兑银行依约承兑了820万元的汇票，出票日期为2015年7月28日，汇票到期日为2016年1月28日。2016年5月25日，四川省成都市蜀都公证处出具公证执行证书，载明汇票到期后，出票人吉隆工程公司未按时交付应付票款，申请执行人南商行江汉支行扣除了被申请执行人在银行开立的保证金定期存单的利息共计47970元后，代吉隆工程公司垫款4052030元，并明确被申请执行人为吉隆工程公司、张某才、苏某华及执行标的金额。2016年7月21日，四川省成都市武侯区人民法院受理了南商行江汉支行对吉隆工程公司、张某才、苏某华的执行申请，案号为(2016)川0107执3950号。2019年5月9日，四川省成都市武侯区人民法院出具(2019)川0107执恢85号之一执行裁定书，载明"法院于2016年7月21日以(2016)川0107执3950号初次受理南商行江汉支行申请执行吉隆工程公司、张某才、苏某华借款合同案。在执行中，法院向被执行人发出执行通知书，责令其履行生效法律文书确定的义务"。2017年2月27日，南商行江汉支行变更为天府银行江汉支行。

裁判理由：保证合同约定罗某、罗某华对吉隆工程公司在天府银行江汉支行处产生的最高余额492万元的债务提供连带保证责任，保证期间为承兑汇票到期之日起两年。罗某、罗某华抗辩称天府银行江汉支行未在保证期间内向其主张担保责任，现保证期间已过，罗某、罗某华不再承担保证责任。对此，法院认为，根据《担保法解释》第19条第1款①"两个以上保证人对同一债务同时或者分别提供保证时，各保证人与债权人没有约定保证份额的，应当认定为连带共同保证"之规定，案外人张某才、苏某华也与天府银行江汉支行签订有保证合同，约定对吉隆工程公司的债务提供连带担保责任，虽然罗某、罗某华与张某才、苏某华分别签署的是不同的保证合同，但均是对同一债务人的同一债务提供保证，且未约定保证份额，故罗某、罗某华、张某才、苏某华均系该债务的连带共同保证人。案涉承兑汇票于2016年1月28日到期，债务人吉隆工程公司未按约支付承兑汇票款项，2016年7月21日，天府银行江汉支行向四川省成都市武侯区人民法院立案，就涉案债权向吉隆工程公

① 《民法典》及《民法典担保制度解释》中没有直接关于连带共同责任的规定。

司、张某才、苏某华申请执行，根据《担保法》第 12 条[①]的规定，债权人在保证期间向保证人之一主张权利的效力，及于其他连带责任保证人。《最高人民法院关于审理民事案件适用诉讼时效制度若干问题的规定》第 17 条第 2 款规定，“对于连带债务人中的一人发生诉讼时效中断效力的事由，应当认定对其他连带债务人也发生诉讼时效中断的效力”，天府银行江汉支行向吉隆工程公司、张某才、苏某华催收债务的行为不仅中断了张某才、苏某华保证债务的诉讼时效，同时也对罗某、罗某华的诉讼时效产生中断的效力。故罗某、罗某华抗辩其保证期间已过的意见，于法无据，法院不予采纳；天府银行江汉支行有权要求罗某、罗某华对上述债务承担连带清偿责任。

232. 数人为同一债务提供连带责任保证，债权人仅起诉一名保证人，是否意味着对其他保证人保证责任的免除？如果债权人认为已被起诉的保证人没有代偿能力，能否另案起诉其他保证人？

【案例】韩某诉张某轶保证合同纠纷案[②]

裁判要旨：连带共同保证中，债权人有权选择向任一保证人主张权利；但当选定保证人进入诉讼程序后，保证人即已特定化，视为债权人已放弃请求其他保证人承担保证责任，其他保证人的保证责任应免除。法庭辩论终结前，法官应当向债权人释明是否追加其他保证人为共同被告；法庭辩论终结后债权人申请追加其他保证人，不应予以同意；另行起诉其他保证人的，不予受理。

基本案情：2012 年 1 月 20 日，崔某文向原告韩某出具借据一份，崔某文向原告借款 20000 元，使用期限自 2012 年 1 月 20 日起至 2012 年 3 月 20 日止，到期后一次性还清。张某轶及案外人王某在借据上签名、捺指印，为崔某文上述借款承担连带保证责任。借款到期后，借款人崔某文未返还借款，担保人也未履行保证责任。

裁判理由：张某轶和王某作为担保人在借条上签字为崔某文借款提供担保，但未约定具体的保证责任方式和保证份额，依法属于连带共同保证。债权人有权向任一保证人主张权利。在各保证人对债务承担连带责任的情况下，债权人基于实现债权需要，一般是在对债务人和各保证人进行充分衡量后，选择保证合同之诉，

---

① 参见《民法典》第 699 条规定：“同一债务有两个以上保证人的，保证人应当按照保证合同约定的保证份额，承担保证责任；没有约定保证份额的，债权人可以请求任何一个保证人在其保证范围内承担保证责任。”

② 参见山东省淄博市博山区人民法院（2012）博商初字第 510 号民事判决书。

继而行使选择权，请求特定的某一保证人承担全部保证责任，符合当事人意思自治原则。但当选定保证人进入诉讼程序后，则意味着保证人的特定化，意味着债权人已放弃请求其他保证人承担保证责任，其他保证人的保证责任应免除。

关于债权人认为已被起诉的保证人没有代偿能力，能否另案起诉其他保证人的问题。考虑到某些当事人的法律知识并不全面，为积极保障债权实现，有必要对债权人进行释明，促使其慎重选择。在对债权人进行充分释明后，债权人仍坚持其选择的，依法作出裁判；如果经释明后债权人同意追加其他保证人为共同被告的，依申请追加。如果在法庭辩论终结后，债权人申请追加其他保证人为被告或者另行起诉其他保证人的，人民法院不应同意或不予受理。

233. 连带保证人中一人清偿债务后，对其他连带保证人如何主张追偿权？

【案例】杨某良诉周某富、周某玲、周某国担保追偿纠纷案①

裁判要旨：连带共同保证的保证人承担保证责任后，行使担保追偿权时，可以主债务人和其他连带共同保证人为被告。在实际处理时，在各连带保证人内部没有约定保证比例时，应判决主债务人支付保证人代其偿还的债务本息，其他连带保证人对该款项在主债务人不能偿还的数额范围内各自以应当均摊的担保份额向已承担保证责任的保证人承担清偿责任。

基本案情：2003 年 4 月 30 日，周某富从临淄区辛店农村信用合作社（以下简称辛店信用社）借款 100000 元，由杨某良与周某玲、周某国三人为其提供担保。借款到期后，周某富未按约定履行还款义务，辛店信用社因此将杨某良及周某富、周某玲、周某国共同起诉，经临淄区人民法院调解结案，由周某富归还辛店信用社的借款本息，并由周某玲、周某国及杨某良承担连带清偿责任。后该调解书未被自觉履行，临淄区人民法院执行局执行扣划杨某良银行存款 190000 元。现杨某良诉至法院，要求周某富、周某玲、周某国共同偿还 190000 元。辛店信用社原始取款记账凭证载明涉案借款系由周某富于 2003 年 4 月 30 日凭印章取款后同日转入王某茹账户的。周某富称没有能力偿还；周某玲、周某国称在周某富有能力偿还时，由周某富负担，在周某富无能力偿还时，由借款人及担保人均担。

裁判理由：该案的核心问题是连带共同保证人享有的向主债务人和其他连带

---

① 参见山东省淄博市中级人民法院（2010）淄商终字第 245 号民事判决书。

保证人的追偿权。其包括两个方面内容:一是在连带共同保证经济纠纷中,连带保证人先行清偿了债务的,如何向债务人和其他连带保证人追偿;二是其他连带保证人对先行清偿的连带保证人是承担连带清偿责任还是补充清偿责任。《担保法解释》第20条第2款①规定:"连带共同保证的保证人承担保证责任后,向债务人不能追偿的部分,由各连带保证人按其内部约定的比例分担。没有约定的,平均分担。"该条宣示了我国担保法律对连带共同保证人的追偿权实行补充清偿责任的倾向性,即先行清偿的连带保证人向主债务人和其他连带保证人行使追偿权既有先后顺序,又有先决条件,也就是说,设置了双重限制。在连带共同保证关系中,其中一个连带保证人先行向债权人清偿债务的,可以向主债务人和其他连带保证人追偿。主债务人承担全部清偿责任,其他连带保证人在保证限额内承担补充清偿责任。我国有关担保的法律明确规定,连带保证人承担保证责任后向主债务人不能追偿的部分,由其他连带保证人就不能追偿的部分承担清偿责任。这样既限制了追偿权的行使顺序,又设置了向其他连带保证人追偿的先决条件。这种限制追偿权的立法本意是督促主债务人履行债务,保护连带保证人的利益,防止任意选择被追偿人的行为使主债务人逃避债务的约束,从而损害保证人的利益。同时,这一责任划分原则也有助于保护保证人的积极性,继续发挥保证这一经济工具的作用。连带共同保证的保证人承担保证责任后,行使担保追偿权时,可以主债务人和其他连带共同保证人为被告。但在实体处理时,在各连带保证人内部没有约定保证比例时,应判决主债务人支付保证人代其偿还的债务本息,其他连带保证人对该款项在主债务人不能偿还的数额范围内各以三分之一的担保份额向已承担保证责任的保证人承担清偿责任。该案一审径直判决二保证人各对涉案借款本息全部数额承担三分之一的偿还责任不当。一审相关判项为"被告周某玲、周某国对上述款项各以三分之一的担保份额向原告杨某良承担清偿责任"。二审相关判项为"变更淄博市临淄区人民法院(2009)临商初字第1851号民事判决第二项为:周某玲、周某国对上述该款项在周某富不能偿还的数额范围内各以三分之一的担保份额向杨某良承担清偿责任"。

---

① 《民法典》及《民法典担保制度解释》中没有直接关于此款的规定。关于保证人之间关系的规定,可以参见《民法典担保制度解释》第29条第2款规定:"同一债务有两个以上保证人,保证人之间相互有追偿权……"

234. 共同保证中，已经承担了保证责任的保证人起诉要求其他保证人承担相应责任的，是否应当以已经向债务人追偿但未得到清偿为前提？

【案例】鲁钢公司诉李某亮担保追偿权纠纷案[①]

裁判要旨：共同保证中，已经承担了保证责任的保证人起诉要求其他保证人承担相应责任的，应当提供证据证明已经向债务人进行了追偿且未能得到清偿。

基本案情：2011年5月23日，伟明公司与农行莱芜分行签订借款合同一份，借款300万元，借款期限自2011年5月23日至2012年2月22日，年利率7.8875%。2011年5月23日，农行莱芜分行与原告鲁钢公司、被告李某亮、案外人亚泰公司、案外人吴某康签订保证合同一份……保证方式为连带责任保证，保证期间为借款合同约定的债务人履行债务期限届满之日起2年。原、被告对内部保证份额无明确约定。因借款到期后伟明公司未履行还款义务，原告于2012年2月28日履行保证责任共偿还本息合计1498352.05元，亚泰公司于2012年2月28日履行保证责任共偿还本息合计1498352.04元，被告李某亮出具亚泰公司证明一份证实该笔款项系亚泰公司与李某亮作为担保人各承担借款的四分之一所共同偿还的款项。

裁判理由：法律关于共同保证的规定是同一债务有两个以上保证人的，保证人应按照保证合同约定的保证份额承担保证责任，没有约定保证份额的，保证人承担连带责任，债权人可以要求任何一个保证人承担全部保证责任，保证人都负有担保全部债权实现的义务。已经承担保证责任的保证人，有权向债务人追偿，或者要求承担连带责任的其他保证人清偿其应当承担的份额，但从此条款看，原告承担了保证责任后，可以直接向其他担保人追偿，但《担保法解释》第20条第2款[②]对其作了一定的限制，连带共同保证的保证人承担保证责任后，向债务人不能追偿的部分，由各连带保证人根据内部比例分担，没有约定的，平均分担。也就是说，担保人承担了保证责任后，必须先向债务人进行追偿，其余担保人仅对向债务人不能追偿的部分承担责任，如果不先向债务人进行追偿，只起诉担保人是没有法律依据的。但如果担保人在起诉其余担保人时能提供证据证明曾向债务人进行了追偿，并且没有得到切实履行，其直接起诉其余担保人就是适格的。在该案中，经查明原告曾向债

---

① 参见山东省莱芜市钢城区人民法院(2012)钢商初字第253号民事判决书。

② 《民法典》及《民法典担保制度解释》中没有直接关于此款的规定。关于保证人之间关系的规定，可以参见《民法典担保制度解释》第29条第2款规定："同一债务有两个以上保证人，保证人之间相互有追偿权……"

务人伟明公司进行了追偿,并且无可供执行的财产导致执行终结,原告起诉被告李某亮符合法律规定。

235. 在连带责任保证案件中,部分当事人上诉的以及错列被上诉人的,在程序及实体上该如何处理?

【案例】华融云南分公司与广林钢管公司等金融借款合同纠纷案[①]

裁判要旨:上诉不仅表明上诉人不服一审裁判,而且表明上诉人对其与对方当事人或者共同诉讼人之间的权利义务有争议。在连带责任保证案件中部分当事人上诉的情形下,应尊重未上诉的当事人的选择,不将其作为二审判决的对象;同时在上诉人错误列举被上诉人时,不直接更换被上诉人,而是尊重上诉人的诉讼权利,在二审判决书中按照其上诉状载明的当事人的诉讼地位予以列明,但在判决书中应对不适格被上诉人之诉讼地位进行回应。

基本案情:2013年12月26日,农行官渡支行与鹏龙坤佳公司签订最高额抵押合同,2013年12月27日,办理了最高额抵押登记。2013年12月26日,林某丰、韩某、林某宇及范某平分别与农行官渡支行签订了两份最高额抵押合同及相应的公证书、房屋他项权证书。2013年12月1日,林某丰、韩某、范某平分别与农行官渡支行签订3份最高额保证合同。2014年12月23日,民汇公司、广林隆兴公司分别与农行官渡支行签订两份最高额保证合同。由此,鹏龙坤佳公司、林某丰及韩某、林某宇及范某平在债权最高额余额5亿元范围内承担抵押担保责任,广林隆兴公司、民汇公司、林某丰、韩某、范某平在债权最高余额4亿元的范围内承担连带清偿责任。农行官渡支行与广林钢管公司于2015年3月10日、3月12日、3月24日分别签订3份流动资金借款合同,借款金额分别是2000万元、2000万元、1080万元,总计5080万元。鹏龙坤佳公司、广林隆兴公司、民汇公司、林某丰、韩某、林某宇、范某平作为抵押人或保证人为借款提供担保。因广林钢管公司未按期归还借款,农行官渡支行向云南省高级人民法院起诉,请求判令广林钢管公司偿还借款本金、利息、罚息、复利总计56804461.32元,以及为实现债权而支出的律师代理费17万元;在广林钢管公司不能偿还债务时,农行官渡支行有权分别将鹏龙坤佳公司、林某丰、韩某、林某宇、范某平名下的抵押物以折价或者拍卖、变卖的所得价款,在债权最

① 参见最高人民法院(2020)最高法民终118号民事判决书。

高余额5亿元范围内优先受偿；广林隆兴公司、民汇公司、林某丰、韩某、范某平应对广林钢管公司的债务在债权最高余额4亿元的范围内承担连带清偿责任。在提起该案诉讼后，农行官渡支行于2017年11月24日与华融云南分公司签订了不良资产批量转让协议，将农行官渡支行在该案中对债务人及担保人享有的主债权及担保合同项下的全部债权依法转让给华融云南分公司。云南省高级人民法院于2018年1月23日裁定准许华融云南分公司替代农行官渡支行作为该案原告参加诉讼，农行官渡支行退出诉讼。

裁判理由：关于广林钢管公司、广林隆兴公司、民汇公司、林某丰、韩某、林某宇、范某平的二审诉讼地位以及改判是否应涉及上述当事人的问题。该案中，鹏龙坤佳公司作为上诉人，仅对华融云南分公司一审主张的律师代理费有争议，却将并无权利义务争议的广林钢管公司、广林隆兴公司、民汇公司、林某丰、韩某、林某宇、范某平等一审被告均列为被上诉人。经释明，鹏龙坤佳公司坚持将上述当事人列为被上诉人。法院认为，上诉不仅表明上诉人不服一审裁判，而且表明上诉人对其与对方当事人或者共同诉讼人之间的权利义务有争议。但考虑到针对一审中的哪些当事人提起上诉系上诉人的诉讼权利，基于对上诉人诉讼权利的尊重，二审法院仍将广林钢管公司、广林隆兴公司、民汇公司、林某丰、韩某、林某宇、范某平作为被上诉人列明。此外，由于广林钢管公司、广林隆兴公司、民汇公司、林某丰、韩某、林某宇、范某平并未提起上诉，应视为其对一审判决的认可。但因一审判决广林钢管公司负担的律师代理费有违损失确定性原则，导致广林钢管公司承担的律师代理费，以及广林隆兴公司、民汇公司、林某丰、韩某、林某宇、范某平承担的担保责任不当增加。根据《最高人民法院关于适用〈中华人民共和国民事诉讼法〉的解释》第323条"第二审人民法院应当围绕当事人的上诉请求进行审理""当事人没有提出请求的，不予审理，但一审判决违反法律禁止性规定，或者损害国家利益、社会公共利益、他人合法权益的除外"之规定，虽然广林钢管公司、广林隆兴公司、民汇公司、林某丰、韩某、林某宇、范某平并未提起上诉，但法院仍对上述当事人承担的民事责任范围中与律师代理费负担有关的部分予以改判。

【现行相关规范】

《民法典》第519条

连带债务人之间的份额难以确定的，视为份额相同。

实际承担债务超过自己份额的连带债务人，有权就超出部分在其他连带债务人未履行的份额范围内向其追偿,并相应地享有债权人的权利,但是不得损害债权人的利益。其他连带债务人对债权人的抗辩,可以向该债务人主张。

被追偿的连带债务人不能履行其应分担份额的,其他连带债务人应当在相应范围内按比例分担。

《民法典》第520条

部分连带债务人履行、抵销债务或者提存标的物的,其他债务人对债权人的债务在相应范围内消灭;该债务人可以依据前条规定向其他债务人追偿。

部分连带债务人的债务被债权人免除的,在该连带债务人应当承担的份额范围内,其他债务人对债权人的债务消灭。

部分连带债务人的债务与债权人的债权同归于一人的,在扣除该债务人应当承担的份额后,债权人对其他债务人的债权继续存在。

债权人对部分连带债务人的给付受领迟延的,对其他连带债务人发生效力。

《民法典担保制度解释》第13条

同一债务有两个以上第三人提供担保,担保人之间约定相互追偿及分担份额,承担了担保责任的担保人请求其他担保人按照约定分担份额的,人民法院应予支持;担保人之间约定承担连带共同担保,或者约定相互追偿但是未约定分担份额的,各担保人按照比例分担向债务人不能追偿的部分。

同一债务有两个以上第三人提供担保,担保人之间未对相互追偿作出约定且未约定承担连带共同担保,但是各担保人在同一份合同书上签字、盖章或者按指印,承担了担保责任的担保人请求其他担保人按照比例分担向债务人不能追偿部分的,人民法院应予支持。

除前两款规定的情形外,承担了担保责任的担保人请求其他担保人分担向债务人不能追偿部分的,人民法院不予支持。

【规范沿革】

《最高人民法院中南分院、中南军政委员会、司法部答复有关执行保证债务问题的函》(1953年2月13日　法办研字第152号)

江西省人民法院:

1952年11月18日调呈字第47号来函收悉。关于有关执行保证债务的问题,经我们提出初步意见呈由最高人民法院、司法部同意,现在分别答复如下,希即转知赣州市院及崇仁县院参酌办理。

一、几个保证人担保一个债务，原则上是应该共同担负偿还责任的，法院处理时必须深入调查，了解保证人的经济能力，然后可以根据具体情况适当地责成该保证人等个别、分别、或平均负担，但个别保证人代偿全部或大部分债务后，要求其他保证人平均负担者，仍应承认其有使其他保证人平均负担的权利，于有资力清偿时予以清偿。

二、在公私债务案件进行中，准许被告（债务人）取保，保证书上注明保款数字，到期保证人是应负代偿责任的，如不履行，一般说可以查封拍卖其财产，但财产系投资于正当工商业者，应注意尽可能不妨碍其生产发展。

三、因来文对第三个问题所述的保证人究竟是保证被保人履行哪一个义务，未曾说明，故不好答复。如所保即系公款，当然应负代偿责任，于必要时，可将其财产查封拍卖。

《民法通则意见》第110条

保证人为二人以上的，相互之间负连带保证责任。但是保证人与债权人约定按份承担保证责任的除外。

《担保法》第12条

同一债务有两个以上保证人的，保证人应当按照保证合同约定的保证份额，承担保证责任。没有约定保证份额的，保证人承担连带责任，债权人可以要求任何一个保证人承担全部保证责任，保证人都负有担保全部债权实现的义务。已经承担保证责任的保证人，有权向债务人追偿，或者要求承担连带责任的其他保证人清偿其应当承担的份额。

《担保法解释》第19条

两个以上保证人对同一债务同时或者分别提供保证时，各保证人与债权人没有约定保证份额的，应当认定为连带共同保证。

连带共同保证的保证人以其相互之间约定各自承担的份额对抗债权人的，人民法院不予支持。

《担保法解释》第20条

连带共同保证的债务人在主合同规定的债务履行期届满没有履行债务的，债权人可以要求债务人履行债务，也可以要求任何一个保证人承担全部保证责任。

连带共同保证的保证人承担保证责任后，向债务人不能追偿的部分，由各连带保证人按其内部约定的比例分担。没有约定的，平均分担。

《担保法解释》第 21 条

按份共同保证的保证人按照保证合同约定的保证份额承担保证责任后,在其履行保证责任的范围内对债务人行使追偿权。

第七百条　保证人的追偿权

【民法典条文】

保证人承担保证责任后，除当事人另有约定外，有权在其承担保证责任的范围内向债务人追偿，享有债权人对债务人的权利，但是不得损害债权人的利益。

实务问题

236. 保证人未完全承担保证责任的，是否可以行使追偿权？

【案例】赖某某申请执行刘某某追偿权纠纷案①

裁判要旨：在法院审理过程中，保证人在保证期间与债权人达成调解协议后，未完全履行保证责任也可行使追偿权。债权人向法院申请强制执行，保证人不能以债务人未向其清偿债务为由而对抗法院的强制执行。保证人可以与债务人另行签订和解协议，但不能对抗向债权人承担的保证之债。

基本案情：2012年4月27日，债务人刘某某以承包园林绿化工程为由向债权人陈某某借款20万元，并出具借条给债权人陈某某，赖某某以担保人身份在借条上签字。借条约定，借期一年，按月息2%计付利息，利息半年支付一次，借期届满本息一次性付清。2012年4月27日，陈某某将20万元通过转账方式转入担保人赖某某的账户，再由赖某某将借款20万元支付给刘某某。借款到期后，经原告多次催促，刘某某及赖某某均没有向原告支付借款本息。因债务人刘某某长期在外，工程管理经营不善，偿债能力有限，陈某某遂于2013年7月23日诉至江西省石城县人民法院，要求以担保人赖某某为被告，由其依法承担担保责任，归还陈某某借款20万元及利息；案件受理费由赖某某承担。审理过程中，双方达成调解协议：(1)赖某某于2013年10月27日前支付陈某某借款利息67460元。(2)赖某某同意归还陈某某借款20万元及按2%支付利息，利随本清；限于2014年2月27日前归还借款10万元及相应利息，2014年8月26日前归还剩余10万元及利息。(3)案件受理费

① 参见江西省石城县人民法院(2014)石法执字第28号执行裁定书。

2570 元由赖某某负担。赖某某在履行完调解协议的第一项义务后，拒不履行后期的还款义务。2014 年 3 月 3 日，陈某某向法院申请强制执行，要求赖某某履行调解协议确定的给付义务。2014 年 3 月 21 日，赖某某向法院提起追偿权纠纷诉讼，要求债务人刘某某支付给其因承担保证责任而代偿的 20 万元及相应利息，及由此产生的案件受理费。经法院调解，担保人赖某某与债务人刘某某达成如下调解协议：(1)刘某某同意在 2014 年 4 月 6 日前归还赖某某垫付款 67460 元；(2)刘某某偿还赖某某债务 20 万元，限于 2014 年 5 月 6 日前偿还债务 5 万元及相应利息，2014 年 6 月 6 日前偿还债务 5 万元及利息，2014 年 8 月 30 日前偿还债务 10 万元及相应利息；(3)案件受理费 2825 元，由刘某某负担。上述两案先后进入执行阶段，法院在执行过程中，保证人赖某某以其对刘某某的追偿权为由对抗其向债权人陈某某应承担的保证债务。江西省石城县人民法院根据《民事诉讼法》第 225 条、《最高人民法院关于适用〈中华人民共和国民事诉讼法〉执行程序若干问题的解释》第 5 条的规定，作出(2014)石法执字第 28 号执行裁定书，裁定驳回异议。

裁判理由：关于保证人是否必须全部实际履行保证责任才能行使担保追偿权。在保证人赖某某与债务人刘某某担保追偿权纠纷案中，担保人赖某某虽没有全面履行担保责任，清偿全部债务，但其应承担的保证责任已经通过诉讼方式与债权人陈某某达成了调解协议，由此而导致债权人陈某某与债务人刘某某的债权债务关系消灭。保证人赖某某也因此确定无疑地应当承担相应的保证责任。担保法中规定的保证人承担保证责任后有权向债务人追偿，是指在主债务履行期届满之日后保证期间内，非经诉讼程序保证人履行保证责任后，而依法取得的保证追偿权。该案中，保证人赖某某已经与债权人陈某某就保证债务通过诉讼达成了调解协议，因此担保人赖某某依法已经取得了保证追偿权，不必等到全部实际履行保证责任后再行使保证追偿权。

关于保证人未完全承担保证责任时，能否以对债务人享有的保证追偿权来对抗债权人享有的保证债权。保证人赖某某以行使保证追偿权与主债务人刘某某达成的调解协议不能对抗已经生效且进入执行阶段的债权人陈某某与保证人赖某某保证合同纠纷案的执行。虽然上述二案具有一定关联性，但两案的诉讼标的不同，法律关系不一样。赖某某与陈某某系保证合同关系，双方是依约定形成的关系，保证合同纠纷案的诉讼标的是保证之债；而赖某某与刘某某是法定的保证追偿权关系，赖某某是依法取得的担保追偿权，保证追偿权纠纷的诉讼标的是法定担保追偿之债。因此，两案不能相互混淆。

237. 在保证人已经代偿部分债务，但主债务尚未清偿完毕的情况下，可否向其他保证人追偿？

【案例】上诉人东铁公司与被上诉人吴某招、蔡某云、中州公司、格仕特公司、巨能乐斯公司、青岛格仕特公司、吴某旺、陈某萍、吴某叨、管某媚、陈某龙、黄某燕以及原审第三人民生银行新城支行追偿权纠纷案①

裁判要旨：在主债务尚未清偿完毕的情况下，各保证人实际可能承担的担保债务数额尚不确定，各保证人分担保证责任份额的决算条件尚不具备，容易因之后新的保证代偿事实的发生，影响既判的稳定性或造成循环诉讼，且其他保证人即使尚有清偿能力，亦应先用于清偿主债务而非追偿债权，故连带共同保证人之间的追偿权一般应在主债务清偿完毕后行使。

基本案情：2014年1月8日，中州公司与民生银行新城支行签订授信额度为2000万元的中小企业金融服务合同，授信期限自2014年1月8日至2015年1月8日。2014年1月8日，东铁公司等分别与民生银行新城支行签订了12份最高额保证合同，为上述借款提供最高限额均为2000万元的连带责任担保。2014年1月15日，民生银行新城支行向中州公司发放1500万元、500万元两笔贷款，借款期限届满后，中州公司未能依约偿还借款本息。民生银行新城支行要求东铁公司履行担保责任，后双方于2015年9月25日签订代偿协议，约定由东铁公司分别于2015年9月30日之前为中州公司向民生银行新城支行代偿400万元，于2015年12月30日之前为中州公司向民生银行新城支行代偿400万元，东铁公司全面履行完最后一笔代偿款后东铁公司不再承担其所签订的最高额保证合同项下剩余连带保证责任。东铁公司依约履行。2015年10月13日，民生银行新城支行和吴某招等签订代偿协议，由该10人为中州公司向民生银行新城支行代偿500万元，并约定于2015年12月30日前支付完代偿款，还约定该10人按约全面履行全部款项后，放弃对该10人其他连带保证责任追责的权利。后王某华、陈某妹、陈某锋、沈某先后代偿80万元、150万元。2016年1月6日，民生银行新城支行与王某华、陈某妹、陈某锋、沈某签订代偿协议，约定该4人为中州公司代偿230万元（已付），代偿后该4人不再承担其在最高额保证合同项下剩余连带保证责任，对2015年10月13日代偿协议中约定的剩余270万元代偿款由吴某招、蔡某云、吴某叨、管某媚、陈某龙、黄某燕支

① 参见浙江省高级人民法院(2017)浙03民终4012号民事判决书。

付。另吴某招、蔡某云分多笔合计代偿175万元。民生银行新城支行曾于2015年6月11日向温州市鹿城区人民法院提起诉讼,要求中州公司及格仕特公司、巨能乐斯公司、青岛格仕特公司、吴某旺、陈某萍履行还款及担保责任。法院判决对中州公司向民生银行新城支行借款二笔共计2000万元等事实予以确认,并判决中州公司偿还借款本金19990852.72元及利息、逾期利息,格仕特公司、巨能乐斯公司、青岛格仕特公司、吴某旺、陈某萍承担最高额保证责任。该判决未扣除保证人支付的代偿款。2016年3月10日,东铁公司诉至浙江省乐清市人民法院,请求判令:(1)中州公司立即支付东铁公司代偿款800万元及利息;(2)格仕特公司、巨能乐斯公司、青岛格仕特公司、吴某旺、陈某萍、吴某招、蔡某云、吴某叨、管某媚、陈某龙、黄某燕、王某华、陈某妹、陈某锋、沈某对上述第一项债务承担连带清偿责任。在诉讼过程中,东铁公司申请撤回了对王某华、陈某妹、陈某锋、沈某的起诉,法院依法裁定予以准许。

裁判理由:一审法院认为,在主债务尚未清偿完毕,之后还可能发生新的保证代偿事实的情况下,东铁公司提起诉讼,以自己承担了部分保证责任,要求其他共同保证担保人承担相应的担保责任,如果法院予以受理并作出判决,会造成反复诉讼,形成诉累,浪费司法资源,故该案目前不具备受理条件,已受理的,应驳回起诉。

二审法院认为,在主债务尚未清偿完毕的情况下,各保证人实际可能承担的担保债务数额尚不确定,各保证人分担保证责任份额的决算条件尚不具备,容易因之后新的保证代偿事实的发生,影响既判的稳定性或造成循环诉讼,形成诉累,且主债务的清偿顺位明显优于追偿债权,在主债务尚未清偿完毕的情况下,其他保证人即使尚有代偿能力,亦应先用于清偿主债务。在此情况下,连带共同保证人之间追偿权的行使应在主债务清偿完毕之后,对主债务尚未清偿完毕的追偿案件,应认为担保追偿的条件尚不具备,故东铁公司对其他担保人的起诉应予驳回。东铁公司承担保证责任后,有权向主债务人中州公司进行追偿,一审法院直接全案驳回东铁公司的起诉不妥,但考虑到一审法院已裁定驳回东铁公司的起诉且东铁公司还可另案起诉中州公司行使追偿权,故对一审裁定予以维持。

238. 保证人借名发行私募债券偿还后，能否向名义债务人追偿？

【案例】隆兴公司诉凤翔公司、张某某等保证合同纠纷案①

裁判要旨：保证人借用债务人之名发行私募债务，没有发行私募债券的真实意思表示，实际也未使用债券募集资金，而是通过借名借款用于公司资金周转，系双方以共同虚假意思表示所实施的民事法律行为。对外，共同虚假意思表示行为不能对抗善意第三人。对内，双方约定系无效，保证人承担保证责任后依据保证合同起诉债务人要求追偿的，在无证据证明债务人造成其损害的事实情况下，不能产生成立追偿请求权的法律效果。

基本案情：2014 年 10 月 29 日，金创公司（甲方）与隆兴公司（乙方）签订《最高额综合授信合同》，约定在 2014 年 6 月至 2015 年 10 月，甲方为乙方开展的小微企业私募债再担保业务、委托贷款再担保业务等业务品种提供 1.5 亿元的再担保授信额度。2015 年 1 月 21 日，隆兴公司与凤翔公司签订《小微企业私募债券承销服务协议及委托担保协议》。隆兴公司与张某某、李某某签订《反担保合同》一份，由张某某、李某某对上述私募债发行向隆兴公司提供反担保。2015 年 1 月 21 日，凤翔公司发行 141 万元及 10 万元债券。发行后凤翔公司收到私募债募集资金 151 万元，同日转账 75452.05 元至隆兴公司，另 1434547.95 元转至隆兴公司员工陈某某个人账户，陈某某通过隆兴公司的甘某某的 POS 机转账 1434547 元入张某某账户，张某某该账户入账四笔共计 420 余万元（含陈某某转账 1434547 元），后将 420 万元转入甘某辉账户（甘某某儿子），由甘某辉转至甘某某账户；2015 年 1 月 25 日，甘某某将两笔共计 5076216 元转入丁某某银行账户；2015 年 1 月 25 日，丁某某归还银行贷款本金 495 万元及利息。上述发行的私募债券到期后，凤翔公司未兑付。金创公司履行了再担保责任代偿了 131 万元后，将隆兴公司、凤翔公司诉至法院，法院认定金创公司该代偿款已由隆兴公司于 2016 年 3 月 28 日向其清偿。此外，王某某为隆兴公司董事长，甘某某为总经理。2014 年 7 月 25 日，二人经商量，由隆兴公司利用丁某某名义向银行贷款 495 万元用于客户过桥。2014 年 7 月 25 日，甘某某利用职务上的便利，擅自决定将该笔贷款用于归还张某某贷款及其与张某某等人合伙投资的美国石油项目，直至 2015 年 1 月 25 日归还丁某某。案涉私募债券发行时甘某某为隆兴公司总经理，甘某某于 2015 年 1 月 21 日向凤翔公司、李某某出具“说明”

---

① 参见江苏省南京市中级人民法院（2020）苏 01 民终 899 号民事判决书。

两份，载明：凤翔公司借入的小微企业私募债券151万元整，现这笔债券由隆兴公司、甘某某负责。王某某陈述甘某某曾向其汇报过该笔私募债的发行，实际用途为借名借款还公司已到期的贷款。

裁判理由：被告凤翔公司没有发行案涉私募债券的真实意思表示，实际也未使用债券募集资金，案涉私募债的发行应系原告隆兴公司借用被告凤翔公司名义借款用于其公司资金周转，原告隆兴公司不能向被告凤翔公司主张追偿。理由如下：(1)从意思表示分析。隆兴公司时任总经理甘某某出具的“说明”载明，该笔债券由隆兴公司及甘某某负责；时任董事长王某某陈述甘某某曾向其汇报过该笔私募债的发行，实际用途为借新债还公司已到期的贷款；同时，案涉相关账户流水资料能互相印证被告凤翔公司没有发行案涉私募债券的真实意思表示，双方构成通谋的虚假意思表示。(2)从私募债券募集资金流向和实际用途分析。案涉私募债券募集资金流向表明，凤翔公司于2015年1月21日收到债券募集款151万元当日，即将所有募集款打入隆兴公司及隆兴公司员工陈某某个人账户。然后陈某某通过隆兴公司甘某某的POS机转账1434547元入张某某账户，之后辗转经甘某辉、甘某某账户，最终于2015年1月25日转入丁某某民生银行账户，归还民生银行贷款本金495万元及利息，该笔贷款系隆兴公司利用丁某某名义向民生银行南京分行借贷用于客户过桥资金。进一步印证了甘某某的书面说明、王某某陈述及凤翔公司、李某某辩称该笔债款系用于隆兴公司资金周转，凤翔公司实际未使用案涉债券募集资金。(3)从民事法律行为关系分析。隆兴公司以凤翔公司名义发行案涉私募债用于其资金周转的行为，系双方以虚假意思表示实施的民事法律行为，双方之间的约定应属无效；结合该案事实，金创公司代偿债券后，隆兴公司、凤翔公司的共同虚假意思行为对外不能对抗善意第三人，应依约共同向金创公司承担清偿责任；隆兴公司依约向金创公司履行保证责任后，对内与凤翔公司之间基于无效民事法律行为，不能产生成立追偿请求权的法律效果，且案涉债券募集资金均用于隆兴公司资金周转及支付发债费用，该案中隆兴公司亦未举证证明凤翔公司有对其造成损害的事实，故隆兴公司主张凤翔公司偿还垫付款及承担违约责任等诉请缺乏事实和法律依据，故不予支持。隆兴公司的追偿请求权即主债权不成立，进而反担保债权亦不成立，故反担保人张某某、李某某不应承担反担保责任。综上，当事人行使权利、履行义务应当遵循诚信原则，行为人与相对人以虚假的意思表示实施的民事法律行为无效。被告凤翔公司没有发行案涉私募债券的真实意思表示，实际也未使用债券募集资金，案涉私募债的发行应系原告隆兴公司借用被告凤翔公司名义借款用于其公司资金周转，原告隆兴公司不能向被告凤翔公司主张追偿。

239. 保证人履行完保证责任后，债务人死亡的，保证人的追偿权如何行使？

【案例】宋某诉夏某、吕某追偿权纠纷案①

裁判要旨：保证人履行完保证责任后，债务人死亡的，可以请求债务人的继承人在债务人的遗产范围内承担责任。

基本案情：2010 年 11 月 3 日、2011 年 2 月 1 日，吕甲分别向杨某借 35000 元、150000 元，月利率 2 分，担保人均为宋某。吕甲只偿还了 10 万元的本息，原告担保人宋某于 2011 年 10 月 1 日代吕甲向杨某偿还了剩余借款本息合计 99930 元整，由杨某为宋某出具收条一份。2004 年吕甲在与朱某结婚后与其母亲夏某分开生活，与夏某不属于同一经济体系；在该案所诉的两笔借款发生前吕甲与朱某已离婚，吕甲于 2012 年去世，其女儿吕某现与朱某、夏某一起生活。原告认为，夏某作为吕甲的继承人，应该偿还原告该笔欠款及利息，遂提起诉讼，要求夏某偿还宋某代吕甲偿还的本息 99930 元及 2011 年 10 月 1 日到 2012 年 8 月末的利息（月利率 2 分）18700 元，以上款项合计 118630 元。此外，能够确认吕甲现有遗产为：挖掘机施工费 24000 元、19000 元、6000 元，承包田 6.85 亩。

裁判理由：保证人宋某在替债务人吕甲承担保证责任后，有权向债务人追偿。债务人吕甲去世后，其母亲夏某已对吕甲部分遗产进行处理，用于偿还吕甲生前所欠部分债务，因此夏某的行为应当视为接受对其儿子吕甲遗产的继承。吕甲的女儿吕某及其法定代理人朱某经法院依法传唤未出庭、未发表意见，也应当视为接受对吕甲遗产的继承。因此，夏某及吕某作为吕甲遗产的第一顺序法定继承人，应当在其继承遗产的范围内清偿被继承人生前所欠债务。

---

① 参见黑龙江省虎林市人民法院（2012）虎商初字第 129 号民事判决书。

240. 保证人未经债务人同意单方面向债权人出具书面保证书，并向债权人偿还债务人欠付贷款本息的，是否享有保证人的追偿权？

【案例】徐某文诉李某君等追偿权纠纷案[①]

裁判要旨：保证人未经债务人委托，单方向债权人出具书面担保书，保证人与债务人之间构成无因管理或准无因管理关系，保证人的清偿行为使主债务人免责即主债务人从中受益，保证人可以要求主债务人支付必要的费用支出，也可以根据代位求偿权的一般民法原则向主债务人进行追偿。

基本案情：2012年4月25日，李某君、滕某与第三人中国邮政储蓄银行股份有限公司东港市前阳支行（以下简称前阳支行）签订《小额联保借款合同》，约定贷款50000元，贷款期限12个月，自2012年4月起至2013年4月止。为保证贷款如期偿还，2012年4月25日李某君、宋某、案外人郭某组成联保小组共同与前阳支行签订《小额贷款联保协议书》，约定其三人成立联保小组，自2012年4月25日起至2014年4月25日止，前阳支行可以根据联保小组任一成员申请，签订多次借款合同，在单一借款人最高贷款本金余额不超过50000元且联保小组合计贷款本金余额不超过150000元内发放贷款；联保小组中任一成员自愿为前阳支行向联保小组其他成员发放的贷款提供连带责任保证。徐某文称其为李某君、滕某的贷款提供连带责任保证。李某君等人未依约偿还本金及利息，徐某文在前阳支行的催要下，代为偿还贷款本息共计51492元，其要求李某君、滕某、宋某共同偿还贷款本息51492元，并自起诉之日起按照中国人民银行同期贷款利率承担利息。李某君等人称徐某文不是该案适格主体，李某君等人并不认识徐某文，未找过徐某文要求其为贷款提供担保，即使李某君等人未完全偿还贷款，也应由前阳支行作为原告进行诉讼；该案涉案款项是由案外人郭某实际使用，应由实际使用人郭某偿还。前阳支行称徐某文介绍郭某、李某君、宋某等人到该行办理贷款业务，前阳支行要求徐某文为郭某、李某君、宋某等人的贷款提供担保，2012年4月28日徐某文为前阳支行出具书面担保书，前阳支行接受且未提出异议。因李某君等人没有按照约定每月偿还本金及利息，前阳支行要求徐某文偿还贷款，徐某文全部偿还贷款本金及利息共计51492元。

裁判理由：一般情况下，保证人根据主债务人的委托提供保证，双方之间的法

---

① 参见辽宁省东港市人民法院（2013）东民初字第02033号民事判决书。

律关系为委托关系，保证人可以根据双方间的协议以及关于委托的法律规定向主债务人进行追偿。该案的特殊性在于保证人没有债务人的委托，单方以书面形式向债权人出具担保书，这种情况下保证人与债务人之间的法律关系应为无因管理或准无因管理关系。保证人虽然在没有法定或约定义务的情况下清偿主债务，但其清偿行为使主债务人免责即主债务人从中受益，根据无因管理的法律规定，保证人可以要求主债务人支付必要的费用支出。此外，保证人也可以根据代位求偿权的一般民法原则向主债务人进行追偿。代位权属于法律上的债权转移，无论是否经过主债务人同意，保证人对主债权人进行清偿后，主债权人的权利在清偿的范围内转移给了保证人，保证人享有主债权人的权利，可以要求主债务人偿还。因此该案中徐某文是保证人，享有追偿权。

241. 在主债权纠纷中一并被起诉，且判决主文中已经明确保证人可向债务人追偿的情况下，保证人的追偿之诉是否构成重复起诉？

【案例】刘某元诉王某南等追偿权纠纷案①

裁判要旨：生效判决已经判决保证人在承担连带清偿责任后有权向债务人追偿的，保证人可依据该生效判决申请执行，无须再另行提起诉讼。

基本案情：2014 年 4 月 4 日，王某南作为借款人，王某霞、王某发、王某超、刘某元、林某艺、王某阳作为保证人与农商行珩山支行签订《保证借款合同》，约定借款 150 万元。合同约定保证人承诺提供连带责任保证，如有多个保证人，各保证人均承担连带责任保证。保证期限为该合同债务履行期限届满之日起二年。保证担保范围包括合同项下主债权本金、利息、罚息、违约金、损害赔偿金、实现债权的一切费用及其他应付费用（包括但不限于诉讼费、财产保全费等）。2014 年 4 月 4 日，农商行珩山支行将 150 万元贷款发放至王某南的账户。2015 年 4 月 3 日借款到期后，王某南尚欠农商行珩山支行 1485056.4 元未还。王某霞、王某发、王某超、刘某元、林某艺、王某阳亦未向农商行珩山支行支付借款本息。有鉴于此，厦门市集美区人民法院判决“一、王某南、王某霞应于本判决生效之日起十日内偿还农商行珩山支行借款本金 1485056.4 元及相应利息。二、王某发、王某超、刘某元、林某艺、王某阳对上述债务承担连带清偿责任。三、王某发、王某超、刘某元、林某艺、王某阳在承担上

① 参见福建省厦门市集美区人民法院（2017）闽 0211 民初 2660 号民事裁定书及同案民事判决书。

述连带清偿责任后，有权向王某南、王某霞追偿。四、驳回农商行玡山支行的其他诉讼请求”。上述判决生效后，王某南未履行判决确定的义务。在执行阶段，刘某元分别于2017年2月23日、3月7日、4月28日、5月27日为王某南和王某霞向农商行玡山支行代偿借款本息共计258142.24元。王某南和王某霞至今未向刘某元偿还该代偿款。

裁判理由：刘某元作为保证人，根据法院生效判决确定的义务，为借款人王某南代偿借款本息258142.24元，法院生效判决已经判决刘某元在承担连带清偿责任后有权向王某南、王某霞追偿，刘某元可依据该生效判决申请执行，无须再另行提起诉讼。虽然在前案中刘某元未作为原告就追偿权提出诉讼请求，但该判决依据《担保法解释》第42条第1款[①]的规定判决刘某元在承担连带清偿责任后有权向王某南、王某霞追偿，系基于诉讼效益原则直接对保证人将来会提出的诉讼请求提前作出的处理，应视为已对保证人关于追偿权的诉讼请求进行了处理。现刘某元在该案中再次就其向王某南、王某霞的追偿权提起诉讼，针对该追偿权的诉讼与前案当事人相同、诉讼标的相同，且与该判决已处理的诉讼请求相同，实质上属于重复起诉，不符合诉讼效益原则。因此，应裁定驳回刘某元在该案中对王某南、王某霞的起诉，在判决中不予处理。

242. 数个保证人中一人履行了保证责任后与债务人重新约定还款期限的，在还款期限届满前能否向其他保证人行使追偿权？

【案例】牛某诉聂某梅等追偿权纠纷案[②]

裁判要旨：数个保证人中一人履行了保证责任后与债务人约定还款期限的，在保证人向债务人重新出具的借条履行期限届满之前，该保证人不能向其他保证人行使追偿权。

基本案情：2014年2月14日，罗某、杨某云因种植土地需要资金，与工商银行巴音郭楞分行签订《个人借款/担保合同》及《个人贷款业务商户联动协议》，罗某、杨某云从该行贷款480000元，贷款期限为一年，牛某、聂某梅、杨某勇、宋某利、唐某平为上述贷款本息的共同连带责任担保人，均签字确认。贷款到期后，罗某、杨某云

① 《民法典》及《民法典担保制度解释》中没有关于追偿权判决主文的直接规定。
② 参见新疆维吾尔自治区乌鲁克垦区人民法院(2019)兵0202民初132号民事判决书。

未能偿还贷款本息，新疆库尔勒铁路运输法院作出（2016）新7102民初135号民事调解书，确定：（1）罗某、杨某云归还贷款本金272106.71元，支付至2016年5月21日罚息36766.65元；（2）罗某、杨某云按年利率10.35%向银行支付罚息自2016年5月22日至清偿之日（按本金272106.71元为基数计算）；（3）牛某、聂某梅、杨某勇、宋某利、唐某平对以上两项债务承担连带还款责任。牛某、聂某梅、杨某勇、宋某利、唐某平承担保证责任后，有权向罗某、杨某云追偿。上述民事调解书生效后，罗某、杨某云及其他保证人未按约定履行调解书所确定的还款义务，工商银行巴音郭楞分行向库尔勒铁路运输法院申请强制执行。在执行过程中，牛某向库尔勒铁路运输法院交纳274295.36元，聂某梅、杨某勇夫妻交纳30000元用于还款，宋某利、唐某平夫妻交纳30000元用于还款，库尔勒铁路运输法院于2018年9月29日分别向牛某、聂某梅、杨某勇、宋某利、唐某平出具了结算票据。2018年9月28日，由于牛某、聂某梅、杨某勇、宋某利、唐某平5名保证人替债务人罗某、杨某云偿还了部分贷款，罗某、杨某云向聂某梅、杨某勇出具欠条一份，其内容为："现欠聂某梅、杨某勇替罗某还工商银行巴音郭楞分行的贷款30000元，分三年还清，2021年12月31日前付清，欠款人罗某、杨某云。"罗某、杨某云同时向宋某利、唐某平出具欠条一份，其内容为："现欠宋某利、唐某平替罗某还工商银行巴音郭楞分行的贷款30000元，分三年还清，2021年12月31日前付清，欠款人罗某、杨某云。"2018年9月29日，罗某向牛某出具借条一份，其内容为："今借到牛某替罗某还工商银行巴音郭楞分行贷款274295.36元，于2020年开始还款，每年12月31日前还20000元，直到还完为止，借款人罗某。"2018年9月28日，宋某利向牛某的父亲牛某勇出具欠条一份，其内容为："今欠牛某勇10600元（系为罗某承担担保责任），2018年12月31日前还给牛某勇。"

裁判理由：该案中，牛某作为已经承担保证责任的保证人，在库尔勒铁路运输法院执行过程中替债务人罗某、杨某云偿还债务274295.36元后，虽然有权要求承担连带责任的其他保证人聂某梅、杨某勇、宋某利、唐某平清偿其应当承担的份额。但是由于债务人罗某向牛某重新出具的借条约定："今借到牛某替罗某还工商银行巴音郭楞分行贷款274295.36元，于2020年开始还款，每年12月31日前还20000元，直到还完为止。"该借条经库尔勒铁路运输法院确认并且在当事人手中，说明牛某已经接受了借条约定的内容，因此该借条合法有效，债务人罗某、杨某云及保证人牛某应按该借条的约定行使权利并履行义务。根据借条的约定，债务人罗某、杨某云向牛某还款的期限尚未到期，如果支持牛某向其他保证人行使追偿权，必然会否定罗某向牛某重新出具的借条效力(对还款期限的约定)。因此,在罗某向牛某重新出具的借条履行期限届满之前,牛某尚不具备条件向其他保证人行使追偿权。另外,如果支持牛某向其他保证人行使追偿权,其他保证人偿还债务后又可向债务人罗某、杨某云行使追偿权,牛某、聂某梅、杨某勇、宋某利、唐某平亦可持其重新出具的欠条和借条向债务人罗某、杨某云行使追偿权,导致连环追偿,增加诉累,同时也违反了债务人罗某、杨某云向其他保证人牛某、聂某梅、杨某勇、宋某利、唐某平重新出具欠条和借条的真实意思表示。

243. 保证人承担保证责任后,能否向主债务人和其他连带保证责任人同时行使追偿权?

【案例1】徐某诉赵甲、赵乙担保追偿权纠纷案①

裁判要旨:保证人承担保证责任后,已经就主债务人和其他连带责任保证人一起起诉的,如果强制要求其先行起诉主债务人,对不能受偿部分另行起诉,系人为地增加诉讼。可以直接判决主债务人承担清偿责任,其他连带责任保证人对不能受偿的部分各承担二分之一的清偿责任。

基本案情:被告赵甲向平阴县农村信用合作联社李沟分社申请贷款2万元,并签订《借款合同》《最高额保证合同》及补充协议,原告徐某、被告赵乙共同为该笔借款提供连带责任保证。山东省济南市平阴县公证处于当日为该笔贷款出具了具有强制执行效力的债权文书公证书。2012年8月18日,该贷款到期后,被告赵甲未履行偿还义务,后平阴县农村信用合作联社依据执行证书向法院申请强制执行,在执行过程中,作为担保人的原告徐某履行了担保责任,偿还了被告赵甲在平阴县农村信用合作联社李沟分社的借款本金及利息共计28215.47元,并支出执行投递费180元、案件执行费600元。原告徐某因垫付的资金未得到偿还,故诉至法院。

裁判理由:根据《担保法》第12条②、《担保法解释》第20条第2款③之规定,虽

---

① 参见山东省平阴县人民法院(2013)平民初字第574号民事判决书。

② 参见《民法典》第699条规定:"同一债务有两个以上保证人的,保证人应当按照保证合同约定的保证份额,承担保证责任;没有约定保证份额的,债权人可以请求任何一个保证人在其保证范围内承担保证责任。"

③ 《民法典》及《民法典担保制度解释》中没有直接关于此款的规定。关于保证人之间关系的规定,可以参见《民法典担保制度解释》第29条第2款规定:"同一债务有两个以上保证人,保证人之间相互有追偿权……"

然原告徐某在清偿全部债务后，行使追偿权存在先后顺序，需要先向债务人即该案的被告赵甲要求偿还，然后对不能受偿部分才能向连带共同保证人赵已主张权利，但不一定非要分次进行诉讼。第一，从《担保法》第12条、《担保法解释》第20条之规定，可以看出我国法律对补充清偿责任的倾向性，即先行清偿的连带保证人向主债务人和其他连带保证人行使追偿权是有先后顺序的。也就是说，连带保证人先行向债权人清偿债务的，其享有向其他责任人追偿的权利，应当先向主债务人追偿，如主债务人清偿不能，再向其他连带保证人主张在主债务人不能清偿的范围内承担补充责任，其立法是出于要求债务人承担还款责任，保护保证人合法权益维护公平的目的出发的。第二，虽然连带担保人行使追偿权利存在先后顺序，但并不代表诉讼需要分开进行。相关法律、法规也未明确规定需分次进行诉讼。既然法律没有明确作出此规定，法院就不能非要权利人分次诉讼。在已经履行了清偿责任的连带保证人已经就主债务人和其他连带责任担保人一起起诉至法院后，还要求分次诉讼，不仅会导致当事人诉讼成本、时间成本的增加，还会造成累诉，浪费司法资源。综上，该案中作为担保人之一的原告徐某履行了连带保证责任，如果强制要求其先行起诉主债务人，对不能受偿部分另行起诉，是人为地增加诉讼。直接判决由被告赵甲承担清偿责任，被告赵乙对不能受偿的部分承担二分之一的清偿责任，没有违反法律规定的主张权利的先后顺序，且还有利于当事人维护自身的合法权益，是司法公正、高效的重要体现。

【案例2】融资担保公司诉顺才猪业等追偿权纠纷案①

裁判要旨：保证人履行保证责任仅需以其自身应承担的保证份额为标准，若保证人履行保证责任未达到其自身应承担的份额，则无权向其他保证人追偿，若超过其自身应承担的保证份额，便有权向其他保证人追偿。

行使双重追偿权需按照主债务人在先，其他连带保证人在后的顺序，在主债务人清偿不能的前提下，再由其他连带保证人在主债务人不能清偿的范围内偿付。双重追偿权虽然存在先后顺序，但并不意味着诉讼必须分次进行。可以通过在判决书主文中进行“主债务人承担清偿责任、其他连带保证人对主债务人不能清偿部分承担补充清偿责任”的表述来区分双重追偿权的先后顺序。同时，在执行程序中亦可通过先执行主债务人财产，再执行连带保证人财产的方式来体现该顺序。

基本案情：被告顺才猪业于2008年分两次向农行共计借款5000000元，并约定

---

① 参见四川省乐至县人民法院(2014)乐至民初字第655号民事判决书。

利息,原告融资担保公司,被告英英公司、张某英、吴某才对上述债务承担连带保证担保责任。2009年,被告顺才猪业向农行偿还了部分借款本息,截至2012年3月21日,被告顺才猪业尚欠农行借款本金3449000元,利息625826.72元。农行将该纠纷诉至法院,法院经审理作出判决:被告顺才猪业偿还农行借款本金3449000元及利息,原告融资担保公司,被告英英公司、张某英、吴某才对上述借款本息承担连带清偿责任。该判决生效后,被告顺才猪业未履行还款义务,农行于2012年12月28日扣划了原告在其银行的保证金500000元,之后,农行又向乐至县人民法院申请强制执行,裁定扣划原告的存款1491140元,法院强制执行的1491140元存款中,有1474000元用于偿还农行债务。综上,原告共计为被告顺才猪业代偿农行债务1974000元,截至原告代偿时,被告顺才猪业尚欠农行借款本金3449000元,利息980000元。

裁判理由:法院通过强制执行,扣划原告1474000元存款用于偿还被告顺才猪业拖欠农行的借款,视为原告在该金额范围内履行了连带保证义务,农行扣划原告交存的保证金500000元,视为原告在该金额范围内履行质押担保义务,根据《担保法》第31条①、第72条②之规定,原告为债务人提供保证担保、并承担担保责任后,为债务人提供质押担保、在质权人实现质权后,均有权向债务人追偿,故原告在合计代偿金额1974000元范围内主张被告顺才猪业偿还借款本息的诉讼请求成立;《担保法解释》第20条第2款③规定,连带责任保证人承担保证责任后,向债务人不能追偿的部分,由各连带责任保证人按约定分担,没有约定的,平均分担。根据该规定,该案原告与被告英英公司、张某英、吴某才间因未约定保证份额,应平均分担保证责任,故原告在其承担的保证责任超出其应承担份额后,对超出部分可以主张英英公司、张某英、吴某才各承担三分之一的补充清偿责任;《担保法解释》第20条第2款规定:追偿权人向债务人不能追偿的部分,由各连带责任保证人分担。该规定体现了主债务人与其他保证人承担追偿债务的先后顺序,但该顺序可在同一判决中以主债务人承担清偿责任、其他连带保证人对主债务人不能清偿部分承担补充

---

① 参见《民法典》第700条规定:“保证人承担保证责任后,除当事人另有约定外,有权在其承担保证责任的范围内向债务人追偿,享有债权人对债务人的权利,但是不得损害债权人的利益。”

② 参见《民法典》第392条第2句规定:“提供担保的第三人承担担保责任后,有权向债务人追偿。”

③ 《民法典》及《民法典担保制度解释》中没有直接关于此款的规定。关于保证人之间关系的规定,可以参见《民法典担保制度解释》第29条第2款规定:“同一债务有两个以上保证人,保证人之间相互有追偿权……”

清偿责任的表述来区分，无须进行多次诉讼增加诉累，且法律未在该规定后设置先诉抗辩程序。因此，被告英英公司提出的原告应先向被告顺才猪业履行追偿程序，在确认顺才猪业没有偿还能力后，才能向担保人追偿的抗辩不能成立。法院判决：(1)被告顺才猪业在该判决生效后30日内向原告融资担保公司偿还代偿款1974000元及利息（利息按中国人民银行发布的同期贷款利率从代偿之日起计算至判决书确定的给付时间止）。(2)被告英英公司、张某英、吴某才在491750元范围内，对被告顺才猪业不能偿还原告融资担保公司的代偿款各承担三分之一的补充清偿责任。(3)驳回原告融资担保公司的其他诉讼请求。

244. 主债务系自然债务，保证人代债权人履行部分债务后，可否向债务人或其他保证人追偿？

【案例】夏某诉庄某蔚等担保追偿纠纷案①

裁判要旨：一般情况下，债务人不履行债务时，保证人按照约定履行债务或者承担责任后，有权向债务人追偿；但保证人未经债务人同意，自愿履行自然债务等缺乏强制执行效力债务的除外。

基本案情：庄某蔚系上海大学教授。原告与上海三杉工艺品有限公司（以下简称三杉公司）法定代表人赵某玲的公公夏某生及夏某俊系同胞兄弟关系。三杉公司1998年成立时的股东为夏某生、赵某玲。2003年8月，夏某生、夏某俊、夏某三兄弟约定三杉公司中夏某生家庭、夏某俊家庭、夏某家庭各出资认缴额占公司注册资本的33.3%。2007年4月，夏某生、夏某俊、夏某三兄弟决定从三杉公司未分配利润中支付庄某蔚120万元，作为其七年来对企业贡献的报答。2007年6月，夏某生、夏某俊、夏某三兄弟就公司解散问题发生分歧。2007年9月底，三杉公司委托邓某将现金人民币70万元和三杉公司2007年9月10日承诺支付庄某蔚120万元的书函交给了庄某蔚。庄某蔚向三杉公司提交了上海大学以"课题费"名义开具的金额为70万元的发票一张。2007年10月12日，原告把2007年10月30日前支付庄某蔚50万元担保金的承诺书交给邓某。2007年10月15日，原告将现金50万元交给庄某蔚。2007年10月15日，庄某蔚向原告出具收条："今收到夏某人民币伍拾万元整，（系：为答谢庄某蔚教授近七年来对上海三杉工艺品有限公司的贡献而

① 参见上海市徐汇区人民法院（2010）徐民一（民）初字第4289号民事判决书。

支付人民币壹佰贰拾万元整，为确保该约定有效履行，夏某作为上述债务保证人书面承诺履行连带责任。鉴于此，上海三杉工艺品有限公司在支付庄某蔚教授人民币柒拾万元后，仍欠人民币伍拾万元整未能支付，经催讨无果，夏某应履行连带责任支付人民币伍拾万元整）。”庄某蔚另向三杉公司提交了上海大学以“课题费”名义开具的金额为50万元的发票一张。后原告要求三杉公司支付其所承担的“担保款”并承担相应利息，未果而涉诉。2007年至今，夏某生、夏某俊、夏某三兄弟家庭成员及三杉公司之间发生相关诉讼多起。

裁判理由：一般情况下，债务人不履行债务时，保证人按照约定履行债务或者承担责任后，有权向债务人追偿；但保证人未经债务人同意，自愿履行缺乏强制执行效力债务的除外。关于庄某蔚、三杉公司之间的债权债务性质。庄某蔚主张是咨询服务的报酬，三杉公司主张是感谢报答的赠与，但双方均未提供充分证据证明自己的主张。依据当事人提供的2007年9月10日承诺书中“报答”的措辞，难以判明庄某蔚“对企业贡献”是劳动、劳务、服务、咨询或其他内容；同时考虑到该书函内容和出具的背景，认定三杉公司对庄某蔚的债务系自然债务为宜。道德与法律作为社会的不同调控手段，在道德和法律中间存在一个中性的地带。自然债务可以被视为道德义务的升华和法律义务的贬降，贬降的是强制执行的效力。关于原告夏某与庄某蔚、三杉公司之间的法律关系。由于两被告之间自然债务的性质，三杉公司不履行债务的行为并不当然导致法律上的责任。原告虽然提供了庄某蔚在收到原告50万元现金后签署的收条，收条上有夏某作为债务保证人履行连带责任等内容，但尚不足以对三杉公司产生相应的约束力，以及改变两被告之间自然债务的性质。同时，结合原告三兄弟间当时的恩恩怨怨和之后接二连三提出诉讼的情况，原告自愿向庄某蔚付款的行为尚不足以成立担保追偿权。因此，原告的诉讼请求，法院未予支持。

245. 连带共同保证中，已经代偿的保证人就债务人追偿不能的部分，向其他保证人追偿的比例如何认定？

【案例】鑫浩景公司诉安丰公司、何某安等追偿权纠纷案[①]

裁判要旨：主债务人未履行债务，保证人承担了保证责任后向债务人不能追偿

① 参见湖北省武汉市江岸区人民法院（2017）鄂0102民初7196号民事判决书。

的部分，保证人有权要求未承担担保责任的其他保证人偿付其应当分担的份额。其他保证人对主债务均承担连带保证责任，但其内部并未约定分担比例的，应当分担向主债务人不能追偿的部分。

基本案情：2015年7月29日，安丰公司（甲方）与鑫浩景公司（乙方）签订了《委托担保合同》，合同约定："甲方拟与农发行汉川支行签订借款合同，拟借款金额为1000万元，乙方应甲方请求向农发行汉川支行提供借款担保，并与农发行汉川支行签订保证合同。甲方向乙方提供以下反担保措施：（1）公司法人2000万元股权100%作股权质押；（2）价值637万元的机械设备办理动产抵押登记；（3）何某安某125.09平方米的房产、何某2某243.37平方米的房产、余某飞某69.24平方米的房产办理房产他项；（4）何某3某243.37平方米的住宅、何某1某106.78平方米的房产办理他项；（5）风险保证金10%（100万元）；（6）个人无限连带保证责任承诺函。如甲方未按借款合同向农发行汉川支行履行还款义务，使农发行汉川支行按保证合同规定要求乙方代为偿付，且乙方因履行担保义务而为甲方向贷款银行代为偿付后，乙方对甲方、反担保人及甲方的法定代表人、继承人享有绝对的追偿权。"同时安丰公司与鑫浩景公司签订《反担保抵押合同》，约定以安丰公司所有的机械设备作为抵押物，抵押给鑫浩景公司，并办理了动产抵押登记。安丰公司的股东余某辉、何某安分别与鑫浩景公司签订《反担保质押合同》，将其持有安丰公司的股权质押给鑫浩景公司，并办理了股权出质登记。何某安、戈某贵、余某辉、何某1、何某4分别与农发行汉川支行签订《自然人保证合同》约定为案涉贷款1000万元提供连带责任保证担保；余某辉的配偶刘某美、何某1的配偶聂某、何某4的配偶万某飞在《自然人保证合同》上签名予以确认；聂某、万某飞还出具了《配偶书面声明》，同意各自配偶的担保行为。何某安（与余某辉一同）、何某3、何某2分别将其所有的三处房产抵押给鑫浩景公司提供反担保，并办理了房屋他项权证。2015年7月30日，安丰公司与农发行汉川支行签订《流动资金贷款合同》，合同约定借款金额1000万元，借款期限自2015年7月30日起至2016年7月29日止、借款利率为年利率4.9%。2015年7月30日，鑫浩景公司与农发行汉川支行签订《最高额保证合同》，约定鑫浩景公司为上述借款向农发行汉川支行提供最高债权金额1049万元的连带责任保证担保。2016年8月23日，因安丰公司未按期足额向农发行汉川支行偿还贷款本金及利息，农发行汉川支行向汉川市人民法院提起诉讼。诉讼过程中经汉川市人民法院调解，调解书中载明：安丰公司在2016年5月至8月，分四次向农发行汉川支行偿还本金1068967.11元，鑫浩景公司于2016年11月12日代安丰公司向农发行汉川支行还款100万元,剩余贷款本金及利息799万元由鑫浩景公司代安丰公司向农发行汉川支行偿还。鑫浩景公司于2016年12月23日向农发行汉川支行支付了799万元,鑫浩景公司实际代安丰公司向农发行汉川支行偿还了贷款本金及利息共计899万元。

裁判理由:《担保法》第12条①规定:"同一债务有两个以上保证人的,保证人应当按照保证合同约定的保证份额,承担保证责任。没有约定保证份额的,保证人承担连带责任,债权人可以要求任何一个保证人承担全部保证责任,保证人都负有担保全部债权实现的义务。已经承担保证责任的保证人,有权向债务人追偿,或者要求承担连带责任的其他保证人清偿其应当承担的份额。"《担保法解释》第20条第2款②规定:"连带共同保证的保证人承担保证责任后,向债务人不能追偿的部分,由各连带保证人按其内部约定的比例分担。没有约定的,平均分担。"该案中,鑫浩景公司、何某安、戈某贵、余某辉、何某1、何某4作为担保人,在主债务人安丰公司未能清偿农发行汉川支行债权的情况下,鑫浩景公司为主债务人安丰公司代偿899万元的债务,承担了保证责任,向安丰公司不能追偿的部分,鑫浩景公司有权要求未承担担保责任的担保人即何某安、戈某贵、余某辉、何某1、何某4偿付其应当分担的份额。由于鑫浩景公司、何某安、戈某贵、余某辉、何某1、何某4对安丰公司的债务均承担连带保证责任,但其内部对分担比例并无约定,对鑫浩景公司不能追偿的部分均应平均分担,鑫浩景公司在向安丰公司追偿后,就安丰公司不能清偿的债务,有权分别向何某安、戈某贵、杀某辉、何某1、何某4追偿六分之一。

---

① 参见《民法典》第699条规定:"同一债务有两个以上保证人的,保证人应当按照保证合同约定的保证份额,承担保证责任;没有约定保证份额的,债权人可以请求任何一个保证人在其保证范围内承担保证责任。"

② 《民法典》及《民法典担保制度解释》中没有直接关于此款的规定。关于保证人之间关系的规定,可以参见《民法典担保制度解释》第29条第2款规定:"同一债务有两个以上保证人,保证人之间相互有追偿权……"

246. 保证人被生效判决确认承担保证责任，但未在判决指定的履行期间内履行义务，法院强制保证人履行债务并由其承担执行费用的，保证人是否可以向债务人追偿执行费用？

【案例1】黄某武诉何某捷追偿权纠纷案①

裁判要旨：保证人被生效判决确认承担保证责任，但未在判决指定的履行期间内履行义务，法院强制保证人履行债务并由其承担执行费用的，保证人就执行费用向债务人追偿的，不应予以支持。

基本案情：何某捷曾向案外人江南车友公司租赁五部汽车，黄某武作为担保人在《汽车租赁合同书》及其中三部车辆的《租车登记及交接单》中担保人签章一栏签字。因何某捷未按约定支付租金，江南车友公司向厦门市湖里区人民法院提起诉讼，该院判决驳回江南车友公司的诉讼请求。江南车友公司不服该判决，提出上诉，厦门市中级人民法院判决撤销一审判决、何某捷于判决生效之日起10日内支付江南车友公司租金123453.33元、黄某武对何某捷应支付给江南车友公司的租金中的83192.76元承担连带责任，并判决驳回江南车友公司的其他诉讼请求。前述判决发生法律效力后，何某捷与黄某武均未履行该判决确定的义务，江南车友公司遂向厦门市湖里区人民法院申请执行。执行过程中，黄某武支付了执行款83192.76元及执行费1148元。

裁判理由：黄某武支付的执行款83192.76元系基于保证责任而代何某捷偿还债务，根据《担保法》第31条②的规定，保证人承担保证责任后，有权向债务人追偿，故对黄某武要求何某捷偿还其代偿款83192.76元的诉讼请求予以支持。关于执行费1148元，因黄某武自身是民事判决所确定的义务人，应主动履行判决确定的义务，黄某武支付的执行费系其未主动履行义务造成的费用，该费用应由黄某武自行承担，故对黄某武要求何某捷偿还执行费1148元的诉讼请求不予支持。

【案例2】涂某诉高某追偿权纠纷案③

裁判要旨：受理费及执行费均在双方当事人约定的保证范围内的，保证人因被

---

① 参见福建省厦门市湖里区人民法院(2012)湖民初字第5769号民事判决书。

② 参见《民法典》第700条规定："保证人承担保证责任后，除当事人另有约定外，有权在其承担保证责任的范围内向债务人追偿，享有债权人对债务人的权利，但是不得损害债权人的利益。"

③ 参见浙江省瑞安市人民法院(2020)浙0381民初2374号民事判决书。

法院执行而承担前述费用的，可以向债务人追偿。

基本案情：2013年8月1日，高某向案外人贷款公司借款200万元并签订《借款合同》，同时涂某与该公司签订《保证合同》，为高某所借上述款项提供连带责任保证，保证范围为主合同项下债权本金、利息、复利、罚息、违约金、损害赔偿金和债权人为实现债权而产生的费用（包括但不限于催收费用、诉讼费、保全费、公告费、执行费等）以及其他所有主合同债务人应付的费用。后因高某未履行上述债务，贷款公司向天津市东丽区人民法院起诉，法院依法作出（2016）津0110民初4823号民事判决，要求高某返还贷款公司借款本金1644382.10元及逾期利息，涂某对上述债务在抵押物拍卖或变卖不能完全受偿的余额范围内承担连带给付责任，受理费由高某、涂某共同负担。该判决生效后，高某、涂某未履行相关还款义务，贷款公司依法向法院申请强制执行，涂某代为偿付借款本金644382.10元、利息906867.51元、案件受理费27659元，并支付上述案件执行费24845元。涂某代偿后，高某未向涂某支付。后于庭审过程中涂某、高某一致确认，高某在2017年尚有30万元在涂某处，该笔款项双方一致同意在该案代偿款中予以扣减。

裁判理由：涂某为高某向贷款公司借款提供保证，在按约定履行了保证义务后，依法有权向高某追偿代为偿还的借款本金及利息。对于案件受理费27659元及执行费24845元，根据涂某与贷款公司签订的《保证合同》可知保证范围包含债权人为实现债权而发生的费用（包括但不限于催收费用、诉讼费、保全费、公告费、执行费等）。故该案所涉受理费及执行费均在涂某的保证范围内，涂某依约有权向高某进行追偿，且高某因涂某提供的担保获得了借款的利益，因高某未能按约偿还借款本息导致涂某需要被动承担相关保证责任，从公平原则角度出发，高某亦应作为案件受理费和执行费的最后承担者，法院确认涂某代高某垫付的款项（包含案件受理费、执行费）共计1603753.61元。鉴于涂某、高某一致确认高某在涂某处的30万元在该案中予以扣减，故高某需向涂某返还代偿款1303753.61元。

247. 连带责任保证中，保证人未及时按照判决履行相应义务，导致在执行程序中支出了迟延履行金的，保证人可否向主债务人追偿迟延履行金？

【案例】置业担保公司诉中星公司追偿权纠纷案①

裁判要旨：连带保证责任人应按判决书及时履行相应的保证责任，保证人未及时履行，由此产生的迟延履行金属于扩大的损失，属于保证人支出的非必要的花费，对债务人不享追偿权。

基本案情：2009年11月12日，置业担保公司与中星公司签订期房按揭贷款担保协议，约定：置业担保公司为符合担保条件的购买中星公司商品房的购房人提供个人购房贷款担保；中星公司对置业担保公司的保证担保的范围为购房借款人的借款本金、利息、罚息、置业担保公司因追偿实现债权的费用（包括诉讼费、律师费等必要合理的费用）；在阶段性保证担保期内，当购房借款人未按借款合同还贷时，则由中星公司为购房借款人偿还所欠借款本息，若置业担保公司根据担保责任已经为借款人偿还借款本息的，置业担保公司有权向中星公司全额追偿。2010年1月28日，中信银行股份有限公司无锡分行（以下简称无锡中信银行）与曾某兵签订借款合同，约定：曾某兵向无锡中信银行借款52万元用于购买中星公司所开发的商品房一套。2010年1月28日，置业担保公司与曾某兵签订个人住房贷款阶段性担保协议书，约定：置业担保公司为曾某兵的借款提供阶段性担保，担保范围包括借款本金及利息、罚息、复息、违约金、赔偿金，银行因追索债权发生的诉讼费、律师费等相关费用。因曾某兵未按约还款，无锡中信银行向崇安区人民法院起诉，崇安区人民法院于2014年1月26日判决曾某兵归还无锡中信银行剩余贷款本金及相应利息并承担律师费，置业担保公司宜兴分公司、置业担保公司对上述还款承担连带责任。后曾某兵、置业担保公司宜兴分公司、置业担保公司未按该判决偿还欠款，无锡中信银行向崇安区人民法院申请执行。崇安区人民法院扣划置业担保公司宜兴分公司在中国农业银行股份有限公司宜兴市支行账户上的金额546977元。置业担保公司要求中星公司支付垫付款515458.46元（其中包括迟延履行金4312.12元、执行费7791.86元）及相应利息和律师费17184元。审理中，置业担保公司与中星公司对崇安区人民法院判决生效之日起算10日的本金、利息及罚息474004.48元，诉讼费11960元，公告费690元，律师费16700元均无异议。关于迟延履行金及执

---

① 参见江苏省无锡市南长区人民法院（2014）南商初字第0620号民事判决书。

行费，置业担保公司认为其在承担保证责任后，依法享有追偿权，承担保证责任并不限于其主动承担保证责任，也包括被法院强制执行的情形。中星公司认为置业担保公司在崇安区人民法院作出判决后，未能及时履行连带保证责任，导致无锡中信银行申请法院执行而增加的执行费以及迟延履行期间的债务利息，系置业担保公司未采取适当措施而导致的扩大的损失，对此中星公司不应承担。

裁判理由：保证人的追偿权虽是法定的，但债务的内容则是当事人之间约定的，保证人履行债务后，债务人和反担保人有权审查保证人履行的债务是否与主债相一致或相符合，对于与原债不一致或不相符合的，债务人和反担保人有抗辩权。该案中，合同中对保证范围约定为“中星公司对置业担保公司的保证担保的范围为购房借款人的借款本金、利息、罚息、应支付的违约金、赔偿金、置业担保公司因追偿实现债权的费用（包括诉讼费、律师费、文印费、查档费、交通费等必要合理的费用）”。从该范围来看，并不包括执行费和迟延履行金；但合同中又约定，“若置业担保公司根据担保责任已经为借款人偿还了借款本息等的，置业担保公司有权向中星公司全额追偿”。从这一约定条款的字面意思来理解，既然合同中约定置业担保公司有权向中星公司全额追偿，执行费和迟延履行金也是置业担保公司已经实际支付的费用，自然应包含在其中。因此，上述约定属于约定不明的情形。按照《担保法》的规定，合同约定不明，保证人应当对全部债务承担责任。何为全部债务，仍处于不明的状态，依据相关法理，保证人承担保证责任的范围应包括“其他从属于债务人之负担”。虽然是从属于主债务的负担，但属于另一债务，理论上并非当然属于主债务的内容，而是解释当事人的意思而设立的规定，因此该负担应为保证成立时既已成立或应成立或可预想的从属的负担。具体到该案中，中星公司为置业担保公司提供保证反担保，曾某兵未能按期还款，置业担保公司作为连带保证责任人在崇安区人民法院判决生效之后，应按判决书履行相应的保证责任。但置业担保公司未予履行，由此产生的迟延履行金及执行费，在置业担保公司与中星公司订立保证合同之时，中星公司可以预见到债务人不履行债务而由置业担保公司代偿乃至诉讼，但无法预见到置业担保公司未按照判决书履行法定义务。故迟延履行金及执行费是扩大的损失，属于置业担保公司支出的非必要的花费，因此不享有对中星公司的追偿权。

248. 保证人在承担保证责任后，主张主债务人支付代为清偿的本息，同时要求按照保证合同约定支付违约金的，是否还可以同时要求主债务人赔偿资金占用利息、赔偿金、实现债权费用等损失？

【案例】兴和信担保公司诉吴某追偿权纠纷案①

裁判要旨：保证人主张违约金足以补偿因被告违约造成原告的资金占用利息及实现债权费用等实际损失，另行请求赔偿资金占用利息、赔偿金、实现债权费用等损失的，一般不予支持。

基本案情：2011年1月24日，原告兴和信担保公司与被告吴某签订《个人汽车消费贷款担保合同》，约定由原告为被告向银行借款购买汽车提供担保，被告支付原告担保服务费。《个人汽车消费贷款担保合同》第8.3条约定"乙方逾期还款的，乙方应在该确定的还款日后5日内，将该期本息、罚息足额付清，否则，按下列约定执行：(1)乙方第一次逾期还款的，向甲方支付本合同担保贷款总额3%的违约金；乙方第二次逾期还款的，向甲方支付本合同担保贷款总额10%的违约金；乙方第三次(含第三次)以上逾期还款的，每次向甲方支付本合同担保贷款总额15%的违约金……"第8.4条约定"因乙方严重违约而导致甲方实际承担担保责任，甲方有权持银行签署的《债权转让通知》向乙方直接追偿。同时乙方除承担本合同第8.3条约定责任外，并向甲方支付本合同担保总金额15%的赔偿金"。2011年1月24日，被告与招商银行红照壁支行、原告兴和信担保公司签订《个人购车借款及担保合同》，约定被告吴某向招商银行红照壁支行借款90000元用于购车，以按揭形式分期偿还本息，原告为其向招商银行红照壁支行提供连带责任保证担保。2013年4月20日至2013年12月20日，被告吴某连续9期逾期向招商银行红照壁支行偿还按揭款，原告依照合同约定以及招商银行红照壁支行发出的《汽车消费贷款承担履约责任通知书》分三次代被告向招商银行红照壁支行偿还了借款本金、利息、复利、罚息共计18824.01元，被告吴某至今未向原告偿还该款项。2014年5月，原告诉至法院，请求依法保护。

裁判理由：原告兴和信担保公司作为保证人，依照合同的约定和招商银行红照壁支行的履约通知，代被告向招商银行红照壁支行偿还了借款本金、利息、复利、罚

① 参见四川省古蔺县人民法院(2014)古蔺民初字第2316号民事判决书。

息,承担了保证责任。根据《担保法》第 31 条①“保证人承担保证责任后,有权向债务人追偿”的规定,被告吴某应当偿还原告为其代为偿还的上述借款本金、利息、复利、罚息。故法院对原告要求被告偿还代偿款共计 18824.01 元的主张予以支持。原告主张以合同担保贷款总额的 10% 和 15% 向被告主张违约金和赔偿金,同时向被告主张资金占用利息、律师费、差旅费。对此,法院认为,原告主张以被告第二次逾期还款按合同担保贷款总额 10% 计算违约金 9000 元符合法律规定,法院予以支持。该违约金足以补偿因被告违约造成原告的资金占用利息及实现债权费用的实际损失,故原告另行请求赔偿资金占用利息、赔偿金、实现债权费用的损失法院不予支持。

249. 保证人代为偿还债务后向债务人追偿,保证人和债务人另有债权债务关系,债务人对保证人享有到期债权的,可否主张抵销?

【案例】谭某勇诉段某红保证合同纠纷案②

裁判要旨:保证人代为偿还债务后向债务人追偿,保证人和债务人另有债权债务关系,债务人对保证人享有到期债权的,可以抵销。

基本案情:2010 年 1 月 30 日,被告段某红与菏泽市牡丹区农村信用合作联社鸿润信用社(以下简称牡丹区鸿润信用社)签订了《借款合同》一份,约定:被告向牡丹区鸿润信用社借款 30 万元。期限为 2010 年 1 月 30 日至 2011 年 1 月 20 日,年利率 11.151%。采取一次性还本付息法,担保方式为保证。2010 年 1 月 30 日,被告、牡丹区鸿润信用社、原告谭某勇及案外人王某庆、田某凯共同签订了《最高额保证合同》一份,约定:被保证的主债权最高额为保证人自愿为债务人自 2010 年 1 月 30 日起至 2011 年 1 月 20 日止,实际形成的债权的最高余额 30 万元提供担保……保证方式为连带责任保证。保证期间为主合同约定的债务人履行债务期限届满之日起二年。合同签订后,被告从牡丹区鸿润信用社取得了借款 30 万元。后因被告及保证人未能按合同约定归还借款,菏泽市牡丹区公安局对被告及原告采取了刑事强制措施。2012 年 8 月 2 日,原告的亲属代原告将被告尚欠牡丹区鸿润信用社的

① 参见《民法典》第 700 条规定:“保证人承担保证责任后,除当事人另有约定外,有权在其承担保证责任的范围内向债务人追偿,享有债权人对债务人的权利,但是不得损害债权人的利益。”

② 参见山东省菏泽经济开发区人民法院(2012)菏开商初字第 186 号民事判决书。

借款本金及利息共计 189061.42 元还清。后原告向法院提起诉讼，请求判决被告偿还原告代偿款 140061 元及利息。另查明，原告于 2010 年 1 月 30 日，曾向被告借款 20 万元，至原告起诉之日，尚欠原告 49000 元未还。对此被告也予以认可。

裁判理由：原告代被告偿付了被告所欠牡丹区鸿润信用社的借款本金及利息，根据《担保法》第 31 条①的规定，原告向被告追偿代偿的借款本息符合法律规定，法院予以支持。由于被告对原告所述的 49000 元欠款未提出异议，现原告提出将所欠被告的借款抵销，符合法律规定，法院予以支持。原告代被告偿还的借款本息 189061.42 元扣抵尚欠被告的 49000 元，被告还应当支付原告 140061.42 元。

250. 分期履行债务中，保证人先后代为偿还了多笔债务的，追偿权的诉讼时效如何起算？

【案例】高银公司诉林某云等追偿权纠纷案②

裁判要旨：保证人为分期履行的债务提供担保，后分期代偿的，其行使追偿权的诉讼时效应自最后一期代偿发生之日起计算。

基本案情：2009 年 5 月 14 日，林某云与中行南城支行订立《购车借款合同》，约定借款金额 148000 元，借款期限 36 个月；还款方式为自贷款发放次月起，借款人按月归还贷款本息。高银公司为该笔借款提供连带责任保证担保。2009 年 5 月 14 日，张某存、杨某进各自向中行南城支行出具《共同还款承诺书》，作为"连带共同债务人"对《购车借款合同》项下的债务承担连带共同偿还责任。嗣后，林某云、张某存、杨某进均未依据相应合同履行还款义务。高银公司分别于 2011 年 7 月 28 日、2011 年 11 月 27 日、2012 年 3 月 29 日和 2013 年 6 月 27 日代被告林某云偿付借款本息 20136.68 元、17507.40 元、17150.22 元和 9274.53 元，共计 64068.83 元。高银公司主张其履行保证责任代偿应由林某云偿付的借款后，有权向林某云、张某存、杨某进追偿。林某云、张某存、杨某进认为 2011 年 7 月 28 日和 2011 年 11 月 27 日代偿的两笔债务的追偿已经超出两年诉讼时效期间。

裁判理由：林某云与中行南城支行签订的购车借款合同属于分期履行合同，依

---

① 参见《民法典》第 700 条规定："保证人承担保证责任后，除当事人另有约定外，有权在其承担保证责任的范围内向债务人追偿，享有债权人对债务人的权利，但是不得损害债权人的利益。"

② 参见浙江省温州市中级人民法院(2014)浙温商终字第 1812 号民事判决书。

照《最高人民法院关于审理民事案件适用诉讼时效制度若干问题的规定》第5条的规定，当事人约定同一债务分期履行的，诉讼时效期间从最后一期履行期限届满之日起计算。因此，作为保证人的高银公司分期代偿并行使追偿权的诉讼时效亦应自最后一期代偿发生之日起计算，且保证人未在每一期代偿后即主张权利，并非其怠于行使权利，而是基于其对债务人能按约履行后续债务的合理信赖，这也有利于减少诉累，实现诉讼效率。因此，原审法院认定高银公司对债务人的追偿权诉讼时效应自中行南城支行扣划担保人银行账户款项之日开始计算，并进而认定部分代偿借款已超出两年诉讼时效而丧失胜诉权不当，应予以纠正。

251. 债权人同时起诉债务人、债务人的配偶以及连带责任保证人，后申请撤回对债务人配偶的起诉的，债权人是否必须放弃对其应承担份额的诉讼请求，保证人是否对该放弃部分不再承担连带责任？

【案例】雷科某诉欧国某等借款合同、保证合同纠纷案①

裁判要旨：债权人撤回对债务人配偶的起诉，并不影响其要求债务人承担全部还款责任、保证人承担全部保证责任。保证人承担保证责任后，有权向债务人及其配偶追偿。

基本案情：被告欧国某、谭瑞某系夫妻。2010年6月，被告欧国某以经营祁阳县双发煤矿需要资金为由，向原告雷科某借款68万元，双方签订了借款合同，约定借款期限为4年，自2010年6月7日起至2014年6月8日止，12个月内不收取利息，12个月后未归还借款，按总借款的30%作为违约金，被告阳汉某对上述借款承担连带保证责任。原告依约支付了借款，借款到期后，被告没有偿还。原告对三被告提起诉讼后，得知被告谭瑞某下落不明，撤回了对谭瑞某的起诉，只起诉被告欧国某和阳汉某，请求判令被告欧国某偿还本金68万元及利息，并支付违约金，被告阳汉某对上述借款承担连带保证责任。

裁判理由：关于原告雷科某对被告谭瑞某撤诉后是否必须放弃对被告谭瑞某应承担份额的诉讼请求，被告阳汉某是否对该放弃部分不再承担保证责任问题。《最高人民法院关于审理人身损害赔偿案件适用法律若干问题的解释》第5条第1款规定，赔偿权利人起诉部分共同侵权人的，人民法院应当追加其他共同侵权人作

① 参见湖南省祁阳县人民法院（2014）祁民初字第2196号民事判决书。

为共同被告，赔偿权利人在诉讼中放弃对部分共同侵权人的诉讼请求的，其他共同侵权人对被放弃诉讼请求的被告应当承担的赔偿份额不承担连带责任。责任范围难以确定的，推定各共同侵权人承担同等责任。该解释明确了在必要共同诉讼中，原告可以撤回对部分被告的起诉，但前提是原告必须同时放弃对该部分被告的诉讼请求，剩余被告对放弃诉讼请求部分不再承担连带责任。该立法目的是防止原告仅对部分被告起诉而损害其他被告的合法权益。但该案属保证合同纠纷，《担保法解释》第 20 条第 1 款①规定："连带共同保证的债务人在主合同规定的债务履行期届满没有履行债务的，债权人可以要求债务人履行债务，也可以要求任何一个保证人承担全部保证责任。"《担保法》第 12 条②规定："已经承担保证责任的保证人，有权向债务人追偿，或者要求承担连带责任的其他保证人清偿其应当承担的份额。"因此，原告雷科某虽然撤回了对被告谭瑞某的起诉，但并不影响其要求被告欧国某承担全部还款责任，被告阳汉某承担全部保证责任。被告阳汉某承担保证责任后，有权向被告欧国某、谭瑞某追偿，其合法权益仍受法律保护，这与《最高人民法院关于审理人身损害赔偿案件适用法律若干问题的解释》第 5 条的精神并不冲突。据此，湖南省永州市祁阳县人民法院 2014 年 12 月 1 日裁定准予原告雷科某撤回对被告谭瑞某的起诉。2015 年 2 月 3 日判决：(1) 限被告欧国某在该判决发生法律效力后 10 日内付清原告雷科某的借款 68 万元及违约金，共计人民币 90.4 万元；(2) 被告阳汉某对被告欧国某的上述借款及违约金承担连带责任，被告阳汉某承担责任后，有权向被告欧国某追偿。

252. 债务人与债权人就部分债务达成的执行和解协议，能否对抗保证人的追偿权？

【案例】赵某诉白甲、白乙追偿权纠纷案③

裁判要旨：保证人代为偿还债务后，债权人与债务人达成和解协议免除债务人未偿还债务的，不影响保证人向债务人追偿的权利。

---

① 《民法典》及《民法典担保制度解释》中没有关于连带共同保证责任范围的直接规定。

② 参见《民法典》第 699 条规定："同一债务有两个以上保证人的，保证人应当按照保证合同约定的保证份额，承担保证责任；没有约定保证份额的，债权人可以请求任何一个保证人在其保证范围内承担保证责任。"

③ 参见陕西省渭南市中级人民法院(2020)陕 05 民终 1005 号民事判决书。

基本案情:白甲、白乙原系夫妻关系,于2017年9月8日离婚。在婚姻关系存续期间,白甲、白乙因资金周转向第三人借款,担保公司为其提供担保,赵某和李某作为白甲、白乙的朋友,提供反担保。白甲、白乙未能偿还借款,担保公司依约代为清偿。后担保公司向白甲、白乙追偿未果,诉请法院判令白甲、白乙偿还代偿款及利息,赵某和李某承担连带责任。2018年12月17日,陕西省渭南市临渭区人民法院作出(2018)陕0502民初4679号民事判决:"白乙、白甲于判决生效后十日内偿还担保公司代偿款9万元及利息(月利率2%,从2014年10月28日起至实际还款之日止,已支付利息5000元);赵某、李某承担连带清偿责任。"担保公司申请执行上述判决。执行中,白甲与担保公司于2019年7月31日签订《执行和解协议书》约定:"白甲一次性偿还担保公司5万元后,其他款项担保公司不再要求白甲承担还款责任。"该协议即日履行。随后,赵某与担保公司于2019年8月13日签订《执行和解协议书》约定:"赵某一次性偿还担保公司10万元后,其他款项担保公司不再要求赵某承担,赵某履行该10万元后,有权向被执行人白甲、白乙行使追偿权,本协议经双方签字后生效。"该协议也即日履行。后赵某向白乙、白甲追偿未果。

裁判理由:赵某作为案涉借款的保证人,向担保公司还款10万元,履行了保证责任,依法取得追偿权。赵某主张债务人白乙、白甲偿还其代付款10万元、执行款625元及相应利息,予以支持。白甲诉称其已与白乙离婚,在《离婚协议书》中约定该笔款项由白乙承担。白甲、白乙的离婚协议只能对协议双方产生约束力,不能对外产生法律效力。白甲诉称其在与担保公司签订的《执行和解协议书》中约定白甲还款5万元后,其余款项担保公司不再要求白甲承担偿还责任,并提交欠条、收条及陕西省渭南市临渭区人民法院的结案通知书予以佐证。因该证据只能证明白甲向担保公司还款5万元,担保公司不再向白甲主张其余款项,但与赵某承担担保责任后能否追偿无关。

【现行相关规范】

《最高人民法院有关执行保证债务问题的答复》[(53)法办字第316号 1953年2月6日]

最高人民法院中南分院:

本年1月12日法办研字107号来函收悉。关于江西省院所提有关执行保证债务的三个问题,其中第一问题,我们同意你院(部)的处理意见,但个别保证人代偿全部或大部分债务后,要求其他保证人平均负担者,仍应承认其有使其他保证人平均负担的权利，于有能资力清偿时予以清偿。第二问题，我们同意你院（部）的处理意见。第三问题，因来文所述，保证人究系保证被保人履行哪一个义务，未曾说明，故暂不答复。如所保即系公款，当然应负代偿责任，于必要时可将其财产查封扣卖。

附：最高人民法院中南分院中南军政委员会司法部关于江西省人民法院请示保证债务问题的函（1953 **年** 1 **月** 12 **日**　**法办研字第** 107 **号**）

最高人民法院、司法部：

我们接到江西省院调呈字第 47 号来函，请示有关执行保证债务的几个问题：

一、数个保证人担保一个债务。保证契约上并无不同责任的规定，自应共同负偿还责任。现在保证人的经济情况各有不同，有的根本无力偿还，有的有代偿能力，有的仅有代偿极小部分能力，法院在执行中可否根据具体情况责成该保证人等个别负担或平均负担代偿义务。在个别保证人代偿全部或大部分债务后而要求其他保证人平均分担时，法院应如何处理。

二、在公私债务案件进行中，准许被告（债务人）取保，保证书上注明保款数字，到期保证人不履行，可否查封拍卖其财产。

三、被保人亏欠公款，经法院判了长期徒刑，并宣告破了产，但不够应赔数字，可否扣封其保证人财产拍卖抵偿。

我们的意见：认为第一个问题几个保证人担保一个债务，原则上是应该共同担负偿还责任的，但法院在处理时必须深入调查了解保证人的经济能力，然后可以根据具体情况适当地责成该保证人等个别分别或平均负担。如果处理并无偏差，个别保证人代偿全部或大部分债务后要求其他保证人平均负担，在说服无效时，可判决不准。第二、三两个问题的保证人是应负代偿责任的，如不履行，一般说可以查封拍卖其财产。但财产系投资于正当工商业者，应注意尽可能不妨碍其生产发展。是否妥当，请核示。

《民法典担保制度解释》第 18 条

承担了担保责任或者赔偿责任的担保人，在其承担责任的范围内向债务人追偿的，人民法院应予支持。

同一债权既有债务人自己提供的物的担保，又有第三人提供的担保，承担了担保责任或者赔偿责任的第三人，主张行使债权人对债务人享有的担保物权的，人民法院应予支持。

【规范沿革】

《担保法》第 31 条

保证人承担保证责任后,有权向债务人追偿。

《担保法》第 32 条

人民法院受理债务人破产案件后,债权人未申报债权的,保证人可以参加破产财产分配,预先行使追偿权。

《最高人民法院关于已承担保证责任的保证人向其他保证人行使追偿权问题的批复》(2002 年 11 月 23 日　法释〔2002〕37 号)

云南省高级人民法院:

你院云高法〔2002〕160 号《关于已经承担了保证责任的保证人向保证期间内未被主张保证责任的其他保证人行使追偿权是否成立的请示》收悉。经研究,答复如下:

根据《中华人民共和国担保法》第十二条的规定,承担连带责任保证的保证人一人或者数人承担保证责任后,有权要求其他保证人清偿应当承担的份额,不受债权人是否在保证期间内向未承担保证责任的保证人主张过保证责任的影响。

此复

《担保法解释》第 42 条

人民法院判决保证人承担保证责任或者赔偿责任的,应当在判决书主文中明确保证人享有担保法第三十一条规定的权利。判决书中未予明确追偿权的,保证人只能按照承担责任的事实,另行提起诉讼。

保证人对债务人行使追偿权的诉讼时效,自保证人向债权人承担责任之日起开始计算。

《担保法解释》第 43 条

保证人自行履行保证责任时,其实际清偿额大于主债权范围的,保证人只能在主债权范围内对债务人行使追偿权。

【立法资料】

为了维护保证人的合法权益,草案规定:……2. 保证人向债权人履行债务后,有权向债务人追偿……①

---

① 参见全国人大常委会法制工作委员会在 1995 年 2 月 21 日第八届全国人民代表大会常务委员会第十二次会议上所作关于《中华人民共和国担保法(草案)》的说明。

专题 12 | 保证与破产

实务问题

253. 在债务人进入破产程序后，保证债权是否应当停止计息？*

【案例 1】华夏银行台州分行诉双友机电公司等保证合同纠纷案①

裁判要旨：债务人进入破产程序后，债权人已经申报了债权同时又起诉要求保证人承担责任的，保证债务相关借款利息，根据《企业破产法》第 46 条规定，应计算至破产受理之日。

基本案情：2013 年 9 月 13 日，华夏银行台州分行与被告双友机电公司签订了编号为 TZ01(高保)20130028 号的《最高额保证合同》，合同约定被告双友机电公司在最高债权本金余额人民币 3000 万元整的范围内为借款人中捷公司提供连带责任保证担保。2014 年 3 月 13 日，华夏银行台州分行与被告蔡某坚、许某妹分别签订了编号为 TZ01(高保)20140009 号和 TZ01(高保)20140010 号的《个人最高额保证合同》，该两份合同约定，被告蔡某坚、许某妹自愿在最高债权本金余额人民币 5000 万元整的范围内为借款人同华夏银行台州分行连续签订的多个《流动资金借款合同》项下债务提供连带责任保证担保。上述最高额保证合同项下共发生三笔借款，分别是：(1) 编号为 TZ0210120140030 号的《流动资金借款合同》，约定：合同项下贷款本金为人民币 2000 万元整，贷款年利率为 6.15% 等。(2) 编号为 TZ0210120140029 号和 TZ0210120140031 号的《流动资金借款合同》，约定：合同项下华夏银行台州分行向借款人发放流动资金贷款本金人民币各 1500 万元整，贷款年利率均为 7.8% 等。同时，为确保债权实现，华夏银行与被告中昌公司、爱华集团公司、爱华房地产公司分别签订了编号为 TZ0210120140030 - 13、TZ0210120140030 - 11、TZ0210120140030 - 12 号的《保证合同》，与被告项某铨、陈某丽分别签订了编号为 TZ0210120140030 - 14、TZ0210120140030 - 15 号的《个人保证合同》，该五份合同均

---

* 由于《企业破产法》第 46 条第 2 款的没有明确此种情况下保证人应当承担的保证责任利息是否也一并停止，导致该问题在实践中争议较大。《民法典担保制度解释》第 22 条虽然给出了明确的意见，但最高人民法院的理解与适用表示，《企业破产法》正在修改中，在裁判相关案件时应当以法律最新的规定为准。参见最高人民法院民事审判第二庭：《最高人民法院民法典担保制度司法解释理解与适用》，人民法院出版社 2021 年版，第 244 - 245 页。

① 参见浙江省台州市中级人民法院(2016)浙 10 民终 1872 号民事判决书。

约定各被告自愿为借款人与华夏银行台州分行所签订的编号为 TZ0210120140030 号的《流动资金借款合同》项下债务提供连带责任保证担保。上述合同签订后,华夏银行台州分行依约向借款人发放了贷款。2014 年 9 月 12 日,华夏银行台州分行与借款人及被告双友机电公司、蔡某坚签订《展期协议》,约定合同项下展期金额各为人民币 1500 万元,年利率 7.8%,展期后借款到期日为 2015 年 3 月 13 日,担保人均继续承担担保责任。华夏银行台州分行在庭审中陈述,该案借款利息已支付至 2014 年 10 月 13 日。此外,2014 年 10 月 13 日,中捷公司资不抵债,经玉环市人民法院裁定受理其破产重整申请。2014 年 12 月 15 日,华夏银行台州分行申报债权为借款本金 5000 万元。2015 年 6 月 2 日,玉环市人民法院裁定批准中捷公司重整计划草案。该重整计划草案对普通债权计划分三期清偿。2015 年 7 月 1 日,华夏银行台州分行受偿第一期破产债权 824 万元,剩余债权尚未获清偿(分配款按比例分摊,三笔借款本金余额分别为:12528000 元、12528000 元、16704000 元)。原告起诉要求被告双友机电公司、蔡某坚、许某妹清偿借款本金人民币 25056000 元及利息,被告蔡某坚、许某妹、中昌公司、爱华集团公司、爱华房地产公司、项某铨、陈某丽清偿借款本金人民币 16704000 元及利息。被告双友机电公司答辩称:对借款担保事实无异议,但该案应中止审理,如不中止,附利息的债权自破产申请受理时起停止计息。二审期间,华夏银行台州分行受偿第二期部分破产债权 650 万元。

裁判理由:华夏银行台州分行与中捷公司签订借款合同及与被告签订的保证合同均合法有效。中捷公司破产重整,华夏银行台州分行就涉案债权已向破产管理人申报并得以确认,同时又起诉要求各被告承担保证责任,根据《最高人民法院对〈关于担保期间债权人向保证人主张权利的方式及程序问题的请示〉的答复》的规定,对于债权人申报了债权,人民法院如径行判决保证人承担保证责任,应当在判决中明确应扣除债权人在债务人破产程序中可以分得的部分。对于该案借款利息,根据《企业破产法》第 46 条的规定,应计算至破产受理之日。法院判决:(1)被告双友机电有限公司、蔡某坚、许某妹于该判决发生法律效力且中捷公司破产程序终结后 10 日内偿还华夏银行台州分行借款本金 25056000 元在中捷公司破产程序中未受清偿的部分;(2)被告蔡某坚、许某妹、中昌公司、爱华集团公司、爱华房地产公司、项某铨、陈某丽于该判决发生法律效力且中捷公司破产程序终结后 10 日内偿还华夏银行台州分行借款本金 16704000 元在中捷公司破产程序中未受清偿的部分;(3)驳回华夏银行台州分行的其余诉讼请求。

【案例2】民生银行济南分行诉中澳公司等金融借款合同纠纷案①

裁判要旨:主债务人进入破产程序后主债务即停止计息的规定适用于从债务。

基本案情:2015年2月15日,民生银行济南分行与中澳公司签订了《综合授信合同》,约定中澳公司在合同约定的授信有效期限内可向民生银行济南分行申请使用的最高授信额度为人民币5000万元。2015年2月15日,伟诺公司、鼎力公司分别与民生银行济南分行签订了《最高额保证合同》,张某某、胡某某与民生银行济南分行签订了《最高额担保合同》,约定伟诺公司、鼎力公司、张某某、胡某某为中澳公司的上述综合授信合同项下的债务提供最高额保证。民生银行济南分行与中澳公司于2015年2月15日签订《流动资金贷款借款合同》两份,并于当日向中澳公司分别发放借款2000万元和3000万元。中澳公司未按约定期限返还借款本息。民生银行济南分行遂诉至法院。此外,山东省德州市庆云县人民法院于2017年6月7日裁定受理中澳公司重整申请,于2017年11月24日裁定受理伟诺公司与中澳公司合并重整申请,于2018年6月19日裁定受理鼎力公司破产清算申请。民生银行济南分行向中澳公司管理人申报案涉债权,中澳公司管理人确认案涉债权数额为本金5000万元、利息8447522.57元,民生银行济南分行对该结果没有异议。民生银行济南分行向鼎力公司管理人申报案涉债权,鼎力公司管理人确认案涉债权数额为本金5000万元、利息13662972.71元,民生银行济南分行对该结果没有异议。

裁判理由:因中澳公司、伟诺公司、鼎力公司均系破产企业,民生银行济南分行对上述企业享有的债权应通过破产程序受偿。法院于2017年6月7日裁定受理中澳公司重整申请,于2017年11月24日裁定受理伟诺公司与中澳公司合并重整申请,伟诺公司的企业财产已与中澳公司及其他合并重整企业进行归并统一清偿债务,伟诺公司不再具有独立承担保证责任的资格和能力,其保证责任应转化为与中澳公司的共同清偿责任。《企业破产法》第46条第2款规定:“附利息的债权自破产申请受理时起停止计息。”中澳公司于2017年6月7日被裁定受理重整申请,故中澳公司所应承担的利息应计算至2017年6月7日。中澳公司所承担的还款责任为主债务,鼎力公司、张某某、胡某某所负的保证责任为从债务,从债务不应超出主债务的范围,故主债务人进入破产程序后主债务即停止计息的规定应当适用于从债务。虽然鼎力公司管理人将民生银行济南分行申报的利息债权确认至法院裁定

① 参见山东省庆云县人民法院(2019)鲁1423民初2669号民事判决书。

受理其破产清算之日即2018年6月19日，且民生银行济南分行对鼎力公司管理人确认的债权数额无异议，但企业破产程序系以破产企业的资产公平清偿全体债权人的债权为目的，对某一笔债权的确认超出法律规定应承担的范围，则会损害其他债权人的受偿利益，故法院对鼎力公司管理人审查确认的民生银行济南分行利息债权13662972.71元不予确认。据此，民生银行济南分行要求鼎力公司、张某某、胡某某继续对2017年6月7日以后的借款利息承担保证责任没有法律依据，法院不予支持。

【案例3】淮北农商行诉淮北中安公司等保证合同纠纷案①

裁判要旨：附利息的债权自破产申请受理时停止计息，利息计算至裁定受理破产清算申请之日。

基本案情：2016年9月30日，淮北农商行与汉享食品公司签订了流动资金借款合同约定：该合同项下的借款额度为200万元，借款期限为12个月，借款额度有效期间自2016年9月30日至2017年9月30日；贷款利率为固定利率，年利率9.57%；贷款逾期的罚息利率为贷款利率上浮50%；按月结息，结息日固定为每月第20日；支付方式为乙方受托支付等。2016年9月30日，淮北农商行（债权人）分别与中安公司、安徽统全公司、王某、徐某松、李某妍、高某（保证人）签订保证合同，为了确保汉享食品公司与债权人签订的借款合同的切实履行，保障债权人债权的实现，保证人愿意为债务人依主合同与债权人所形成的债务提供保证。约定：保证方式为连带责任保证；保证范围包括但不限于主合同项下的债务本金、利息、逾期利息、复息、罚息、违约金、诉讼费等；保证期间为主合同约定的债务人履行期限届满之日起两年等。2016年9月30日，淮北农商行向汉享食品公司发放贷款200万元，借据记载：借款到期日2017年9月30日，贷款利率为年利率9.57%等。截至2018年7月20日，汉享食品公司尚欠淮北农商行借款本金200万元，利息427725.83元，合计2427725.83元。2018年7月20日，安徽省淮北市中级人民法院作出（2018）皖06破申15号民事裁定书，裁定受理汉享食品公司的破产清算申请。2019年7月29日，根据淮北农商行提供的材料，汉享食品公司管理人确认该行的债权金额为2427725.86元，其中本金200万元、利息427725.86元等。

裁判理由：保证期间，人民法院受理债务人破产案件的，债权人既可以向人民

① 参见安徽省淮北市杜集区人民法院（2019）皖0602民初2188号民事判决书。

法院申报债权，也可以向保证人主张权利。另外，《担保法解释》第44条第2款①规定了债权人向保证人行使权利的期间（债务人破产程序终结后的6个月），该期间不能发生取代保证期间的作用，淮北农商行在保证期间内向各保证人主张权利并无不当。《企业破产法》第46条第2款规定，附利息的债权自破产申请受理时起停止计息。淮北农商行已向管理人申报破产债权，确认为2427725.86元，其中利息计算至2018年7月20日。对于上述破产债权，淮北农商行在债务人汉享食品公司破产程序中可以分得的部分予以扣除后，淮北中安公司等保证人对未能清偿部分承担连带给付责任。

【案例4】建设银行中关村分行诉海开公司保证合同纠纷案②

裁判要旨：一般而言，在含有利息、违约金等随着时间推移而数额增加的债权内容时，保证人的保证范围应系计算至债权实际受偿之日产生的债权总额。但在债务人进入破产清算程序的情况下，保证人的保证范围应限于债权人所申报的截至破产程序受理之日的债权总额，而不包括债权申报之后、债权人实际受偿之前所发生的利息、违约金等数额。

基本案情：2007年1月24日，京门公司（借款人）与建设银行中关村分行（贷款人）签署《人民币资金借款合同》，约定京门公司向建设银行借款5670万元，借款期限为12个月，月利率5.61‰。合同项下的贷款逾期罚息利率为月利率8.415‰。如果京门公司未按期归还债务本息，建设银行中关村分行可按贷款本金的0.21‰向京门公司收取违约金。借款逾期后，对京门公司未按时还本付息，自逾期之日起至本息全部清偿之日止按罚息利率和该合同约定的结息方式计收利息和复利。2007年1月24日，海开公司（保证人）与建设银行中关村分行（债权人）签署《保证合同》，载明：为确保京门公司与建设银行中关村分行签订的借款合同的履行，海开公司愿意提供连带责任保证。保证范围为债权本金5670万元及利息（包括复利和罚息）、违约金、赔偿金和建设银行为实现债权而发生的费用（包括但不限于诉讼费、仲裁费、财产保全费、差旅费、执行费、评估费、拍卖费等），保证期间自保证合同生效之日起至主合同项下的债务履行期限届满之日后两年止。2007年1月24日，建设银行向京门公司发放贷款5670万元。2008年11月10日，海淀区人民法院裁

---

① 参见《民法典担保制度解释》第23条第3款规定："债权人在债务人破产程序中未获全部清偿，请求担保人继续承担担保责任的，人民法院应予支持；担保人承担担保责任后，向和解协议或者重整计划执行完毕后的债务人追偿的，人民法院不予支持。"

② 参见北京市海淀区人民法院（2013）海民初字第04072号民事判决书。

定受理京门公司提出的破产申请。建设银行中关村分行向京门公司破产管理人申报了截至2008年11月10日的债权，贷款本金、利息、违约金共计61541410.91元。2012年11月8日，海淀区人民法院裁定京门公司和解。2012年12月7日，海淀区人民法院裁定认可京门公司和解协议，终止京门公司和解程序。2013年1月6日，京门公司破产管理人通过银行汇款方式向建设银行中关村分行支付61541410.91元。其后，建设银行中关村分行起诉至法院，要求海开公司清偿利息和违约金共计31263498.41元（自2008年11月10日建设银行中关村分行申报债权之日起至2013年1月6日建设银行中关村分行实际受偿之日止的利息和违约金）。海开公司辩称，建设银行中关村分行申报的债权已实际受偿，故不同意其诉请。

裁判理由：《担保法解释》第44条第2款①规定："债权人申报债权后在破产程序中未受清偿的部分，保证人仍应当承担保证责任……"该司法解释所指的"债权人申报债权后在破产程序中未受清偿的部分"应理解为截至破产申请受理之日的债权未受清偿的部分，不包括此后所产生的利息和违约金，故建设银行中关村分行的诉请于法无据。具体理由如下：首先，《企业破产法》第46条第2款规定："附利息的债权自破产申请受理时起停止计息。"该案中，建设银行中关村分行已在京门公司破产程序中申报债权，京门公司所承担的债权总额已确定，保证合同为从合同，保证人所承担保证责任的范围应在主债务范围之内。其次，破产案件的受理意味着债务人不能清偿到期债务，并且资产不足以清偿全部债务或者明显缺乏清偿能力，故在破产程序当中债权人的债权难以全部实现。因此，《担保法解释》的立法本意在于，保证债权人在通过破产程序未能从债务人处受偿全部债务的情况下，可以向债务人的保证人主张未受偿部分，以使债权人的债权得以最大程度实现，并非赋予债权人另行主张利息或违约金的权利。最后，《担保法解释》第44条第1款②规定："保证期间，人民法院受理债务人破产案件的，债权人既可以向人民法院申报债权，也可以向保证人主张权利。"同时，《担保法》第32条③规定："人民法院受理债

① 参见《民法典担保制度解释》第23条第3款规定："债权人在债务人破产程序中未获全部清偿，请求担保人继续承担担保责任的，人民法院应予支持；担保人承担担保责任后，向和解协议或者重整计划执行完毕后的债务人追偿的，人民法院不予支持。"

② 参见《民法典担保制度解释》第23条第1款规定："人民法院受理债务人破产案件，债权人在破产程序中申报债权后又向人民法院提起诉讼，请求担保人承担担保责任的，人民法院依法予以支持。"

③ 参见《民法典担保制度解释》第23条第2款规定："担保人清偿债权人的全部债权后，可以代替债权人在破产程序中受偿；在债权人的债权未获全部清偿前，担保人不得代替债权人在破产程序中受偿，但是有权就债权人通过破产分配和实现担保债权等方式获得清偿总额中超出债权的部分，在其承担担保责任的范围内请求债权人返还。"

务人破产案件后，债权人未申报债权的，保证人可以参加破产财产分配，预先行使追偿权。”从上述规定可以看出，立法赋予了债权人自主选择权。如果债权人选择向保证人主张权利而非在债务人破产程序中申报债权，则保证人理应根据实际还款期限承担相应的保证责任，且保证人为维护自身权益，亦可在破产程序中预先行使追偿权。如果债权人选择在破产程序中申报债权，则应根据企业破产法的相关规定界定及实现债权。债权人在具有自由选择权的前提下，需要在权衡利弊之后审慎选择维权方式，以避免自身利益受损。如果允许债权人在申报债权之后，依然可以要求保证人偿付破产程序所确定的债务之外的债务，则意味着需要由保证人承担债权人选择不当的后果，当事人之间的权利义务势必失去平衡。综上，判决驳回原告建设银行中关村分行的诉讼请求。

【案例5】国家开发银行诉彭某峰、周某保证合同纠纷案①

裁判要旨：担保制度之目的是有效保障相应债权人全部债权的实现，相对应的保证人的担保范围应为债务人的全部债务。主债务人进入破产程序的，保证人承担的利息不受自破产申请受理时起停止的限制。

基本案情：2010年11月4日，塞维高科（借款人）与国家开发银行（贷款人，经办分行为国家开发银行江西分行）签订《人民币借款合同》，最终确定的内容为：（1）借款金额为人民币36200万元。（2）借款期限自2010年11月16日起至2018年11月15日止，共计8年。2010年11月4日，签订《外汇借款合同》，最终确定的内容为：（1）贷款承诺金额为6000万美元。（2）贷款期限为6年，从2010年11月16日起至2016年11月15日止，其中宽限期限为1年，从2010年11月16日起至2011年11月15日止。2010年11月4日，贷款人国家开发银行与保证人彭某峰、周某共同签订与《人民币借款合同》《外汇借款合同》相对应的《保证合同》，约定的主要内容有：为确保上述借款合同履行，保证人愿意向贷款人提供担保，担保范围是主合同项下全部借款本金、利息、罚息、补偿金、违约金、赔偿损失金和实现债权的费用。上述合同签订后，国家开发银行依约向塞维高科出借了人民币贷款36200万元及外汇贷款6000万美元。但塞维高科至今尚有《人民币借款合同》项下人民币23700万元本金及相应利息、罚息、复利，《外汇借款合同》项下2400万美元及相应利息、罚息、复利未还。截至2015年11月17日，上述欠款本金及利息、罚息、复利金额共计人民币413786058.49元。彭某峰、周某亦未对塞维高科上述债务履行担

---

① 参见北京市高级人民法院（2016）京民初29号民事判决书。

保义务。2015年11月17日,江西省新余市中级人民法院裁定塞维高科破产重整。2016年9月29日,新余市中级人民法院裁定确认该案原告的债权成立。申报金额人民币413786058.49元,法院认定金额人民币413786058.49元。2016年9月30日,新余市中级人民法院裁定批准塞维高科重整计划,终止塞维高科重整程序。原告国家开发银行诉讼请求:(1)依法判令两被告连带偿还《人民币借款合同》项下借款本金人民币23700万元及利息15453933.61元(利息自2014年9月21日起暂计算至2015年11月17日),最终应偿付利息计算至债务还清时。(2)依法判令两被告连带偿还《外汇借款合同》项下借款本金人民币15297.6万元及利息8356124.88元(合同借款本金余额为2400万美元,截至2015年11月17日应付利息1310970.33美元,上述美元按照2015年11月17日中国人民银行公布的银行间外汇市场人民币汇率中间价换算,1美元兑换人民币6.374元),最终应偿付利息计算至债务还清时。(3)依法判令两被告连带偿付国家开发银行因该案支付的律师费人民币5万元。(4)该案诉讼费、保全费均由两被告全部承担。

裁判理由:虽然依照《企业破产法》第46条之规定,对于债权人的未到期债权,在破产申请受理时视为到期,附利息的债权自破产申请受理时起停止计息,但此项规定是法律针对破产程序中破产债权作出的特殊规定,即债权人依法可以申报的债权为破产申请受理时对债务人享有的债权。在民事活动中产生的债权,不仅包括应当清偿的本金,还应当包括自债务发生之日起至债务清偿之日止的利息等。债权人对此亦享有给付请求权。故此项规定是为了在债务人企业破产清算中,各个债权人的合法权益能够得到法律平等保护、平等受偿而制定的。对于债务人的保证人,依照《担保法》第1条①规定:"为促进资金融通和商品流通,保障债权的实现,发展社会主义市场经济,制定本法。"第21条第1款②规定:"保证担保的范围包括主债权及利息、违约金、损害赔偿金和实现债权的费用。保证合同另有约定的,按照约定。"担保法的立法目的是有效保障相应债权人全部债权的实现,相对应的保证人的担保范围应为债务人的全部债务。《担保法解释》第44条第1款③规定:"保证期间,人民法院受理债务人破产案件的,债权人既可以向人民法院申报债权,也

---

① 《民法典》及《民法典担保制度解释》中未保留此规定。

② 参见《民法典》第691条规定:"保证的范围包括主债权及其利息、违约金、损害赔偿金和实现债权的费用。当事人另有约定的,按照其约定。"

③ 参见《民法典担保制度解释》第23条第1款规定:"人民法院受理债务人破产案件,债权人在破产程序中申报债权后又向人民法院提起诉讼,请求担保人承担担保责任的,人民法院依法予以支持。"

可以向保证人主张权利。"《物权法》第 176 条[①]规定,被担保的债权既有物的担保又有人的担保的,债务人不履行到期债务或者发生当事人约定的实现担保物权的情形,债权人应当按照约定实现债权。该案《保证合同》、系列借款合同及其相关变更协议中,保证人彭某峰和保证人周某均承诺为上述合同项下全部本金、利息、罚息、复利、补偿金、违约金、赔偿金及实现债权的费用按担保合同的约定提供担保,且《保证合同》关于"保证方式"约定:"保证人以其所有的全部个人财产及夫妻所有的全部共同财产在本合同的担保范围内向贷款人提供连带责任保证。无论借款人是否为主合同提供物的担保,如借款人未按主合同约定清偿本合同担保范围内的债务,贷款人有权直接要求保证人承担保证责任。"故该案保证人彭某峰、保证人周某均应对涉案上述系列借款合同及其相关变更协议项下塞维高科的全部债务包括欠款本金及至款项实际付清之日的利息、罚息、复利及实现债权的费用等承担连带清偿责任。

254. 在破产衍生诉讼中,诉争债权债务关系产生后,债务人、保证人均相继进入破产重整程序,债权人此前提起的给付之诉如何审理?

【案例】云南曲靖工投矿业投资发展有限公司诉煤焦公司等买卖合同纠纷案[②]

裁判要旨:债务人与保证人均进入破产重整程序后,债权人此前已提起债权给付之诉的,法院无须向原告释明是否将给付之诉变更为确认之诉,可以继续审理并作出裁决,但应注意判项与《企业破产法》及其司法解释的规定相协调。如诉争债权成立的,在确认债权的同时,明确判决债权人对债务人享有的债权应按照债务人重整计划规定的同类债权的清偿标准予以清偿。

基本案情:2015 年 12 月 30 日,原告(甲方)、被告煤焦公司(乙方)、被告大为制焦公司(丙方)、被告大为制供气公司(丙方)、被告泸西大为公司(丙方)、被告云维股份公司(丁方)共同签订《煤炭贸易合作协议》,约定:甲方与丙方签署煤炭销售合

---

① 参见《民法典》第 392 条规定:"被担保的债权既有物的担保又有人的担保的,债务人不履行到期债务或者发生当事人约定的实现担保物权的情形,债权人应当按照约定实现债权;没有约定或者约定不明确,债务人自己提供物的担保的,债权人应当先就该物的担保实现债权;第三人提供物的担保的,债权人可以就物的担保实现债权,也可以请求保证人承担保证责任。提供担保的第三人承担担保责任后,有权向债务人追偿。"

② 参见云南省昆明市中级人民法院(2016)云 01 民初 1937 号民事判决书。

同,后甲方根据与丙方的约定向乙方进行煤炭采购并签署煤炭采购合同,由乙方直接将甲方采购的该批次煤炭交付丙方。合作期限自该协议生效之日起至2016年6月30日止。该项目运作资金为5000万元,甲方以煤炭采购(预付)款的名义将5000万元资金一次性付给乙方。2015年12月30日,原告(债权人)与被告云维股份公司(保证人)签署《最高额保证合同》,担保2016年1月1日至2016年6月30日原告与被告煤焦公司之间因履行《煤炭贸易合作协议》、煤炭采购合同及其他法律文件而形成的一系列债权,最高额度为1.5亿元。保证方式为连带责任保证。2016年1月1日,原告(需方)与被告煤焦公司(供方)签订《原料煤采购合同》,约定原告向被告煤焦公司进行洗精煤采购,收货人为被告大为制焦公司、大为制供气公司、泸西大为公司。合同有效期自2016年1月1日起至2016年6月30日止。2016年1月1日,原告(供方)分别与被告泸西大为公司(需方)、大为制焦公司(需方)、大为制供气公司(需方)签订《原料煤销售合同》,约定原告分别向上述三被告供货,煤款原则上由需方支付货币资金,合同有效期均为自2016年1月1日起至2016年6月30日止。2018年5月22日,原告(甲方)与被告煤焦公司(乙方)、被告大为制焦公司(丙方)、被告大为制供气公司(丁方)、被告泸西大为公司(戊方)共同签订《和解协议》,明确:(1)甲方与乙方在对等的数额(42980418.27元)予以冲抵后,互不相欠;(2)在《煤炭贸易合作协议》及相关合同项下,丙方欠甲方的货款40613475.14元,甲方以该金额向丙方申报债权,丙方按照其重整计划计算清偿额为6298504.38元;(3)在《煤炭贸易合作协议》及相关合同项下,丁方欠甲方12704734.37元货款(含2016年6月30日至2016年7月10日产生的债权40836.52元),根据丁方的重整计划清偿额是2780946.87元。此外,2016年8月23日,昆明市中级人民法院分别受理,大为制供气公司、大为制焦公司、云维股份公司的重整申请。原告在上述三家公司的重整程序中申报了相应债权,但均被列为暂未确认债权。2016年12月28日,昆明市中级人民法院分别作出民事裁定书,裁定:确认大为制供气公司、大为制焦公司、云维股份公司重整计划执行完毕;终结大为制供气公司、大为制焦公司、云维股份公司重整程序。

裁判理由:(1)关于原告向被告大为制焦公司、大为制供气公司主张的债权是否成立。2018年5月22日,各方当事人签订的《和解协议》,系就《煤炭贸易合作协议》及其项下产生的合同关系所作的最终结算,对各方当事人均具有法律约束力,故确认原告对被告大为制焦公司享有债权40613475.14元,对被告大为制供气公司享有债权12704734.37元。原告分别向上述二被告的管理人申报债权,但均被列为暂未确认债权。现大为制焦公司、大为制供气公司的重整计划均已执行完毕，原告对大为制焦公司、大为制供气公司享有的上述债权（共计53318209.51元）均应分别按照上述二被告的重整计划规定的同类债权的清偿标准予以清偿。(2)被告云维股份公司应否对原告主张的债权53318209.51元承担连带责任保证。原告向被告大为制焦公司主张的债权40613475.14元系《煤炭贸易合作协议》项下双方合作产生的货款，被告云维股份公司应对被告大为制焦公司的上述债务承担连带责任保证。原告向被告大为制供气公司主张的债权12704734.37元中，应扣除2016年6月30日至2016年7月10日产生的债权40836.52元，因该笔债权不属于保证人的担保范围，故被告云维股份公司对被告大为制焦公司承担连带责任保证的范围为12663897.85元。原告在云维股份公司的重整程序中申报的债权，被管理人列为暂未确认债权。现云维股份公司的重整计划已执行完毕，云维股份公司对上述债务共计53277372.99元所承担的连带清偿责任亦应按照云维股份公司重整计划规定的同类债权的清偿标准予以清偿。

255. 债务人在连带责任保证人破产程序中进行了债权申报，是否可同时要求主债务人承担还款及抵押担保责任？

【案例】中行天津分行诉天津宝硕借款合同纠纷案[①]

裁判要旨：债权人在连带责任保证人破产程序中进行了债权申报，此后又依约要求主债务人承担还款及抵押担保责任，虽然主债务人的诉讼发生在后，但按照《物权法》第176条[②]的规定，应当首先确定主债务人承担的违约责任和抵押担保责任，剩余未能受偿债权再在保证人破产程序中进行受偿。

基本案情：2005年10月19日，原告中行天津分行与天津宝硕签订050583号《借款合同》，借款6400万元，借款期限为60个月，浮动利率年率5.85%，利率水平实行一年一定，天津宝硕每季支付利息一次，并分四次还清全部贷款本金，即2007

---

① 参见天津市高级人民法院(2008)津高民二初字第7号民事判决书。

② 参见《民法典》第392条规定："被担保的债权既有物的担保又有人的担保的，债务人不履行到期债务或者发生当事人约定的实现担保物权的情形，债权人应当按照约定实现债权；没有约定或者约定不明确，债务人自己提供物的担保的，债权人应当先就该物的担保实现债权；第三人提供物的担保的，债权人可以就物的担保实现债权，也可以请求保证人承担保证责任。提供担保的第三人承担担保责任后，有权向债务人追偿。"

年12月31日前还款1000万元,2008年12月31日前还款1800万元,2009年12月31日前还款1800万元,贷款到期日前还款1800万元。同时约定天津宝硕未按约定期限还款且未就展期事宜与中行天津分行达成协议,该行有权就贷款逾期部分从逾期之日起按照贷款逾期利率计收罚息,直至完全清偿本息为止;贷款逾期罚息利率为在该合同约定的借款利率的基础上加50%;如天津宝硕未按期足额付息,该行有权就到期未付利息部分按照与贷款本金相同的罚息利率按季计收复利。合同中同时约定有"借款人逾期未付本金或利息"或"保证人、抵押人、质押人在担保合同项下发生违约事件,影响借款人履行本合同项下的义务"等情形,中行天津分行有权宣布合同项下的借款本息全部立即到期。2005年10月19日,河北宝硕承诺为该笔贷款提供连带责任保证。2006年8月28日,中行天津分行与天津宝硕又签订《抵押合同》,并办理了抵押物登记。该合同约定,天津宝硕以其部分设备为上述贷款提供抵押担保,担保范围包括因借款合同而产生的借款本金、利息(包括法定利息、约定利息、复利、罚息)、违约金、赔偿金、实现债权的费用(包括诉讼费用、律师费用、执行费用等)以及因债务人违约而给债权人造成的损失和其他所有应付费用,抵押期间为自合同生效之日起至2010年12月31日止。上述两份合同均由各方当事人签字盖章予以确认。此后,中行天津分行依约放款,天津宝硕于2006年8月28日两次还款共计7290801.41元后未再履行还款付息义务,截至2007年12月31日,尚欠借款本金56709198.59元,利息6027667.72元。保定市中级人民法院已于2007年1月25日受理河北宝硕破产案,2007年12月26日裁定批准该公司重整草案并终止重整程序。该案审理过程中,河北宝硕破产管理人致函法院,证实中行天津分行已向其申报债权,待该案抵押财产处置完毕后,破产管理人将依法对上述债权作实际分配。

裁判理由:双方当事人签订的《借款合同》及《抵押合同》合法有效,应受到法律保护。中行天津分行已依约放款,天津宝硕应按期履行还款付息义务。现该公司未能清偿借款本息,中行天津分行要求依约提前收回贷款本息并主张由天津宝硕承担抵押担保责任的诉讼请求,应得到支持。天津宝硕认为抵押财产属海关监管财产应确认抵押合同无效的主张,因无事实依据不能得到支持;其关于中行天津分行已在连带责任保证人河北宝硕破产案中申报债权,不应再向其要求还款的抗辩理由,因河北宝硕破产管理人将在该案终结后,视天津宝硕在该案中的受偿情况再对其所申报的债权作最终确认,符合法律的相关规定,并未造成债权的重复确认,故该抗辩理由无法律依据,亦不能得到支持。

256. 债权人在申报破产债权的同时可否向担保人主张权利？

【案例】荣恒贸易公司诉班班纸业公司保证合同纠纷案①

裁判要旨：债权人在人民法院受理债务人破产案件并申报全部债权后，在破产程序尚未终结前，又同时向保证人主张权利的保证合同纠纷案件，并非禁止债权人在申报债权的同时向保证人主张权利，故此类诉讼在程序上无须中止审理。但为避免因法院裁判导致同一债务双重受偿和产生新的纠纷的后果，法院在判决主文中应附履行条件，即保证人在破产程序尚未终结前可暂时停止向债权人清偿，待破产程序终结后再根据破产受偿情况，向债权人作出相应的清偿，且债权人向保证人主张的权利应当以破产程序中未受清偿的部分为限。

基本案情：2008 年间，荣恒贸易公司分别与案外人荣昌公司、天听亚伦公司和天听公司订立多份代理进口合同及国内购货合同，约定由荣恒贸易公司代理荣昌公司、天听亚伦公司、天听公司进口、购买木浆，并对相关事项进行了明确的约定。合同订立后，荣恒贸易公司按约交付了货物，但荣昌公司、天听亚伦公司、天听公司未按约足额支付货款。2009 年 3 月 10 日，荣恒贸易公司(甲方)与天听公司、天听亚伦公司、荣昌公司、班班纸业公司(以上四方统称乙方)签订还款协议，载明：(1)乙方确认在委托甲方代理进口及国内贸易过程中对甲方负有债务，其中，欠荣昌公司 2066587.28 元，天听公司 4670750 元，天听亚伦公司 8655767.17 元、6583944.82 元、1901485.67 元、1424762 元、4173879 元，上述欠款均已到期，乙方总计欠甲方的款项总额为 29477175.94 元；(2)天听公司、天听亚伦公司、班班纸业公司对荣昌公司的欠款承担连带担保责任，担保期限自荣昌公司应付款日起两年，天听亚伦公司、班班纸业公司、荣昌公司对天听公司的欠款承担连带担保责任，担保期限自天听公司应付款日起两年，天听公司、荣昌公司、班班纸业公司对天听亚伦公司的欠款承担连带担保责任，担保期限自天听亚伦公司应付款日起两年；(3)乙方承诺在 2009 年 3 月、4 月每月还款 50 万元，2009 年 5 月、6 月每月还款 200 万元，2009 年 7—11 月每月还款 400 万元，2009 年 12 月还款 4477175.94 元，乙方的还款将按顺序优先清偿甲方到期的债权，同时到期的，按债权比例清偿，乙方任何一期逾期还款，视为乙方全部债务到期，甲方有权就乙方所欠甲方全部余款一并主张，且乙方各公司应承担连带清偿责任；(4)乙方于签署该协议后 5 个工作日内办妥荣昌公司设备

---

① 参见上海市高级人民法院(2010)沪高民二(商)终字第 60 号民事判决书。

抵押工商登记,甲方与乙方在2009年3月17日前就荣昌公司设备抵押事宜另行签订抵押合同,并办理完成抵押登记手续,抵押合同为该协议的附件等内容。同日,荣恒贸易公司与荣昌公司签订抵押合同一份,约定为保障上述还款协议的执行,荣昌公司愿意向荣恒贸易公司提供抵押担保,抵押担保的范围为荣恒贸易公司依据还款协议向债务人主张的全部欠款、逾期利息和实现抵押权的费用。2009年3月17日,荣昌公司、荣恒贸易公司在浙江省龙游县工商行政管理局办理了动产抵押登记。2009年3月25日、4月 25日,天听亚伦公司还款共计100万元,尚余28477175.94元未付。2009年6月25日,经龙游县人民法院裁定,天听亚伦公司、荣昌公司进入重整程序。2009年9月1日经浦江县人民法院裁定,天听公司进入重整程序。2009年7月20日,荣恒贸易公司分别向天听亚伦公司、荣昌公司申报债权30094696.69元、30094696.69元;2009年11月4日,荣恒贸易公司向天听公司申报债权30094696.69元。2010年3月22日,龙游县人民法院判决撤销荣恒贸易公司与荣昌公司于2009年3月10日签订的抵押合同,该判决已生效。二审法院另查明:2010年1月18日,浦江县人民法院裁定批准天听公司重整计划,终止天听公司重整程序。天听公司重整计划(草案)载明:在重整后持续经营条件下的普通债权人的清偿比例为普通债权审核金额的15%。2010年2月8日,龙游县人民法院裁定荣昌公司、天听亚伦公司终止重整程序,宣告荣昌公司、天听亚伦公司破产。2010年4月15日,龙游县人民法院对天听亚伦公司管理人制作的《关于浙江天听亚伦纸业集团有限公司破产财产的变价方案》裁定予以认可。

裁判理由:本案的争议焦点主要在于:(1)关于程序问题。班班纸业公司为主债务人天听公司、天听亚伦公司、荣昌公司的债务向荣恒贸易公司提供了连带共同保证,班班纸业公司与主债务人对债权处于同一清偿顺序。根据《担保法解释》第44条第1款①"保证期间,人民法院受理债务人破产案件的,债权人既可以向人民法院申报债权,也可以向保证人主张权利"的规定,荣恒贸易公司在申报债权、参加破产程序的同时,可以要求班班纸业公司承担保证责任。关于班班纸业公司以为避免荣恒贸易公司双重受偿为由,请求中止该案审理的问题,二审法院认为,保证人在破产程序尚未终结前可暂时停止向债权人清偿,待破产程序终结后再根据破产受偿情况,向债权人作出相应的清偿,债权人向保证人主张的权利应当以破产程序中未受清偿的部分为限。(2)关于实体问题。至于班班纸业公司认为荣恒贸易公

① 参见《民法典担保制度解释》第23条第1款规定:"人民法院受理债务人破产案件,债权人在破产程序中申报债权后又向人民法院提起诉讼,请求担保人承担担保责任的,人民法院依法予以支持。"

司怠于行使担保物权的问题，二审法院认为，虽然荣恒贸易公司可以按照还款协议的约定，在主债务人未按期履行2009年5月的还款义务的情况下，宣布全部债权到期并行使抵押权，但由于荣昌公司在2009年6月25日即进入破产重整，因此荣恒贸易公司未在此较短期间内行使抵押权并不属于怠于行使权利的情形。更何况，即使荣恒贸易公司行使了抵押权，但由于不符合法律规定，仍然会被荣昌公司管理人请求撤销。故抵押合同被撤销、抵押权无法实现，荣恒贸易公司并无过错，故班班纸业公司应对荣昌公司的全部债务承担连带保证责任。

257. 在债务人已破产、债权人申报了债权的情形下，如保证期间已届满，债权人选择在破产程序终结后6个月内要求保证人承担保证责任的，是否可以裁定驳回起诉？

【案例】杭州银行股份有限公司宁波分行诉五环公司等保证合同纠纷案[①]

裁判要旨：在债务人已破产、债权人申报了债权的情形下，在保证期间内债权人可同时选择要求保证人承担保证责任，或者待破产程序终结后6个月内再要求保证人承担保证责任；如保证期间已届满，则只能在破产程序终结后6个月内再要求保证人承担保证责任。该6个月的规定属特殊情形下债权人有权要求保证人承担保证责任的宽限期，亦属在一定期限内不得起诉的案件期限规定，如债权人的起诉不符合这一期限条件，应当裁定驳回起诉。

基本案情：2013年6月26日，原告与五环公司签订最高额保证合同，约定五环公司为案外人宝洁公司自2013年10月30日至2014年7月1日与原告发生的所有融资债权在最高融资余额1650万元内提供连带责任保证，保证担保期限自主合同债务履行期起始日至履行期届满之日后两年。2013年6月26日，原告与余某1、韩某君、余某2、沈某分别签订最高额保证合同，约定余某1、韩某君、余某2、沈某为案外人宝洁公司自2013年6月26日至2014年12月31日与原告发生的所有融资债权均在最高融资余额1650万元内提供连带责任保证，保证担保期限均自主合同债务履行期起始日至履行期届满之日后两年。2013年11月13日，原告与案外人宝洁公司签订借款合同，约定宝洁公司向原告借款700万元，借款利率为月利率5.7501‰，借款期限自2013年11月13日起至2014年10月30日止。2013年11月

① 参见浙江省宁波市鄞州区人民法院（2017）浙0204民初786号民事裁定书。

22 日,原告与案外人宝洁公司签订借款合同,约定宝洁公司向原告借款 800 万元,借款利率为月利率 5.7501‰,借款期限自 2013 年 11 月 22 日起至 2014 年 10 月 30 日止。2014 年 6 月 6 日,浙江省慈溪市人民法院受理了宝洁公司的破产案件。原告于 2014 年 9 月向破产管理人申报债权,慈溪市人民法院于 2014 年 12 月 1 日裁定确认原告对宝洁公司享有 15105397.14 元普通债权。至原告起诉时,破产程序尚未终结。

裁判理由:根据 5 份最高额保证合同约定,各保证人的保证期间均为自主合同债务履行期起始日至履行期届满之日后两年。主合同借款到期日虽约定为 2014 年 10 月 30 日,但 2014 年 6 月 6 日,慈溪市人民法院即受理了宝洁公司的破产案件,根据《企业破产法》第 46 条第 1 款的规定,涉案债权在破产申请受理时视为到期,故各保证人的保证期间应为 2014 年 6 月 7 日至 2016 年 6 月 6 日,已于杭州银行宁波分行申报债权参加清偿破产财产程序期间届满。原告主张根据《担保法解释》第 44 条第 2 款[①]“债权人申报债权后在破产程序中未受清偿的部分,保证人仍应当承担保证责任。债权人要求保证人承担保证责任的,应当在破产程序终结后六个月内提出”的规定,在债务人破产情形下,保证期间延长至了破产程序终结后 6 个月。但该款规定有“破产程序终结后六个月内”这一时间条件,现宝洁公司的破产程序尚未终结,原告提起该案诉讼要求保证人承担保证责任并不符合《担保法解释》第 44 条第 2 款规定的时间条件。原告另主张根据《担保法解释》第 44 条第 1 款[②]“保证期间,人民法院受理债务人破产案件的,债权人既可以向人民法院申报债权,也可以向保证人主张权利”的规定,原告既可申报债权,又可向保证人主张权利。但原告提起该案诉讼要求保证人承担保证责任时,已经超过保证期间,故应当适用《担保法解释》第 44 条第 2 款规定,在宝洁公司破产终结后 6 个月内要求各保证人承担保证责任。综上,原告的起诉不符合规定,应予驳回。

---

① 参见《民法典担保制度解释》第 23 条第 3 款规定:“债权人在债务人破产程序中未获全部清偿,请求担保人继续承担担保责任的,人民法院应予支持;担保人承担担保责任后,向和解协议或者重整计划执行完毕后的债务人追偿的,人民法院不予支持。”

② 参见《民法典担保制度解释》第 23 条第 1 款规定:“人民法院受理债务人破产案件,债权人在破产程序中申报债权后又向人民法院提起诉讼,请求担保人承担担保责任的,人民法院依法予以支持。”

258. 债权人在保证人破产重整期间怠于申报债权，重整计划执行完毕后，保证人是否还应承担保证责任？

【案例】邮储常州市分行诉许某晶、金丰置业公司金融借款合同纠纷案①

裁判要旨：尚未到期的主债务在保证人破产申请受理时视为到期，债权人可以向管理人进行债权申报，未及时申报权利的债权人不得在重整计划执行期间行使权利。重整计划执行完毕后，该债权人也应当受重整计划的约束，保证人只需按照重整计划清偿方案向债权人承担保证责任。保证人在向债权人进行破产分配后，有权向债务人追偿，追偿所得应当纳入破产财产进行分配。

基本案情：2015 年 6 月 2 日，许某晶（借款人）、金丰置业公司（保证人）与邮储常州市分行（贷款人）签订《个人购房／购车借款及担保合同》一份，约定许某晶向贷款人借款 84 万元，用于购买房屋，贷款期限为 360 个月；借款人以按月等额本金还款方式偿还贷款本息。金丰置业公司向贷款人提供阶段性连带责任保证，至房屋正式办理抵押登记手续时免除保证责任。借款人连续三个月或累计六次未按时足额偿还贷款本息等违约情形发生时，贷款人有权宣布贷款提前到期，要求借款人提前清偿全部或部分贷款本息及相关费用，并有权要求保证人承担保证责任。另查明，2015 年 7 月 31 日，常州某建设开发有限公司以金丰置业公司不能清偿到期债务，具备重整能力为由向常州市新北区人民法院申请重整，法院经审查于 2015 年 8 月 14 日依法裁定金丰置业公司进行重整；于 2016 年 7 月 15 日裁定批准金丰置业公司重整计划；终止金丰置业公司重整程序；后于 2017 年 7 月 14 日裁定重整计划执行完毕。另重整计划中对普通债权的清偿方案为：对债权中 5 万元（含 5 万元）以下的部分 100% 现金受偿，超过 5 万元的部分，即一次性以 5% 的比例现金受偿。截至 2015 年 8 月 14 日金丰置业公司被依法裁定进行重整时，许某晶贷款尚未产生逾期利息，但在金丰置业公司重整期间，许某晶贷款发生逾期（截至 2017 年 8 月 24 日，贷款已逾期七次），《个人购房／购车借款及担保合同》中所载房屋至今亦未办理抵押登记手续。邮储常州市分行明知金丰置业公司破产事实，未进行债权申报，亦未要求金丰置业公司承担担保责任。

裁判理由：邮储常州市分行与许某晶、金丰置业公司签订的《个人购房／购车借款及担保合同》系各方当事人真实意思表示，且符合法律规定，依法成立。邮储常

① 参见江苏省常州市钟楼区人民法院（2018）苏 0404 民初 1797 号民事判决书。

州市分行按约向许某晶发放了贷款,许某晶未按约履行还款义务,构成违约。因此,邮储常州市分行有权向许某晶主张偿还欠款本息及为实现债权而支出的费用。另外,金丰置业公司为许某晶贷款所形成的债务提供阶段性连带责任保证,但因案涉房屋正式抵押登记手续至今未办理,故金丰置业公司的保证责任不能免除;因金丰置业公司于2015年8月14日进行重整至2017年7月14日重整计划执行完毕,在该期间邮储常州市分行怠于进行债权申报,《企业破产法》第92条第1款、第2款规定:"经人民法院裁定批准的重整计划,对债务人和全体债权人均有约束力。债权人未依照本法规定申报债权的,在重整计划执行期间不得行使权利;在重整计划执行完毕后,可以按照重整计划规定的同类债权的清偿条件行使权利。"故根据重整计划,该案中邮储常州市分行所主张的债权系普通债权,金丰置业公司所应承担的担保责任范围应根据被告许某晶的欠款金额进行确定。另根据《企业破产法》第46条第2款"附利息的债权自破产申请受理时起停止计息"的规定,因截至2015年8月14日金丰置业公司被依法裁定进行重整时,尚未产生逾期利息,因此金丰置业公司仅对许某晶现尚欠本金部分按照重整计划清偿条件向邮储常州市分行承担担保责任。基于此,金丰置业公司承担担保责任范围应为85766.672元。金丰置业公司承担担保责任后,有权向债务人许某晶追偿。

259. 在破产企业已经按和解协议向各债权人进行了清偿后,若债权人就未受偿部分向保证人要求承担保证责任,保证人承担保证责任后,对破产和解后的企业是否享有追偿权?

【案例】齐鲁饭店有限公司诉齐鲁饭店管理(集团)公司(齐鲁宾馆)担保追偿纠纷案①

裁判要旨:在破产企业已经按和解协议向各债权人进行了清偿后,若债权人就未受偿部分向保证人要求承担保证责任,则履行了保证责任的保证人,对破产和解后的企业不应再享有追偿权。

基本案情:齐鲁饭店管理(集团)公司(齐鲁宾馆)(以下简称齐鲁宾馆)向山东省鲁信投资控股集团有限公司(以下简称鲁信集团)借款1500万元,齐鲁饭店有限公司(以下简称齐鲁饭店)提供连带责任保证担保,借款到期后均未足额还款。鲁

① 参见山东省济南市中级人民法院(2010)济民四商初字第2号民事判决书。

信集团将债权转让给中国长城资产管理公司济南办事处（以下简称长城公司）。2007 年 8 月，齐鲁宾馆与齐鲁饭店同时被法院裁定进入破产程序，长城公司分别足额申报债权。齐鲁宾馆于 2008 年 4 月与债权人达成和解协议，协议约定，齐鲁宾馆对债权人的清偿比例为债权本金部分的 20%，清偿完毕后，剩余债务全部免除，齐鲁宾馆不再承担清偿责任。2008 年 7 月，齐鲁宾馆履行完和解协议约定的义务，法院裁定终结其破产程序。此后，长城公司向齐鲁饭店变更债权申报额为剩余未受偿的 80%，并在齐鲁饭店的破产分配中受偿 30 万余元。现齐鲁饭店依据借款合同、担保函、法院破产程序中的裁定书一宗及收款收据等证据起诉，要求向齐鲁宾馆进行追偿。

裁判理由：第一，担保人行使追偿权要同时具备三个条件：（1）主债权合法存在；（2）担保人确实履行了担保责任，而且在履行担保责任过程中，担保人必须是无过错的；（3）主债务人债务的消灭是基于担保人履行担保责任才产生的。齐鲁饭店作为担保人进行追偿并不具备上述第三个条件。第二，根据我国《企业破产法》第 106 条的规定，自和解协议执行完毕时起，齐鲁宾馆对和解协议免除的 80% 债务不再承担清偿责任。齐鲁饭店依法履行担保义务后从原债权人长城公司处取得的权利也应受到该限制。担保法赋予担保人追偿权是因为担保人代位承受原债权人的地位，因此对于原债权人在破产和解协议中的权利限制也应一并承受。第三，如果齐鲁饭店追偿成功，齐鲁宾馆又变相承担通过破产和解程序免除了债务，不符合企业破产法设立和解制度的立法本意。破产和解对债务人来说就失去了意义。第四，如果齐鲁饭店追偿成功，该笔债权受偿比例高于破产和解协议约定的比例，对于齐鲁宾馆其他和解债权人来说亦不公平。综上，齐鲁饭店要求向齐鲁宾馆进行追偿的诉讼请求依法不能支持。

260. 债权人在破产重整程序终结前起诉保证人的，保证人承担的责任范围如何认定？

【案例】浦发银行淄博分行诉王庄煤矿金融借款合同纠纷案①

裁判要旨：在债权人申报债权后，保证人应就破产程序中未受清偿的部分承担保证责任。

① 参见山东省淄博市中级人民法院（2018）鲁 03 民终 75 号民事判决书。

基本案情:2015 年 10 月 8 日,浦发银行淄博分行与山东金顺达集团有限公司(以下简称金顺达)签订流动资金借款合同,约定金顺达向浦发银行淄博分行借款 2500 万元,借款期限为 2015 年 10 月 8 日至 2016 年 4 月 7 日。同时,上述借款合同对借款利率、罚息利率及浦发银行淄博分行实现债权和担保权利而支付的全部费用(包括但不限于诉讼费、保全费、律师费、差旅费等)亦进行了明确约定。2015 年 10 月 8 日,浦发银行淄博分行与青岛齐华投资控股有限公司(以下简称齐华投资)、王庄煤矿签订最高额保证合同,约定齐华投资、王庄煤矿为金顺达在 2015 年 10 月 8 日至 2016 年 7 月 20 日办理的各类融资业务所发生的债权在人民币 1.5 亿元范围内提供连带保证责任,保证期间自每笔债权合同债务履行期届满之日起两年。浦发银行淄博分行依约向金顺达发放借款,金顺达未按照合同约定还本付息,各担保人亦未承担相应的担保责任。金顺达于 2016 年 12 月 21 日经法院裁定进入重整程序,2017 年 6 月 30 日法院裁定齐华投资与金顺达合并重整,诉讼中浦发银行淄博分行支付律师费 10000 元。浦发银行淄博分行起诉要求王庄煤矿在 1.5 亿元范围内承担连带清偿责任。王庄煤矿辩称其担保合同违反其公司章程和《公司法》公司对外担保条文规定,其担保合同无效,其不承担担保责任。

裁判理由:根据《担保法解释》第 44 条第 2 款[①]的规定,在债权人申报债权后,保证人应就破产程序中未受清偿的部分承担保证责任。一审判决王庄煤矿直接承担担保责任与该规定不符,予以更正。据此,二审法院撤销一审判决并改判王庄煤矿对金顺达欠浦发银行淄博分行借款本金 2500 万元、利息(截至 2016 年 11 月 16 日为 1646029.26 元及自 2016 年 11 月 17 日起至 2016 年 12 月 21 日止,按合同约定计算的利息)、律师费 10000 元,于金顺达破产程序终结后 10 日内就未受清偿的部分在 1.5 亿元范围内承担连带清偿责任。

① 参见《民法典担保制度解释》第 23 条第 3 款规定:“债权人在债务人破产程序中未获全部清偿,请求担保人继续承担担保责任的,人民法院应予支持;担保人承担担保责任后,向和解协议或者重整计划执行完毕后的债务人追偿的,人民法院不予支持。”

261. 主债权的债务人(银行承兑汇票的出票人)的破产管理人提起请求撤销个别清偿行为之诉并得到法院判决支持后,汇票的保证人可否提起第三人撤销之诉?

【案例】台州德力奥汽车部件制造有限公司诉浙江建环机械有限公司管理人浙江安天律师事务所、中国光大银行股份有限公司台州温岭支行第三人撤销之诉案①

裁判要旨:在银行承兑汇票的出票人进入破产程序后,对付款银行于法院受理破产申请前6个月内从出票人还款账户划扣票款的行为,破产管理人提起请求撤销个别清偿行为之诉,法院判决予以支持的,汇票的保证人与该生效判决具有法律上的利害关系,具有提起第三人撤销之诉的原告主体资格。

基本案情:2014年3月21日,中国光大银行股份有限公司台州温岭支行(以下简称光大银行温岭支行)分别与浙江建环机械有限公司(以下简称建环公司)、台州德力奥汽车部件制造有限公司(以下简称德力奥公司)等签订《综合授信协议》《最高额保证合同》,约定光大银行温岭支行在2014年4月1日至2015年3月31日向建环公司提供最高额520万元的授信额度,德力奥公司等为该授信协议项下最高本金余额520万元提供连带责任保证。2014年4月2日,光大银行温岭支行与建环公司签订《银行承兑协议》,建环公司提供50%保证金(260万元),光大银行温岭支行向建环公司出具承兑汇票520万元,汇票到期日为2014年10月2日。2014年10月2日,陈某1将260万元汇至陈某2兴业银行的账户,然后陈某2将260万元汇至其在光大银行温岭支行的账户,再由陈某2将260万元汇至建环公司在光大银行温岭支行的还款账户。2014年10月8日,光大银行温岭支行在建环公司的上述账户内扣划2563430.83元,并陆续支付持票人承兑汇票票款共37笔,合计520万元。2015年1月4日,浙江省玉环县人民法院受理建环公司的破产重整申请,并指定浙江安天律师事务所担任管理人。因重整不成,浙江省玉环县人民法院裁定终结建环公司的重整程序并宣告其破产清算。2016年10月13日,建环公司管理人提起请求撤销个别清偿行为之诉,浙江省玉环县人民法院于2017年1月10日作出(2016)浙1021民初7201号民事判决,判令光大银行温岭支行返还建环公司管理人2563430.83元及利息损失。光大银行温岭支行不服提起上诉,浙江省台州市中级

① 该案为最高人民法院指导案例151号。

人民法院于2017年7月10日作出(2016)浙10民终360号二审判决:驳回上诉,维持原判。2018年1月,光大银行温岭支行因保证合同纠纷案将德力奥公司等诉至温岭市人民法院。原、被告均不服一审判决,上诉至台州市中级人民法院,二审判决德力奥公司等连带偿还光大银行温岭支行垫付款本金及利息等。德力奥公司遂向台州市中级人民法院起诉撤销浙江省玉环县人民法院(2016)浙1021民初7201号民事判决第一项及台州市中级人民法院(2016)浙10民终360号民事判决。

裁判理由:最高人民法院认为,关于德力奥公司是否有权提起第三人撤销之诉的问题。若案涉汇票到期前建环公司未能依约将票款足额存入其在光大银行温岭支行的账户,基于票据无因性以及光大银行温岭支行作为银行承兑汇票的第一责任人,光大银行温岭支行须先行向持票人兑付票据金额,然后再向出票人(本案即建环公司)追偿,德力奥公司依约亦需承担连带偿付责任。由于案涉汇票到期前,建环公司依约将票款足额存入了其在光大银行温岭支行的账户,光大银行温岭支行向持票人兑付了票款,故不存在建环公司欠付光大银行温岭支行票款的问题,德力奥公司亦无须承担连带偿付责任。但是,由于建环公司破产管理人针对建环公司在汇票到期前向其在光大银行温岭支行账户的汇款行为提起请求撤销个别清偿行为之诉,若建环公司破产管理人的诉求得到支持,德力奥公司作为建环公司申请光大银行温岭支行开具银行承兑汇票的保证人即要承担连带还款责任。故原案的处理结果与德力奥公司有法律上的利害关系,应当认定德力奥公司属于《民事诉讼法》第56条规定的无独立请求权第三人。

【现行相关规范】

《最高人民法院对〈关于担保期间债权人向保证人主张权利的方式及程序问题的请示〉的答复》(2002年11月22日 〔2002〕民二他字第32号)第2条

该《通知》[①]第二条的规定的意义在于,明确当主债务人进入破产程序,在"债权人没有申报债权"或"已经申报债权"两种不同情况下,债权人应当向保证人主张权利的期限。根据《最高人民法院关于适用〈中华人民共和国担保法〉若干问题的解释》第四十四条第一款的规定,在上述情况下,债权人可以向人民法院申报债权,也可以向保证人主张权利。因此,对于债权人申报了债权,同时又起诉保证人的保证纠纷案件,人民法院应当受理。在具体审理并认定保证人应承担保证责任的金额

① 指《最高人民法院关于处理担保法生效前发生保证行为的保证期间问题的通知》。——编者注

时，如需等待破产程序结束的，可依照《中华人民共和国民事诉讼法》第一百三十六条第一款第（五）项的规定，裁定中止诉讼。人民法院如径行判决保证人承担保证责任，应当在判决中明确应扣除债权人在债务人破产程序中可以分得的部分。

《全国法院破产审判工作会议纪要》（2018 年 3 月 4 日　法〔2018〕53 号）第 31 条

保证人的清偿责任和求偿权的限制。破产程序终结前，已向债权人承担了保证责任的保证人，可以要求债务人向其转付已申报债权的债权人在破产程序中应得清偿部分。破产程序终结后，债权人就破产程序中未受清偿部分要求保证人承担保证责任的，应在破产程序终结后六个月内提出。保证人承担保证责任后，不得再向和解或重整后的债务人行使求偿权。

《民法典担保制度解释》第 22 条

人民法院受理债务人破产案件后，债权人请求担保人承担担保责任，担保人主张担保债务自人民法院受理破产申请之日起停止计息的，人民法院对担保人的主张应予支持。

《民法典担保制度解释》第 23 条

人民法院受理债务人破产案件，债权人在破产程序中申报债权后又向人民法院提起诉讼，请求担保人承担担保责任的，人民法院依法予以支持。

担保人清偿债权人的全部债权后，可以代替债权人在破产程序中受偿；在债权人的债权未获全部清偿前，担保人不得代替债权人在破产程序中受偿，但是有权就债权人通过破产分配和实现担保债权等方式获得清偿总额中超出债权的部分，在其承担担保责任的范围内请求债权人返还。

债权人在债务人破产程序中未获全部清偿，请求担保人继续承担担保责任的，人民法院应予支持；担保人承担担保责任后，向和解协议或者重整计划执行完毕后的债务人追偿的，人民法院不予支持。

《民法典担保制度解释》第 24 条

债权人知道或者应当知道债务人破产，既未申报债权也未通知担保人，致使担保人不能预先行使追偿权的，担保人就该债权在破产程序中可能受偿的范围内免除担保责任，但是担保人因自身过错未行使追偿权的除外。

【规范沿革】

《最高人民法院关于作为保证人的合伙组织被撤销后在公告通知的清理期限内债权人未请求保证人承担连带责任的是否可视为债权人放弃该请求权的批复》［1988年10月18日　法(经)复〔1988〕46号］

贵州省高级人民法院：

你院黔法(1988)经请字第2号"关于作为保证人的合伙组织被撤销后，在公告通知的清理期限内，债权人未请求保证人承担连带责任的，是否可视为债权人放弃该请求权的请示报告"收悉。经研究答复如下：合伙人应对合伙债务承担无限连带责任。合伙组织解散时，虽曾对其债务进行了清偿活动，但此后各合伙人对合伙债务或合伙期间的民事行为仍应承担责任。辉瑞贸易公司系合伙组织，在撤销时，自行通知与其有业务往来的单位"在一个月内办理一切清结手续，过期概不负责"的公告，应当无效。中国工商银行贵州省兴义县支行在诉讼时效期间内有权要求辉瑞贸易公司承担保证的责任。辉瑞贸易公司解散后，其保证的责任，应由合伙人共同承担。

《经济合同案件保证问题规定》第23条

被保证人被宣告破产的，债权人参加破产程序受偿后，对受偿不足的部分，保证人仍应承担保证责任。

《经济合同案件保证问题规定》第24条

人民法院已审理终结的设有保证的合同纠纷案件，在执行终结前被保证人被宣告破产的，债权人可以生效法律文书确认的债权数额作为破产债权申报；债务已部分偿还的，以未偿还的部分作为债权申报。对经破产程序未受清偿的部分，保证人仍应承担保证责任。

《经济合同案件保证问题规定》第25条

保证人代被保证人偿还债务后，尚未从被保证人处获偿被保证人即宣告破产的，保证人可以其代为清偿的数额作为破产债权申报。

《经济合同案件保证问题规定》第26条

被保证人被宣告破产，债权人不申报债权的，在确认保证人的责任时，应当扣除债权人可以在破产程序中得到清偿的部分。

《担保法解释》第44条

保证期间，人民法院受理债务人破产案件的，债权人既可以向人民法院申报债权，也可以向保证人主张权利。

债权人申报债权后在破产程序中未受清偿的部分，保证人仍应当承担保证责任。债权人要求保证人承担保证责任的，应当在破产程序终结后六个月内提出。

《担保法解释》第 45 条

债权人知道或者应当知道债务人破产，既未申报债权也未通知保证人，致使保证人不能预先行使追偿权的，保证人在该债权在破产程序中可能受偿的范围内免除保证责任。

《担保法解释》第 46 条

人民法院受理债务人破产案件后，债权人未申报债权的，各连带共同保证的保证人应当作为一个主体申报债权，预先行使追偿权。

第七百零一条　保证人的抗辩权

【民法典条文】

保证人可以主张债务人对债权人的抗辩。债务人放弃抗辩的，保证人仍有权向债权人主张抗辩。

实务问题

262. 连带责任保证人对于债务人未到期的债务是否承担连带清偿责任？

【案例】天津新技术产业园区工行诉新星公司未偿还到期借款要求提前偿还全部借款并由保证人开发公司承担连带清偿责任案①

裁判要旨：连带责任保证人享有债务人的抗辩权，债务人同意履行未届履行期的债务的，保证人仍可以未届履行期而抗辩债权人要求其承担保证责任的请求。

基本案情：1994 年 7 月 20 日，原告天津新技术产业园区工行与被告新星公司签订了一份技术改造项目的借款合同。合同约定：新星公司向天津新技术产业园区工行借款 2150 万元，用于 16 位游戏机规模生产；借款年息 10.98%；期限自 1994 年 12 月 22 日起至 1998 年 12 月 22 日止；归还期限及数额为 1995—1998 年每年的 12 月 22 日还款 150 万元、1000 万元、500 万元、500 万元；实际借款额以合同规定期限内的借据为凭，借据作为该合同的组成部分（天津新技术产业园区工行在借据上批注，"月息 9.15%，上浮 20%，10.98%"，与合同约定的年利率 10.98% 不一致）；借款到期，新星公司未主动还款，天津新技术产业园区工行有权从新星公司的账户中扣收；对逾期贷款额，天津新技术产业园区工行按有关贷款管理规定加收罚息；新星公司不能履行合同时，由担保方开发公司连带承担偿还贷款本息的责任。开发公司作为新星公司的担保人，在借款合同的担保人栏签字盖章。合同签订后在天津市公证处办理了公证。天津新技术产业园区工行于 1994 年 10 月 27 日依约向

① 参见最高人民法院中国应用法学研究所编：《人民法院案例选（分类重排本）· 商事卷》，人民法院出版社 2017 年版，第 1909－1912 页。

新星公司支付了全部贷款。但到了1996年12月22日，新星公司对前两期1150万元应还款，仅偿还了本金100万元和利息2368854.7元，后经催促，新星公司仍未偿还剩余款。1997年2月28日，天津新技术产业园区工行向天津市高级人民法院提起诉讼，要求判令新星公司偿还包括还未到期的借款在内的借款本金2050万元及其利息和罚息，并由开发公司承担连带清偿责任。

裁判理由：原告天津新技术产业园区工行与被告新星公司、被告开发公司签订的借款合同及其担保条款，是平等主体之间依公平、等价、有偿原则签订的，依法认定有效。签约各方均应严格遵守和履行。对于合同约定的利率与借据批注的利率不一致，由于原告不能提供有效证据证明批注利率是经过二被告同意的，因此应当依合同约定确定借款利率。原告在签约后，依约向被告新星公司支付了全部合同款项，履行了合同义务；被告新星公司收到借款后，未能在合同约定的期限内偿还借款本金和利息，应承担违约责任。依照《贷款通则（试行）》第23条第4项“在借款人未能履行借款合同规定的义务，经指出不改正者，可以要求借款人提前归还贷款或停止支付借款人尚未使用的贷款。”的规定，原告要求提前收回全部贷款本金和利息，并由借款人承担逾期还款的罚息，应予支持。合同担保条款对担保责任的种类约定明确，被告开发公司应当依约承担连带清偿的担保责任。合同中虽然未明确约定保证责任的期限，但按照《经济合同案件保证问题规定》第11条①“保证合同中没有约定保证责任期限或者约定不明确的，保证人应当在被保证人承担责任的期限内承担保证责任”的规定，应当认定保证人开发公司承担保证责任的期限与被保证人承担责任的期限是一致的。该条还规定：“保证人如果在主合同履行期限届满后，书面要求债权人向被保证人为诉讼上的请求，而债权人在收到保证人的书面请求后一个月内未行使诉讼请求权的，保证人不再承担保证责任。”该案保证人开发公司在合同履行期限届满后至债权人即原告起诉之日止，未书面要求债权人天津新技术产业园区工行向被保证人新星公司为诉讼上的请求，因此开发公司的保证责任不能免除。另鉴于合同约定的是连带责任担保，而连带责任保证人没有先诉抗辩权及承担责任的非补充性，因此被保证人新星公司提前归还全部借款的责任同样应由保证人开发公司连带承担。

---

① 参见《民法典》第692条第2款、第3款规定：“债权人与保证人可以约定保证期间，但是约定的保证期间早于主债务履行期限或者与主债务履行期限同时届满的，视为没有约定；没有约定或者约定不明确的，保证期间为主债务履行期限届满之日起六个月。债权人与债务人对主债务履行期限没有约定或者约定不明确的，保证期间自债权人请求债务人履行债务的宽限期届满之日起计算。”

263. 主债务人未到庭但出具了对担保人不利声明，保证人抗辩债务人还款数额并非声明所述的，其效力应如何认定？

【案例】徐某观与黄某帅、陈某云民间借贷纠纷案①

裁判要旨：主债务人放弃抗辩权未提起上诉的，保证人有权对欠款数额进行抗辩。

基本案情：2012年7月13日，黄某帅在中国建设银行乌鲁木齐小西门支行给陈某云汇款500万元，同月17日黄某帅在中国农业银行乌鲁木齐小西门兵团支行向陈某云汇款82.4万元。陈某云向黄某帅出具借条称：今借到黄某帅600万元整，徐某观作为担保人在该借条上签字、捺手印。陈某云于2012年9月至2013年5月向黄某帅账户共支付190万元。二审审理期间，黄某帅围绕其上诉请求提交署名为陈某云并按有手印的声明一份。该声明中陈某云自认其实际借款数额为600万元，其中17.6万元系现金给付，其已付的190万元中54万元系其向黄某帅支付的利息，其余款项系向黄某帅舅舅支付的借款利息。

裁判理由：关于陈某云实际借款数额的认定。借款合同属于实践性合同，其法律关系的成立不仅要有形式要件即当事人的合意，还要有实质要件即交付款项的事实。该案陈某云出具借条在前，黄某帅交付款项在后，故应当以黄某帅实际交付款项认定陈某云实际借款数额。现黄某帅虽然出具了陈某云书写的600万元借条，但其仅能出具其于借款当日向陈某云通过转账方式支付500万元及2012年7月17日给陈某云转账824000元的凭据各一张，对其余176000元款项，其称系现金给付，因其未提供相应证据予以证明，且不符合交易习惯，故原审法院认定实际借款数额为5824000元并无不当。二审中，黄某帅提交了署名为陈某云并按有手印的声明一份，用以证明实际借款数额为600万元，对此，法院认为，因陈某云系该案当事人，其出具的声明系当事人的陈述，根据《民事诉讼法》第63条的规定，当事人的陈述作为民事诉讼证据，必须经查证属实才能作为认定事实的根据。该声明上陈某云的签名和手印是否真实首先无法核实，其次，陈某云收到法院送达的传票及诉讼文书，无正当理由拒不参加庭审、接受法庭询问，且该声明内容直接影响担保人徐某观的权益，故在陈某云拒不到庭又无其他证据相佐证的情形下，法院对黄某帅出具的该份声明的真实性、有效性均不予认可。关于陈某云于2012年9月至2013年5

① 参见新疆维吾尔自治区乌鲁木齐市中级人民法院(2016)新01民终2350号民事判决书。

月向黄某帅账户支付的190万元是归还的借款还是双方其他经济往来的认定。《担保法》第20条第1款[①]规定："一般保证和连带责任保证的保证人享有债务人的抗辩权。债务人放弃对债务的抗辩权的，保证人仍有权抗辩。"该案中，虽然陈某云作为债权人，其放弃了抗辩权亦未提起上诉，应视为其对一审判决没有异议，但徐某观作为连带责任担保人，有权对欠款数额进行抗辩。现徐某观已举证证明陈某云于2012年9月至2013年5月向黄某帅账户支付了190万元，黄某帅辩称该款系双方其他经济往来，应当对此承担举证责任，现因黄某帅出具的陈某云的声明不具有真实性与有效性，且声明内容本身与其陈述亦不一致，故法院对黄某帅辩称该190万元系其与陈某云的其他经济往来的意见不予采信。徐某观该上诉理由成立，法院予以支持，徐某观对该190万元不再承担连带给付责任。

264. 共同保证人之一对保证责任的范围作出违背合同约定的自认的，其他保证人可否行使相应的抗辩权？

【案例】陈某新诉王某丽、华辰公司第三人撤销之诉案[②]

裁判要旨：共同保证人之一对保证责任的范围作出违背合同约定的自认的，其他保证人可以通过第三人撤销之诉的方式行使相应的抗辩权。

基本案情：2012年6月24日，案外人郦某中因需向被告王某丽借款200万元，由被告华辰公司、原告陈某新及案外人陈某芬提供连带责任保证，借款利率按协定价格执行。借款后，被告王某丽于2012年8月15日和2012年9月4日分别收取了被告华辰公司支付的借款利息15万元和10.5万元。后被告王某丽于2013年10月8日以被告华辰公司为借款担保人为由诉至法院，要求确认对被告华辰公司享有该笔债权。对此，被告华辰公司认为其支付了高额利息，要求法院予以调整。2014年1月24日法院作出(2013)台玉商初字第1848号民事判决，判决认定：王某丽对华辰公司享有的为案外人郦某中提供保证担保的债权本金为180.45万元(利息已结至2012年9月4日，上述借款经王某丽在审理中分别按收取利息款的时间，并按月利率1.5%的标准计算利息，多收取的部分冲抵本金)。对此，原告陈某新认为该

① 参见《民法典》第701条规定："保证人可以主张债务人对债权人的抗辩。债务人放弃抗辩的，保证人仍有权向债权人主张抗辩。"

② 参见浙江省台州市中级人民法院(2015)浙台撤终字第2号民事判决书。

借条对利息约定不明,后期双方也未就利息进行协商明确,因此应视为没有利息约定。据此,原告陈某新认为(2013)台玉商初字第1848号民事判决侵害了其利益,要求予以撤销。但被告王某丽认为被告华辰公司已通过实际的支付行为对利息进行了明确。因此,(2013)台玉商初字第1848号民事判决正确,并未损害原告陈某新的利益,不应撤销。

裁判理由:借据是证明当事人之间借贷关系最直接、最有力的证据。据借条记载,借款月利率按协定价格执行,但该协定价格具体是多少,双方当事人并未作书面约定。根据《民间借贷案件规定》第25条第2款之规定,自然人之间借贷对利息约定不明,出借人主张支付利息的,人民法院不予支持。况且,从债权人王某丽收取两笔款项的具体金额及间隔时间等情节来看,无法得知当事人实际按何种利率标准计付利息,亦不符合民间借贷给付利息的一般做法。因此,王某丽收取的两笔款项依法不能认定为利息款,而应直接充抵借款本金。该案王某丽收取的两笔款项共计25.5万元应认定为债务人归还借款本金,王某丽对担保人华辰公司享有的担保债权本金应为174.5万元(200万元-25.5万元)。(2013)台玉商初字第1848号民事判决在认定借款存在利息,且调整借款月利率为1.5%上系认定事实证据不足,该判决依据债权人王某丽及其中一个保证人华辰公司的自述确定主债权本金为180.45万元,侵害了上诉人陈某新的合法权益。法院支持陈某新之诉讼请求。

【规范沿革】

《担保法》第20条

一般保证和连带责任保证的保证人享有债务人的抗辩权。债务人放弃对债务的抗辩权的,保证人仍有权抗辩。

抗辩权是指债权人行使债权时,债务人根据法定事由,对抗债权人行使请求权的权利。

【立法资料】

为了维护保证人的合法权益,草案规定:……4. 保证人享有债务人的抗辩权……①

① 参见全国人大常委会法制工作委员会在1995年2月21日第八届全国人民代表大会常务委员会第十二次会议上所作关于《中华人民共和国担保法(草案)》的说明。

第七百零二条　保证人的抵销权和撤销权

【民法典条文】

债务人对债权人享有抵销权或者撤销权的，保证人可以在相应范围内拒绝承担保证责任。

【现行相关规范】

《民法典》第539条

债务人以明显不合理的低价转让财产、以明显不合理的高价受让他人财产或者为他人的债务提供担保，影响债权人的债权实现，债务人的相对人知道或者应当知道该情形的，债权人可以请求人民法院撤销债务人的行为。

《民法典》第540条

撤销权的行使范围以债权人的债权为限。债权人行使撤销权的必要费用，由债务人负担。

《民法典》第541条

撤销权自债权人知道或者应当知道撤销事由之日起一年内行使。自债务人的行为发生之日起五年内没有行使撤销权的，该撤销权消灭。

《民法典》第542条

债务人影响债权人的债权实现的行为被撤销的，自始没有法律约束力。

《民法典》第568条

当事人互负债务，该债务的标的物种类、品质相同的，任何一方可以将自己的债务与对方的到期债务抵销；但是，根据债务性质、按照当事人约定或者依照法律规定不得抵销的除外。

当事人主张抵销的，应当通知对方。通知自到达对方时生效。抵销不得附条件或者附期限。

《民法典》第569条

当事人互负债务，标的物种类、品质不相同的，经协商一致，也可以抵销。